Para uma outra
Idade Média

Dados Internacionais de Catalogação na Publicação (CIP)
(Câmara Brasileira do Livro, SP, Brasil)

Le Goff, Jacques
  Para uma outra Idade Média : tempo, trabalho e cultura no Ocidente ; 18 ensaios / Jacques Le Goff ; tradução de Thiago de Abreu e Lima Florêncio e Noéli Correia de Melo Sobrinho. 3. ed. – Petrópolis, RJ : Vozes, 2014.
  Título original: Pour un autre Moyen Âge : temps, travail et culture en Occident: 18 essais

  Bibliografia.

  4ª reimpressão, 2024.

  ISBN 978-85-326-4376-6

  1. Civilização medieval 2. Europa – História – 476-1492 3. Idade Média I. Título.

12-04642   CDD-940.1

Índices para catálogo sistemático:

  1. Europa : Civilização : Idade Média   940.1
  2. Idade Média : Europa : História   940.1

Jacques Le Goff

Para uma outra
Idade Média
Tempo, trabalho e cultura no Ocidente
18 ensaios

Tradução de Thiago de Abreu e Lima Florêncio
e
Noéli Correia de Melo Sobrinho

EDITORA
VOZES

Petrópolis

© 1977, Éditions Gallimard

Título do original em francês: *Pour un autre Moyen Âge – Temps, travail et culture en Occident: 18 essais*

Direitos de publicação em língua portuguesa – Brasil:
2013, Editora Vozes Ltda.
Rua Frei Luís, 100
25689-900 Petrópolis, RJ
www.vozes.com.br
Brasil

Todos os direitos reservados. Nenhuma parte desta obra poderá ser reproduzida ou transmitida por qualquer forma e/ou quaisquer meios (eletrônico ou mecânico, incluindo fotocópia e gravação) ou arquivada em qualquer sistema ou banco de dados sem permissão escrita da editora.

CONSELHO EDITORIAL

Diretor
Volney J. Berkenbrock

Editores
Aline dos Santos Carneiro
Edrian Josué Pasini
Marilac Loraine Oleniki
Welder Lancieri Marchini

Conselheiros
Elói Dionísio Piva
Francisco Morás
Gilberto Gonçalves Garcia
Ludovico Garmus
Teobaldo Heidemann

Secretário executivo
Leonardo A.R.T. dos Santos

PRODUÇÃO EDITORIAL

Aline L.R. de Barros
Marcelo Telles
Mirela de Oliveira
Otaviano M. Cunha
Rafael de Oliveira
Samuel Rezende
Vanessa Luz
Verônica M. Guedes

Conselho de projetos editoriais
Isabelle Theodora R.S. Martins
Luísa Ramos M. Lorenzi
Natália França
Priscilla A.F. Alves

Editoração: Maria da Conceição B. de Sousa
Diagramação: Sheilandre Desenv. Gráfico
Capa: Naieni Ferraz
Imagem da capa: Do livro Der Weiβ Kunig (O Rei Branco), publicado em 1775.

ISBN 978-85-326-4376-6 (Brasil)
ISBN 978-3-451-07044-0 (França)

Este livro foi composto e impresso pela Editora Vozes Ltda.

Sumário

Prefácio, 7

Proveniência dos textos, 19

Parte I. Tempo e trabalho, 23

1 As idades médias de Michelet, 25

2 Na Idade Média: tempo da Igreja e tempo do mercador, 58

3 O tempo do trabalho na "crise" do século XIV: do tempo medieval ao tempo moderno, 83

4 Nota sobre sociedade tripartida – Ideologia monárquica e renovação econômica na Cristandade do século IX ao século XII, 102

5 Ofícios lícitos e ofícios ilícitos no Ocidente medieval, 115

6 Trabalho, técnicas e artesãos nos sistemas de valor da Alta Idade Média (século V ao século X), 137

7 Os camponeses e o mundo rural na literatura da Alta Idade Média (séculos V e VI), 166

Parte II. Trabalho e sistemas de valores, 185

8 Despesas universitárias em Pádua no século XV, 187

9 Ofício e profissão de acordo com os manuais de confessores da Idade Média, 206

10 Que consciência a universidade medieval teve de si mesma?, 229

11 As universidades e os poderes públicos na Idade Média e no Renascimento, 251

Parte III. Cultura erudita e cultura popular, 281

12 Cultura clerical e tradições folclóricas na civilização merovíngia, 283

13 Cultura eclesiástica e cultura folclórica na Idade Média: São Marcelo de Paris e o dragão, 301

14 O Ocidente medieval e o Oceano Índico: um horizonte onírico, 357

15 Os sonhos na cultura e a psicologia coletiva do Ocidente medieval, 382

16 Melusina maternal e decifradora, 392

Parte IV. Para uma antropologia histórica, 423

17 O historiador e o homem cotidiano, 425

18 O ritual simbólico da vassalagem, 441

Prefácio

Os ensaios reunidos aqui me parecem ter uma unidade que não é apenas uma ilusão retrospectiva.

Esta unidade vem, em primeiro lugar, da época que escolhi, há um quarto de século, como domínio de reflexão e de investigação, sem aí perceber claramente as motivações que me levavam então para ela. Hoje eu diria que a Idade Média me seduziu por duas razões. Primeiro, por considerações de ofício. Eu decidi me tornar historiador de profissão. A prática da maioria das ciências é, incontestavelmente, uma ocupação de profissionais, de especialistas. A ciência histórica não é também exclusiva. Ainda que se trate, acredito eu, de um debate maior para a nossa época, na qual a *media* coloca ao alcance de qualquer um a possibilidade de dizer ou escrever a história em imagens ou em palavras, não vou abordar aqui a questão da qualidade da produção histórica. Não reclamo qualquer monopólio para os historiadores científicos. Os diletantes e os vulgarizadores da história têm o seu atrativo e a sua utilidade; e o seu sucesso testemunha a necessidade de que os homens de hoje experimentem participar de uma memória coletiva. Desejo que a história, que se torna cada vez mais científica, possa permanecer uma arte. Alimentar a memória dos homens exige tanto gosto, estilo, paixão quanto rigor e método.

A história se faz com documentos e ideias, fontes e imaginação. Porém, o historiador da Antiguidade (eu me enganava, com certeza – pelo menos por exagero) me parecia condenado a uma alternativa desencorajadora: ou se prender ao magro espólio dos legados de um passado malpreparado para poder se perpetuar e, portanto, abandonar-se às seduções castradoras da pura erudição, ou se entregar aos encantos da reconstituição temerária. A história das épocas recentes (aqui ainda meus pontos de vista eram excessivos, quando não falsos) me inquietava por razões inversas. Ou o historiador era sobrecarregado pelo fardo de uma documentação que o submetia a uma história estatística e quantitativa, também ela redutora (pois, se é necessário contar com o que existe na documentação histórica, é preciso também fazer a história com tudo aquilo que escapa ao número e que é frequentemente o essencial), ou ele renunciava às visões de conjunto. Aqui uma história parcial, lá uma história lacunar. Entre as duas, havia esta Idade Média na qual os humanistas tinham visto, mais do que uma transição e uma passagem, um intermédio medíocre, um intervalo da grande história, uma cunha da vaga do tempo, esta Idade Média me pareceu como o domínio eletivo de uma aliança necessária da erudição (a história científica não tinha nascido, entre meados do XVII e meados do XIX, do estudo das cartas e das escrituras medievais?) e de uma imaginação apoiada em bases que legitimam o seu voo sem cortar-lhes as asas. O modelo do historiador não era para mim (como o é sempre) Michelet – homem de imaginação, de ressurreição, como se tornou banal dizê-lo, mas também, como foi esquecido, homem de arquivos que ressuscita não espectros ou fantasmas, mas seres reais enterrados nos documentos, tal como se fossem os pensamentos verdadeiros pretrificados na catedral? Um Michelet historiador que, ainda que tenha sido considerado tardiamente e que só pôde respirar com a eclosão da Reforma e do Renascimento, não está absolutamente melhor em sintonia com o passado do que quando se trata da Idade Média.

Michelet, não obstante, historiador consciente de ser produto do seu tempo, solidário com uma sociedade em luta tanto contra as injustiças e as sombras do obscurantismo e da reação quanto contra as ilusões do progresso. Um historiador combatente na sua obra e no seu ensinamento, angustiado talvez, como disse Roland Barthes[1], por ser o cantor de uma fala impossível, aquela do povo, mas que soube não querer escapar desta angústia, confundindo a fala do historiador com a fala do povo nas suas lutas históricas – confusão da qual se sabe que ela tem todas as oportunidades de levar à pior submissão da história e do povo a quem se pretende dar a palavra.

Logo uma motivação mais profunda me prendeu à Idade Média, contudo, sem me dissuadir de olhar para todos os lados. Pertenço a uma geração de historiadores marcados pela problemática da *longa duração*. Esta sai da tripla influência de um marxismo ao mesmo tempo retomado e modernizado, de Fernand Braudel[2] e da etnologia. De todas as ciências ditas equivocadamente humanas (e por que não simplesmente sociais?), a etnologia é aquela com a qual a história estabeleceu (apesar dos mal-entendidos e de algumas refutações num caso e no outro) o diálogo mais livre e mais fecundo. Para a minha geração, Marcel Mauss é tardiamente o fermento que Durkheim, há cinquenta anos, pôde ser – tardiamente também – para os melhores historiadores de entre as duas guerras[3]. Eu tentei

---

1. BARTHES, R. *Michelet par lui-même*. Paris: [s.e.], 1954, p. 161. "Ele foi o primeiro dos autores da Modernidade que só podia cantar uma impossível fala." Roland Barthes faz alusão a uma confissão de Michelet: "Eu nasci povo, tinha o povo no coração [...]. Mas a sua língua, ela me era inacessível. Eu não pude fazê-la falar [...]". • Há uma publicação em português dessa obra: BARTHES, R. *Michelet*. São Paulo: Companhia das Letras, 1991 [trad. de Paulo Neves] [N.T.].

2. BRAUDEL, F. "Histoire et Sciences Sociales: la longue durée". *Annales ESC.*, 1958, p. 725-753. Retomado em Écrits sur l'histoire. Paris: [s.e.], 1959, p. 41-83. • Há uma publicação em português desse texto: BRAUDEL, F. "História e Ciências Sociais". *Estudos sobre a história*. São Paulo: Perspectiva, 1978 [N.T.].

3. Por exemplo, o grande artigo de Marcel Mauss sobre "Les techniques du corps" – publicado no *Journal de Psychologie*, XXXII, 1936, retomado em *Sociologie et Anthropologie*. Paris: [s.e.], 1950 [5. ed., 1973], p. 363-386 – não parece ter tido, durante muito tempo, posteridade. É num espírito um pouco diferente que historiadores e antropólogos vêm estudar "Langages et images du corps" num número especial recente de *Éthnologie Française*, vol. 6, n. 3-4, 1976. Este texto de Marcel Mauss está na origem do seminário da École des Hautes Études en Sciences Sociales, onde estudamos Jean-Claude Schmitt e eu, desde 1972, os sistemas de gestos no Ocidente medieval. • Há uma publicação em português da obra acima citada: MAUSS,

dizer, num texto que é somente uma primeira escala no caminho de uma reflexão e de uma prática, que desejaria aprofundar e definir as relações que história e etnologia mantiveram no passado e renovam atualmente[4]. Se eu seguir os eruditos e os pesquisadores que ao termo etnologia, muito ligado ao domínio e à época do colonialismo europeu, preferem o termo antropologia, suscetível de se aplicar aos homens de todas as culturas e se, por conseguinte, falaria com mais boa vontade de antropologia histórica do que de etno-história, observo, todavia, que se os historiadores – alguns historiadores – ficaram seduzidos pela etnologia, porque ela colocava antes a noção de diferença, ao mesmo tempo os etnólogos, por sua vez, se orientavam na via de uma concepção unificada das sociedades humanas, ou seja, na via de um conceito de homem que a história, hoje como ontem, ignora. Esta contradança é interessante e ao mesmo tempo inquietante. Se o historiador, tentado pela antropologia histórica, quer dizer, por uma história distinta daquela das camadas dirigentes brancas, mais lenta e profunda do que a história dos acontecimentos, fosse levado pela antropologia a uma história universal e imóvel, eu o aconselharia a abandonar o seu empreendimento. Mas, por agora, a fecundidade de uma história situada na longa duração me parece longe de estar esgotada. Por outro lado, o folclore, ainda que muito distante da história, oferece ao historiador das sociedades europeias que quer recorrer à antropologia um tesouro de documentos, métodos e trabalhos, que ele faria bem em interrogar antes de se voltar para a etnologia extraeuropeia. Folclore muito desprezado, etnologia do pobre, que é, porém, uma fonte essencial para a antropologia histórica das nossas sociedades ditas "históricas". Ora, a longa duração pertinente da nossa história – para nós enquanto homens de profissão e homens vivendo no fluxo

---

M. *Sociologia e antropologia*. São Paulo: Cosac & Naify, 2005 [com Prefácio de Georges Gurvitch e Introdução de Claude Lévi-Strauss] [N.T.].

4. Retomado nas *Mélanges en l'honneur de Fernand Braudel*, t. II. "Méthodologie de l'histoire et des sciences humaines", 1972, p. 233-243 e, aqui, p. 335-348. Toulouse.

da história – me parece ser esta longa Idade Média que durou desde o século II ou III da nossa era para morrer lentamente sob os golpes da Revolução Industrial – as revoluções industriais – entre o século XIX e nossos dias. Esta longa Idade Média é a história da sociedade pré-industrial. Acima, há uma outra história, abaixo, há uma história – a contemporânea – a fazer, ou melhor, a inventar, quanto aos métodos. Esta longa Idade Média é, para mim, o contrário do hiato que os humanistas do Renascimento viram e, salvo raras exceções, também os homens do Iluminismo. Este é o momento da criação da sociedade moderna, de uma civilização moribunda ou morta sob suas formas camponesas tradicionais, mas viva pelo que ela criou de essencial nas nossas estruturas sociais e mentais. Ela criou a cidade, a nação, o Estado, a universidade, o moinho e a máquina, a hora e o relógio, o livro, o garfo, o vestuário, a pessoa, a consciência e finalmente a revolução. Entre o neolítico e as revoluções industriais e políticas dos dois últimos séculos, ela é – pelo menos para as sociedades ocidentais – não uma cunha ou uma ponte, mas um grande impulso criador – cortado por crises, graduado por deslocamentos de acordo com as regiões, as categorias sociais, os setores de atividade, diversificada nos seus processos.

Não vamos demorar nos jogos derrisórios de uma lenda dourada da Idade Média para substituir a lenda negra dos séculos passados. Não é isto uma outra Idade Média[5]. Uma outra Idade Média é – no esforço do historiador – uma Idade Média total que se elabora tanto a partir das fontes literárias, arqueológicas, artísticas, jurídicas, quanto a partir dos únicos documentos recentemente concedidos aos medievalistas "puros". É uma Idade Média longa, repito, em que todos os aspectos se estruturam num sistema que, no essencial,

---

5. Eu disse num outro lugar porque, esforçando-me para ser historiador de uma outra Idade Média, de uma Idade Média das profundezas, não aderi nem à lenda negra tradicional, nem à lenda dourada que alguns hoje querem substituir àquela (LE GOFF, J. *La civilisation de l'Occident Medieval*. Paris: Arthaud, 1965, Introduction, p. 13-24). • Há uma publicação em português dessa obra: LE GOFF, J. *A civilização do Ocidente Medieval*. 2 vols. Lisboa: Estampa, 1983 [trad. de Manuel Ruas] [N.T.].

funciona do Baixo Império Romano até a Revolução Industrial dos séculos XVIII e XIX. É uma Idade Média profunda que o recurso aos métodos etnológicos permite alcançar nos seus hábitos cotidianos[6], nas suas crenças, nos seus comportamentos, nas suas mentalidades. Este é o período que nos permite melhor compreender nas nossas raízes e nossas rupturas, na nossa modernidade sobressaltada, na nossa necessidade de compreender a mudança, a transformação que é o fundo da história enquanto ciência e enquanto experiência vivida. É a distância da memória constituinte: o tempo dos antepassados. Acredito que o domínio do passado que somente o historiador de profissão realiza é tão essencial para os nossos contemporâneos quanto o domínio da matéria que lhe oferece o físico ou o domínio da vida que lhe propõe o biólogo. E a Idade Média – que serei o último a desligar da continuidade histórica onde nos banhamos e que é preciso compreender na sua longa duração, o que não implica a crença no evolucionismo – é este passado primordial onde a nossa identidade coletiva, busca angustiada das sociedades atuais, adquiriu algumas características essenciais.

Eu parti – guiado por Charles-Edmond Perrin, mestre rigoroso e liberal, grande figura de uma universidade que absolutamente não existe mais – ao encontro de uma história das ideias muito tradicional. Mas estas ideias já somente me interessam encarnadas nas instituições e nos homens – no seio das sociedades onde uma coisa e outra funcionam. Entre as criações da Idade Média havia as

---

6. Tomo emprestado esta expressão de Émile Souvestre que, na introdução de sua compilação "Le Foyer Breton" [1844], escreve como precursor da etno-história: "Se a história é a revelação completa da existência de um povo, como escrevê-la sem conhecer o que há de mais característico nessa existência? Vocês me mostram este povo na sua vida oficial; mas quem me dirá sua vida a partir do lar? Depois de ter conhecido seus atos públicos, que são sempre em pequeno número, onde poderei conhecer seus atos cotidianos, suas inclinações, suas fantasias, que são do domínio de todos? Não veem vocês que estas indicações sobre a vida íntima de uma nação se acham principalmente nas tradições populares?" (Nova edição: Paris: Marabout/Verviers: Bibliothèque Excentrique, 1975, p. 10).

universidades, os universitários. Não se avaliou muito bem, parece-me, a novidade, nas sociedades ocidentais, de uma atividade, de uma promoção intelectual e social fundada num sistema até então desconhecido delas: o exame que modestamente abria para si um caminho entre o tirar a sorte (de que tinham, em limites muito estreitos, usado as democracias gregas) e o nascimento. Logo percebi que estes universitários saídos do movimento urbano colocavam problemas comparáveis àqueles de seus contemporâneos, os comerciantes. Uns e outros, aos olhos dos tradicionalistas, vendiam bens que só pertenciam a Deus, a ciência num caso, o tempo no outro. "Vendedores de palavras". São Bernardo flagelava assim esses novos intelectuais que ele exortava para se reunirem na única escola válida para um monge, a escola do claustro. O universitário, assim como o comerciante, dificilmente podia, para os clérigos dos séculos XVII e XVIII, agradar a Deus e ganhar a sua salvação. Porém, ao estudar uma fonte então pouco explorada, os *manuais do confessor*, que se multiplicavam depois do Concílio de Latrão, em 1215, uma grande data da história medieval, pois, tornando obrigatória para cada um a confissão auricular pelo menos uma vez por ano, o concílio abria uma frente pioneira em cada cristão, aquela do exame de consciência[7]; eu observava que o universitário, assim como o comerciante, estava justificado por referência ao *trabalho* que ele realizava. A novidade dos universitários me parecia definitivamente como aquela dos *trabalhadores intelectuais*. Assim, minha atenção se achava levada para duas noções com as quais me esforçava por seguir as transformações ideológicas no seio das condições sociais concretas, onde elas se desenvolviam: a noção de trabalho e a noção de tempo. Conservo sobre esses dois problemas dois arquivos abertos, de que alguns artigos reunidos aqui são pedaços, e continuo a

---

7. A importância desta data não escapou a Michel Foucault. Cf. *Histoire de la sexualité* – 1: La Volonté de savoir. Paris: [s.e.], 1976, p. 78. • Há uma publicação em português dessa obra: FOUCAULT, M. *História da sexualidade* – I: A vontade de saber. Rio de Janeiro: Graal, 1977 [trad. de Maria Thereza da Costa Albuquerque e J.A. Guilhon de Albuquerque] [N.T.].

pensar que as atitudes em relação ao trabalho e ao tempo são os aspectos essenciais das estruturas e do funcionamento das sociedades e que seu estudo é um observatório privilegiado para examinar a história destas sociedades.

Para simplificar as coisas, eu diria que, no que diz respeito ao trabalho, eu observava uma evolução do trabalho-penitência da Bíblia e da Alta Idade Média para um trabalho reabilitado, tornando-se finalmente meio de salvação. Mas esta promoção, que os trabalhadores monásticos das novas ordens do século XII, os trabalhadores urbanos das cidades dessa época e finalmente os trabalhadores intelectuais das universidades tinham provocado e justificado, produzia dialeticamente novos desenvolvimentos: a partir do século XIII, se produziu a cisão entre um trabalho manual mais desprezado do que nunca e o trabalho intelectual (aquele do comerciante, assim como do universitário) enquanto que a valorização do trabalho, submetendo mais o trabalhador à exploração que era feita do seu trabalho, favorecia uma alienação crescente dos trabalhadores.

Quanto ao *tempo*, eu buscava, sobretudo, quem (e como), na sociedade medieval ocidental em mutação, dominava novas formas. O domínio do tempo, o poder sobre o tempo me parecia uma peça essencial do funcionamento das sociedades[8]. Eu não fui o primeiro – Yves Renouard, entre outros, tinha escrito, sobre o tempo dos homens de negócios italianos, páginas luminosas – a me interessar com o que se pode chamar resumidamente de *tempo burguês*. Tentei ligar ao movimento teológico e intelectual as novas formas de

---

8. Georges Dumézil, grande despertador de ideias, trabalhando com aquilo que os medievalistas se alimentavam cada vez mais, escreveu: "Reservatório dos acontecimentos, lugar dos poderes e ações duráveis, lugar das ocasiões místicas, o tempo-quadro assume um interesse particular para quem deus, heróis, ou chefe querem triunfar, reinar, fundar: esse, sejam quem for, deve tentar se apropriar do tempo da mesma maneira que do espaço" ("Temps et Mythes". *Recherches Philosophiques*, V, 1935-1936). Cf. meu artigo "Calendario". *Enciclopedia Einaudi*. Turim: [s.e.], 1977.

apropriação do tempo que os relógios marcavam, a divisão do dia em vinte e quatro horas e logo – sob sua forma individualizada – o relógio. Eu encontrei, no coração da "crise" do século XIV, estreitamente ligados o trabalho e o tempo. O tempo de trabalho se mostrava como uma aposta de importância no seio desta grande luta dos homens, das categorias sociais em torno das medidas – objeto de um grande e bom livro de Witold Kula[9].

No entanto, eu continuava a me interessar por aquilo que tinha então a tendência em se chamar antes de história da cultura do que história das ideias. Eu tinha, nesse intervalo, seguido na VIe Section da École Pratique des Hautes Études, as aulas de Maurice Lombard, um dos maiores historiadores que conheci, a quem devo o principal choque científico e intelectual da minha vida profissional. A Maurice Lombard devo não somente a revelação e o gosto dos grandes espaços civilizacionais (e, portanto, de não separar o espaço do tempo, os grandes horizontes e a longa duração), o necessário olhar do medievalista ocidental (mesmo quando ele se acantona prudentemente no seu espaço, a especialização continua sempre a ser exigida) para o Oriente fornecedor de mercadorias, técnicas, mitos e sonhos, mas também a exigência de uma história total onde a civilização material e a cultura se interpenetram, no seio da análise socioeconômica das sociedades. Eu sentia a grosseria e a inadequação de uma problemática marxista vulgar da infraestrutura e da superestrutura. Sem desconhecer a importância da teoria nas ciências sociais e, em particular, na história (muito frequentemente, o historiador, por desprezo à teoria, é o joguete inconsciente de teorias implícitas e simplistas), não me lancei numa pesquisa teórica para a qual não me sinto dotado e onde receio me deixar arrastar por naquilo que acredito, ao lado e depois de muitos historiadores, o pior inimigo da história, a filosofia da história. Abordei alguns aspectos da história das mentalidades, pois, diante desse conceito

---

9. KULA, W. *Miary i ludzie* [*As medidas e os homens*]. Varsóvia: [s.e.], 1970, cuja tradução francesa deve aparecer na "Bibliothèque des Histoires".

da moda e comportando, portanto, toda a positividade, mas também todos os riscos da moda, tentei mostrar o interesse de uma noção que faz mover a história, mas também as ambiguidades de um conceito vago – por isso mesmo, ao mesmo tempo, fecundo, porque despreza as barreiras, mas é perigoso porque escorrega muito facilmente para o pseudocientífico.

Era necessário um fio condutor nesta investigação da história cultural, um instrumento de análise e de investigação. Encontrei a oposição entre cultura erudita e cultura popular. Seu uso não está isento de dificuldades. Cultura erudita não é tão simples de definir como se crê e cultura popular participa da ambiguidade deste perigoso epíteto "popular". Faço minhas as recentes observações pertinentes de Carlo Ginzburg[10]. Mas, tomando com precaução os documentos de que alguém se serve e o que se forma sob estas noções, acredito na eficácia desse instrumento.

Toda uma série de fenômenos vem se arrumar sob esta etiqueta e se desenha o grande diálogo do escrito e do oral, este grande ausente da história que os historiadores fazem, a palavra que se deixa captar pelo menos enquanto eco, rumor ou murmúrio, revela-se o conflito das categorias sociais no campo da cultura, ao mesmo tempo em que toda a complexidade dos empréstimos e das mudanças com força bastante para sofisticar a análise das estruturas e dos conflitos. Lancei-me, pois, aos textos eruditos, os únicos que sei hoje ler um pouco, lacei-me à descoberta do folclore histórico. Trilhando o caminho ao lado dos contos e dos sonhos, não abandonei nem o trabalho nem o tempo. Para tentar compreender como funciona uma sociedade e – tarefa sempre constituinte do historiador – como ela muda e se transforma, é necessário olhar pelo lado do imaginário.

---

10. GINZBURG, C. *Il formaggio e i vermi*. Turim: [s.e.], 1976, p. XII-XV. Cf. tb. SCHMITT, J.-C. "Religion et culture folklorique". *Annales ESC*, 1976, p. 941-953. • Há uma publicação em português dessa obra: GINZBURG, C. *O queijo e os vermes*. São Paulo: Companhia das Letras, 2006 [trad. de Maria Betânia Amoroso] [N.T.].

Queria agora avançar em tarefas mais ambiciosas, cujos ensaios apresentados aqui são somente os primeiros passos. Contribuir para a constituição de uma antropologia histórica do Ocidente pré-industrial. Trazer alguns elementos sólidos para um estudo do imaginário medieval. Fazendo isso, precisar, a partir da minha formação e da minha experiência de medievalista, os métodos de uma nova erudição, adaptada aos novos objetos da história, fiel a esta dupla natureza da história, da história medieval em particular, o rigor e a imaginação. Uma erudição que defina os métodos de crítica de uma nova concepção do documento, aquela do documento-monumento[11], que lança as bases de uma nova ciência cronológica – que não seja simplesmente linear –, que libere as condições científicas de uma comparação legítima, quer dizer, que não compare qualquer coisa com qualquer coisa, sem consideração de quando e onde.

Gostaria de terminar com uma palavra de Rimbaud, não para opor, com muitos intelectuais, depois de muitos intelectuais da Idade Média, trabalho manual e trabalho intelectual, mas, ao contrário, para uni-los no seio da solidariedade de todos os trabalhadores: "A mão que pega a pena vale tanto quanto a mão que pega a charrua".

J.L.G.

---

11. Abordamos esse problema, Pierre Toubert e eu, numa comunicação ao 100ᵉ Congrès des Societés Savantes (Paris, 1973): "Uma história total da Idade Média é possível?" *Actes du 100ᵉ Congrès National des Societés Savantes* – T. I: Tendances, Perspectives et Méthodes de l'Histoire Médiévale. Paris: [s.e.], 1977, p. 31-34.

Nota do autor

Na versão originária dos estudos reunidos aqui, a maioria das citações foi dada na língua original, quer dizer, essencialmente o latim. Para a comodidade do leitor, essas citações foram aqui traduzidas para o francês no texto. Mas o latim foi conservado nas notas que não são indispensáveis para a compreensão do texto.

Proveniência dos textos

1 As idades médias de Michelet (*Les Moyen Age de Michelet*) MICHELET. *Oeuvres complètes* – Histoire de France, I. Paris: [s.e.], 1974, p. 45-63 [Org. por P. Viallaneix].

2 Na Idade Média: tempo da Igreja e tempo do mercador (*Au Moyen Age: temps de l'Église et temps du marchand*) *Annales ESC*, 1960, p. 417-433.

3 O tempo do trabalho na "crise" do século XIV: do tempo medieval ao tempo moderno (*Le temps du travail dans la "crise" du XIVe siècle: du temps médiéval au temps moderne*) *Le Moyen Age*, LXIX, 1963, p. 597-613.

4 Nota sobre sociedade tripartida – Ideologia monárquica e renovação econômica na Cristandade do século IX ao século XII (*Note sur société tripartie, idéologie monarchique et renouveau économique dans la chrétienté du IXe au XIIe siècle*) MANTEUFFEL, T. & GIEYSZTOR, A. (orgs.). *L'Europe aux IXe-XIe siècle*. Varsóvia: [s.e.], 1968, p. 68-72.

5 Ofícios lícitos e ofícios ilícitos no Ocidente Medieval (*Métiers licites et métiers illicites dans l'Occident Médiéval*) "Études historiques". *Annales de l'École des Hautes Études de Gand*, V, p. 41-57.

6 Trabalho, técnicas e artesãos nos sistemas de valor da Alta Idade Média (século V ao século X) (*Travail, techniques et artisans dans les systèmes de valeur du haut Moyen Age (V^e-Xe siècle)*) "Artigianato e tecnica nella società dell'Alto Medioevo Occidentale". *Settimane di Studio del Centro Italiano di Studi sull'Alto Medioevo*, XVIII. Espoleto: [s.e.], 1971, p. 239-266.

7   Os camponeses e o mundo rural na literatura da Alta Idade Média (séculos V e VI) (*Les paysans et le monde rural dans la littérature du Haut Moyen Age (V^e-VIe siècle)*) "L'Agricoltura e il mondo rurale nell'Alto Medioevo". *Settimane di Studio del Centro Italiano di Studi sull'Alto Medioevo*, XIII. Espoleto: [s.e.], 1966, p. 723-641.

8   Despesas universitárias em Pádua no século XV (*Dépenses universitaires à Padoue au XVe siècle*) *Mélanges d'archéologie et d'histoire*. Roma: École Française de Rome, 1956, p. 377-395.

9   Ofício e profissão de acordo com os manuais de confessores da Idade Média (*Métier et profession d'aprés les manuels de confesseurs du Moyen Age*) Miscellanea Mediaevalia – Vol. III: Beiträge zum Berufsbewusstsein des mittelalterlichen Menschen. Berlim: [s.e.], 1964, p. 44-60.

10   Que consciência a universidade medieval teve de si mesma? (*Quelle conscience l'université médiévale a-t-elle eue d'elle-même?*) Miscellanea Mediaevalia – Vol. III: Beiträge zum Berufsbewusstsein des mittelalterlichen Menschen. Berlim: [s.e.], 1964, p. 15-29.

11   As universidades e os poderes públicos na Idade Média e no Renascimento (*Les universités e les pouvoirs publics au Moyen Age et à la Renaissance*) XIIe Congrès International des Sciences Historiques. Viena, 1965. Rapports III; Commission, p. 189-206.

12   Cultura clerical e tradições folclóricas na civilização merovíngia (*Culture clérical et traditions folkloriques dans la civilisation mérovingienne*) Annales ESC, 1967, p. 780-791.

13   Cultura eclesiástica e cultura folclórica na Idade Média: São Marcelo de Paris e o dragão (*Culture ecclésiastique et culture folklorique au Moyen Age: Saint Marcel de Paris et le dragon*) DE ROSA, L. (org.). *Ricerche storiche ed economiche in memoria di Corrado Barbagallo*. Tomo II. Nápoles, ESI, 1970, p. 51-90.

14   O Ocidente Medieval e o Oceano Índico: um horizonte onírico (*L'Occident Médiéval et l'Océan Indien: un horizon onirique*) Mediter-

raneo e Oceano Indiano – Atti del VI Colloquio Internazionale di Storia Marittima. Florença: Olschki, 1970, p. 243-130.

15 Os sonhos na cultura e a psicologia coletiva do Ocidente Medieval *(Les rêves dans la culture et la psychologie collective de l'Occident Médiéval) Scolies*, I, 1971, p. 123-130.

16 Melusina maternal e decifradora *(Mélusine maternelle et défricheuse) Annales ESC*, 1971, p. 587-603.

17 O historiador e o homem cotidiano *(L'historien et l'homme quotidien) Mélanges en l'honneur de Fernand Braudel* II – Méthodologie de l'Histoire et des Sciences Humaines. Toulouse: [s.e.], 1972, p. 233-243.

18 O ritual simbólico da vassalagem *(Le rituel symbolique de la vassalité)* "Simboli e simbologia nell'Alto Medioevo". *Settimane di Studio del Centro Italiano di Studi sull'Alto Medioevo*, XXIII. Espoleto: [s.e.], 1976, p. 679-788.

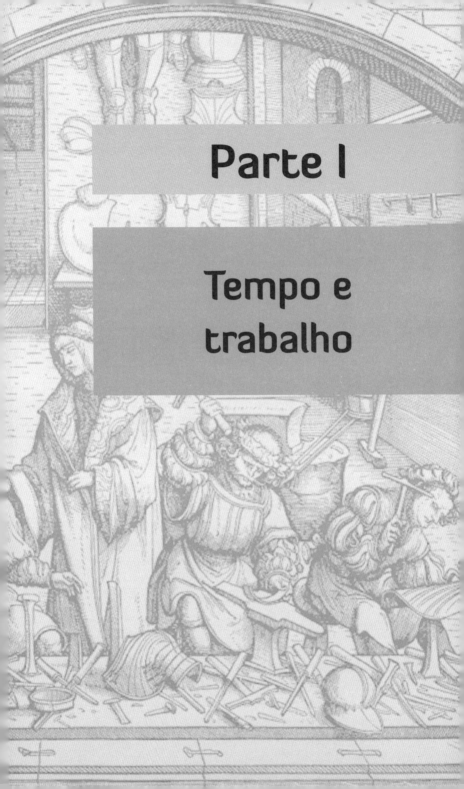

Parte I

Tempo e trabalho

1
As idades médias de Michelet

Junto com muitos medievalistas, Michelet não tem atualmente uma boa fama. A sua *Moyen Age* aparece como a parte mais fora de moda da *Histoire de France*. Em relação à evolução da ciência histórica, em primeiro lugar, Apesar dos Pirenne, dos Huizinga, dos Marc Bloch e daqueles que, depois destes, abrem a Idade Média à história das mentalidades, à história das profundezas, à história total, a Idade Média permanece o período da história mais marcado pela erudição do século XIX (da Escola das cartas aos *Monumenta Germaniae Historica*) e pela escola positivista da virada do século XIX para o século XX. Que se leia os volumes insubstituíveis da *Histoire de France* de Lavisse consagrados à Idade Média. Como Michelet está longe disso! A Idade Média de Michelet pertence, aparentemente, a seu lado mais literário e menos "científico". É aí que o Romantismo poderia ter realizado os maiores estragos. Michelet medievalista não parece absolutamente mais sério do que Victor Hugo de *Notre-Dame de Paris* ou de *La légende des siècles*. Eles são medievais.

A Idade Média se tornou e permanece sendo a cidadela da erudição. Porém, as relações de Michelet com a erudição são ambíguas. Certamente Michelet, esse grande apetite, esse devorador de história, manifestou uma fome insaciável de documento. Ele foi, com paixão, e lembrou isso incessantemente, um homem de arquivos, um trabalhador de arquivos. No *Prefácio* de 1869, ele sublinhou que uma das novidades da sua obra era sua base documental: "Até 1830 (inclusive até 1836), nenhum dos historiadores notáveis desta época tinha sentido ainda a necessidade de buscar os fatos fora dos livros impressos, nas fontes primitivas, a maioria inéditos então, nos manuscritos de nossas bibliotecas, nos documentos de nossos arquivos". E ele insiste: "Nenhum historiador que eu saiba, antes do meu terceiro volume (coisa fácil de verificar) tinha feito uso de peças inéditas [...] esta é a primeira vez que a história teve uma base tão séria (1837)". Mas o documento, e mais particularmente o documento de arquivos, para Michelet, é somente um trampolim para a imaginação, o detonador da visão. As páginas célebres sobre os Arquivos nacionais testemunham este papel de estimulante poético do documento, que começa, antes mesmo de o texto ser lido, pela ação criadora do espaço sagrado do depósito de arquivos. Exerce-se sobre o historiador um poder que vem da atmosfera. Estes grandes cemitérios da história são também e principalmente os lugares da ressurreição do passado. A celebridade dessas páginas pôde atenuar o seu poder. Eles jorram, porém, de algo muito mais profundo em Michelet do que um dom literário de evocação. Michelet é um necromante: "Eu amava a morte [...]", mas ele percorre as necrópoles do passado como as áleas do Père-Lachaise, para arrastar, no sentido próprio e não figurado do termo, os mortos a seu amortalhamento, para "acordá-los" e para fazê-los "reviver". A Idade Média, que se prolongou até nós nos afrescos, nos tímpanos das igrejas, no apelo das trombetas do Juízo, que são em primeiro lugar aquelas do despertar, encontrou em Michelet aquele que soube melhor fazê-los soar: "Nas galerias solitárias dos Arquivos onde andei por vinte anos nesse profundo silêncio, os murmúrios, no entanto, chegaram aos meus ouvidos [...]". E na longa notícia que fecha o segundo volume da *Histoire de France*: "Tirei este volume, em grande parte, dos Arquivos nacionais. Não demorei a perceber no silêncio aparente destas galerias, que havia um movimento, um murmúrio que era a morte [...] todos viviam e falavam [...]. E, à medida que eu soprava o pó, eu os via elevar-se. Eles tiravam do sepulcro de um a mão, de outro a cabeça, como no *Juízo final* de Michelangelo, ou na *Dança dos mortos* [...]". Sim, Michelet é muito mais do que um necromante; ele é, de acordo com o bom neologismo que inventou para si mesmo e que ninguém ousou conservar depois dele, um "ressuscitador"[1].

Michelet foi um arquivista consciencioso, apaixonado pela sua profissão. Seus sucessores de hoje sabem disso e podem provar isso, mostrando os traços do seu trabalho. Ele enriqueceu a sua *Histoire de France* e, especialmente, a sua Idade Média, com *notas* e *peças justificativas* que testemunham a sua ligação com a erudição. Ele pertence a essas gerações românticas (Victor Hugo também) que souberam aliar erudição e poesia. Merimée, o primeiro inspetor geral dos monumentos históricos, é outro exemplo, ainda que tenha separado mais a sua profissão da sua obra. O tempo de Michelet é aquele da Sociedade céltica que se tornou a Sociedade nacional dos antiquários da França, da Escola nacional dos cartógrafos, do Inventário monumental da França, então abortado, hoje ressurgindo, da arquitetura erudita de Viollet-le-Duc... Mas a erudição para Michelet é somente uma fase inicial e preparatória. A história começa depois, com a escrita. A erudição não é mais então um andaime que o artista, o historiador deveria levantar quando a obra tenha sido realizada. Ela está ligada a um estado imperfeito da ciência e da vulgarização. Tempo virá em que a erudição, deixando de ser as muletas visíveis da ciência histórica, será incorporada à obra histórica e reconhecida internamente pelo leitor formado nesse conhecimento íntimo. Uma imagem de construtores de catedrais exprime, no *Prefácio* de 1861, esta concepção de Michelet: "As peças justificativas, espécie de escoras e de contrafortes do nosso edifício histórico, poderiam desaparecer, à medida que a educação do público se identificasse mais com os próprios progressos da crítica e da ciência". Desenvolver nele, em torno dele, um instinto de história, infalível como aquele dos animais que ele vai estudar no fim de sua vida, é este o grande anseio de Michelet historiador.

---

1. "E houve então um estranho diálogo entre ele e eu, entre mim, o seu ressuscitador, e o velho tempo ressuscitado". É a partir da Idade Média que Michelet fala no grande texto inédito publicado por Paul Viallaneix (*L'arc*, n. 52, *Michelet*, 1973, p. 9).

Qual medievalista poderia facilmente hoje renunciar à ostentação de notas de rodapé, de anexos e apêndices? Um debate que fosse longe na análise da produção social da história poderia opor argumentos, à primeira vista, também convincentes. Certamente, estendendo para o plano político e ideológico a atitude de Michelet, poderiam recusar as práticas de uma erudição cuja consequência, quando não o fim, é perpetuar a dominação de uma casta sacralizada de autoridades. Outros, que poderiam também apelar para Michelet, alegariam que não poder haver ciência sem provas justificáveis e que a idade de ouro da história, sem justificação erudita, é ainda somente uma utopia. Não vamos insistir nisso. Os fatos estão aí. Um medievalista, hoje, só pode recuar ou hesitar em relação à concepção que Michelet tem da erudição. A Idade Média é ainda um trabalho de clérigos. Parece que não chegou ainda o tempo, para o medievalista, de renunciar à liturgia da epifania erudita e de perder o seu latim. Mesmo quando se considera que Michelet medievalista é, nesse ponto fundamental, mais profético talvez que ultrapassado, é preciso admitir que sua Idade Média não é aquela da ciência medieval de hoje.

Mas a Idade Média de Michelet parece também fora de moda em relação ao próprio Michelet. Quando se considera Michelet como um homem da sua época, este impetuoso século XIX, ou quando ele seja visto como homem da nossa época, este convulsivo século XX, Michelet parece muito longe da Idade Média. E ele o parece ainda mais, quando, tal como para aí ele nos conduz, compreendemos a sua obra histórica como sendo uma autobiografia – "biografar a história como um homem, como eu" –, Idade Média das permanências, século XIX das revoluções, Idade Média da obediência, século XX da contestação. A Idade Média de Michelet? Triste, obscurantista, cristalizada, estéril. Michelet, homem da festa, da luz, da vida, da exuberância. Se Michelet se detém na Idade Média de 1833 a 1844, é para aí levar um longo luto, é como se o pássaro Michelet não chegasse a se afastar da cegueira, da sufocação de um longo túnel. Seu bater de asas se choca contra os muros de uma catedral de trevas. Ele não respira, ele não toma fôlego, ele somente floresce – pássaro-flor – com o Renascimento e a Reforma. Enfim, chega Lutero...

E, não obstante...

Se, no interior daquilo que se chama *École des Annales*, são os historiadores da história "moderna", um Lucien Febvre ontem, um Fernand Braudel hoje, que viram primeiro em Michelet o pai da nova história, da história total que quer compreender o passado em toda a sua espessura, da cultura material às mentalidades, não são hoje os medievalistas que, mais do que outros, pedem a Michelet para esclarecê-los nesta questão – que ele preconizava no *Prefácio* de 1869 – de uma história ao mesmo tempo mais "material" e mais "espiritual"? E se um Roland Barthes revelou em Michelet um dos primeiros representantes da modernidade, esta modernidade não se manifesta, em primeiro lugar, na sua visão da época, que é a infância da nossa sociedade, a Idade Média?

Para esclarecer essa aparente contradição, tentemos um exame da Idade Média de Michelet que responda ao mesmo tempo a uma dupla exigência, aquela da ciência moderna e a do próprio Michelet, quer dizer, que se esforce para restituir a Idade Média de Michelet na sua evolução, na sua própria vida. De 1833 a 1862, a Idade Média de Michelet não ficou imóvel. Ela se transformou. O estudo das suas transformações é indispensável para a compreensão da Idade Média de Michelet, para os medievalistas e para os homens de hoje. Tal como Michelet gostava de fazer (com ou sem Vico), tal como a ciência histórica a ele se liga hoje, periodizemos a Idade Média de Michelet, mesmo ao preço de alguma simplificação. O movimento da vida – como também da história – se faz mais de cruzamentos do que de sucessões francas. Mas, para se encaixar umas nas outras, as transformações da evolução, não obstante, revestem figuras sucessivas.

Acredito poder distinguir três e talvez quatro idades médias de Michelet. A chave desta evolução é a maneira como Michelet, mais do que qualquer um, leu e escreveu a história do passado à luz da história do presente. A relação "histórica" entre Michelet e a Idade Média muda segundo as relações de Michelet com a história contemporânea. Isto se dá em torno de dois polos, essenciais na evolução de Michelet: 1830 e 1871, que representam a vida adulta do historiador (nascido em 1798 e morto em 1874). Entre "o raio de julho" e o crepúsculo da derrota da França diante da Prússia, a luta contra o clericalismo, as decepções da revolução abortada de 1848, o desgosto diante das negociatas do segundo império, as desilusões nascidas do materialismo e das injustiças da sociedade industrial emergente fazem subverter a imagem que Michelet tem da Idade Média.

De 1833 a 1844, ao longo das datas de publicação dos seis volumes da *Histoire de France*, consagradas à Idade Média, a Idade Média de Michelet é uma Idade Média positiva. Ela se deteriora lentamente, de 1845 a 1855, ao ritmo das novas edições, numa Idade Média invertida, negativa, que chega a um baixar de cortina no *Prefácio* dos tomos VII e VIII da *Histoire de France* (1855), consagrados ao Renascimento e à Reforma. Depois do grande intervalo da *Histoire de la révolution*, surge uma nova Idade Média, que chamo de Idade Média de 1862, data em que aparece *La sorcière*. É, portanto, a Idade Média da feiticeira: por um estranho movimento dialético, ressurge, do fundo do desespero, uma Idade Média satânica, mas, porque satânica, *luciferiana*, quer dizer, portadora de luz e de esperança. Enfim, desponta talvez uma quarta Idade Média, aquela que, por antítese ao mundo contemporâneo, o mundo da "grande Revolução Industrial" ao qual é consagrado a última parte – pouco conhecida – da *Histoire de France*, encontra o fascínio de uma infância para a qual o retorno é agora impossível, como é impossível, no limiar da morte que sempre visitou Michelet, o retorno para o refúgio quente do ventre materno.

A boa Idade Média, de 1833-1844

Como estabeleceu minuciosamente Robert Casanova, a parte da *Histoire de France*, de Michelet, que concerne à Idade Média conheceu três edições com variantes: a primeira edição (batizada de A), cujos seis tomos apareceram de 1833 a 1844 (tomos primeiro e segundo em 1833, terceiro em 1844), a edição Hachette de 1852 (B) e a edição definitiva de 1861 (C). As reedições parciais vieram à luz nesse intervalo, para os tomos I e II em 1835 e o tomo III em 1845 (A') e para algumas partes dos tomos V e VI em 1853, 1856 e 1860 (*Jeanne d'Arc* para o tomo V, e, para o tomo VI, *Louis XI et Charles le Téméraire*, editados na biblioteca das estradas de ferro de Hachette). A edição A' dos três primeiros tomos é pouco diferente da edição A. É entre A-A' e B que se verifica a grande mudança, principalmente para os tomos I e II, ainda que os tomos V e VI reproduzam aqueles de A. De modo geral, C é somente um reforço, considerável, é verdade, das tendências de B.

De 1833 a 1844, Michelet sofreu o encanto da Idade Média, de uma Idade Média positiva até nas suas infelicidades e horrores. O que o seduz então na Idade Média é, em primeiro lugar, que ele pode fazer esta história total que ele exaltará no *Prefácio* de 1869. A Idade Média é matéria para a história total, porque ela permite escrever a história ao mesmo tempo mais material e mais espiritual com que sonha Michelet e porque a documentação que os arquivos e os monumentos, os textos de pergaminho e de pedra oferecem, alimenta a imaginação do historiador o bastante para que ele possa ressuscitar integralmente esta época.

Idade Média material de onde emergem muitas circunstâncias "físicas e fisiológicas", o "solo", o "clima", os "alimentos". França medieval física, porque este é o momento em que a nacionalidade francesa aparece com a língua francesa, mas em que, ao mesmo tempo, o parcelamento feudal estabelece uma França provincial (para Michelet, França *feudal* e França *provincial* são uma única e mesma coisa), "formada segundo sua divisão física e natural". Daí a ideia genial de colocar o *Tableau de la France*, essa maravilhosa meditação descritiva sobre a geografia francesa, não no *caput* da *Histoire de France*, como uma estreita abertura dos "dados" físicos que eternamente sempre condicionaram a história, mas na época, no ano 1000, em que a história faz desta finisterra euro-asiática, ao mesmo tempo, uma unidade política, aquela do reino de Hugo Capeto, e um mosaico de principados territoriais. A França nasce. Michelet pode, no seu berço, predizer o destino de cada uma de suas províncias, dotá-las.

É uma história climática, alimentar e fisiológica. Eis que ela está em evidência nas calamidades do ano 1000: "Parecia que a ordem das estações tinha sido invertida, que os elementos tinham seguido novas leis. Uma peste terrível desolou a Aquitânia; a carne dos doentes parecia atacada pelo fogo, se desprendia dos ossos e caía de podre [...]".

Sim, esta Idade Média é feita de matérias, de produtos que se permutam, de desordens físicas e mentais. O *Prefácio* de 1859 o evoca novamente: "Como a Inglaterra e Flandres foram unidas pela lã e pelo tecido, como a Inglaterra bebeu de Flandres, impregnou-se dela, atraindo a qualquer preço os tecelões expulsos pelas brutalidades da casa de Borgonha: este é o grande fato". E ainda: "A peste negra, a dança de São Guido, as flagelações e o *sabbat*, estes carnavais do desespero, levaram o povo, abandonado, sem chefe, a agir por si mesmo [...]. O mal chega a seu mais elevado paroxismo, a furiosa loucura de Carlos VI". Mas esta Idade Média é também espiritual e, em primeiro lugar, no sentido no qual então Michelet a entende, quer dizer, que é no seu seio que se realiza "o grande movimento progressivo, interior, da alma nacional".

Michelet encontra mesmo em duas igrejas, no coração da Paris de Carlos VI, a encarnação da materialidade e da espiritualidade, esses dois polos entre os quais deve, segundo ele, oscilar a história nova: "Saint-Jacques-de-la-Boucherie era a paróquia dos talhadores e dos lombardos, do dinheiro e da carne. Dignamente cercada de esfoladores, de curtumeiros e de maus lugares, a suja e rica paróquia se estendia até a Rua Trousse-Vache até o Cais das Peles ou Peleiro [...]. Contra a materialidade de São Jacques se erguia, a dois passos, a espiritualidade de São João. Dois acontecimentos trágicos tinham feito desta capela uma grande igreja, uma grande paróquia: o milagre da Rua das Billettes, onde "Deus foi surrado por um judeu" e depois a ruína do Templo, que estendeu a Paróquia de Saint-Jean até este vasto e silencioso bairro [...]".

Mas esta Idade Média é também o tempo que se põe a transbordar de testemunhos da erudição e da imaginação, onde se pode ouvir o que Roland Barthes chamou de "o documento como voz": "Entrando nos ricos séculos de atos e peças autênticas, a história se torna maior [...]". É então que se erguem os "murmúrios" dos arquivos, que os pergaminhos, as ordenanças reais tomam vida e falam. Também a pedra vive e fala. Antes, ela era material e inerte; agora ela se espiritualiza e toma vida. Este hino à pedra que vive é o essencial do célebre texto sobre "a paixão, como princípio da arte da Idade Média". "A arte antiga, adoradora da matéria, era classificada pelo apoio material do templo, pela coluna [...]. A arte moderna, filha da alma e do espírito, tem como princípio não a forma, mas a fisionomia; o olho, não a coluna, mas a encruzilhada; não o pleno, mas o vazio". E também: "A pedra é animada e espiritualizada sob a ardente e severa mão do artista. O artista faz a vida sair dela".

"Defini a história como *Ressurreição*. Se isto alguma vez se deu, foi no 4º volume (o *Carlos VI*)". É Michelet que sublinha. Estes arquivos da Idade Média, de onde se pode fazer reviver os mortos, permitem mesmo fazer ressuscitar aqueles que mais do que outros impressionam Michelet, aqueles cujo chamamento à vida faz deste despertador um grande ressuscitador, aqueles que são mais mortos do que os outros, os pequenos, os fracos, o povo. Aqueles que têm o direito de dizer: "História!, conte conosco. Teus credores chamam por ti. Aceitamos a morte em troca de uma linha tua". Então, Michelet pode "mergulhar no povo. Enquanto Olivier de la Marche e Chastellain se pavoneiam nos banquetes do Tosão de Ouro, eu sondei as cavernas onde fermentou Flandres, essas massas de místicos e valentes operários".

Isto é dizer que a Idade Média de 1833 foi para Michelet a época de aparições maravilhosas. Elas surgem dos documentos sob os seus olhos deslumbrados. O primeiro a ressuscitar é o bárbaro, e o bárbaro é a criança, é a juventude, é a natureza, é a vida. Ninguém melhor que Michelet expressou o mito romântico do bom bárbaro: "Esta palavra me agrada [...] eu a aceito, bárbaros. Sim, quer dizer, cheios de uma seiva nova, viva e rejuvenescedora [...]. Temos, nós bárbaros, uma vantagem natural; se as classes superiores têm a cultura, nós temos muito mais calor vital [...]". E, mais tarde, sua Idade Média será ainda atravessada por crianças maravilhosas, que o *Prefácio* de 1869 saúda: "São Francisco, uma criança que não sabe o que diz e que por isso mesmo fala melhor [...]" E certamente Joana d'Arc: "O espetáculo é divino quando sobre o cadafalso a criança, abandonada e sozinha, contra o sacerdote-rei e a mortífera Igreja, mantém em plena fogueira sua Igreja interior e voa dizendo: "Minhas vozes!" Mas a própria Idade Média não é mais totalmente uma criança: "Triste criança, arrastada das próprias entranhas do cristianismo, que nasce em lágrimas, que cresce na prece e no sonho, nas angústias do coração, que morreu sem consumar nada; mas que nos deixou de si uma tão forte lembrança, que todas as alegrias, todas as grandezas das épocas modernas não bastariam para nos consolar". No ano 1000, é também da terra, das florestas, dos rios, das bordas do mar, que esta mulher tão amada se ergue: a França, a França física, biológica: "Quando o vento carrega este vão e uniforme nevoeiro, com que o Império Alemão tudo cobriu e tudo obscureceu, o país aparece [...]". E a frase famosa: "A França é uma pessoa". E o resto, que às vezes esquecemos: "Não posso me fazer melhor compreender do que reproduzindo a linguagem de uma engenhosa fisiologia". Isto não escapou a Roland Barthes: "O retrato da França [...] que se dá normalmente como o ancestral das geografias, é de fato o relatório de uma experiência química: a enumeração das províncias aí é menos uma descrição do que um recenseamento metódico dos materiais, das substâncias necessárias para a elaboração totalmente química da generalidade francesa".

A França está aí, o povo vai ao seu encontro. Ergue-se uma primeira vez e, então, aparecem as Cruzadas. Que ocasião para Michelet opor a generosidade, a espontaneidade, o impulso dos pequenos ao cálculo, às tergiversações dos grandes: "O povo parte sem nada esperar, deixando que os príncipes deliberassem, se armassem, se multiplicassem; homens de pouca fé!, os pequenos não se perturbam com nada disso: eles estavam certos de um milagre". Desta vez é preciso já notar que a Idade Média de Michelet, que parece no início tão distante da Idade Média "científica" dos medievalistas do século XX, anuncia a Idade Média que os mais inovadores dos historiadores hoje revelam pouco a pouco, apoiando-se numa melhor documentação. Prova disso é esse grande livro que inaugurou, com três ou quatro outros, o tempo da história das mentalidades coletivas: *La chrétienté et l'idée de croisade*, de Paul Alphandéry e Alphonse Dupront (1954). A dualidade, o contraste das duas cruzadas fica aí provada e explicada: a cruzada dos cavaleiros e a cruzada do povo. Este é, inclusive, o título de um capítulo: *La croisade populaire*. O Papa Urbano II, em Clermont, tinha pregado aos ricos. Mas são os pobres que partem – que partem, em todo caso, em primeiro lugar. "Os nobres precisam de tempo para realizar seus bens, e o primeiro grupo, um inumerável tumulto de gente, compunha-se de camponeses e de nobres com pouca fortuna. Mas uma outra diferença, muito mais real, diferença no espírito, devia logo separar os pobres dos senhores. Estes partiam para utilizar contra o infiel o ócio da Trégua de Deus: tratava-se exatamente de uma expedição limitada, de uma espécie de *tempus militiae*. Ao contrário, no povo, há uma ideia de permanência na Terra Santa [...]. Os pobres que têm tudo a ganhar com a aventura são os verdadeiros espirituais da Cruzada, para a realização das profecias". E o que poderia Michelet escrever se tivesse conhecido as pesquisas recentes sobre a cruzada das crianças de 1212, se tivesse sabido que este termo crianças, sobre o qual Alphandéry e Dupront, num capítulo também (*Les croisades d'enfants*), mostraram que com ela "se revela com uma intensidade, onde brilha naturalmente o milagre, a vida profunda da ideia mesma de cruzada", designa, como o provará Pierre Toubert, os pobres, os humildes, como os *Pastoureaux* de 1251 ("os mais miseráveis habitantes dos campos, os pastores principalmente [...]", escreveu Michelet)? Eis a infância e o povo indissoluvelmente unidos, como Michelet gostaria que fosse.

A segunda aparição do povo na Idade Média é aquela que mais agradou Michelet. Michelet era mais um leitor de crônicas e de arquivos do que de textos literários. Ele ignorava, parece, os vilões monstruosos, bestiais da literatura em 1200, como *Aucassin et Nicolette*, aquela do *Ivain* de Chrétien de Troyes. O povo tinha surgido como multidão, como coletivo, com as Cruzadas. Eis que, de repente, dos documentos do século XIV, ele surge como uma pessoa, o *Jacques* (camponês). Michelet, parisiense, filho de artesão, homem da era burguesa, tinha até então encarado o povo das cidades e das comunas. "Mas o campo? Quem o conhece antes do século XIV? (Isto certamente faz sorrir o medievalista de hoje, que dispõe de muitos estudos – entre eles alguns grandes livros, como aqueles de Georges Duby – sobre os camponeses de antes da peste e da *jacquerie*.) Esse grande mundo de trevas, essas massas inumeráveis, ignoradas, isto surge à luz do dia. No terceiro tomo (de erudição, sobretudo), não estava prevenido, não esperava por nada, quando a figura de *Jacques*, erguida no caminho, me barrou a passagem; figura monstruosa e terrível [...]". É a revolta de Caliban, previsível desde o encontro de Aucassin com o jovem camponês, "grande, monstruosamente feio e horrível, com um rosto enorme e mais negro do que o carvão dos pães, com uma distância maior do que um palmo entre os olhos, com imensas faces, um gigantesco nariz achatado, com enormes e largas narinas, com grossos lábios mais vermelhos que um bife, com longos e terríveis dentes amarelos. Ele usava grevas e botas de couro de boi, que as cordas de casca de tília mantinham em torno da perna até acima do joelho. Estava vestido com um manto sem direito nem avesso, e se apoiava numa longa clava. Aucassin se precipitou para ele. Qual não foi seu medo quando pôde vê-lo de perto!" (Tradução de Jean Dufournet, 1973).

Enfim, a terceira aparição do povo na Idade Média foi Joana d'Arc. Para começar, Michelet aponta sua característica essencial: seu pertencimento ao povo. "A originalidade da donzela, aquilo que foi o seu sucesso, não foi tanto a sua valentia, foi o seu bom-senso. Através do seu entusiasmo, essa filha do povo viu o problema e soube resolvê-lo." Mas Joana é mais do que uma emanação do povo. Ela é a realização de toda a Idade Média, a síntese poética de tudo o que Michelet vê nela de aparições maravilhosas; a criança, o povo, a França, a virgem: "Que o espírito romanesco lhe toque, caso se ouse; a poesia nunca o fará. O que poderia ela acrescentar? [...] A ideia que ela tinha, durante toda a Idade Média, aparecia de lenda em lenda, esta ideia se acabará por se tornar uma pessoa; este sonho foi alcançado. A virgem das batalhas, para quem os cavaleiros apelavam e esperavam vir do alto, estava aqui embaixo [...]. Onde?, que maravilha! Naquilo que se desprezava, naquilo que parecia mais humilde, numa criança, numa simples mulher do campo, no pobre povo da França [...]. Pois houve um povo, houve uma França [...]. Esta última figura do passado foi também a primeira do tempo que começava. Nela apareceram ao mesmo tempo a virgem [...] e já a pátria". Mas Joana é, definitivamente e sobretudo, mais que o povo ou a nação, ela é a mulher. "Devemos ver aí também outra coisa, a paixão da virgem, o martírio da pureza [...]. O salvador da França devia ser uma mulher. A França era a própria mulher [...]". Uma outra obsessão de Michelet encontrou aqui seu alimento. Não obstante, Joana marca o fim da Idade Média. Nesse intervalo, uma outra aparição maravilhosa se produziu: a nação, a pátria. É a grandeza desse século XIV, o grande século da Idade Média para Michelet, aquele que julgará digno de uma publicação separada. É no *Prefácio* do tomo III, de 1837, que ele fala do seu encantamento por este século em que a França se realiza, onde, de criança, ela se torna mulher, de pessoa física se torna pessoa moral, onde ela é finalmente ela mesma: "A era nacional da França é o século XIV. Os Estados gerais, o Parlamento, todas as nossas grandes instituições aí começam ou se regularizam. A burguesia aparece na revolução de Marcel, o camponês na *Jacquerie*, a própria França surge na guerra com os ingleses. Esta expressão: um *bom francês* data do século XIV. Até então, a França era menos França do que Cristandade".

Além das pessoas queridas, o bárbaro-criança, a França-mulher e nação, o povo, Michelet vê surgir, na Idade Média, duas forças entusiasmantes: a religião e a vida. A religião, pois, nesse momento, Michelet, como bem mostrou Jean-Louis Cornuz, considera o cristianismo como uma força positiva da história. No belo texto que permaneceu muito tempo ignorado e que Paul Viallaneix acaba de revelar, intitulando-o de *L'Héroïsme de l'esprit*, Michelet explica: "Uma das causas principais que me fez tomar esses cuidados piedosos com essas épocas que todos os nossos esforços tendem a apagar da terra, devo dizê-lo? É o espantoso abandono em que seus amigos os deixaram, é a incrível impotência dos partidários da Idade Média em trazer como luz e como valor esta história que eles dizem amar tanto [...] Quem conhece o cristianismo?" O cristianismo, para ele, é então a subversão da hierarquia, a promoção dos humildes: os últimos serão os primeiros. É mesmo, ainda que já em parte impotente no domínio material, um fermento de liberdade e, em primeiro lugar, para os mais oprimidos, os mais infelizes, os escravos. Ele quer libertar o escravo, ainda que não consiga. Na Gália do fim do século III, os oprimidos se revoltam. "Então, todos os servos das Gálias tomaram as armas sob a designação de *Begaudes* [...]. Não seria de admirar o fato de esta reclamação dos direitos naturais do homem ter sido em parte inspirada pela doutrina da igualdade cristã.

Numa época em que confessa ser mais "escritor e artista" do que historiador, Michelet vê no cristianismo uma maravilhosa inspiração para a arte. E ele escreve este texto sublime: *La Passion comme principe d'art au Moyen Age*, que vai corrigir na edição de 1852 e não conservará naquela de 1861, senão nos Éclaircissements: "Nesse abismo está o pensamento da Idade Média. Esta época está contida totalmente no cristianismo, o cristianismo na paixão [...]. Eis todo o mistério da Idade Média, o segredo de suas lágrimas inesgotáveis e do seu gênio profundo. Lágrimas preciosas, elas correram em límpidas lendas, em maravilhosos poemas, e, amontoando-se no céu, elas se cristalizaram em gigantescas catedrais que queriam se elevar para o Senhor! Sentados na margem desse grande rio poético da Idade Média, eu distingo duas fontes diferentes pela cor de suas águas [...]. Duas poesias, duas literaturas: uma cavalheiresca, guerreira, amorosa; esta cedo se torna aristocrática; a outra religiosa e popular [...]". E, numa intuição, Michelet acrescenta: "A primeira também é popular na sua origem [...]". Ele acredita, com certeza, na influência sobre a nossa literatura erudita medieval dos "poemas de origem céltica", na época em que seu amigo Edgar Quinet escreve esse belo e desconhecido *Merlin l'Enchanteur*. Ele ficaria hoje apaixonado pelas pesquisas que colocam em evidência, por trás das canções de gesta, os romances cortesãos, não somente a literatura oral céltica, mas a grande corrente popular dos folclores. Esta união da religião e do povo, eis o que, então, encanta Michelet na Idade Média: "A Igreja era então o domicílio do povo [...]. O culto era um diálogo tenro entre Deus, a Igreja e o povo, exprimindo o seu pensamento [...]".

Enfim, a Idade Média é a vida. Michelet não sente a Antiguidade, esta é para ele inerte. Viu-se como à "arte antiga, adoradora da matéria", ele opõe "a arte moderna", quer dizer, aquela da Idade Média, "filha da alma e do espírito". Para ele, assim como para outros grandes românticos, esta vitalidade profunda da Idade Média, que anima a pedra, culmina no gótico. No gótico, ele não gosta somente dos começos, do momento em que, no século XII, abre-se "o olho ogival", a época em que, nos séculos XII e XIII, "o cruzado enterrado na profundeza dos muros [...] medita e sonha", mas também a exuberância, as loucuras do acabamento, do flamejante: "O século XIV somente se esgota quando estas rosas se alteram;

elas mudam como figuras flamejantes; são labaredas, corações ou lágrimas? [...]"

O coroamento desses impulsos é a festa medieval. O ideal da festa que Michelet tão bem exaltou – principalmente com *L'Étudiant* – em nenhuma outra época se encontra tão bem realizada quanto na Idade Média. É a "longa festa da Idade Média". A Idade Média é uma festa. Pressentimento do papel – hoje esclarecido pela sociologia e pela etnologia – que a festa desempenha numa sociedade e numa cultura do tipo daquelas da Idade Média.

No grande texto de 1883, *La Passion comme principe d'art au Moyen Age*, Michelet chega enfim às razões mais profundas, as mais viscerais que o atraem, fascinado, para a Idade Média. É o retorno às origens, ao ventre materno. Claude Mettra (*L'Arc*, n. 52) comentou, de maneira inspirada, um texto de fevereiro de 1845, no qual Michelet, tendo realizado sua história da França Medieval, compara-se com a "matriz profunda", com a "mãe", com a "mulher grávida que faz tudo em vista do seu fruto". A obsessão do ventre, da sua imagem, do seu reino, procura o seu alimento na Idade Média, de onde nascemos, de onde saímos. "É preciso que o velho mundo passe, que o traço da Idade Média chegue a se apagar, que vejamos morrer tudo o que amamos, o que nos aleitou quando pequenos, o que foi nosso pai e nossa mãe, o que cantava tão docemente no berço". Frase mais atual ainda em 1974, quando a cultura tradicional, que se criou na Idade Média e sofreu um primeiro grande abalo na época de Michelet, com a Revolução Industrial, apaga-se definitivamente sob as transformações que submergiram e subverteram "o mundo que perdemos" (Peter Laslett).

A Idade Média sombria de 1855

A bela Idade Média de 1833 rapidamente se deteriorou. De 1835 a 1845, nas reedições dos três primeiros tomos, Michelet começava a se distanciar da Idade Média. A reviravolta nasceu na edição de 1852. A ruptura é definitivamente consumada em 1855, nos prefácios e introduções aos tomos VII e VIII da *Histoire de France*. O Renascimento e a Reforma lançam a Idade Média às suas trevas: "O estado estranho e monstruoso, prodigiosamente artificial, que foi aquele da Idade Média [...]".

A ruptura chegou com Lutero. Mais do que as aparições que mantinham a Idade Média nas trevas, a verdadeira epifania é Lutero: "Eis-me aqui!" "A mim me foi muito salutar viver com esse grande coração que diz *não* à Idade Média."

Michelet, um pouco torturado por ter amado muito a Idade Média, procura tomar distância em relação a ela, à *sua* Idade Média: "Esse início da minha história agradou mais o público do que a mim mesmo". Ele se esforça para corrigir sem, porém, renegar. Afirma ter revelado a Idade Média. Acreditou no que a Idade Média queria fazer crer e não pôde ver a realidade, que era sombria. "Não faz parte da nossa honestidade apagar nada do que foi escrito [...]. O que então escrevemos é verdadeiro, tal como o ideal que a Idade Média se pôs. E o que oferecemos aqui é a sua realidade, acusada por ela mesma."

Sim, foi antes a educação perversa da arte, nessa época em que, para retomar ainda seus termos, era mais artista e escritor do que historiador, o que inspirou em Michelet uma indulgência culpada por esta época: "Então (1833), quando o entusiasmo pela arte da Idade Média nos tornou menos severos em relação a este sistema em geral [...]". Porém, esta arte mesma vemo-la agora vilipendiada. É "a derrota do gótico". Ela é visível na comicidade do neogótico romântico. Três culpados. Chateaubriand: "O Sr. Chateaubriand [...] arriscou bem cedo uma imitação muito grotesca [...]". Victor Hugo: "Em 1830, Victor Hugo a retomou com o vigor do gênio, e lhe fez voar, partindo todavia do fantástico, do estranho e do monstruoso, quer dizer, do acidental". Enfim, o próprio Michelet: "Em 1833 [...] tentei indicar a lei viva desta *vegetação* [...] Meu entusiasmo demasiado cego se explica por uma palavra: divinizamos e tínhamos a febre da divinização [...]". Lá mesmo onde a Idade Média parece ser grande, ela passou ao largo dele. Ele não reconheceu uma Joana d'Arc: "Eles veem Joana d'Arc passar e dizem: "Quem é esta mulher?" O século XIV seria mantido na sua exaltação? Isto seria possível, depois do "rebaixamento do século XIII": "A data mais sinistra, a mais sombria de toda a história é para mim o ano de 1200, o ano 93 da Igreja". Mas os séculos XIV e XV são arrastados na dança macabra de uma Idade Média que acaba de morrer: "Ela termina no século XIV, quando um laico, apoderando-se dos três mundos, os encerra na sua *Comédia*, humaniza, transfigura e fecha o reino da visão". Agora Michelet só pode se espantar com sua "ingenuidade, sua benevolente candura ao querer refazer a Idade Média", ao retomá-la, "século por século". Pois esse tempo adorado e em seguida queimado é agora "minha inimiga, a Idade Média (eu, filho da Revolução e que a tem no fundo do coração) [...]".

A bela Idade Média de 1833, no decorrer das reedições, Michelet a retocou, a riscou, obscureceu. O que nos ensina o jogo dos arrependimentos? Os especialistas de Michelet dirão o porquê desse distanciamento, dessa quase subversão. Ele próprio o apresenta como uma revelação sobrevinda ao choque do Renascimento e da Reforma. Ao descobrir Lutero, Michelet deve relegar, tal como ele, a Idade Média às trevas. Mas se pode supor que a evolução de Michelet, diante da Igreja e do cristianismo, reside para muitos nesta reviravolta. Não se deve nunca esquecer esta dupla leitura simultânea que ele faz da história passada e da história contemporânea. O anticlericalismo de Michelet se afirma durante toda a Monarquia de Julho. A inspiração central da Idade Média foi alcançada.

Michelet sublinhou que teve a vantagem de abordar o cristianismo sem preconceito, sem formação religiosa que lhe levasse a admirar descontroladamente ou a rejeitar, em reação, sem exame. Mas os "velhacos" da sua época lhe revelavam a nocividade dos seus antepassados: "Minha completa solidão, tão pouco crível, porém, tão verdadeira, no meio dos homens dessa época, impediam-me de sentir suficientemente o quanto estas larvas do passado eram terríveis também para velhacos que pretendem ser seus herdeiros naturais".

De correção em correção, de variante em variante, pode-se discernir os pontos críticos em torno dos quais se ata a reviravolta de Michelet em relação à Idade Média. No primeiro tomo, o que exaltava ou escusava a Igreja e a religião cristã desaparece ou se extingue. O monaquismo ocidental era louvado frente aos "cenobitas asiáticos". Michelet elimina esta comparação favorável: "A liberdade era negada no Oriente, na quietude do misticismo; ela se disciplinou no Ocidente, ela se submeteu, para se resgatar, à regra, à lei, à obediência, ao trabalho". O que nos bárbaros podia ser excessivo tinha sido abrandado pelo cristianismo, cuja força poética era sublinhada. "Para abrandar, para domesticar esta fogosa barbárie, não bastava o poder religioso e poético do cristianismo. O mundo romano sentia instintivamente que lhe seria preciso mais, para se refugiar no amplo seio da religião". Esta passagem também desapareceu. A conversão dos francos era saudada como um reconhecimento desse poder poético do cristianismo, oposto ao racionalismo, que não convém às épocas primitivas. Michelet, depois de ter reiterado que "somente eles [os francos] receberam o cristianismo pela Igreja latina", elimina o seguinte: "[...] quer dizer, na sua forma completa, na sua alta poesia. O racionalismo pode seguir a civilização, mas com isso somente faz mirrar a barbárie, ressecando sua seiva, tornando-a impotente". O cristianismo tinha sido apresentado como o refúgio de todas as classes sociais. Este não é mais o caso, já que não se pode mais ler: "Os pequenos e os grandes se encontram em Jesus Cristo". Michelet tinha total compreensão, indulgência para com a inserção complacente da Igreja no século, seus compromissos com o poder e a riqueza: "E deveria ser assim. Como asilo, como escola, a Igreja tinha necessidade de ser rica. Os bispos deviam marchar juntos com os grandes para serem ouvidos por eles. Era preciso que a Igreja se tornasse material e bárbara para elevar os bárbaros até ela, era preciso que ela se fizesse carne para ganhar esses homens de carne. Assim como o profeta se deitava sobre a criança para ressuscitá-la, a Igreja se fez criança para fazer surgir o mundo jovem". De tudo isso não resta nada. Um ligeiro retoque, às vezes, sublinha muito melhor o resfriamento de Michelet para com a Idade Média. Pascase Radbert tinha sido aquele "que, primeiro, ensinou explicitamente esta maravilhosa poesia de um Deus presente num pão". A *maravilhosa* poesia se degrada como *prodigiosa*.

A revisão do segundo tomo é, em 1861, muito mais importante ainda. Os cortes são numerosos, longas citações são rejeitadas em apêndice, e passagens inteiras nos Éclaircissements, tal como vimos ocorrer na dissertação sobre *La Passion comme principe d'art au Moyen Age*. É verdade que em 1845, na sua *Monographie de l'Eglise de Noyon*, Ludovic Vivet tinha sustentado que a arquitetura gótica era obra de laicos e esta ideia tinha seduzido Michelet. A religião e a Igreja são sempre as principais vítimas destas exclusões e dessas diminuições. Um elogio dos "bravos padres irlandeses" desaparecera, tal como o elogio do celibato eclesiástico, que Michelet tinha chamado inicialmente "esse virginal hímen do sacerdote e da Igreja". A Igreja deixa de estar associada às ideias de liberdade, de povo, de poesia. Comentando a história de Thomas Becket, Michelet escreveu: "As liberdades da Igreja eram então aquelas do mundo". Não se fala mais dessa liberdade.

A comparação ousada entre São Bernardo e Byron desaparece. Do cavaleiro, Michelet dizia: "O cavaleiro se torna homem, se torna povo, se entrega à Igreja. Isto porque somente a Igreja é então a inteligência do homem, sua vida verdadeira, seu repouso, ela vela pelo povo criança. A Igreja é o próprio povo". Tudo isso é rejeitado nos Éclaircissements.

Se as Cruzadas são salvas (os cruzados "procuram Jerusalém e encontram a liberdade"), há reabilitações inesperadas. Na primeira edição, os adversários da Igreja foram frequentemente criticados por Michelet, já que a Igreja era uma força de progresso. Com a

Igreja agora rebaixada, ressurgem os seus inimigos. Dois principais vencedores: Abelardo e os albigenses. A doutrina de Abelardo sobre a intenção era qualificada como "escorregadia [...] perigosa" e anunciadora dos jesuítas! Abelardo, tornado precursor do Renascimento, não merece esta ofensa. Os albigenses não foram poupados. Sua cultura era vilipendiada, a literatura occitânica qualificada de "perfume estéril, flor efêmera que tinha crescido na rocha e que murchava [...]". Longe de serem os portadores de progresso, os albigenses eram os retardatários, aparentados com aqueles místicos orientais que o cristianismo ocidental tinha muita razão em rejeitar; e eles não valiam mais do que seus predecessores: "Sempre se supõe que na Idade Média somente os hereges foram perseguidos, mas isto é um erro. Dos dois lados se acreditava que a violência era legítima para conduzir o próximo para a verdadeira fé [...]. Estes mártires da Idade Média raramente têm a doçura daqueles primeiros séculos que só sabiam morrer". Tudo aquilo que enternecia os albigenses era agora apagado.

Imaginou-se que a Idade Média se tornou para Michelet um objeto de horror. Ela lhe parece agora como antinatureza e, longe de produzir essas aparições maravilhosas que o deslumbravam, ela não secreta mais agora senão o que Roland Barthes chamou "os temas maléficos". A Idade Média é, portanto, este "estado estranho e monstruoso, prodigiosamente artificial", do *Prefácio* de 1855: "À natureza proscrita sucedeu a antinatureza, de onde espontaneamente nasce o monstro, com duas faces, monstro da falsa ciência, monstro de perversa ignorância".

Tudo aquilo que é espontâneo, bom, fecundo, generoso, a infância, a família, a escola, a Idade Média ignora ou combate: "A Idade Média é impotente para a família e a educação, tanto quanto para a ciência". Como é *antinatureza*, é a *contrafamília* e a *contraeducação*. A festa que ela poderia ter sido, a Idade Média não pôde conhecê-la, pois a Igreja lhe proibiu isso, "a bela festa, tão tocante, da Idade Média, que a Igreja condenou, a festa do mais simples dos simples".

Da caixa de Pandora medieval escapam agora os miasmas inventariados por Roland Barthes, sob a tripla categoria do seco, do vazio e da presunção, do indeciso. Aqui está o seco. É a aridez dos escolásticos: "Tudo acaba no século XII; o livro se fecha; esta fecunda floração, que parecia inesgotável, esgota imediatamente". A escolástica tinha "acabado com *máquina de pensar*". Não é senão imitação, repetição; "a Idade Média se torna uma civilização de copistas" (R. Barthes). Depois de ser por um momento vivificada, a arte gótica cai novamente, a pedra se torna inerte, a Idade Média retorna à mineralidade. Pior, na pessoa do seu rei mais simbólico, mais venerável, São Luís, não sabe mais, não pode chorar. O "dom das lágrimas" lhe é recusado. Daí este julgamento de historiador arrependido da sua primeira interpretação: "Atravessei dez séculos da Idade Média, cego pelas lendas, embrutecido pela escolástica, fraco às vezes nas minhas admirações juvenis pela esterilidade desse mundo onde o espírito humano jejuou tanto que emagreceu". Mundo do vazio e da presunção: "Da filosofia proscrita nasce a infinita legião dos chicaneiros, a disputa séria, encarniçada, do vazio e do nada [...] imenso exército de filhos de Éolo, nascidos do vento e inchados de palavras [...]". Sim, esta Idade Média é bem o tempo, inquietante e detestável, dos indecisos. A propósito do servo, "ser bastardo, equívoco", Michelet generaliza: "Tudo é ambíguo e nada é claro". A Idade Média está doente, da doença dos indecisos, aquela do sangue instável. Ela marca o século XIII, é a lepra. Ela corrói o século XIV, é a peste.

A Idade Média se tornou o longo túnel da abstinência, da tristeza, do aborrecimento. Roland Barthes, ainda, o diz bem: "a Idade Média se enfastia, mantida num estado intermediário entre a vigília e o sono". Mas, de fato, a Idade Média existiu? "Está bem aí o fundo das trevas". Todavia, nessas trevas, apesar da Igreja, uma luz reluz, uma mulher conserva a chama, a feiticeira.

Para uma outra Idade Média: a feiticeira luciferiana

Sim, do fundo do desespero, uma luz vai aparecer, a luz de satanás, da feiticeira. Surge uma nova Idade Média, que chamo de Idade Média de 1862, ano em que, de janeiro a outubro, Michelet escreve *La Sorcière*. Esta Idade Média é positiva. É outra vez um tempo benéfico. Mas por um estranho desvio, uma surpreendente subversão. O que salva, de fato, a Idade Média é o que ela mesma condenou, sufocou, martirizou. Esta Idade Média *a contrapelo* ("a grande revolução que as feiticeiras realizam, o maior passo *a contrapelo* contra o espírito da Idade Média [...]"), Michelet, que a deixa brotar de si em 1862, tem a impressão de ter sempre carregado consigo. Revelação ou reconstrução tardia, ele acredita tê-la, desde os seus primeiros passos na história, reconhecido. Em *L'Héroïsme de l'esprit*, ele faz remontar à sua *Introduction à l'histoire universelle*, de 1861, a sua concepção do duplo antagonismo Idade Média/satanás: "Meu ponto de partida crítico e minha independência de espírito são marcados na *Introduction à l'histoire universelle*, onde acuso a Idade Média de ter, sob o nome de satanás, perseguido a liberdade à qual a época moderna restituiu, enfim, o próprio nome". Pois estas são as virtudes de satanás e da sua criatura, a feiticeira. São virtudes benéficas. O que elas impuseram no coração da Idade Média foi a liberdade, a fecundidade. Satanás: "o nome estranho da liberdade jovem ainda, militante inicialmente, negativa, criadora, depois, cada vez mais fecunda". A feiticeira: "realidade quente e fecunda".

Espantosamente, Michelet vê a fecundidade, sobretudo, no surgimento das ciências modernas pela feiticeira. Enquanto os clérigos, os escolásticos se enterravam nesse mundo de imitação, de vaidade, de esterilidade, de antinatureza, a feiticeira redescobria a natureza, o corpo, o espírito, a medicina, as ciências naturais: "Vejam ainda a Idade Média", disse já Michelet em *La femme* (1959), "a época mais fechada de todas. Foi a mulher, com o nome de feiticeira, que conservou a grande corrente das ciências benéficas da natureza [...]".

A Idade Média de 1862 satisfazia, enfim e plenamente, não somente as obsessões existenciais, mas as teorias históricas de Michelet. É uma Idade Média em que se pode desenvolver o corpo, para melhor ou para pior. Tempo de doenças e de epidemias, tempo do sangue vital, tempo também do amor e dos retornos à vida. Jeanne Favret viu isso muito bem e disse: "Falar de satanás talvez seja uma maneira de dizer uma doença que se situa 'em algum lugar', na consciência ou na sociedade, mas, antes de tudo, no corpo. Michelet o pressente – muito mais fortemente do que seus sucessores, historiadores, etnólogos e folcloristas – quando anuncia que as três funções da feiticeira remetem ao corpo: "curar, fazer amar, fazer ressuscitar os mortos" (*Critique*, abril de 1971). A grande revolução das feiticeiras, de fato, "é o que poderíamos chamar de reabilitação do ventre e das funções digestivas. Elas professaram tardiamente: "nada de impuro e nada de imundo". O estudo da matéria foi, desde então, ilimitado, franqueado. "A medicina se tornou possível". E o mestre da feiticeira, satanás, é antes o *Príncipe do mundo*. De Michelet, Paul Viallaneix disse com razão: "Satanás se tornou o Prometeu da sua velhice". O caráter excepcional e epifânico do século XIV é reencontrado. Mas, em vez de anunciar a nação, o povo, o *Jacques*, ele revela satanás, o *sabbat*, a peste: "isto somente ocorre no século XIV [...]".

Na trilogia mórbida dos três últimos séculos da Idade Média, o século XIV marca o apogeu do desespero espiritual, dá nascimento à feiticeira: "Três golpes terríveis em três séculos. No primeiro, a metamorfose chocante do exterior, as doenças da pele, a lepra. No segundo, o mal interior, estranha estimulação nervosa, as danças epiléticas. Tudo se acalma, mas o sangue se altera, a úlcera prepara a sífilis, o flagelo do século XV". E também: "O século XIV oscilou entre três flagelos: a agitação epilética, a peste, as ulcerações [...]". Eis aí a grande união, nó histórico em que Michelet vê a encarnação da sua concepção de história, o material e o espiritual juntos, o corpo físico e o corpo social de um mesmo movimento, de uma grande oscilação. "Um processo de Toulouse, que faz em 1353 a primeira menção da Roda de *Sabbat*, me indicou a data certa. O que há de mais natural? A Peste Negra arrasa o globo e 'mata um terço do mundo'. O papa está degradado. Os senhores batidos, prisioneiros, exploram o servo e tiram dele inclusive a sua camisa. A grande epilepsia da época começa com a guerra civil, a *Jacquerie* [...]. Está-se tão furioso que se dança."

Enfeitiçado por esta nova modernidade do século XIV, a modernidade satânica, Michelet separa a Cristandade satanizada de suas ligações históricas e geográficas. Ela não continua mais a Antiguidade. A feiticeira não é "a antiga mágica nem a vidente céltica e germânica". Os bacanais, "pequeno *sabbat* rural", não são "a missa negra do século XIV, o grande desafio solene a Jesus". Por outro lado, quando Michelet chega à madrugada luciferiana, parece não mais acreditar na Idade Média. Quando se desencadeiam as grandes epidemias, ele retorna para a morbidez mole dos séculos anteriores e os identifica com a Idade Média: "As doenças da Idade Média [...], menos precisas, tinham sido principalmente a fome, o definhamento e a pobreza do sangue [...]".

O mesmo distanciamento dos outros mundos, do mundo árabe ou, mais amplamente, do mundo oriental. O *sabbat* é invenção, criação do Ocidente cristão: "As superstições sarracenas, vindas da Espanha ou do Oriente, tiveram somente uma influência secundária, assim como o velho culto romano de Hecateu ou Dianon. Esse grande grito de furor, que é o verdadeiro sentido do *sabbat*, nos revela uma outra coisa bem diferente [...]".

O desespero e o Ocidente. Eis que Michelet nos propõe o que chamaríamos no nosso jargão uma nova periodização. Antes e depois da peste. Certamente, os medievalistas de hoje não caracterizam da mesma maneira as duas vertentes da história que este limite catastrófico define. Primeiro, mais que um mundo de secura e de estagnação, ele é, ao contrário, um universo em movimento, um salto dos homens, uma dilatação dos espaços cultivados, um florescimento das cidades, uma explosão de monumentos, um fervilhar de ideias, a bela Idade Média do crescimento. Depois, é o começo de um longo equilíbrio deprimido, menos populoso, menos conquistador, menos ousado, quando se esquece a expansão fora da Europa. Mas mesmo quando se tem vontade de mudar o signo, o grande corte de meados do século XIV se impõe cada vez mais para distinguir um mundo ainda ancorado a suas origens antigas, ligado ao continente euro-asiático e mesmo africano, de um outro universo que, através de convulsões, encaminha-se para a modernidade, uma modernidade que começa pela época das feiticeiras, iluminada pelas fogueiras de uma grande crise física e moral.

Retorno a uma Idade Média da infância

A Idade Média à qual Michelet parece ter chegado em 1862 tornou-se o fundo de um abismo, o "fundo do sofrimento moral" atingido no "tempo de São Luís e de Felipe o Belo [...]". Mas não se pode supor que Michelet da velhice, aquele de que Paul Viallaneix mostrou que, longe de ser um velho decadente, dominado pela sua segunda mulher e pelas obsessões tornadas senis, vai mais fundo na filosofia do amor, da harmonia e da unidade que tinha sempre visitado, não se pode supor que esse último Michelet está prestes a "recuperar" a Idade Média?

No *Prefácio* de 1869, que não é benevolente com a Idade Média, ele lembra uma anedota datada de depois da Revolução de Julho, onde ele se mostra prestes a defender a Idade Média contra alguns dos seus detratores, que ele detesta ainda mais, os saint-simonianos: "Numa sessão solene para a qual fomos convidados, Quinet e eu, vimos com admiração nesta religião da banca um retorno singular do que se dizia abolido. Vimos um clérigo e um papa [...] a velha religião que diziam combater, era renovada naquilo que ela tinha de pior; confissão, direção, nada aí faltava. Os capuchinhos voltaram, banqueiros, industriais [...]. Que se suprimisse logo a Idade Média. Mas que a roubassem, isto me pareceu forte demais. Regressando para casa, com um impulso cego e generoso, escrevi uma palavra viva a favor desse moribundo que era pilhado na sua agonia [...]". É que, cada vez mais, Michelet se distanciava do mundo que ele viu evoluir sob os seus olhos. No avanço da revolução da indústria, "nova rainha do mundo", ele vê cada vez mais uma corrente violenta da matéria, uma matéria que, longe de se unir ao espírito, o negava, uma matéria que "submete a energia humana". Quando esta edição das *Oeuvres complètes* chegar à *Histoire du XIXe siècle* (1870-1873) se poderá melhor perceber o quanto Michelet, ainda que ele se esforce em permanecer, como no epílogo de *La Sorcière*, o homem da aurora, do progresso, da esperança, sempre à espera de maravilhas e transfigurações, está angustiado pelo universo mecanizado que tende a tudo afogar. "Eu nasci no meio da grande revolução territorial e verei despontar a grande Revolução Industrial". Este é o verdadeiro terror.

É possível que, mais do que se evadir na fuga para frente, Michelet seja tentado a se voltar para a Idade Média da sua juventude, esta Idade Média que em 1833 evocava como sendo o ventre materno para onde ele sonhava retornar. Mundo de uma infância a ser reencontrada mais tarde, quando a humanidade, num novo sobressalto satânico, pediria as contas à industrialização desencantada e se revoltaria contra a opressão do crescimento.

O homem que escrevia já em *La femme* (1859): "Eu não posso passar sem Deus. O eclipse momentâneo da alta ideia central obscurecem esse maravilhoso mundo moderno das ciências e das descobertas", e do qual Paul Viallaneix disse: "Quanto mais ele avança, menos ele pode passar sem Deus", e como, para terminar, poderia passar sem a Idade Média?

A Idade Média de Michelet: Idade Média para hoje e para amanhã

Deixei muitas vezes a palavra com Michelet. Como dizer melhor quando ele fala?

Depois de ter evocado a indiferença ou o distanciamento que a maioria dos medievalistas atuais experimenta em relação à Idade Média de Michelet, tentei mostrar a Idade Média, ou melhor, as idades médias de Michelet. Fazendo esse caminho, evoquei as ressonâncias que este ou aquele aspecto dessas idades médias podiam despertar num medievalista da nossa época. Também – e este era mesmo o meu desígnio – podemos supor que o desdém dos medievalistas vem talvez da ignorância do texto de Michelet, de uma prevenção positivista, de um preconceito antiliterário. Não acredito que tenha chegado o tempo – ao contrário – em que o desconhecimento da historiografia, o desprezo pela imaginação e pelo estilo fariam o bom historiador.

Não se trata de negar que o discurso da história mudou, que Clio tem, um século depois da morte de Michelet, exigências legítimas que este não poderia satisfazer. Há um nível técnico necessário para o historiador, para o medievalista, em que Michelet, qualquer que tenha sido, para sua época, sua paixão pelo documento, não pode mais ser um modelo. Mas, quando nos colocamos no domínio intelectual e científico, a Idade Média de Michelet me parece impressionantemente de acordo, não direi com nossas modas – isto seria irrisório –, mas às tendências mais bem-fundadas, às necessidades mais profundas do historiador e, particularmente, do medievalista. Acredito mesmo que sua lição de método se desdobra numa função de antídoto a certas modas e num papel também precursor de guia, não na perspectiva de ontem, mas para hoje e para amanhã.

A Idade Média que nos falta "inventar", quer dizer, descobrir, depois dele, de acordo com ele, é uma Idade Média total, que sai de todos os documentos possíveis, do direito e da arte, das cartas e dos poemas, do solo e das bibliotecas, que utiliza tudo o que o arsenal combinado das ciências humanas – que estão ausentes em Michelet, mas para as quais o seu método apelava – coloca hoje à disposição dos medievalistas, ainda muito divididos entre especialistas de uma história particular (aquela do direito, da arte, da literatura, do resto a que se chama, muito resumidamente, de história), que não ressuscita somente fantasmas, mas também homens de carne e de espírito, e que não desconhece o que o sociólogo, o etnólogo, o economista, o politólogo, o semiólogo podem trazer para seu instrumental mental e científico. Ah! Retornemos a palavra a Michelet, retomemos a Idade Média, "dando a ela carne, a carne e o sangue, o seu vestuário e os seus ornamentos [...], o adorno da beleza que ela foi" e por que não também "desta mesma que não teve, mas que o tempo lhe deu pela perspectiva" – visto que, através desta fórmula romântica, pode-se supor esta nova dimensão da história: a história da história, a perspectiva historiográfica.

A história, hoje, é e deve ser cada vez mais manipuladora de números, calculadora, medidora. A Idade Média resiste – relativamente – a este ataque quantitativo. Ela ignorou por muito tempo o cálculo, só considerando o número como símbolo ou tabu. É bom que as estatísticas, as curvas, os gráficos se multipliquem nos trabalhos dos medievalistas e que o monstro ordenador, como o leviatã dos tímpanos góticos, possa se alimentar sempre mais de uma Idade Média em fichas, em programas, porque, diferentemente da outra, virá uma resposta das profundezas, para que o medievalista tenha à sua disposição as bases mais seguras de uma Idade Média mais verdadeira. Mas ele deve saber também que somente terá nas mãos um cadáver. Seria necessário, ainda e sempre, um "ressuscitador". O medievalista sempre deverá ser, ou se esforçar para ser Michelet, que lembra que o quantitativo não é tudo, mas que, por necessário mais que seja, ele se situa aquém da história. Se é bom aplicar ao passado os últimos refinamentos da ciência, que o medievalista saiba, então, remover os montes de cifras e reencontrar uma Idade Média "tal como ela própria é", aproximativa, maciça, temendo ofender a Deus, tido em alta conta, imputando a Caim a diabólica invenção dos pesos e das medidas.

A história de qualquer época não se limita à documentação sobre a qual ela se funda. E é um progresso, desde Heródoto e também desde Michelet, que a documentação se enriqueça, que sua crítica se refine, que sua utilização escrupulosa seja cada vez mais imperiosa. Mas é preciso se resignar em não saber tudo, jamais saber tudo da Idade Média. Seria perigoso querer preencher os vazios, fazer falar sem método as lacunas. Mas, entre uma Antiguidade em que os silêncios da história deixam talvez a parte mais bela às hipóteses e os tempos modernos esmagados sob o fardo dos documentos, a Idade Média pode ser a época do feliz equilíbrio, da frutuosa colaboração de uma documentação bem-utilizada e de uma imaginação bem-fundada. O direito à imaginação para o historiador, e particularmente para o medievalista, é sempre Michelet que nos ensina melhor. Como explicar, como fazer reviver uma época que soube, pela imaginação, erigir sobre suas faltas e suas fraquezas uma tão grande cultura do sonho, sem recorrer às virtudes da imaginação? As Cruzadas se abalam diante do apelo de uma Jerusalém imaginária. Como torná-las compreensíveis sem imaginá-las a partir, mas também para além dos textos e dos documentos? O homem da Idade Média, os homens da Idade Média foram, mesmo aqueles que não tinham nada de místico, os peregrinos, os caminhantes, o *homo viator*. Como poderiam os burocratas da erudição, os "manga de alpaca" da "medievalística", juntar aqueles que estiveram sempre a caminho?

Depois de Michelet, a análise das sociedades se tornou mais metódica. Que se procure com Marx as classes e o mecanismo de sua luta, com os sociólogos modernos a estrutura e o jogo de categorias socioprofissionais, com certos historiadores um sistema de ordens e de estados, analisar-se-á mais sutil e eficazmente aquilo que Michelet, recorrendo facilmente ao singular coletivo, chama de o nobre, o clero, o servo, o *Jacques* e, sempre levado por uma compreensão global, misturava com a cruzada, a comuna, ou o *sabbat*. Misturava, sobretudo, com o povo. Palavra vaga, pouco agradável aos historiadores, mesmo os menos eivados de sociologia. E, no entanto, redescobrimos hoje a realidade e o peso histórico de atores sociais em contornos maldefinidos: os jovens, as massas, a opinião pública, o povo. Aqui, Michelet é filho do seu século. "Filho do povo": isto, na verdade, é mais nítido no século XIX. Não o será também para a Idade Média? *Populus*, que é o povo dos fiéis, o povo de Deus, o povo propriamente. Não renunciamos, certamente, à análise refinada de uma grade sociológica mais moderna, mais "científica"; mas não esqueçamos que é preciso também capturar as sociedades do passado nas suas próprias tramas. Para tanto, Michelet, para quem conta antes de tudo o povo, sentiu-se à vontade na Idade Média e ele nos ajuda a encontrar, quando não a realidade social, pelo menos a imagem da época desta realidade. Mas Michelet, sondando o *popular*, vai mais longe e mais perto. Para este mundo da cultura popular, o mundo do Outro, para o qual os etnólogos de hoje nos ensinam a estar atentos, até em relação às sociedades ditas "históricas". Escutemo-lo: "A Idade Média, com seus escribas, todos eclesiásticos, não tem prurido em confessar as mudanças silenciosas, profundas do espírito popular". Nas sociedades "quentes", em qual época melhor do que Idade Média compreenderemos o fenômeno essencial desse diálogo diferente, feito de pressões e de repressões, de empréstimos e de recusas, que a cultura erudita e a cultura popular mantiveram durante dez séculos, e onde se enfrentaram os santos e os dragões, Jesus e Merlin, Joana d'Arc e Melusina? Se Keith Thomas tem razão, o grande sucesso do cristianismo medieval teria sido a integração parcial, mas bem-sucedida, da crença popular na fé dos clérigos. Quando a simbiose foi rompida, ocorreram o *sabbat* e a Inquisição. Mais tarde, como fenômeno de massa, depois do século XIV, como pensava Michelet. Mas a hipótese documentada é a mesma.

Não o foi até a famosa constatação do fracasso de Michelet que fez dele um homem, um erudito de hoje: "Nasci povo, tenho o povo no coração [...]. Mas sua linguagem, ela me é inacessível. Eu não pude fazê-lo falar". Confissão que faz de Michelet, segundo Barthes, "o primeiro dos autores da Modernidade, que só podia cantar uma impossível canção". Mas também aquele que nos adverte que um discurso sobre o povo não é o discurso do povo. Aquele que nos convida, portanto, a buscar pacientemente, fazendo-nos inspirar nos etnólogos do Outro, a encontrar um método para fazer falar os silêncios e os silenciosos da história. Michelet, primeiro historiador dos silêncios da história. Num fracasso profético e esclarecedor.

Avançando-se pelos silêncios da história, Michelet descobriu uma Idade Média das margens, da periferia, da excentricidade, que pode e que deve também inspirar o medievalista hoje. "Isto pelo fato de a Idade Média colocar sempre em primeiro lugar o muito alto e o muito baixo", escreveu ele. E fazendo isso, ele reencontrou – e explicou com coerência, ainda que não tenhamos retido as suas explicações – Deus e satanás, a feiticeira e a santa, a ogiva e a lepra. Como um Michel de Certeau, que, pela teoria dos desvios, penetra no coração das sociedades pelos seus excluídos, ele se encontrava no centro da Idade Média. Sem esquecer que a situação para ele se inverteu, em 1862, e que o mais baixo se revelou mais fecundo do que o mais alto. Uma Idade Média às avessas, que visão profunda de uma época que inventou a roda da sorte, o país Cocagne, e professou, se não mesmo aplicou, que "aquele que se eleva será rebaixado, e aquele que se rebaixa será elevado!" Mas, sobretudo, quantos caminhos foram traçados pelos medievalistas, cada vez mais numerosos, que buscam, para se aproximarem da realidade medieval, os desvios iluminadores da heresia e da leprosaria!

Resta ainda uma última relação entre Michelet e a Idade Média que o aproxima não somente dos medievalistas de hoje, mas de muitos homens das nossas sociedades "desenvolvidas". O que atrai Michelet na Idade Média é que ele aí encontra a sua infância, a matriz materna, mas a sentindo como outra, longínqua (e mesmo durante algum tempo inimiga). Porém, o interesse que tantos homens manifestam hoje pela história e pela etnologia, interesse que, precisamente, cristaliza-se frequentemente num gosto ou numa paixão pela Idade Média, parece-me derivar desta dupla atração pelo mesmo e pelo outro. Diante do que se tornou banal chamar de aceleração da história, os homens do nosso tempo aprendem a perder o contato com as suas origens, a se tornar órfãos do passado. Mas o que os atrai nesse passado é tanto a familiaridade melancólica de um mundo conhecido, mas que se está a ponto de perder, como também o exotismo, a estranheza de um universo que se distancia muito rapidamente e nos oferece uma infância de primitivos. O encanto que a Idade Média exerce sobre Michelet e sobre nós é que ela é "um nós crianças" e "o outro", ao mesmo tempo. Michelet, numa frase célebre, fez de sua *Histoire de France* uma autobiografia: "Método íntimo: simplificar, biografar a história, como se tratasse de um homem, como se fosse eu. Tácito em Roma viu somente a si mesmo, mas ele era verdadeiramente Roma". Tal como Flaubert que dizia: "Madame Bovary sou eu", Michelet poderia ter dito: "A *Histoire de France* sou eu". Nesta história, definitivamente, através do ódio e do amor, o que foi mais ele mesmo foi a Idade Média, esta Idade Média com a qual durante toda a sua vida ele coabitou, lutou, venceu. Esta autobiografia se tornou a nossa biografia coletiva. A Idade Média era ele e é nós.

2

Na Idade Média: tempo da Igreja e tempo do mercador

Na Idade Média, o mercador não foi tão comumente desprezado, como se disse, principalmente na sequência das observações de Henri Pirenne, que acreditou muito neste ponto, particularmente em textos teóricos[1]. Ocorre que, se a Igreja muito cedo protegeu e favoreceu o mercador, ela durante muito tempo deixou pesar graves suspeitas sobre a legitimidade de aspectos essenciais da sua atividade. Alguns desses aspectos influíram profundamente na visão do mundo que tinha o homem da Idade Média, melhor dizendo, para não sacrificar o mito de um indivíduo coletivo abstrato, que no Ocidente tinham pessoas que, entre os séculos XII e XV, possuíam uma cultura e um instrumental mental suficiente para refletir sobre os problemas profissionais e suas incidências sociais, morais e religiosas.

No primeiro plano dessas acusações dirigidas aos mercadores figura a censura de que o seu ganho supõe uma hipoteca sobre o tempo que só pertence a Deus. É isto, por exemplo, o que escreve sobre uma questão polêmica, nos primeiros anos do século XV, um leitor-geral da Ordem Franciscana: "Questão: podem os mercadores, para um mesmo negócio comercial, fazer pagar mais aquele que não pode saldar a dívida imediatamente do que aquele que salda a dívida imediatamente? A resposta argumentada é: não,

---

1. Cf. principalmente PIRENNE, H. *Histoire économique de l'Occident Médiéval* [compilação póstuma, 1951, p. 169].

pois *assim vendia o tempo* e cometeria uma usura *vendendo o que não lhe pertence*"[2].

Antes de extrair a concepção do tempo que se oculta atrás desse argumento, convém sublinhar a importância do problema. Toda a vida econômica na alvorada do capitalismo mercantil é, aqui, colocada em questão. Recusar um benefício sobre o tempo, ver aí um dos vícios fundamentais da usura é não somente atacar o interesse no seu princípio, mas arruinar toda a possibilidade de desenvolvimento do crédito. O tempo do mercador, que é a condição primordial de ganho, já que aquele que tem dinheiro julga poder extrair proveito da espera do reembolso por parte daquele que não o tem à sua imediata disposição, já que o mercador funda a sua atividade na hipótese de que o tempo é a trama mesma – armazenagem na expec-

---

2. *Flor.* Biblioteca Laurent. S. Croce Plut. VII, sin. 8, f. 351. Cf. D'AUXERRE, G. (1160-1229). *Summa aurea*, III, 21, f. 225 v: "O usurário age contra a lei natural universal, pois ele vende o tempo, que é comum a todas as criaturas. Agostinho diz que cada criatura está obrigada a fazer dom de si mesma; o sol está obrigado a fazer dom de si para iluminar; assim também a terra está obrigada a fazer dom de tudo o que ela pode produzir e também a água. Mas nada faz dom de si de uma maneira mais conforme a natureza do que o tempo; queiram ou não, as coisas têm seu tempo. Visto que, portanto, o usurário vende o que pertence necessariamente a todas as criaturas, ele lesa todas as criaturas em geral, inclusive as pedras, de onde se conclui que, mesmo que os homens se calem diante dos usurários, as pedras gritariam, se elas pudessem; e esta é uma das razões por que a Igreja persegue os usurários. Daí resulta que é especialmente contra eles que Deus diz: "Quando eu me reapropriar do tempo, quer dizer, quando o tempo estiver na minha mão, de tal maneira que um usurário não poderia vendê-lo, então, eu julgarei em conformidade com a justiça". Apud em NOOMAN JR., J.T. *The scolastic analysis of usury*, 1957, p. 43-44, que sublinha que Guillaume d'Auxerre é o primeiro a produzir esse argumento que é retomado por Inocêncio IV (*Apparatus*, V, 39, 48; V, 19, 6). O autor, no final do século XIII, da *Tabula Exemplorum* (Org. por J.T. Welter, 1926, p. 139) desenvolve: "Como os usurários somente vendem a esperança do dinheiro, quer dizer, do tempo, eles vendem o dia e a noite. Mas o dia é o tempo da luz e a noite do repouso; eles vendem, portanto, a luz e o repouso. Também não seria justo que eles gozassem da luz e do repouso eternos". Cf. tb. DUNS SCOTO. *IV libros sententiarum* (*Op. Oxon.*), IV, 15, 2, 17.

tativa de fomes, compra e revenda nos momentos favoráveis, deduzidos do conhecimento da conjuntura econômica, das constantes do mercado das mercadorias e do dinheiro, o que implica uma rede de informações e de correios[3] – a esse tempo se opõe o tempo da Igreja, que só pertence a Deus e não pode ser objeto de lucro.

Na verdade, é o mesmo problema que, nessa viragem essencial da história do Ocidente, põe-se de maneira tão aguda a propósito do ensino: pode ele vender a ciência que também, como São Bernardo lembrou com sua força costumeira, somente pertence a Deus?[4] Aqui está, portanto, posto em causa todo o processo da laicização de domínios humanos capitais, dos próprios fundamentos e dos quadros da atividade humana: tempo de trabalho, dados da produção intelectual e econômica.

A Igreja, sem dúvida, faz um grande sacrifício para salvar uma situação comprometida. Ela primeiramente aceita, logo favorece a evolução histórica das estruturas econômicas e profissionais. Mas a

---

3. Os dados mais preciosos se encontram em UZZANO, G.A. *La pratica della mercatura* (Org. por G.F. Pagnini Della Ventura, t. IV de *Della Decima*..., 1766) e em *El libro di mercatantie e usanze de' paesi* (Org. por Borlandi, 1936). Aí se encontra, por exemplo: "Em Gênova, o dinheiro é caro em setembro, janeiro e abril, em razão da partida dos navios [...], em Roma ou lá onde se encontra o papa, o preço do dinheiro varia de acordo com o número de benefícios disponíveis e os deslocamentos do papa, que faz subir o preço do dinheiro em todo lugar onde ele se encontra [...], em Valência, ele é caro em julho e em agosto por causa do trigo e do arroz [...], em Montpellier há três feiras que aí causam uma grande carestia do dinheiro" (apud LE GOFF, J. *Marchands et banquiers du Moyen Age*, 1956, p. 30. Para as especulações a partir da rapidez das informações, cf. SARDELLA, P. *Nouvelles et spéculations à Venise au début du XVIe siècle*, 1949. • Há uma publicação em português do livro de LE GOFF, J. *Mercadores e banqueiros na Idade Média*. São Paulo: Martins Fontes, 1991 [Trad. de A.P. Danesi] [N.T.].

4. Cf. POST, G.; GIOCARINIS, K. & KAY, R. "The medieval heritage of a humanistic ideal: *Scientia donum Dei est, unde vendi non potest* ". *Traditio*, II, 1955, p. 196-234. • LE GOFF, J. *Les intellectuels au Moyen Age*, 1957, p. 104ss. • Há uma publicação em português desse livro: LE GOFF, J. *Os intelectuais na Idade Média*. Rio de Janeiro: José Olímpio, 2003.

elaboração teórica, no nível canônico ou teológico desta adaptação, faz-se lentamente e com dificuldade.

O conflito do tempo da Igreja e do tempo dos mercadores se afirma, portanto, no coração da Idade Média, como um dos acontecimentos maiores da história mental desses séculos, em que se elabora a ideologia do mundo moderno, sob a pressão da alteração das estruturas e das práticas econômicas. Desejamos definir, aqui, os seus dados mais importantes.

I

Frequentemente avaliamos que o cristianismo tinha fundamentalmente renovado o problema do tempo e da história. Os clérigos medievais, alimentados pelas Santas Escrituras, habituados a tomar a Bíblia como ponto de partida para sua reflexão, consideraram o tempo a partir dos textos bíblicos e da tradição legada, além do livro sagrado, pelo cristianismo primitivo, dos pais e dos exegetas da alta Idade Média.

O tempo da Bíblia e do cristianismo primitivo é antes de tudo um tempo teológico. Ele "começa com Deus" e é "dominado por Ele". Por conseguinte, a ação divina, na sua totalidade, está tão naturalmente ligada ao tempo que este não poderia dar lugar a um problema; ele é, pelo contrário, a condição necessária e natural de todo ato "divino". Oscar Cullmann, que citamos, sem dúvida tem razão quando sustenta contra Gerhard Delling que o cristianismo primitivo está próximo do judaísmo nesse aspecto e não provocou uma "irrupção da eternidade no tempo que teria sido assim 'vencido'"[5]. A eternidade não é para os primeiros cristãos oposta ao tempo, ela não é, como para Platão, por exemplo, "a ausência de

---

5. CULLMANN, O. *Temps et histoire dans le christianisme primitif*, 1947, p. 35. • DELLING, G. Das Zeitverständnis des Neuen Testaments, 1940. Apud CULLMANN, O. *Temps et histoire dans le christianisme primitif*, 1947, p. 35, nota 2.

tempo". A eternidade é para eles apenas a dilatação do tempo ao infinito, "a sucessão infinita dos aiones", para retomar um termo do Novo Testamento, tanto os "espaços de tempo delimitados com precisão" quanto uma duração ilimitada e incalculável[6]. Retornaremos a esta noção do tempo quando for preciso opô-la à tradição herdada do helenismo. Nessa perspectiva, entre o tempo e a eternidade, há, portanto, uma diferença quantitativa e não qualitativa.

O Novo Testamento traz, ou define, em relação ao pensamento judaico, um novo dado. O aparecimento do Cristo, a realização da promessa, a Encarnação dão ao tempo uma dimensão histórica, ou melhor, um centro. A partir de então, "desde a criação até o Cristo, toda a história do passado, tal como ela é relatada no Antigo Testamento, faz já parte da história da salvação"[7].

Há aí, no entanto, um compromisso ambíguo. O tempo, para os cristãos assim como para os judeus, tem um fim, um "telos". A encarnação é já um acontecimento decisivo a esse respeito. "O futuro não é mais, como no judaísmo, o 'telos' que dá um sentido a toda a história"[8]. A escatologia se situa numa nova perspectiva; num certo sentido, ela é secundária, pertence também paradoxalmente ao passado, já que o Cristo, de alguma maneira, a aboliu com a certeza que trouxe da salvação. Mas se trata de alcançar o que o Cristo de uma vez por todas começou. A parusia não foi somente prefigurada no Dia de Pentecostes, ela já começou – mas deve ser alcançada com o concurso da Igreja, dos clérigos e dos leigos, dos apóstolos, dos santos e dos pecadores. O "dever missionário da Igreja, a pregação do Evangelho, dá ao tempo compreendido entre a ressurreição e a parusia o seu sentido na história da salvação"[9]. O Cristo trouxe a certeza da eventualidade da salvação, mas resta

---

6. CULLMANN, O. *Temps et histoire dans le christianisme primitif*, 1947, p. 32.
7. Ibid., p. 93.
8. Ibid., p. 98.
9. Ibid., p. 111.

ainda à história coletiva e à história individual realizá-la para todos e para cada um. Daí o fato de que o cristão deve ao mesmo tempo renunciar ao mundo que é somente sua permanência transitória e optar por ele, aceitá-lo e transformá-lo, visto que ele é o suporte da história presente da salvação. Oscar Cullmann oferece a esse propósito uma interpretação muito convincente de uma passagem difícil de São Paulo (1Cor 7,30ss.)[10].

Sublinhemos, antes de buscá-lo novamente num contexto medieval concreto, que o problema do fim dos tempos vai se colocar como um dos aspectos essenciais da noção de tempo, nessa grande virada dos séculos XII e XIII, quando se afirma também em alguns grupos sociais – entre os quais se encontrará os mercadores – o ressurgimento de heresias escatológicas, um crescimento do milenarismo em que se envolvem profundamente, ao mesmo tempo em que o destino individual, as reações inconscientes de classe. A história a ser feita vai esclarecer o joaquinismo e muitos outros movimentos revolucionários, para a alma e também para o estatuto econômico. Nessa época o Apocalipse não é o brinquedo de grupos ou de indivíduos desajustados, mas a esperança, o alimento de grupos oprimidos e de pessoas famintas. Os cavaleiros do Apocalipse de São João, como se sabe, são quatro: três deles representam as "chagas", as calamidades terrestres – fomes, epidemias, guerras –, mas o primeiro parte como vencedor à conquista da vitória. Se ele é, para São João, o Missionário da Palavra, para as massas medievais ele é o guia na direção de uma dupla vitória, aqui na terra e no além[11].

---

10. Ibid., p. 152.
11. Sobre o milenarismo, PETRY, R.C. (*Christian Eschatologiy and Social Thought* – A historical essay on the social implications of some selected aspects in christian eschatology to A.D. 150, 1956) permanece teórico. Pode-se também consultar WALDSTEIN, E. *Die eschatologische Ideengruppe*: Antechrist, Weltsabbat, Wellende und Weltgeschichte, 1896. • MALVENDA, T. *De Antichristo*. 3. ed. Roma, 1604 [3. ed., 1647]. Gordon Leff opôs os problemas do historiador ("In search of Millenium". *Past and Present*, 1958, p. 89-95) à obra abstrata de N. Cohn (*The Pursuit of the Millenium*, 1957 [tradução francesa: *Les fanatiques de l'Apocalypse*. Paris, 1962]). • Sobre as

Aliviado desta carga explosiva de milenarismo, este tempo bíblico é legado aos ortodoxos, digamos, no início do século XII. Ele está instalado na eternidade, ele é um pedaço da eternidade. Como se disse, "para o cristão da Idade Média [...] se sentir como existindo era para ele se sentir como sendo, e se sentir como sendo era se sentir não mudando, não se sucedendo a si mesmo, mas se sentir como subsistindo [...]. Sua tendência para o nada (*habitudo ad nihil*) era compensada por uma tendência oposta, uma tendência para a causa primeira (*habitudo ad causam primam*)". Esse tempo é, por outro lado, linear, ele tem um sentido, uma direção, ele tende para Deus. "O tempo finalmente conduzia o cristão para Deus"[12].

Não há por que evocarmos aqui, na sua complexidade e nas suas articulações múltiplas, este "grande corte do século XII, um dos mais profundos que jamais marcaram a evolução das sociedades europeias"[13]. A aceleração da economia, capital, será assinalada quando reencontrarmos o mercador. Deixemos somente perceber, a partir de agora, como o abalo das estruturas mentais abre fissuras nas formas tradicionais de pensamento: por aí se introduzirão e repercutirão as necessidades espirituais ligadas às novas condições econômicas e sociais.

---

relações entre as heresias medievais e as classes sociais as visões divergem. Os aspectos sociais são minimizados por P.I. da Milano (*Le eresie popolari del secolo XI nell'Europa Occidentale* [Studi greg. Racolti da G.B. Borina, II, 1947, p. 43-101]) e por A. Borst (*Die Katharer*, 1953). Em sentido contrário: G. Volpe (*Movimenti religiosi e sette clericali nella società medievale italiana*, 1922) e as interpretações marxistas de N. Sidorova (*Les mouvements hérétiques populaires en France aux XIe-XIIe siècles*". Em russo, *Srednie Veka* [A Idade Média], 1953), como também E. Werner (*Die gesellschaftlichen Grundlagen der Klosterreform im 11. Jahrhundert*, 1955). Há uma síntese de R. Morghen em *Medivo Cristiano* (1951, p. 212ss.) e em *Relazioni* do X Congresso Internacional das Ciências Históricas. T. III. Roma, 1955, p. 333ss. Também há um ensaio sugestivo de C.P. Bru: "Sociologie du catharisme occitan". *Spiritualité de l'hérésie*: le catharisme, 1953 [1 vol. Sob a direção de R. Nelli].

12. POULET, G. *Études sur le temps humain*, 1949.

13. BLOCH, M. *Annales d'histoire économique et sociale*, 1936, p. 582.

Sem dúvida, o desaparecimento do Império Romano, a barbarização do Ocidente e, num grau menor, as restaurações imperiais carolíngias, depois otonianas, tinham suscitado uma reflexão sobre a história – e o cristianismo foi inserido numa evolução histórica que, embora dominada para seus adeptos pela Providência e ordenada para a salvação, deveria apelar, a fim de se esclarecer, às explicações das causas segundas, estruturais ou contingentes. Infelizmente, para a reflexão histórica, as interpretações agostinianas ficaram empobrecidas e deformadas durante a Alta Idade Média. Em Santo Agostinho, o tempo da história, para retomar um termo feliz de Henri Marrou, conservava uma "ambivalência" onde, no quadro da eternidade e subordinados à ação da Providência, os homens tinham tomado seu próprio destino e aquele da humanidade[14]. Mas, como mostrou Bernheim e Arquillière[15], as grandes ideias do *De Civitate Dei*, onde as análises históricas fazem eco aos desenvolvimentos teológicos, esvaziam-se de historicidade com o agostinismo político, de Gelásio a Gregório o Grande e a Hincmar. A sociedade feudal, na qual se finca a Igreja, entre os séculos IX e XI, coagula a reflexão histórica e parece deter o tempo da história, ou, em todo caso, assimilá-lo à história da Igreja. Ainda no século XII, Othon de Freising, tio de Frederico Barba-Ruiva, escreve: "A partir dessa época (Constantino), sendo dado que não somente todos os homens, mas também os imperadores, com poucas exceções, foram católicos, me parece que escrevi a história não de duas cidades, mas, por assim dizer, de uma única, que chamo de Igreja". Outra negação da história realizada

---

14. MARROU, H.I. *L'Ambivalence du temps de l'histoire chez Augustin*, 1950. Sobre o tempo em Santo Agostinho, consultar na compilação: *Augustinus Magister* – Congrés International Augustinien. Paris, 21-24/09/1954, 3 vol., 1955. • CHAIX-RUY, J. *La Cité de Dieu et la structure du temps chez Saint Augustin*, p. 923-931. • HUBAUX, J. *Saint Augustin et la crise cyclique*, p. 943-950.

15. BERNHEIM, E. *Mittelalterliche Zeitanschauung in ihrem Einfluss auf Politik und Geschichtsschreibung*, 1918. • ARQUILLIÈRE, H.X. *L'Augustinisme politique*, 1934.

pela sociedade feudal é a epopeia, a canção de gesta, que só utiliza os elementos históricos para despojá-los, no seio de um ideal intemporal, de toda historicidade[16].

O Padre Chenu acaba de mostrar luminosamente como, ao longo do século XII, esses quadros tradicionais do pensamento cristão sobre o tempo e a história foram fortemente abalados[17].

Sem dúvida, as escolas urbanas só desempenham aqui um papel secundário e o Padre Chenu observa que "os mestres escolásticos quase não utilizam os grandes textos históricos do *De Civitate Dei* que, ao contrário, servem de meditação para os escritores monásticos".

Sem dúvida, o Antigo Testamento domina ainda os espíritos e opõe a uma concepção maleável do tempo o duplo obstáculo da visão judaica de uma eternidade coagulada e de um simbolismo que,

---

16. Cf. ROUSSET, P. "La conception de l'histoire à l'époque féodale". *Mélanges Halphen*, p. 623-633: "A noção de duração, de precisão, está ausente nos homens da época feudal" (p. 629); "esse gosto do passado e essa necessidade de fixar as épocas vêm acompanhados de uma vontade de ignorar o tempo" (p. 630); "na origem da Cruzada, esse mesmo sentimento irrompe; os cavaleiros querem, suprimindo o tempo e o espaço, ferir os carrascos de Cristo" (p. 631). O autor faz eco a M. Bloch, que descortinou, na época feudal, "uma vasta indiferença em relação ao tempo" (*La societé féodale*, t. I, p. 119). Sobre Othon de Freising, cf. KLINKENBERG, H.M. "Der Sinn der Chronik Ottos von Freising". *Aus Mittelalter und Neuzeit* – Gerhard Kullen zum 70 Geburtstag dargebracht, 1957, p. 63-76. • Há uma publicação em português do livro de M. Bloch: *A sociedade feudal*. Lisboa: Ed. 70, 2009 [Trad. de E.L. Godinho] [N.T.].

17. CHENU, M.-D. "Conscience de l'histoire et théologie". *Archives d'histoire doctrinale et littéraire du Moyen Age*, 1954 [Reeditado em *La Théologie au XIIe siècle*, 1957, p. 62-89]. Lembremos de GILSON, E. *L'Ésprit de la philosophie médiévale*. 2. ed., 1948, cap. XIX: "Le Moyen Age et l'histoire", p. 365-382. Sobre dois "historiadores" do século XII, cf. DALY, R. "Peter Comestor, Master of Histories". *Speculum*, 1957, p. 62-72. • WOLTER, H. *Odoricus Vitalis* – Ein Beitrag zur Kluniazensischen Geschichtsschreibung, 1955.

além do paralelismo com o Antigo e com o Novo Testamento, faz desaparecer toda a realidade concreta do tempo da história[18].

Mas a história, em bases modestas, ressurge novamente com um Hugues de Saint-Victor, que atribui, no seu *Didascalion*, um lugar de relevo à "história". Sua definição, "*historia est rerum gestarum narratio*" ("a história é a narração dos feitos notáveis"), somente retoma aquela que o próprio Isidoro de Sevilha tomou emprestado dos gramáticos latinos, comentadores de Virgílio. Mas, exprimindo-se numa *series narrationis*, ela é "uma sucessão, e uma sucessão organizada, uma continuidade articulada, cujas ligações têm um sentido que é precisamente o objeto da inteligibilidade da história; não realmente as ideias platônicas, mas as iniciativas de Deus no tempo dos homens, dos acontecimentos de salvação"[19].

Esta história vai buscar nos Antigos – e na Bíblia – a teoria das idades, períodos que reproduzem, para a maioria dos clérigos historiadores, os seis dias da criação – este outro acontecimento com o qual os teólogos do século XII sobrecarregam a sua reflexão e cujo exame nos levaria muito longe. Mas esta sexta idade a que chegou a humanidade coloca já os seus problemas: num paralelismo corrente com as seis idades da vida humana, ela é a época da velhice. Porém, tanto os homens quanto os clérigos, no século XII, sentem-se "modernos". "Como aí integrar o desenrolar moderno que não parece prestes a acabar?"[20] Classificação, instrumento de ordenamento e possibilidade de articulações, esta visão da história é já um motivo de inquietação e de pesquisa.

---

18. CHENU, M.-D. "Conscience de l'histoire et théologie". Op. cit., p. 210-220: "L'Ancien Testament dans la théologie médiévale". A obra de SMALLEY, B. *The Study of the Bible in the Middle Ages*, 1940 [2. ed., 1952], é fundamental. O aspecto simbólico do pensamento cristão no século XII foi apresentado por M.M. Davy (*Essai sur la symbolique romane*, 1955), que só valoriza o lado mais tradicional da teologia do século XII.

19. CHENU, M.-D. "Conscience de l'histoire et théologie". Op. cit., p. 66-67.

20. Ibid., p. 76.

Também surge a ideia de que a história é feita de transferências. Como história das civilizações, ela é uma sequência de "translações". Desta noção de *translatio*, dois aspectos são bastante conhecidos: na ordem intelectual, a teoria segundo a qual a ciência passou de Atenas para Roma, depois para a França, e enfim para Paris, onde, das escolas urbanas, vai nascer a mais célebre universidade: *translatio studii* que Alcuíno tinha acreditado poder já indicar na época carolíngia[21] – de maneira mais geral os historiadores acreditam assistir a um movimento da civilização do Leste para o Oeste. Os nacionalismos nascentes vão detê-la em certos países de eleição: Otto von Freising no Império Germânico, Ordéric Vital entre os normandos e, no século XIV, Richard de Bury na Grã-Bretanha[22]. Todas estas pseudoexplicações (nosso século viu outras, de Spengler a Toynbee) são significativas. Em todo caso, elas asseguram a ligação entre o sentido do tempo e o sentido do espaço, a novidade mais revolucionária que apareceu primeiro e cuja importância é grande para o mercador.

Afirma-se um esboço de economia política positiva no *Polycraticus* de John of Salisbury: "Faz pressentir a evolução que [...] proclamará a autonomia das formas da natureza, dos métodos do espírito, das leis da sociedade [...]. Ultrapassa o moralismo dos 'espelhos dos príncipes' para cevar uma ciência do poder, num Estado concebido como um corpo objetivo, numa administração mais na base de funções do que de homenagens feudais"[23]. Fato significativo: na sua concepção organicista do Estado, confere a este como que pés que sustentam todo o seu corpo e lhe permitem andar, os trabalhadores rurais e o mundo dos ofícios[24].

---

21. Cf. GILSON, E. *Les Idées et les lettres*, p. 183ss. • RENUCCI, P. *L'Aventure de l'humanisme européen au Moyen Age*, p. 138ss.: A *translatio studii* franco-italiana.

22. CHENU, M.-D. "Conscience de l'histoire et théologie". Op. cit., p. 79-80.

23. Ibid., p. 86.

24. Cf. LIEBESCHUTZ, H. *Medieval humanism in the Life and Writings of John of Salisbury*, 1950.

II

E o mercador? Ele se torna um personagem de operações complicadas e extensas, no espaço hanseático e, mais ainda, no espaço mediterrâneo, onde domina o mercador italiano, cujas técnicas se aperfeiçoam e os tentáculos se estendem, desde a China até onde chega Marco Polo até Bruges e Londres onde se instalam ou se estabelecem os seus corretores[25].

Assim como o camponês, ele está a princípio submetido, na sua atividade profissional, ao tempo meteorológico, ao ciclo das estações, à imprevisibilidade das intempéries e dos cataclismos naturais. Durante muito tempo não houve nesse domínio senão necessidade de submissão à ordem da natureza e de Deus, e ele só teve como meio de ação as preces e as práticas supersticiosas. Mas, quando se organiza uma rede comercial, o tempo se torna objeto de medida. A duração de uma viagem por mar ou por terra, ou de um lugar para outro, o problema dos preços que, no curso de uma mesma operação comercial, mais ainda quando o circuito se complica, sobem ou descem, fazem aumentar ou diminuir os lucros, a duração do trabalho artesanal ou operário, para este mercador que é também quase sempre um fornecedor de trabalho – tudo isso se impõe cada vez mais à sua atenção, torna-se objeto de uma regulamentação cada vez mais precisa. A retomada da cunhagem de ouro, a multiplicação de símbolos monetários, a complicação das operações de troca, que resultam tanto desta espécie de bimetalismo quanto da diversidade das moedas reais e das flutuações nascentes que criam não somente a variabilidade do curso comercial do dinheiro, mas também já os primeiros "sobressaltos" monetários, quer dizer, as primeiras medidas inflacionárias e mais raramente

---

25. Sobre o mercador medieval, cf. RENOUARD, Y. *Les hommes d'affaires italiens du Moyen Age*, 1949. • SAPORI, A. *Le Marchand italien au Moyen Age*, 1952. • LE GOFF, J. *Marchands et banquiers du Moyen Age*, 1956.

deflacionárias – toda essa ampliação do domínio monetário exige um tempo mais bem medido[26]. O domínio da troca, no momento em que a aristocracia dos cambistas sucede aquela dos moedeiros da Alta Idade Média, prefigura o tempo da Bolsa em que minutos e segundos farão e desfarão as fortunas.

Os estatutos das corporações, assim como os documentos propriamente comerciais – contabilidade, relações de viagens, práticas de comércio[27], e estas letras de câmbio[28] que começam a se espalhar nas feiras de Champagne se tornam, nos séculos XII e XIII, a *cleaning-house* (escritório de liquidação bancário) do comércio internacional[29] –, tudo mostra que a justa medida do tempo importa cada vez mais à boa marcha dos negócios.

Para o mercador, o meio tecnológico superpõe um tempo novo, mensurável, quer dizer, orientado e previsível, ao tempo eternamente recomeçado e perpetuamente imprevisível do meio natural.

Vejamos, entre outros, um texto esclarecedor[30]. O governador real de Artois autoriza em 1355 as pessoas de Aire-sur-la Lys a construir uma torre cujos sinos deveriam tocar nas horas das tran-

---

26. Sobre os problemas monetários da Idade Média, cf. BLOCH, M. *Esquisse d'une histoire monétaire de l'Europe* [póstumo, 1954]. • CIPOLLA, C.M. *Money, Prices and Civilization in the Mediterranean World*, V^{th} to XVIIth, c., 1956. • ZERBI, T. *Moneta effettiva e moneta di conto nelle fonti contabili di storia economica*, 1955. • LOPEZ, R.S. *Settecento anni fa: Il ritorno all'oro nell'Occidente ducentesco*, 1955.

27. Cf. MEUVRET, J. "Manuels et traités à l'usage des négociants aus premières époques de l'âge moderne". *Études d'histoire moderne et contemporaine*. T. V, 1953.

28. Cf. ROOVER, R. *L'Évolution de la lettre de change*, 1953.

29. Cf. BAUTIER, R.H. "Les foires de Champagne – Recherches sur une évolution historique". *Recueils de la Societé Jean Bodin*: La Foire, 1953, p. 97-147.

30. Publicado por: ROUYER, J. *Aperçu historique sur deux cloches du beffroi d'Aire – La bancloque et le vigneron*. P.J.I., p. 253-254. • ESPINAS, G. & PIRENNE, H. *Recueil de documenta relatifs à l'histoire de l'industrie drapière en Flandre*. T. I, 1906, p. 5-6.

sações comerciais e do trabalho dos operários têxteis. A utilização, para fins profissionais, de uma nova medida do tempo aí é indicada com estrépito. Instrumento de uma classe, "visto que a referida cidade é governada pelo negócio dos têxteis", esta é a ocasião de compreender o quanto a evolução das estruturas mentais e de suas expressões materiais se insere profundamente no mecanismo da luta de classes; o relógio comunal é um instrumento de dominação econômica, social e política dos mercadores que governam a comuna. E, para servi-los, aparece a necessidade de uma medida rigorosa do tempo, pois na indústria têxtil "convém que a maioria dos operários diaristas – o proletariado têxtil – vá e venha para seu trabalho em horários *fixos*". Inícios de organização do trabalho, prenúncios distantes do taylorismo, que Georges Friedmann mostrou ter sido também um instrumento de classe[31]. E já se desenham as "cadências infernais".

Este tempo que começa a se racionalizar se laiciza ao mesmo tempo. Mais ainda por necessidades práticas do que por razões teológicas, que, de resto, estão na base, o tempo concreto da Igreja é, adaptado a partir da Antiguidade, o tempo dos clérigos, ritmado pelos ofícios religiosos, pelos sinos que os anunciam, com o rigor indicado pelos quadrantes solares, imprecisos e mutantes, medido às vezes pelas clepsidras grosseiras. Mercadores e artesãos substituem esse tempo da Igreja pelo tempo mais exatamente medido, utilizável pelas tarefas profanas e laicas, o tempo dos relógios. Na ordem do tempo, esses relógios em todos os lugares erguidos em frente aos sinos das igrejas é a grande revolução do movimento comunal. Tempo urbano mais complexo e refinado do que o tempo simples dos campos medido pelos sinos rústicos de que Jean Garlande nos dá, no início do século XIII, esta etimologia fantasista,

---

31. FRIEDMANN, G. "Frederic Winslow Taylor: l'optimisme d'un ingénieur". *Abbales d'histoire* économique et sociale, 1935, p. 584-602.

mas reveladora: *"Campane dicuntur a rusticis qui habitant in campo, qui nesciant judicare horas nisi per campanas"*[32].

Mudança também importante: o mercador descobre o preço do tempo no mesmo momento em que ele explora o espaço, pois para ele a duração essencial é aquela de um trajeto. No entanto, para a tradição cristã, o tempo não é "uma espécie de avesso do espaço, nem uma condição formal do pensamento". Vamos encontrar esta dificuldade para os teólogos cristãos quando, exatamente nessa época – séculos XII e XIII –, a introdução do pensamento aristotélico vai submeter a eles os problemas das relações do tempo e do espaço.

Que o mercador medieval faça a conquista do tempo e, ao mesmo tempo, do espaço, é isso que mereceria reter mais a atenção dos historiadores e dos sociólogos da arte. Pierre Francastel, num livro já clássico, mostrou as ligações da pintura e da sociedade e sob que

---

32. Sobre a medida do tempo e dos relógios há ideias interessantes, porém, por vezes a reconsiderar frequentemente com uma informação mais precisa. Cf. MUNFORD, L. *Technique et civilisation*, 1934,1950, p. 22ss. [Trad. francesa]. Há uma excelente síntese em RENOUARD, Y. *Les hommes d'affaires italiens du Moyen Age*. Op. cit., p. 190-192. Todavia, é preciso lembrar que nesse domínio também os progressos decisivos só se produzirão a partir do século XVI. A.P. Usher exagera, no entanto, no sentido inverso quando declara: "The history of clocks prior the XVIth century is largely a record of essentially empirical achievements" (A história dos relógios antes do século XVI é, em grande parte, um registro de realizações essencialmente empíricas). *A history of mechanical inventions*. 2. ed., 1954, p. 304. Cf. CROMBIE, A.C. *Augustine to Galileo* – The History of Science: A.D. 400-1650. 2. ed., 1957, p. 150-151, 182, 186-187. De uma vasta literatura, retemos, para a documentação: WARD, F.A.B. *Time Measurement*, 1937, e, para recreio, a agradável obra de vulgarização: LE LIONNAIS, F. *Le Temps*, 1959. A expressão de Jean de Garlande é extraída do seu *Dicionarius* (Éd. Géraut, p. 590). Sabe-se que os psicólogos insistiram na aquisição concomitante das noções temporais e espaciais pela criança: PIAGET, J. *Le développement de la notion de temps chez l'enfant*, 1948, p. 181-203. • FRAISSE, P. *Psychologie du temps*, 1957, p. 277-299. • MALRIEU, P. "Aspects sociaux de la construction du temps chez l'enfant". *Journal de Psychologie*, 1956, p. 315-332. Há uma publicação em português do livro de Jean Piaget: *A noção de tempo na criança*. Rio de Janeiro: Record, [s.d.] [N.T.].

pressões técnicas, econômicas e sociais, um "espaço plástico" pode ser destruído[33]. Na mesma época da perspectiva, a pintura medieval descobre o tempo do quadro. Os séculos anteriores representaram os diversos elementos no mesmo plano, em conformidade com a visão decorrente das servidões do tempo e do espaço, excluindo a profundidade e a sucessão. As diferenças de talhe não expressavam senão a hierarquia das condições sociais e das dignidades religiosas. Justapunha-se, sem relação com os cortes temporais, episódios sucessivos, cuja totalidade constituía uma história subtraída dos caprichos do tempo, determinada desde a origem em todas as suas fases pela vontade de Deus. Agora a perspectiva, ainda que ela suponha uma visão que não é "natural", mas responde ao postulado de um olho abstrato, traduz o resultado de uma experiência científica, é a expressão de um conhecimento prático de um espaço no qual os homens e os objetos são alcançados sucessivamente – de acordo com etapas quantitativamente mensuráveis – pelas tentativas humanas. Inclusive a pintura reduz seu quadro ou seu afresco à unidade temporal de um momento isolado, prende-se à instantaneidade (que fixará no limite a fotografia), enquanto que o tempo, o tempo romanesco, poder-se-ia dizer, encontra-se restituído nos ciclos murais, ou precisamente a pintura florentina, patrocinada pela aristocracia mercantil, manifesta os seus mais espetaculares progressos. Triunfa o retrato, que não é mais a imagem abstrata de um personagem representado por símbolos, signos que materializam o lugar e a categoria que Deus lhes atribuiu, mas que apresenta o indivíduo capturado no tempo, no concreto espacial e temporal, não na sua essência eterna, mas no seu ser efêmero, que exatamente a arte, na sua nova função, tem por objetivo imortalizar. Mas também, e ainda tardiamente, quantas pesquisas, hesitações, compromissos, agradáveis fantasias, como no *Milagre da Hóstia* de Paolo Uccello, em Urbino, onde o tratamento original do espaço da predela fornece, ao mesmo tempo, ao pintor a ocasião de cortar o tem-

---

33. FRANCASTEL, P. *Peinture et Societé: Naissance et destruction d'un espace plastique – De la Renaissance au Cubisme*, 1951.

po da narrativa, salvaguardando, simultaneamente, a continuidade da história e a unidade dos episódios[34].

Tempo mensurável, mecanizado mesmo, é o tempo do mercador, mas também descontínuo, cortado por paradas, por momentos mortos, afetado por acelerações ou atrasos – em ligação frequentemente com o atraso técnico e o peso dos dados naturais: a chuva ou a seca, a calmaria e a tempestade, acarretam fortes incidências nos preços. Nesta maleabilidade do tempo, que não exclui a inexorabilidade dos pagamentos, situam-se os ganhos e as perdas, as margens superavitárias ou deficitárias; aqui atuam a inteligência, a habilidade, a experiência e a astúcia do mercador.

III

E o tempo da Igreja? O mercador cristão o sente como um outro horizonte da sua existência. O tempo no qual ele age profissionalmente não é aquele no qual ele vive religiosamente. Na perspectiva da salvação, ele se contenta com aceitar os ensinamentos e as diretivas da Igreja. De um a outro horizonte, as zonas de encontro não se tocam, a não ser exteriormente. Dos seus ganhos, o mercador retira o dinheiro de Deus, de que se alimentam as obras de beneficência. Ser que dura, ele sabe que o tempo que o conduz para Deus e a eternidade é aquele também suscetível de paradas, de quedas, de acelerações. Tempo do pecado e tempo da graça. Tempo da morte no mundo antes da ressurreição. Tanto ele a acelera pelo retiro final num mosteiro, tanto e mais comumente ele acumula as restituições, as boas obras, os donativos piedosos, na hora em que ameaça a passagem sempre assustadora para o além[35].

---

34. Sobre as relações entre as representações teatrais e o quadro de Uccello, cf. FRANCASTEL, P. "Um mystère parisien illustré par Uccello: le miracle de l'hostie d'Urbino". *Revue Archéologique*, 1952, p. 180-191.

35. Exemplos principalmente em LESTOCQUOY, J. *Les villes de Flandre et d'Italie sous le gouvernement des patriciens (XIe-XVe siècle)*, 1952, p. 204ss.: "Les patriciens et l'Evangile".

Entre o tempo natural, o tempo profissional, o tempo sobrenatural, há, portanto, ao mesmo tempo, separação essencial e encontros contingentes. A inundação se torna matéria para especulação racional, as riquezas da iniquidade abrem a porta do céu. É preciso, portanto, eliminar da psicologia do mercador medieval a suposição de hipocrisia. Também são diversamente legítimos para ele os fins perseguidos em perspectivas diferentes; o ganho e a salvação. É esta separação mesma que permite rogar a Deus pelo sucesso dos negócios. Assim, no século XII e depois, o mercador protestante, alimentado pela Bíblia, particularmente atento às lições do Antigo Testamento, continuará de boa vontade, embora num mundo em que se adquiriu o hábito de distingui-los, a confundir os desígnios da Providência com a prosperidade da sua fortuna[36].

Maurice Halbwachs, em páginas penetrantes[37], afirmou que havia tantos tempos coletivos, numa mesma sociedade, quanto grupos separados, negou que um tempo unificador pudesse se impor a todos os grupos e reduziu o tempo individual a ser somente o ponto de encontro, na consciência, dos tempos coletivos. Resta esperar que se faça um inquérito exaustivo que mostre, numa sociedade histórica dada, o jogo entre as estruturas objetivas e os quadros mentais, entre as aventuras coletivas e os destinos individuais, de todos esses tempos no seio do tempo. Assim, começaria a se esclarecer a própria matéria da história e os homens, que são a

---

36. Não desconhecemos que os estudos recentes de pormenor levam a matizar e corrigir consideravelmente as teses clássicas de M. Weber (*Die protestantische Ethik und der Geist des Kapitalismus*, 1920) e de R.H. Tawney (*Religion and the Rise of Capitalism*, 1926). • As duas obras estão publicadas em português: WEBER, M. *A ética protestante e o "espírito" do capitalismo*. São Paulo: Companhia das Letras, 2004 [Org. de A.F. Perucci e trad. de J.M.M. de Macedo]. TAWNEY, R. *O protestantismo e o surgimento do capitalismo*. São Paulo: Perspectiva, 1971.

37. "Le mémoire collective et le temps". *Cahiers Internationaux de Sociologie*, 1947, p. 3-31.

presa dos historiadores[38], poderiam se pôr a reviver na trama da sua existência. Contentemo-nos com esboçar, no interior desse jogo, o comportamento do mercador medieval.

A esse mercador habituado a agir em "durações de alguma maneira empilhadas umas sobre as outras"[39] e que não está ainda acostumado, pela racionalização do seu comportamento e do seu pensamento ou por uma análise introspectiva, a se harmonizar e a se sentir, ou a se querer uno, a ele a Igreja vai justamente abrir as vias de uma unificação da consciência, pela evolução da confissão; por uma coerência do comportamento, pelo desenvolvimento de uma legislação canônica e de uma reflexão teológico-moral sobre a usura.

Esta inflexão decisiva nas estruturas mentais do homem ocidental tem início no século XII. Foi Abelardo que, sob uma forma elaborada, deslocou o centro da penitência da sanção exterior para a contrição interior e abriu para o homem, pela análise das intenções, o campo da psicologia moderna. Mas o século XIII dá ao movimento uma força irresistível. Nesse mesmo momento, as ordens mendicantes descobrem um espaço missionário na África e na Ásia – lá mesmo onde o mercador tinha já encontrado os horizontes de um crescimento da sua atividade – e uma frente pioneira na consciência do homem. Eles substituem as penitências da Alta Idade Média, que eram meios de ação pastoral extrovertida, fundada em tarifas de sanções, pelos manuais de confessores, instrumentos introvertidos de apostolado, orientados para a pesquisa das disposições interiores para o pecado e o resgate, elas próprias ancoradas em situações profissionais e sociais concretas. Para eles, o demônio assume menos a aparência dos sete pecados capitais do

---

38. R. Mandrou lembrou (*Annales*, 1970, p. 172) sobre as exigências do historiador e as sugestões antigas de M. Bioch diante dos trabalhos recentes de filósofos pouco cuidadosos com a história concreta.

39. POULET, G. "Études sur le temps humain." Op. cit., p. VI, retomando *Duns Scot, Quest. Quodl.* q. 12.

que de muitas ofensas feitas a Deus, diversamente favorecidas pelo ambiente do ofício ou do grupo. Com eles não há mais escapatória para o mercador: o tempo da salvação e o tempo dos negócios se juntam na unidade da vida individual e coletiva.

Não é da nossa competência examinar detalhadamente como, nessa conjuntura, a contribuição para a saída de um périplo em que os manuscritos árabes desempenham um papel transitório fundamental do pensamento helênico, impregna a elaboração de uma nova abordagem do problema do tempo[40].

O Padre Chenu revelou magistralmente como, desde o século XIV, ao lado dos platonismos e já dos aristotelismos, a teologia grega, com João Damasceno sobretudo, provoca na teologia medieval um abalo maior[41].

Lembremos que, tradicionalmente, opôs-se a concepção helênica à concepção cristã do tempo. Para retomar os termos de O. Cullmann, "os gregos não concebem o tempo como uma linha reta, o campo de ação da Providência não pode ser a história na sua totalidade, mas somente o destino dos indivíduos. A história não está submetida a um 'telos'. O homem, para satisfazer sua necessidade de revelação e de libertação, só pode recorrer a uma mística em que o tempo não existe e que se exprime com a ajuda de conceitos espaciais"[42]. Sabe-se que o Renascimento e, para tomar na época moderna um exemplo de pensador marcado pelo helenismo, Nietzsche reencontraram esse sentido helênico do tempo cíclico, do eterno

---

40. Além das obras gerais sobre a história da filosofia e das ciências, pode-se consultar, sobre o papel dos árabes: MIELI, A. *Panorama general cristiano*, 1946. • VAN STEENBERGHEN, F. *Aristotle in the West*, 1956. Sobre um ponto preciso: WIEDEMANN, E. Über die Uhren im Bereich der Islamischen Kultur, 1915.

41. CHENU, M.-D. "Conscience de l'histoire et théologie". Op. cit., caps. XII e XIII: "L'entrée de la théologie grecque et orientale", p. 274-322.

42. CULLMANN, O. *Temps et histoire dans le christianisme primitive*. Op. cit., p. 36. Cf. LABERTHONNIÈRE. *Le réalisme chrétien et l'idéalisme grec*, 1904. • GUITTON, J. *Le temps et l'éternité chez Plotin et chez Saint Augustin*, 1933.

retorno – ou do tempo heraclitiano, ou mesmo platônico, o "tempo da pura mobilidade". Retenhamos somente a famosa definição aristotélica do tempo: "o tempo é o número do movimento", definição que Santo Tomás retoma, porém, segundo alguns, num sentido bastante diferente, na medida em que "passar da potência ao ato não tinha necessariamente nada de temporal". Esta oposição nos parece que deve ser atenuada. Sem dúvida, como claramente mostrou Étienne Gilson, "no mundo eterno de Aristóteles, que dura fora de Deus e sem Deus, a filosofia cristã introduz a distinção da essência e da existência"[43]. Mas, assim como Bergson não tinha razão ao acusar Aristóteles de ter "reificado" o movimento, e Descartes realmente não tinha zombado da definição aristotélica do movimento, pois ambos somente julgavam de acordo com caricaturas da escolástica tardia, também não é correto que Santo Tomás tenha sido infiel a Aristóteles, ao ver no movimento "um certo modo de ser" e ao restituir simultaneamente ao tempo, por sua vez, a sua plasticidade contingente e, no entanto, mensurável, e também a sua essencialidade fundamental.

Estava lá, em todo caso, a base teológica – teológica, metafísica e científica ao mesmo tempo – de um encontro do tempo da Igreja e do tempo dos homens que agem no mundo, na história e, em primeiro lugar, na sua profissão.

Mesmo um franciscano, como o autor do texto que citamos no início deste estudo, compreende, sem dar para isto uma razão teórica, que não se pode aceitar a opinião tradicional de que "o tempo não pode ser vendido". Toda a prática confessional e já sua elaboração canônica no século XIII busca a justificação verdadeira da atividade do mercador – esforçando-se para fechá-la nos limites de uma regulamentação onde muito frequentemente já a religião se deteriora em moralismo casuístico, e para mantê-la no quadro de

---

43. GILSON, E. *L'Esprit de la philosophie medieval*. 2. ed., 1948, p. 66. Cf. todo o início do capítulo IV: "Les êtres et leur contingence", p. 63ss.

uma tradição que se deve de fato respeitar. Assim se esboroa, na ocasião de casos de consciência e de problemas menores, mas concretos e típicos, o imutável tempo do Antigo Testamento e do pensamento judaico. Ao lado dos abrandamentos levados à condenação de tudo aquilo que leva o nome de usura[44] e que envolvem aspectos temporais evidentes – *"consideranda sunt dampna quibus mercatores se exponunt et que frequenter occurunt ex hoc quod vendunt ad tempus"* diz o nosso mestre numa expressão corrente, mas reveladora – o tempo do jejum, da abstinência, do repouso dominical não são mais prescrições ao pé da letra, mas, perante as necessidades profissionais, recomendações segundo o espírito[45].

Ocorre que a falência da concepção tradicional do tempo da teologia cristã vai carregar também consigo, nos séculos XIV e XV, esse novo equilíbrio que os teólogos, canonistas e moralistas do século XIII tinham começado a elaborar, sob a influência maior das ordens mendicantes – no interior de uma reconsideração mais geral do *homo faber* imposta pelos novos dados socioeconômicos dos técnicos do fazer – problema que ultrapassa o nosso propósito.

Com os scotianos e occamistas, o tempo é relegado para o domínio das decisões imprevisíveis de Deus onipotente. Com os místicos, com Mestre Eckhart e Jean Tauler[46], toda duração se acha

---

44. Cf. LE BRAS, G. "Usure". *Dictionnaire de Théologie Catholique*, t. XV, II parte, 1950, col. 2.336-2.372. • NELSON, B.N. *The Idea of Usury*: form tribal brotherhood to universal otherhood, 1949. Cf. tb. a obra citada por J.T. Noonan Jr.

45. Joannes Andreae (1270-1348), professor de Direito Canônico em Bolonha, no seu tratado *De regulis Juris*, art. "Peccatum", 12 (apud J.T. Noonan Jr., p. 66) declara que o argumento segundo o qual o tempo não pode ser vendido é "frívolo", pois muitos contratos envolvem um prazo temporal, sem que se possa dizer que eles implicam uma venda do tempo. O mecanismo das operações comerciais é, portanto, melhor conhecido agora pelos doutores, e compreendido por eles numa perspectiva propriamente técnica.

46. CANDILLAC, M. *Valeur du temps dans la pédagogie spirituelle de Jean Tauler*, 1955.

confundida num movimento em que cada criatura é "despojada de sua aptidão para receber a duração que lhe é própria".

Temos ainda de reconhecer, com Gordon Leff [47], como a escolástica do século XIV favorece a explosão que será o Renascimento dos séculos XV e XVI: desencadeamento e libertação, simultaneamente. Libertado e tirano, o homem do Renascimento – aquele que ocupa uma posição suficientemente forte de poder econômico, político ou intelectual – pode, graças à fortuna que ele utiliza frequentemente de acordo com as capacidades de sua *virtù*, fazer o que ele quer. Ele é o senhor do seu tempo, como também do resto. Somente a morte o limita, mas apanhada – o ser vivo se esforça por vencer a morte antes de ser tragado por ela – numa perspectiva totalmente nova, em que o fim se transforma num ponto de partida da reflexão e em que a decomposição corporal suscita o sentido da duração, tal como nas novas análises, através das *artes moriendi* e do pensamento dos humanistas franceses e italianos, acaba de mostrá-lo Alberto Tenenti[48].

Assim, o mercador pode agora – numa época em que, sem que as estruturas econômicas fossem fundamentalmente mudadas, o progresso quantitativo recua os seus horizontes e dilata a sua ação – usar e abusar do tempo. Permanecendo cristão, a partir de então ele não poderá, senão ao preço de uma distorção mental e de habilidades práticas, evitar os choques violentos e as contradições entre o tempo dos seus negócios e o tempo da sua religião –, pois a Igreja se agarra às velhas regulamentações, mesmo quando ela cede, no essencial, ao capitalismo nascente e nele se insere.

---

47. LEFF, G. "The XIVth century and the decline of scholasticism". *Past and Present*, n. 9, abr./1956, p. 30-41. • LEFF, G. *Bradwardine and the Pelagians*, 1957.

48. TENENTI, A. *La vie et la mort à travers l'art du XVe siècle*, 1952. • *Il senso della morte e l'amore della vita nel Rinascimento*, 1957, cap. II: "Il senso della durata", p. 48-79.

IV

Entre os muitos problemas levantados por uma história sobre a qual essas páginas só procuram suscitar o estudo aprofundado nos parece de grande importância analisar qual pôde ser o impacto, na evolução das ideias sobre o tempo, dos trabalhos dos mestres cientistas na virada dos séculos XIII e XIV. Aqui ainda, a escola inglesa, os mertonianos em primeiro lugar, não desvendou o seu segredo, como não o fizeram também os mestres das artes de Paris, de quem se percebe somente a massa impulsiva atrás de Nicole d'Autrecourt, Jean de Mirecourt, Jean Buridan, Nicole Oresme e esse Jean de Ripa recentemente revelado[49] pelo abade de Combes, eles próprios mal conhecidos. Nesse ambiente, a crítica da física e da metafísica aristotélicas, assim como as especulações matemáticas e as pesquisas científicas concretas devem ter feito surgir novas visões sobre o tempo e também sobre o espaço. Sabe-se mais ou menos que a cinemática, pelo estudo do movimento uniformemente acelerado, sai daí transformada[50]. Não é isso suficiente para supor que com o movimento é o tempo que se encontra compreendido numa nova perspectiva? Já com os árabes as pesquisas conjugadas no domínio científico e no domínio filosófico, abordando novamente as noções-chave de descontinuidade, herdadas dos atomistas da Antiguidade, tinham renovado a visão do tempo[51].

---

49. COMBES, A. *Conclusiones de Jean de Ripa*. Texto crítico com introdução e notas, 1956.

50. Bibliografia mais recente. Apud COMBES, A. *Conclusiones de Jean de Ripa*. Op. cit. [2. ed., 1957, p. 414-416]. Deverão ser consultados principalmente os trabalhos de M. Clagett, A. Koyré, A. Maier e C. Michalsky. Acrescentar também os estudos de G. Beaujean e seu esboço na *Histoire générale des sciences* – T. I. La Science antique et médiévale [Org. por R. Taton, 1957]. Sobre as origens dessa corrente, cf. SHAPIRO, H. "Motion, Time and Place according to William Ockham". *Fransciscan Studies*, 1956.

51. PINES, S. *Beitrage zur islamischen Atomenlehre*, 1936. • PINES, S. "Les précurseurs musulmans de la théorie de l'impetus". *Archeion*, 1938.

Talvez haja uma ligação, mais estreita que se acredita, e eles mesmos o admitiam sem qualquer dúvida, entre as lições dos mestres de Oxford e de Paris e os empreendimentos dos mercadores de Gênova, de Veneza, de Lübeck, no declínio da Idade Média. É talvez sob sua ação conjugada que o tempo se quebra e que o tempo dos mercadores se liberta do tempo bíblico, que a Igreja não sabe manter na sua ambivalência fundamental.

3

O tempo do trabalho na "crise" do século XIV: do tempo medieval ao tempo moderno*

> *Fiorenza, dentro della cerchia antica,*
> *ond'ella toglie ancora e terza e nona, si stava*
> *in pace, sobria e pudica.*
> DANTE. *Divina commedia* – Paradiso, XV, 97-99

Comentou-se até à saciedade duas passagens da *Divina commedia* em que se encontrou – em vão, pelo que parece – uma descrição

---

* Estas páginas são a elaboração de uma exposição apresentada na Societé Thomiste, no âmbito de um colóquio sobre *Le temps vécu de l'homme medieval* (O tempo vivido do homem medieval). Agradeço a R.P. Hubert que me autorizou a publicá-los aqui e todos aqueles que, fora da discussão, enviaram-me valiosas observações, principalmente R.P. de Contenson, M.M. Bautier, Boujouan, Dufeil, Glénisson, Lefèvre. Sobre a passagem do tempo medieval para o tempo moderno, cf. os estudos recentes de S. Stelling-Michaud: "Quelques aspects du problème du temps au Moyen Age". Études suisses d'histoire general. Vol. XVII, 1959. • LE GOFF, J. "*Au Moyen Age*: temps de l'Église et temps du marchand", p. 46. • WOLF, P. "Le temps et as mesure au Moyen Age", 1962. • Há uma publicação desse texto em português: LE GOFF, J. "Tempo da Igreja e tempo do mercador". *Para um novo conceito de Idade Média*. Lisboa: Estampa, 1980 [N.T.].

do relógio mecânico[1]. Prestou-se menos atenção aos versos do Canto XV do Paraíso que apresentam, no entanto, a medida do tempo no seu verdadeiro contexto histórico: o tempo não da técnica, mas da sociedade global[2].

Pela boca de Cacciaguida, Dante, esse *laudator temporis acti*[3], faz do antigo sino da Badia, sobre os *mura vecchie* dos séculos XI-XII, que soava *tierce* e *nona* e marcava o início e o fim da jornada de trabalho em Florença[4], o símbolo, a expressão mesmo de uma época, de uma sociedade – nas suas estruturas econômicas, sociais e mentais.

No entanto, essa Florença que muda e se expande a partir de 1284 no novo círculo dos *mura nouve*, o velho sino, voz de um mundo que morre, vai passar a palavra a uma nova voz – o relógio de 1354. O que muda, então, de uma coisa à outra?

Gustav Bilfinger, num livro pioneiro[5], observava que a história das técnicas é impotente para explicar, por si só, a passagem do tempo medieval ao tempo moderno: "Ao lado do ponto de vista da história das técnicas é preciso levar em consideração o ponto de vista da história social, a história cultural. Pois a passagem não é somente aquela da hora antiga à hora moderna, mas também a passagem de uma divisão eclesiástica do tempo a uma divisão laica do tempo"[6].

---

1. *Paradiso*, X e XXIV.

2. Cf. CASALINI, E.M. "Condizioni economiche a Firenze negli anni 1286-1289". *Studi Storici O.S.M.*, 1960.

3. Sobre o caráter *reacionário* de Dante, cf. principalmente BARON, H. "A sociological Interpretation of the early Renaissance in Florence". *The South Atlantic Quarterly*. T. XXXVIII, 1939, p. 432.

4. Cf. *Divina Commedia*, edição e comentário de Tommaso Casini. 5. ed., 1907, p. 682. Há uma importante publicação em português dessa obra monumental: ALIGHIERI, D. *A divina comédia*. 3 vols. São Paulo: Ed. 34, 1998 [Edição bilíngue – Trad. de E. Mauro] [N.T.].

5. *Die mittelalterlichen Horen und die modernen Stunden* – Ein Beitrag zur Kulturgeschichte, 1892.

6. Ibid., p. 142.

Qual é, então, a sociedade laica, o meio que tem necessidade dessa mudança – fundamental, pois é toda a sociedade que se move, com a transformação do enquadramento e do ritmo temporais?

Gustav Bilfinger tinha já respondido: é a sociedade urbana. Eu gostaria somente, com algumas observações e com a lembrança de alguns fatos e documentos, chamar aqui atenção para uma das principais necessidades que, no século XIV, impulsionaram a sociedade urbana a modificar a medida do tempo, quer dizer, o próprio tempo: a necessidade de se adaptar à evolução econômica, mais precisamente, às condições do trabalho urbano.

No Ocidente medieval, a unidade do tempo de trabalho é o dia, inicialmente o dia de trabalho rural, que se encontra na terminologia metrológica – o *diário* da terra – e, à sua imagem, dia do trabalho urbano, definido pela referência mutante ao tempo natural, *do levantar ao pôr do sol*, e marcado aproximadamente pelo tempo religioso, aquele das *horae canonicae*, extraído da Antiguidade romana[7].

Nesse quadro, poucos são os conflitos em torno do tempo de trabalho, a não ser num ponto muito particular: o trabalho noturno. Nesse contexto natural e rural, o trabalho noturno é uma espécie de heresia urbana, em geral sancionada por interdição e multas. É também, apesar da complexidade do problema, como Gunnar Mickwitz bem o viu[8], um aspecto do sistema malthusiano das corporações.

Em resumo, o tempo do trabalho é aquele de uma economia ainda dominada pelos ritmos agrários, isento de pressa, sem cui-

---

7. Sobre a ligação entre tempo da Igreja e tempo do camponês, lembramos a etimologia fantasista de Jean de Garlande no início do século XIII: "Campane dicuntur a rustica qui habitans in campo, qui nesciant judicare horas nisi campanas" (*Dictionarium*. Éd. Géraut, p. 590).

8. "Die Kartellfunktionen der Zünfte und ihre Bedeutung bie der Entstehung des Zunftwesens". *Societas Scientiarum Fennica* – Commentationis Humanorum Litterarum, VIII, 3, 1936, p. 88-90.

dado com a exatidão, sem a inquietação da produtividade – e de uma sociedade à sua imagem, *sóbria e pudica*, sem grandes apetites, pouca exigência, pouco capaz de esforços quantitativos.

Uma única evolução talvez se tenha dado, mas ela foi muito pouco observada. Notou-se que, do século X ao final do XIII, um elemento da cronologia diurna evolui: a *none*, primeiro situada nas cercanias das nossas atuais duas horas da tarde, avança lentamente para se fixar nas cercanias do meio-dia[9]. Tem-se atribuído responsabilidade por essa mudança, uma trapaça em todo caso, ao meio monástico que suportava com cada vez mais impaciência esperar tanto tempo, num dia iniciado antes da alvorada, o momento da refeição e do repouso. Portanto, o avanço insidioso da *none* seria um aspecto da decadência monástica. Explicação que, de resto, não vejo confirmada pelos documentos e que me parece gratuita. Sem que se possa, até onde vai o meu conhecimento, documentá-la melhor, uma outra hipótese me parece mais plausível. A *none* é também a pausa do trabalhador no canteiro urbano submetido ao tempo clerical dos sinos[10]. É aqui que se pode imaginar uma pressão mais plausível, que chega, pelo deslocamento da *none*, a criar uma importante subdivisão do tempo do trabalho: a meia-jornada, que vai, aliás, afirmar-se no século XIV[11].

Porém, a partir do final do século XIII, esse tempo do trabalho é colocado em questão, ele entra em crise. Ofensiva do trabalho noturno, sobretudo, dureza na definição, na medida, na prática da jornada de trabalho, conflitos sociais, enfim, em torno da duração do trabalho. Assim se manifesta, nesse domínio, a crise geral do século XIV – progresso de conjunto através de graves dificuldades de

---

9. Daí o meio-dia inglês *noon*.

10. Cf. CASALINI, E.M. "Condizioni economiche a Firenze negli anni 1286-1289". Op. cit.

11. Cf. KNOOP, D. & JONES, G.P. *The Mediaeval Mason*, 1949, p. 117.

adaptação[12]. Como tudo mais, o tempo do trabalho se transforma, define e se torna mais eficaz, não sem dificuldade.

Curiosamente, em primeiro lugar, vê-se os próprios operários pedirem o prolongamento da jornada de trabalho. Este é, de fato, o meio de aumentar os salários; é, diríamos nós hoje, a reivindicação de horas suplementares.

Um decreto de Arras em janeiro de 1315 o revela bem; nele se vê uma comissão mista de delegados dos mestres tecelões e dos ajudantes dos pisoeiros aceitar a reclamação desses últimos, que desejavam "jornadas mais longas e salários mais elevados"[13].

Sem dúvida, uma razão técnica é aqui dada a esta reivindicação: *o aumento do peso e das dimensões dos tecidos*. Mas se pode legitimamente supor que, de maneira geral, há aí um primeiro expediente achado pelos operários para amenizar a crise dos salários – sem dúvida, ligada à alta dos preços e à deterioração dos salários reais, como resultado das primeiras mudanças monetárias. Assim, vê-se Felipe o Belo autorizar o trabalho noturno, e o seu decreto é lembrado e confirmado por Gilles Haquin, preboste de Paris, em 19 de janeiro de 1322[14].

Mas imediatamente surge uma reivindicação contrária. Os patrões – os *donos do trabalho* –, de fato, diante da crise, procuram, por seu lado, regulamentar muito rigorosamente a jornada de trabalho, lutar contra as trapaças operárias nesse domínio. Então se multiplicam esses sinos de trabalho que Bilfinger tinha já apontado[15]. Destes *Werkglocken* (relógios do trabalho), lembraremos alguns exemplos.

---

12. Não acredito numa depressão absoluta no século XIV. Cf. KOSMINSKY, E.A. "Peut-on considérer le XIVe et le XVe siècle comme l'époque de la décadence de l'économie européenne?" *Studi in onori di Armando Sapori*. T. I, 1957.

13. ESPINAS, G. & PIRENNE, H. *Recueil de documents relatifs à l'histoire de l'industrie drapière en Flandre*. T. I, 1906, p. 200.

14. LESPINASSE, R. *Les métiers et corporations de Paris*, 1886, 1ª parte, p. 1.

15. *Die mittelalterlichen Horen und die modernen Stunden*. Op. cit., p. 163-164.

Em Gand, em 1324, o abade de Saint-Pierre autoriza os pisoeiros a "colocar um sino no hospício recentemente fundado por eles perto da Hoipoorte, na Paróquia de São João"[16].

Em Amiens, em 24 de abril de 1335, Felipe VI defere o pedido do presidente da câmara municipal e dos oficiais municipais que lhe requisitaram:

> [...] que eles pudessem fazer um decreto pelo qual os operários na dita cidade e nos arredores desta se regulassem para irem, nos dias de trabalho, ao seu trabalho pela manhã; a que horas eles deveriam ir comer e a que horas deveriam eles retomar o seu trabalho depois de comer; e também à tarde, a que horas deveriam deixar o trabalho no seu dia; e que pelo dito decreto pudessem eles tocar um sino que prenderiam na torre da dita cidade, que fosse diferente dos outros sinos [...][17].

No final deste mesmo ano de 1335, o bailio de Amiens ratifica o desejo da almotaçaria de que *o som do sino novo* sirva para uma nova regulamentação dos *três misteres da tecelagem* – tal como ele já existe, assim como um inquérito o revelou, em Douai, Sant-Omer, Montreuil e Abbeville – dado que as antigas ordenações sobre as horas de trabalho estavam *corrompidas*[18].

---

16. ESPINAS, G. & PIRENNE, H. *Recueil de documents relatifs à l'histoire de l'industrie drapière en Flandre.* Op. cit. T. II, p. 411-412.

17. "[...] que ils peussent faire une ordenance quand les ouvries en ladicte ville et banlieue d'icelle chascun iroint jour ouvrable à leurs ouvrages au matin, quand ils deveroient aler mengier et quand ils deveroient repairer à leurs ouvrages après mengier; et aussi au soir, quand ils deveroient laissier oevre pour la journée; et que par ladicte ordenance que ils feroient, ils peussent sonner une cloche que ils ont fait pendre au Beffroi de ladicte ville, laquelle se diffère des autres cloches [...]" (THIERRY, A. *Recueil des monuments inédites de l'histoire du tiers état.* T. I, p. 456-457).

18. ESPINAS, G. & PIRENNE, H. *Recueil de documents relatifs à l'histoire de l'industrie drapière en Flandre.* Op. cit. T. II, p. 411-412.

Em Aire-sur-la-Lys, em 15 de agosto de 1335, Jean de Picquigny, governador do condado de Artois, permite ao "maior, aos almotacés e à comunidade da cidade construir uma torre com um sino especial, por causa do mister da tecelagem e de outros misteres em que convém vários operários ao dia, indo e vindo para o trabalho em certas horas [...]"[19].

A nossa pesquisa não é certamente exaustiva, mas ela basta para indicar que o problema da duração da jornada de trabalho é principalmente agudo no setor têxtil, setor em que a crise é maior e onde a parte dos salários no preço de revenda e os lucros dos patrões é considerável. Assim, a vulnerabilidade à crise desse setor de ponta na economia medieval[20] faz dele o campo de eleição de um *progresso* na organização do trabalho.

O texto que diz respeito a Aire revela bem o que explica a necessidade do novo sino *para que a dita cidade seja governada pelo mister da tecelagem...* Confirmação *a contrario*: lá onde a tecelagem não tem uma posição dominante, não se vê aparecer o *Werkglocke*. Fagniez exatamente já tinha notado isso em relação a Paris[21].

Assim, pelo menos nas cidades têxteis, um tempo novo se abate sobre elas, o tempo dos tecelões. Pois esse tempo é aquele da dominação de uma categoria social. É o tempo dos novos mestres[22]. É o tempo de um grupo atingido pela crise, mas numa conjuntura de ascensão social.

---

19. Ibid. T. I, p. 6.

20. Eu só penso aqui no papel da indústria têxtil no progresso de algumas técnicas refinadas da organização econômica medieval. A mim me parece exagerado fazer disso, como alguns autores, o motor do progresso econômico medieval. O *take off* (decolagem) da economia medieval se produziu nos dois setores de base – não de ponta: a terra e a construção.

21. FAGNIEZ, G. Études sur l'industrie et la classe industrielle à Paris ai *XIIIe et au XIVe siècles*, 1977, p. 84.

22. Sobre medidas e história social, cf. o artigo exemplar de W. Kula: "La métrologie historique et la lutte des classes: l'exemple de la Pologna au XVIIIe siècle". *Studi in onore di Amintore Fanfani*. T. V., 1962.

Por outro lado, esse novo tempo se torna logo o lugar de aposta de acerbos conflitos sociais. Agitação social e emoções operárias têm agora como objetivo fazer calar a *Werkglocke*.

Em Gand, em 6 de dezembro de 1349, uma decisão dos almotacés decreta que os tecelões regressem à cidade em oito dias, mas lhes permite começar e parar o trabalho, daí por diante, nas horas que eles quiserem[23].

Em Thérouanne, em 16 de março de 1367, o deão e o capítulo devem prometer aos *operários, pisoeiros e outras gentes mecânicas* que mandem parar de tocar "para sempre o sino dos operários, para que, por causa do toque de um sino desse tipo, não nasçam o escândalo e o conflito na cidade e na Igreja[24].

Diante dessas revoltas, a burguesia têxtil protege o sino do trabalho através de medidas mais ou menos draconianas. Em primeiro lugar, através de multas. Em Gand, entre 1358 e 1362, os trabalhadores da lã que não se conformassem com as imposições da *werglocken* foram apenados com multa[25]. Em Commines, em 1361, "[...] todo tecelão que trabalhe depois do sino da manhã ter tocado, cada um deles receberá de multa cinco soldos parisienses [...]"[26]. Mas aqui o problema que o sino representa fica bastante claro. Se os trabalhadores se apoderassem deste sino para fazer dele o sinal da sua revolta, as mais pesadas penas os atingiriam: multa de sessenta libras parisienses para aqueles que tivessem feito soar o sino

---

23. ESPINAS, G. & PIRENNE, H. *Recueil de documents relatifs à l'histoire de l'industrie drapière em Flandre*. Op. cit. T. II, p. 471.

24. *"[...] ouvriers, foulons et autres gens mécaniques de faire cesser de sonner à jamais la cloche des ouvriers, pour que à cause de la sonnerie d'une cloche de ce genre ne naisse pas de scandale et de conflit dans la ville et l'église"* (ESPINAS, G. & PIRENNE, H. *Recueil de documents relatifs à l'histoire de l'industrie drapière em Flandre*. Op. cit. T. III, p. 395).

25. Ibid. T. II, p. 596.

26. *"[...] tout li tisserant qui se livreront après que le cloche du matin sera sonnée, chacun sera à l'amende de cinq solz de parisis [...]"*.

para um ajuntamento popular (para fazer assembleia); para aqueles que viessem armados (com qualquer bastão – a arma do povo – ou outras armas) e para aqueles que tivessem feito tocar este sino para chamar à revolta contra o rei, os almotacés, ou o empregado encarregado do sino, a pena de morte (seria o perigo de perder a vida...)[27].

No final deste século e no início do seguinte se vê claramente que a duração da jornada de trabalho – não o salário diretamente – é o motivo das lutas operárias.

Documentos célebres nos mostram como uma categoria operária original, uma categoria particularmente combativa[28], principalmente no meio urbano ou suburbano, nesse tempo em que havia vinhas nas cidades e nos arredores, os vinhateiros jornaleiros sustentam contra os seus empregadores, senhores, eclesiásticos, burgueses, uma luta pela redução da jornada de trabalho, que encontra sua culminação num processo levado ao Parlamento de Paris[29].

Também os documentos de arquivos[30] nos provam que aconteceram conflitos reais, que nos permitiam prever o decreto do preboste de Paris de 12 de maio de 1395:

> Porque [...] várias gentes de misteres, como tecelões de panos, pisoeiros, lavadores, pedreiros, carpinteiros e muitos outros operários e moradores de Paris quiseram e querem ir trabalhar e deixar o trabalho a tais horas,

---

27. *Ordonnances des Rois de France...* T. IV, p. 209.

28. Sobre o papel revolucionário desse meio, cf. principalmente LABROUSSE, E. *La crise de l'économie française à la fin de l'Ancien Régime et au debut de la Revolution.* T. I, 1943, p. 592ss.

29. Cf. MAUGIS, É. "La journée de 8 heures et les vignerons de Sens de d'Auxerre devant le Parlement en 1383-1393". *Revue Historique*, t. CXLV, 1924. • DELAFOSSE, I.M. "Notes d'histoire sociale – Les vignerons d'Auxerrois (XIV-XV siècles). *Annales de Bourgogne*, 1848.

30. Cf. As referências a atos parlamentares citados em GEREMEK, B. *Le salariat dans l'artisanat parisien aux XIIIe-XVe siècles* – Étude sur le marché de la main-d'oeuvre au Moyen Age. Paris, 1968.

ou que eles se façam pagar as suas jornadas, tal como se trabalhassem durante todo o dia [...]. A eles o preboste lembra que a jornada de trabalho é fixada nas horas de sol até a hora do pôr do sol, fazendo suas refeições em horas razoáveis[31].

Os documentos de Auxerre e de Sens, mesmo admitindo que temos aqui o ofício de uma categoria especial, permitem-nos, por outro lado, compreender os objetivos dos operários na sua luta para serem senhores do seu tempo de trabalho; no fundo, sem dúvida, o desejo de serem protegidos contra a tirania patronal nesse domínio; contudo, mais exatamente a necessidade de que seja delimitada ao lado do tempo do trabalho um tempo de descanso[32]; e ao lado do trabalho assalariado regulamentar um tempo para o trabalho pessoal ou o trabalho negro[33].

---

31. *"Pour ce que [...] plusieurs gens de metiers, comme tixerrans de linge, de lange, foulons, laveurs, maçons, charpentiers et plusieurs autres ouvriers et demourans à Paris se sont voulu et veullent efforcier d'aller en besogne et de laisser oeuvre à telles heures, jà soit ce que ils facent paier de leurs journées, tout autant comme il faisoient besongne tout au long d'un jour [...]"* (LESPINASSE, R. *Les Métiers et corporations de Paris.* Op. cit., p. 52).

32. O decreto do Parlamento de Paris para Auxerre, de 26 de junho de 1393, declara: *"[...] suum opus relinquentes, quidam eorum ad proprias vineas excollendas, alii vero ad tabernas ac ludos palme vel alibi accendunt, residuis horis diei ad laborem magis propiciis et habilioribus omnino [ou ottiose] pervagando"* (apud MAUGIS, É. "La journée de 8 heures et les vignerons de Sens de d'Auxerre devant le Parlement en 1383-1393". Op. cit., p. 217).

33. Além do texto anterior, cf. esta passagem da ordenação de Carlos VI para Sens, em julho de 1383: "Eles abandonam seu trabalho e partem entre meio-dia e três da tarde ou por volta disso, especialmente bem antes que o sol se ponha, e vão trabalhar nas suas vinhas ou nas suas tarefas, lá onde eles trabalham e exploram tanto trabalho ou mais como fazem todos os dias para aqueles que os pagam por suas jornadas; e é trabalhando mais por jornadas que eles se cuidam e economizam, sem fazer o seu dever, a fim de que fiquem mais fortes e menos trabalhem por trabalhar nos lugares para onde eles vão depois de sua partida" – *Ils délaissent leur ouvrage et se partent entre midi et none au environ, espécialement grand espace de temps avant que soleil soit couché, et vont ouvrer en leurs vignes ou en leurs ta-*

Ocorre que, nessa pressão do tempo do trabalho na metamorfose do tempo social, é preciso colocar restrições.

Em primeiro lugar, trata-se geralmente de um tempo urbano, que responde a necessidades maiores do que aquelas da organização do trabalho. Sem dúvida, as necessidades econômicas estão à frente nessas preocupações urbanas: aqui e lá se vê aparecer um sino do mercado, um sino dos grãos etc.[34] O cuidado com a defesa urbana – um toque de sino a rebate – é também primordial: toque de recolher (*ignitegium*), o sino da patrulha. No texto citado para Aire em 1355 se diz claramente que a torre do sino que os almotacés fizeram construir, e onde eles pedem para colocar o sino do trabalho, foi primeiro feito "para a defesa da dita cidade aí subir ao pôr do sol, tocar as vésperas e com isso avisar os perigos e inconvenientes que poderiam advir na dita cidade por culpa de malfeitores ou de outros"[35].

---

ches, lá ou ils besoignent et exploittent autant d'ouvraige ou plus comme ils ont faict tout Le jour pour ceulz qui les paient de leurs journées; et qui plus est, en ouvrant à journées, ils se soingnent et espargnent, sans faire leur devoir, afin qu'ils soient plus forts et moins travailliez pour ouvrer ès lieux ou ils vont après leur partement (MAUGIS, É. "La journée de 8 heures et les vignerons de Sens de d'Auxerre devant le Parlement en 1383-1393", p. 210).

34. BILFINGER, G. *Die mittelalterlichen Horen und die modernen Stunden*. Op. cit., p. 163-164. Mas não é preciso sempre interpretar num sentido estritamente econômico o nome dos sinos. Assim, J. Rouyer em seu estudo *Aperçu historique sur deux cloches du beffroi d'Aire. La bancloque et le vigneron* acreditava que devia procurar nessa segunda designação uma referência a uma hipotética cultura da vinha na região do Aire. Trata-se simplesmente do sino substituindo o pregoeiro do vinho, cujo grito marcava às vezes o fim da jornada de trabalho: assim, para os pisoeiros de Paris no século XIII que "deixam o trabalho na noite da Ascensão enquanto o pregoeiro carrega o vinho" (*laissent oeuvre a la nuit de l'Ascension quant crieur portent vin*), e na véspera de algumas festas, "tão logo o primeiro pregoeiro do vinho vai embora" (*si tost que li premier crieur de vin vont*) (*Le livre des métiers d'Étienne Boileau*, p. 108-109 [Org. por R. de Lespinasse e F. Bonnardot]).

35. *Pour le gaite de ladicte ville faire se montée du jour corner, corner du vespre et aviser par là les perils et inconveniens qui venir pourroient en ladicte ville par fu de meschief ou autrement.*

Mais ainda, é a *campana bannalis, campana communitatis, bancloche*, que chama os burgueses para a defesa ou para a administração da sua cidade, sino do juramento às vezes (*Eidclocke* de Burlach), ou sino do conselho (*Ratsglocke*)[36].

Mas o que o sino do trabalho ou a utilização do sino urbano para o trabalho traz de novo é, evidentemente, em vez de um tempo *factual* que só se manifesta episodicamente, excepcionalmente, um tempo regular, normal; perante as horas clericais *incertas* dos sinos da igreja as horas *certas* de que falam os burgueses de Aire. Tempo não do cataclismo ou da festa, mas do cotidiano, uma rede cronológica que enquadra, aprisiona a vida urbana.

As exigências de um trabalho melhor mensurado – neste século, quando o quantitativo faz sua entrada tímida nas estruturas administrativas e mentais[37] – são, portanto, um fator importante do processo de laicização, de que o desaparecimento do monopólio dos sinos de igreja para a mensuração do tempo é bem um sinal essencial. Mas aqui ainda não devemos opor muito brutalmente, apesar da importância da mudança, um tempo laico a um tempo religioso. Às vezes se vê uma coexistência, sem enfrentamento nem hostilidade, dos dois sinos. Em York, por exemplo, no próprio terreno da catedral, entre 1352 e 1370, aparece um sino do trabalho que desobriga

---

36. A destruição ou o banimento do sino comunal poderia ser, com toda a sua carga simbólica, o castigo de uma cidade revoltada, tal como era para os nobres ou os particulares condenados era o confisco da casa ou a destruição do castelo-forte. Foi isso que teria feito, a partir de 1179, Felipe da Alsácia em Hesdin: "Comes Flandrensis Philippus Sancti Quintini et de Parona castra graviter affixit, eorumque cives obsidione, et persequutione diu multumque humiliavit: Hesdiniensibus reipublicae dignitatem abstulit; campanam communiae apud Ariam transmisit, et quosdam pro interfectione cujusdam de turri praecipitare jussit" ("Chronicon Andrensis Monasterii". Apud D'ACHERY. *Spicilegium*, t. II, 817).

37. Com os progressos dos sistemas fiscais, as premissas de um espírito estatístico aparecem no século XIV. Teve sorte a esse respeito, como se sabe, Giovanni Villani.

desse ofício os sinos da igreja[38]. Não esqueçamos também que, ainda aqui, a Igreja foi precursora. O ambiente monástico, sobretudo – voltaremos a vê-lo –, foi o grande mestre do *emprego do tempo*. As cidades que atingiam o conselheiro, o almotacé que respondia com atraso o chamamento do sino urbano, que recebiam uma multa, só faziam imitar as comunidades monásticas que castigavam o monge retardatário. O severo Colombano punia o atraso à oração do canto com 50 salmos ou com a aplicação de 50 chibatadas. São Bento, mais indulgente, contentava-se em colocar o culpado *no castigo*[39].

No entanto, o sino do trabalho, impulsionado sem dúvida por cordas, quer dizer, à mão, não apresenta qualquer inovação técnica. Porém, o progresso decisivo para as *horas certas* é evidentemente a invenção e a difusão do relógio mecânico, do sistema de escape que promove, enfim, a hora no sentido matemático, a vigésima quarta parte do dia. Sem dúvida, foi primeiro o século XIV que franqueou essa etapa essencial. O princípio da invenção foi adquirido no final do século XIII, mas somente no segundo quartel do século XIV é que se assiste a sua aplicação nesses relógios urbanos, cuja área geográfica é bem aquela das grandes zonas urbanas: Itália do Norte, Catalunha, França Setentrional, Inglaterra Meridional, Flandres, Alemanha – e uma pesquisa mais aprofundada permitiria talvez perceber que as regiões da indústria têxtil em crise e a área de difusão dos relógios mecânicos se sobrepõem mais ou menos[40]. Desde a Normandia até a Lombardia se instalou a hora de sessenta minutos que, na alvorada da época pré-industrial, toma o lugar do dia como unidade do tempo de trabalho[41].

---

38. Cf. SALZMAN, L.F. *Building in England down to 1540*, 1952, p. 61-62.

39. *Sancti Benedicte Regula Monachorum*, 1946, cap. XLIII: "De his qui ad Opus Dei vel ad mensam tarde occurunt", p. 64-66 [Org. por D. Philibert].

40. Parece se desenhar, principalmente, duas grandes zonas: aquela da Itália Setentrional e Central e aquela que H. Ammann define como sendo o domínio da *Tuchindustrie Nordwesteuropas*. Cf. *Hansische Geschichtsblätter*, 72, 1954.

41. Sobre o surgimento dos relógios, a bibliografia, como se sabe, é imensa. Cf. ULSHER, A.P. *A History of mechanical Inventions*. 2. ed., 1954. Sobre o famoso relógio da Catedral de Bruges, a obra particularmente interessante é POULLE, E. *Um*

Aqui também não se deve exagerar. Durante muito tempo ainda o tempo ligado aos ritmos naturais, à atividade agrária, à prática religiosa, permanece o quadro temporal primordial. Os homens do Renascimento – o que quer que fossem – continuam a viver num tempo incerto[42]. Tempo não unificado, ainda urbano e não nacional, defasado em relação às estruturas estatais que estão se formando, tempo de *mônadas urbanas*. O que o caracteriza é a diversidade do ponto de partida do tempo novo, a hora zero dos relógios: aqui meio-dia e lá meia-noite, o que não é grave, mas quase sempre é o nascer e o pôr do sol que o marca de tal maneira, que o tempo pré-industrial tem dificuldade em se despregar do tempo natural. Montaigne no *Voyage en Italie*, depois de outros viajantes dos séculos XV e XVI, nota a confusão, a desordem que nasce desse tempo originariamente variável de uma cidade à outra[43].

Além disso, as novidades mecânicas, até Huygens, são frágeis, caprichosas, irregulares. O novo tempo possui falhas enormes e o relógio urbano está muitas vezes com defeito[44]. Mais do que um instrumento da vida cotidiana, ele é também uma maravilha[45], um ornamento, um brinquedo do qual a cidade se orgulha. Ele pertence aos ornamentos urbanos, ao prestígio mais do que à utilidade.

---

constructeur d'instruments astronomiques au XVe siècle: Jean Fusoris, 1963. • Há uma publicação em português do livro de ULSHER, A.P. *Uma história das invenções mecânicas*. Campinas: Papirus, 1993.

42. Cf. MANDROU, R. *Introduction à la France Moderne*, 1961, p. 95-98.

43. Não haverá unificação do tempo, como se sabe, senão no século XIX, com a Revolução Industrial, a revolução dos transportes (horários e indicadores de estradas de ferro impõem a hora unificada) e o estabelecimento de fusos horários. Depois virá rapidamente a era do minuto, depois a era do segundo, dos cronômetros. Uma das primeiras testemunhas literárias do tempo unificado é: *Le Tour du Monde en 80 jours*, de Júlio Verne [1873].

44. Cf. VIEILLIARD, J. "Horloges et horlogers catalans à la fin du Moyen Age". *Bulletin hispanique*, t. LXIII, 1961. Mas o autor, a propósito desses reparos, sublinha a existência de relógios especializados. Portanto, de uma certa difusão dos relógios.

45. Cf. as lendas que envolvem os construtores de relógios, personagens fabulosos, que se supõe às vezes terem concluído um pacto com o diabo, pelo tanto que a sua ciência parecia misteriosa. Cf., p. ex., a lenda do construtor de relógio de Praga.

Mais ainda, esse tempo novo, nascido principalmente das necessidades de uma burguesia de *fornecedores de trabalho*, preocupados, diante da crise, com melhor medir o tempo do trabalho, que é aquele dos seus ganhos[46], é rapidamente açambarcado pelos poderes superiores. Instrumento de dominação, ele é para os grandes senhores e os príncipes objeto de diversão, mas também símbolo de poder[47]. Pode sê-lo mais ainda, quando se torna – num quadro urbano, mas o de uma *capital* – símbolo eficaz de governo: em 1370, Carlos V manda que todos os sinos de Paris se regulem pelo relógio do Palais Royal, que tocam as horas e os quartos de hora. O tempo novo se torna assim o tempo do Estado. O rei, leitor de Aristóteles, domesticou o tempo racionalizado.

Apesar de todas as imperfeições e dos limites dessas mudanças, o abalo do quadro cronológico que conhece o século XIV é também um abalo mental, espiritual.

Talvez fosse preciso procurar na própria ciência, quer dizer, na escolástica científica, o aparecimento de uma nova concepção do tempo, de um tempo que não é mais uma essência, mas uma forma conceitual, a serviço do espírito que o utiliza de acordo com suas necessidades, pode dividi-lo, medi-lo – um tempo descontínuo. À pergunta: Tem o tempo uma existência fora do espírito?, Pierre Auriol responde que o tempo não é outra coisa senão "um ser no espírito" (*quer dizer, um conceito*), e precisa: "As partes do tempo que percebemos ao mesmo tempo não têm qualquer fundamento racional positivo, a não ser no espírito, que percebe todas as partes que estão ao mesmo tempo em ação, e nelas concebe a sucessão,

---

46. Sobre o nascimento de uma prática e de uma mentalidade de calculadores, cf. o artigo sugestivo de TUCCI, U. "Alle origini dello spirito capitalistico a Venezia: la provisione economica". *Studi in onore di Amintore Fanfani*, vol. III, 1962.

47. A partir do final do século XIV, o relógio figura quase sempre nas miniaturas que representam os príncipes no seu palácio, principalmente os duques de Borgonha. Cf. CHAPUIS, A. *De Horlogiis in Arte*, 1954.

a anterioridade e a posteridade". Ockham, retomando a definição aristotélica – que Santo Tomás não tinha explorado, "o tempo é o número do movimento", sublinha que não se trata de uma "definição segundo a coisa", mas uma "definição segundo o nome"[48]. Projeta-se na escolástica um tempo novo, no mesmo momento em que os estudos sobre o *impetus* revolucionam a mecânica e que a perspectiva moderna começa a subverter a visão. O século do relógio é também aquele do canhão e da profundidade do campo visual. Tempo e espaço transformam-se igualmente tanto para o erudito quanto para o mercador.

Talvez também o tempo dos místicos, primeiramente dos grandes místicos renanos, seja o fruto de uma nova abordagem, de uma nova intuição que atribui à vida da alma novas dimensões temporais[49]. A *devotio moderna* se desenvolve ao ritmo da *Horologium Sapientiae* de Suso.

Em todo caso, no nível de uma piedade mais acessível, mais mediana, o abalo é claro. O tema eterno, antigo, da fuga do tempo se encontrava já no cristianismo – simultaneamente exasperado e apaziguado por sua transformação em medo da morte eterna[50], incitação à preparação da salvação. *Nada é mais precioso do que o tempo*, teria dito São Bernardo, e este tema foi em todo caso retomado e difundido por seus discípulos[51].

---

48. Apud MAIER, A. "Die Subjektivierung der Zeit in der scholastischen Philosophie". *Philosophia Naturalis*, I, 1951, p. 387 e 391. Em nível psicológico não há subjetivação verdadeira e profunda do tempo, senão com o relógio individual – momento capital na tomada de consciência do indivíduo.

49. Encontrar-se-á um ponto de partida em GANDILLAC, M. *Valeur du temps dans la pédagogie spitiruelle de Jean Tauler*, 1955.

50. Sobre o sentido da morte no final da Idade Média, aspecto da subversão da consciência temporal, cf. os estudos novos e fecundos de A. Tenenti: *La vie et la mort à travers l'art du XV*^{e} *siècle*, 1952, e *Il senso della morte e l'amore della vita nel Rinascimento*, 1957.

51. Os textos essenciais são os "Gaufridi declamationes ex S. Bernardi sermonibus" (MIGNE. *PL.*, CLXXXIV, 465) e os sermões de Guerri d'Igny (*PL.*, CLXXXV, 90).

Mas, a partir da primeira metade do século XIV, o tema se define, se dramatiza. Perder tempo se torna um pecado grave, um escândalo espiritual. Sobre o modelo do dinheiro, por imitação do mercador que, na Itália pelo menos, torna-se um contabilista do tempo, desenvolvem-se uma moral calculadora e uma piedade avara. Um dos propagadores mais significativos desta espiritualidade nova é um pregador em voga no início do século XIV, o dominicano de Pisa, Domenico Cavalca, morto em 1342. Na sua *Disciplina degli Spitiruali* ele consagra dois capítulos à *perda de tempo* e ao dever de *conservar e levar em conta o tempo*[52]. A partir de considerações tradicionais sobre a ociosidade, chega-se, através de um vocabulário de mercador (o tempo perdido é para ele o talento perdido do Evangelho[53] – o tempo é já dinheiro), a toda uma espiritualidade do emprego calculado do tempo. Um ocioso que perde seu tempo, não o mede, é semelhante aos animais, não merece ser considerado como um homem: *egli si pone in tale stato che à piu vile che quello delle bestie*. Assim, nasce um humanismo na base de um tempo bem-calculado.

O homem do tempo novo é, antes de tudo e com efeito, o *humanista* – e, em primeiro lugar, o humanista italiano da primeira geração em torno de 1400 – ele próprio mercador ou próximo dos meios dos negócios – que transpõe a organização dos seus negócios para a vida, regula-se por um emprego do tempo, laicização significativa do emprego do tempo monástico. No final de um manuscrito do *Elucidarium*, corrigido no início do século XV, Yves Lefèvre encontrou um desses empregos do tempo característicos do comportamento e da mentalidade do bom cristão humanista burguês[54]. Para o tempo do trabalho, ele somente reserva a manhã – *e tudo isso*

---

52. São os capítulos XIX (p. 127-133) e XX (p. 133-137) da edição G. Bottari, 1838.
53. Ibid., p. 132.
54. LEFÈVRE, Y. *L'Elucidarium et les Lucidaires*, 1954, p. 279, nota I. Desde o final do século XIII, Philippe de Novare tinha esboçado um emprego do tempo cotidiano muito próximo desse. Cf. FARAL, E. *La vie quotidienne au temps de Saint Louis*, 1938, p. 23-24.

deve ser feito de manhã (et tout ce doyt être parfait au matin) – o burguês homem de negócios trabalha meio dia, diferentemente do *laborator* popular. *Depois de comer (aprez mengier)* é o tempo do repouso *(repousar uma hora –* uma hora nova!*),* do divertimento, das visitas. Tempo do lazer e da vida mundana de pessoas abastadas...

Assim, o humanista tem como primeira virtude o sentido e o bom uso do tempo. Desta sensibilidade ao tempo seu biógrafo faz a glória, por exemplo, a Gianozzi Manetti[55].

O tempo mais exatamente medido, o tempo da hora, o tempo dos relógios – que um humanista florentino da segunda metade do século XIV queria colocar em todos os gabinetes de trabalho[56] – se torna um dos primeiros utensílios do homem.

O tempo é um dom de Deus e não pode, portanto, ser vendido. O tabu do tempo que a Idade Média opôs ao mercador é levantado no início do Renascimento. O tempo que só pertencia a Deus é agora a propriedade do homem. É preciso antes reinterpretar aqui o texto célebre de Leon Battista Alberti.

> Gianozzo: Há três coisas que o homem pode dizer que lhe pertencem propriamente: a fortuna, o corpo...
> Lionardo: – E qual seria a terceira?
> Gianozzo: – Ah! Uma coisa extremamente preciosa. Essas mãos e esses olhos não são meus como ela.

---

55. "Pari racione dicebat, immortalem Deum praecepturum, atque ita, ut homines quot tempora vixissem, ipse Deus computaret quantum in dormiendo spatii, quantum in capiendo cibo ex necessitate posuissent, diligenter consideraturus anos, menses, dies, horas, atque momenta brevia [...]. Ob hanc igitur causum, quod sibi datum erat, ad vivendum tempus ita dispensabat, ut ex eo nihil umquam perdidisse videretur" (*Vita Jannotii Manetti a Naldo Naldio florentino scripta.* Muratori, XX, 582). A importância desse texto fora já reconhecida por H. Baron: "A sociological Interpretation of the early Renaissance in Florence", p. 438.

56. Cf. BARON, H. "A sociological Interpretation of the early Renaissance in Florence". Op. cit., p. 437.

Lionardo: – Maravilha! E o que é?

Gianozzo: – O tempo, meu caro Lionardo, o tempo, meus filhos[57].

A partir de agora, o que conta é a hora como medida nova da vida: "[...] jamais perder uma hora do tempo[58].

A virtude cardeal do humanista é a temperança, a que a nova iconografia[59], desde o século XIV, dá como atributo o relógio – medida a partir de então de todas as coisas.

---

57. BATTISTA, L. "Il libri della famiglia". *Opera vulgari*, t. I, 1960, p. 168-169 [Org. por C. Grayson].

58. Ibid., p. 177.

59. Cf. CHAPUIS, A. *De Horlogiis in Arte*. Op. cit. • MICHEL, M. "L'horloge de Sapience et l'histoire de l'horlogerie". *Physis*, t. II, 1960.

4

Nota sobre sociedade tripartida
Ideologia monárquica e renovação econômica na Cristandade do século IX ao século XII

Aparece na literatura medieval, no final do século IX, para florescer no século XI, até se tornar um lugar comum no século XII, um tema que descreve a sociedade que se divide em três categorias ou ordens. Os três componentes desta sociedade tripartida são, de acordo com a fórmula clássica de Adalbéron de Laon, no início do século XI, *oratores, bellatores, laboratores*, quer dizer, os clérigos, os guerreiros e os trabalhadores.

Aqui não nos importa buscar as origens desse esquema. Quer se trate de uma representação tradicional nos povos indo-europeus em geral[1], ou mais particularmente entre os celtas ou os germanos, ou de um esquema a aparecer em qualquer sociedade a um estágio dado

---

1. Este é, como se sabe, o ponto de vista que G. Dumézil sustentou em muitos trabalhos. Cf. FUGIER, H. "Quarante ans de recherche sur l'idéologie indo-européenne: Le méthode de M. George Dumézil". *Revue d'Histoire et de Philosophie Réligieuses*, 1965, p. 358-374. P. Boyancé ("Les origines de la réligion romaine – Théories et recherches recentes". *L'Information Littéraire*, VII, 1955, p. 100-107) "duvida que o esquema tripartido tenha estado tão presente no espírito dos latinos, já que estes não o descrevem jamais explicitamente". Nos séculos IX-XI se veem, simultaneamente, expressões explícitas desse esquema e formulações claras e precisas (cf. infra). Aliás, se tem mais a impressão da justaposição de duas estruturas mentais diferentes do que uma evolução de um pensamento confuso para um pensamento claro. É preciso falar de dois tipos de pensamento coerentes e paralelos, "primitivo" ou "selvagem", de um lado, e "histórico", de outro?

do seu desenvolvimento[2], quer se trate do ressurgimento de um velho tema de civilizações anteriores, ou de uma criação original do pensamento cristão medieval, o importante para nós é outra coisa.

Se este tema, ausente até então da literatura cristã, agora aparece entre os séculos IX e XI, é porque ele correspondia a uma necessidade nova. Essa imagem conceitual da sociedade estava em conexão com novas estruturas sociais e políticas. Mas, como todo instrumento conceitual, esse esquema não tinha somente como objetivo definir, descrever, explicar uma situação nova. Era também um instrumento de propaganda.

Parece-me que a elaboração e a difusão do tema da sociedade tripartida devem ser postas em relação com os progressos da ideologia monárquica e com a formação das monarquias nacionais na Cristandade pós-carolíngia.

Para tentar basear esta hipótese, tomarei aqui três exemplos.

O primeiro texto medieval onde se encontra de uma maneira clara o tema da sociedade tripartida é uma passagem da tradução para o anglo-saxão do *De consolatione philosophiae*, de Boécio, pelo Rei Alfredo o Grande, no último quartel do século IX[3]. É

---

2. Foi isso que recentemente sustentou V.I. Abraev ("Le cheval de Troie – Parallèles caucasiens". *Annales ESC*, 1963, p. 1.041-1.070). D. Trestik justamente chamou atenção para a importância do texto do Gênesis (9,18-27) no tratamento do tema da sociedade tripartida na literatura medieval (*Cheskoslovensky Casopis Historicky*, 1964, p. 453). A maldição lançada por Noé sobre o seu filho Cam em proveito dos seus irmãos Sem e Jafet (*Maledictus Chanann, servus servorum erit fratribus suis*), foi utilizada pelos autores medievais para definir as relações entre as duas ordens superiores e a terceira ordem subordinada. Mas a exploração desse texto parece relativamente tardia e não será abordada aqui.

3. SEDGEFIELD, W.J. (org.). *King Alfred's Old English Version of Boethius "De Consolatione Philosophiae"*. Oxford, 1899-1900. Eu utilizei a tradução de M.M. Dubois: *La littérature anglaise du Moyen Age*. Paris, 1962, p. 19-20. O texto de Alfredo diz que o rei deve ter "gebedmen & fyrdmen & weorcmen", "homens para a oração, homens para a guerra e homens para o trabalho". Cf. o sugestivo artigo de J. Batany: "Des 'Trois Fonctions' aux 'Trois États'?" *Annales ESC.*, 1963, p. 205-231.

significativo que esta passagem seja um adendo original de Alfredo ao texto de Boécio. Além disso, trata-se de um desenvolvimento consagrado ao retrato do rei ideal, e as três ordens da sociedade definidas por Alfredo são consideradas por ele como "instrumentos e materiais" necessários à realização da obra monárquica, ao exercício do poder "com virtude e eficácia". Enfim, esse texto pode ser colocado em relação com os esforços efetivos de Alfredo para estabelecer sob a égide real um Estado sólido e próspero[4].

O segundo exemplo se ligado aos inícios da monarquia capetíngia na França. Se a famosa passagem de Adalbéron de Laon, que data provavelmente dos anos 1025-1027[5], enumera explicitamente as três ordens do esquema tripartido[6], um texto menos preciso, mas anterior – por volta de 995 –, de Abbon de Fleury, pode ser considerado como uma forma aproximativa do tema da sociedade tripartida, e mais precisamente como um testemunho da passagem de um

---

4. Sobre Alfredo, além do trabalho fundamental de F.M. Stenton (*Anglo-Saxon England*. Oxford, 1945), além do livro com um título significativo de B.A. Lees (*Alfred the Great, the Truthteller, Maker of England*. Nova York, 1919), pode-se consultar os estudos mais recentes de E. Ducket (*Alfred the Great and his England*, 1937) e de P.J. Helm (*Alfred the Great, a Re-assessment*, 1963).

5. Esta datação é sustentada, de uma maneira que me parece convincente, por LEMARIGNIER, J.F. *Le gouvernement royal aux premiers temps capétiens (987-1108)*. Paris, 1965, p. 79, nota 53. Encontrar-se-á o texto com uma tradução em G.A. Huckel ("Les poèmes satiriques d'Adalbèron". *Bibliotèque de la Faculté de Lettres de l'Université de Paris*, XIII, 1901) e uma tradução em E. Pognon (*L'An Mille*. Paris, 1947).

6. Eis o texto: "*Sed his posthabitis, primo de vigorum ordine, id est de laicis, dicendum est, quod alii sunt agricolae, alii agonistae: e agricolae quidem insudant agriculturae et diversis artibus in opere rustico, unde sustenatur totius Ecclesiae multitudo; agonistae vero, contenti stipendiis militiae, non se collidunt in utero matris suae, verum omni sagacitate expugnant adversarios sanctae. Dei Ecclesiae. Sequitur clericorum ordo [...]*" (*PL.*, CXXXIX, 464). Sobre Abbon, cf. SCHRAMM, P.E. *Der König von Frankreich* – Das Wesen des Monarchie vom 9. zum 16. Jahrhundert. Vol. 1. 2. ed. Darmstadt, 1960. E a edição póstuma, com notas atuais, da velha tese da École des Chartes de A. Vidier: *L'Historiographie à Saint-Benoît-sur-Loire et les miracles de Saint Benoît*. Paris, 1965.

esquema bipartido a um esquema tripartido[7]. As duas ordens principais que constituem a sociedade, segundo um lugar-comum da literatura cristã, os clérigos e os laicos, dividindo-se estes últimos, de acordo com Abbon, em duas subordens, a ordem dos agricultores – *agricolae* – e a ordem dos guerreiros – *agonistae*. Sem dúvida, tanto o *Apologeticus adversus Arnulphum Episcopum Aureliannensem ad Hugonem et Robertum reges Francorum de Abbon de Fleury* quanto o *Carmen ad Rodbertus* de Adalbéron de Laon são obras de circunstância destinadas a sustentar, para além dos interesses pessoais, o papel, no primeiro caso dos regulares e, no segundo caso, dos seculares, mas as duas obras, que visam assegurar a um partido o apoio real, são naturalmente levadas a definir e fortalecer a ideologia monárquica[8]. Também por sua situação geográfica nas extremidades setentrionais e meridionais do domínio capetíngio, tanto o mosteiro de Fleury quanto a igreja episcopal de Laon desempenharam, no século XI, um papel político e espiritual de primeiro plano no estabelecimento da dinastia capetíngia e no desenvolvimento, em seu proveito, da ideologia monárquica na *Francia Occidentalis*[9].

---

7. Sobre esta passagem, de um ponto de vista antropológico, as observações esclarecedoras de Claude Lévi-Strauss (*Anthropologie structurale*. Paris, 1958, cap. VIII: "Les organisations dualistes existent-elles?"), que explicita o terceiro círculo da organização da vila concêntrica como sendo a do arroteamento, da conquista do solo, do campo do trabalho. • Há uma publicação relativamente recente dessa obra: LÉVI-STRAUSS, C. *Antropologia estrutural*. São Paulo: Cosac & Naify, 2008 [N.T.].

8. Abbon defende, contra o Bispo Arnoul d'Orléans, os privilégios monásticos. Adalbéron, ao contrário, num violento ataque contra Cluny, deplora a influência dos monges no governo do reino.

9. Sobre o papel de Fleury (Saint-Benoît-sur-Loire) na formação do ideal monárquico na França em proveito dos capetíngios (com Saint-Denis que assumirá, só e eficazmente, esse papel a partir do século XII), cf., além do livro póstumo de A. Vidier (cf. nota 6), a Introdução de R.H. Bautier à edição de Helgaud de Fleury, *Vie de Robert Le Pieux (Epitoma Vitae Regis Roberti Pii)*. Paris, 1965. A edição dos textos de Fleury, anunciados por R.H. Bautier, sob a égide do Instituto de Pesquisa e de História dos textos do Centro Nacional da Pesquisa Científica devem permitir estudos mais precisos a esse respeito. Cf. tb. o importante artigo de J.F. Lemarignier, "Autour de la royauté française du IXe au XIIIe siècle". *Bibliothèque de l'École des Chartes*. T. CXIII, 1956, p. 5-36.

O terceiro exemplo nos transporta para as fronteiras orientais da Cristandade latina, no início do século XII, na Polônia de Boleslau Boca Torta. Na sua célebre *Cronica et Gesta Ducum sive Principium Polonorum*, escrita nos anos de 1113-1116, o cronista anônimo, dito Gallus Anonymus, descrevendo no seu Prólogo os elementos do poder polonês, divide a população em *milites bellicosi* e *rustici laboriosi*. Tal como no texto de Abbon de Fleury, sendo a ordem clerical deixada de lado, as duas expressões designam as duas ordens laicas e devem ser consideradas como uma expressão do esquema da sociedade tripartida[10]. As diferenças de vocabulário entre este texto e aquele de Abbon, as analogias entre estes termos e aqueles de *soldados belicosos* e de *camponeses laboriosos* do texto de Adalbéron sublinham, melhor do que fazem expressões idênticas, a convergência ideológica entre estas três passagens e com o texto de Alfredo o Grande. Mais ainda do que os textos anteriores, o texto de Gallus Anonymus se liga estreitamente à propaganda monárquica. O círculo de Boleslau Boca Torta que inspirou o cronista quis de fato que a obra fosse um elogio do Estado polonês sob Boleslaw o Valente (992-1025) e um instrumento de propaganda para a restauração do poder e da dignidade monárquicas na Polônia[11].

---

10. *Monumenta Poloniae Historica, nova series*. T. II. Cracóvia, 1952, p. 8 [Org. por K. Maleczynsky]. Nos seus admiráveis trabalhos (*Podstawy gospodarcze formowania sie pánstw slowiánskich*. Varsóvia, 1953), "Economic Problems of the Early feudal Polich State" (*Acta Poloniae Historica*, III, 1960, p. 7-32) e "Dynastia Piastów we wczesnym sredniowieczu" (*Poczatky Pánstwa Polskiego*. T.I. Poznan, 1962 [Org. por K. Tymieniecki]), H. Lowmianski sublinhou esta classificação e deu a ela uma significação socioeconômica. "Gallus' definition: milit28es bellicosi, rustici laboriosi contains a reflection, unintentional as regards the chronicler, of the objective fact of division of the community into consumers and producers" ("A definição de Gallus: *milites bellicosi, rustici laboriosi* contém uma reflexão, não intencional em relação ao cronista, sobre o fato objetivo da divisão da comunidade em consumidores e produtores") (APH, p. II).

11. Cf. a introdução de K. Maleczynski à edição citada na nota anterior. PLEZIA, M. *Kronika Galla na tle hiotoriografii XII wieku*. Cracóvia, 1947. • ADAMUS, J. *O monarchii Gallowej*. Varsóvia, 1952. • GRUDZIŃSKI, T. "Ze studiów nad kronika Galla".

Assim, tenham ou não sido os esforços coroados de sucesso, estes três textos mostram que, do final do século IX ao início do XII, de um lado a outro da Cristandade latina, o esquema tripartido deve ser posto em relação com os esforços de alguns meios laicos e eclesiásticos para consolidar ideologicamente a formação das monarquias nacionais.

Para tentar compreender como este tema poderia servir ao ideal monárquico e nacional é preciso em primeiro lugar tentar definir quais realidades sociais e mentais correspondiam às três ordens do esquema, e mais especificamente à terceira ordem, que me parece conferir ao esquema o seu caráter mais original e mais significativo.

A caracterização das duas primeiras ordens não apresenta grandes dificuldades, ainda que não seja desprovido de interesse observar algumas particularidades, seja na definição intrínseca de cada ordem, seja na natureza da sua relação com a realeza implicada no esquema.

A ordem clerical é caracterizada pela oração, o que indica talvez uma certa primazia atribuída ao ideal monástico, ou melhor, a um certo monaquismo[12], mas que se refere sobretudo à natureza essencial do poder clerical, que vem de sua capacidade especializada de obter, pelo exercício profissional da oração, o auxílio divino. Rei dos *oratores*, o monarca participa de certa maneira da natureza e dos

---

Zapiski Historyczne, 1957. • BARDACH, J. *Historia państwa i prawa Polski*. T. I. Varsóvia, 1965, p. 125-127. • KÜRBISÓWNA, B. "Wieź najstarszego dziejopisarstwa polskiego z państwem". *Poczatki Państwa polskiego*. T. II. Poznan, 1962. • KARWAZIŃSKA, J. "Państwo polskie w przekazach hagiograficznych". *Poczatki Państwa polskiego*, p. 233-244. As hipóteses de D. Borawska (*Przeglad Historyczny*, 1964) sobre as fontes venezianas da crônica de Gallus Anonymus, se fossem verificadas, não parecem de modo a modificar a nossa interpretação.

12. Seria levar longe demais a interpretação atribuir a Adalbéron a escolha ou a adoção do termo *oratores* por desejo de chamar ao desejo exclusivo do *Opus Dei* seus adversários cluniacenses, que ele acusa de se imiscuírem demasiadamente nos ofícios do século.

privilégios eclesiásticos e religiosos[13] e, por outro lado, mantém com a ordem clerical relações ambivalentes de protetor e protegido da Igreja, relações que o clérigo carolíngio aperfeiçoou no século IX[14].

A ordem militar não é talvez para ele também tão simples de apreender como parece à primeira vista. Sua unidade e sua coerência concretas estão, sem dúvida, ainda mais distantes da realidade do que aquelas da ordem clerical. O termo *milites* que, a partir do século XII, terá a tendência de designar habitualmente a ordem militar no esquema tripartido, corresponderá, sem dúvida, à emergência da classe dos cavaleiros no seio da aristocracia laica, mas trará mais confusão do que clareza nas relações entre a realidade social e os temas ideológicos que pretendem expressá-lo. No entanto, do século IX ao XII, o aparecimento dos *bellatores* no esquema tripartido corresponde à formação de uma nova nobreza[15] e, nesta época

---

13. Não se trata aqui de abrir o *dossier* dos reis taumaturgos, nem de levantar o problema do rei-santo (cf. os artigos de R. Folz: "Zur Frage der heilingen Könige: Heiligkeit und Nachleben in der Geschichte des burgundischen Königtmus". *Deutshers Archiv*, 14, 1958. • "Tradition hagiographique et culte de Saint Dagobert, roi des Francs". *Le Moyen Age*, Vol. Jubilaire, 1963, p. 17-35). Cf. tb. o artigo em *Annales ESC*, 1966, de K. Górski, sobre o rei-santo na Europa Medieval setentrional e oriental. Sobre a ideologia monárquica na Idade Média, a obra fundamental é a compilação: MAYER, T. (org.). "Das Königtum – Seine Geistigen und rechtlichen Grundlagen". *Vorträge und Forschungen*, 3, 1956. Sobre o caráter eclesiástico da realeza segundo Abbon de Fleury, na tradição do Concílio de Paris de 829 e do *De institutione regia* de Jonas d'Orléans, cf. LEMARIGNIER, J.F. *Le gouvernement royal aux premiers temps capétiens (987-1108).* Op. cit., p. 25-27.

14. Cf. nota anterior. Sobre a unificação da ordem clerical e a inserção dos monges nesta ordem nos séculos XI e XII, em relação exatamente com a evolução econômica, as interessantes observações em CONSTABLE, G. *Monastic Tithes*, 1964, p. 147ss.

15. Sobre esta nova nobreza, cf. principalmente as atualizações de L. Génicot: "La noblesse au Moyen Age dans l'ancienne France" (*Annales ESC*, 1961) e "La noblesse au Moyen Age dans l'ancienne France: continuité, rupture ou évolution?" (*Comparative Studies in Society and History*, 1962). • G. Duby: "Une enquête à poursuivre: la noblesse dans la France médiévale" (*Revue Historique*, 1961). • O. Forst de Battaglia: "La noblesse européenne au Moyen Age" (*Comparative Studies*

de profunda transformação da técnica militar, à preponderância da função guerreira nessa nova aristocracia. Quanto ao rei dos *bellatores*, ele é também, em primeiro lugar, um chefe militar e mantém com a ordem guerreira as mesmas relações ambivalentes de um rei "feudal", que está ao mesmo tempo à frente desta aristocracia militar e colocado fora e acima dela.

Se, apesar dessa complexidade, se vê facilmente o que designam os dois primeiros termos do esquema da sociedade tripartida, não ocorre a mesma coisa com o terceiro termo. Quem são os *laboratores*?[16] Se, como o atestam os equivalentes *agricolae* ou *rustici* que encontramos, é claro que se trata de rurais, na época que consideramos e nas regiões onde estes textos foram escritos[17]; de rurais, é mais difícil determinar que conjunto social é aqui designado. Geralmente se considera que este termo designa o resto da sociedade, o conjunto daqueles que trabalham, quer dizer, de fato, essencialmente, a massa camponesa. É-se encorajado a admitir esta interpretação pelo fenômeno da uniformização relativa das condições camponesas que se observa, entre os séculos X e XII, em amplas zonas da Cristandade[18]. É verdade que, a partir do século XII,

---

in Society and History, 1962). Um colóquio sobre o tema *Royauté et Noblesse aux Xe et XIe siècles*, organizado pelo Institut Historique Allemand em Paris, ocorreu em abril de 1966 em Bamberg.

16. Não há nada a acrescentar senão os interessantes artigos de M. David: "Les laboratores jusqu'au renouveau économique des XIe e XIIe siècles" (Études *d'Histoire du Droit privé offertes à Pierre Petot*, 1959, p. 107-119) e "Les 'laboratores' du renouveau économique, du XII à la fin du XIV siècle" (*Revue Historique de Droit Français et Étranger*, 1959, p. 174-195 e 295-325).

17. A situação é talvez diferente na Itália, na Itália do Norte pelo menos, por causa da sobrevivência de tradições antigas e da precocidade do despertar urbano. Seria preciso principalmente interrogar a esse respeito Ratherius de Verona.

18. Cf., p. ex., G. Duby (*La societé aus XIe et XIIe siècles dans la région mâconnaise*. Paris 1953), para quem, todavia, esta evolução real não seria alcançada em Mâconnais, senão no início do século XII (p. 245-261), enquanto que no início do século XI a uniformidade da classe camponesa na literatura eclesiástica viria da ignorância e do desprezo dos escritores, como Raoul Glaber (p. 130-131).

sob a dupla influência, sem dúvida, da evolução econômica e social dos camponeses e das cidades, a terceira ordem engloba em geral o conjunto da mão de obra, o que chamaríamos o setor primário. É verdade também que, a partir da nossa época, há em alguns autores uma tendência de dar esse sentido amplo à palavra *laboratores*[19].

No entanto, eu acredito que, nos autores do esquema, nos seus primeiros utilizadores e difusores, o termo tem um sentido mais restrito, mais preciso, que se pode explicar por algumas inovações econômicas e sociais e que esta interpretação modifica sensivelmente a significação do esquema da sociedade tripartida como instrumento da ideologia monárquica nacional entre os séculos IX e XII.

A partir pelo menos do final século VIII, as palavras da família de *labor* têm a tendência de designar as formas de trabalho rural que envolve uma ideia de valorização, melhoramento, progresso quantitativo ou qualitativo da exploração agrícola. O *labor*, os *labores*, é mais os resultados, os frutos, os ganhos do trabalho, do que o trabalho mesmo. É em torno desta família de palavras que parece se cristalizar o vocabulário que designa os progressos agrícolas sensíveis em muitas regiões a partir do século IX, quer se tratasse de extensão da superfície cultivada por arroteamento (e *labores* poderia ser sinônimo de *novalia*, de dízimos cobrados sobre as terras recentemente arroteadas[20]), ou de aumento dos rendimentos pelo

---

19. Este é o caso de Adalbéron de Laon, que se serve dele para tomar a defesa dos servos, com a evidente intenção de denegrir os monges senhores de muitos servos e, sobretudo, os cluniacenses.

20. O texto mais claro é aquele de um cânone de um sínodo nacional norueguês de 1164: "*Monachi vel clerici communem vitam profesi de laboribus et propriis nutrimentis suis episcopis vel quibuslibet personis decimas reddere minime compellentur*", reunido no Ms. British Museum de Harley 3.405, a propósito de uma glosa em torno da palavra *laboribus*: "*id est novalibus*". Este texto é citado em NIEMEYER, J. "En marge du nouveau Ducange" (*Le Moyen Age*, 1957), onde se encontrará os exemplos excelentemente escolhidos e comentados de *labor* no sentido de "resultados do trabalho agrícola, ou melhor, de terra recentemente arroteada". O autor lembra

aperfeiçoamento técnico (multiplicação das lavras, aperfeiçoamento dos "métodos", emprego de adubos, aperfeiçoamento dos instrumentos de ferro – enquanto se aguarda a difusão da charrua dissimétrica e da utilização do cavalo[21].

Assim, o termo *laboratores* chega a designar mais particularmente os trabalhadores agrícolas que são os principais artesãos e beneficiários desse progresso econômico, uma elite, um *méliorat* camponês, aqueles que um texto do século X define muito bem: "*aqueles, os melhores, que são* laboratores *[...]*"[22].

justamente que nas capitulares carolíngias *labor* designa "o fruto de toda atividade aquisitiva oposto ao patrimônio herdado" (por exemplo, na *Capitulatio de paribus Saxoniae*, provavelmente de 785: "*ut omnes decimam partem substantiae et laboris suis ecclesiis et sacerdotibus donent*", que Hauck tinha antes interpretado, *Kirchengeschichte Deutschlands*, II, 1912, p. 398, ao traduzir *substantia* por *Grundbesitz* e *labor* por *alles Erwerb*) e *laborare* "adquirir por arroteamento" (por exemplo, "*villas quias ipsi laboraverunt* " na capitular de 812 para os espanhóis, que está talvez na origem de toda uma série de empregos semelhantes nas cartas de *población* da Reconquista). O mesmo vocabulário se encontra numa série de atos de doação em favor da abadia de Fulda (séculos VIII-X). Deve-se consultar também com proveito KEEL, G. *Laborare und Operar* – Verwendungs und Bedeutungsgeschichte zweier Verben für "arbeiten" im Lateinischen und Galloromanischen. St. Gallen (1942). Sobre os *novalia* e o sentido de *labor*, cf. tb. CONSTABLE, G. *Monastie Tithes...*, p. 236, 258, 280 e 296-297.

21. Sobre tudo isso, remeteremos à obra fundamental de G. Duby: *L'Économie rurale et la vie des campagnes dans l'Occidente medieval*. Paris, 1962. Sobre os progressos da agricultura na época carolíngia e suas repercussões no domínio institucional e cultural, cf. o belo artigo de H. Stern: "Poésies et représentations carolingiennes et byzantines des mois". *Revue Archéologique*, 1955. • Há uma publicação em português dessa obra: DUBY, G. *A economia rural e a vida nos campos no Ocidente medieval*. 2 vols. Lisboa: Ed. 70, 1987-1988.

22. Esta definição se encontra num ato de 926 do cartulário de Saint-Vincent de Mâcon (Org. por C. Ragut. Mâcon, 1864, 501). Ela foi tida como relevante em DÉLÉAGE, A. *La vie rurale en Bourgogne jusqu'au début du XIe siècle*. Mâcon, 1942, I, p. 249, nota 2. • DUBY, G. *La societé*, p. 130, nota 1. • DAVID, M. Études d'Histoire, p. 108. Sabe-se que o termo permaneceu no velho francês (*laboreur*) para designar um camponês abastado, que possui animais de trabalho e ferramentas, por oposição ao *manouvrier* ou *brassier* que só tinham de si as suas mãos, os seus braços

É, portanto, uma elite econômica, aquela que está no primeiro plano do progresso agrícola da Cristandade entre os séculos IX e XII, que constitui a terceira ordem do esquema tripartido. Este, que exprime uma imagem consagrada, sublimada, da sociedade, não agrupa a totalidade das categorias sociais, mas somente aquelas que são dignas de exprimir os valores sociais fundamentais: valor religioso, valor militar e, o que é novo na Cristandade medieval, valor econômico. Até no domínio do trabalho a sociedade medieval, no nível cultural e ideológico, permanece uma sociedade aristocrática.

Aqui também, o rei dos *laboratores* é a cabeça e o garante da ordem econômica, da prosperidade material. Isto particularmente porque ele faz reinar a paz indispensável para o progresso econômico[23]. A finalidade ideológica do esquema tripartido é exprimir har-

---

para trabalhar. Sobre os empregos de *laboureur* com esse sentido no final da Idade Média, cf. principalmente BOUTRUCHE, R. *La crise d'une societé*: seigneurs et paysans du Bordelais pendant la Guerre de Cent Ans. Estrasburgo, 1947, passim e principalmente p. 95-96 [Reed., Paris, 1963]. Este é já o sentido e a oposição que se encontra no cartulário de Saint-Vincent de Mâcon, 476, num texto do período de 1031 a 1060: "*illi... qui cum bobus laborant et pauperiores vero qui manibus laborant vel cum fossoribus suis vivant*", também citado em DUBY, G. *La societé*, p. 130, nota 1. Sobre o conjunto do problema dos *laboratores*, que me será permitido contentar com entreabrir aqui um *dossier* que apresentarei posteriormente de uma maneira mais detalhada e mais aprofundada.

23. Cf. TÖPFER, B. *Volk und Kirche zur Zeit der Gottesfriedensbewerung in Francreich*, 1951. • Recueils de la Societé Jean Bodin. T. XIV. • *La paix*, 1962. Cf. tb. o estudo de Duby: "*I Laici e la pace de Dio*" (In: quadro da *III Settimana Internazionale di Studi Medioevali* [Passo della Mendola, 1965]) sobre *I Laici e la pace nella Società reliosa dei secoli XI e XII* (Milão, 1968.) Tradicionalmente, a realeza assegura a prosperidade pela segurança armada. Cf. DUMÉZIL, G. "Remarques sur les armes des dieux de troisième fonction chez diverses peuples indo-européene". *SMSR*, XX-VIII, 1957. A fase carolíngia, aqui ainda, é importante. Encontramos o seu eco nas lamentações populares na morte de Robert o Piedoso (1031), conservadas por seu biógrafo Helgaud: "*In cujus morte, heu! pro dolor! ingeminatis vocibus adclamantum est: 'Rotberto imperante et regente, securi viximus, nemine timuimus'*" (Org. por R.H. Bautier, p. 136). Mas no século XI esta não é uma prosperidade sacralizada e

monia, interdependência, solidariedade entre as classes, entre as ordens. As três ordens formam a estrutura da sociedade de cada Estado, que desaba quando o equilíbrio dos três grupos em que cada um tem necessidade dos dois outros não é respeitado. Este equilíbrio não pode ser garantido senão por um chefe, um árbitro. Este árbitro é o rei. O que torna, assim, a monarquia mais necessária é o aparecimento da função econômica em nível de valor ideológico, a emergência de uma elite econômica. A dualidade papa-imperador está a partir de agora condenada, pois correspondia mais ainda à bipartição clérigos-laicos do que à difícil e irrealizável distinção entre espiritual e temporal.

Os reis vão ser os verdadeiros lugares-tenentes de Deus na terra. Os deuses das antigas mitologias se constituíam de tríades que agrupavam as três funções fundamentais[24]. Numa sociedade que se

---

como uma metafísica que se elogia na proteção real, mas instituições precisas que aceitam trabalhadores, trabalhos, animais de trabalho, utensílios sob a tutela do poder real. Nada de espantoso, se os representantes desta elite econômica aparecem no próprio círculo do rei (cf. LAMARIGNIER, J.F.: Felipe I "acolhe na sua *entourage*, não somente alguns burgueses [...] mas, sobretudo, com uma frequência cada vez maior, os mais obscuros personagens que desafiam a identificação e que só aparecem uma vez: clérigos e monges; ou laicos: cultivadores muito notáveis para que sua presença possa interessar e, principalmente, *maires* de cidades" (*Le Gouvernement Royal*, p. 135).

24. Cf. a série dos *Jupiter, Mars, Quirinus*, de G. Dumézil, e, sobre alguns aspectos da terceira função na Antiguidade grega, o admirável estudo: VERNANT, J.P. "Prométhé et la fonction technique" (*Journal de Psychologie*, 1952, p. 419-429 [Reeditado em *Mythe et pensée chez les Grecs*. Paris, 1965, p. 185-195). Sabe-se que entre os citas, por exemplo, uma tríade de objetos simbólicos correspondia às três funções: a taça, o machado, a charrua e a canga. Tentou-se aproximar desse simbolismo as lendas medievais que, entre os eslavos, reuniam a charrua aos heróis fundadores das dinastias dos Piasts na Polônia e dos Przemyslides na Boêmia. É também interessante ver a função econômica aparecer na propaganda hagiográfica monárquica na França da nossa época. O texto mais notável se encontra na *Vita Dagoberti* onde o rei, a pedido dos camponeses, atira com suas próprias mãos sementes de onde nasce "frugrum abundantia" (*MGH* – SRM, II, p. 515). F. Graus (*Volk Herrscher und Heiliger im Reich der Merowinger*. Praga, 1965, p. 403), data este texto do final do século X ou de antes, e R. Folz, onde se lerá o interessante co-

tornou monoteísta, o monarca concentra na sua pessoa as três funções[25] e exprime a unidade de uma sociedade nacional trinitária.

Mas, como beneficiária do esquema tripartido, a realeza medieval se arrisca também a ser a vítima, se o jogo da luta incompreensível de classes volte as três ordens contra o rei-árbitro. Este é o sentido do pesadelo do rei da Inglaterra Henrique I, que, em sonho, em 1130, vê os *laboratores*, depois os *bellatores*, depois os *oratores* virem atacá-lo, os primeiros com suas ferramentas, os segundos com suas armas, os terceiros com suas insígnias[26]. Mas, então, os *laboratores* assumiram o aspecto não de uma elite colaboradora, mas de uma massa hostil, de uma classe perigosa.

---

mentário (*Le Moyen Age*. Op. cit., p. 27), do primeiro terço do século XI (p. 29). Esta datação corrobora a nossa tese. Não se deve esquecer, a propósito desse aspecto legendário da realeza, o livro clássico de J.C. Frazer: *The Golden Bough* (I: *The Magic Art and the Evolution of Kings*. Londres, 1911) e suas *Lectures on the early history of Kingship* (Londres, 1905) [Trad. francesa: *Les origines magiques de la royauté*, 1920]. Se insistimos nesse aspecto que deriva do domínio ideológico, que é aquele desse estudo, não esquecemos que importa, como ocorreu realmente no passado, colocá-los em relação com o contexto propriamente econômico dos fenômenos considerados. Por exemplo, não se deve esquecer que o mosteiro de Fleury se achava na extremidade meridional desta rota Paris-Orléans, onde os capetíngios multiplicaram, nos séculos XI e XII, os arroteamentos e os novos centros de habitação, e que Marc Bloch chamou de o "eixo da monarquia" (*Les Caractères originaux de l'histoire rurale française*. Paris, 1952, p. 16 e cena II). • Há uma publicação em português, o livro de Jean-Pierre Vernant: *Mito e pensamento entre os gregos*. 2. ed. Rio de Janeiro/São Paulo: Paz e Terra, 2008 [N.T.].

25. A marca carolíngia aqui também é forte. H. Fichtenau lembra justamente essas palavras de um poeta carolíngio: "Um só reino nos céus, aquele que lança o raio. É natural que só haja um único depois dele que reine sobre a terra, um único que seja um exemplo para todos os homens" (*L'empire carolingien*. Paris, 1958, p. 72 [Trad. francesa]). Apesar do caráter essencialmente litúrgico da ideologia monárquica na época carolíngia, pode-se notar, como uma forma da terceira função, o epíteto de *Summa agricola* aplicado pelos *Libri Carolini* ao imperador.

26. Esse pesadelo contado pelo cronista John of Worcester foi ilustrado por miniaturas muito explícitas no *Ms. Oxford* (Corpus Christi College, 157, p. 382-383). Encontra-se reproduzido em LE GOFF, J. *La Civilisation de l'Occident Medieval*. Paris, 1964, p. 117-118.

5

Ofícios lícitos e ofícios ilícitos no Ocidente medieval

Toda sociedade tem sua hierarquia social – reveladora de suas estruturas e da sua mentalidade. Não é minha intenção esboçar aqui o esquema sociológico da Cristandade medieval e das suas metamorfoses[1]. De uma maneira ou de outra, os ofícios aí encontraram o seu lugar, amplo ou estreito de acordo com as épocas. Minha intenção é estudar a hierarquia dos ofícios na sociedade do Ocidente medieval. Ofícios nobres, ofícios vis, ofícios lícitos, ofícios ilícitos, estas categorias abrangem as realidades econômicas e sociais – mais ainda as mentalidades. São estas que me interessam aqui principalmente – ficando bastante claro que a relação entre as situações concretas e as imagens mentais não será desconsiderada. Sem dúvida, a mentalidade é o que muda mais lentamente nas sociedades e nas culturas – mas lhe é forçoso seguir, apesar das suas resistências, dos seus retardamentos, dos seus deslocamentos, e se adaptar às transformações das infraestruturas. Não é um quadro estático que vai ser aqui apresentado, mas uma evolução a partir da qual serão buscados os estimulantes, os agentes, as modalidades. Isto é desprezado no ano 1000, que gozará de grande consideração até a alvorada do Renascimento. Seguir os movimentos da roda da fortuna dos ofícios medievais é a tentativa aqui esboçada.

Entre esses ofícios, alguns foram condenados sem restrição – como a usura e a prostituição –, outros somente o foram em certos

---

1. É o que tentaremos numa obra em preparação: *Les images du travail dans l'Occident medieval*.

casos[2] – em relação às circunstâncias (como o conjunto das "ocupações servis" – *opera servilia*, proibidas no domingo), aos motivos (o comércio, proscrito quando é exercido na busca do lucro – *lucri causa* – é autorizado quando tem por fim o serviço do próximo ou a utilidade comum), ou principalmente às pessoas – e se trata essencialmente das atividades proibidas aos clérigos[3]. Mas é evidente que, nesses últimos casos também, os ofícios, assim ocasionalmente proibidos, eram, de fato, desprezados – ou porque o desprezo de que eram habitualmente objeto os tenha feito entrar na lista negra, ou, ao contrário, porque sua presença nesta lista, sobrevivência de desprezos esquecidos, incitasse por este único motivo a desprezá-los. É claro que proibir uma profissão a um clérigo numa sociedade religiosa e "clerical", como aquela do Ocidente medieval, não é uma recomendação para esta profissão, mas lhe vale ao contrário um descrédito que recai sobre os laicos que o exercem. Cirurgiões e notários, entre outros, o experimentaram.

Sem dúvida, existem matizes jurídicas ou práticas entre os ofícios proibidos – *negotia illicita* – e as ocupações simplesmente desonestas ou vis – *inhonesta mercimonia*[4], *artes indecorae*[5], *vilia officia*[6]. Mas tanto uns como outros foram conjuntamente esta categoria das profissões desprezadas que aqui nos ocupa enquanto fato de mentalidade. Fazer uma lista exaustiva delas seria arriscar arrolar quase todos os ofícios medievais – o fato é, de resto, significati-

---

2. A elaboração sistemática desses casos a partir do Decreto de Gracian, portanto, da metade do século XII, representa, na história das profissões desprezadas, uma etapa importante sobre a qual retornaremos mais adiante.

3. Sobre as atividades proibidas aos clérigos dever-se-á consultar NAZ. *Dictionnaire de Droit Canonique*. T. III, 1942, artigo: *clerc*, § XIV-XVII, col. 853-861. • BERRY, M. "Les professions dans le Décret de Gratien". Paris, 1956 [Tese de mestrado, datilografada].

4. É a expressão dos estatutos sinodais de Arras (v. 1.275) que deu seu título ao artigo de J. Lestocquoy: "Inhonesta mercimonia" (*Mélanges Halphen*, 1951, p. 411-415).

5. São os termos que se encontram em NAZ. *Dictionnaire de Droit Canonique*. Op. cit.

6. A expressão se encontra também nos estatutos de Arras. Os estatutos sinodais de Liège, da mesma época, falam de "*negotia turpia et officia inhonesta*".

vo⁷ –, pois eles variam de acordo com os documentos, as regiões, as épocas e às vezes se multiplicam. Citemos esses que retornam mais frequentemente: estalajadeiros, carniceiros, saltimbancos, histriões, mágicos, alquimistas, médicos, cirurgiões, soldados[8], rufiões, prostitutas, notários, mercadores[9], em primeiro lugar. Mas também pisoeiros, tecelões, correeiros, tintureiros, pasteleiros, sapateiros[10]; jardineiros, pintores, pescadores, barbeiros[11]; bailios, guardas campestres, guardas aduaneiros, cambistas, alfaiates, perfumistas, tripeiros, moleiros etc.[12] são colocados no *index*[13].

---

7. Isto decorre, entre outros, do texto de São Paulo, que proibia todas as profissões laicas aos clérigos: *"Nemo militans Deo implicat se nogotiis secularibus"* (2Tm 2,4).

8. A presença de soldados nesta lista pode admirar: a sociedade do Ocidente medieval não foi tanto "militar" quanto "clerical". Sobre o antimilitarismo medieval, retornaremos adiante.

9. Sobre os mercadores, cf. LE GOFF, J. *Marchands et banquiers du Moyen Age*. Paris: [s.e.], 1956. • Há uma publicação em português dessa obra: LE GOFF, J. *Mercadores e banqueiros da Idade Média*. São Paulo: Martins Fontes, 1991 [Trad. de A.P. Danesi] [N.T.].

10. Estas profissões figuram, com os carrascos, nos estatutos sinodais de Arras de 1275, mais ou menos. Cf. DOM GOSSE. *Histoire d'Arrouaise*, 1783. • FOURNIER, E. *Semaine Religieuse d'Arras*, 1910, p. 1.149-1.153.

11. Eles figuram em segundo lugar nos estatutos diocesanos de Tournai de 1361 (cf. MOREAU, E. *Histoire de l'Église en Belgique*. T. III, 1945, p. 588), que proíbem principalmente aos clérigos os ofícios de estalajadeiro, carniceiro, histrião, tecelão.

12. Eles são encontrados nos estatutos sinodais de Liège da segunda metade do século XIII (cf. MOREAU, E. *Histoire de l'Église en Belgique*. Op. cit., p. 343 • LEJEUNE, J. *Liège et son pays*, p. 277), que mencionam também saltimbancos, estalajadeiros, carrascos, proxenetas, usurários, pisoeiros, tecelões. Um texto da metade do século XIV acrescenta: cervejeiros, alabardeiros, campeadores, moedeiros [?], ferreiros, carpinteiros, tanoeiros, padeiros. Encontramos ainda, num manuscrito do início do século XIV [*Vat. lat.* 2036]: mercadores, mensageiros [?], cozinheiros, copeiros, pescadores.

13. Encontrar-se-á uma lista de trabalhos servis proibidos no domingo nos *Admonitio Generalis*, publicados por Carlos Magno em 789 (art. 81, ap. Boretius, cap. I, p. 61). Notar-se-á que estas proibições só valem para os cristãos. Desse ponto de vista, o usurário judeu teve durante muito tempo o direito de cidadania na sociedade

Por trás mesmo dessas proibições encontramos sobrevivências de mentalidades primitivas muito vivas nos espíritos medievais: os velhos tabus das sociedades primitivas.

Tabu do sangue, em primeiro lugar. Se ele é jogado principalmente contra os açougueiros e os carrascos, isto atinge também os cirurgiões e os barbeiros, ou os boticários que praticam sangria – todos mais duramente tratados que os médicos; atinge, enfim, os soldados. Esta sociedade sanguinária que foi a do Ocidente medieval parece oscilar entre o deleite e o horror pelo sangue vertido.

Tabu da impureza, ou da imundície, que recai sobre os pisoeiros, os tintureiros, os cozinheiros. Desprezo pelos operários têxteis, os *ongles bleus* (unhas azuis) dos tumultos do século XIV, que Jean de Garlande, no início do século XIII, mostra-nos como sendo o alvo da hostilidade de seus semelhantes, dessas mulheres, sobretudo, que os acham repugnantes[14]. Desprezo pelos cozinheiros e pelas lavadeiras, que se encontra ingenuamente expresso no ano 1000 pelo Bispo Adalbéron de Laon que, fazendo o elogio dos clérigos dispensados dos trabalhos servis, declara: "Eles não são nem açougueiros, nem estalajadeiros [...], ignoram o extremo calor de uma marmita engordurada [...], eles não são lavadeiros e desdenham cozinhar a roupa branca [...]"[15]. Aversão que se encontra, com alguma surpresa, em Santo Tomás de Aquino que, no meio de uma argumentação filosófica e teológica, acaba por colocar curiosamente no fim da escala profissional, pelo seu contato com a sujeira, os lavadores de louça![16]

---

do Ocidente medieval. Papas e cardeais, principalmente, dirigiam-se frequentemente aos médicos judeus. A história das profissões fornece a esse respeito, como se sabe, um capítulo privilegiado da história do antissemitismo na Idade Média. Cf. BLUMENKRANZ, B. *Juifs et chrétiens dans le monde occidental (430-1096)*, 1960. • POLIAKOV, L. *Histoire de l'antisémitisme*, 2 vols., 1955-1961.

14. Apud DE POERCK. *La Draperie médiévale en Flandre e en Artois*, t. I, 1951, p. 316-317.

15. Poema ao Rei Robert. Apud POGNON, E. *L'An mille*, 1947, p. 225.

16. I Pol. lect. 9.

Tabu do dinheiro, que desempenhou um papel importante na luta das sociedades que viviam num quadro de economia natural contra a invasão da economia monetária. Este recuo pânico diante da peça de metal precioso anima as maldições contra o dinheiro dos teólogos medievais – de um São Bernardo, por exemplo –, e estimula a hostilidade em relação aos mercadores, principalmente atacados como usurários ou cambistas e, mais geralmente, a todos os que lidam com o dinheiro[17], assim como a todos os assalariados agrupados sob o nome de mercenários; os textos são particularmente severos em relação aos campeadores que afrontam os juízos de Deus (*ordalies*), em vez dos interessados, e as prostitutas, caso extremo do *turpe lucrum*, do dinheiro mal ganho.

A esse velho fundo atávico, o cristianismo acrescentou suas próprias condenações.

Notemos, em primeiro lugar, que ele veste frequentemente os tabus primitivos com a sua nova ideologia. Os militares são condenados, como o faz a questão I da causa 23 do Decreto de Gracian, não diretamente como derramadores de sangue, mas indiretamente como transgressores do mandamento "Tu não matarás", e caem depois sob o golpe do julgamento de Mt 16,52: "Quem quer que pegue uma espada morrerá pela espada".

Observemos ainda que o cristianismo está aqui frequentemente na linha da sua dupla herança de cultura e de mentalidade: a herança judaica e a herança greco-romana, ideologicamente dominadas pela supremacia moral das atividades originais dos ante-

---

17. As mentalidades primitivas não estão isentas de contradições. Uma das mais notáveis é aquela que, na Alta Idade Média, faz dos moedeiros pessoas poderosas e consideradas. Cf. LOPEZ, R. *An aristocracy of Money in the early middle ages*. Speculum, 1953. Um manuscrito do século XIII (*Ottob. lat.* 518) enumera cinco profissões "que dificilmente podem ser exercidas sem pecado". Ao lado do ofício militar, quatro consistem essencialmente no manejo do dinheiro: a calculabilidade (*cura rei familiaris*), o comércio (*mercatio*), o ofício de procurador (*procuratio*) e aquele de administrador (*administratio*).

passados. Os ofícios não agrícolas dificilmente encontram perdão diante desses descendentes de agricultores e de pastores, e a Igreja retomará muitas vezes os anátemas de um Platão ou de um Cícero[18], intérpretes das aristocracias fundiárias da Antiguidade.

Mas, principalmente, o cristianismo enriqueceu, quer dizer, aumentou, segundo a sua ótica particular, a lista das profissões proibidas ou desprezadas.

São assim condenados os ofícios que dificilmente podem ser exercidos sem cair num dos pecados capitais.

A luxúria, por exemplo, será o motivo da condenação dos estalajadeiros e rendeiros de estufa, cujas casas eram frequentemente mal-afamadas, os saltimbancos que incitam às danças lascivas e obscenas (o que é sublinhado pela aproximação com a dança ímpia de Salomé), os taberneiros que vivem da venda da tripla volúpia maldita do vinho, do jogo e da dança; e mesmo as operárias têxteis, acusadas de fornecer contingentes importantes à prostituição[19], o que deve ser em parte verdadeiro, quando se imagina os salários miseráveis que elas recebiam.

A avareza – quer dizer, a cupidez – não era pecado, em qualquer tipo de profissão, tanto dos mercadores quanto dos homens da lei – advogados, notários, juízes?

A condenação da gula arrasta consigo a condenação do cozinheiro.

O orgulho e a avareza não vêm fortalecer a condenação do soldado, já posto fora da lei pelo sangue derramado? Alberto o

---

18. Plutarco lembra o desprezo de Platão pelas artes mecânicas (*Markellos*, XIV, 5-6). Cícero principalmente expressou o seu no *De Officiis*, 1.142. Entre os textos dos Pais da Igreja latina, que formam o terreno entre esta mentalidade antiga e a mentalidade medieval, notar-se-á Santo Agostinho, "De opere monachorum", XIII, *PL.*, XL, 559-560.

19. De acordo com Jean de Garlande, apud DE POERCK. *La Draperie médiévale en Flandre et en Artois*. Op. cit.

Grande lembra os três maiores perigos do ofício militar: "o morticínio de inocentes", "o engodo de ganhos superiores", "o vão alarde da força".

Não é até a preguiça que não justifica a colocação no índex da profissão de mendigo – mais precisamente do mendicante capaz, daqueles "que não querem trabalhar por preguiça"[20].

Mais profundamente são condenados os ofícios opostos a certas tendências ou os dogmas mais essenciais do cristianismo.

As profissões lucrativas são atingidas em nome do *contemptus mundi*, do desprezo do mundo que todo cristão deve manifestar, e por isso os juristas são condenados, sublinhando a Igreja muitas vezes a oposição entre o direito canônico legítimo e o direito civil pernicioso[21]. Mais geralmente, há no cristianismo uma tendência a condenar todo *negotium*, toda atividade secular, a privilegiar, ao contrário, um certo *otium*, uma ociosidade que é confiança na Providência.

Sendo os homens filhos de Deus, participam da sua divindade, e o corpo é um tabernáculo vivo. Tudo aquilo que o mancha é pecado. Assim, os ofícios luxuriosos – ou pretensos como tais – são especialmente estigmatizados.

A fraternidade entre os homens – ou, em todo caso, entre os cristãos – está na base da condenação dos usurários que infringem o preceito de Cristo: "Emprestai sem esperar retorno" – *inde nihil sperantes* (Lc 6,34-35).

---

20. A opinião de Alberto o Grande sobre a milícia e a condenação dos mendigos capazes se encontram em vários manuais de confessores, principalmente na *Summa*, de Jean de Fribourg.

21. A proibição feita aos regulares pelo Papa Alexandre III (Concílio de Turim, 19/05/1163) de deixar o seu convento *ad physicam legesve mundanas legendas* está em Mansi. T. XXI, 1179. A constituição *Super speculam*, de Honório III, que proíbe à Universidade de Paris o ensino do Direito Civil, encontra-se no t. XXII, 373.

Mais profundamente ainda, o homem deve trabalhar à imagem de Deus[22]. Ora, o trabalho de Deus é a criação. Portanto, toda profissão que não cria é má ou inferior. É preciso, tal como o camponês, criar a colheita, ou, pelo menos, transformar como o artesão a matéria-prima em objeto. Na ausência de criar é preciso transformar – *mutare*; modificar – *emendare*; aperfeiçoar – *meliorare*[23]. Assim, é condenado o mercador que nada cria. Há aí uma estrutura mental essencial da sociedade cristã, nutrida por uma teologia e por uma moral desabrochadas em regime pré-capitalista. A ideologia medieval é materialista num sentido estrito. Somente a produção de matéria tem valor. O valor abstrato definido pela economia capitalista lhe escapa, lhe repugna, é condenada por ela.

O quadro esboçado até aqui vale, sobretudo, para a Alta Idade Média. A sociedade ocidental, nesta época essencialmente rural, engloba num desprezo quase geral a maioria das atividades que não estão ligadas diretamente à terra. Também o humilde trabalho camponês se encontra humilhado pelo viés das *opera servilia*, das tarefas servis proibidas do domingo, e pelo distanciamento em que se encontram as classes dominantes – a aristocracia militar e fundiária e o clero – de todo trabalho manual. Sem dúvida, alguns artesãos – os artistas principalmente – estão aureolados por singulares prestígios, onde a mentalidade mágica se satisfazia de maneira positiva: sobretudo, o ourives, o ferreiro, o forjador de espadas... Numericamente, eles contam pouco. Ao historiador das mentalidades eles aparecem mais como feiticeiros do que como homens de ofício. Prestígio das técnicas de luxo e da força nas sociedades primitivas...

Porém, entre os séculos XI e XIII esse contexto muda. Produz-se no Ocidente cristão uma revolução econômica e social, da

---

22. Esse ponto capital da teologia cristã (frequentemente implícita) do trabalho foi recentemente bem valorizada por DALOZ, L. *Le travail selon Saint Jean Chrysostome*, 1959.

23. Isto aparece claramente nos vários manuais de confessores, principalmente em Thomas de Cobham, que cita Aristóteles a esse respeito.

qual o progresso urbano é o sintoma mais estridente, e a divisão do trabalho o aspecto mais importante. Novos ofícios nascem ou se desenvolvem, novas categorias profissionais aparecem ou são extintas, novos grupos socioprofissionais, fortes por seu número, por seu papel, reclamam e conquistam uma estima, ou seja, um prestígio apropriado à sua força. Eles querem ser considerados e nisso são bem-sucedidos. O tempo do desprezo está terminado.

Opera-se uma revisão nas atitudes em relação aos ofícios. O número de profissões proibidas ou desconsideradas decresce, multiplicam-se as causas de desculpa ao exercício deste ou daquele ofício até então condenado.

O grande instrumento intelectual desta revisão é a escolástica. Método da distinção, ela subverte a classificação grosseira, maniqueísta, obscura, da mentalidade pré-escolástica. Casuística – este é, nos séculos XII e XIII, o seu grande mérito, antes de se tornar o seu grande defeito –, ela separa as ocupações ilícitas em si pela natureza – *ex natura* – daquelas que são condenáveis de acordo com o caso, ocasionalmente – *ex occasione*.

O fenômeno capital é que a lista dos ofícios condenados sem remissão, *ex natura*, diminui ao extremo, diminui sem cessar.

A usura, por exemplo, ainda maldita e irrecorrível na metade do século XII, no Decreto de Gracian se diferenciará insensivelmente em diversas operações, em que algumas delas, cada vez mais numerosas, serão pouco a pouco toleradas[24].

Bem cedo, somente saltimbancos e prostitutas serão banidos da sociedade cristã, embora a tolerância que de fato gozarão seja acompanhada de condescendências teóricas a seu respeito, e mesmo de tentativas de justificação.

Berthold von Regensburg, no século XIII, não excluirá da sociedade cristã senão o bando dos vagabundos, dos errantes, dos

---

24. Cf. LE BRAS, G. "Usure". *Dictionnaire de Théologie Catholique*, fasc. 144-145, 1948. • NOONAN JR., J.T. *The scholastic Analysis of Usury*, 1957.

"vadios". Eles formarão a *familia diaboli*, a família do diabo, em face de todos os outros ofícios, de todos os outros "estados" agora admitidos na família do Cristo, a *familia Christi*[25].

Os motivos de condenação colocam condições cada vez mais estritas, excepcionais, à proibição desta ou daquela ocupação que se encontra reabilitada no seu exercício normal, agora legítimo.

Assim, a má intenção carrega consigo a condenação somente dos mercadores que agem por cupidez – *ex cupiditate* –, por amor do ganho – *lucri causa*. Isto é deixar um amplo campo livre às "boas intenções", quer dizer, a todas as camuflagens. Os processos de intenção são um primeiro passo na via da tolerância.

Ao lado das condenações *ex causa*, *ex intentione*, intervêm as proibições em razão de pessoas, dos tempos e dos lugares.

Sinal da mudança das mentalidades, as proibições que atingem os clérigos *ex personna* aparecem agora menos como marcas da eminente dignidade do clero do que como as zombarias a esse respeito, como uma limitação do seu poder. A partir de agora, eles deixam o campo livre para os laicos na medicina e no direito civil (Alexandre III proíbe, em 1163, que os regulares deixem o convento *ad physicam legesve mundans legendas* para ensinar a medicina ou o direito civil) e, definitivamente, o comércio – não sem protestos de sua parte, protestos que atestam a diminuição de lucros, mas também de prestígio que estas proibições lhes impunham.

Algumas proibições estão ligadas ao tempo: a proibição do trabalho noturno, por exemplo, protege definitivamente os ofícios, luta contra as fraudes.

As condenações, enfim, que decorrem do lugar, quer se trate da proibição de exercer uma atividade profissional num mau lugar – *ex loci vilitate* –, ou, ao contrário, numa igreja, *ex loci eminentia*, consa-

---

25. Cf. SCHÖNBACH, E. "Studien zur Geschichte des altdeutschen Predigt". *Sitzungen und Berichte der philosophisch-historischen Klasse der kaiserlichen Akademie der Wissenschaften*, t. CLIV, 1907, p. 44.

gram a promoção do lugar profissional, a oficina especializada, assim como as proibições feitas aos clérigos asseguram o monopólio dos especialistas, dos técnicos laicos.

Mais importante ainda, os motivos da desculpa e os meios de justificação testemunham uma evolução radical.

Há, em primeiro lugar – tradicional, mas estendida a casos muito numerosos –, a "necessidade", que desculpa tanto o clero indigente obrigado a exercer um ofício, com exceção de alguns, quanto o camponês que, diante da ameaça da chuva, faz a sua colheita no domingo.

Há a boa intenção, *recta intentio*, que pode justificar tanto o fabricante de armas que só pensa em equipar os combatentes de uma causa justa – *ad usum licitum* – quanto os fabricantes e mercadores de jogos concebidos unicamente para o seu lazer, como remédio contra a tristeza e as ideias negras – *ad recreationem vel remedium tristitiae vel noxiarum cogitationum*. Assim, a subjetivação da vida psicológica substitui a simples consideração dos comportamentos exteriores, a avaliação das disposições interiores; os tabus profissionais recuam com a afirmação da consciência individual.

Mais ainda, duas justificações maiores se impõem a partir do final do século XII.

A primeira é a preocupação com o bem comum – noção que vem ao primeiro plano com o crescimento da administração pública, urbana ou principesca, e que recebe sua consagração da filosofia aristotélica. Assim, recebem direito de cidadania "os ofícios mecânicos, como aqueles do têxtil, do vestuário ou de outros semelhantes, que são necessários às necessidades dos homens"[26]. Assim, sobretudo, é justificado o mercador, graças ao qual os produtos não encontrados num país são trazidos para ele do estrangeiro – caso particular do bem comum que se liga também à retomada do co-

---

26. Esta expressão de um manual inédito de confessor (*Ottob. lat.* 518) se encontra, por exemplo, na *Summa*, de João de Friburgo.

mércio "internacional" de grande raio de ação, ao esboço de uma *Weltwirtschaft* de uma economia "mundial".

A segunda é o labor, o trabalho. Longe de permanecer motivo de desprezo, marca da inferioridade, o trabalho se torna meritório. O sacrifício vivido justifica não somente o exercício de um ofício, mas o ganho que ele traz. Assim se acham admitidos os professores, os mestres das novas escolas urbanas que proliferam no século XII e que se tornarão as universidades do século XIII. Esses novos docentes – ao contrário dos monges das escolas monásticas – se fazem pagar por sua docência, sob a forma de salários das autoridades públicas, de prebendas eclesiásticas especiais, ou, mais frequentemente ainda, de somas pagas pelos estudantes. Este assalariamento intelectual – que vem aumentar a categoria tradicionalmente desprezada dos "mercenários" – se choca com uma viva oposição que condena a venda da ciência, "dom de Deus que não pode ser vendido"[27]. Mas logo o universitário vê sua remuneração justificada pelo trabalho que ele fornece a serviço dos seus estudantes – salário do seu labor, e não preço do seu saber.

Podemos seguir, nos três casos, três ofícios tomados como exemplos, o desenvolvimento da nova atitude diante da atividade profissional. Trata-se de três casos particularmente delicados – desses ofícios que se continua a considerar como especialmente "perigosos", cujo exercício pode dificilmente ser realizado sem pecado.

Os saltimbancos, em primeiro lugar[28]. No início do século XIII, vemos distinguir três tipos de saltimbancos: os acrobatas, que se

---

27. Cf. POST, G. et al. *Traditio*, 1955.

28. Este problema foi tratado superficialmente nas obras clássicas de Jubinal (*Jongleurs et trouvères*) e de Faral (*Les Jongleurs en France au Moyen Age*). Na perspectiva da reabilitação do saltimbanco deve ser lembrado o tema do Saltimbanco de Notre-Dame e os sobrenomes tomados por São Francisco de Assis e pelos franciscanos: "saltimbanco do Cristo", "saltimbancos de Deus" (cf. CORSTANJE, P.A. "Franciscus de Christusspeler". *Saint-Franciscus*, t. LVIII, 1956). Notar-se-á, por outro lado, que o saltimbanco-contorcionista, cuja condenação reúne aquela levada por São Bernardo contra algumas tendências da escultura romana, passou, porém, da arte romana à arte gótica (principalmente no vitral).

entregam a vergonhosas contorções, despem-se sem pudor ou vestem disfarces horríveis; os parasitas das cortes e do círculo dos ricos, que se espalham com propósitos caluniosos; os músicos cujo objetivo é encantar o seu auditório. As duas primeiras categorias são condenadas, mas na terceira se distingue novamente entre aqueles que frequentam os bailes e as tabernas públicas para beber e incitam ao *laisser-aller*, e aqueles que cantam as canções de gesta e as vidas dos santos, e consolam os tristes e angustiados. Somente estes últimos têm uma atividade lícita, mas esta aprovação é uma porta aberta para onde todos os saltimbancos vão se introduzir no mundo incessantemente ampliado das profissões permitidas.

Vê-se ainda como se opera a integração, não mais teórica, mas prática, dos novos admitidos na sociedade de pessoas "como deve ser" (*comme il faut*), adequadas como devem ser.

Em primeiro lugar, por meio da anedota, tornada *exemplum*, que encontramos de maneira estereotipada nos sermões e nas obras edificantes. Assim se narra a história do saltimbanco que interroga o Papa Alexandre (Alexandre III) sobre a possibilidade de conseguir a sua salvação. O pontífice lhe pergunta se ele conhece outro ofício e, com a resposta negativa do saltimbanco, garante que ele pode viver sem medo do seu ofício, com a condição de evitar comportamentos equívocos e obscenos[29].

O caso do mercador é mais célebre, mais carregado de consequências. Para este ofício tão longamente desacreditado, as causas de desculpa, depois de justificação, enfim, de estima, multiplicam-se. Algumas que se tornaram clássicas nas exposições escolásticas são bem-conhecidas. São aquelas que decorrem dos riscos corridos pelos mercadores: danos efetivamente sofridos – *damnum emergens* –, imobilização do dinheiro em grandes empreendimentos – *lucrum cessans* –, riscos devidos ao acaso – *periculum sortis*. Assim, as incertezas da atividade comercial – *ratio incertudinis* – justificam

---

29. Encontra-se esta anedota principalmente na *Summa*, de Tomás de Chobham.

os ganhos do mercador, ou melhor, o interesse que ele tem pelo dinheiro aplicado em algumas operações, ou seja, em cada vez mais larga medida, a "usura", a usura maldita.

Mas, principalmente, o que justifica o mercador é o seu trabalho e o bem comum. Teólogos, canonistas, poetas estão nisso de acordo[30].

Tomás de Chobham escreve no seu *Manual de confissão* do início do século XIII: "Haveria uma grande indigência em muitos países se os mercadores não trouxessem o que abunda num lugar para outro, onde estas mesmas coisas faltam. Além disso, eles podem com razão receber o preço do seu trabalho".

Santo Tomás de Aquino: "Quando alguém se entrega ao comércio em vista da utilidade pública, quando se vê que as coisas necessárias à existência não faltam num país, o lucro, em vez de ser visado como fim, é somente reclamado como remuneração do trabalho".

E, no início do século XIV, Gilles de Muisit, o Cônego de Tournai, no seu *Dit des Marchands*:

>Nenhum país pode se governar por conta própria
>Por isso os mercadores vão trabalhar e penar
>Para trazer de todos os reinos o que falta aos países
>Não se lhes deve malquerer sem razão
>
>Porque esses mercadores viajam por mar e por terra
>Para prover os países e fazê-los amarem-se uns aos outros
>Por isso ninguém deve blasfemar contra os mercadores
>Mas amá-los, aclamá-los e prestar-lhes lealdade

---

30. Cf. LE GOFF, J. *Marchands et banquiers du Moyen Age*, p. 77-81.

> Eles alimentam os países com amor e caridade
> Por isso seu enriquecimento deve muito nos alegrar
> Causa-nos piedade quando um bom mercador de nossa região empobrece
> Que Deus tenha suas almas quando partirem deste mundo![31]

Inclusive a favor das prostitutas – pelo menos num texto admirável – vê-se esboçar uma justificação. O problema colocado pela legitimidade do ganho das prostitutas, a categoria mais infame do grupo dos mercenários, e tradicionalmente resolvido pela negativa, tinha uma aplicação prática no caso da aceitabilidade das esmolas e dos donativos feitos pelas "mulheres loucas". Esse caso se apresentou com estrépito em Paris no final do século XII. Na época da construção de Notre-Dame de Paris, dissemos, um grupo de prostitutas pediu ao bispo a permissão para oferecer um vitral à Virgem, exemplo muito particular do vitral de corporação, mas que devia em todo caso excluir qualquer representação das atividades desse ofício. O bispo, embaraçado, faz consultas, e finalmente recusou. Conservamos o parecer emitido pelo autor de um dos primeiros manuais de confissão, Tomás de Chobham. Porém, o raciocínio do erudito cônego é curioso.

> As prostitutas, escreve ele, devem ser contadas entre os mercenários. Elas alugam de fato o seu corpo e fornecem

---

31. Nul pays ne se poet de li gouverner; / Pour chou vont marchéant travillier et pener / Chou qui faut ès pays, en tous règnes mener; / Se ne les doit-on mie sans raison fourmene. // Chou que marchéant vont dela mer, dechà mer / Pour pouvir les pays, che les font entr'amer; / Pour riens ne se feroient boin marchéant blasmer / Mais ils se font amer, loyal et bom clamer. // Carités et amours par les nouriscent; / Pour chou doit on moult goïr s'il enrikiscent. / C'est pites, quant en tière boin marchéant povriscent / Or en ait Dieus les ames quant dou siècle partiscent! • Tradução do francês medieval a partir do "Dictionnaire du Moyen Français (1330-1550)". In: Dictionnaire du Moyen Français, version 2010. ATILF CNRS – Nancy Université. Site internet: http://www.atilf.fr/dmf [N.T.].

um trabalho [...]. Daí esse princípio da justiça secular: ela age mal sendo uma prostituta, mas ela não age mal recebendo o preço do seu trabalho [...] admitindo-se que ela é uma prostituta. Daí o fato de que ela pode se arrepender por se prostituir e, no entanto, guardar os benefícios da prostituição para fazer deles esmolas. Mas se ela se prostitui por prazer e quando aluga o seu corpo para que se conheça o gozo, então o seu trabalho não é louvado, e o benefício é tão vergonhoso quanto o ato. Assim é também quando a prostituta se perfuma e se enfeita de maneira a atrair com falsas aparências e faz crer numa beleza e atrativos que ela não possui, comprando o cliente o que ele vê, e que, nesse caso, é mentira, a prostituta comete com isso um pecado, e ela não deve guardar o benefício que retira disso. Se de fato o cliente a vê tal como ela é verdadeiramente, ele só dará a ela um óbulo (*obole*), mas, como ela lhe parece bela e resplandecente, ele lhe dá um dinheiro (*denier*). Nesse caso, ela só deve guardar um óbulo e dar o resto ao cliente que ela enganou, ou à Igreja ou aos pobres [...].

Assim, o prestígio da justificação pelo trabalho se tornou tão grande no final do século XII, que o nosso autor se deixa levar a esboçar uma moral profissional da prostituição. Sem dúvida, Thomas de Chobham finalmente cai em si e, parecendo se lembrar de repente que há motivos imperiosos para condenar "em si", "*ex natura*", a prostituição, ele anula o alcance possível do seu raciocínio anterior. Mas este nos mostra, como um caso-limite, quase uma extrapolação ao absurdo, como um ofício desprezado pode se encontrar legitimado.

Agora, nesse vasto canteiro – à imagem do canteiro urbano onde os ofícios se diversificam e colaboram –, que é o mundo, cada profissão tem o seu papel material e o seu valor espiritual. Nenhum ofício é um obstáculo à salvação, cada um deles tem a sua própria vocação cristã, cada um deles se junta a essa *familia Christi* que agrupa todos os bons trabalhadores. Multiplicam-se os esquemas sociológicos que integram e estruturam antigas e novas profissões. Aqui, o quadro tradicional das artes liberais se rompe para acolher novas especializações intelectuais e escolares e – fato mais notável ainda – as artes mecânicas até então desprezadas[32]. Um Jean de Salisbury, retomando a velha imagem antropomórfica do Estado numa República em que cada ofício – camponeses e artesãos aí incluídos – representa uma parte do corpo, sublinha a complementaridade e a harmonia de todas as atividades profissionais[33]. Um Honorius Augustodunensis faz da ciência a pátria do homem, e traça um itinerário intelectual e espiritual do homem balizado por cidades, em que cada uma simboliza um setor do conhecimento e um conjunto de ofícios[34].

Sentimos aqui que é preciso ir procurar, mais longe e mais fundo, as causas dessa evolução fundamental das mentalidades e dos comportamentos em relação aos ofícios.

As transformações econômicas que vimos aqui e ali aflorar, e impor mudanças mais ou menos radicais, mais ou menos rápidas de atitudes, são principalmente eficazes através da evolução social

---

32. Robert Kildwarby, por exemplo, no século XIII, distingue, inspirando-se em Gundissalinus e Al-Farabi, um *trivium* e um *quadrivium* das artes mecânicas, à imitação das artes liberais. O primeiro compreende a agricultura, a alimentação, a medicina; o segundo a confecção, a produção de armas, a arquitetura e o comércio (*De ortu sive divisione scientiarum*). Esta aproximação entre as artes liberais e as artes mecânicas tinha já aparecido no século XII no *Didascalion* (1, II e 20-23) de Hugues de Saint-Victor, e tinha seus correspondentes na Antiguidade.

33. Polycraticus, 1, VI, c. 20.

34. "De animae exsilio et patria", *PL*, CLXXII, 1241ss. Sobre o conjunto dessa grande virada da história das ideias e das mentalidades, cf. CHENU, M.D. *La Théologie au XXIIe siècle*, 1957.

que explica a evolução da história dos ofícios lícitos e ilícitos, prezados e desprezados.

No início trata-se de uma sociedade rural e militar, fechada em si mesma, dominada por duas classes: a aristocracia militar e fundiária e o clero, este também grande proprietário da terra.

Um duplo desprezo atinge então a maioria dos ofícios. Aquele que se dirige às atividades do servo, herdeiro nisso do escravo. Esta é a longa lista dos "trabalhos servis" que, ao lado dos trabalhadores rurais – beneficiando-se, apesar de tudo, da auréola que envolve o mundo agrário – humilha os ofícios do artesanato servil.

Este, em seguida, dirige-se aos mercenários, categoria heteróclita sobre quem pesa a dupla maldição de quem aliena a sua liberdade (numa época em que liberdade e nobreza são uma única e mesma coisa) e que trabalha por dinheiro.

Este desprezo finalmente atinge toda a classe dos *laboratores*, dos trabalhadores – toda a massa das camadas inferiores, em oposição às camadas superiores – *oratores* e *bellatores* –, aqueles que rezam e aqueles que combatem, quer dizer, clero e cavalaria.

Mas entre as duas classes dominantes não há igualdade. Nesse mundo hierocrático, o clero faz sentir à aristocracia laica a distância que os separa. Somente o clero é sem mácula. Diante dos senhores laicos, o clero conserva um certo desprezo pelo ofício militar, pelo derramador de sangue, um certo antimilitarismo. Coberto de pureza e candura, ele denuncia os homens de mãos vermelhas, que são ao mesmo tempo seus aliados e seus concorrentes.

Contudo, com a renovação econômica dos séculos XI ao XIII, com o despertar do comércio de longo curso, com o progresso urbano, a paisagem social muda. Aparecem as novas camadas, ligadas às novas atividades: artesãos, mercadores, técnicos. Impondo-se imediatamente no plano material, elas querem a consagração da consideração social. Mas, para isso, é preciso que elas vençam os preconceitos em relação ao trabalho, que é a essência da sua atividade, o fundamento da sua condição. Entre os meios desta promoção, reteremos somente a utilização da religião, instrumento necessário de toda ascensão material e espiritual no mundo medieval. Assim, cada ofício tem o seu santo padroeiro, muitos às vezes, e as corporações, que fazem representar seus santos protetores no exercício de sua profissão, ou pelo menos com os seus instrumentos, que são os símbolos de seu ofício, exaltam as suas ocupações, afastam um desprezo agora indecoroso em relação a uma atividade ilustrada por muitos poderosos e veneráveis representantes.

Esta evolução não se apresenta, no entanto, sob os mesmos traços em toda a Cristandade. Aqui – principalmente na Itália – o triunfo das novas camadas é tal que a antiga aristocracia adota rapidamente uma parte do estilo de vida dos recém-chegados. Trabalhar, comerciar, para o nobre italiano, muito rapidamente urbanizado, não é uma ocupação indigna. O Bispo Othon de Freising, em meados do século XII, acompanhando o seu sobrinho na Itália, o Imperador Frederico Barba Ruiva, constatava com estupor que artesãos e mercadores ali gozavam de uma grande consideração[35]. Que teria dito esse feudal, ao ver os senhores italianos se rebaixarem às ocupações de plebeus? Pode-se imaginar sua indignação em ver, quatro séculos mais tarde, esse espírito livre que é Michel de Montaigne se espantar, por sua vez, diante dessa nobreza italiana de ofícios[36]. É que em outros lugares – na França principalmente – a hostilidade da nobreza em relação ao trabalho tinha ficado endurecida e institucionalizada no fenôme-

---

35. *Ut etiam ad comprimendos vicinos materia non careant, inferioris conditionis iuvenes vel quoslibet contemptibilium etiam mechanicarum artium opifices, quos ceterae gentes ab honestioribus et liberioribus studiis tamquam pestem propellunt, militiae cingulum vel dignitatum gradus assumere non dedignantur* (GESTA FRIDIRIC I IMPERATORIS. *Scriptores Rerum Germanicarum*, II, 1912, 13, p. 116).

36. Cf. *Journal du Voyage en Italie*.

no social e mental da perda dos foros de nobreza[37]. Um Luís XI não o poderia também. Dois desprezos agora se enfrentam: o desprezo dos aristocratas contra os trabalhadores e o desprezo dos trabalhadores contra os ociosos.

Esta unidade, porém, do mundo do trabalho diante do mundo da oração e do mundo da guerra, se ela um dia existiu, não durou por muito tempo. Unidas contra as velhas classes dominantes – as camadas inferiores do artesanato se infiltrando na fresta da consideração social adquirida pelas camadas superiores do mundo urbano, os ricos burgueses utilizando contra a Igreja e a nobreza o peso e a força das massas laboriosas –, estas categorias sociais logo se diferenciam, tanto no plano espiritual quanto no material. Produz-se uma clivagem que separa uma camada superior da sociedade urbana – digamos, por comodidade, a burguesia – das camadas inferiores: de um lado, os grandes mercadores, os cambistas, os ricos; de outro, os pequenos artesãos, os operários camponeses, os pobres. Na Itália, em Florença, por exemplo, o contraste se confirma nas instituições – as "artes maiores" se opondo às "artes menores", cujos membros são excluídos das funções municipais.

Instala-se uma nova fronteira do desprezo, que passa pelo meio das novas classes, pelo meio mesmo das profissões. Favorecida pela extrema divisão dos ofícios – em 1292 há 130 ofícios regulamentados: 18 na alimentação, 22 no trabalho de metais, 22 nos têxteis e nos couros, 36 no vestuário etc. –, divisão horizontal, porém, mais ainda vertical, uma discriminação rejeita para o fim da escala os tecelões, e mais ainda os pisoeiros e os tintureiros têxteis, os consertadores de sapatos (*savetiers*) abaixo dos fazedores de sapatos (*cordonniers*), os cirurgiões e barbeiros-boticários abaixo dos médicos, os médicos cada vez mais livrescos, deixando a desprezível prática para os vis práticos.

---

37. Cf. La Rigne de Villeneuve (*Essai sur les théories de la dérogeance de la noblesse*) e os trabalhos de G. Zeller (*Annales ESC*, 1946. • *Cahiers internationnaux de Sociologie*, 1959).

O florentino Giovanni Villani, representante típico da grande burguesia de ofícios italiana, só tem desprezo pela turba flamenga dos ofícios inferiores[38].

Se o trabalho em si não é mais a linha de divisão entre categorias consideradas e categorias desprezadas, é o trabalho manual que constitui a nova fronteira da estima e do desprezo. Os intelectuais – universitários em primeiro lugar – se apressam em se situar no lado bom. O "pobre" Rutebeuf escreve: "Eu não sou operário manual". Diante dos "trabalhadores manuais", dos "braceiros", o mundo do patriciado, da nova aristocracia, agrupa aqueles que não trabalham com as mãos: fornecedores de trabalho e rendeiros. Assim também, no campo, os senhores, tornados rendeiros do solo, esmagam o camponês, colocado no plano mais baixo do que jamais tinham sido, sob o peso dos direitos feudais e do seu desprezo.

O novo desprezo carrega consigo tanto as sobrevivências dos tabus ancestrais quanto dos preconceitos feudais. Um caso singular é aquele dos carniceiros, cuja grande riqueza – alguns entre eles estão entre os habitantes mais abastados das cidades – não chega a fazer vencer a barreira do desprezo[39]. Também eles serão um elemento dirigente de muitas revoltas populares, nos séculos XIV e XV, sustentando com seu dinheiro, excitando com seus rancores o "comum" a se sublevar. *Caboche* permanece o tipo desses revoltados.

---

38. *Di questa sconfitta* (Courtrai, 1302) *abassò molto, lo stato, e la fama dell'antica nobilita e podezza dé Franceschi, essendo Il fiore della cavalleria del mondo sconfitta e abassata da'lore fedeli, e dalla più gente, che fosse al mondo, tesserandoli, e folloni, e d'altre vili arti e mesteri, e non mai usi di guerra, che per dispetto, e loro viltade, da tutti le nationi del mondo erano chiamati conigli pieni di burro [...]* (MURATORI, Scriptores Rerum Italicarum, XIII, 388). • *[...] alli artefici minuti di Brugia, come sono tessarandoli, e folloni di drappi, beccai, calzolari [...]* (p. 382). *Alla fine levo in Guanto uno di vile nazione e mestiere, che facea e vendea il melichino, cioè cervogia fatta con mele, ch'havea nome Giacopo Dartivello [...]* (p. 816).

39. Cf. PERROY, E. "Les Chambon, bouchers de Montbrison" (*c.* 1220-1214). *Annales du Midi*, t. LXVII, 1955.

Frente a essa evolução, a Igreja se acomoda. Enterrada, em primeiro lugar, no mundo feudal e sancionado o seu desprezo dos ofícios, ela aceita em seguida a ascensão das novas camadas, frequentemente as favorece, protege muito cedo os mercadores, fornece aos novos grupos socioprofissionais a justificação teórica e espiritual da sua condição e da sua promoção social e psicológica. Mas ela ratifica também a reação nobiliárquica e burguesa. De fato, o ofício não pertence a seu horizonte. Se ela admite, no decorrer da Idade Média, que não há ofício inútil, ela, porém, está muito ligada às classes dirigentes para influir de maneira decisiva na atitude em relação aos ofícios, como o que já ocorrera no final da Antiguidade, em relação à escravidão. A Reforma, a esse respeito, não mudará grande coisa. Mesmo que seja verdade, o que não está provado, que o valor do trabalho é mais afirmado no mundo protestante do que no mundo católico[40], isto somente serviu para submeter mais estritamente aos aristocratas e às burguesias protestantes as massas mais duramente submetidas à lei do trabalho. As religiões e as ideologias se manifestam, nesse domínio, mais como produtos do que como causas. A história das atitudes diante dos ofícios, capítulo da história das mentalidades, é definitivamente antes de tudo um capítulo da história social.

---

40. A mais recente expressão desta ideia se encontra na Introdução de H. Luthy, "La banque protestante en France".

6

Trabalho, técnicas e artesãos nos sistemas de valor da Alta Idade Média (século V ao século X)*

Considerações iniciais

1) Dificuldades de uma história das mentalidades na Alta Idade Média

Quando se busca ultrapassar o nível superior, superficial, da história das ideias, na tentativa de se alcançar o universo das mentalidades, composto de ideias deformadas, automatismos psíquicos, sobrevivências e destroços, nebulosas mentais e incoerências agenciadas, contudo, em pseudológicas, deparamo-nos com enormes dificuldades, para todas as sociedades e épocas, que se devem em grande parte ao caráter recente dessas pesquisas que ainda não dispõem de problemática e metodologia suficientes.

Veja-se, por exemplo, do ponto de vista da documentação. A história das mentalidades realiza-se a partir de: a) determinada *leitura* de qualquer documento; b) tipos de documentos privilegiados que fornecem acessos mais ou menos diretos às psicologias coletivas: alguns gêneros literários, a arte figurativa, documentos que permitem o alcance dos comportamentos da vida cotidiana etc. Ora, no Oci-

---

* Este texto é apenas o esboço do estudo anunciado sobre *As imagens do trabalho na Idade Média*.

dente da Alta Idade Média, os documentos são raros e se esquivam de uma leitura orientada para a apreensão do universo mental comum. A cultura é atrofiada, abstrata, aristocrática. Deparamo-nos, na documentação, apenas com as camadas superiores da sociedade e um enquadramento muito estrito da produção cultural pela Igreja mascara ainda mais as realidades. Se o cristianismo acolhe em seu seio ou deixa subsistir diferentes sistemas de valores, não há, fora da doutrina cristã, sistemas de valores conscientemente elaborados e sistematicamente expostos. São, em grande parte, sistemas de valores implícitos, reconstruídos pelo historiador. Além disso, o valor estudado aqui, e os homens que o encarnavam, trabalho e trabalhadores (sobretudo artesãos), escapavam ao interesse dos mestres e dos produtores da cultura. O trabalho não era um "valor", não havia sequer palavra para designá-lo. Se a história das mentalidades balbucia, a história dos silêncios, das lacunas, dos buracos da história, que será essencial na história de amanhã, ainda é muda.

2) *Justificativa da pesquisa*

O silêncio dos documentos da Alta Idade Média sobre o trabalho e os trabalhadores já é significativo de uma mentalidade. Mas, como havia nessa época homens que trabalhavam, no sentido corrente do que se entende deste termo na atualidade, eles próprios e seus contemporâneos que não "trabalhavam" tinham obrigatoriamente, em relação ao trabalho, às técnicas, aos artífices, atitudes que implicavam juízos de valor. É, portanto, legítimo procurar despistá-los a partir de documentos que possuímos, procedendo a partos forçados. Se a história das mentalidades pudesse criar no historiador um respeito fetichista de seu tema que o levaria a se deixar absorver pela mentalidade da época que estuda, a negar a aplicação de outros conceitos que não aqueles utilizados na época, haveria aí uma demissão do historiador. É tão legítimo procurar saber a que correspondia, no espírito de Carlos Magno e de seus contemporâneos, a nossa apreciação sobre o trabalho quanto aplicar à economia desta época a fórmula de Fisher que ela ignorava.

3) Métodos do ecletismo racional e das derrapagens sucessivas

A multiplicidade das abordagens utilizadas (filologia, análise de textos literários ou jurídicos, documentos arqueológicos ou iconográficos etc.) que não corresponde apenas à necessidade de se aproveitar tudo, dada a escassez documental, mas à fecundidade das múltiplas aproximações, no campo das mentalidades, que informam a respeito de todo dado histórico, mas que, de acordo com as regiões e os períodos, revelam-se melhores num ou noutro tipo de documento. Portanto, é necessário elaborar esta história por derrapagens sucessivas, o que apresenta as vantagens suplementares de oferecer uma periodização e de chamar a atenção de determinados setores onde os fenômenos estudados se apresentam enquanto *problema*.

Nesse sentido, as atitudes a respeito do trabalho, entre o século V e o VIII, são mais bem apreendidas dentro das regras monásticas e da literatura hagiográfica, pois o trabalho suscitou problema psicológico e teórico unicamente no domínio eclesiástico e propriamente monástico: um monge pode ou deve praticar o trabalho manual? Entre os séculos VIII e X é, sem dúvida, necessário priorizar textos jurídicos, literários e iconográficos, pois é no seio do progresso cultural, a que se chama de renascimento carolíngio, que o trabalho conquista uma certa promoção. Finalmente, a partir do século XI – *terminus ad quem* deste esboço – a mentalidade a respeito do trabalho apoia-se numa ideologia mais ou menos consciente que se expressa melhor em autênticos sistemas de valor, tais quais a ideologia da sociedade tripartida – *oratores, bellatores, laboratores* –, as séries iconográficas (trabalhos dos meses ou enciclopédias técnicas ilustradas), as classificações das ciências – *arte liberales* e *artes mechanicae* –, os sistemas concretos da hierarquia social fundados mais no *status* socioprofissional do que na *ordo* jurídico-sagrada.

Se este método permite, sobretudo, alcançar as modificações de mentalidades e atitudes, ele é igualmente eficaz para revelar as continuidades, as heranças e as partes respectivas de tradição e de inovação e seus agenciamentos. Os homens, individual e coletivamente, são antes determinados por suas heranças e as atitudes que adotam em relação a estas heranças. Isto é ainda mais verdadeiro no campo das mentalidades, como foi demonstrado, já que elas são o que mais lentamente se transforma em história. Esta procura das heranças torna-se ainda mais importante quando se nota que os homens da Alta Idade Média – e, primeiramente, os "intelectuais" que conhecemos pelas obras da época – estavam dominados pela necessidade de se apoiar em *auctoritates* do passado e, em todas as esferas, não se esforçavam em desenvolver ou criar, mas em salvar e preservar.

I. A ambiguidade das heranças

As diversas tradições mentais legadas aos homens da Alta Idade Média oscilam entre o desprezo e a valorização do trabalho. No entanto, esta constatação não deve conduzir a uma atitude cética perante o esforço histórico empreendido aqui. Mesmo que a dualidade trabalho/não trabalho esteja ligada a um eterno balançar da condição humana, estas oscilações dependem da história e requerem uma explicação de tipo histórico. O fato de que uma mesma herança cultural encerre atitudes opostas em relação ao trabalho, não impede que tais heranças tenham pesado sobre as mentalidades da Alta Idade Média, isso por conta da natureza de seu conteúdo: tem uma importância inquestionável para a definição e evolução das atitudes dos homens da Alta Idade Média em relação ao trabalho que o elogio romano do *otium* seja, por exemplo, ligado a uma concepção social (o *otium cum dignitate* da aristocracia) ou que a oposição trabalho/não trabalho remeta no paganismo bárbaro à oposição guerreiro-trabalhador manual, ou ainda que a principal referência cristã em favor do trabalho seja paulina.

Por outro lado, estas ambiguidades – ou ambivalências – desenrolam-se não apenas em função das condições conjunturais (o historiador deve reconhecer, mesmo estando fora de uma problemática de infraestrutura/superestrutura, que tal situação histórica atua em favor da valorização ou da não valorização do trabalho), mas também das situações estruturais. Assim, dois elementos da estrutura mental dos homens da Alta Idade Média permitiram que a ambiguidade destas heranças agisse mais livremente: 1) sendo a mentalidade global da época mais de ruptura do que de continuidade com as heranças mentais recebidas, estas heranças eram principalmente um tesouro inerte que se podia explorar à vontade, ao invés de uma tradição viva a se respeitar (apesar dos escrúpulos de alguns clérigos, isto é evidente para a tradição romana e também para as heranças bárbaras transpostas a um passado determinado tanto pela cristianização quanto pela mudança profunda dos modos de vida, mas isso valia também para a herança judaico-cristã, cuja versão pós-constantiniana é muito heterogênea e diversificada em relação ao que fora nos tempos paleocristãos); 2) os homens da Alta Idade Média não concebiam as heranças culturais do passado como conjuntos cujas contradições internas deviam ser, se não resolvidas, ao menos explicadas; para eles, as heranças eram uma justaposição de textos sem contexto, de palavras sem discurso, de gestos sem ação: por exemplo, de acordo com suas necessidades ou desejos, eles isolavam, sem os confrontar, os textos evangélicos, recomendando a imitação da ociosidade dos lírios dos campos e dos pássaros do céu, dos textos paulinianos que, ao oposto, instruíam o homem a trabalhar.

Enfim, não se deve esquecer que, sempre que possível, a análise do uso histórico de uma herança por uma sociedade deve distinguir entre o uso desta herança, por um lado, como experiência vivida e, por outro, como tradição mental consciente: por exemplo, a tradição de ociosidade guerreira dos bárbaros manteve-se existencialmente na aristocracia da Alta Idade Média sem ser acompanhada de justificação consciente – ou ao menos tendo deixado traços explícitos nos textos – enquanto que o trabalho manual do monge se apoiava em referências escriturárias ou numa ética cristã determinada (a ociosidade inimiga da alma, oficina do diabo).

a) *A herança greco-romana*

Situação, na cidade grega, da *technè* "entre trabalho e saber técnico", vítima da "decalagem entre o nível técnico e a apreciação do trabalho" (J.P. Vernant), alcance e limites do mito de Prometeu, ambiguidade do *ponos* estoico "que se aplica a todas as atividades que exigem um esforço penoso, não somente àquelas produtoras de valores socialmente úteis" (J.P. Vernant), posição ambígua dos filósofos gregos em relação ao "maquinismo" (A. Koyré).

Equívocos de "ars" e de "artes", aprisionados entre a habilidade técnica e o gênio criador. A dupla *manus-ingenius* (avatares medievais do simbolismo da mão: símbolo do comando ou do trabalho? Como saber as reações mentais dos não doutos à visão da mão de Deus que surgirá cada vez mais na iconografia?). A oscilação entre o *negotium* e o *otium* (donde os problemas de *otium monasticum* e a definição, no século XII, de um *otium negotiosum* dos monges).

A ambivalência da valorização do trabalho no Baixo-Império: mentalidade artesanal, grilhão corporativo e trabalho forçado.

O energetismo virgiliano, mais ligado à vida rural do que artesanal.

Problema do significado, para os homens da Alta Idade Média, de certos dísticos das *Disticha Catonis*, logo se tornando manual de leitura (por exemplo, I, 39: "Conserva, antes de tudo, o que você recebeu do trabalho / quando o trabalho é tido como nefasto, aumenta a mortal indigência").

A ambiguidade do vocabulário legado: *labor* e suas harmônicas psicológicas e morais (as conotações pessimistas de pena, fadiga, labor...), *opus* mais orientado para o resultado do trabalho do que para o trabalhador...

Sobretudo o peso da ligação entre trabalho e escravidão. A noção de *opus servile*. A antítese do trabalho e da liberdade. Ao longo dos diversos "renascimentos" medievais, de Carlos Magno no Renascimento, passando pela renovação jurídica ligada ao renascimento do direito romano e à moda aristotélica que culminará com o tomismo, o simples uso do vocabulário antigo (*opera servilia*, por exemplo) favorecerá um desprezo do trabalho frequentemente em contradição com a evolução social.

b) *As heranças bárbaras*

Pode-se distinguir, em linhas gerais, antigos resíduos mal romanizados (itálicos, ibéricos, célticos) das tradições dos invasores, sobretudo germânicos.

No primeiro caso, foram tradições de técnicas artesanais ligadas a grupos socioprofissionais e aureolados por crenças religiosas que provavelmente se afirmaram em favor do colapso ou do apagamento do verniz romano. Assim, no caso gaulês, a importância dos artesãos atestada na arte e sancionada pelo panteão religioso (primado do deus Lug, "mercúrio gaulês", deus das técnicas e das profissões).

No segundo caso, reencontramos a ambiguidade da valorização oposta do trabalho e do não trabalho: de um lado o desprezo do guerreiro pelas atividades econômicas e pelo trabalho manual (célebre testemunho de Tácito, *Germânia*, XIV-XV: "Nós não os convencemos tão facilmente a cultivar a terra e a esperar a colheita quanto a provocar o inimigo e a ganhar ferimentos. É para eles preguiça e inércia conquistar com o suor do rosto o que se pode conseguir com o sangue. Quando não vão guerrear, entregam-se à caça e, sobretudo, à ociosidade, passando o tempo a dormir e a comer, os mais corajosos e os mais belicosos nada fazendo"), do outro o virtuosismo técnico e artístico, o prestígio social dos artesãos metalúrgicos, artesãos sagrados (o ferreiro e o ourives na mitologia germânica).

c) A herança judaico-cristã

Encontramos nela, de forma mais sistematizada, às vezes contida em antíteses simbólicas, a mesma ambivalência, a mesma ambiguidade, tanto ao nível dos princípios e dos textos quanto ao nível da prática social e cultural.

Os fundamentos contraditórios de uma teologia do trabalho no *Gênesis*: o Deus ativo, "trabalhador" (e "cansado", de acordo com o Hexameron?) da criação, que criou o homem para uma espécie de trabalho (*operatio* da Vulgata) no Paraíso, antes da queda (Gn 2,15: "E tomou o SENHOR Deus o homem, e o pôs no jardim da felicidade para que ele o trabalhasse e o conservasse") e o homem condenado pelo pecado original ao trabalho como castigo e penitência (Gn 3,17-19: "Do suor do teu rosto comerás o teu pão"), sendo a ambiguidade levada ao cúmulo em Gn 3,23 que estabelece um eco terrestre ao trabalho paradisíaco de 2,15: "O SENHOR Deus, pois, o lançou fora do jardim de felicidade, para que trabalhasse a terra da qual fora criado".

As contradições do Antigo Testamento diante da civilização técnica: esboço de uma história providencial das técnicas, das artes e dos ofícios (o personagem de Tubalcain), mas também a condenação da vida tecnológica e econômica urbana (Caim fundador da primeira cidade e inventor dos pesos e das medidas), sendo que este último tema abre outra frente das controvérsias cristãs na esfera do trabalho: a oposição trabalho rural/trabalho urbano, segundo o modelo Abel-Caim.

A oposição fundamental da vida ativa e da vida contemplativa: Marta e Maria no Novo Testamento (tendo como eco no Antigo Testamento, de acordo com o simbolismo tipológico desenvolvido na Idade Média, a oposição Raquel e Lia).

O difícil problema de avaliação do recrutamento social do cristianismo primitivo e do impacto desse recrutamento na interpretação sociorreligiosa do cristianismo: a importância das camadas artesanais urbanas no paleocristianismo não implica obrigatoriamente a valorização de um cristianismo do trabalho e dos trabalhadores.

A ambiguidade dos símbolos cristãos primitivos frequentemente extraídos do universo do trabalho, mas com conotações essencialmente simbólicas e espirituais (vinha, prensa, charrua, foice, machado, peixe, trolha: cf. os trabalhos de J. Daniélou). É possível tirar alguma conclusão do fato de que, numa das mais antigas pinturas cristãs conservadas (afrescos de um santuário de Doura-Oropos, do século III), o episódio da condenação ao trabalho esteja ausente do ciclo da queda, embora tenha se tornado um dos temas iconográficos favoritos da Idade Média?

Como acontece com outras heranças, a herança judaico-cristã irá oferecer aos homens da Idade Média um arsenal ideológico contendo armas de apoio a todas as posições, tanto em favor do trabalho quanto do não trabalho. O mais rico e importante desses arsenais será a Bíblia e, mais precisamente, o Novo Testamento. Todas estas armas, todos os textos pertinentes não serão utilizados da mesma forma pelos homens da Idade Média. A defesa das duas posições extremas será polarizada, de um lado, em torno dos textos evangélicos, que propõem o abandono à Providência, a exemplo dos lírios dos campos e dos pássaros do céu (Mt 6,25-34; Lc 12,27) e, de outro lado, em torno dos textos paulinos, em que o apóstolo se apresenta exemplarmente como trabalhador e trabalhador manual (sendo o texto essencial 2Ts 3,10: "Se alguém não quiser trabalhar, também não comerá"). A conjuntura ideológica, em estreita ligação com a conjuntura econômica e social, fará oscilar as atitudes referentes ao trabalho, às técnicas e aos artesãos de uma ambiência de desprezo e condenação a uma tendência à valorização. Mas as decalagens das mentalidades em relação à evolução material, à especificidade dos mecanismos de justificação ideológica, fazem desta pesquisa um observatório privilegiado para o estudo das relações entre a história das ideias e das mentalidades e a história da vida econômica e social.

II. O apagamento do trabalho e dos trabalhadores na sociedade, mentalidade e ideologia da Alta Idade Média (séculos V-VIII)

A) As bases técnicas, econômicas e sociais deste apagamento

a) A regressão técnica, o quase desaparecimento do trabalho *especializado*.

b) A redução da noção de trabalho à noção de trabalho manual e deste ao trabalho rural. É, por exemplo, entre os séculos VI e VII que o verbo *laborare* se especializa no sentido do trabalho agrícola, seja como verbo transitivo (*laborare campum, terram etc.*), seja empregado absolutamente (*laborare* = laborar) (cf. G. Keel). Os artesãos, em sua maioria, são rurais, escravos e, em seguida, servos domésticos. Do ponto de vista das mentalidades, é impossível tratar de atitudes referentes a qualquer forma de trabalho sem evocar o trabalho manual, isto é, na Idade Média o trabalho agrícola e, nas sociedades industriais, o trabalho operário.

c) A evolução social é desfavorável aos trabalhadores: há o desaparecimento progressivo dos artesãos e dos camponeses livres (donde a consolidação da noção de *opus servile*) e a proeminência dos "ociosos": guerreiros e clérigos.

B) As manifestações do apagamento: silêncio e desprezo das fontes

a) O quase silêncio das fontes hagiográficas, com exceção de alguns trabalhos manuais de determinados santos, mas (cf. infra) sempre apresentados como uma penitência.

b) O elogio da vida contemplativa. Por exemplo: o sucesso de *De vita contemplativa* de Julius Pomerius (cf. Laistner); Gregório o Grande se lamentando em suas cartas por ter sido arrancado da vida contemplativa para ser lançado na vida ativa, tendo que abandonar Raquel por Lia, Maria por Marta (*Epist.* I, 5; VII, 25); uma das raras esculturas figuradas desta época, a cruz de Ruthwell no Dumfriesshire (último quartel do século VII), representa Maria Madalena aos pés do Cristo e é interpretada pelos especialistas como um símbolo da vida contemplativa, provavelmente influenciada pelo ascetismo de uma das principais correntes religiosas do cristianismo da Alta Idade Média, o ascetismo irlandês. Um sermão de Cesário de Arles atesta que este ideal de piedosa ociosidade teve adeptos na Alta Idade Média (Sermão XLV. 2. ed., p. 205. Org. por G. Morin).

c) Trabalho, técnicas e trabalhadores na legislação bárbara.

Salvo algumas exceções (cf. infra), o sistema de avaliação quantitativa do *wergeld*, que permite elaborar uma escala dos valores sociais e de seus fundamentos ideológicos, mostra os trabalhadores na parte inferior da escala: na lei dos Burgondes (fim do século VI – meados do século VII), por exemplo, os trabalhadores (*aratores*), porqueiros (*porcarii*), pastores (*birbicarii*) e "os outros escravos" (*alii servi*) estão no nível mais baixo de 30 soldos (para pagar a seus mestres caso eles sejam mortos), enquanto que os carpinteiros (*carpentarii*) elevam-se a 40 soldos, os ferreiros (*fabri ferrarii*) a 50 soldos, sendo que apenas os ourives elevam-se a um nível superior (150 soldos para os *aurifices* e 100 soldos para os *argentarii*).

d) O silêncio do material artístico e arqueológico.

É preciso lembrar as dificuldades de interpretação destas fontes para a história das mentalidades. Obras de arte e monumentos arqueológicos constituem repertórios à parte cujos vínculos com a história geral, até mesmo com a história ideológica, são delicados para se definir e interpretar. Além disso, para o período, a arte figurada desapareceu quase inteiramente, assim como a epigrafia, e a interpretação do material arqueológico, em particular do mobiliário funerário, é particularmente delicada para a história das mentalidades; que relações existiam entre, de um lado, as crenças e os ritos funerários e, de outro, o sistema de valores socioprofissionais? Joachim Werner, por exemplo, constata que o fato de os objetos da vida cotidiana (utensílios e produtos do artesanato) serem muito raros nos túmulos da parte ocidental do reino dos merovíngios possa ser explicado tanto por se conservarem muito mal quanto por estarem afastados do lote dos dons funerários. Por outro lado, o mesmo arqueólogo constata que não existem armas nos túmulos dos godos, povos não menos belicosos que os alamanos, os francos, os bávaros, os turíngios, os lombardos, os anglo-saxões e os escandinavos, cujo mobiliário funerário geralmente continha armas. No entanto, a presença de utensílios no mobiliário funerário dos túmulos dos ourives, os únicos artesãos respeitados da época, não permite afastar o testemunho dos túmulos quanto à posição do trabalho no sistema de valores das sociedades da Alta Idade Média.

e) Notaremos, por fim, que a ausência de trabalhos e de trabalhadores nos produtos da cultura da Alta Idade Média não é senão um caso específico das consequências do gosto da época pelo simbolismo abstrato na arte e na literatura, traço fundamental já do *tardo antico*. Mas parece ser provável que a insignificância do peso ideológico e social dos trabalhadores nessa época tenha contribuído muito para o êxito desta tendência estética.

III. Setores preservados e estruturas de acolhimento para uma revalorização do trabalho

No entanto, esses séculos que eclipsaram os valores do trabalho e das técnicas no sistema de valores sociais, culturais, espirituais tiveram exceções na valorização do trabalho que desempenharam papel importante para as formas e os processos ulteriores de emergência mais ampla de tais valores.

a) O trabalho dos clérigos e especialmente do monge

É a este respeito que estamos mais bem-informados. De fato, o problema de saber se os clérigos podiam e, mais ainda, deviam engajar-se no trabalho manual, justamente a forma mais baixa de uma atividade desprezada, foi o que deixou o maior número de vestígios nos textos da época. Além disso, temos um estudo notável de Étienne Delaruelle, enriquecido de nota esclarecedora de Marc Bloch, sobre uma das duas fontes principais a esse respeito, as regras monásticas (sendo a outra fonte a literatura hagiográfica).

O trabalho manual era recomendado aos bispos (testemunhos dos concílios, particularmente o Concílio de Orleães de 511), aos padres (testemunho dos *Statua Ecclesiae Antiqua*) e era exigido aos monges das diferentes regras que existiam no Ocidente (testemunhos de Cassiano, de Cassiodoro, das regras do Mestre e de São Bento). A literatura hagiográfica confirma que os monges se dedicavam, de fato, ao trabalho manual (testemunhos de Gregório de Tours a respeito de São Romão e São Lupcínio em Saint-Oyand-de-Joux e Saint-Claude, São Niceto, bispo de Lyon, São Friard, recluso numa ilha bretã, São Ours de Loche etc.; de Santo Hilário de Arles e de Gennade, a respeito dos monges de Lérins; de Gregório o Grande, a respeito dos monges e eremitas da Itália nos *Dialogi*; de Jonas de Bobbio, a respeito de São Columbano etc.).

É certo que não devemos nos enganar a respeito das motivações que conduziam os monges a trabalharem com suas próprias mãos ou mesmo a fabricarem "máquinas" (moinhos: famoso exemplo de São Ours em Loches, de acordo com Gregório de Tours, *Liber Vitae Patrum*, XVIII). Como lembrou Marc Bloch, o recurso ao "maquinismo" era apenas um meio para os monges de estarem disponíveis para o mais importante, para o essencial, isto é, o *Opus Dei*, a reza, a vida contemplativa. Longe de ser uma instalação habitual, o moinho era uma raridade, uma curiosidade, e sua construção pelos monges era vista por seus contemporâneos muito mais como prova de um saber quase sobrenatural, quase taumatúrgico dos monges, do que um exemplo de sua habilidade técnica. Os *Vitae* relatavam estes episódios como *mirabilia*. Philippe Wolff frisou que "em pleno século X, a construção de um moinho de água próximo de Saint-Omer pelo abade de Saint-Bertin ainda parecia 'um espetáculo admirável para o nosso tempo' ao cronista do mosteiro".

O sentido deste trabalho monástico é, sobretudo, penitencial. Os monges, penitentes profissionais, penitentes por vocação, penitentes por excelência, devem dar este exemplo de mortificação porque o trabalho manual está ligado à queda, à maldição divina e à penitência.

Mas, sejam quais forem os motivos, o fato do monge, o mais elevado personagem da perfeição cristã, dedicar-se ao trabalho, faz repercutir sobre esta atividade uma parte do prestígio social e espiritual daquele que a pratica. O espetáculo do monge no trabalho impressiona os contemporâneos em favor do trabalho. O monge que se humilha no trabalho eleva-o.

Dois comentários a respeito do trabalho monástico: 1) nas *scriptoria* dos mosteiros, *scribere*, copiar manuscritos era considerado um trabalho manual e, consequentemente, uma forma de penitência, daí as fórmulas dos copistas no final dos manuscritos. Os irlandeses demonstraram um interesse particular a esta forma de penitência em Luxeuil, por exemplo; 2) o trabalho monástico levantou problemas de alimentação e de vestimenta, já que os regimes alimentares ascéticos e os vestidos penitenciais não favoreciam a prática do trabalho manual nem a sua eficácia. Daí certos relaxamentos da regra, nesses domínios, em favor dos "trabalhadores" monásticos. O trabalho notável de A. Vogüé sobre "trabalho e alimentação nas Regras de São Bento e do Mestre" é o ponto de partida de uma casuística que confirma o recuo progressivo dos valores sagrados diante do desenvolvimento de uma prática e de uma ética do trabalho (*Revue Bénedictine*, 1964, 242-251, onde mostra o peso sobre as duas regras "de uma conjuntura econômica constrangedora: *necessitas loci aut paupertas*" e a evolução do Mestre, oposta aos trabalhos agrícolas dos monges, em favor dos trabalhos artesanais e hortícolas, e São Bento, que se adapta a um mundo ainda mais ruralizado, onde o campo do artesanato e da jardinagem ainda estão restritos).

b) Os artesãos sagrados ou prestigiosos

A hierarquia eclesiástica e a laica contribuem igualmente para recolher e promover a tradição do ferreiro e do ourives sagrados. O artesão, que forja as armas dos aristocratas guerreiros (as espadas personalizam-se e sacralizam-se, tradição recolhida pela *Canção de Roland* e as canções de gesta), o ourives que ornamenta tais armas e fabrica as joias das mulheres desses guerreiros e cria o adereço brilhante das igrejas que o gosto bárbaro reveste de ouro, dinheiro e pedras preciosas, este artesão é um personagem importante que mantém o prestígio da habilidade técnica. A hagiografia atesta a existência destes artesãos muito procurados (os *plures artífices*, por exemplo, que o Bispo Ansbert, de Rouen, manda vir de diversas regiões para trabalhar no relicário de Santo Ouen). Como vimos anteriormente, a legislação bárbara manifesta, através de um *Wergeld* elevado, o prestígio destes artesãos-artistas. A arqueologia mostra a sobrevida das crenças pagãs (o ferreiro Wieland) e do carisma metalúrgico (figuras do cofre ornado de Auzon). O caso mais notável é o da vida de Santo Éloi, ourives real que se tornou alto dignitário curial e depois bispo (testemunho da *Vita Eligii*, notadamente I, 5).

Outra categoria da Alta Idade Média pode ser acrescentada à desses virtuoses do metal, a dos moedeiros (*monetarii*), aos quais R.S. Lopez dedicou um artigo exemplar. Mas o próprio título de seu estudo (*an aristocracy of money*) demonstra que esses senhores da moeda, que se beneficiam da rarefação do metal precioso, da fragmentação da circulação monetária, do apagamento dos controles técnicos econômicos e políticos (um texto angustiado de Gregório o Grande diante dos falsos-moedeiros!), da possível aparição de uma moeda de prestígio sem vínculo direto com uma atividade econômica, são maus testemunhos do mundo artesanal e do universo das técnicas.

c) A atenção aos utensílios e à máquina

O desaparecimento ou a rarefação das matérias-primas do artesanato, do equipamento tecnológico, da mão de obra especializada, faz dos utensílios, principalmente daqueles cujas peças são em *ferro*, objetos raros e, por isso, preciosos. O que sobrevive ou se constrói a partir de máquinas é tido como maravilha, como vimos em relação aos moinhos. Desenvolve-se um interesse pela ferramenta, que será um dos fundamentos da mentalidade tecnicista dos séculos futuros. A legislação bárbara protege as ferramentas preciosas: a lei sálica (XXI, 12) pune com uma multa de 15 soldos de ouro o roubo de uma relha de arado (desde o século X, os duques da Normandia irão "nacionalizar" as relhas de arado em seus domínios, num gesto que lembra a propriedade faraônica das árvores no Antigo Egito desarborizado). O testemunho mais significativo é, por um lado, o de São Bento, tal qual se vê através da regra, e, por outro, através dos milagres que lhe são atribuídos por Gregório o Grande no segundo livro dos *Dialogi* e que serão vulgarizados ao longo de toda a Idade Média. A Regra assimila as *ferramenta* (utensílios ou partes em ferro de utensílios) do mosteiro, aos vasos e às mobílias sagradas (XXXI-XXXII). Perdê-los ou estragá-los é um sacrilégio. Os milagres mostram São Bento exercendo seu poder taumatúrgico sobre objetos do artesanato (a masseira quebrada), e oferece o utensílio à veneração, sobretudo no milagre da enxada de ferro que, do fundo do lago do mosteiro, voltou miraculosamente à superfície. Nota-se que este milagre beneditino se inscreve numa longa e profunda tradição. O Antigo Testamento atribui milagre similar a Eliseu (2Rs 6,1ss.). O *Roman de Perceforest*, do século XIV, fala de uma *Fontaine aux Pastoureaux*, onde os pastores vinham mergulhar suas ferramentas quebradas.

Enfim, nota-se que a mão, cujo simbolismo plurivalente foi evocado, recebe também uma proteção jurídica na legislação bárbara. As variações do *Wergeld*, em função do dedo cortado, revelam aos homens livres a referência guerreira (o valor do dedo depende de sua função na manipulação das armas), e aos artesãos e escravos uma referência ao trabalho (a ferramenta aqui substitui a arma, sendo, num nível inferior, seu equivalente).

IV. O renascimento carolíngio do trabalho

O renascimento carolíngio inclui uma verdadeira ideologia do esforço produtivo, um energetismo que pode ser detectado no plano econômico, político, cultural. Parece-nos ser o caso de uma aristocracia e, mais ainda, de uma "elite" governamental. Mas dela resultam hábitos materiais e mentais, temas ideológicos e culturais que serão desenvolvidos futuramente.

A expressão fundamental deste energetismo é rural. Ela se expressa numa primeira onda de arroteamentos. O progresso é mais marcado por uma extensão das superfícies cultivadas do que por uma melhora das técnicas, mas a esses aspectos extensivos somam-se os aspectos intensivos, qualitativos. Aumenta-se o número das lavras, dos "amanhos", há um renascimento da jardinagem e das experiências de inovação, de requinte e de rendimentos que lhe estão ligadas. A melhoria da organização, do enquadramento do trabalho, toma uma importância particular. A expressão cultural e documental deste despertar aos valores do trabalho, ou ao menos de alguns de seus aspectos, diversifica-se e se enriquece.

a) Os testemunhos jurídicos

Trata-se essencialmente da multiplicação, a partir de meados do século VIII, dos contratos agrários, que ligam a melhoria das condições das pessoas e seus direitos sobre a terra à eficácia do trabalho deles. Contratos *ad meliorandum*, contratos de *bacelada*, contratos *enfitêuticos*, tipos de *precários* ligando a posse de uma terra a um trabalho de aumento e de melhoria da superfície cultivada (por exemplo, *laborare, elaborare, acquirere, exquirere, augmentare, meliorare, emeliorare, possidere* numa série de precários no cartulário do abade de Fulda para os anos 775-795). Trata-se talvez de uma tradição que remonta ao Império Romano (*lex Hadriana de rudibus agris*), retomada notadamente pelos visigodos (na lei visigótica tem-se a noção de *melioratio*, o pioneiro tornando-se proprietário *pro labore suo*), mas o fenômeno só vem a se tornar maciço no período carolíngio. Cf. P. Grossi: *Problematica strutturale dei contratti agrari nella esperienza giuridica dell'alto Medioevo italiano*. XIII Settimana di Spoleto, 1965.

b) A regulamentação do trabalho

Nós a encontramos tanto nas fontes laicas quanto nos documentos eclesiásticos. Ela é testemunho de uma retomada específica do artesanato, sobretudo no quadro senhorial, assim como de uma maior atenção aos problemas colocados pelo trabalho.

No primeiro caso, a fonte essencial é constituída pelos capitulários (notadamente o capitulário *de villis*). Destacar-se-ão duas preocupações dos capitulários: 1) a regulamentação do *repouso dominical*, mais precisa que antes, que não é apenas um sinal da primazia dos tabus religiosos, mas também o testemunho de uma preocupação em organizar o ritmo no mundo do trabalho (codificando as *opera servilia*). Cf. estudos de W. Rordorf e J. Imbert. 2) a condenação dos ociosos e dos *mendigos válidos*, retomado do código de Justiniano e que anuncia certas opiniões do século XIII (Guillaume de Saint-Amour, Jean de Meung) e principalmente do final da Idade Média e da Reforma (capitulário de 806 aos *missi* de Nimega).

No segundo caso, assistimos ao apagamento do problema do trabalho dos monges. Por um lado, ele deixa de ser um campo privilegiado de controvérsias em torno do trabalho. Por outro, salvo exceções, ele deixa de colocar problemas ao mundo monástico: o triunfo do beneditismo reformado por Benoît d'Aniane que, diante do invasivo *Opus Dei*, reduz o trabalho manual a uma prática simbólica. Ao lado dos costumes monásticos, que permitem seguir a evolução da regulamentação (*Corpus consuetudinum monasticarum*...), estatutos de abadias, como os famosos estatutos de Adalhard para Corbie no século IX, mostram, por um lado, o progresso da atividade e da regulamentação artesanais nos domínios monásticos e, por outro, a concentração dos monges diante de uma mão de obra crescente de servos e assalariados, em tarefas especiais mais dignas e menos desgastantes (padaria, jardinagem, cervejaria etc.).

c) Os testemunhos literários e artísticos

Iconografias, especialmente A. Riegl e depois J.C. Webster, demonstram que, em torno do ano 800, começou a se configurar um corte na iconografia das estações e dos meses, iniciando-se então uma série que viria a ser muito valorizada na Idade Média, a dos *travaux des mois* (trabalhos dos meses). H. Stern esclareceu esta virada e precisou o conteúdo da ruptura ideológica entre o calendário antigo e a iconografia carolíngia e medieval dos meses, aproximando os documentos iconográficos (miniaturas) de textos poéticos contemporâneos.

Do calendário antigo representando, em geral, cenas de gênero com diversos personagens, de tipo passivo, alegórico e religioso, passamos à representação de um só personagem, cumprindo ativamente uma única atividade árdua, em geral agrícola, sendo que a cena é tratada de forma realista (miniaturas de dois manuscritos de Salzbourg do primeiro terço do século IX e de um manuscrito do *Martirológio* de Wandalbert de Prüm, do final do século IX). Este tema realista dos trabalhos dos meses se destaca ainda mais quando se constata, como o indicou H. Stern, que o mundo bizantino continua seguindo a iconografia antiga. Este é o exemplo privilegiado de uma virada cultural ligada a uma transformação econômica e social. Esta nova ideologia do trabalho aparece em algumas poesias contemporâneas que tratam do tema dos trabalhos dos meses e, mais particularmente, no poema *De duodecim mensium nominsibus*, *signis, aerisque qualitatibus* (848), de Wandalbert de Prüm, outrora estudado por K.Th. von Inama-Sternegg, pelas informações concretas que fornece sobre a vida rural na Renânia do século IX e sobre o progresso das técnicas rurais que ele testemunhou (a lavoura suplementar da primavera, desde fevereiro-março). O testemunho de Éginhard, segundo o qual Carlos Magno havia conferido novos nomes aos meses em função dos trabalhos rurais, reúne estes documentos para pôr em relevo uma ideologia carolíngia do trabalho sustentando o esforço econômico e de regulamentação.

d) A promoção científica e intelectual do trabalho e das técnicas

A ideologia carolíngia destacou especialmente o trabalho agrícola, base de tudo. Mas o renascimento carolíngio, pela primeira vez desde a Antiguidade, conferiu também um estatuto científico às atividades artesanais.

É a multiplicação dos manuscritos de tratados técnicos da Antiguidade (Vegécio) e, mais ainda, o surgimento dos primeiros tratados técnicos da Idade Média (cf. os trabalhos e a lição de B. Bischoff).

Talvez seja, sobretudo, o surgimento, pela primeira vez na história cultural, da noção e da expressão de *artes mechanicae*, que encontramos no comentário (em torno de 859) de Jean Scot Erigène das *Núpcias de Mercúrio e da Filologia*, de Martianus Capella. Diante das *artes liberales* afirmam-se num pé de igualdade as atividades artesanais e técnicas (*As artes liberais procedem naturalmente da inteligência. Mas as artes mecânicas não são naturalmente inatas, mas procedem de uma reflexão humana.* Cf. a obra de P. Sternagel).

A nova iconografia do trabalho e a nova literatura aberta aos interesses técnicos encontrar-se-ão no ano de 1023 num manuscrito do Monte-Cassino, no qual a enciclopédia carolíngia de Raban Maur está ornamentada com miniaturas onde aparecem, pela primeira vez com coerência e realismo, as atividades artesanais.

Conclusão

A emergência de uma categoria de "trabalhadores": os *laboratores*.

No final do século IX, em comentário da tradução ao anglo-saxão feita pelo Rei Alfred da *Consolação da Filosofia*, de Boécio e posteriormente, de forma contínua ao longo do século X, surge na literatura do Ocidente medieval um novo esquema da sociedade, ressurgimento do esquema indo-europeu tradicional, como definido por Georges Dumézil, o da sociedade trifuncional ou tripartida, composta por homens de oração, de guerra e de trabalho: *oratores, bellatores, laboratores*. Ainda que consideremos os *laboratores* uma elite de arroteadores (J. Le Goff, apoiando-se em atas do século X: *illi meliores qui sunt laboratores*, do cartulário de São Vicente de Mâcon, evidenciado por Georges Duby) ou um conjunto de trabalhadores, sobretudo rurais, antes de estes englobarem o mundo do artesanato urbano (M. David, fundamentando-se em textos literários do século XI), o fato é que o novo esquema configura a consagração ideológica do mundo dos trabalhadores, que já havia se afirmado na economia e na sociedade. Consagração ideológica cuja semântica põe em evidência um encaminhamento: desde o século VIII, o termo *labor* e seus derivados e compostos (notadamente o termo *conlaboratus*), desenvolvem um novo sentido, centrado na ideia de aquisição, de ganho, de conquista, sobretudo no meio rural, onde a palavra se associa, de fato, à noção de arroteamento. Esta evolução semântica traduz outra conquista: a da promoção ideológica e mental do trabalho e dos trabalhadores. Valorização ainda ambígua, já que o trabalho é, sobretudo, exaltado para elevar o rendimento e a docilidade dos trabalhadores. Mas, tal valorização já é sem dúvida o resultado da pressão dos trabalhadores sobre a ideologia e a mentalidade medievais.

Referências sumárias

ALLO, E.B. *Le travail d'après Saint Paul*. Paris: [s.e.], 1914.

AMELLI, A.M. (org.). *Miniature sacre e profane dell'anno 1023 ilustranti l'enciclopedia medioevale di Rabano Mauro*. Montecassino: [s.e.], 1896.

ANDRÉ, J.M. *L'Otium dans la vie morale et intellectuelle romaine des origines à l'époque augustéenne*. Paris: [s.e.], 1966.

AYMARD, A. "L'idée de travail dans la Grèce archaïque". *Journal de Psychologie*, 1948, p. 29-45.

_____. "Hiérarchie du travail et autarchie individuelle dans la Grèce archaïque". *Revue d'Histoire de la Philosophie et d'Histoire Générale de la Civilisation*, 1943, p. 124-146.

BIENERT, W. *Die Arbeit nach der Lehre der Bibel*. Stuttgart: [s.e.], 1954.

BLINSKI, B. "Elogio della mano e la concezione ciceroniana della società". *Atti del 1º Congresso Internazionale di Studi Ciceroniani*. Roma: [s.e.], 1961.

BODMER, J.O. *Der Krieger der Merowingerzeit und seine Welt*. Zurique: [s.e.], 1957.

CHARBONNEL, N. "La condition des ouvriers dans les ateliers impériaux aux IVe et Ve siècles". *Aspects de l'Empire Romain*. Paris: PUF, 1964, p. 61-93.

CHENU, M.D. *Pour une théologie du travail*. Paris: [s.e.], 1955.

COORNAERT, E. "Le ghildes médiévales (Ve-XIVe s.)". *Revue Historique*, 1948.

DALOZ, L. *Le travail selon Saint Jean Chrysostome*. Paris: [s.e.], 1959.

DANIÈLOU, J. *Les symboles chrétiens primitives*. Paris: [s.e.], 1961.

DAVID, M. "Les 'laboratores' jusqu'au renouveau économique des XIe -XIIe siècles". *Études d'histoire du Droit Privé offertes à P. Petot*. Paris: [s.e.], 1959, p. 107-120.

DEDLER, H. "Von Sinn der Arbeit nach der Regel des heiligen Benedikt". *Benedictus, der Vater des Abendlandes, 547-1947* – Weihegabe der Erzabtei St. Ottilien zum 1400ten Todesjahr. Munique: H.S. Brechter, 1947, p. 103-118.

DELARUELLE, E. "Le travail dans les règles monastiques occidentales du IVe au IXe siècle". *Journal de Psychologie*, 1948 [com a colaboração de M. Bloch].

FUMAGALLI, V. "Storia agraria e luoghi comuni". *Studi Medievali*, 1968, p. 949-965.

GEOGHEGAN, A.T. *The Attitude towards labor in early Christianity and ancient culture*. Washington: [s.e.], 1945.

GRAND, R. "Le contrat de complant depuis les origines jusqu'à nos jours". *Nouvelle Revue Historique de Droit Français et Etranger*, 1916.

GROSSI, P. "Problematica strutturale dei contratti agrari nella esperienza giuridica dell'Alto Medioevo italiano". *Agricoltura e mondo rurale in Occidente nell'Alto Medioevo* – Settimane di studio, XIII. Espoleto: [s.e.], 1966, p. 487-539.

GRYGLEWICZ, F. "La valeur morale du travail manuel dans la terminologie grecque de la Bible". *Biblica*, 37, 1956, p. 314-337.

HOLZAPFEL, H. *Die sittliche Wertung der körperlichen Arbeit in christlichen Altertum*. Würzbourg: [s.e.], 1941.

IMBERT, J. "Le repos dominical dans la législation franque". *Album J. Balon*, 1968, p. 29-44.

INAMA-STERNEGG, K.T. "Rheinisches Landleben im 9. Jahrhundert. Wandaberts Gedicht über die 12 Monate". *Westdutsche Zeischrift für Geschichte und Kunst*, I, 1882.

KEEL, G. *Laborare und operari* – Verwendungs- und Bedeutungsgeschichte zweier Verben für "arbeiten" im Lateinischen und Galloromanischen. Berna: [s.e.], 1942.

La bonifica benedettina. Roma: [s.e.], 1965.

LAISTNER, M.L.W. "The influence during the Middle Ages of the Treatise de Vita Contemplativa and its Surviving Manuscripts". *The Intellectual Heritage of the Early Middle Ages*. Ithaca: [s.e.], 1957, p. 40-56.

La vie spirituelle Ascétique et Mystique, t. LII, n. 3, 01/09/1937.

LE GOFF, J. "Note sur société tripartie, idéologie monarchique et renouveau économique dans la Chrétienté du IXe au XIIe siècle". In: MANTEUFFEL, T. & GIEYSZTOR, A. (orgs.). *L'Europe aux IXe-XIe siècles*. Varsóvia: [s.e.], 1968, p. 63-72.

LEICHT, P.S. *Corporazioni romani e arti medievali*. Turim: [s.e.], 1937.

LOPEZ, R.S. "An aristocracy of money in the early Middle Ages". *Speculum*, 28, 1953, p. 1-43.

_____. "Still another Renaissance?" *American Historical Review*, LVII, 1951-1952, p. 1ss.

MAROI, F. *Il lavoro come base della riforma dei contratti agrari*. Milão: [s.e.], 1956 [Scritti Giuridici, II].

MAZZARINO, S. "Aspetti sociali del quarto secolo". *Ricerche di storia tardo romana*. Roma: [s.e.], 1951.

MONTI, G. *Le corporazioni nell'evo antico e nell'alto medioevo*. Bari: [s.e.], 1934.

MUMFORD, L. *Technique et civilisation*. Paris: [s.e.], 1950.

MUNIER, C. *Les Statuta Ecclesiae Antiqua*. Paris: [s.e.], 1960.

NEUBNER, J. "Die Heiligen Handwerker in der Darstellung der Acta Sanctorum". *Münsterische Beiträge zur Theologie*, 4, 1929.

PARIAS, L.H. (org.). *Histoire générale du travail* – II: L'âge de l'artisanat (Ve-XVIIIe siècle). Paris: [s.e.], 1962, p. 13-85.

ROBERT, L. "Noms de métier dans des documents byzantins". *Mélanges A. Orlandos*. Vol. I. Atenas: [s.e.], 1964, p. 324-347.

SALIN, E. *La civilization méroingienne d'après les sépultures, les textes et le laboratoire*. 4 vols. Paris: [s.e.], 1949-1959.

SAPORI, A. "Il pensiero sul lavoro attraverso ai secoli". *Rivista del Diritto Commerciale e del Diritto Generale delle Obbligazioni*, 1946, p. 267-289, 367-379, 467-480.

SIMONCELLI, V. *Il principio del lavoro come elemento di sviluppo di alcuni istituti giuridici*, 1888 [Reed. em *Scritti Giuridici*. Vol. I. Roma: [s.e.], 1938].

SOLMI, A. *Le corporazioni romane nelle città dell'Italia superiore nell'alto medioevo*. Pádua: [s.e.], 1929.

STEPHENSON, C. "In Praise of Mediaeval Tinkers". *Journal of Economic History*, VIII, 1948, p. 26-42.

STERN, H. "Poésies et représentations carolingiennes et byzantines des mois". *Revue Archéologique*, 6e série, 1955, p. 45-46.

TILGHER, A. *Homo faber* – Storia del concetto di lavoro nella civiltà occidentale. 3. ed. Roma: [s.e.], 1944.

TRANQUILLI, V. "Il concetto di lavoro in Aristotele". *La Rivista Trimestrale*, I, 1962, p. 27-62.

TROELTSCH, E. *The Social Teaching of the Christian churches*. Nova York: [s.e.], 1956.

VERNANT, J.P. "Le travail et la pensée technique". *Mythe et pensée chez les grecs*. Paris: [s.e.], 1965, p. 183-248.

VIOLANTE, C. *La società milanese Nell'età precomunale*. Bari: [s.e.], 1953.

VOGÜE, A. "Travail et alimentation dans les Règles de Saint Benoît et du Maître". *Revue Bénédictine*, 74, 1964, p. 242-251.

WEBSTER, J.C. *The labors of the Months in Antique and Mediaeval Art to the end of the XIIth century*. Princeton: [s.e.], 1938.

WHITE JR., L. *Technologie médiévale et transformations sociales*. Paris: [s.e.], 1969.

Outros trabalhos utilizados para a lição

BOAS, G. *Primitivism and Related Ideas in the Middle Ages*. Baltimore: [s.e.], 1948.

BUDDENBORG, P. "Zur Tagesordnung in der Benediktinerregel". *Benediktinische Monatschrift*, 18, 1936.

BÜCHER, K. *Arbeit und Rythmus*. 6. ed. Leipzig: [s.e.], 1924.

CASTELLI, E. (org.). *Tecnica e casistica* [Convegno del Centro Internazionale di Studi Umanistici e dell'Istituto di Studi Filosofici]. Roma: [s.e.], 1964 [E. Benz: *I fondamenti cristiani della tecnica occidentale*, p. 241-263; M. de Gandillac: *Place et signification de la technique dans le monde médiéval*, p. 265-275].

DÖRRIE, H. "Spätantike Symbolik und Allegorie". *Frühmittelalterliche Studien*, 3, 1969.

ELLIS DAVIDSON, H.R. "The Smith and the Goddess – Two Figures on the Frank Casket from Auzon. *Frühmittelalterlichen Studien*, 3, 1969.

_____. "Wieland the Smith". *Folklore*, 69, 1958.

FASOLI, G. "Aspetti di vita economica e sociale nell'Italia del secolo VII". *Settimane di Spoleto*, V – Caratteri del secolo VII in Occidente, 1957. Espoleto: [s.e.], 1958.

GANSHOF, F.L. "Manorial organization in the Low Countries in the 7th, 8th, 9th centuries". *Transactions of the Royal Historical Societies*, 4th ser., XXXI, 1949.

_____. *Quelques aspects principaux de la vie économique dans la monarchie franque au VIIe siécle*. [s.n.t.].

GRABAR, A. "Le thème religieux des fresques de la synagogue de Doura-Oropos". *Revue de l'Histoire des Religions*, CXXIII, 1941.

GRAUS, F. *Volk, Herrscher und Heiliger im Reich der Merowinger* – Studien zur Hagiographie der Merowingerzeit. Praga: [s.e.], 1965.

HAUCK, K. "Vorbericht über das Kästchen von Auzon". *Frühmittelalterlichen Studien*, 2, 1968.

KRAPPE, A.H. "Zuer Wielandsage". *Archiv für das Studien der neueren Sprache und Literatur*, 158, 1930.

LATOUCHE, R. *Les origines de l'économie occidentale*. Paris: [s.e.], 1956.

LECLERCQ, J. "Otia monastica". *Études sur le vocabulaire de la vie contemplative au Moyen Age*. Roma: [s.e.], 1963.

MONNERET DE VILLARD, U. "L'organizzazione industriale nell'Italia longobarda". *Archivio Storico Lombardo*, ser. 4, XLVI, 1919.

PRINZ, F. *Frühes Mönchtum im Frankenreich* – Kultur und Gesellschaft in Gallien, den Rheinlanden und Bayern am Beispiel der monastischen Entwicklung (4. bis 8. Jahrhundert). Munique: [s.e.], 1965.

RODORF, W. *Der Sonntag* – Geschichte des Ruhe- und Gottesdienstages im ältesten Christentum. Zurique: [s.e.], 1961.

SAVRAMIS, D. "'Ora et labora' bei Basilios dem Grossen". *Mittellateinisches Jahrbuch*, II, 1965 [Festchrift für K. Langosch].

SESTON, W. "L'Église et le baptistère de Doura-Europos". *Annales de l'École des Hautes Études de Gand*, I, 1937.

VERCAUTEREN, F. "La vie urbaine entre Meuse et Loire du VI^è au IX^è siècle". *Settimane di Spoleto*, VI (La città nell'alto medioevo, 1958). Espoleto: [s.e.], 1959.

VERHULST, A. "Karolingische Agrarpolitik – Fas Capitulare de Villis und die Hungersnöte von 792/793 und 805/806". *Zeitschrift für Agrargeschichte und Agrarsoziologie*, 13/2, 1965 [*Studia Historica Gandensia*, 38].

VERHULST, A. & SEMMLER, J. "Les statuts d'Adalhard de Corbie de l'an 822". *Le Moyen Age*, 68, 1962.

WEBER, K. "Kulturgeschichtliche Probleme der Merowingerzeit im Spiegel des frühmittelalterlichen heiligenleben". *Mitteilungen und Studien zur Geschichte des Benedikterordens und seiner Zweige*, 48, 1930.

WERNER, J. "Fernhandel und Naturalwirtschaft im östlichen, Merowingerreich nach archäologischen und numismatischen Zeugnissen". *Settimane di Spoleto*, VIII (*Moneta e scambi nell'alto medioevo*, 1960). Espoleto: [s.e.], 1961.

_____. *Die archäologischen Zeugnisse der Goten in Sudrussland, Ungarn, Italien und Spanien* [Resumo em *Settimane di Spoleto*, III (*I Goti in Occidente*, 1955), Espoleto: [s.e.], 1956, p. 128].

_____. "Waage und Geld in der Merowingerzeit". *Sitzungsberichte der Bayerischen Akademie der Wissenschaften*. Phil.-Hist. Kl., 1954, I.

Fontes

Os textos utilizados e citados são segundo as edições correntes. Utilizei:

a) Para a lei sálica, ECKHARDT, K.A. *Die Gesetze des Merowingerreiches (481-714)*. Weimar: [s.e.], 1935.

b) Para os costumes monásticos, MORGAND, C. (org.). *Corpus Consuetudinorum Monasticarum* – T. I: Initia consuetudinis benedictinae. HALLINGER, K. (org.). *Consuetudines saeculi octavi et noni*. Siegburg: [s.e.], 1963.

c) Para os atos de Fulda, STENGEL, E.E. *Urkundenbuch des Klosters Fulda* – I: Die Zeit der Äbte Sturmi und Baugnef (744-802). Marsburgo: [s.e.], 1958.

d) Para o capitular, *De villis* a célebre *Explication* de Benjamin Guérard. Paris: [s.e.], 1853.

e) Para a cruz de Ruthwell, STONE, L. *Sculpture in Britain* – The Middle Ages, 1955, p. 10-11 et ill. 2 [The Pelican History of Art].

Adendo

Para a revisão deste texto utilizei duas obras que desconhecia quando fiz minha lição:

ARCARI, P.M. *Idee e sentimenti politici dell'Alto Medioevo*. Ser. II, vol. I. Milão: Facoltà di Giurisprudenza dell'Università di Cagliari, 1968.

STERNAGEL, P. *Die Artes Mechanicae im Mittelalter* – Begriffs- und Bedeutungsgeschichte bis zum Ende des 13. Jahrhunderts (Münchener Historische Studien – Abt. Mittelalterliche Geschichte, II), 1966, que meu amigo, o Professor Rolf Sprandel, teve a gentileza de me indicar em Espoleto.

Em contrapartida, não tive tempo de utilizar o importante trabalho de Renée Doehaerd: *Le Haut Moyen Age Occidental* – Économies et sociétés. Paris: [s.e.], 1971.

7

Os camponeses e o mundo rural na literatura da Alta Idade Média (séculos V e VI)

Três comentários preliminares são necessários para definir os limites deste esboço.

1) O quadro cronológico é muito restrito. O período da Alta Idade Média, dentro da qual se desenvolvem as lições das Semanas de Espoleto, engloba uma ampla extensão temporal que vai, em linhas gerais, do século V ao IX e, por vezes, até mais adiante. Eu bem sei que a carência de documentação – ela mesma reveladora, tanto da escassez de ferramentas que proporcionam a perpetuação desta época quanto da lentidão dos processos de evolução das estruturas deste tempo – nos obriga a uma história alongada no tempo e nos impede de seguir, para estes séculos, a cronologia minuciosa que podemos adotar mais tarde. Devo, portanto, desculpar-me por ter que delimitar o estudo em dois séculos, V e VI, com algumas incursões no século VII, o que, para outros períodos, apareceria, ao contrário, como algo excessivamente ambicioso. No entanto é preciso lembrar que os tempos que estudamos são tempos nos quais a vida individual é breve, mas a vida coletiva é lenta.

Daí as razões desta escolha. Primeiramente, eu ignoro um pouco menos a literatura desta época do que a dos séculos que lhe seguem. Em seguida, no plano das mentalidades e das sensibilidades, este período é o tempo em que foram colocados os temas principais do que denominamos Idade Média. Pode-se generalizar um termo aplicado por E.K. Rand a algumas figuras eminentes deste período e dizer que este tempo foi o das fundações, dos fundamentos, da incubação intelectual e espiritual da Idade Média[1]. Eu utilizei como testemunhos capitais para meu propósito algumas obras-chave: as reflexões essenciais sobre a sociedade vindas das grandes invasões contidas no *De gubernatione Dei*, de Salvien, em meados do século V[2]; as duas obras-primas da literatura homilética que são, na fase inicial do século VI, os sermões de Cesário de Arles[3], em sua fase final o *De correctione rusticorum*, de Martin de Braga[4]; e, já no fim deste mesmo século, a única crônica contemporânea, a *Historia francorum*, de Gregório de Tours, testemunhos da hagiografia, à frente dos quais se destaca uma vez mais Gregório de Tours nas *Miracula*, no *Liber de Gloria Confessorum*, nos *Vitae Patrum*[5]; Gregório o Grande, em seus *Dialogues*, sobretudo no segundo livro, dedicado a São Bento[6]; e, finalmente, como representante da poesia, Fortunato[7].

2) Não é meu propósito descrever os camponeses tal qual eles aparecem na literatura dos séculos V e VI. Se assim fosse, esta exposição, e veremos mais adiante por que, deveria ser muito breve. Através de meu tema, eu gostaria, ao menos, de expor o problema da relação da literatura com a sociedade. Esta relação não é simples. A imagem da sociedade que aparece na literatura (ou na iconogra-

---

1. RAND, E.K. *The Founders of the Middle Ages*. Cambridge: [s.e.], 1928.

2. MGH, AA, I & PELLEGRINO, M. *Salviano di Marsiglia*: Studio critico. 2 vols. Roma: [s.e.], 1939-1940.

3. MORIN, G. (org.). "Sermones". *S. Caesarii opera omnia*, I, 1937 [2. ed., 1953]. *Corpus Christianorum, Series Latina*, CIII.

4. BARLOW, C.W. (org.). *Opera omnia* – Papers and Monographs of the American Academy in Rome, XII, 1950.

5. *MGH, SRM*, 1-2.

6. MORICCA, U. (org.). "Dialogi". *Fonti per la Storia d'Italia*, 57, 1924.

7. "Carmina". *MGH, AA*, 4-1.

fia, sob formas ora parecidas, ora diferentes, já que literatura e artes figurativas têm, frequentemente, a sua especificidade temática) mantém relações complexas com a sociedade global da qual advém, com as classes dominantes que a comandam, com os grupos restritos que a desenvolvem e com os escritores que a realizam. Para simplificar, e não nos delongarmos em generalidades teóricas, digamos que esta imagem é ao mesmo tempo uma expressão, um reflexo e uma sublimação, ou uma camuflagem, da sociedade real. Se a literatura pode ser, não sem alguma retórica, definida como espelho da sociedade, trata-se, certamente, de um espelho mais ou menos deformador de acordo com os desejos conscientes ou inconscientes da alma coletiva que se observa e, sobretudo, de acordo com os interesses, os preconceitos, as sensibilidades, as neuroses dos grupos sociais que fabricam tal espelho e o estendem à sociedade – pelo menos para esta parte da sociedade que é capaz de ver, isto é, de ler, mas também, felizmente, para nós na posteridade, mais bem-preparada para ver e interpretar este jogo de ilusões. Ao historiador das sociedades e das civilizações a literatura oferece mais *imagos* do que imagens e, assim, força-o a tentar ser o psicanalista do passado coletivo[8]. Este espelho da sociedade, que nos é oferecido pela literatura, pode ser, por vezes, um espelho sem estanho, através do qual as figuras se desvanecem, escamoteadas pelos espelheiros. O mesmo pode ser dito em relação aos camponeses e ao mundo rural na literatura do início da Alta Idade Média.

3) Do mesmo modo, o meu tema, de certa forma, também não existe. Mal exagerando a realidade, devo confessar que não há camponês nem mundo rural na literatura dos séculos V e VI e, portanto, meu propósito deve ser primeiramente o de explicar esta ausência.

Ausência espantosa, paradoxal. Todas as lições desta semana mostram e demonstram que a realidade mais profunda da história

---

8. Cf. DUPONT, A. "Problèmes et méthodes d'une histoire de la psychologie collective". *Annales ESC,* 1961. • BESANÇON, A. "Histoire et psychanalyse". *Annales ESC.,* 1964.

da Alta Idade Média ocidental é a ruralização da economia e da sociedade. A terra torna-se a fonte essencial de subsistência, de riqueza, de poder. Os atores desse fenômeno primordial não aparecem na literatura de época. Mais até: eles se afastam da literatura, após terem representado, se não os papéis principais, ao menos personagens importantes nas literaturas grega e latina. Isso não vale apenas para a massa camponesa. O *dominus*, eclesiástico ou laico, que se torna, ao menos desde o século V, em primeiro lugar, um possuidor de terras, quase nunca aparece enquanto tal na literatura deste período. Procurar explicar esta escamoteação da sociedade rural, e mais particularmente da sociedade camponesa na literatura dos séculos V e VI, é o primeiro ponto desta exposição.

Procurarei reencontrar, em seguida, sob diversos disfarces, os camponeses desaparecidos da literatura da Alta Idade Média.

*

O camponês (*agrícola*), personagem importante da literatura latina antiga, da qual se tem dito que a língua era uma língua de camponeses[9], que aparecia tanto nos tratados econômico-morais do período republicano (*De re rustica*, de Varron; *De agricultura*, de Catão), quanto, de forma idealizada, na poesia bucólica (sobretudo em Virgílio e sua posteridade), desaparece da literatura da Alta Idade Média[10]. Sua presença já se atenua nos tratados de economia rural da época imperial, em Columelle e mais ainda em Palladius. A poesia bucólica (não me prolongarei aqui na distinção, que talvez merecesse maior reflexão, entre camponês e pastor) debilita-se rapidamente em meio cristão, conforme notou E.R. Curtius[11].

---

9. MAROUZEAU, J. *Lexique de la terminologie linguistique*. 2. ed. 1943.

10. Cf. HEITLAND, W.E. *Agricola*. Cambridge: [s.e.], 1921.

11. CURTIUS, E.R. *La Littérature européenne et le Moyen Age latin* [tradução francesa, 1956, p. 562]. • Há uma edição brasileira desta obra: *Literatura europeia e Idade Média Latina*. São Paulo: Edusp, 1996 [N.T.].

Entretanto, no século IV Pomponius e, sobretudo, Endelechius (Severus Sanctus), ensaiaram sua presença, colocando em cena dois camponeses, mais ou menos simbólicos, um pagão e um cristão, numa écloga moral consagrada à "peste" bovina, uma epizootia sobrevinda em torno de 395[12]. É preciso esperar, em seguida, o Renascimento carolíngio, mas o sucesso da Écloga de Théodule no século X[13], atestado pela presença da obra no catálogo de Conrado de Hirsau, no início do século XII, e o personagem de Théodelet, em Rabelais, parece advir fundamentalmente de uma tradição livresca de eruditos humanistas. A poesia de Fortunatto, por onde se estende – repleta de lugares-comuns decadentes, a bem dizer – um campo do *tardo antico*, está esvaziada de homens, de camponeses. Os frutos que ele envia a Radegonde parecem ter sido produzidos por Deus e pela natureza e, sobretudo, pelas reminiscências literárias do autor, sem nenhuma intervenção humana. Não somente as imagens rurais se tornam puramente simbólicas e estereotipadas (o bispo, por exemplo, domina a metáfora do *pastor gregis*), mas, ainda frequentes em Cesário de Arles, estas imagens, tão comuns na Bíblia, tornam-se cada vez mais raras na literatura ao longo do século VI. De onde vem esta ausência do camponês e do mundo rural na literatura do início da Idade Média?

Sem dúvida, o agricultor não é mais sustentado pela base econômica, social e mental que havia assegurado sua fortuna na literatura das épocas precedentes.

1) A ideologia da Alta Idade Média não é favorável ao *trabalho* e, sobretudo, ao trabalho humilde destinado a assegurar a simples subsistência a que se reduz o essencial do trabalho humano, neste alvorecer de onde dificilmente emerge a sociedade medieval. Sem

---

12. SEVERUS ENDELECHIUS. *Bibliotheca maxima Sanctorum Patrum*, VI, 376.

13. Sobre Théodule e seu destino, GRÖBER. *Grundriss der romanischen Philologie*, II, 1906, p. 755 e 1.067. • HAMILTON, G.L. *Modern Philology*, 7, 1909, p. 169. • VON WINTERFELD, P. *Deutsche Dichter des lateinischen Mittelalters*, 1922, p. 480ss.

dúvida, a própria penúria leva a atribuir certo valor às melhorias produzidas pelo trabalho[14], mas uma tripla herança desfavorável passa então a pesar sobre as atitudes mentais no que diz respeito ao trabalho:

- herança greco-romana modelada por uma classe que vive do trabalho escravo e se orgulha do *otium*;

- herança bárbara de grupos guerrilheiros acostumados a tirar uma parte notável de seus recursos do saque, privilegiando, em todo caso, o modo de vida militar;

- herança judaico-cristã, que é a mais grave nesta sociedade cristianizada, já que privilegia a primazia da vida contemplativa[15] que considera pecado, falta de confiança do homem em Deus, o fato de não se esperar da Providência a satisfação de suas necessidades materiais. Chega-se ao ponto de Cesário de Arles[16] ter de refutar a objeção daqueles que lembram a necessidade de o homem prover a sua alimentação, a sua vestimenta e o seu alojamento, e que invocam os textos paulinos, notadamente a frase de 2 Tessalonicenses que, a partir do século XI, servirá como base de referência aos fomentadores de uma revalorização do trabalho: *se não se quer trabalhar, não se comerá.*

São Bento exige, sem dúvida, na Regra que traz o seu nome, a prática do trabalho manual, mas se trata de uma forma de penitência, de uma obediência à lei expiatória imposta ao homem em consequência do pecado original.

---

14. Cf. GROSSI, P. *L'agricoltura e il mondo rurale nell'alto medioevo* – Settimane di Studio del Centro Italiano di Studi sull'Alto Medioevo, XIII. Espoleto: [s.e.], 1971.

15. Desde meados do século VIII, os manuscritos atestam o sucesso do *De vita contemplativa*, de Pomerius, que foi o mestre de Cesário de Arles (cf. LAISTNER, M.L.W. "The influence during the Middle Ages of the Treatise De vita Contemplativa and its Surviving Manuscripts". *Miscellanea Giovanni mercatti,* II, 1946, p. 344-358. Este tratado expressa ainda melhor a mentalidade dos guias espirituais do Ocidente no final do século V).

16. Op. cit., sermo XLV, p. 201.

2) Se há ainda camponeses livres, pequenos proprietários, que se mantêm aqui e ali, talvez mais extensamente do que se tenha dito[17], seu peso econômico e social tornou-se quase insignificante. A realidade social e jurídica camponesa é a dos *servi*, dos *mancipia*, dos *coloni* de quem Salvien, no início da Idade Média, bem descreve a situação social e ideologicamente condenada. Sem dúvida, assim como ele estima o pecado no bárbaro mais desculpável do que no cristão, ele julga mais grave o erro do patrão ou do mestre do que aquele do *colonus* ou do *servus*[18]. Mas ele reconhece a culpa coletiva dos escravos – *é bem verdade que os escravos são maus e detestáveis* – e nesta classe ele não estabelece nenhuma exceção quanto à culpa, o que não sucede nas classes superiores[19]. Ele já aceita e propõe o pavoroso aspecto indiferenciado da classe camponesa que será a face do Ocidente medieval.

3) E, no entanto, este desaparecimento do camponês da literatura da Alta Idade Média não é exclusividade de sua classe social. Ele participa de uma regressão geral do realismo e, singularmente, do realismo social e humano na literatura e na arte. Pensemos no desaparecimento quase completo da arte figurativa e, sobretudo, da figura humana na arte.

O realismo não é "natural"; antes de tudo, ele não é o produto de um olhar novo, mas de uma conquista visual, mental e cultural. A arte primitiva – e a Alta Idade Média – é a irrupção de diversos primitivismos, é abstrata. A Igreja substitui o realismo pagão por um universo de símbolos, de signos. Ela nega a essencialidade do homem diante de Deus e do além e impõe novos grilhões à representação da sociedade. Pode tratar-se de um dualismo elementar:

---

17. Cf. SANCHEZ-ALBORNOZ, C. *Settimane...* Op. cit., XIII, 1971.
18. Cf. PELLEGRINO, M. *Salviano di Marsiglia*. Op. cit., p. 102 e 172-173. • STERNBER, G. "Das Christentum des 5. Jahrhunderts in Spiegel der Schriften des Salvianus von Massilia". *Theologische Studien und Kritiken*, 82, 1909.
19. Cf. PELLEGRINO, M. *Salviano di Marsiglia*. Op. cit., p. 167.

clérigos-laicos, poderosos-humildes (esta última distinção é carregada, a bem-dizer, de um conteúdo social sobre o qual regressaremos). Trata-se, sobretudo, de esquemas propriamente religiosos, desconstruindo as imagens tradicionais da sociedade, organizada de acordo com funções sociais, e remodelando-as de acordo com vocações ordenadas a fins religiosos. Assim é o caso da sociedade da cidade de Roma em 590, uma sociedade sem dúvida urbana, mas da qual as categorias econômicas e profissionais foram esvaziadas. O Papa Gregório o Grande ordena a população de Roma, então dizimada por uma epidemia de peste negra, em sete procissões expiatórias e propiciatórias: clérigo secular, clérigo regular masculino, freiras, crianças, laicos masculinos, viúvas, mulheres casadas[20]. Ou, ainda, a sociedade é assimilada, reduzida a grupos de pecados: os 8 pecados capitais de Cassiano, os 7 pecados capitais de Gregório o Grande, os 12 abusos do Pseudo-Cipriano no meio do século VII[21]. Notemos, com o risco de nos antecíparmos, que encontramos nesta última lista, disfarçado sob a aparência de pobre, nosso camponês, representado por um pecado maior, o orgulho, o desejo de não ficar em seu humilde lugar, essa ambição social que será o grande pecado da sociedade imobilizada em suas ordens.

Entretanto, esta tendência não figurativa generalizada afeta, sobretudo, o camponês, conforme encontramos em Salviano, o grupo dos *servi*, formando uma multidão pecadora anônima, sem exceção, de individualidades salváveis. O autor de um estudo recente sobre o guerreiro merovíngio[22] escreveu que somente o clérigo e o guer-

---

20. Cf. toda a narrativa da cena e da carta de Gregório o Grande em TOURS, G. *Historia Francorum*, X, I.

21. Eis a lista do Pseudo-Cipriano: "*sapiens sine operibus, senex sine religione, adolescens sine obedientia, dives sine elemosyna, femina sine pudicitia, dominus sine virtute, chistianus contentiosus, pauper superbus, rex iniquus, episcopus neglegens, plebs sine disciplina, populus sine lege*". Cf. HELLMANN. *Pseudo-Cyprianus de XII abusivis saeculi* – Texte und Untersuchungen zur altchristlichen Literatur, 34, 1.

22. BODMER, J.P. *Der Krieger der Merowingerzeit und seine Welt*, 1957, p. 137.

reiro podiam ser vistos como tipos da humanidade merovíngia. Livre ou não livre, o camponês da Alta Idade Média é profundamente desprezado. O *servus* não pode receber as ordens eclesiásticas[23], mas mesmo o camponês livre, nem que fosse por sua incultura, tinha pouquíssimas chances de pertencer à Igreja, mesmo na ordem monástica, ainda tênue e um tanto anárquica, mas onde, no entanto, o recrutamento camponês parece ínfimo[24]. František Graus, no belo livro[25] em que acaba de se dedicar à sociedade merovíngia, lembrou que é preciso aguardar o século XII para que a Igreja canonize um camponês, para que passe a haver um santo camponês.

*

E, no entanto, quando se lança um olhar atento a estes camponeses, que parecem afastados, ausentes da literatura do início da Alta Idade Média, é possível reencontrá-los sob diversos disfarces.

1) Os camponeses reapareciam, antes de tudo, como *pagani* (como pagãos), num tempo que é primeiramente de evangelização e de evangelização dos campos[26].

É possível discutir a respeito do sentido e do aporte histórico da palavra *paganus*.

Pode-se admitir, com Michel Roblin[27], que o termo tem apenas o sentido do latim *gentilis*, do grego ἐθνιχός, e daí, do hebraico *goy*, "que o paganismo não se identifica com a rusticidade e que o emprego do termo é simplesmente atribuível às origens hebraicas do vocabulário cristão".

---

23. FIGUERAS, C.M. *De impedimentis admissionis in religionem usque ad Decretum Gratiani, Scripta et Documenta*, 9. Montserrat: [s.e.], 1957.

24. PENCO, G. "La composizione sociale delle comunità monastiche nei primi secoli". *Studia Monastica*, 4, 1962.

25. GRAUS, F. *Volk, Herrscher und Heiliger im Reich der Merowinger, Studien zur Hagiographie der Merowingerzeit*. Praga: [s.e.], 1965.

26. Cf. LEMARIGNIER, J.F. *Settimane...* Op. cit., XIII.

27. ROBLIN, M. "Paganisme et rusticité". *Annales ESC.*, 1953, p. 183.

O fato é que, a partir do século V, os *pagani* são essencialmente, para os autores cristãos, camponeses e vice-versa. Cassiodoro e Isidoro de Sevilha, em seus jogos etimológicos sem valor científico, garantem uma realidade mental. *Ninguém ignora que os* pagani *(camponeses pagãos) tiram seu nome da* villa, escreve Cassiodoro na *Expositio in Canticum Canticorum* e Isidoro de Sevilha nas *Etymologiae* (VIII, 10), os *pagani (camponeses pagãos) tiram seu nome dos* pagi *dos atenienses, onde eles apareceram. Foi lá, com efeito, em locais agrestes e dos* pagi, *que eles instituíram locais sagrados pagãos e ídolos.* Ao longo de toda a *Vita Martini,* Sulpício Severo identifica os *rustici* com os *gentiles* e os *pagani*. Fortunato faz o mesmo na sua vida do mesmo santo. *Aqui,* escreve ele, *a multidão de camponeses impede que se destruam os templos profanos e, quando ele pretendia destruir o templo dos Eduanos, os agricultores incultos do campo impediram-no*[28].

Este *rusticus paganus* está, de resto, tão ligado a velhas superstições camponesas quanto ao paganismo organizado, institucionalizado da religião romana. Cesário de Arles e Martin de Braga são testemunhas[29]. No caso das superstições camponesas denunciadas no *De correctione rusticorum*, estudos etnográficos puderam demonstrar sua permanência nas sociedades camponesas contemporâneas do noroeste da Península Ibérica[30].

Coloca-se aqui o problema do folclore e, portanto, da cultura camponesa na literatura da Alta Idade Média. No entanto, mais do

---

28. SULPICE SÉVÈRE. *Epistola ad Desiderium de Vita B. Martini,* cap. XIII e XIV. • FORTUNAT. *Vita S. Martini.* MGH, AA, 4-1, p. 300, 321, 325, 326.

29. Cf. POESE, P. *Superstitiones Arelatenses e Cesario collectae.* Marburgo: [s.e.], 1909. • BOUDRIOT, W. *Die Altgermanische Religion in der amtlichen kirchlichen Literatur bom 5. Bis 11. Jahrhundert* – Untersuchungen zur allgemeinen Religiongeschichte, cahier 2. Bon: [s.e.], 1928. • McKENNA, S. *Paganism and pagan Survivals in Spain up to the Fall of the visigothic Kingdom* – The Catholic University of America. Washington: [s.e.], 1938.

30. CHAVES, L. "Costumes e tradições vigentes no século VI e na actualidade". *Bracara Augusta,* 8, 1957.

que uma vingança involuntária do camponês sobre o clero, tem-se aqui a impressão de se tratar de uma simples utilização para outros fins, os de evangelização, de elementos folclóricos desgarrados e desviados de seu contexto cultural camponês[31].

No entanto, para além disso, surge o problema da ruralização do Ocidente da Alta Idade Média, considerada uma época de ressurgimento de técnicas, estruturas sociais, mentalidades primitivas, ou pré-romanas, um tempo de afloramento de estruturas camponesas tradicionais subjacentes e dotadas de grande resistência a mudanças[32].

O camponês da Alta Idade Média é como um monstro reaparecido, quase inumano, e que a literatura da Idade Média ulterior continuará a fazer surgir diante dos jovens e dos cavaleiros perdidos na floresta, onde o camponês-lenhador encontra-se em seu ambiente escuro e selvagem, vilãos com grande cabeça desgrenhada e olhos afastados, olhar de besta, que se mostraram a Aucassin ou a Lancelot[33].

Assim, mesmo tendo se tornado cristão, o camponês permanece um pecador privilegiado. Sem mencionar o *servus*, que perso-

---

31. É a opinião de GRAUS, F. *Volk, Herrscher und Heiliger im Reich der Merowinger, Studien zur Hagiographie der Merowingerzeit.* Op. cit., p. 197s.

32. Cf. VARAGNAC, A. *Civilisation traditionnelle et genres de vie*, 1948.

33. Cf. HOLLYMAN, K.J. *Le développement du vocabulaire féodal en France pendant le haut Moyen Age (Étude sémantique)*, 1957, que cita (p. 164, nota 54) "des descriptions affolantes de vilains", apud H. See (*Les Classes rurales et le régime domanial en France au Moyen Age*, 1901, p. 554) e J. Calmette (*La société féodale*. 6. ed. 1947, p. 166-167). Ele aproxima as descrições dos vilões com a dos pagãos nas canções de gesta. Cf. FALK, J. *Étude sociale sur les chansons de geste*, 1899.
• GALPIN, S.L. *Cortois and vilain*. New Haven, 1905 [Dissertação de mestrado]. Cf. tb. a expressão do poeta "humanista" em torno dos anos de 1100, apud CURTIUS, E.R. *La Littérature européenne et le Moyen Age latin*. Op. cit., p. 142, n. 1: "Rustici, qui pecudes possunt appellari".

nifica a servidão do homem em relação ao pecado[34], *servus peccati*. Todos os *rustici* tornam-se pecadores por excelência, viciosos por nascimento, por natureza. Cesário de Arles que, em geral, não põe personalidades nos seus sermões, que não confere ao pecador nem individualidade nem especificidade social, faz exceção para três categorias especialmente visadas: os *clérigos*, para quem os pecados são mais graves em função de seu estado, mas trata-se aqui apenas de uma minoria de clérigos indignos; os *mercadores*, mas estes representam apenas um grupo muito restrito na sociedade da Gália meridional do início do século VI; os *camponeses*, por fim, que parecem predestinados a determinados pecados e vícios.

Assim, os *rustici* são luxuriosos e bêbados por excelência[35]. E mais, nesses tempos em que se forma uma mentalidade segundo a qual as doenças vergonhosas são o sinal e a sanção do pecado, os camponeses, mais expostos do que outros à subalimentação, à falta de higiene, às taras físicas manifestam assim sua natureza fundamentalmente viciosa. A lepra das crianças é o sinal da luxúria dos pais e, de acordo com Césaire, os leprosos são, sobretudo, camponeses, pois estes procriam na luxúria[36].

2) O camponês é também o pobre, *pauper* e, com mais frequência, *pauperes* numa multidão cada vez menos diferenciada. É difícil, por vezes, afirmar a identidade entre pobre e camponês, de distinguir, nos *pauperes* dos textos, os pobres das cidades e os pobres dos

---

34. Cf. os interessantes comentários de HOLLYMAN, K.J. *Le développement du vocabulaire féodal en France pendant le haut Moyen Age*. Op. cit., p. 72: "a oposição *dominus-servus* é fundamental no vocabulário latino e os empregos religiosos são fundamentados nesta oposição; eles não a transformam, mas enriquecem-na, no sentido de acrescentarem-lhe uma aplicação particular".

35. MORIN, G. (org.). "Sermones". Op. cit., sermo XLIV, p. 199 e sermo XLVII, p. 215.

36. "*Denique quicumque (filii) leprosi sunt, non de sapientibus hominibus, qui et in aliis diebus et in festivitatibus castitatem custodiunt, sed maxime de rusticis, qui se continere non sapiunt, nasci solent*", p. 199.

campos[37]. Assim é em Gregório de Tours, onde a Galícia parece ainda fortemente urbanizada, mas onde, ao mesmo tempo, a distinção entre população urbana e rural quase nunca é feita. Um sinal? Martin de Braga, ainda que observando a sociedade camponesa que ele tem sob os olhos para escrever o *De correctione rusticorum*, à exceção talvez dos sermões de Cesário de Arles, teve um modelo: o *De catechizandis rudibus* de Santo Agostinho[38]. Ora, Santo Agostinho faz uma distinção entre os fiéis a doutrinar: "*os raros ou numerosos, os sábios ou incultos, os citadinos ou os camponeses*". Sem dúvida, *urbanus* e *rusticus* tendem a adquirir o sentido figurado civilizado-inculto que reencontraremos mais adiante, mas a distinção, a referência à oposição cidade-campo, ainda clara em Santo Agostinho, não mais aparece em Martin de Braga.

No entanto, textos não equívocos nos permitem identificar o *pauper* com o camponês. É importante notar que nenhum dos quatro únicos camponeses dos quais tomamos conhecimento de forma concreta na literatura do início da Alta Idade Média possui um nome. O herói de cada história é, de fato, um santo, o camponês sendo apenas um objeto anônimo da narrativa hagiográfica. Por outro lado, a pobreza destes camponeses, embora qualificados simplesmente como *pobres*, parece-nos relativa, já que, se num dos casos insiste-se no fato de que o infeliz não tem animais para ajudá-lo, os três outros dispõem, ao contrário, de bois. Mas, em nenhum dos casos, à parte no uso do termo *pauper*, sua condição social, em todo caso sua condição jurídica, é precisada.

Os três primeiros textos são de Gregório de Tours.

No primeiro, um padre itinerante solicita hospedagem de uma noite a um camponês de Limagne – *ad hospitiolum cuiusdam pauperis*

---

37. A respeito do sentido de *pauper* na Alta Idade Média, cf. BOSL, K. *Potens und Pauper* – Festschrift für Otto Brunner, 1963, p. 60-80 (reproduzido em *Frühformen der Gesellschaft im mittelalterlichen Europa*, 1964). • GRAUS, F. *Volk, Herrscher und Heiliger im Reich der Merowinger, Studien zur Hagiographie der Merowingerzeit*. Op. cit., p. 136-137.

38. MIGNE. *PL*, XL, 310-347.

Limanci mansionem expetit. O camponês acorda antes do amanhecer para cortar lenha na floresta e, *de acordo com os hábitos dos camponeses*, o que estabelece a identidade *pauper = rusticus*, ele pede à sua mulher pão para o café da manhã. Ele solicita que o padre benza o pão e dele extraia hóstias (*eulogiae*), com as quais este segue viagem, permitindo-lhe resistir vitoriosamente às investidas do diabo, que tenta precipitá-lo na água enquanto atravessa uma ponte com sua carroça e seus bois[39].

No segundo, *um pobre*, que havia perdido os bois com os quais trabalhava (*quos ad exercendam culturam habebat*), sonha com São Genésio indicando-lhe o caminho da floresta para encontrar o lugar onde estão seus bois, com os quais ele irá transportar, em seguida, miraculosamente, uma enorme laje de mármore para o local da sepultura do santo, vindo a se tornar um lugar de milagres[40].

O terceiro texto mostra-nos também um camponês considerado pobre possuindo, por únicos bens, dois bois (*erat enim quidam pauper habens duos boves ad exercendam culturam suam, nec ei erat alia possessio...*). Um ladrão rouba-lhe os bois e ele os reencontra ao peregrinar à tumba de São Félix[41].

O quarto texto, o mais belo deles, é de fato a redação carolíngia de uma hagiografia merovíngia. Mostra-nos um homem pequeno, um pobre camponês, desprovido de bois e que São Sigirão encontra puxando uma carroça de estrume (*accidit [...] ut quendam homunculum es ruricolis unum videlicet plaustrum fimo honustum sine cuiuspiam animalis auxilio cum vi nimia trahentem conspiceret [...]*). O santo, tomado de piedade, interpela o camponês: "*ó infelicíssimo pobre, tu não tens o socorro de bois...*". Atrela-se com ele à carroça e, o trabalho cumprido, dá-lhe três peças de ouro para comprar um boi... Texto rico em informações de ordem econômica, mesmo sendo elas

---

39. GREGÓRIO DE TOURS. *Liber in gloria confessorum, MGH, SEM,* 1-2, 766.

40. Ibid., p. 533.

41. Ibid., p. 558.

de difícil localização e interpretação. Texto que nos oferece a mais concreta e humana das raras representações de camponeses na literatura da Alta Idade Média[42].

Porém, este *pauper*, que surge nos textos citados enquanto objeto de solicitude por parte dos santos da hagiografia merovíngia – irmão do camponês de Gregório o Grande, a quem um Godo quer fazer revelar, torturando-o, o esconderijo de seu patrimônio e que acaba refugiando-se junto de São Bento[43] –, é considerado, na verdade, pelas camadas superiores da sociedade, como um objeto e um perigo.

Ele é, antes de tudo, a antítese do rico ou do santo. Sua única razão de ser consiste em fornecê-los um instrumento, uma possibilidade de salvação. Numa sociedade em que o essencial é a salvação espiritual, e sobre a qual as classes dominantes julgam ter prioridade, o pobre viabiliza a salvação do rico ou do santo que lhe presta caridade. Reificado pela caridade dos poderosos, ele é, em todos os sentidos do termo alemão, um *"Gegenstand"*, um objeto, e só mais tarde, com muitas dificuldades, poderá alcançar a dignidade de um estado social, de um *Stand*[44]. Cesário de Arles define o pobre como alguém que só existe em função dos ricos: *Deus permitiu, de fato, que haja pobres neste mundo para que todo homem tenha os meios de redimir-se dos pecados*[45].

Mas ele é também um perigo. A classe camponesa é, na Alta Idade Média, a classe perigosa. Já na passagem da Antiguidade para

---

42. *MGH* – SRM, III, p. 623.

43. *Dialogi*, II, 31.

44. HÖFFNER, J. *Bauer und Kirche im deutschen Mittelalter*. Paderborn: [s.e.], 1939.

45. MORIN, G. (org.). "Sermones", sermo XXV, p. 107. A respeito da indiferença da hagiografia merovíngia sobre as condições sociais, cf. GRAUS, F. *Die Gewalt bei den Anfängen des Feudalismus und die "Gefangenenbefreiungen" de merowingischen Hagiographie* – Jahrbuch für Wirtschaftesgeschichte, I, 1961.

a Idade Média, os circunceliões e os *Bagaudes*[46] demonstraram-no claramente. Encontramos esses camponeses semisselvagens, por exemplo, na vida de São Wandrille, abade de Fontenelle: *"Vindo de um lugar situado entre camponeses muito malvados que não temiam a Deus e não reverenciavam homem algum, um conflito surgiu"*[47].

É principalmente entre a massa de camponeses que são recrutados os *pseudoprophetae*, guias religiosos e populares, e seus adeptos. Os *anticristos* surgem no mundo camponês, cuja personalidade e atividade consolidam-se nesta época em que as calamidades e o agravamento das condições fundamentais de subsistência alimentam uma onda apocalíptica e milenarista. Temos aqui novamente Gregório de Tours evocando, no ambiente catastrófico da Grande Peste do século VI[48], estes agitadores camponeses que vão às cidades incomodar os bispos e os ricos.

No ano de 590, quando a peste e a fome devastam a Gália, um enxame de moscas faz enlouquecer um camponês de Berry enquanto este cortava lenha na floresta[49]. Ele se transforma em pregador itinerante, vestindo peles de animais, acompanhado de uma mulher a quem chama de Maria, enquanto ele mesmo se faz passar por Cristo. Ele anuncia o futuro, cura os doentes. Segue-o uma multidão de camponeses, pobres e até mesmo padres. Sua atitude ganha logo um aspecto revolucionário. Ao longo de sua pregação, ele retira os bens dos ricos para distribuí-los aos indigentes (*non habentibus*). Seguem-no milhares de adeptos. Ele faz anunciar sua chegada através de mensageiros nus e dançantes (*homines nudo corpore saltantes atque ludentes*), entre os quais reencontramos personagens do folclore camponês e das heresias adamitas. O bispo do Puy

---

46. Sobre os "Bagaudes" cf. Salvien. Op. cit.
47. *MGH – SRM*, V, 15.
48. BIRABEN, J.N. & LE GOFF, J. "La peste dans le Haut Moyen Age". *Annales ESC*, 1969, p. 1.484-1.508.
49. Podemos aproximar este detalhe folclórico do episódio do herético camponês Leutard, em Champagne, no início do século IX, apud GLABER, R. *Historiae*, II, 11.

manda assassiná-lo e, torturando a pobre Maria, consegue extrair todas as confissões desejadas. Entretanto, os adeptos do líder desaparecido não conseguem retornar ao bom caminho (*homines illi quos ad se credendum diabolica circumventione turbaverat, nunquam ad sensum integrum sunt reversi*). Outros anticristos surgem em toda a Gália e em meio às mesmas manifestações sublevam e arrastam as multidões populares, o mundo camponês[50].

3) O camponês reaparece, enfim, como *rusticus*, tornado sinônimo de ignorante, iletrado e personificando, diante da instruída elite clerical, a massa desprovida de qualquer cultura. Sem dúvida, os clérigos resignam-se, por motivos pastorais, a empregar eles próprios o *sermo rusticus*[51], mas, nesta época em que as técnicas reservadas a uma elite (elite artesanal dos ferreiros e dos ourives, elite militar dos guerreiros, elite econômica dos moedeiros, elite intelectual dos clérigos), são, com a riqueza fundiária e a força, a base da consideração social, o camponês, também neste plano, sai perdendo. Ele é apenas um rústico.

Isidoro de Sevilha distingue, sem dúvida, a rusticidade moral da rusticidade social e profissional, *rusticitas* e *rusticatio*[52]. O *rusticus*, o camponês, na prática, participa ao mesmo tempo da *rusticitas* e da *rusticatio*. Ele é, para resumir, um rural e um rústico.

Na vida de São Patróclio[53], Gregório de Tours faz com que se diga ao irmão do santo, que escolheu simbolicamente fazer-se *rus-*

---

50. *Historia Francorum,* X, 25. Cf. outro *pseudoprofeta,* Didier (*Desiderius*), IX, p. 6-7.
51. Cf. AUERBACH, E. *Lingua letteraria e pubblico nella tarda antichità latina e nel Medio Evo.* Milão: [s.e.], 1960. • MOHRMANN, C. "Latin vulgaire, latin des chrétiens, latin medieval". *Revue des Études latines,* 1952. • *Settimane di studio del Centro Italiano di Studi sull'Alto Medioevo.* T. IX. Espoleto: [s.e.], 1961.
52. ISIDORO DE SEVILHA. *Diferentiae, PL,* 83, 59: "*Inter rusticitatem et rusticationem. Rusticitas morum est, rusticatio operis*".
53. *Vitae Patrum,* IX, I. • MGH, SRM, 1-2, 702. Cf. o desprezo de Sidoine Apolinaire pelos *rustici: Epistolae,* 1, 6.

ticus, pastor: *"Vá para bem longe, camponês. Tua ocupação é, de fato, pastorear ovelhas, a minha é de dulcificar-me nas belas-letras, e por isso meu ministério torna-me mais nobre, enquanto teu serviço torna-te vil"*.

★

O camponês tornou-se, assim, um ser anônimo e indiferenciado, mera antítese da elite militar e cultivada, principal fardo da Igreja.

Quando ele voltar a aparecer na literatura, com o renascimento econômico, o camponês que se tornou *vilão* (e a evolução semântica[54] do termo é, em si, significativa) irá conservar os traços pejorativos advindos do início da Alta Idade Média. Vicioso, perigoso, iletrado, ele se manterá mais próximo do animal que do homem. Se, na arte, por intermédio de temas iconográficos tais quais a Natividade ou os trabalhos do ciclo dos meses, ele entra no humanismo medieval, na literatura, na maior parte das vezes, ele é excluído ou alocado no bestiário teratológico. Ao se tornar realista, a literatura passa a representá-lo da mesma forma que a fase inicial da Alta Idade Média o havia abstratamente definido, isto é, de acordo com Coulton, como um Caliban medieval.

---

54. HOLLYMAN, K.J. *Le développement du vocabulaire féodal en France pendant le haut Moyen Age*. Op. cit., p. 72-78. O autor nota à p. 145: "Não houve, no vocabulário literário, virtude designada por um nome de camponês". A respeito das relações entre classes sociais e língua na Idade Média, cf. GOUGENHEIM, G. "Langue populaire et langue savante en ancien français". *Mélanges 1945*: V. Études linguistiques, Publication de la Faculté des lettres de Strasbourg, 1947, p. 108. Hollyman notou também que "a utilização da terminologia das classes rurais para o vocabulário pejorativo não é particular do francês antigo" (p. 169). Cf. PALMER, L.R. *An introduction to modern linguistics*, 1936, p. 102. A obra de F. Martini (*Das Bauerntum im deutschen Schrifttum von den Anfängen bis zum 16. Jahrhundert*, 1944) não remonta para além do século XI.

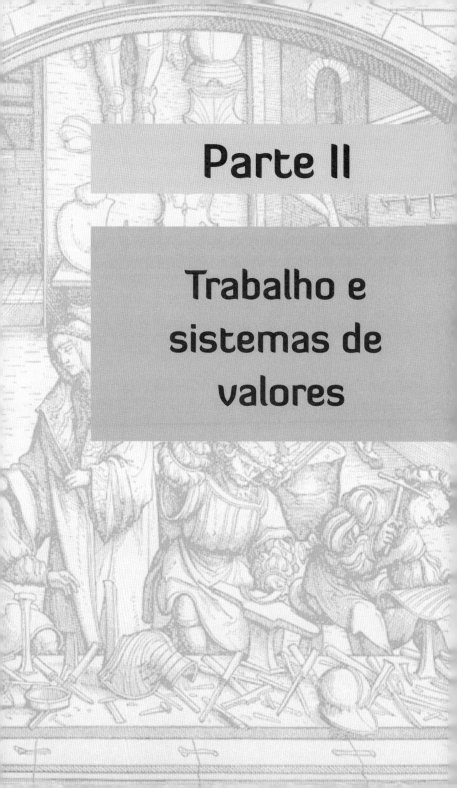

Parte II

Trabalho e sistemas de valores

8

Despesas universitárias em Pádua no século XV

Os historiadores e os eruditos que tentaram dar uma ideia aproximada do "orçamento" de um mestre ou de um estudante em uma universidade medieval têm mais ou menos negligenciado um elemento cuja importância e o interesse são, entretanto, mais do que certos: os presentes em dinheiro e em natureza exigidos dos estudantes no momento dos exames.

Fora os banquetes tradicionalmente oferecidos pelos novos doutores após a obtenção da *licentia docendi*[1], os presentes repre-

---

1. Esse costume, muito antigo, representava uma despesa considerável. Os reis ingleses, no século XIII, enviavam a certos jovens doutores, para esse banquete, presentes de caça ou de vinho. Eis, por exemplo, uma carta de Henrique III, em 1256: "*Mandatum est custodi foreste Regis de Wiechewode quod in cadem foresta faciat habere Henrico de Wengh', juniori, studenti Oxonie, IIII*[or] *damos contra festum magistri Henrici de Sandwic', qui in proximo incipiet in theologi apud Oxoniam... de dono nostro*" (*Calendar of Close Rolls*, Henry III, 1254-1256, p. 308). Tratava-se, mais do que de uma marca de honra, de uma verdadeira subvenção a ser substituída na política do mecenato universitário dos grandes personagens ou dos corpos oficiais. Fora o banquete, alguns levavam a sério o desejo de manifestar sua munificência através de diversões como torneios, bailes etc. Na Espanha, universidades chegavam a solicitar corridas de touro aos novos mestres (cf. RASHDALL. *The universities of Europe in the Middle Ages*. I. [s.l.]: Powicke-Emden, 1936, p. 230). A que se deve atribuir esses usos? Podemos sonhar com as obrigações suntuárias das magistraturas gregas e romanas – e, sem que haja filiação histórica, é possível medir, da Antiguidade à Idade Média, a ascensão social dos "professores". Impõe-se mais ainda a aproximação com as "*potaciones*", ágapes das primeiras guildas, das primeiras corporações. Reside aí, mesmo sem imitação consciente, o rito essencial, a comunhão através da qual um corpo social toma consciência da sua solidarieda-

sentavam despesas obrigatórias cuja soma e natureza logo foram inscritas nos estatutos[2].

Publicamos aqui o montante dessas despesas, anotadas por um estudante de direito da Universidade de Pádua, no início do século XV, em uma página de guarda do manuscrito *Vaticanus Latinus* 11.503, contendo um curso de direito canônico[3].

Tais despesas, cujo detalhe é indicado, seja para o exame propriamente dito (*examen, examen privatum*)[4], seja para a cerimônia

---

de profunda. Sobre as ligações entre *potus* e "presente" enquanto manifestação ritualística nos grupos germânicos, cf. as observações de M. Mauss no artigo: "Gift, Gift" (*Mélanges Adler*, 1924, p. 246). Em todo caso, um estudo sociológico-histórico do "estado universitário" deve levar em consideração esses dados antropológicos.

2. A passagem da obrigação moral à obrigação estatutária desses presentes deve ter se constituído, desde a origem, a partir da regulamentação universitária. Vê-se em Oxford, por exemplo, entre 1250 e 1260, um novo mestre razoavelmente rico para assumir as despesas de alguns colegas menos abastados: "*Omnibus autem istis etiam quibusdam artistis in omnibus tam in robis quam aliis honorifice predictus magister R. exibuit necessaria*" (KER, N.R. & PANTIN, W.A. "Letters of a Scottish Student at Paris and Oxford c. 1250". *Formularies which bear on the history of Oxford*, 2, 1940). Em data anterior a 1350, as despesas são fixadas ao equivalente da *comuna* do iniciante (GIBSON, S. (org.). *Statuta antiqua Universitatis Oxoniensis*, 1931, p. 58). Em Paris, apesar da interdição feita em 1213, renovada em 1215 e 1231, de exigir: "*pecuniam [...] nee aliquam aliam rem loco pecunie aliquo modo pro licentia danda*" (DENIFLE & CHALELAIN (orgs.). *Chartularium Universitatis Parisiensis*, I [1889], 75, 79, 138), os estatutos dos artistas da nação inglesa de 1252 indicam que os "*examinatores*" devem, antecipadamente, pagar aos candidatos: *pecuniam ad opus Universitatis et nacionis* (p. 229).

3. A descrição desse manuscrito encontra-se no tomo do catálogo preparado por M., o abade J. Ruyschaert, *Scriptor* na Biblioteca do Vaticano, que nos informou a respeito desse texto para quem expressamos nossos sinceros agradecimentos. O título é: *Prosdocimi de Comitibus Patavini et Bartholomaci de Zabarellis lectura in libri II decretalium títulos XX-XXX*. Encontramos esses cursos nas f. 9-41 v. e 42 v° - 428 v° para o primeiro e 418 v°- 442 para o segundo. As f. 1-8 contêm o índice e os diversos textos, dos quais o nosso na f. 7. O autor do manuscrito e sua data de redação são fornecidos, como veremos, na f. 447.

4. Encontraremos uma descrição para Bolonha – e o mesmo acontece para Pádua – em RASHDALL. *The universities of Europe in the Middle Ages*. Op. cit., p. 224-228.

de investidura (*conventus, conventus publicus, doctoratus*)[5], representavam ao mesmo tempo "direitos universitários": taxas destinadas tanto para alimentarem as caixas da universidade[6] e dos colégios quanto para pagarem as despesas das sessões[7] – e presentes para os examinadores, as autoridades escolares e eclesiásticas[8], os empregados da universidade[9].

Vale lembrar, para melhor consideração da importância relativa desses presentes, que a subsistência material dos mestres na Ida-

---

5. A descrição dessa cerimônia se encontra em atas notariais feitas em Bolonha no século XIV, e publicadas no tomo IV do *Chartularium Studii Bononiensis*, 1919, notadamente p. 81 [Org. por L. Frati].

6. O estudo dessas caixas, do emprego de fundos que nela eram depositados – fundos provenientes das taxas, multas, dons – do papel que talvez tenham desempenhado enquanto organismo de assistência ou de crédito para os mestres e os estudantes, ainda está por se fazer. Ela seria essencial para o conhecimento do meio universitário medieval. Elementos de documentação existem ao menos em Oxford e Cambridge (cf. RASHDALL. *The universities of Europe in the Middle Ages*. Op. cit., vol. III, p. 35-36, vol. III. • GIBSON, S. (org.). *Statuta antiqua Universitatis Oxoniensis*. Op. cit., passim, index s. v° *Chests*. • JACOB, E.F. "English university clerks in the later Middle Ages: the problem of maintenance". *Bulletin of the John Rylands Library*, vol. XXIX, n. 2, fev./1946, p. 21-24).

7. Nosso texto faz alusão às despesas de manutenção dos bancos para os assistentes (*pro bancalibus, pro bancis*), da cátedra que o novo doutor tomava posse simbolicamente (*pro cathedra*), do sino que se tocava (*pro campana*), do escritório que o notário deveria ocupar (*pro disco*), ao pagamento do papel para o diploma que recebia o iniciante, da cera e da seda para o selo que aí se punha (*pro carta, cera et scrico*), dos músicos, enfim, que tocavam durante a cerimônia sons de trombetas e de pífaros (*pro tubis et pifaris*).

8. O bispo, que concedia a *licentia docendi*, vigiava rigorosamente a universidade [cf. RASHDALL. *The universities of Europe in the Middle Ages*. Op. cit., II, p. 15]. Seu vigário e seu chanceler recebem dinheiro no momento do exame. Mas as autoridades eclesiásticas não são mencionadas ao longo do *conventus*, que é uma cerimônia propriamente corporativa.

9. Notários e bedéis, citados em nosso texto, eram personagens importantes desse mundo universitário do que eles dividiam os privilégios. Em Paris, em 1259, os mestres das artes reclamavam que as súmulas que lhes eram distribuídas geravam um déficit no orçamento universitário [DENIFLE & CHATELAIN (orgs.). p. 376-377]. (orgs.). *Chartularium Universitatis Parisiensis*. Op. cit., p. 376-377.

de Média era muito mal-assegurada[10]. Se o assalariado universitário progrediu desde o século XIII, isso se deu de forma muito penosa, lenta e nada definitiva. É que tal progresso implica a solução de graves problemas. Primeiramente, a assimilação dos mestres aos trabalhadores remunerados, tão desprezados na Idade Média e na Antiguidade[11]. Em seguida, aceitar considerar os clérigos enquanto mercadores, até mesmo de ciência[12], e o ensino, que para alguns eclesiásticos é tanto um dever de Estado[13] quanto uma atividade no-

---

10. Cf. POST, G. "Master's Salaries and Student-Fees in Mediaeval Universities". *Speculum*, VII, 1932, p. 181-198. Este interessante artigo poderia ser completado, alargado, aprofundado. Indicamos adiante algumas das direções onde se deveria encaminhar a pesquisa.

11. Cf., p. ex., CÍCERO. *De Officiis*, I, 42. Cf. tb. as observações interessantes de: GRASBERGER, L. *Erziehung und Unterricht im klassischen Altertum*, II, 1875, p. 176-180. • MARROU, H.I. *Histoire de l'éducation dans l'Antiquité*. 2 ed., 1950, p. 362.

12. Quando Santo Agostinho abandona seu ofício, ele diz: *"Renuntiavi [...] ut scholasticis suis Mediolanenses venditorem verborum alium providerent"* (*Confessiones* IX, v. 13). Conhecemos a frase de São Bernardo: *"Et sunt item qui scire volunt ut scientiam suam vendant, verbi causa pro pecunia, pro honoribus; et turpis quaestus est"* (Sermo 36. *Canticum*, n. 3). Mas Santo Agostinho pensa nos métodos intelectuais do ensino pagão e São Bernardo não está aberto nem às condições materiais, nem aos métodos intelectuais do ensino urbano, como pode ser provado pela sua atitude em relação a Abelardo. Honorius Augustodunensis, atento contudo aos problemas do trabalho, escreve também: *"Talis igitur quaerendus est, que doceat: qui neque causa laudis, nec spe temporalis emolumenti, sed solo amore sapientie doceat"* (MIGNE. *PL*, CLXXVII, 99).

13. P. Gost (op. cit.) não utilizou sistematicamente os textos canônicos e penitenciais que esclarecem o debate em torno das novas condições de ensino a partir do século XII e as soluções trazidas. Quase todas as súmulas de confessores dos séculos XII e XIV se fazem a pergunta: *Utrum magister possit collectam imponere vel exigere*? As duas objeções são de que se trata de um dever de Estado e de um bem espiritual, donde o risco de simonia: *"symonian committeret quia venderet obsequium spirituale quod ex officio suo tenetur facere"* (*Summa Pisanella*. Padova Bibl. Univ. 608, s. v°*magister*); mesmo texto em uma *Summa* anônima (*Cod. Vat. Ottob. lat. 758 c. v° magister*). Trata-se da formulação que se tornou clássica de Henri de Suse (*Hostiensis*). Desde o final do século XIII, o problema se coloca apenas a respeito das isenções, como prova o precioso *Confessionale* de Jean de Fribourg onde a questão se tornou: *"si exegit collectam seu salarium ab hiis a quibus non debuit*

bre[14], enquanto comércio, até mesmo de mercadorias espirituais[15]. Finalmente, caso se consentisse transpor estes obstáculos teológicos ou psicológicos, ainda restava saber quem pagaria os mestres e de que forma o fariam. À medida que se acentuam, ao longo da Idade Média, as usurpações de poder por autoridades seculares[16] e a laicização relativa do ensino em seu recrutamento, seus métodos, seu espírito e suas carreiras[17], a Universidade de Pádua representa

---

ut a pauperibus et ceteris prohibitis". Para o resto, o salário foi admitido como pagamento não da ciência, mas do trabalho dos mestres: *"potest accipere collectam pro laboribus suis"* [*Ottob, lat. 758*]. É a solução que Santo Tomás de Aquino e Raymond de Pennafort haviam indicado para os advogados e os médicos. Chegamos aqui a um fato essencial: o reconhecimento da profissão liberal, do trabalhador intelectual. Os mestres não cessaram de se referir a ele; assim nossos doutores de Pádua em 1382: *"Irracionabile credimus laborantem sui laboris honorificenciam non habere. Ideo statuimus quod doctor qui scolari presentato de mandato prioris sermonem pro collegio fecerit responsalem libras tres confectionum et fialas quatuor vini aut unum ducatum a scolare pro sui laboris honore percipiat"* (GLORIA, A. (org.). *Statuti del Collegio dei Legisti* – Atti del reale Istituto Veneto, s. VI, VII-I, 393).

14. Os próprios mestres, embora exigissem salário de trabalhadores, reivindicavam a homenagem referente a seu prestígio. Um manuscrito, citado por Haskins (*Studies in medieval culture,* p. 55), diz: *"Nec magistri ad utilitatem audiunt, legunt, nec disputant, sed ut coventur Rabbi"*. Interessantes observações de Huizinga (*Le déclin du Moyen Age.* Payot, p. 77) sobre a "tendência em conferir ao título de doutor os mesmos direitos que àquele de cavaleiro". Um estudo semântico do termo *magister* (de um lado o diretor do trabalho, o contramestre, tal qual o *magister officinae*, chefe de ateliê; de outro, o dignitário na hierarquia social, o "chefe" com poder misterioso) ajudaria a ver como o "estado" universitário medieval é tomado contraditoriamente entre duas escalas de valores sociais, uma antiga, "feudal", outra "moderna".

15. Cf. nota 13 deste capítulo.

16. A primeira iniciativa laica relevante no campo do ensino universitário é a fundação da Universidade de Nápoles por Frederico II, em 1224 (cf. HASKINS. *Studies in the history of mediaeval Science.* 2. ed., p. 250).

17. Um estudo da origem social dos estudantes, do instrumental intelectual dos universitários, dos esforços (com que sucesso?) de alguns (quantos?) para escapar ao estado eclesiástico para carreiras laicas com maior poder aquisitivo, permitiria, ao menos em uma área, precisar das vistas um pouco teóricas de LAGARDE, G. *La naissance de l'esprit laïque au déclin du Moyen Age*, I. Saint-Paul-Trois-Châteaux, 1934.

um caso particularmente favorável. Durante mais de dois séculos, sua atividade se inscreve no quadro de rivalidade com a Bolonha. Dependente das migrações bolonhesas, pelo número de seus habitantes e pela importância de seu ensino, ela se favoreceu desde cedo pela comuna de Pádua, que nela avistou uma fonte de glória e de proveitos, pois uma universidade representa um mercado[18], um centro de atração para os estrangeiros e, posteriormente, um fator de desenvolvimento dos contatos em uma época na qual as células urbanas constitutivas da vida econômica e política alimentam-se das relações crescentes com um mundo cujos horizontes se alargam e onde as trocas se multiplicam. E também, desde 1260, a comuna de Pádua assegura um salário aos mestres de seu *studium*[19].

No entanto, o salário não impedirá que os doutores reclamem dos candidatos os presentes tradicionais em todas as universidades. A partir do final do século XIV, provavelmente sob a influência da crise econômica e de suas repercussões sobre o valor da moeda e sobre o custo de vida, as exigências dos mestres se tornam mais gananciosas e a regulamentação dos "direitos de exame" mais minuciosa[20].

Define-se, primeiramente, a repartição dos presentes entre os mestres e o pessoal universitário. Os estatutos de 1382 do colégio

---

18. Uma vez mais, tudo está por ser feito nessa área. Sobre a originalidade da coexistência em Oxford no século XIII, de uma comunidade de "produtores" (os burgueses) e de uma comunidade de "consumidores" (os universitários) de importância numérica razoavelmente equivalente, cf. as observações de EMDEN, A.B. *An Oxford Hall in mediaeval times*, p. 7-8. • SALTER, H.E. *Munimenta Civitatis Oxonic*, p. XV-XVI.

19. Eis o texto editado por A. Gloria (*Statuti del Comune di Padova dal secolo XII all'anno 1285*) e por Denifle (*Die Entstehung der Universitäten des Mittelalters*, I, p. 805): *"Tractatores studii possint constituere salarium doctoribus legum usque ad summam tricentarum librarum et non ultra, magistris decretorum et decretalium librarum ducentarum et non ultra. Et dicti tractatores possint providere de utilitate communi super dictis salariis".*

20. Não pudemos, infelizmente, consultar: LUZZATTO, G. "Il costo della vita a Venezia nel Trecento". *Atenco Veneto*, 1934.

dos juristas de Pádua foram publicados[21], assim como trechos curtos das somas e modificações posteriormente acrescentados a eles. O estudo dessas correções, feito nos Arquivos da Universidade de Pádua[22], possibilita-nos acompanhar essa evolução.

Além do mais, as vantagens pecuniárias retiradas dos exames pelos mestres parecem interessar-lhes ao ponto de, para combater a ausência dos doutores durante as seções e atraí-los, se valerem de verdadeiras "senhas de acesso" pagas pelo estudante.

Enquanto que os estatutos de 1382 homologaram uma decisão de 1355[23] segundo a qual os suplentes (*surnumerarii*) não tocariam no dinheiro, a não ser que fossem chamados para substituir efetivamente um dos doze mestres titulares, um decreto de 25 de julho de 1453 reservava aos suplentes presentes uma parte da busca efetuada durante o exame e que, até então, era inteiramente repassada ao bispo[24].

Além do mais, são definidas as sanções tomadas em relação aos estudantes que não pagavam as despesas. Em 18 de novembro de 1441 medidas são editadas contra os estudantes que se limitam a penhorar (*brevia*)[25].

Esta ambição pelo ganho contribui para o entendimento da rarefação progressiva do número de estudantes isentos do paga-

---

21. GLORIA, A. *Atti del reale Istituto Veneto,* s. VI, t. VII, p. 1.

22. Gostaríamos de agradecer o reitor da universidade, seu adjunto e arquivista, que gentilmente facilitaram nosso trabalho.

23. GLORIA, A. *Atti del reale Istituto Veneto.* Op. cit., p. 395.

24. *Statuti del collegio dei legisti* 1382, arquivos da Universidade de Pádua (será citado sob a abreviação de *Statuti*), f. 31 y: *"Quoniam multociens evenit quod in examinibus privatis pauci doctores ultra doctores numerarios intervenerunt, ut examina plurium doctorum concursu venerentur statuimus et ordinamus quod collectio que fieri consuevit in examine completo convertatur ad pecunias inter supernumerarios presentes qui tamen non fuerint promotores equaliter dividendas, iuribus tamen familie reverendisimi domini episcopi reservatis".*

25. *Statuti,* f. 29.

mento de direitos. A proteção tradicional da Igreja assegurara aos estudantes pobres um lugar dentro das universidades, ao mesmo tempo em que, no século XIII, principalmente o fluxo da população para as cidades encheu as faculdades de uma multidão de jovens sem recursos, que foram os principais responsáveis pelo crescimento das Faculdades das Artes[26]. Com o retrocesso demográfico, o número desses estudantes diminui e os mestres aproveitam a situação para acentuar esse recuo eliminando ao máximo os estudantes pobres isentos de direitos; entre 1405 e 1409, uma mudança trazida aos estatutos permite apenas a admissão de dois para toda a Faculdade de Direito: um em direito canônico e um em direito civil[27]. De agora em diante, trata-se apenas de um princípio que se é obrigado a respeitar sob forma praticamente simbólica. O tempo dos pobres findou na Universidade de Pádua. O recrutamento democrático foi praticamente esgotado. Outra prescrição de 25 de fevereiro de 1428 obrigaria esses dois "privilegiados" a passarem um exame prévio suplementar e a fornecerem provas estritas de sua pobreza[28].

Entretanto, ocorre simultaneamente uma evolução inversa que abre gratuitamente as portas da universidade a toda uma categoria de jovens: os filhos de universitários.

Uma primeira decisão em 1394 outorga a entrada gratuita no Colégio dos Juristas a qualquer candidato a doutor que pertença à descendência masculina de um doutor, mesmo que um dos inter-

---

26. Um estudo social das faculdades das artes no século XIII acrescentaria, sem dúvida, para a compreensão das lutas doutrinais dessa época. Cf., p. ex., uma parte da obra poética de Rutebeuf. Lamentamos não poder ainda ter tido contato com os trabalhos recentes de A.L. Gabriel.

27. No período anterior, os mestres deviam ser mais generosos, pois o texto reprova a *"nimia liberalitas collegarum nostrorum"*. Alega-se também o desejo de evitar as fraudes dos falsos pobres: *"importunitas scolarium falso paupertatem allegantium"*.

28. Publicado por GLORIA, A. *Atti del reale Istituto Veneto*. Op. cit., p. 361.

mediários não tenha sido ele próprio doutor[29]. Em 17 de outubro de 1409 especifica-se que um filho de doutor vivo ou morto deve se submeter aos exames gratuitamente, e sanções são editadas contra aqueles que são contrários a essa decisão[30].

Outra condição que a ascendência universitária requer desses candidatos a doutor: a cidadania paduana. Um estatuto de 13 de janeiro de 1418 especifica que essa condição é absolutamente necessária e restringe o alcance dos decretos anteriores – uma exceção foi feita em favor de um famoso mestre comumente considerado como paduano por adoção[31]. Um estatuto de 11 de novembro de 1440 exclui todo doutor estrangeiro do júri dos exames e, em qualquer

---

29. O texto visa todo *"doctor canonici vel civilis paduanus originatus civis ac padue doctoratus qui doctoris de collegio nostro sit vel fuerit filius sive nepos ex filio etiam non doctore vel sit pronepos vel ulterior descendens per lineam masculinam"* (*Statuti*, f. 15 v).

30. *"Lege civili sancitum esse cognoscentes ut juris doctorum filii pre ceteris in honoribus ex peritia juris consequendis honorentur, ordinamus ut natus doctoris nostri collegii ex legittimo matrimonio sive genitore diem functo sive in humanis agente etiam si desierit esse de nostro collegio liberaliter in examine privato et publico per doctores nostri collegii promoveatur. Ita quod nec a suis promotoribus nec ab aliquo doctore collegii possit occasione dictorum examinum vel alterius eorum compelli ad solvendum stipendium ad quod ex hujusmodi causa secundum formam nostrorum statutorum promovendi noscuntur obligato. Et ne contingat aliquos ex doctoribus in talibus examinibus deesse volumus ut contra eos qui cessante justo impedimento defuerint procedatur secundum formam alterius statuti quod incipit"* (*Statuti*, f. 18 v-19 r°).

31. *"Quum omnis labor optat Premium* [e não *salarium*, como requisitavam os mestres das épocas anteriores] *et prima caritas incipit a se ipso et ne nimia liberalitas in vitium prodigalitatis a jure reprobatum convertatur statuimus et statuendo decernimus,addimus et delaramus quod statutum situm sub rubrica quod filii doctorum nostri collegii in examine privato et publico gratis promoveantur quod incipit 'priore domino Petro de Zachis' intelligatur et locum habeat in filiis dumtaxat doctorum nostri collegii qui fuerint aut sint cives origine propria aut paterna aut saltern origine propria vel paterna civitatis Padue vel districtus. Hec tamen declaratio non intelligatur nec habeat locum in domino Hendrico de Alano qui per collegium nostrum habitus est et omnino habetur pro originali cive"* (*Statuti*, f. 20 v°).

caso, nega-lhe o direito de receber o ducado pago aos doze titulares ou aos suplentes que aplicam o exame[32].

Assim, esses textos permitem definir a tripla e convergente evolução da Universidade de Pádua no final do século XIV e na primeira metade do século XV.

Eliminação dos estudantes pobres, constituição de uma casta e de famílias universitárias, nacionalização, isto é, tendência a se limitar ao recrutamento local, ao menos no que diz respeito aos mestres. Qual não foi o caminho percorrido em dois séculos, desde o tempo em que as universidades nascentes acolhiam de todos os horizontes europeus estudantes de todas as origens sociais e onde se adquiria nas mais célebres *o direito de ensinar em qualquer lugar!* (isto é, em todas as universidades).

No entanto, o estudante que registrou em uma folha de guarda de seu livro de direito as despesas que se faziam – também feitas por ele, sem dúvida – em Pádua para se submeter aos exames vinha do outro lado da Itália.

Os fólios 7-8, 9-41 v°, 42 v°- 447 do *Cod. Vat. Lat.* 11503 foram escritos pela mesma mão que no último fólio (447) assinou: *scripsit Matthaeus de Grandis Siracusanus* e datado: 1427.

Ora, este siciliano é conhecido. No dia 24 de setembro de 1424, ele assiste à colação de doutorado em teologia do frade Giovanni de Borometis[33]. É sabido que, em 1426, ele recebe da municipalidade

---

32. *"Cum orte sint alique dubitationes super certis emolumentis ex hoc sacratissimo collegio percipiendis ut omnes tollantur dubietates et scandala per consequens evitentur et ut omnis dilectio et caritas fraternalis inter collegas remaneat semper ferventissima, statuimus quod nullus doctor forensis legens in hoc felici studio qui de cetero intrabit hoc: venerandum collegium possit habere emolumentum ducati qui datur duodecim numerariis vel supernumerariis aliquo numerariorum deficiente, non obstante aliquo statuto vel consuetudine in contrarium loquente"* (*Statuti*, f. 28).

33. ZONTA, C. & BROTTO, G. *Acta graduum academicorum gymnasii Patavini*, 612. Tomamos emprestado estes detalhes biográficos de MARLETTA, F. *Archivio Storico per la Sicilia*, 1936-1937, p. 178.

de Siracusa uma bolsa que lhe permite prosseguir seus estudos em Pádua[34]. Quando regressou à Sicília, ele foi arquidiácono de Siracusa, depois eleito em 1443 vigário-geral, *sede vacante*[35]. Encontramo-lo em 1462 como membro do colégio dos doutores da Universidade de Catânia e depois, até 1466, ele é vigário-geral e bispo de Catânia e vice-chanceler da universidade[36].

Carreira exemplar. Em função da ausência de universidade em sua pátria[37], os jovens sicilianos que desejavam adquirir uma instrução mais aprofundada e títulos, dirigiam-se para o continente nos primórdios dos Quatrocentos. Dirigiam-se para Bolonha ou para Pádua? A questão da preferência que eles davam a uma dessas universidades é controversa[38]. Mas é verossímil que, com o declínio de Bolonha e, simultaneamente, o início do apogeu de Pádua[39], a última tenha acolhido mais jovens insulares.

Em Pádua, Matthieu de Grandis se beneficiou de uma bolsa de sua cidade de origem, como acontecia com muitos de seus compatriotas[40]. Mas a cidade exerce certo controle sobre o estudante

---

34. CATALANO-TIRRITO, M. "L'istruzione pubblica in Sicilia nel Rinascimento". *Archivio Storico per la Sicilia Orientale*, t. VIII, p. 430, n. 66.

35. PIRRO. *Sicilia Sacra*, t. I, p. 632.

36. CATALANO. *Storia dell'università di Catania*, p. 33.

37. Cf. CASAGRANDI, V. "Scuole superiori private di jus civile in Sicilia avanti la fondazione dello Studium Generale di Catania". *Rassegna Universitaria Catanese*. Catania, 1903, vol. V, fasc. I-II, p. 46-53. • GENUARDI, L. "I giuristi siciliani dei secoli XIV e XV anteriormenti all'apertura dello Studio di Catania". *Studi storici e giuridici dedicati ed offerti a Federico Ciccaglione*, 1909. • CATALANO, M. "L'istruzione publica...", p. 418.

38. Em favor de Bologne Sabbadini (op. cit., p. 8), de Padoue N. Rodolico ("Siciliani nello studio di Bologna nel Medio Evo". *Archivio Storico Siciliano*, XX, 1895) e de F. Marletta (op. cit., p. 150).

39. Cf. RASHDALL. *The universities of Europe in the Middle Ages*. Op. cit., II, p. 19-20.

40. Sobre essas bolsas cf. M. Catalano (*Storia dell'università di Catania*. Op. cit., p. 427-437), onde se encontrará uma lista de 113 bolsistas sicilianos entre 1328 e 1529.

que auxiliava[41] e sobre o uso que ele fazia do dinheiro que lhe era depositado: seria o manuscrito, uma declaração das despesas feitas em função de uma prestação de contas à municipalidade de Siracusa, fruto desse controle? Em todo caso, o investimento de Siracusa em parte das despesas de instrução do jovem Matthieu de Grandis se deve ao proveito que a cidade tiraria com o aprendizado do jovem. Do mesmo modo, como a maioria dos bolsistas, ele regressa à Sicília, com seu doutorado finalizado, para ocupar funções na administração eclesiástica da ilha. Em 1444, a última etapa, quando Alphonse o Magnânimo e o Papa Eugênio IV aprovam a fundação de uma universidade em Catânia, ele está entre os antigos paduanos que assumem com muita naturalidade a direção da nova instituição[42].

Assim, Matthieu de Grandis era, em Pádua, apenas um bolsista de seu país. Infelizmente, não se sabe mais a respeito de suas origens sociais, mas a característica de sua carreira é bem-definida: dedicado aos encargos administrativos da Igreja, ele é um estudante do tipo mais tradicional. Para ele, sem dúvida, o problema de subsistência em Pádua está resolvido. Qual seria então a razão de ele anotar suas despesas? Prestação de contas seria nossa sugestão. Não bastaria reportar-se aos estatutos da universidade? E, de fato, ele anota ao pé da página de sua declaração que suas indicações estão conformes aos estatutos. Mas trata-se de quais estatutos? As despesas e os presentes em gênero ou dinheiro que ele indica ainda não são, na verdade, equivalentes às prescrições dos estatutos de 1382 e outra lista de despesas que foi conservada, e que data possivelmente de meados do século XV, fornece-nos igualmente dados

---

41. Em geral, pedia-se que ele se colocasse, uma vez doutor, a serviço de sua pátria, seja para nela defender os direitos e privilégios, seja para nela exercer um cargo público. Cf. CATALANO, M. *Storia dell'università di Catania*. Op. cit., p. 428.

42. Ainda que, de acordo com a bula oficial, a nova universidade seja organizada *"ad instar Studii Bononiensis"*, F. Marletta (*Archivio Storico per la Sicilia*. Op. cit., p. 151) nota: *"lo studio catanese infatti, nei primi anni della la sua esistenza, bie può considerarsi una sezione staccata di quello padovano"*.

diferentes⁴³. Teria ocorrido uma modificação do estatuto durante a primeira metade do século XV? Ao examinar o manuscrito já citado dos Arquivos da Universidade de Pádua, é possível encontrar, entre as somas aos estatutos de 1382, um texto singularmente interessante datado de 12 de maio de 1400⁴⁴.

Esse decreto institui, com efeito, uma verdadeira escala móvel dos direitos universitários. Tal variabilidade automática das somas versadas pelos estudantes aos mestres, em período de deterioração da moeda, contrasta estranhamente com a taxa fixada ao longo de todo o período de bolsas concedidas, por exemplo, aos estudantes sicilianos de Pádua. Assim é possível compreender com maior precisão a impressão exposta anteriormente da constituição de uma oligarquia universitária que, cada vez mais, busca tirar proveito do exercício de suas funções. Cobiça pelo ganho que vem, ao mesmo tempo, de um desejo de reforçar todas as ocasiões em que se pode afirmar uma posição de prestígio diante dos estudantes, e da vontade de não sofrer flutuações econômicas. Orgulho e interesse⁴⁵.

---

43. Ela se encontra no início de nosso manuscrito dos arquivos da Universidade de Pádua e foi publicada por GLORIA, A. *Atti del reale Istituto Veneto.* Op. cit., p. 358, n. 1.

44. "*Sacratissimis constitucionibus canonicis ac legalibus cautum esse cognoscentes ut variato cursu monete condicio ejus quod est debitum non propter ea varietur decernimus ut solidi trigintaduo qui quondam statuti furerunt et sic hactenus persoluti pro singulo duodecim doctorum antiquorum nostri collegii qui publico conventui sive in canonibus sive in legibus adessent intelligantur esse et sint prout etiam venetorum boni auri et justi ponderis sic quoque deinceps tantum monete que ducati medietatem constituat secundum cursum qui tempore solucionis esse reperietur sine ulla detractione persolvatur*" (*Statuti,* f. 16 v).

45. É possível realocar essa evolução universitária na corrente econômica e social da Europa Ocidental do século XIV. Diante da alta dos preços: de um lado fixidez, bloqueio dos salários, autoridades administrativas e empregadores não admitindo vínculos entre o custo de vida e as remunerações conduzindo ao estabelecimento de uma escala móvel (cf. ESPINAS, G. *La vie urbaine de Douai ae Moyen Age,* t. II, p. 947ss. • DES MAREZ, G. *L'Organisation du travail à Bruxelles au XVᵉ siècle,* p. 252ss. • VAN WERVEKE, H. In: *Annales de la Société d'émulation de Bruges,* 1931,

O texto de 12 de maio de 1400, que invoca explicitamente as variações do curso da moeda, é um testemunho precioso da instabilidade econômica. Assim, um interesse maior é conferido à lista de despesas que Matthieu de Grandis elaborou em seu manuscrito de direito: pois o texto – e outros de mesma natureza que poderão ser encontrados – nos oferece um meio de avaliar as variações da moeda, a evolução dos preços, as tendências econômicas. Em Pádua? Sim, mas através de Pádua, em Veneza. Reflexo da instabilidade monetária com a qual Veneza se depara, assim como a maior parte do resto da Itália, na primeira metade do Quatrocentos[46], a decisão de 12 de maio de 1400 mostra também que a partir dessa data Pádua, cuja moeda no Trezentos estava alinhada com a de Verona[47], entrou na órbita monetária de Veneza. A anexação de 1405 apenas põe um ponto-final em uma evolução já marcada na economia.

Com essa constatação surge um último aspecto da história da Universidade de Pádua. Conforme já foi visto, ao mesmo tempo em que ela tende a se fechar em uma base local, ela se torna Universidade de Veneza. A regionalização das universidades, na medida em que afeta Pádua, torna-se para esta uma causa fundamental de forta-

---

t. LXXIII, p. 1-15. • LAURENT, H. In: *Annales d'histoire économique et sociale*, 1933, t. V, p. 159). De outro lado esforços – muitas vezes vitoriosos – por parte dos beneficiários de rendas, censos, aluguéis, para adaptar o valor ao custo da vida, seja por avaliações em espécie, seja pela tradução em moeda real dos pagamentos avaliados em moeda de câmbio (cf. H. van Werveke, que identifica essa tendência em Flandres, sobretudo a partir de 1389-1390, e H. Laurent (op. cit.)). Assim, veem-se os universitários se reunirem aos grupos sociais vivendo dos rendimentos de ordem feudal ou senhorial – ou capitalista. Evolução que se deveria seguir, para além do econômico e do social, no campo intelectual e ideológico. O humanista do Renascimento nasce em um meio totalmente diferente daquele do universitário medieval.

46. Cf. CIPOLLA, C. *Studia della moneta* – I: I movimenti dei cambi in Italia dal secolo XIII al XV [Publicações da Universidade de Pavia, XXIX, 1948]. O autor acredita notadamente poder evidenciar que o ano de 1395 marcou o início de uma fase de crise monetária.

47. Cf. PERINI. *Monete di Verona* (p. 29-30), que diz coincidir o abandono por Pádua do sistema monetário veronense com a conquista veneziana. Em determinados setores, ao menos, a mudança é anterior.

lecimento, senão de desenvolvimento e de renovação. Veneza chega, de fato, a proibir seus súditos de estudar em outro lugar que não Pádua, e chega até tornar obrigatório, para o exercício de determinadas funções públicas, um estágio universitário em Pádua. E, o que é melhor, local de tolerância religiosa, na época da Reforma e da Contrarreforma, ela chega a fazer de Pádua uma universidade largamente aberta aos estudantes de qualquer ordem religiosa, o grande centro da coexistência ideológica na Europa, nos séculos XVI e XVII[48].

★

Encontraremos no apêndice II o sumário das despesas efetuadas em 1454 para a manutenção e renovação do mobiliário do colégio dos juristas de Pádua. Esse texto, encontrado em uma folha solta inserida no manuscrito dos estatutos, vem também ilustrar toda uma série de decisões contidas nesses estatutos. Decretos de 1365 e de 1382 se referem à aquisição do mobiliário usado nas sessões de exames, cuja manutenção deve ser assegurada por contribuições dos candidatos[49] – o que o detalhe observado por Matthieu de Grandis vem a confirmar. A conservação deste sumário se deve ao fato de que o pároco François de Alvarotis havia concedido o dinheiro das despesas de 1454, exigindo que se estabelecesse a soma para pedir o reembolso parcial pelo colégio. Ele chegou a tomar a precaução de mencioná-lo em um somatório inscrito no livro dos estatutos do colégio[50].

Esse texto pode interessar àqueles que estudam a história dos salários e dos preços no século XV[51], e fornecer algumas informações a respeito de fatos como a importância da utilização das vias de

---

48. Cf. RASHDALL. *The universities of Europe in the Middle Ages*. Op. cit., II, p. 21.

49. Eles foram publicados por GLORIA, A. *Atti del reale Istituto Veneto*. Op. cit., II, p. 397 e 399.

50. *Statuti*, f. 32.

51. Cf. as preciosas indicações reunidas em FOSSATI, F. "Lavori e lavoratori a Milano nel 1438". *Archivio Storico lombardo*, s. VI, a LV, fasc. III-IV, 1928, p. 225-258, 496-525.

água para o transporte dos materiais. Enfim, especialistas poderão nele encontrar material suficiente para enriquecer o vocabulário técnico das profissões[52].

Apêndice I

Custo dos exames na Universidade de Pádua em 1427
(Cod. Vat. Lat. 11.503, f° 8, PL. I.)

Ihesus Christus.
Expensus que fiunt in private examine in studio paduano
  in primis

pro XII doctoribus collegii	duc. XII.
Item pro rectore studii	duc. II.
Item pro vicario domini episcope	duc. I.
Item pro priore collegii	duc. I.
Item pro cancellario domini episcope	duc. III.
Item pro tribus promotoribus	duc. III.
Item pro utraque universitate	libr. VII.
Item pro collegio doctorum	libr. I.
Item pro bidello generali	libr. I.
Item pro notario collegii	libr. I.
Item pro notario universitatis	libr. I.
Item pro bidellis specialibus	libr. III.
Item pro campana et disco	libr. I.
Item pro bancalibus	solid. XII.
Item pro quinque libris confeccionum	libr. III et solid. X.
Item pro octo fialis et triginta ciatis	solid. XIII.
Item pro quinque fialis malvaxie	libr. II et solid. XII.
Item pro quatuor fialis vini montani	solid. XVI.
Item pro pifaris et tubis	Duc. I.

Expense que fiunt in convent public seu in doctorate
  in primis
  pro quolibet promotore brachia XIIII de panno, vel duc. XII
Item pro bidello generali brachia VIII de panno et duc. I.

Item pro quolibet bidello speciali promotorum suorum brachia VIII panni.

---

52. Não foi possível encontrar o termo que designa uma espécie de junção cuja ignorância nos impediu de ligar uma palavra de nosso manuscrito: adn, aden (?).

Item pro XII doctoribus collegii	duc. VI.
Item pro priore collegii	duc. 1/2.
Item pro collegio doctorum	libr. I.
Item pro notario collegii	libr. I.
Item pro bancalibus	libr. I.
Item pro quinque paribus cirotecarum cum serico	libr. XII et 1/2.
Item pro quinque duodenis cirotecarum caprieti	libr. XXV.
Item pro septem duodenis cirotecarum mutonis	libr. XVII.
Item pro sex anulis auri	libr. XII.
Item pro septem biretis	libr. V et solid. V.
Item [pro] bancis cathedra et campana	libr. II et solid. XVI.
Item [pro] privilegio	duc. I.
[Item pro] una carta, cera et serico	solid. XIII.
[Item pro tu] bis et pifaries	duc. I et 1/2.

He sunt expense taxate per statutum studii paduani tam in examine quam in conventu ibidem faciendis.

Apêndice II

Despesas feitas para mobiliar o colégio dos juristas de Pádua em 1454 [pl. II]

(Arquivos da Universidade de Pádua,
Statuti del collegio dei legisti, 1382)

In Christi nomine.
Racio expense facte per me Franciscum de Alvarotis priorem almi collegii doctorum utriusque iuris padue pro banchis VI altis de novo factis pro sessione doctorum et pro reparacione VI banchorum antiquorum et cathedre magistralis de anno 1454 de mense Julii.

Primo die mercurei x Julii pro lignis octo de teullis emptis in aqua in racione l.2 s.16 pro quolibet ligno capit	l.	32s.	8
Item pro lignis octo de remis emptis in aqua in raciones. 4 pro ligno capit..	l.	9s.	12
Item pro trabibus sex magnis emptis in aqua in racione l.1 pro quolibet trabe..	l.	6s.	0
Item pro conductura a porta Sancti Johannis per aquam et pro extrahendo de aqua..	l.	3	

Item pro uno carizio a sancta croce s. 16, et pro fachinis qui exoneraverunt bancas de mea careta super qua feci conduci bancas ad ecclesiam l. 1, et pro conductura carete pro aliquibus vicibus l. 1, capit .... *l. 2s. 16*

Item die mercurei ultimo Julii pro 36 cidellis cum suis cavillis et pro factura earum in racione s. 2 pro qualibet cidella cum sua cavilla capit.. *l. 3 s. 12*

Item pro ligno de nogaria pro cidelis[53] *et pro disgrossando cidellas et pro ligno cavillarum l. 3 s. 12 capit*... *l. 7 s. 4*

Item pro medio linteamine veteri ad incollandum fixuras cathedre magistralis.. *l. 2*

Item pro tribus magistris qui laboraverunt diebus 10 pro l. 1 pro quolibet in die et ulterius feci sibi expensas.................................. *l. 30*

Item pro clavis 1400 adn [?] in raciones s. 9 pro cento capit l. 5 s. 9 et pro clavis 500 a mezano in racione s. 18 pro cento l. 4 s. 10 in s.......... *l. 9 s. 10*

Item pro pictura cathedre pro duobus diebus quibus laboraverunt duo pittores et pro incollatura telle super fixuris cathedre et pro coloribus due. 1 capit ....……… *l. 6*

Summa.......... *l. 109 s. 5*

De qua summa et expensa l. 109 s. 5 secundum statuta et consuetudines observatas mediatas tangit collegio [n]ostro iuristarum et alterius medietatis unus quartus tangit collegio artistarum et medicorum, alius quartus collegio theologorum qua teologi [sic] non utuntur, et sic extractis l. 6 pro pictura catedre tangit collegio theologorum l. 25 s. 16 et collegio medicorum pro suo quarto l. 27 s. 5 d. 8, et legistis pro medietate l. 56 s. 4.

Infra scripta est expensa facta per me Franciscum de Alvarotis priorem antedictum almi collegii Padue pro banchis XV pro sessione scolariurn sumptibus propriis quas dono predicto collegio.

Primo pro piaguis XVI grossis a torculo emptis ab apoteca in racione s. 22 pro quolibet capit............................ *l. 17 s. 12*

Item pro tavolis squadratis VII et piaguis V acceptis ab apoteca M. Felipi pro s. 12 pro qualibet pro gantellis bancharum.. *l. 7 s. 4*

Item pro davis 300 a mezano pro s. 18 pro cento et pro clavis 500 aden° [?] pro s. 9 pro cento capit................... *l. 4 s. 19*

---

53. *Pro cidelis* sic; em entrelinha.

Item pro manufactura trium magistrorum duobus diebus .... *l.* 6

Item pro duobus scrinis.................................... *l.* 0s. 10

Summa....... *l.* 36s. 5

Expensa facta pro bancha, alta tabula tripedibus altis et scabello sub pedibus pro sessione doctorandorum et promotorum quam similiter dono predicto collegio ego Franciscus de Alvarotis supradictus.

Primo pro piaguis duobus grossis a torculo acceptis ab apoteca pro s. 24 pro quolibet... *l.* 2 s. 8

Item pro galtellis piaguum 1. Item pro tabula piaguum 1........ *l.* 1

Item pro piaguis tribus pro scabello sub pedibus .... *l.* 1 s. 10

Item pro una ascia pro pedibus tripedium .... *l.* 0 s. 12

Item pro clavis aden^o [?] et amezano et duplonis .... *l.* 0 s. 10

Item pro ligno tripedium et manufactura predictorum .... *l.* 2

Summa.................... *l.* 8

Supradicta expensa bancarum et cetera
capit l. 44 quam dono collegio.

9

Ofício e profissão de acordo com os manuais de confessores da Idade Média

O estudo das realidades tão concretas como as dos ofícios e das profissões, mesmo que se acorde uma importância particular às atitudes mentais que lhe são ligadas, através dos manuais de confessores, pede uma justificação, ao menos uma explicação.

Como os autores desses manuais – fossem clérigos, externos, ou mesmo estranhos a esse modo de vida ativa – poderiam ser testemunhas válidas de seus problemas?

Tal pergunta relaciona-se, de fato, a uma interrogação fundamental da história do Ocidente medieval. Quase todas as obras através das quais esse período se expressou são, de perto ou de longe, obras religiosas. No mundo atual, onde se distingue razoavelmente, em todos os níveis, o espaço religioso do espaço laico, a pergunta que se coloca é sobre o valor a ser acordado a testemunhos que, à primeira vista, parecem deformar as realidades que consideramos.

Portanto, é preciso situar rapidamente o alcance do documento religioso medieval.

Primeiramente, é preciso lembrar que, ao longo de quase toda a Idade Média ocidental, a instrução é privilégio dos clérigos. A equivalência *clericus = litteratus, laicus = illiteratus* já é significativa. Sem dúvida, *litteratus* significa: que conhece (mais ou menos) o latim. Mas durante muito tempo o latim foi, na Idade Média, o veículo essencial da cultura[1]. Nós não negamos aqui a importância de determinada cultura laica nascente e não queremos manter o privilégio um tanto retardatário do documento escrito – *fortiori* literário – que recua, a justo título, em face dos testemunhos não escritos – arqueológicos, folclóricos etc. – que nos revelam uma cultura mais ampla e profunda do que aquela do mundo dos *litterati*[2]. Mas, para a maioria das pessoas na Idade Média, até mesmo os laicos, a expressão do pensamento ou do sentimento era informada pela religião e ordenada para fins religiosos. Mais ainda: toda a instrumentária mental – vocabulário, linhas de pensamento, normas estéticas e morais –, era de natureza religiosa; e o "progresso", a esse respeito – mas isso é outro problema –, será justamente a laicização destes instrumentos da cultura.

Resta saber em que medida, tratando-se de realidades materiais – e estas têm um grande papel na tomada de consciência da profissão que se faz a partir do instrumento, da atividade laboriosa, da vida cotidiana –, essa empresa religiosa medieval pode ter sido um quadro ou um intermediário válido entre o *hommo faber* e nós, entre a realidade concreta e a história.

Parece-me que a literatura, não apenas clerical, mas também religiosa – e os manuais de confessores lhe pertencem em alto grau –, pode ser uma fonte de primeira ordem para o historiador das mentalidades ligadas às atividades materiais.

Primeiramente, é possível para o historiador encontrar, por trás das traduções religiosas, o substrato material. Sem dúvida o

---

1. Sobre a instrução dos laicos na Idade Média, lembremos apenas do artigo clássico de Pirenne sobre a instrução do mercador, os estudos de P. Riché sobre esse problema na época de São Bernardo nos *Mélanges Saint Bernard*, 1953, e entre os séculos IX e XII (*Cahiers de Civilisation Médiévale*, 1962), e H. Grundmann. "Litteratus-illiteratus". *Archiv für Kulturgeschichte* (1958).

2. A respeito das reservas que suscita a hipótese sustentada por N. Sidorova do nascimento de uma cultura laica nos séculos XI e XII, cf. os volumes V e VI dos *Cahiers d'Histoire Mondiale* (1959 e 1960) e o artigo de M. de Gandillac: "A respeito de algumas interpretações recentes de Abelardo (*Cahiers de Civilisation Médiévale*, 1961).

arado, o moinho, a prensa, para falar apenas de alguns objetos do equipamento técnico e econômico de base, aparecem na literatura ou iconografia medievais enquanto símbolos[3]. Mas, no que se refere ao inventário descritivo, os detalhes, o conteúdo material das obras religiosas são de uma grande riqueza documental. É sabido que a hagiografia da Idade Média – sobretudo da Alta Idade Média – forneceu uma mina de informações sobre a vida material: início da extração do carvão em Delfinado, transporte do sal de Mosela de Metz até Trèves no século VII, aparecimento do rabote ou do carrinho de mão em um capitel ou uma miniatura etc.[4] O progresso técnico na Idade Média é visto como um milagre, como o domínio sobre a natureza que não poderia ter outra origem senão a graça divina[5]. Mas, nesse contexto, o detalhe material já existe enquanto um fato de mentalidade, envolvendo mais do que o descritivo ou o anedótico.

A esse nível a utilização das fontes religiosas escritas para a história das técnicas e da mentalidade tecnicista supõe uma análise profunda dos temas religiosos e a relação desses temas com a conjuntura histórica global. A evolução do tema da vida ativa e da vida contemplativa – Marta e Maria, Raquel e Lia – se esclarece pelo desenvolvimento, a partir do século XI, das atividades artesanais e comerciais do Ocidente, as representações das cidades sobre os selos, os vitrais, as miniaturas, os afrescos, são ligados ao desenvol-

---

3. De uma vasta literatura, citemos os trabalhos de A. Thomas sobre a prensa mística ("Die Darstellung Christi in der Kelter", 1936. • "Christus in der Kelter". *Reallexikon zur deutschen Kunstgeschichte*, 1953) e a obra de J. Danièlou sobre *Les symboles chrétiens primitifs*, 1961.

4. Sobre a contribuição para a história das técnicas dessas fontes hagiográficas ou iconográficas, cf. esp. GILLE, B. "Les développements technologiques en Europe de 1100 à 1400". *Cahiers d'Histoire Mondiale*, 1956.

5. Há toda uma história dos milagres ligada à evolução técnica e econômica: milagres de arroteamento (São Bento e o ferro do instrumento que caiu na água, queda da árvore em que o bem-aventurado eremita Gaucher d'Aureuil salva seu companheiro de trabalho).

vimento do fato urbano, mas com as transformações da história: a Urbes, já não é Roma, modelo da obsessão urbana antiga, mas Jerusalém – não somente a Jerusalém terrestre real, carregada de todos os prestígios da Jerusalém celeste que ela significa, mas símbolo concreto de todas as cidades, da cidade...

Para além destas relações, não obstante exteriores, entre o universo religioso e o mundo material, é preciso lembrar-se de que toda tomada de consciência na Idade Média se faz por e através da religião – em nível de espiritualidade. Poder-se-ia quase definir uma mentalidade medieval pela impossibilidade de se expressar fora das referências religiosas – e isso, como o demonstrou admiravelmente Lucien Febvre, até o coração religioso do século XVI. Quando uma corporação de profissão se faz representar, e para isso exibe os instrumentos de sua atividade profissional, é fazendo deles os atributos de um santo, integrando-os a uma lenda hagiográfica, isso de forma absolutamente natural, pois a tomada de consciência dos homens da corporação opera-se por uma mediação religiosa. Só existe tomada de consciência de uma situação, individual ou coletiva, inclusive de uma situação profissional, através de uma participação e, na Idade Média, tal participação pode ser apenas uma participação em um universo religioso, mais precisamente, no universo que a Igreja lhes propõe ou lhes impõe. Mas o universo da Igreja não seria precisamente excludente ao da profissão?

Notemos, antes de tudo, que quando houve, no Ocidente medieval, ao menos no período anterior ao século XIV, revolta contra a Igreja e contra seu universo mental e espiritual, estas revoltas tomaram, quase sempre, um aspecto, de certa forma, hiper-religioso, isto é, uma forma de religiosidade mística da qual um dos principais aspectos foi o de excluir toda e qualquer integração da vida material – e, portanto, profissional – do universo religioso. Quase todas essas revoltas se traduziram em heresias e essas heresias foram, quase todas, de caráter maniqueísta, dualista. Ora, a vida material era nelas agrupada no universo do mal. O trabalho, tal qual o realizavam e, em seguida, o concebiam os heréticos, tinha por resultado servir a ordem estabelecida ou sustentada pela Igreja e se encontrava, portanto, condenado como uma espécie de sujeição, até mesmo de cumplicidade, a um estado de coisas execrado. Não me parece duvidoso que as heresias medievais tenham tido uma base, até mesmo uma origem social, ainda que a fisionomia e a estrutura social dos movimentos heréticos sejam complexas. Grupos sociais se lançaram na heresia porque eles estavam descontentes com sua situação econômica e social: nobres invejosos da propriedade eclesiástica, mercadores irritados por não terem, na hierarquia social, um lugar correspondente a sua potência econômica, trabalhadores dos campos – servos ou assalariados – ou das cidades – tecelões ou pisoeiros – revoltados contra um sistema que a Igreja parecia apoiar. Mas, quanto à tomada de consciência, houve condenação sem apelo das diferentes formas de trabalho. Entre os cátaros, por exemplo, o trabalho é tolerado para os crentes que continuam a levar no mundo temporal uma existência maculada no mal, mas é absolutamente proibido aos perfeitos. É, de resto, verossímil que essa impotência das heresias medievais, entre os séculos XI e XIV, em definir uma espiritualidade e uma ética do trabalho, tenha sido uma das causas determinantes de seu fracasso. O inverso será uma das razões do sucesso, na época contemporânea, dos diversos socialismos, e primeiramente do marxismo[6].

Por outro lado, e isso legitima uma aproximação da tomada de consciência do ofício e da profissão através da literatura penitencial ortodoxa da Idade Média, a Igreja medieval soube criar estruturas ideológicas de acolhimento para as necessidades espirituais ligadas à atividade profissional do mundo das profissões.

Sem dúvida, para isso, foi-lhe preciso evoluir. Não há dúvida de que, desde sua origem, o cristianismo oferecia uma espiritualidade,

---

6. Sobre a atitude dos heréticos em relação ao trabalho, cf. esp. o tratado de Cosmas o Pregador sobre os heréticos bogomilas, editado e traduzido por Puech e Vaillant, e os trabalhos do P. Dondaine e da Sra. Thouzellier sobre a polêmica valdenses-cátaros.

uma teologia do trabalho[7]. Suas bases se encontram na Sagrada Escritura e, primeiramente, em São Paulo (2Ts 3,10: *Quem não quer trabalhar, não come*) e nos Santos Padres, sobretudo os Padres Gregos: São Basílio, São João Crisóstomo em primeiro plano. Mas, entre os séculos IV e XII, esse aspecto do cristianismo se manteve em estado latente, virtual, como uma possibilidade não desabrochada, até mesmo obliterada. O estado econômico e social da Alta Idade Média acabou certamente encontrando sua expressão no famoso esquema tripartido da sociedade, ressurgimento de uma concepção comum, como o demonstrou, entre outros, Georges Dumézil[8], em relação a todas as sociedades indo-europeias. *Oratores, bellatores, laboratores*, este é o esquema de uma hierarquia. Se a ordem dos *oratores* – os clérigos – acabou admitindo ao seu lado, em um lugar eminente, a ordem dos *bellatores* – os senhores –, entendeu-se com estes para considerar com o maior desprezo a ordem inferior dos trabalhadores – os *laboratores*. Assim, o trabalho é desconsiderado, compromissado com a indignidade da classe à qual está reservado. A Igreja explica o estado do servo, bode expiatório da sociedade, pela servidão em relação ao pecado e a ignomínia do trabalho que define sua condição segundo o mesmo pecado original: o texto do Gênesis oferece o comentário exigido. Não se deve, a esse respeito, iludir-se sobre a posição de São Bento e da espiritualidade beneditina em relação ao trabalho[9]. Sob as duas formas pelas quais a Regra Beneditina impõe o trabalho aos monges – trabalho manual e trabalho intelectual, ele é, de acordo com a ideologia da época, uma penitência. No espírito beneditino da Alta Idade Média, a espiritualidade do trabalho, simples instrumento de penitência, e a teologia do trabalho, pura consequência do pecado original, possuem

---

7. Lembremos os ensaios: CHENU, P. *Pour une théologie du travail,* 1955. • DALOZ, L. *Le travail selon saint Jean Chrysostome,* 1959.

8. Especialmente nos *Annales, ESC,* 1959.

9. O artigo de H. Dedler ("Vom Sinn der Arbeit nach der Regel des Heiligen Benedikt". *Benedictus, der Vater des Abendlandes,* 1947) me parece que interpreta a concepção de São Bento seguindo excessivamente a história da Ordem Beneditina.

apenas, de certa forma, um valor negativo[10]. Não mais positiva é a concepção concomitante do trabalho, escapatória ao ócio, porta fechada às tentações do maligno.

Se a Igreja tivesse mantido essa atitude, a tomada de consciência do ofício teria sido, sem dúvida, muito diferente do que foi. E de resto, em certa medida, a Igreja não só opôs uma cortina, mas até mesmo um obstáculo a essa tomada de consciência. Tal hostilidade da Igreja se manifestou, sobretudo, de duas formas.

Ela se dirigiu primeiramente às corporações. A hostilidade da Igreja em relação às corporações não foi apenas ocasional, vide os casos em que as últimas triunfaram no combate contra o poder temporal dos bispos, senhores das cidades, em favor das liberdades urbanas e, antes de tudo, das liberdades econômicas. A Igreja, inimiga do monopólio, e partidária do *justum pretium*, isto é, o preço da livre concorrência sobre o mercado[11], opõe-se mais profundamente ao próprio objetivo das corporações, que é o de eliminar a concorrência no mercado urbano[12]. Enfim, a Igreja desconfia do próprio fato corporativo porque ela só legitima os grupos que, aos seus olhos, provêm da vontade divina e da natureza humana: a divisão tripartida considerada por ela ao mesmo tempo como natural e sobrenatural, as classificações fundadas em critérios propriamente religiosos ou eclesiásticos: cristãos e não cristãos, clérigos e laicos. Ela só irá admitir, verdadeiramente, a organização dos ofícios na medida em que esta seja acompanhada de uma organização religiosa: as confrarias. Disso resultará, para a tomada de consciência dos

---

10. Não está evidentemente em causa o papel capital desempenhado – desde o início – pelos beneditinos, tanto no campo do trabalho manual quanto no do trabalho intelectual. Na prática, eles foram, um pouco contra a ideia de São Bento, exemplares. Depois do século XVII, como se sabe, falar-se-á proverbialmente de *um trabalho beneditino*.

11. Cf. BALDWIN, J.W. *The medieval Theories of the Just Price*, 1959.

12. Cf. MICKWITZ, G. *Die Kartellfunktionen der Zünfte und ihre Bedeutung bei der Entstehung des Zunftwesens, 1936.*

homens de ofício, uma situação muito particular, uma espécie de dialética entre espírito corporativo e espírito de confraternização, da qual se deve estar bem-informado, sem que seja possível, infelizmente, captá-la plenamente, ao menos enquanto não se tiver um bom conhecimento acerca da história das confrarias[13].

A segunda forma pela qual se manifestou a hostilidade da Igreja em relação ao mundo dos ofícios foi sua desconfiança diante de um grande número de atividades profissionais: o que está em causa aqui é todo o universo de ofícios ilícitos, cuja história é tão esclarecedora[14]. Esse drama de consciência para tantos homens da Idade Média que frequentemente se perguntavam com angústia – pensamos naturalmente no mercador – se eles estavam realmente condenados à danação ao exercer um ofício suspeito aos olhos da Igreja deve ter desempenhado, definitivamente, um papel fundamental na formação da consciência profissional. E sabemos que a pressão do mundo dos ofícios fez com que, finalmente, a Igreja cedesse, fazendo germinar a teologia positiva do trabalho, implícita na doutrina cristã, e conquistando, após a força material, a dignidade espiritual.

Portanto, o universo religioso é definitivamente um espaço privilegiado para o conhecimento das representações mentais do mundo tecnológico e profissional no Ocidente medieval, desde que o historiador tenha em mente o triplo aspecto da presença desse mundo dentro do universo religioso, onde ele existe: 1º) em estado de *tradução*, 2º) em estado de *expressão*, 3º) em estado de *pressão*.

É à luz desse último aspecto que gostaríamos, com a ajuda dos manuais de confessores, de examinar o seguinte problema: como a Igreja foi capaz de modificar o esquema da sociedade tripartida da Alta Idade Média em um esquema mais flexível, aberto ao mundo

---

13. Como G. Le Bras evidenciou admiravelmente.

14. Cf. supra o capítulo "Ofícios lícitos e ofícios ilícitos no Ocidente medieval", p. 115.

diversificado do trabalho, dos ofícios e das profissões, e que representações mentais novas daí resultaram?

Os manuais de confessores são bons testemunhos da tomada de consciência da profissão pelos profissionais, pois eles refletem a pressão dos meios profissionais sobre a Igreja e eles foram, por outro lado, um dos principais meios de formação da consciência profissional dos homens da Idade Média a partir do século XIII.

De fato, sua doutrina não somente era proposta a estes homens durante a confissão, mas sua ação era ainda mais direta e constante sobre aqueles que as adquiriam e as liam, eles próprios, pois, contrariamente ao que acontece hoje em dia, eles não eram reservados aos confessores, mas poderiam também ser remetidos aos penitentes. É significativo que os primeiros manuais de confessores traduzidos em língua vulgar "*ad usum laicorum*" tenham sido precisamente aqueles que concediam mais espaço aos casos de consciência dos homens de ofício – tal qual a *Soma* de João de Friburgo, traduzida para o alemão pelo dominicano Berthold Hünlen, desde o final do século XIII. Evidentemente, eles eram adquiridos principalmente pelos mercadores que tinham fortuna e instrução suficientes para comprá-los e para lê-los e que se punham a si mesmos e a respeito das suas atividades profissionais, os casos de consciência mais espinhosos[15]. A imprensa, a partir do final do século XV, irá estender a influência, ainda por algum tempo, destes manuais mais importantes.

É a respeito do testemunho dos manuais dos confessores como reflexo da pressão ideológica dos meios profissionais que convém, primeiramente, trazer algumas precisões.

É preciso remontar ao século XII[16] para compreender a tomada de consciência do ofício e da profissão que conduzirá aos manuais

---

15. Sobre a presença de manuais de confessores entre os livros de mercadores, cf. esp. WOLFF, P. *Commerces et marchands de Toulouse* (cerca de 1350-1450), 1954.

16. Sobre o clima espiritual do século XII, cf. o livro esclarecedor de P. Chenu: *A teologia no século XII*, 1957.

de confessores. É então que se desenha uma tripla evolução decisiva a esse respeito: 1º) a subjetivação da vida espiritual apreensível notadamente na evolução da confissão, 2º) a eclosão de uma espiritualidade e de uma teologia do trabalho, 3º) a transformação do esquema tripartido da sociedade e dos esquemas mais complexos adaptados à diferenciação crescente das estruturas econômicas e sociais, sob o efeito da divisão crescente do trabalho.

I. O mundo barbarizado sobre o qual age e no qual está imersa a Igreja da Idade Média é um mundo extrovertido, direcionado para tarefas exteriores, para coisas ou fins materiais: a conquista, a comida, o poder, a salvação no além. É um mundo, digamos primitivo, que se define por atitudes, condutas, gestos. As pessoas podem ser julgadas apenas pelos atos, não pelos sentimentos. É o que se observa nas leis bárbaras e em todos os códigos da Alta Idade Média. O *Wehrgeld*, por exemplo, considera, ao lado dos atos, os atores, mas em função de sua situação objetiva – segundo uma classificação, aliás, muito rudimentar: livres e não livres, membros desta ou daquela comunidade nacional – não de suas intenções. É também o que faz a Igreja, capaz apenas de atingir as almas através de gestos corporais. Seus códigos internos são os penitenciais, as tarifas de penas espirituais, que consideram mais o pecado do que o pecador[17]. Ela distingue, no máximo, duas classes de pecadores, os clérigos e os laicos, a sanção sendo aqui mais forte para o clérigo do que para o laico. Quanto às faltas, elas tiram sua existência não do pecador, mas de um vício, exterior ao pecador, do qual este último se torna presa, adentrando-o como um ser estrangeiro, uma materialização do diabo. Esses vícios – e toda a Alta Idade Média concebe a vida espiritual como um combate que segue o modelo da Psicomaquia de Prudêncio – são, de acordo com a codificação mais

---

17. Cf. LE BRAS, G. "Penitentiels". *Dictionnaire de Theologie Catholique*. • VOGEL, C. *La discipline penitentielle en Gaule*, 1952.

disseminada, os pecados capitais[18]. Sempre que se sucumbe a esses inimigos que são o orgulho, a gula, a avareza, a luxúria, a preguiça, a inveja, a vaidade, deve pagar-se e os penitenciários dão quase automaticamente as tarifas da pena. Nada de surpreendente, nesse mundo submisso a forças externas, boas ou más, se o julgamento pode ser confiado ao acaso, conhecido como providência: é o julgamento de Deus, o ordálio[19]. Nesse mundo não há espaço para indivíduos, à exceção de seres verdadeiramente extraordinários: santos ou heróis, os primeiros são extraordinários dentro da ordem dos *oratores* e os segundos dentro da ordem dos *bellatores*. A Alta Idade Média ocidental conheceu apenas, efetivamente, dois gêneros literários: a hagiografia e a canção de gesta. Os outros indivíduos só têm existência pela participação ao ser do herói ou do santo: o biógrafo que o elogia, o menestrel que o canta, o ferreiro que forja sua espada, o ourives que talha os sinais exteriores de sua riqueza e de seu poder. A massa anônima retira apenas uma parcela de individualidade nessa época em que o nome de família não existe, do nome do santo patrono que confere àquele que porta seu nome um pouco da existência desse pai espiritual.

No século XII a mudança é considerável. A história da evolução da confissão e da penitência já se efetivou[20]. É conhecido o papel desempenhado nessa evolução por grandes espíritos como os de Santo Anselmo e Abelardo. Mas eles fizeram apenas expressar ou aperfeiçoar um movimento geral. O direito romano, por sua vez, e principalmente pela influência sobre o direito canônico, também não fez mais do que trazer um estímulo, métodos, fórmulas. A partir de então, considera-se menos o pecado que o pecador, o erro que a intenção, busca-se menos a penitência que a contrição. Subjetivação, interiorização da vida espiritual, que está na origem da intros-

---

18. Cf. BLOOMFIELD, M.W. *The Seven Deadly Sins*, 1952.
19. Cf. BALDWIN, J.W. "The intellectual preparation for the canon of 1215 against ordeal". *Speculum*, XXXVI, 1961.
20. Cf. ANCIAUX, P. *La Théologie du Sacrement de Pénitence au XIIe siècle*, 1949.

pecção e, por isso, de toda psicologia moderna no Ocidente. Não é por acaso que todas as grandes doutrinas espirituais do século XII podem ser definidas como socratismos cristãos, intelectualista em Abelardo, mística em Hugo de Saint-Victor, Hilgedarde de Bingen, São Bernardo – e haveria também o humanismo gramatical e científico da Escola de Chartres...

É o momento em que o Ocidente, até então fechado em si mesmo, colonizado, até mesmo pelas civilizações mais avançadas de Bizâncio e do Islã, se lança em direção a conquistas exteriores, da Escandinávia à Terra Santa, que se abre simultaneamente, no interior do homem ocidental, outro fronte pioneiro, o da consciência. Estamos à beira da tomada de consciência.

Não é possível procurar aqui todas as causas e consequências dessa evolução capital. Mas é possível evocar o papel essencial da evolução técnica e econômica que se inicia em torno do ano 1000 e que se afirma em quantidade e em qualidade no século XII. Retomada do grande comércio, desenvolvimento das cidades, assegurados pelos progressos agrícola e demográfico, e seguidos pela especialização do trabalho em ofícios, tudo isso produz uma mobilidade social que conduz a uma transformação mental e espiritual. Deste ponto em diante, o homem escapa à massa confusa em que estava imerso. Mas ainda não adveio o tempo do indivíduo, uma criação do mundo moderno, do Renascimento. Essa etapa fundamental que denominamos Renascimento do século XII é apenas uma etapa intermediária. A consciência que cada homem adquire de si é alcançada através do *estado* ao qual pertence, através do ofício que ele exerce e do qual é membro. O processo de personalização opera-se no seio de um processo mais vasto de socialização. E como tal consciência pode ser apenas religiosa, ela se apresenta enquanto *vocação*.

II. Mas esta tomada de consciência só é possível a partir de uma mudança de atitude em relação ao trabalho. Tal mudança é esboçada na virada dos séculos XI e XII. O confronto vida ativa/

vida contemplativa, estimulado por sua atualidade fervorosa, despertou-se em torno do debate entre monges e cônegos. Eis, em nível teórico, Marta reabilitada e, na prática, o trabalho manual novamente glorificado entre os cartuxos e principalmente em Cister e Prémontré. Sem dúvida, as tradições persistem e fortes resistências se manifestam. Mas a fundação de novas ordens enfatiza que algo se transformou, que uma metamorfose acontece na interpretação do espírito beneditino, sem a qual não se compreenderiam as novas regras. Vemos os exemplos de Rupert de Deutz, incomodado com a popularidade do trabalho manual, de Pedro o Venerável um tanto chocado pelos ataques de São Bernardo, lembrando que de acordo com São Bento o trabalho manual, recomendado, não comandado, era apenas um meio, não um fim da vida espiritual. Diante disso, multiplicam-se os testemunhos, favoráveis ou relutantes de que a espiritualidade do trabalho – através da prática – sofre uma evolução decisiva. Trava-se um verdadeiro debate em torno de Prémontré a respeito dos monges-camponeses, e logo, com os Umiliati, coloca-se a questão dos monges-operários[21]. Nesse ínterim, o *Liber de diversis ordinibus* testemunha tal fermentação da reflexão sobre o valor do trabalho[22]. A concepção do trabalho-penitência é substituída pela ideia do trabalho enquanto meio positivo da salvação[23]. Por trás dessa arrancada de um novo mundo monástico, como não sentir a pressão das novas categorias profissionais – mercadores, artesãos, trabalhadores preocupados em encontrar no plano religioso a justificação de sua atividade, de sua vocação, a afirmação de sua dignidade e a certeza de sua salvação, não apesar de sua profissão, mas pela sua profissão? A projeção dessas aspirações no universo hagiográfico é ainda mais esclarecedora nesse sentido. No início do

---

21. Para Prémontré, cf. PETIT, P. *La spiritualité des Prémontrés,* 1950.

22. Sobre a importância do testemunho do *Liber de diversis ordinibus,* cf. CHENU, M.D. *La theologie au douzième siècle,* 227ss. Notemos que o IV livro, que não possuímos, deveria ser inteiramente dedicado aos problemas do trabalho manual.

23. Cf. LEFRANC, G. *Du travail maudit au travail souverain?* Rencontres internationales de Genève, 1959.

século XIII, o tempo dos santos trabalhadores já vai dando espaço para o tempo dos trabalhadores santos[24].

E mais, essa nova espiritualidade do trabalho, como é normal, tende a criar raízes em uma teologia do trabalho. É preciso buscar o projeto desta teologia nos comentários do *Gênesis*, que procura demonstrar que o trabalho tem suas raízes positivas em Deus, já que: 1º) A obra do Criador (e seria preciso seguir o desenvolvimento do tema do *summus artifex* ou *summus opifex*) foi um verdadeiro trabalho – um trabalho superior, sublimado, uma criação, mas com todas as consequências penosas: um *labor* em que Deus teve que repousar no sétimo dia. 2º) O trabalho, determinado trabalho (a ser definido no sentido de uma prática), fora concedido ao homem, a Adão, enquanto vocação anterior à queda, já que Deus o havia colocado no Paraíso *para que ele trabalhasse e se conservasse* (Gn 2,15-16). Antes do trabalho-penitência, consequência do pecado e da queda, houve um trabalho alegre, abençoado por Deus, e o trabalho terrestre conservou algo do trabalho paradisíaco anterior à queda.

III. Nada de surpreendente se, nessa conjuntura, o esquema tripartido da sociedade deixasse de ser adaptado às realidades sociais e mentais. O mais interessante é que, enquanto nas sociedades primitivas, entre os indo-europeus, o surgimento de uma classe econômica capaz de se impor resulta apenas em uma remodelação limitada do esquema tripartido, seja pelo acréscimo de uma quarta classe, seja pela absorção da nova categoria por uma das três classes já existentes, na sociedade medieval ocidental o velho esquema se desfaz completamente. É claro que o esquema tripartido será preservado (não sem alguma transformação, ele tem, por exemplo, uma longa sobrevida até a França dos três Estados, anterior a 1789), mas ele recua, enquanto esquemas de categorias múltiplas afirmam-se, resultado da tomada de consciência e da consagração da diversificação, da divisão do trabalho.

---

24. Significativas, entre outras, nos primeiros anos do século XII, a canonização de Santo Homebon, mercador de Cremona, ligado com os Umiliati.

Há certamente – e é até mesmo fundamental para que as novas categorias socioprofissionais recebam um direito à vocação – permanência e até mesmo reforço da concepção unitária da sociedade cristã. Mas o *corpus* já não é mais composto de *ordens* como na sociedade sacral da Alta Idade Média, mas de *estados* entre os quais pode haver, e há efetivamente, uma hierarquia, mas uma hierarquia horizontal, não vertical. A literatura e a arte desenvolvem e consagram o tema dos *estados do mundo*, e a Idade Média, em seu declínio, confere-lhe uma suprema e terrível expressão em suas danças macabras. Por um lado, os manuais dos confessores, ao menos alguns deles, ligam-se, ao imitar os sermões *ad status*, a este novo gênero literário.

Essa tendência, através de todas as influências e de todos os vocabulários, encontra-se em quase todos os pensamentos, em quase todas as doutrinas do século XII.

João de Salisbury a integra à velha concepção organicista da humanidade, semelhante a um organismo humano no qual cada parte é uma profissão, um corpo de ofício – camponeses, artesãos e operários constituindo os pés da *respublica*[25].

Geroch de Reichersberg, através de um vocabulário talvez estoico, evoca *essa grande fábrica do universo, essa espécie de ateliê universal.* Para um homem do século XII, mesmo sendo um teólogo, há um mundo de realidades materiais concretas que se desenha por trás destas palavras: *fabrica, officina...* Geroch, aliás, em seu *Liber de aedificio Dei*, título já sugestivo, afirma o valor cristão de toda condição humana e a validade de toda profissão como meio de salvação[26].

Honorius Augustodunensis, após ter afirmado que o exílio do homem é a ignorância e que sua pátria é a sabedoria, alcançável através das artes liberais, como em tantas cidades (notemos na passagem a referência urbana), enumera dez: as sete artes tradicionais,

---

25. *Polycraticus*, VI, c. 20.
26. CHENU, M.D. *La theologie au douzième siècle*, p. 239.

às quais ele acrescenta a física, a mecânica e a economia. Universo do saber tanto quanto do fazer...[27]

Neste processo de conceituação de um mundo novo, uma noção desempenha um papel principal, a de *bem comum*. Ela se torna a pedra angular da utilidade, da legitimidade de toda e qualquer profissão.

É importante notar que, com o esquema tripartido, o quadro tradicional das sete artes liberais e a divisão entre artes mecânicas e artes liberais rompem-se simultaneamente. Enquanto Othon de Freising se espantava ao ver que na Itália *até mesmo os artesãos das artes mecânicas* eram estimados, Hugues de Saint-Victor, em *Didascalion*, situava as artes mecânicas ao lado das artes liberais em uma nova classificação das ciências que reencontramos no século XIII em pensadores como Robert Grosseteste e Santo Tomás de Aquino[28].

Assim, no início do século XIII, ecoou, entre os guias espirituais, a evolução da opinião pública que substitui, na sua consideração, o herói virtuoso pelo técnico hábil. A Bíblia Guiot declara que, doravante, os cavaleiros devem ceder o passo aos alabardeiros, mineiros, cantoneiros, engenheiros. Evolução da técnica militar que compromete a supremacia profissional do cavaleiro feudal. Evolução de conjunto... Guiot de Provins exagera, antecipa, mas revela uma tendência da opinião.

As condições ideológicas são então reunidas, as estruturas mentais de acolhimento existem no início do século XIII para que a vocação das diversas profissões seja consagrada. Nesta consagração, o papel da prática penitencial transformada e guiada pelos manuais dos confessores foi fundamental.

---

27. "*De animae exsilio et patria*". PL 172, 1241. Honorius, eco sonoro do século, em seu tradicionalismo, como nas suas inovações, expressa no *Elucidarium* pontos de vista antigos sobre as categorias profissionais.

28. Sobre a "dissolução do regime das sete artes", cf. PARÉ, G.; BRUNET, A. & TREMBLAY, P. *La Renaissance du XIIe siècle* – Les Écoles et l'Enseignement, 1933, p. 97ss.

Com efeito, dois fatos capitais então ocorridos vão fazer com que essa tripla evolução se efetive plenamente: evolução da confissão, da concepção do trabalho e do esquema da estrutura social.

O primeiro é o cânone 21 do IV Concílio de Latrão, de 1215, que torna obrigatório para todos os cristãos – isto é, praticamente todos os ocidentais –, a confissão anual. Daí em diante, todos os confessores são regularmente cercados de perguntas, entre as quais muitas são embaraçosas: 1º) porque muitos têm uma instrução insuficiente e são ignorantes de todos os desenvolvimentos recentes do direito canônico, notadamente a partir do *Decreto* de Graciano; 2º) porque a maioria, formada em um ambiente e estado de espírito tradicionais, é incapaz de resolver (até mesmo compreender, muitas vezes) os problemas que lhes são submetidos por seus penitentes e, particularmente, os problemas postos pelos *casos de consciência* (termo novo e revelador: os manuais de confessores o chamarão quase sempre de *De casibus conscientiae*), surgidos da atividade profissional: seria tal operação lícita, as necessidades do trabalho devem passar antes ou depois das prescrições da Igreja no que se refere ao jejum ou ao repouso dominical etc.? Os confessores necessitam de guias, de manuais. E estes manuais necessitam de autores capacitados.

Ora, e este é o segundo fato, esses autores aparecem: são os membros, membros específicos, das novas ordens mendicantes. Sua competência vem, primeiramente, de sua instrução, pois fora dos seus próprios *studia* eles frequentam muito rapidamente as universidades e, sobretudo, porque diferentemente das ordens do século XII e de grande parte dos beneditinos, eles não vivem na solidão, ou no meio rural, mas nas cidades, no coração deste meio urbano, mundo do trabalho diversificado, das atividades profissionais e das novas curiosidades espirituais, o mundo das pessoas que se colocam problemas, que se interrogam interiormente e que, depois, formulam tais perguntas aos seus confessores.

Os manuais dos confessores também refletem bem, e a duplo título, a tomada de consciência da profissão pelos próprios profissionais e sua pressão sobre a Igreja para que ela, por sua vez, a levasse em consideração. Em primeiro lugar, porque eles contêm questões reais, concretas, que esses homens de ofícios colocavam. Quando se lê: *É ou não é lícito vender a termo* (a prazo), ou *É ou não é lícito laborar nos campos ou vender nas feiras aos domingos*?, trata-se certamente, traduzida para o latim, de pergunta direcionada por um penitente a seu confessor, e não de um tema abstrato a ser discutido na escola. Além disso, os autores de manuais são especialistas da consciência profissional, os bons conhecedores do mundo que eles guiam. Pierre Dubois escreve, no final do século XIII: "Os frades menores e os frades pregadores, que conhecem melhor do que outros o verdadeiro estado da sociedade [...], os frades menores e os frades pregadores que conhecem a conduta de cada um [...]".

Destes manuais[29], e sobretudo dos principais, dos mais utilizados e dos mais influentes, desde a *Soma* de Raymond de Peñafort (entre 1222 e 1230) até a *Summa Pisanella*, concluída por Barthélemy em Sancto Concordio, no dia 7 de dezembro de 1338, passando pelas *Somas* franciscanas *Monaldina* e *Astesana* e aquela do dominicano João de Friburgo, surgem três temas ligados a nosso propósito:

1º) Todo cristão se define essencialmente em relação a sua profissão: vocação e salvação.

2º) Todo trabalho merece salário: vocação e dinheiro.

3º) Toda profissão que se fundamenta no trabalho se justifica: vocação e trabalho.

I. Até então, o pecador é classificado em função dos pecados capitais. Tal classificação tradicional pode ser encontrada nos manuais dos confessores. Mas há outra que tende a suplantá-la e que considera não mais as categorias de pecados, mas as categorias de

---

29. Sobre o nascimento dos manuais de confessores, cf. os trabalhos de P. Michaud-Quantin.

pecadores, e estas são categorias profissionais: pecados dos clérigos, dos universitários, dos juízes, dos camponeses, dos operários mecânicos etc. Temos aqui, portanto, no campo da confissão, assim como no da predicação – e o século XIII é, ainda com os mendicantes e especialmente os pregadores, um grande século de predicação – um novo gênero: a religião ensinada *ad status*. Alain de Lille na *Summa de arte paedicatoria*, Hubert de Romans no segundo livro do *De eruditione praedicatorum*, Jacques de Vitry, entre outros, deixaram modelos de *sermones ad status*. Assim, os novos textos penitenciais insistem nas perguntas a serem colocadas *secundum officia*[30].

O cânone 21 do IV Concílio de Latrão especifica: "Que o padre seja capaz de discernimento e de prudência, para que, à maneira de um médico competente, ele despeje o vinho e o óleo sobre as feridas do ferido, informando-se cuidadosamente a respeito das circunstâncias que dizem respeito tanto ao pecador quanto ao pecado [...]".

Ainda mais explícita é a *Summa Astesana* de 1317 (lib. X, cap. XVIII: *"Perguntas a serem colocadas na confissão"):*

> Devem ser interrogados, sobre os pecados habituais, os homens da condição do penitente. Não se deve efetivamente questionar um cavaleiro a respeito dos pecados dos religiosos ou o inverso [...]. Para melhor saber quem você deve interrogar sobre o quê, note que é preciso interrogar os príncipes sobre a justiça, os cavaleiros sobre o assalto, os mercadores, funcionários e os artesãos e operários sobre o perjúrio, a fraude, a mentira, o roubo etc., os burgueses e, de forma geral, os cidadãos sobre a usura e a hipoteca, os camponeses sobre a inveja e o roubo, sobretudo no que diz respeito aos dízimos etc.

---

30. Sobre a difusão de toda uma literatura de *officiis*, cf. FOWLER, G.B. *Engelbert of Admont's Tractatus de Officiis et Abusionibus eorum* em *Essays in Medieval Life and Thought presented in honor of A.P. Evans,* 1955.

Esse princípio da confissão dos pecados por categorias profissionais inspirou especialmente o plano de um manual muito difundido desde o final do século XIII, a lista de controle *para os confessores menos instruídos e menos competentes*, que João de Friburgo tirou de sua *Summa Confessorum*, e à qual se dá o título de *Confessionale* e que justapõe a uma primeira parte sobre os pecados, que pode ser encontrada em qualquer pecador, uma segunda parte sobre os pecados das diferentes categorias socioprofissionais: I. Para os bispos e outros prelados. II. Para os clérigos e titulares de benefícios. III. Para os padres e seus vigários e os confessores. IV. Para os religiosos e os monges. V. Para os juízes. VI. Para os advogados e procuradores. VII. Para os médicos. VIII. Para os doutores e os mestres universitários. IX. Para os príncipes e outros nobres. X. Para os laicos casados. XI. Para os mercadores e os burgueses. XII. Para os artesãos e operários. XIII. Para os camponeses e agricultores. XIV. Para os trabalhadores manuais[31].

Esse catálogo, aqui reduzido apenas ao índice, mas que podemos desenvolver e comentar detalhadamente, mostra que toda categoria profissional é levada em consideração. A razão disso é que, desse ponto em diante, o número de ofícios ilícitos, proibidos, encolheu ao ponto de deixar fora da sociedade apenas uma margem ínfima de grupos e de indivíduos associais[32]. A distinção entre ofícios lícitos *de sui natura* e, consequentemente, absolutamente condenados, e ofícios ocasionalmente desconsiderados *ex causa, ex tempore* ou *ex personna*, reduz ao mínimo, daí em diante, o universo dos excluídos, dos condenados. Um pária do período anterior, o mercador, já não é, por exemplo, marginalizado, a não ser que ele se

---

31. Baseamo-nos nos Ms Padova, Bibl. Antoniana, scaff. XVII cod. 367. Esse texto foi utilizado a partir de dois manuscritos da B.N. Paris por B. Comte, por um D.E.S. inédito conservado na Faculdade de Letras de Paris em 1953.

32. Sobre o tratamento desses excluídos cf. FOUCAULT, M. *L'histoire de la folie à l'âge classique*, 1961. • Há uma edição brasileira dessa obra: *História da loucura na Idade Clássica*. São Paulo: Perspectiva, 2009 [Trad. de J.T. Coelho Neto] [N.T.].

dedique a atividades cada vez menos numerosas[33]. Para ele, como para os outros, a casuística é elemento de justificação, de liberação.

Assim, áreas, antes consideradas tabus, são agora admitidas.

II. Primeiramente, o universo do dinheiro. Antes do século XIII, no Ocidente bárbaro, todas as atividades remuneradas sofriam o estigma que se vinculava às categorias ditas mercenárias. Tudo que se pagava e se comprava era considerado indigno. A honra ou o dever se definiam pelos serviços, de cima para baixo e reciprocamente. O dinheiro era econômica e moralmente marginal. A sociedade cristã da Alta Idade Média reforçava essa crença quando notava que o setor monetário era "infestado" pelos judeus. Comércio e salário em progresso incessante perturbam os valores.

Aqui, são duas categorias, dois ofícios que conduzem esta transformação.

Primeiro os professores. A ciência, a cultura, antes do século XII, eram privilégio de clérigos que as adquiriam e as dispensavam, parcimoniosamente, sem gastar um tostão. Escolas monásticas ou episcopais formam discípulos para o *Opus Dei* sem fazer negócios.

Com as escolas urbanas do século XII, consolidadas através do desenvolvimento das cidades, animadas por mestres que devem, assim como seus alunos, encontrar como viver de seu ofício[34], as condições materiais, sociais e espirituais do saber são fundamentalmente transformadas. Desde meados do século XII, todo o sentido do debate instaura-se em torno de uma fórmula: *a ciência é um dom de Deus e, portanto, não pode ser vendida.* Pouco importa aqui saber

---

33. Cf. LE GOFF, J. *Marchands et banquiers du Moyen Age.* 2. ed. 1962. • Há uma edição brasileira dessa obra: *Mercadores e banqueiros na Idade Média.* São Paulo: Martins Fontes, 1991 [N.T.].

34. Cf. LE GOFF, J. *Les intellectuels au Moyen Âge*, 1957. • Há uma edição brasileira dessa obra: *Os intelectuais na Idade Média.* Rio de Janeiro: José Olympio, 2003 [N.T.].

quais as possibilidades de remuneração que se oferecem aos novos mestres, quais as soluções que irão prevalecer: salário público, remuneração dos clientes, isto é, dos estudantes, benefícios eclesiásticos. O fundamental é que, diante da pergunta: *É lícito que os mestres recebam dinheiro dos estudantes?*, os manuais de confessores, eco da prática e da opinião, respondem positivamente[35].

Paralelamente, coloca-se a pergunta para os mercadores, na área do crédito, onde a expansão da economia monetária relega ao plano secundário os judeus, restritos a operações de empréstimos de alcance limitado. Daí em diante, há um problema da *usura* cristã. O interesse, sem o qual a economia monetária pré-capitalista seria incapaz de se desenvolver, supõe, em termos escolásticos, uma operação até então maldita: a venda do tempo. Coloca-se aqui um problema exatamente simétrico ao problema da comercialização da ciência, isto é, o da comercialização do tempo ao qual se opõe uma mesma tradição, uma mesma fórmula: *O tempo é um dom de Deus e, portanto, não pode ser vendido*. Mais uma vez, certamente acompanhada de precauções, de uma casuística restritiva, foi dada uma resposta positiva, que pode ser encontrada nos manuais dos confessores[36].

III. No primeiro e no segundo caso propõe-se uma mesma justificação, que transforma de maneira significativa o texto evangélico. Onde Mateus dizia: *o operário é digno de sua alimentação* (Mt 10,10), os exegetas vão dizer, doravante: *o operário é digno de seu salário*, testemunho da passagem da economia-natureza para a economia-dinheiro. O importante é que a condição requerida para merecer um salário é o cumprimento do trabalho. Trabalho que ainda é ambíguo, onde se reconhece a confusão propriamente medieval entre a pena, a fadiga e o exercício de uma tarefa econômica no sentido moderno. O trabalho é labor.

---

35. Cf. POST, G.; GIOCARINIS, K. & KAY, R. "The medieval heritage of a Humanistic Ideal: Scientia donum Dei est, unde vendi non potest". *Traditio*, 1955.
36. Cf. O capítulo "Na Idade Média: Tempo da Igreja e tempo do mercador", p. 58.

A condição necessária e suficiente para que um ofício se torne lícito, para que um salário seja devidamente cobrado, é a prestação de um trabalho.

Aqui, uma vez mais, o intelectual e o mercador encontram-se igualmente justificados em seu novo estatuto socioprofissional. Para que o *magister*, para que o mercador possam legitimamente, sem receio de danação, receber um salário, ou qualquer lucro, basta que essa remuneração ou esse lucro – a Baixa Idade Média não estabelece uma distinção nítida entre os dois – recompense seu trabalho, é necessário e suficiente que eles tenham trabalhado. Os manuais dos confessores recebem sua confirmação dos estatutos de ofícios: todo salário ou benefício é legítimo quando ele é percebido *pro labore*[37]. O trabalho se tornou o valor de referência.

Para completar esse esboço, restaria fazer a história das metamorfoses, desde o século XIV, do valor do trabalho na sociedade ocidental. Apesar da aquisição medieval, o trabalho manteve-se um valor frágil, ameaçado, constantemente desafiado pela evolução econômica e social. Tanto antes quanto depois da Revolução Industrial, as classes sociais que subiram pela força de trabalho apressaram-se em renegar sua origem trabalhadora. O trabalho não deixou verdadeiramente de ser uma *macula servile*. Desde o século XIII, opera-se uma nova clivagem das classes sociais. Se o ócio não tem mais futuro enquanto valor social e ético, o trabalho é questionado em seu nível fundamental, o do trabalho manual. "Eu não sou operário dos braços", proclamava Rutebeuf. E o *Confessionale* de João de Friburgo situava entre os últimos os simples trabalhadores, os *laboratores*. Mal tinham vencido os valores *feudais*, os trabalhadores se dividiam. A história não tinha acabado.

---

37. Entre numerosos textos, à pergunta "*Utrum negotiando liceat aliquid carius vendere quam emptum sit*" a *Summa Pisanella* (citado segundo Ms B.N. Paris Res. D 1193, f. L) responde segundo Santo Tomás, *II a II e q.* LXXVII: "*lucrum expetat non quase finem sed quase stipendium sui laboris et sic potest quis carius vendere quam emit*".

10

Que consciência a universidade medieval teve de si mesma?

Queiram desculpar o caráter fragmentário e ao mesmo tempo breve das observações que seguem abaixo – modesta contribuição para a posição e a discussão do problema da tomada de consciência pelos universitários medievais de sua especificidade.

Anotações fragmentárias: limitamo-nos a uma série de sondagens, através de um número limitado de obras e de personagens, em um único centro universitário: Paris. Abelardo, da *História Calamitatum,* e Filipe de Harvengt, de *De Institutione Clericorum* (acrescido de alguns trechos esclarecedores de sua correspondência), para o século XII; alguns documentos referentes aos grandes conflitos doutrinais e corporativos do século XIII (com uma atenção especial conferida ao meio sigeriano e às proposições condenadas de 1277), e, finalmente, alguns textos gersonianos, para o início do século XV. Aí estão as bases de nossa pesquisa, em três épocas nitidamente caracterizadas do meio universitário: a gênese, a crise da maturidade, e o adormecimento do declínio da Idade Média.

E, ainda dentro dessas escolhas, tivemos limitações evidentes: não apenas pela adulteração exercida sobre a pureza do testemunho, por intermédio da personalidade quase sempre forte e obscurantista dos protagonistas, devido às deformações decorrentes das circunstâncias estreitamente conjunturais das polêmicas, mas também pela estreiteza provocada pelo recurso a simples pedaços escolhidos de um pensamento e de uma vida que os ultrapassa largamente: nem Abelardo, nem Siger de Brabant, nem Gerson se limitam à pequena porção de sua obra sobre a qual nos detivemos.

Anotações rápidas, não somente porque, através de cortes cronológicos, a vida profunda e contínua da universidade corre o risco de escapulir, já que não podemos aprofundar o conjunto dos problemas econômicos, sociais, políticos, institucionais, intelectuais, espirituais, nos quais são capturados os momentos, aqui isolados[1] – para onde nos teriam levado, por exemplo, os grandes debates do século XII? –, mas rápidas também e principalmente porque resignamo-nos a direcionar o interesse apenas sobre certos aspectos do grande problema teórico aqui abordado – cuja problemática ainda é muito incerta.

Tomada de consciência: problema central e extremamente difícil da história! Seria necessário encaminhar a investigação através de múltiplas vias convergentes, definir áreas privilegiadas de observação – até mesmo de experimentação –, os instrumentos, os métodos e, finalmente, reconhecer – talvez? – um critério fundamental para apreender esse fenômeno essencial: o instante decisivo em que as infraestruturas são percebidas, em que o grupo se reconhece, se afirma, renasce, decisivamente, pela consciência de sua originalidade.

Tema feliz, pois, até nas suas dificuldades, ele se relaciona ainda mais ao tema da Mediävistentagung, de 1960, a vocação, aprofundando-o e desenvolvendo-o.

O nível no qual nos situamos aqui – uma galeria de aproximação entre outras – é essencialmente o da formulação intelectual do

---

1. Para uma visão conjunta desses problemas, cf. LE GOFF, J. *Les intellectuels au Moyen Age*, 1957. • GRUNDMANN, H. *Vom Ursprung der Universität im Mittelalter –* Berichte über die Verhandlungen der Sachsischen Akademie der Wissenschaften zu Leipzig. Tomo CIII, 103, cad. 2, 1957. • Relação de S. Stelling-Michaud to the Eleventh International Congress of Historical Sciences. Estocolmo, 1960. Há uma edição brasileira da obra de LE GOFF, J. *Os intelectuais na Idade Média*. Rio de Janeiro: José Olympio, 2003 [N.T.].

papel do universitário em relação a outros grupos, outras classes da sociedade. É nessa pesquisa da diferença, e por vezes da oposição, que buscaremos situar algumas etapas da tomada de consciência pelos universitários de seu estado e de sua evolução no seio da sociedade do Ocidente medieval.

*

Nos tempos de Abelardo e de Filipe de Harvengt, ainda não existem, certamente, universitários. Mas, nessas escolas urbanas, das quais Abelardo é o primeiro representante expressivo e Filipe de Harvengt um dos primeiros a reconhecer a existência, a novidade e a utilidade, um novo ofício e novos artesãos estão nascendo: o ofício escolar e sua hierarquia de *scolares* e *magistri* de onde vão sair universidades e universitários[2].

Na *Historia Calamitatum*, Abelardo[3] se autodefine primeiramente – no plano do temperamento individual, mas um temperamento que é também, para início de conversa, profissional – em relação ao mundo da pequena nobreza da qual ele provém. Uma anotação preciosa: ele indica que, em seu meio, a regra era a aliança entre uma determinada cultura intelectual e a prática militar: *litterae et arma*[4]. Para ele, a escolha é necessária e dramática. Novo

---

2. Sobre essa metamorfose e esse nascimento, os melhores guias nos parecem ser PARÉ, G.; BRUNET, A. & TREMBLAY, P. *La Renaissance du XIIe siècle*: Les Écoles et l'enseignement, 1953. • DELHAYE, P. "L'Organisation scolaire au XIIe siècle". *Traditio* 5, 1947.

3. Aqui não é o caso de esboçar uma bibliografia de Abelardo. Lembremos a clássica e magistral obra de GILSON, E. *Heloïse et Abélard*. 2. ed., 1948. Entre os trabalhos, achamos particularmente sugestivos: BORST, A. "Abälard und Bernhard". *Historische Zeitschrift*, 186/3, dez./1958. • GANDILLAC, M.P. "Sur quelques interprétations récentes d'Abélard". *Cahiers de Civilisation Médiévale*, 1961, p. 293-301. Utilizamos aqui a excelente edição de J. Monfrin: *Bibliothèque des Textes Philosophiques*, 1962.

4. "*Patrem autem habebam litteris aliquantulum imbutum antequam militari cíngulo insigniretur; unde postmodum tanto litteras amore complexus est, ut quoscumque*

Esaú que sacrifica a "pompa militaris gloriae" em prol do "studium litterarum", ele deve renunciar ao mesmo tempo ao seu direito de primogenitura. Assim, a escolha daquilo que se tornará um ofício fez com que ele se isolasse radicalmente de seu grupo social, foi a renúncia a um estilo de vida, a uma mentalidade, a um ideal, a uma estrutura familiar e social. Em vez disso, um compromisso total: *"Tu eris magister in aeternum"*.

No entanto, é interessante notar que Abelardo – e, certamente, isso não é apenas um artifício retórico – se refere a sua carreira com a ajuda de um vocabulário militar. Para ele, a dialética é um arsenal, os argumentos das armas, as *disputationes* dos combates. Minerva, pela qual ele abandona Marte, é uma deusa armada e belicosa[5]. Ele ataca, como um jovem cavaleiro, seus velhos mestres[6], sua aprendizagem escolar é a de um recruta – *tirocinium*[7]. As lutas intelectuais são para ele os torneios[8]. Desse modo, o filho do pequeno nobre do Pallet fica marcado pelo cunho de sua origem – assim como seu século é marcado pelo estilo de vida e o vocabulário da classe dominante. É o século de São Bernardo, quando os *athletae Domini* formam a *militia Christi*[9].

---

filios haberet, litteris antequam armis instrui disponeret" (Org. por Monfrin, p. 63, 13-17). Sobre a cultura dos laicos nessa época, cf. RICHE, P. *Melanges Saint Bernard*, 1953. • *Cahiers de Civilisation Médiévale*, 1962. Cf. tb. o rico estudo: GRUNDMANN, H. "Literatus-Illiteratus: Der Wandel einer Bildungsnorme von Altertum zum Mittelalter". *Archiv fur Kulturgeschichte*, 40, 1958, p. 1-65.

5. P. 63-64, 24-28.

6. P. 64, 37.

7. P. 64, 46.

8. P. 64, 58.

9. Em um artigo: "Heloïse e Abélard" (*Revue des Sciences Humaines*, 1958), P. Zumthor julgou poder reconhecer nas relações de Abelardo e Heloisa o tipo de um amor "cortês". Mesmo que se possa encontrar um certo estilo de expressão que se aproxima dele, parece-nos que o casal Abelardo-Heloísa se situa em um plano, em uma atmosfera totalmente diversos, senão opostos. Não queremos fugir de nosso tema ao tentar explicar aqui por que nos parece mais como o primeiro casal "mo-

Retirando-se do meio cavaleiresco, para se definir, Abelardo, não somente em virtude das vicissitudes de sua existência, mas, de forma mais profunda, do estado clerical de sua época, fracassou parcialmente ao se diferenciar em relação a outro ambiente: o ambiente monástico. Nos monastérios onde ele deve se isolar, o que torna o seu exílio insuportável é muito menos a indignidade dos costumes, a rusticidade, a hostilidade, do que a impossibilidade de levar uma vida de pesquisa intelectual e de ensino que são, deste ponto em diante, incompatíveis com a vida monástica[10].

Transplantado para o meio monástico como se estive em terra estrangeira, ele definha e se revela estéril:

> eu considerava, chorando, a inutilidade e a miséria da vida que ia levar, a esterilidade, tanto para mim quanto para o outro, que iria viver e o fato de que depois de ter sido anteriormente de grande utilidade para os clérigos, agora, tendo que abandoná-los por causa dos monges, não seria de nenhuma utilidade nem para eles, nem para os monges e eu perderia o fruto das pesquisas realizadas e dos meus esforços[11].

Hostilidade no meio monástico tradicional, mas também no novo monaquismo – que, de resto, começa a tomar fôlego no século XIII –, o dos eremitas, dos predicadores itinerantes, dos cônegos

---

derno" do Ocidente. Lembremos simplesmente que Jean de Meung, que o tomará para Parangona na segunda parte do *Romance da Rosa*, escreveu precisamente um romance "anticortês", como bem demonstrou PARÉ, G. *Les idées et les lettres au XIIIe siècle* – Le Roman de la Rose, 1947.

10. É na boca dos seus adversários, o que dá ainda mais valor à constatação, que ele situa a observação "*quod scilicet proposito monachi valde sit contrarium secularium librorum studio detineri*" (82, 683-685). Mais direta é a oposição entre *monachi* e *philosophi* (77, 506ss.), à qual regressaremos.

11. P. 99, 1238-1289.

regulares e de todos os reformadores da vida monástica – aqueles que, desdenhosamente, ele chama de os *novi apostoli*[12].

O seu meio é o meio urbano: "*ad urbem [...] rediens*"[13], eis a direção para a qual ele, seus discípulos, seus competidores são constantemente levados. Durante o episódio "eremítico" do Paracleto – "eles se pareciam mais com eremitas do que com estudantes"[14] – o entusiasmo dos estudantes transforma-se rapidamente em nostalgia da cidade. A tomada de consciência dos futuros universitários é apenas um aspecto da tomada de consciência da nova sociedade urbana.

Esse novo grupo social escolar, para além de sua diferenciação com o meio monástico, afirma, de forma mais geral, sua impotência e sua repulsa em viver outra coisa que não seja sua profissão especial, seu próprio tipo de trabalho: "Foi então que uma intolerável pobreza me constrangeu mais do que tudo em direção a uma escola, já que eu era incapaz de trabalhar a terra e que eu me envergonhava de mendigar. Assim, voltando ao único ofício que conhecia, eu fui forçado a me desviar do trabalho manual para me servir da minha língua"[15]. Texto fundamental onde a recusa do trabalho manual e da mendicância anuncia os grandes conflitos e as grandes opções do século XIII: "Eu não sou operário das mãos", dirá Rutebeuf.

Ao fim da atividade e da busca por *novos estudantes e sábios*, há, portanto, *pecunia e laus*[16]: o salário[17], sob uma forma qualquer, e a glória. Aqui, nós tocamos em dois pontos da consciência do grupo: sua base econômica e sua moral profissional.

---

12. P. 97, 1201.

13. A propósito de Guilherme de Champaux, 67, 133.

14. P. 94, 1092-1093.

15. P. 94, 1109-1113.

16. P. 81, 645.

17. Lembremos a fórmula bem conhecida: "*Scientia donum Dei est, ergo vendi non potest*", à qual é dedicado o artigo útil, mas faltando *background* econômico e social de POST, G.; GIOCARINIS, K. & KAY, R. "The medieval heritage of a Humanistic Ideal". *Traditio*, II, 1955.

Moral que é, antes de tudo, um estado de espírito. Abelardo – ainda imerso nas concepções morais de seu tempo e no ciclo tradicional dos pecados[18] – não esconde que a dignidade do novo grupo[19] se torna facilmente glória – *dedecus, gloria*[20] – e finalmente orgulho, esta superbia "que me nascia principalmente da ciência das belas letras"[21]. Pecado que é apenas a deformação da consciência profissional e que, através da elaboração teórica aristotélica, se tornará, principalmente no meio sigeriano do século XIII, a *magnanimidade do filósofo*.

Encontra-se aqui, finalmente, a palavra que marca o último grau alcançado por Abelardo sobre a tomada de consciência da especificidade do novo grupo ao qual ele pertence. Para um grupo novo, para um tipo novo, a consagração é ter a denominação.

Aliás, deparamo-nos aqui com o limite, em vários sentidos, do universitário medieval. O nome que ele prefere, definitivamente, o de *filósofo*, mereceria por si só uma análise minuciosa que, nos perdoarão por isso, nós não tentaremos aqui. Notemos apenas a referência aos antigos, aos pagãos – aos *gentis* –, as implicações intelectuais e metafísicas da palavra. Com o primado da filosofia, é o primado da razão sobre a autoridade que é simultaneamente afirmado. A palavra do filósofo cristaliza as atitudes abelardianas – "*indignado eu respondi que não era do meu hábito proceder pela rotina, mas pela inteligência*"[22] –, a oposição à antiga dialética e à antiga teologia[23].

---

18. Propusemo-nos, na ocasião de um trabalho sobre os manuais de confissão, estudar a metamorfose da vida psicológica e espiritual que se manifesta principalmente pela substituição de uma moral social (a dos estados) a uma moral individual (a dos pecados capitais).

19. P. 78, 533-535.

20. P. 75, 428, 431.

21. P. 71, 266-267.

22. P. 69, 208-210.

23. P. 82-83, 690-701, sublinha *a contrario* p. 84, 757-759.

Mesmo tomando as precauções necessárias – sem acordar ao vocabulário do século XII uma significação e um alcance anacrônicos – é necessário reconhecer aqui a inovação, a ousadia, o longo alcance. Encontraremos no meio sigeriano um novo progresso do *filósofo* – dele destacaremos então as coerências e os alcances históricos. *Filósofo*: é um nome pelo qual não só se toma consciência, mas também compromisso[24].

Com Filipe de Harvengt, caso não nos afastemos ainda mais no tempo, recolhemos o testemunho precioso de uma personalidade em todos os sentidos muito diferente da de Abelardo – o que sublinha o valor do complemento e da confirmação que ele confere ao mestre parisiense.

Filipe de Harvengt[25] é um moderado e, em muitos aspectos, um tradicionalista. Sua adesão ao novo movimento escolar é tão significativa que o abade de Boa-Esperança pertence a uma dessas ordens mais dedicadas a povoar e a valorizar as solidões do que a frequentar as cidades, os centros pré-universitários. Portanto, signo dos tempos de reconhecimento, por esse Premontrense, da necessidade para os clérigos de seguir o movimento – signo anunciador da fundação no século XIII dos colégios universitários monásticos, imitando os mendicantes.

Certamente, Filipe condena tanto os estudantes *vagabundos*[26] quanto os famigerados da ciência pura, da ciência pela ciência – testemunho, aliás, interessante sobre a existência dessa corrente *cientista*, ou ainda aqueles que buscam fazer comércio de seu saber[27].

---

24. Sem desconhecer, ao contrário, a necessidade de substituir o termo no terreno subjacente, ficaremos decepcionados com o pouco alcance das observações de CURTIUS, E.R. *La littérature européenne et le Moyen Age latin,* C. XI – Poésie et Philosophie, 248-260 [Edição francesa, 1956].

25. Sobre Filipe de Harvengt, cf. BERLIÈRE, U. *Revue Bénédictine*, 1892. • ERENS, A. *Dictionnaire de Théologie Catholique*, 12-1, p. 1.407-1.411.

26. "Ep. XVIII ad Richerum". *PL*, CCIII, 158.

27. "De Institutione Clericorum", III, XXXV. In: *PL*, CCIII, 710.

Certamente, para ele, a glória da ciência é a ciência das Escrituras – primazia que o *curriculum* universitário reconhecerá, de resto, à teologia[28].

Mas ele tem plena consciência, não somente do que é bem conhecido, da necessidade para os clérigos de estudar, mas conhece e aceita as novas condições da aquisição da ciência.

É antes necessário encaminhar-se a uma dessas cidades escolares, dentre as quais ele situa Paris no primeiro nível. O elogio a Paris em sua carta a Heroaldo é famoso[29]. Mas Paris, centro do ensino e da cultura, é por ele celebrado em outra passagem, como em sua carta a Engelbert, por exemplo: "A honra não consiste simplesmente em ter estado em Paris, mas em ter adquirido em Paris uma ciência honrosa"[30].

Ele sabe que a vida escolar é um ofício: *negotia scholaria*[31]. Tal ofício tem suas exigências econômicas e técnicas. Para se tornar sábio é preciso gastar dinheiro, ou melhor, enfrentar a pobreza, não a *paupertas voluntaria* dos mendicantes, mas a pobreza inevitável do estudante sem dinheiro[32]. Este aprendiz precisa de instrumentos de trabalho: sem dúvida, o ensino ainda é majoritariamente oral[33], mas o livro já se tornara um instrumento indispensável: "cidade feliz [diz ele a respeito de Paris], onde os santos rolos de manuscri-

---

28. Ibid., 706.
29. *PL,* CCIII, 31.
30. Ibid., 33.
31. "Ep. XVIII ad Richerum". *PL*, CCIII, 157.
32. "Ep. XVIII ad Richerum". *PL*, 203, 701. "*Sicut autem isti a labore discendi nociva revocantur prosperitate, sic multi, ut aiunt, praepediuntur paupertate. Videntes enim sibi non ad votum suppetere pecuniariae subsidia facultatis, imparati sufferre aliquantulae molestias paupertatis, malunt apud suos indocti remanere quam discendi gratia apud exteros indigere*".
33. "*Non tam audiri appetens quam audire*". *PL*, CCIII, 157.

tos são manuseados com tanto zelo"[34], e ainda: "eu acredito que não haja nada mais conveniente para um clérigo do que estar suspenso no estudo das belas-letras, tendo um livro em suas mãos..."[35].

Ele se conscientiza principalmente – ainda que sua solução seja, como de costume, a de um compromisso moderado – da necessidade para o clérigo de escolher entre o trabalho intelectual e o trabalho manual. A passagem em que trata do problema[36] é de fundamental importância. De fato, no grande debate sobre o trabalho manual que animou o mundo monástico nos séculos XII e XIII, ele adota a atitude do antigo monaquismo – de fato hostil, apesar das concessões feitas ao trabalho manual, *slogan* em moda no século XII –, mas em uma perspectiva nitidamente diferente daquela de Rupert de Deutz ou de Pierre o Venerável, preocupados antes de tudo em defender, contra o novo monaquismo, a tradição pós-beneditina e cluniacense de uma vida monástica dedicada ao *Opus Dei* – em uma nova perspectiva, moderna, aquela que veremos afirmar-se no século XIII com os mendicantes. É a consciência da especialização do clérigo sábio que limita estreitamente sua parte na existência do trabalho manual. Com menos rigor, como sempre, Filipe de Harvengt aproxima-se aqui de Abelardo: *trabalhar com as mãos não é mais afazer (negotium) do clericus scolaris.*

---

34. *PL*, CCIII, 31.

35. Ibid., 159.

36. "De institutione Clericorum". *PL*, 203, 706. *"Possunt enim [clerici] et curas ecclesiasticas licenter obtinere, et labori manuum aliquoties indulgere, si tamen ad haec eos non vitium levitatis illexerit, sed vel charitas vel necessitas quasi violenter impulerit. Apostolus quippe et sollicitudinem gerebat Ecclesiarum, quia eum charitas perurgebat, et laborabat manibus quando necessitas incumbebat. Denique cum Timotheum instrueret, non ab eo laborem relegavit penitus, sed eum potius ordinavit, ut osenderet non esse alienum a clerico aliquoties laborare, si tamen id loco suo noverit collacare. Debet enim studium praeponere scripturarum, et ei diligentius inhaerere, laborem vero manuum, non delectabiliter sed tolerabiliter sustinere, ut ad illud eum praecipue alliciat delectatio spiritalis, ad hunc quasi invitum compellat necessitas temporalis".*

Enfim, Filipe de Harvengt, sempre procurando, à sua maneira, uma conciliação e até uma hierarquia entre o monastério e a escola, o claustro e o gabinete de trabalho, distingue-os cuidadosamente em um texto que também teve grande alcance:

> Em primeiro e principal lugar deve estar, para os clérigos, o claustro monástico [...] mas em segundo lugar deve estar a frequência das escolas, cujo amor deve conduzir o clérigo esclarecido a renegar as coisas laicas, a fim de não subir na nave do claustro sem carga bastante para não naufragar, mas ao contrário para poder agarrar o barco e a jangada próximos [...][37].

Assim, o antagonismo entre São Bernardo e Filipe de Harvengt ultrapassa largamente o quadro do pequeno fato que os opôs[38]. Ao monge-combatente que chega a Paris para tentar desviar os estudantes, que faz do monastério a única *schola Christi*, que lança o anátema sobre Paris-Babilônia[39], opõe-se o abade esclarecido que, para além do esforço para conciliar o claustro e a escola, reconhece a utilidade, a necessidade e a especificidade desta e saúda a cidade santa da ciência – *"merito dici possit civitas litterarum"*[40] – Paris-Jerusalém.

*

O grande conflito entre mendicantes e seculares no século XIII revela a acuidade trazida pela tomada de consciência de si, enquanto corpo institucional, por parte dos universitários parisienses[41].

---

37. *PL*, CCIII, 159.

38. DELHAYE, P. "Saint Bernard de Clairvaux et Philippe de Harvengt". *Bulletin de la Société Historique et Archéologique de Langres*, 12, 1953.

39. "De conversione ad clericos sermo". *PL*, 182, 834-56.

40. "Ep. ad Heroaldum". *PL*, CCIII, 31.

41. Existe uma vasta literatura sobre o conflito. O essencial vem citado no trabalho, com um espírito tradicional, de D. Douie: "The conflict between the Seculars and the Mendicants at the University of Paris in the XIIIth century" (*Aquinas Society of London* – Aquinas Paper, n. 23, 1954.

Não há dúvida de que o partido secular – mesmo que o debate se esconda por trás das questões de doutrina e mesmo que outros problemas, que não os corporativos, tenham tido um papel de primeira ordem – foi contra os universitários mendicantes porque ele estava persuadido da incompatibilidade do duplo pertencimento a uma ordem monástica e a uma corporação universitária.

Nós reteremos aqui apenas dois pontos.

O primeiro, fundamental, é o esforço de alguns, sobretudo de Siger de Brabant e de seus amigos, para dar uma base teórica a sua consciência profissional. Mas ainda é difícil de compreender por que a entrada dos mendicantes nas universidades trouxe para esses monges – sobretudo os franciscanos – problemas que evidenciam a tomada de consciência do estado universitário.

Nós nos limitaremos a ilustrar esse conflito interno, mas esclarecendo para além das fronteiras monásticas, através de um exemplo.

Mesmo que a questão não tenha provocado nos franciscanos querelas tão amargas e não tenha sido tão central para a ordem quanto a questão da pobreza, a ciência, isto é, com efeito – e tal equivalência é reveladora da situação intelectual no século XIII –, a frequência das universidades, foi um dos problemas-chave da ordem após a morte de São Francisco.

A posição do santo é conhecida. Se ele admite o conhecimento aprofundado das Escrituras, condena a ciência nas Ordens Menores. Sua atitude reside na convicção de que a ciência é incompatível com a pobreza. Incompatibilidade que vem antes de tudo do fato de que, tendo uma visão tradicional a respeito do saber, São Francisco, imbuído da concepção entesourada da Alta Idade Média, via na ciência uma posse, uma propriedade, um tesouro. Sua ideia a esse respeito é reforçada pelos aspectos novos que a ciência tomou em seu tempo: frequentar as universidades, possuir livros vai contra a prática da pobreza.

No esforço dramático de seus discípulos – de alguns de seus discípulos, mas que eram os mais ilustres e importantes – em se adaptarem às condições práticas da existência no século XIII, sem renegar o espírito de seu fundador, a justificação do saber ocupa um lugar preponderante.

O texto fundamental é o *Expositio IV magistrorum super regulam*[42]. A frase comentada da regra é a seguinte: "Do salário de seu trabalho eles só aceitam para eles próprios e seus irmãos aquilo que é necessário ao corpo, com exclusão do dinheiro".

Eis aqui o comentário dos mestres:

> No que se refere a esse ponto, a questão é saber se os irmãos, do mesmo modo que recebem livros e outras coisas das quais eles podem se servir, podem receber a matéria-prima de seus ofícios e dela fazer, por intermédio de seu trabalho, algo através do qual eles adquiririam, em seguida, provisão para as necessidades do corpo, como, por exemplo, o pergaminho para fazer livros, o couro para fazer sapatos etc. E eles poderiam também receber ouro e prata e metais com os quais eles fabricariam moedas e outras coisas preciosas, com as quais comprariam o que lhes é necessário. Para alguns, não se pode receber em propriedade nenhuma matéria-prima, mas nós só podemos emprestar nosso trabalho a alguém que possui a matéria-prima para se adquirir o necessário. Isso por causa da propriedade que está ligada à posse da matéria-prima que recebemos para vender. Para outros, é preciso distinguir entre as matérias-primas. Há efetivamente matérias-primas que não têm valor, todo o valor advindo do trabalho, como, por exemplo, as corti-

---

42. OLIGER, L. (org.). *Expositio quatuor magistrorum super regulam fratrum minorum* (1241-1242), 1950.

nas e esteiras, feitas de juncos ou de matérias similares; tal matéria-prima não figura na fortuna da pessoa e os que são dessa opinião dizem que os irmãos podem receber tal matéria-prima [...]

Assim, através de uma argumentação tradicional em relação ao mundo monástico, a prioridade é colocada sobre a *ars*, sobre o trabalho, sobre o ofício. O livro material sendo assim admitido, em breve o será também seu conteúdo e o trabalho intelectual do qual ele se torna o suporte inevitável.

São Boaventura, na *Epistola de tribus quaestionibus,* não se contenta em legitimar o uso dos livros e a prática da ciência, ele limita ao máximo as obrigações referentes à prática do trabalho – por vezes à custa de espantosas contradições até mesmo com as afirmações do Testamento de São Francisco – com o objetivo evidente de assegurar todo o tempo e toda a atenção necessários ao trabalho intelectual[43].

Dessa forma, a objeção ao trabalho manual se acentua, tanto em relação à prática essencial da mendicância quanto à do trabalho

---

43. K. Esser ("Zu der 'Epistola de tribus questionibus' des hl. Bonaventura". *Franziskanische Studien*, 17, 1940, p. 149-159) mostrou bem que São Boaventura tomara emprestado a maior parte de seu comentário ao joaquimita Hugues de Digne ("Expositio Regulae". In: *Firmamenta trium ordinum beatissimi patris nostri Francisci*. Paris, 1512, par. IV). A propósito da atitude de São Francisco em relação ao trabalho manual, Boaventura exagera Hugues de Digne, fornecendo um pormenor que só nele encontramos na literatura franciscana do século XIII: "*Ipse autem [Franciscus] de labore manuum parvam vim faciebat nisi propter otium declinanndum, quia, cum ipse fuerit Regulae observator perfectissimus, non credo quod unquam lucratus fuerit de labore manuum duodecim denarios vel eorum valorem*" (Op. cit., p. 153). Cf. contra *Testamentum*: "*Et ego mambus meis laborabam, et volo laborare. Et omnes alii fratres firmiter volo, quod laborent de laboritio, quod pertiriet ad honestatem*" (BOEHMER, H. "Analekten zur Geschichte Franziskus von Assisi". *Sammlung ausgewaehlter Kirchen- und Dogmengeschlchtllcher Quellensschriften*, 4, 1930, p. 37).

intelectual. Assim se encerra um debate fundamental, já marcado pelos textos de Abelardo e de Filipe de Harvengt, e ao qual Santo Tomás de Aquino, diante dos ataques de Guilherme de Saint-Amour e de seus amigos e discípulos, dará uma conclusão determinante no *Contra Impugnantes*[44].

Com Santo Tomás afirmou-se sem rodeios a necessária especialização do trabalhador intelectual. O universitário tem seu ofício. Que ele deixe com outras pessoas o cuidado de trabalhar manualmente – o que também tem seu valor espiritual –, mas que não perca seu tempo com o aquilo que não é de sua conta. Dessa forma, no plano teórico, legitimou-se o fenômeno essencial da divisão do trabalho – fundamento da especificidade do universitário.

*

Mas coube aos mestres seculares e, especificamente, aos adeptos do "aristotelismo integral" ou do averroísmo, a tarefa de conferir à tomada de consciência dos universitários a sua formulação mais intransigente.

Essa formulação pode ser encontrada, antes de tudo, nas *Quaestiones Morales* de Siger de Brabant[45] e no *De Summo Bono* de Boécio de Dacie[46]. Como bem notou P. Gauthier[47], a batalha se deu em tor-

---

44. *Contra impugnantes Dei cultum et religionem*, I, IV ad 9: *"Quando enim aliquis per laborem manuum non retrahitur ab aliquo utiliori opere, melius est mambus laborare, ut exinde possit sibi sufficere, et aliis ministrare [...].Quando autem per laborem manuum aliquis ab utiliori opere impeditur, tunc melius est a labore manuum abstinere [...] sicut patet per exemplum Apostoli, qui ab opere cessabat, quando praedicanci opportunitatem habebat. Facilius autem impedirentur moderni praedicatores a praedicatione per laborem manuum quam Apostoli, qui ex inspiratione scientiam praedicandi habebant; cum oporteat praedicatores modern temporis ex continuo studio ad praedicandos paratos esse".*

45. STEGMÜLLER. "Neugefundene Quaestionen..." *RThAM*, 3, 1931, p. 172-177.

46. DACIE, B. "De Summo Bono sive de vita philosophie". *AHD*, 6, 1931, p. 297-307.

47. GAUTHIER, R.-A. *Magnanimité* – L'idéal de la grandeur dans la philosophie païenne et dans la théologie chrétienne, 1951.

no da humildade e de sua antítese ética: a *magnanimidade*. Tratase efetivamente – Aristóteles e a *Ética de Nicômaco* fornecendo o arsenal necessário – de fundar em teoria essa *dignitas*, essa *gloria* do universitário, já avançadas por Abelardo. É o "aristocratismo pagão da moral aristotélica" que dá uma resposta. A tomada de consciência do universitário culmina na definição de uma virtude específica colocada no topo da hierarquia ética e que serve como fundamento à proclamação da superioridade do *status* universitário caracterizado por essa virtude maior[48].

Por isso a Quaestio 1ª de Siger: "Primeira questão: seria a humildade uma virtude?" à qual ele responde: "É demonstrado que não. Pois a humildade é oposta à virtude, isto é, à magnanimidade que é a busca das grandes coisas. A humildade, ao contrário, caça as grandes coisas"[49]. Essa pergunta é o ponto de partida natural para a exaltação das virtudes intelectuais ligadas ao *status* universitário tal qual aparece na Quaestio 4ª: "Outra questão: o que vale mais para um filósofo: ser celibatário ou ser casado? É preciso responder que o objetivo do filósofo é o conhecimento da verdade [...]. As virtudes morais têm como finalidade as virtudes intelectuais. O conhecimento da verdade é, portanto, o objetivo final do homem [...]"[50].

É possível assimilar bem o encaminhamento que conduz a algumas das proposições condenadas em 1277. Proposição 40: "não há estado melhor do que o do filósofo"[51]. Proposição 104: "a humanidade não é a forma de uma coisa, mas da razão"[52] – possível ponto de partida, para além da escolástica, para um "humanismo" universitário, intelectual e "racionalista". Proposição 144: "todo o

---

48. Cf. principalmente o texto citado por R.-A. Gauthier, 468, n. 2, e atribuído por ele a Jacques de Douai: "*Sicut tamen alias dixi, statur philosophi perfectior est statu principis...*"

49. STEGMÜLLER. "Neugefundene Quaestionen..." Op. cit., 172.

50. Ibid., 175.

51. DENIFLE, H. & CHATELAIN, A.E. *Chartularium Universitatis Parisiensis*, I, 545.

52. Ibid., I, 549.

bem acessível ao homem consiste nas virtudes intelectuais"[53]. Proposição 154: "Os únicos sábios do mundo são os filósofos"[54]. Proposição 211: "Nosso intelecto pode, através de seus dons naturais, atingir o conhecimento da causa primeira"[55].

Posição extrema, sobretudo sob a forma polemicamente reunida, talvez deformada, caricaturada, que lhe é conferida pelo *Syllabus* de 1277. Mas é uma posição bastante difundida entre os universitários parisienses da segunda metade do século XIII, ao ponto de ser possível reencontrá-la, quase sem alterações, num "contemporâneo moderado e informado" como Jacques de Douai[56].

Nota-se que a designação, a palavra-definição, a palavra-insígnia é decididamente a de filósofo, já empregada por Abelardo. O termo não é insignificante. Sem dúvida, ele se refere principalmente, para os sigerianos, ao paganismo antigo. Mas, para além disso, ele nos evoca uma linhagem. Sob as mutações que o tempo lhe imporá é legítimo reconhecer, *mutatis mutandis*, no filósofo do século XIII, o antepassado abortado do filósofo do século XVI – esse cético religioso que é, por exemplo, o ideal de um Charron – e do filósofo do século XVIII. Tipo individual, grupo profissional e intelectual, os *viri philosophici* do Ms. Paris BN Lat. 14698 são prefigurações dos filósofos do *Aufklärung*.

Filósofos que se opõem, é claro, aos teólogos, em um primeiro momento (e é também a rivalidade do "artista", universitário puro, universitário por excelência, e do teólogo)[57], mas também aos *homines profundi* – falsos sábios, obscurantistas questionados pela proposição 91 de 1277: "A razão do filósofo, quando demonstra que

---

53. Ibid., I, 551.
54. Ibid., I, 552.
55. Ibid., I, 555.
56. GAUTHIER, R.-A. Op. cit.
57. Cf. a proposição 153 de 1277: "*Quod nichil plus scitur propter scire theologiam*", de DENIFLE & CHATELAIN, I, 552.

o movimento do céu é eterno, não é culpada de sofisma; é surpreendente que homens profundos não vejam isso"[58].

Filósofos seguros, evidentemente, de sua razão, ou melhor, de suas virtudes intelectuais que elevam seu *estado* acima dos outros – mas também que tomam consciência de que sua *dignidade* talvez seja a de se limitarem a certas verdades demonstráveis, que sua vocação talvez seja a de se contentarem em explicar, não em pregar. Na *célebre passagem dialética* entre Santo Tomás de Aquino e Siger de Brabant, da qual trata P. Gauthier[59], não será possível perceber em Siger uma tomada de consciência dessa *neutralidade escolar* – ainda hoje tão difícil de ser conquistada?

*

Permitam-nos, para terminar, buscar no início do século XV, à maneira de epílogo, a imagem que tinham de si próprios os universitários, e de retirar essa imagem no Chanceler Jean Gerson[60]. Sem dúvida, ainda aqui, é presunçoso buscar definir o universitário gersoniano e a consciência que ele tinha de si sem ter procurado elucidar as relações que ele estabelece com essas realidades novas e fundamentais que são a *douta ignorância* e a *devotio moderna*.

Constatemos apenas – sem tentar analisar nem o conteúdo positivo dessas realidades intelectuais e espirituais, nem as razões profundas que levam os universitários do declínio da Idade Média a essas renúncias e mutações – que os fundamentos da especificidade e da dignidade universitária tais quais definidos desde Abe-

---

58. Ibid., I, 548.

59. GAUTHIER, R.-A. "Trois commentaires "averroïstes" sur l'Ethique à Nicomaque". *AHD*, 16, 1948, p. 224-229.

60. Sobre Gerson, sabemos a importância dos trabalhos de Mgr Combes e do artigo de Mgr P. Glorieux: "La vie et les oeuvres de Gerson". *AHD*, 1950-1951, vol. 25/26, p. 149-192. Também é útil verificar: MOURIN, L. *Jean Gerson, prédicateur français*, 1952. Não pude consultar POSTHUMUS MEYJES, G.H.M.: *Jean Gerson, zijn kerkpolitek en ecclesiologie*, 1963.

lardo até Siger de Brabant, desapareceram ou foram eficazmente destruídos.

Sem dúvida, Gerson relembra as virtudes propriamente intelectuais, científicas da universidade. Ela é *mãe dos estudos, mestra da ciência, senhora da verdade*. Gerson destaca diversas vezes (com uma insistência que se compreende pela referência ao rei louco, para quem ele se endereça, e ao entorno, de onde ele dirige a palavra) da superioridade da medicina sobre a charlatanice. Ele elogia médicos contra "bruxos, mágicos, encantadores e loucos do gênero"[61], coloca acima de todos eles os falsos curandeiros, os "mestres em medicina que estudaram todo o tempo nos livros daqueles que desvendaram e declararam a medicina".

Mas qual é essa verdade que ela ensina, essa luz que ela resplandece – ela que é o "belo clarão de sol da França, até mesmo de toda Cristandade"[62], "o belo clarão de luz de toda santa Igreja e Cristandade"?[63]

Há *três formas de vida: a)* a vida corporal, carnal e pessoal; *b)* a vida civil, política e universal; *c)* a vida de graça, divina ou espiritual. Mas, dessas formas, "a primeira é falível, a segunda tem a qualidade de permanência, e a terceira é perdurável"[64]. Sem dúvida, a universidade governa as três vias, isto é, tudo: a vida corporal é regida pela Faculdade de Medicina, a vida política pela Faculdade das Artes e dos Decretos, a vida divina pela Faculdade de Teologia. Mas a hierarquia que existe entre esses níveis confere um preço particular ao segundo e ao terceiro destes níveis.

Assim, seu papel intelectual se apaga diante de seu papel político e de seu papel espiritual. Papel político que é, aliás, definido

---

61. *Vivat Rex*, 1951, f. IIr e 45 v.
62. Ibid., f. 2 r.
63. Ibid., f. 3 r.
64. Ibid., f. 7 v.

como subordinado a fins propriamente espirituais. A universidade "tende para a franqueza e a liberdade do povo da França, e à restauração, não do templo material, mas espiritual e místico de toda a santa Igreja [...]"[65].

O objetivo é de fato a *ordem* e a *paz*. Mas para além das grandes conciliações do momento – reconciliação nacional do povo francês despedaçado pelas facções, reconciliação da Cristandade pelo fim do Grande Cisma – um objetivo mais profundo aparece, a conservação da ordem existente. Aos licenciados em direito civil, ressalta Gerson[66]. E quando ele evoca, com alguma reticência, os *tiranos*, é definitivamente para felicitá-los por fazerem respeitar a propriedade e a ordem[67].

Os universitários dos séculos XII e XIII tinham consciência de sua vocação de descobridores, os do século XV se contentam em ser conservadores. Daí – estamos longe da magnanimidade – uma constante depreciação dos aspectos intelectuais e materiais da profissão universitária. Diante dos futuros juristas, curiosamente Gerson reduz a uma pura utilidade negativa o benefício da sua ciência, que só existe como *consequência do pecado; o direito, a justiça são apenas consequências inevitáveis do mal*: "O Senhor não teria necessitado de legistas nem de canonistas no estado primitivo da natureza, assim como ele não necessitará no estado da natureza glorificada"[68] e, concluindo, a teologia é superior ao direito.

---

65. Ibid., f. 4 v.

66. "Recommendatio licentiandorum in Decretis". In: GERSON. *Opera*, 2, 1606, p. 828-838. Paris. "*Dominus ita vobis opus habet [...] et hoc ad regimen suae familiae grandis quietum et tranquillum [...]. Ea enim demum vera pax erit, ea gubernatio idonea ea servitus placens Domino, si manet unicuique debitus ordo. Ordo autem quid aliud est nisi parium disparumque rerum sua unicuique tribuens collatio. Hunc ordinem docere habetis*" (p. 829).

67. "*On parle d'aucuns pais gouvernez par tyrans, qui travaillent en plumant leurs subiects: mais le demeurant est seur et bien garde, tellement qu'il n'est homme qui osast ravir un seul poussin, ou geline sur la Hart...*" (*Vivat Rex*, f. 33 v).

68. "Recommendatio". *Opera*, II, 832.

O curto texto em que declara querer se desligar de sua carga de chanceler[69] é, à primeira vista, apenas um lugar-comum. Mas Gerson é sincero. É que ele despreza todos os aspectos *técnicos* do ofício universitário. É verdade que ele preferiria dizer a missa, rezar, recolher-se, ao invés de ter que fazer o *trabalho administrativo*.

Enfim, aos estudantes do colégio de Navarra ele dá uma singular carta de conservantismo. O elogio que ele faz dos *caminhos percorridos*[70] surpreende, mesmo que se conheça este conservador grandiloquente e medíocre. Se relemos o elogio que faz dos médicos, percebemos que ele só os preza por sua ciência livresca dos Antigos. Ó Hipócrates! Ó Galeno!

Aliás, o que é, aos seus olhos, a universidade? Uma pessoa de direito divino, *filha do rei* e, sobretudo, filha de Adão, vinda do paraíso terrestre pelos hebreus, o Egito de Abraão, Atenas e Roma. A *translatio studii* se transformou em lei de sucessão *pela graça de Deus*. A corporação artesanal se tornou uma princesa de sangue[71].

Daí a soberba com que afasta os atrevidos que têm a audácia de chamar a universidade à sua função profissional: "e se alguém diz: em que deseja ela (a universidade) se envolver ou se misturar? Olhar para livros e estudá-los não é muito aconselhável, de que vale o conhecimento sem a ação?" (*e s'aucun dit: De quoy se veult elle entremettre ou mesler? Voise estudier ou regarder ses livres: c'est trop petitement advise, que vauldroit science sans operation*)[72].

Assim, o universitário gersoniano toma consciência de uma nova vocação, política em suma, mas mais largamente nacional e

---

69. "*De onere et difficultate officii cancellariatus et causis cur eo se abdicare voluerit Gersonius*". Opera, II, 1606, p. 825-828.

70. "*Sequamur tritum iter commodius plane et ab errorum scandalorumque discrimine remotius*" [*ut, posthabitis recentioribus, antiquiores legant*]". Opera, I, 1606, p. 558.

71. A Universidade de Paris é qualificada de "filha do Rei", em *Vivat Rex*, f. 2 r, 4 v etc.

72. *Vivat Rex*, f. 9 r.

internacional. A consciência profissional do universitário medieval se transforma, no início do mundo moderno, em consciência moral. Qual é o lugar do universitário na nação, na sociedade universal? Quais valores ele tem para proclamar, promover, defender?

Os universitários contemporâneos foram capazes de realizar plenamente essa nova tomada de consciência, nascida de um abalo profundo?

Em todo caso, o universitário gersoniano, ao renegar a consciência profissional, recusava-se os meios de exercer essas novas prerrogativas. A universidade nada mais era do que uma casta. Ela ainda estava, sem dúvida, aberta aos que chegavam: Gerson insiste no fato de que, pelo seu recrutamento social, a Universidade de Paris, aberta a todas as classes, representava bem o conjunto da sociedade. Mas ela era uma casta por sua mentalidade e sua função. A corporação dos manejadores de livros se transformava em um grupo de teólogos repetidores que se arrogavam a qualidade de policiais do espírito e dos costumes, queimadores de livros. Eles iam até mesmo começar queimando Joana d'Arc – apesar de Gerson.

Ao deixarem – apesar de certos esforços merecidos – os progressos da ciência se cumprirem graças a humanistas, na sua maior parte estrangeira à sua casta, eles renunciavam em representar o papel espiritual que só podia encontrar fundamento legítimo no cumprimento de seu papel profissional. Sua consciência corporativa extraviada os impedia de levar a termo sua tomada de consciência pública.

11
As universidades e os poderes públicos na Idade Média e no Renascimento

I. Considerações gerais

A dificuldade do estudo das relações entre universidades e poderes públicos entre os séculos XII e XVII não se deve apenas às lacunas de documentação, sobretudo para o período mais antigo, mas também à insuficiência de estudos monográficos, ao número muito limitado de dados numéricos e de trabalhos de caráter estatístico. Ele provém principalmente do próprio tema. Trata-se, efetivamente, de dificuldades inerentes:

1º) À diversidade das próprias universidades e às suas contradições internas.

Mesmo não se tomando as universidades no sentido primitivo de *corporação* (*universitas* em geral, *magistrorum* e *scolarium*), mas no sentido de *centro de ensino superior* (isto é, de *studium generale*, sem entrar nas discussões sobre o sentido preciso dessa expressão, nem sobre o nível exato do ensino dispensado nas universidades medievais), encontramo-nos, todavia, diante de organismos diversos, complexos, ambíguos:

a) Nem sempre há coincidência entre a *organização profissional* (em geral nas mãos de mestres agrupados em colégios de doutores) e a *organização corporativa* e notadamente *financeira* onde mestres e estudantes não desempenham o mesmo papel em todas as universidades (cf. ao menos para os séculos XII ao XIV o modelo bolonhês, que tem a preponderância de estudantes e o modelo parisiense, que tem a preponderância de mestres).

b) As universidades não oferecem a mesma feição científica, nem do ponto de vista das *disciplinas* ensinadas, nem do ponto de vista de sua organização institucional: as *faculdades*; é raro que uma universidade comporte todas as faculdades, ainda mais raro que essas faculdades tenham a mesma importância (do ponto de vista das relações com os poderes públicos, por exemplo, é fundamental que a faculdade dominante seja a de teologia ou uma faculdade orientada para as carreiras "lucrativas" ou "utilitárias" – direito ou medicina –, e, ainda mais, que a universidade comporte ou não comporte uma faculdade de *direito civil*, isto é, romano: cf. o caso de Paris e da Bula de Honorius III de 1219).

c) O *estatuto jurídico* dos universitários é maldefinido. Sem dúvida, os privilégios que eles adquirem tendem a definir um estatuto especial dos universitários (*status studentium* ou *ordo scholasticus*), mas este estatuto, que se aproxima do estatuto eclesiástico, se aplica a pessoas cujo *estado social* concreto é diverso e muito ambíguo, nem totalmente eclesiástico, nem totalmente laico. Sem dúvida, a evolução da significação do termo *clericus*, que tende a significar precisamente sábio, letrado e que, em certas línguas, chega a evoluir ao sentido de funcionário (*clerk* inglês, *clerc* francês), trai esse esforço de adaptação do vocabulário às realidades sob a pressão do fato universitário. Mas o *foro universitário* permanece difícil de ser definido, fonte de conflitos constantes, enquanto a condição dos universitários oscila entre dois polos, o do clericato e o do laicato.

d) Os universitários não estão sozinhos na sociedade da Idade Média e do Renascimento, cuja condição é definida ao mesmo tempo de um ponto de vista econômico – como profissionais, técnicos, *homens de ofício* –, e de um ponto de vista social – como privilegiados, que é o caso de todos os membros de corporação. Mas, entre os universitários, essa ambiguidade pode atingir um aspecto fundamental contrastado, sendo o universitário um *assalariado* ou um *prebendado*. Ora, não somente esses dois tipos de universitários, cuja dependência econômica e jurídica em relação aos poderes públicos é radicalmente diferente, podem se encontrar em uma mesma universidade, mas os mesmos universitários subsistem, muitas vezes, de remunerações de tipo misto. Enfim, e isso é verdadeiro principalmente para os estudantes, o caráter de uma universidade se transforma muito de acordo com a proporção de pobres e de ricos que a compõem e esta proporção pode variar notavelmente de uma universidade a outra (especialmente em função da fisionomia sociológica de seu enraizamento urbano: nesse sentido, Paris e Cambridge, por exemplo, estão quase em polos opostos).

e) Assim como elas acolhem membros de *qualquer origem social*, o que coloca os poderes públicos diante de grupos praticamente únicos na sociedade estratificada da Idade Média e do Renascimento, da mesma forma, as universidades são abertas a pessoas de qualquer nacionalidade. Disso resulta não apenas uma tensão fundamental entre as autoridades locais ou nacionais e esse *grupo internacional*, mas a organização dos universitários em *"nações"* – cujo número e cuja natureza variam de acordo com as universidades e que não respondem a critérios estritamente nacionais nem geográficos – também complica a estrutura das universidades e sua personalidade face aos poderes públicos.

2º) Perante esse parceiro-proteu, *os próprios poderes públicos são também diversos e múltiplos*.

a) Mesmo quando as universidades são confrontadas a uma só autoridade pública, esta poder ser: uma *cidade* (e é preciso fazer uma distinção entre as relações da universidade como corpo político que governa a cidade: conselho urbano, comuna, echevinato, podestade etc., e o grupo social que a domina e, além disso, com a sociedade urbana global), um *poder senhorial*, um *poder principesco ou real*, o *poder imperial* (nesse caso se coloca o problema da natureza do poder imperial dentro da universidade: exemplo das relações da Universidade de Bolonha com Frederico Barba Ruiva ou Frederico II, ou da Universidade de Praga, universidade boêmia ou imperial?).

b) O caso do poder imperial leva à constatação de que as universidades, na maioria das vezes, têm que tratar não apenas com um só poder público, mas com uma multiplicidade de poderes públicos, entre os quais existe, ou uma hierarquia muitas vezes difícil de ser definida e respeitar, ou oposições mais ou menos nítidas de interesses e de políticos (é o caso de Bolonha, entre a Comuna e o Império). Trata-se aqui de uma situação característica da Idade Média, e que lembra, *mutatis mutandis*, o caso de vassalagem múltipla.

3º) Não somente os dois parceiros, universidades e poderes públicos transformam-se entre os séculos XII e XVII, mas também a natureza de suas relações. Encontramo-nos, portanto, diante de uma *evolução com muitas variáveis.*

a) Uma primeira disparidade nasce da diferença das *origens*, e o contraste principal aqui é entre as universidades *criadas* pelos poderes públicos e as universidades nascidas *"espontaneamente"*, porém a oposição entre esses dois tipos de universidades e de relações não é tão evidente quanto pode parecer à primeira vista. De fato, as universidades nascidas "espontaneamente" formaram-se sob a ação, se não de fatores, ao menos de situações nas quais a atitude e as necessidades dos poderes públicos e das forças que eles representavam sempre tiveram um papel mais ou menos importante. Por outro lado, o nascimento dessas universidades cumpriu-se, ou graças à ajuda dos poderes públicos, ou apesar de sua hostilidade mais ou menos expressiva.

b) Criadas ou nascidas espontaneamente, as universidades viram, desde a origem, suas relações com os poderes públicos sendo definidas e orientadas diferentemente, de acordo com a *data de sua origem*. Ainda que a evolução geral tenha se dado no sentido de uma uniformização da natureza das relações entre universidades e poderes públicos, a natureza dessas relações, em geral, não foi a mesma conforme as universidades foram surgindo nos séculos XII, XIII, XIV, XV ou XVI.

4º) As relações entre universidades e poderes públicos ainda foram especificamente complicadas por conta dos vínculos destes dois parceiros com a *Igreja*, não somente por causa do papel dominante desempenhado pela Igreja e pela religião (a Reforma complicando ainda a situação no século XIV), mas pela posição ambígua da própria Igreja enquanto poder simultaneamente temporal e espiritual, e o caráter, em larga medida "clerical" das universidades. Levar-se-á em consideração, nessa relação, tanto quanto é possível fazer a distinção, apenas o aspecto temporal das relações entre a Igreja e as universidades, lá onde o poder eclesiástico aparece como poder público.

5º) Finalmente, ressaltemos uma dificuldade inerente à natureza de uma grande parte da documentação concernente ao nosso problema. Trata-se muitas vezes de estatutos, de privilégios, de constituições etc., isto é, de documentos legislativos, administrativos, teóricos. A realidade concreta das relações entre as universidades e os poderes públicos deve ter se afastado muito frequentemente desses princípios. A dificuldade em apreender tais relações concretas torna ainda mais delicado o nosso tema.

*

Tendo em vista tais dificuldades, nós nos limitamos às seguintes escolhas:

a) Trata-se mais de um inventário dos problemas e da proposição de um quadro para abordá-los do que da busca por uma resolução desses problemas.

b) Nós afastamos três tipos de planos possíveis: 1º) um plano *por tipos de universidades:* ainda que uma *tipologia das universidades* trouxesse grandes serviços à história das universidades, e esperamos que a discussão de nosso relatório ajude a constituí-la, não nos parece que possa haver, referente a nosso tema, um critério operacional de classificação das universidades; 2º) um plano por tipos de *poderes públicos*: este plano nos parecia improdutivo e pouco propício para destacar os aspectos mais importantes de nosso tema para definir a contribuição da história universitária à história global e ao método histórico; 3º) um plano *cronológico*: situado, apesar da diversidade dos casos locais, nacionais ou regionais, em *meados do século XV*, separando assim um período medieval e um período renascentista, corte que nos parece ter um valor fundamental, tanto para nosso problema quanto para a história geral na qual nos esforçamos em situá-lo.

Portanto, optamos por um plano *segundo os aspectos e as funções* das universidades. Não dissimulamos o fato de que esse plano nos conduz a distinções e a um recorte mais ou menos abstrato, mas ele nos pareceu o mais apropriado para se destacar o essencial: *a natureza e o papel do meio universitário* nas sociedades globais onde ele está envolvido e nas quais ele age: os estados, seja qual for sua natureza, urbanos, senhoriais, nacionais etc.

c) Procuramos principalmente valorizar essas relações através das *tensões e dos conflitos*, mais particularmente reveladores da natureza dos grupos sociais e das instituições nas quais são representados. Mas não nos esqueçamos de que as relações entre as universidades e os poderes públicos não se definem apenas por antagonismos, que não se reduzem a uma sequência de crises e de lutas, que também se apoiam e se sustentam uns aos outros, que suas relações se definem igualmente por *serviços* recíprocos, e que um *respeito* mútuo muitas vezes prevaleceu diante das oposições fundamentais ou ocasionais.

II. Universidades e poderes públicos na Idade Média (do século XII a meados do século XV)

1) As universidades como corporações

a) Enquanto corporações, as universidades medievais buscam um *monopólio escolar*, isto é, antes de tudo o monopólio da colação de graus que as coloca, principalmente no começo de sua história, em conflito com a autoridade eclesiástica, mas não com os poderes públicos.

b) Elas procuram, em seguida, a autonomia jurídica, pela qual obtêm, com certa facilidade, o reconhecimento dos poderes públicos, que seguem geralmente a tradição inaugurada desde 1158 por Frederico Barba Ruiva para a Bolonha (*Authentica Habita*, "fonte de todas as liberdades acadêmicas"). Parece que, em Paris por exemplo, a autonomia jurídica da universidade foi reconhecida por Filipe Augusto desde 1200, antes do papado (que a reconhece em 1215 ou em 1231).

c) Na medida em que, como toda corporação, a universidade visa *controlar* o ofício escolar, os poderes públicos veem, em geral, apenas vantagens para a organização da *ordem profissional* que se insere na ordem pública geral.

d) Nessa perspectiva, os poderes públicos não veem inconveniente algum em situar a corporação universitária no ramo das corporações que gozam de privilégios especiais, tais quais a isenção da patrulha e do serviço militar que, além disso, estão de acordo com o caráter "clerical" dos universitários.

e) Assim como os oficiais urbanos, senhoriais ou reais, asseguravam a vigilância de outras corporações (controle da qualidade, das condições de trabalho, dos pesos e medidas, das feiras e mercados, do respeito aos estatutos etc.), tendo em vista o próprio interesse da corporação e de seus chefes, o controle exercido por certos oficiais comunais sobre as universidades, principalmente na Itália, não parece ter trazido grandes dificuldades, mas a atividade desses magistrados (*reformatores, gubernatores, tractatores studii*) não foi suficientemente estudada.

f) Uma característica muito particular da corporação universitária poderia ter levado a conflitos com os poderes públicos. Na maioria das outras corporações, os membros, em todo caso os mestres, eram economicamente independentes dos poderes públicos, na medida em que eles viviam dos benefícios (no sentido moderno) e das rendas de seu ofício. Ora, os mestres universitários, ainda que eles tenham conseguido ter reconhecida a legitimidade de que seu *trabalho* deveria ser pago pelos estudantes, não conseguiram viver dessas *collectae* ou das vantagens materiais que eles extraíam dos estudantes (direitos e presentes na ocasião das provas, ainda que a colação da *licentia docendi* seja, a princípio, gratuita). O essencial de sua remuneração vinha, portanto, junto com benefícios eclesiásticos, salários e rendas que lhes eram concedidos pelas cidades, pelos príncipes ou pelos soberanos. Em troca, os poderes públicos exigiam o direito de apresentação ligado ao patronato. Assim, a corporação universitária não gozava inteiramente de um de seus privilégios essenciais das corporações, *o autorrecrutamento*. Ela parece, entretanto, ter se resignado facilmente diante dessa limitação de sua independência, em troca de vantagens materiais que representava a dotação das cátedras por parte do poder público (os casos decorrentes desse problema são, em geral, tardios, como a consulta, referente a esse tema, da Universidade de Colônia pela Universidade de Lovaina, da Bula de Eugênio IV de 1443, impedindo as modalidades de nominação dos professores que recebiam prebendas).

g) Resta, como motivo de conflitos e ocasiões de conflitos efetivos, a violação frequente pelos funcionários comunais ou reais do foro universitário: estudantes e mestres aprisionados, tendo seus estatutos desprezados, subtraídos à jurisdição universitária (casos frequentes em Oxford, Cambridge, e principalmente Paris, onde o preboste é quase sempre o bode expiatório dos universitários). Mas se trata, geralmente, de abuso de poder de funcionários que são quase sempre condenados, nem sempre rápida e nem sempre voluntariamente, pelas autoridades superiores. E tais negócios não ultrapassam nunca o quadro de conflitos de jurisdição em matéria de polícia. Se por vezes se intensificam, isso se dá em razão de outras características do meio universitário (cf. 4 e 5).

2) As universidades como centros de formação profissional

a) Os universitários são motivados seja pelo simples desejo de saber, seja pelo desejo de fazer carreira, honorífica ou lucrativa, ou por todos esses desejos simultaneamente. Não há nisso nada que os leve necessariamente a entrar em conflito com os poderes públicos, ao contrário. O período de formação e de desenvolvimento das universidades corresponde, com efeito, a um período de crescimento, de especialização e de tecnicização dos ofícios públicos. Vai mesmo até o desenvolvimento das faculdades de medicina, que corresponde a um esforço maior das autoridades em matéria de salubridade e de saúde pública, com o desenvolvimento do urbanismo e depois, a partir da Grande Peste, com a luta contra as epidemias consideradas pelos poderes públicos como um aspecto essencial de sua ação e de seu dever. A procura de *saídas profissionais* pelos universitários se defronta com a *demanda* maior dos poderes públicos.

b) O caráter fortemente teórico e livresco da formação profissional universitária, da escolástica, não é um obstáculo à sua resposta para as necessidades dos poderes públicos. De fato, a especialização reclamada pelos ofícios públicos é muito limitada: saber ler e escrever, conhecer o latim, os princípios de uma ciência jurídica ou a habilidade para argumentar a partir de alguns textos, princípios de contabilidade muito elementares e rudimentos de ciência econômica ainda mais primários (cf. o *De moneta*, de Nicole Oresme). Por outro lado, o gosto dos príncipes e dos soberanos pela teoria política, até mesmo por um governo "científico", isto é, inspirado por princípios escolásticos (cf. o papel do aristotelismo na corte de Carlos V, da França, na corte da Polônia, do aristotelismo e do platonismo ou de um amálgama das duas inspirações no governo das oligarquias e das senhorias italianas), vai ao encontro das tendências intelectuais dos universitários.

c) Ao lado do aspecto *utilitário* do trabalho universitário, seu aspecto *desinteressado*, longe de desagradar aos poderes públicos, parece-lhes necessário para sua glória, pois representa uma grande parte do *prestígio intelectual*, que está entre os prestígios indispensáveis para regimes semiutilitários, semimágicos (cf. 5).

d) O fato de que as carreiras almejadas pelos universitários sejam, em larga medida, ainda carreiras eclesiásticas também não é malvisto pelos poderes públicos. Primeiro, porque os funcionários públicos ainda são, em grande proporção, eclesiásticos: os *quadros* eclesiásticos e os quadros civis ainda se confundem com frequência. Em seguida, porque esses poderes são cristãos e a religião e os homens de religião, por si mesmos, parecem-lhes úteis e necessários. Aliás, é raro que aquilo que seja útil à Igreja não o seja, de certa forma, aos Estados: os predicadores ou os teólogos, por exemplo, formados nas universidades para lutar contra a heresia ou o paganismo (por exemplo: Toulouse e a luta contra o catarismo, Cracóvia e a evangelização da Lituânia) podem também servir planos políticos (os reis da França e a penetração no Languedoc, a política lituaniana de Ladislas Jagellon).

e) Quando há conflito entre os universitários e os poderes públicos, trata-se, em geral, de conflitos limitados a certos aspectos locais e nos quais as universidades são apenas parcialmente engajadas e visadas (por exemplo, hostilidade dos toulousianos contras os inquisidores dominicanos vindos da universidade). Muitas vezes, esses conflitos são essencialmente internos e só saem de dentro das universidades quando os poderes públicos sustentam uma fração universitária (em Paris, São Luís, sustentando os mestres pertencentes às ordens mendicantes; durante o Grande Cisma, as saídas de universitários ligados às obediências a tal ou tal papa; em Praga, em 1409, o rei da Boêmia, sustentando a "nação" tcheca contra os alemães das "outras" nações etc.).

3) As universidades como grupo econômico de consumidores

As universidades representam, nas cidades medievais, um *grupo de não produtores*, um *mercado de consumidores* cuja importância numérica não deve ser subestimada (em Oxford, por exemplo, de acordo com o *poll tax* de 1380-1381, havia então provavelmente em torno de 1.500 universitários – isto é, pessoas gozando dos privilégios da universidade – para uma população total de 5.000 a 5.500 pessoas, o que significa 1 universitário para cada 3 ou 4 oxfordianos).

a) Normalmente, essa clientela deve ter agradado às autoridades urbanas, na medida em que ela deve ter feito "funcionar o comércio".

b) Mas, em uma economia que se mantém largamente de subsistência, esse grupo importante de não produtores deve ter elevado as dificuldades das autoridades urbanas em matéria de abastecimento e o desequilíbrio da economia urbana das cidades universitárias.

c) Além disso, a população universitária comportava (essa proporção variou segundo as épocas) um número importante de estudantes pobres (em 1244, em Oxford, Henrique III, no dia do aniversário da sua falecida irmã Eleonor, alimenta 1.000 *"pauperes scolares"*) e é colocada a questão do *poder de compra* do grupo universitário.

d) Sobretudo os universitários gozavam de importantes *privilégios econômicos:* isenção de taxas, impostos, pedágios etc. Mais ainda, eles se beneficiavam de preços com descontos especiais para os alojamentos e os víveres (melhor ainda, ao menos em certas cidades universitárias, como Oxford, em razão da penúria de locais universitários durante muito tempo, os alojamentos que haviam sido alugados a universitários com desconto de taxas não podiam mais, em seguida, ser entregues a locatários não universitários e sem tais descontos). Enfim, eles tinham o direito de controlar e de fazer respeitar, para o conjunto da população urbana, os descontos que eles obtiveram ou contribuíram para a obtenção (*assentos*), tanto que é possível dizer que os habitantes, fossem quais fossem, das cidades universitárias, haviam se beneficiado na Idade Média de condições de vida menos caras do que em outras cidades. É, de resto, a propósito de um conflito de ordem econômica que os burgueses de Oxford, em uma petição ao rei da Inglaterra puderam afirmar que havia "duas comunas em Oxford, a dos burgueses e a da universidade, e que esta era a mais poderosa". É, de fato, a respeito desse ponto que as oposições entre os poderes urbanos e os universitários foram as mais vivas e suscitaram numerosos e violentos conflitos. Os privilégios econômicos dos universitários e a hostilidade que eles suscitaram nos meios burgueses que dominavam as cidades desmentem a "justiça econômica", da qual se disse, muitas vezes, ser característica das cidades medievais, e mostram que a lei da oferta e da procura era para eles considerada a regra, a despeito de todas as regulamentações. A esse respeito, podemos até mesmo nos perguntar se as teorias escolásticas sobre o *preço justo* (na medida em que elas não ratificavam, pura e simplesmente, a liberdade do jogo do mercado), não respondiam aos interesses econômicos do grupo universitário sobre o mercado urbano.

e) Há, por outro lado, um setor onde o meio universitário se apresentava ao mesmo tempo como um grupo de produtores e de consumidores: é o *mercado dos manuscritos* (cf. a importância, em Bolonha, desse mercado no conjunto da economia urbana). Seria, em todo caso, muito importante avaliar que ela possa ter sido, nas cidades universitárias, a *influência do mercado universitário sobre a evolução dos preços* (aluguéis, objetos de primeira necessidade e principalmente víveres, produtos de luxo ou de semiluxo).

4) As universidades como grupo sociodemográfico

Enfim, as universidades formavam, entre a população urbana, um *grupo masculino, em sua grande maioria de jovens e celibatários*. Ora, o caráter clerical deste grupo era suficientemente frouxo para que grande número deles não se sentisse tão submisso a certas regras de conduta dos eclesiásticos: continência, sobriedade, abstenção da violência. Ao contrário, seguros dos privilégios jurídicos que lhes asseguravam, se não a impunidade, ao menos sanções menos graves, um grande número de universitários (e isso, ainda que evidentemente em menor medida, vale tanto para os mestres quanto para os estudantes) se envolvem em atos violentos próprios da idade, do desenraizamento, do pertencimento, para a maioria deles, às duas classes sociais mais envolvidas com a violência, a nobreza e o campesinato: é "the wilder side of University life" ("o lado mais selvagem da vida universitária") (Rashdall). Além disso, é bem-evidente que as provocações ou os excessos da repressão policial só conseguiram marcar aquilo que nos parece ser, apesar de tudo, um aspecto fundamentalmente, marginal, sem dúvida, mas real, de uma oposição social, se não da luta de classes. Tanto mais que os burgueses (mesmo que os vejamos serem violentos contra os universitários em certas ocasiões e que universitários de origem burguesa estejam implicados em atos violentos) procuram promover, até mesmo na vida cotidiana, uma ordem pacífica face à qual os universitários pertencem mais ao mundo da violência medieval.

Quando pensamos no envolvimento dos universitários nas rixas, na perturbação noturna, na prática dos jogos de azar, na frequentação das prostitutas e nos casos de costumes, na frequentação das tabernas (notamos que alguns dos mais graves conflitos entre "town and gown" (cidade e toga) tiveram sua origem numa taberna: por exemplo, em Paris, no ano de 1229, e em Oxford, no ano de 1355), vemos o quanto o "tipo de vida" de uma parte notável da população universitária era contrária à moral social das camadas dominantes da sociedade urbana.

Enfim, se tal comportamento violento ou "escandaloso" era bastante difundido entre a população universitária (sem levar, contudo, ao pé da letra as generalizações abusivas de um moralista impertinente e macabro como Jacques de Vitry), ele estava mais particularmente presente em uma parte da população de estudantes: os *clérigos vagabundos*, descendentes dos goliardos, categoria especial dos clérigos girógavos, antepassados da boemia estudantil. Seria muito interessante fazer a história dessa categoria que não se identifica como grupo dos "pauperes scolares" (dos quais muitos, os bolsistas dos colégios, por exemplo, eram, ao contrário, muito bem-integrados na parte mais "ordenada" do meio universitário), da qual o número, a composição social, o comportamento variaram ao longo da história. O estudo de um meio social pelas suas margens, sobretudo quando elas tiveram a importância dessa categoria, é sempre esclarecedor.

5) As universidades como corpo de prestígio

Aspectos essenciais das relações entre universidades e poderes públicos podem ser compreendidos através do *prestígio* que se atribuía às universidades.

a) Esse prestígio era, antes de tudo, o que se atribuía à própria ciência. Ainda que as universidades, através de novos métodos e um novo estado de espírito, tenham contribuído expressivamente à modificação do caráter da ciência e ao desvio de seu aspecto mágico e entesourador, para dela fazer um saber racional, prático, comunicado não por uma iniciação sagrada, mas por um aprendizado técnico, o saber encarnado pelas universidades logo tomou o aspecto de um *poder*, de uma *ordem*. Foi o *Studium*, ao lado do *Sacerdotium* e do *Regnum*. Os universitários buscaram, assim, definir-se como uma *aristocracia intelectual*, dotada de sua moral específica e de seu próprio código de valores. Essa tentativa foi particularmente encaminhada por determinados meios aristotélicos e averroístas que buscaram constituir e legitimar, na teoria, uma casta de *philosophi* (os sábios universitários), da qual a virtude essencial teria sido a *magnanimidade* (cf. o meio sigeriano na Universidade de Paris no século XIII).

b) Se, durante a Idade Média, o *Sacerdotium* e o *Regnum* se confrontaram mais do que se favoreceram mutuamente, o mesmo não se deu com as relações entre *Regnum* e *Studium*. Os poderes públicos consideraram essencialmente a posse de universitários como um *adorno e uma riqueza pública*, isso por causa do prestígio da ciência da qual eles pareciam ter o monopólio. As fórmulas que, desde a *Authentica Habita* (*porque o mundo será governado e iluminado por sua ciência*), repetem o brilho da ciência universitária nos textos de privilégios acordados às universidades pelo poder público não são simples lugares-comuns, nem fórmulas vazias, elas são a expressão de uma motivação profunda.

c) Paralelamente a esse prestígio intelectual, as universidades buscaram adquirir um prestígio externo, que seria como o signo de sua eminente dignidade: trajes, cerimônias etc. O *fausto universitário* se tornou um dos sinais externos da riqueza e da dignidade das cidades e dos Estados. Também os *conflitos de precedência* e as faltas de consideração que opunham os universitários a certos oficiais públicos deram lugar a alguns dos conflitos mais intensos entre universidades e poderes públicos (por exemplo, em Paris, penitência pública do cobrador geral dos impostos diante da universidade na Praça da Greve em 1372, conflito de precedência durante o funeral de Carlos V em 1380, "caso Savoisy" em 1404).

d) Os poderes públicos reconheciam esse caráter de representação, de ilustração das universidades, concedendo-lhes presentes de prestígio (caça das florestas reais, vinho oferecido pela comuna etc.), seja a título individual (*inceptio* dos novos mestres), seja a título coletivo (banquete corporativo do *dies Aristotelis*).

e) Se as universidades se aproveitam desse prestígio para desempenhar um papel público, elas raramente se envolvem em uma atividade verdadeiramente *política* que poderia pô-las em conflito com os poderes públicos (ou então se trata de política religiosa, como no Grande Cisma, o que está de acordo com seu caráter "clerical" e, em certa medida, com seu caráter internacional). Por exemplo, se Simão de Montfort aparenta ter se beneficiado de simpatias da Universidade de Oxford, parece se tratar principalmente de simpatias individuais; até mesmo em Paris, a mais "politizada" das universidades, a atitude para com os ingleses e os borguinhões após o Tratado de Troyes não pode ser considerada propriamente política e o título de "filha primogênita do rei" que a universidade recebe nesta época é mais uma dignidade do que o reconhecimento de um papel político; até mesmo a universidade de Praga, após o decreto de Kutna Hora, não é convidada a desempenhar um papel oficial político no reino de Boêmia etc.

f) Foi aproveitando esse elemento de prestígio que, em seus conflitos com os poderes públicos, as universidades utilizaram – seja efetivamente, seja enquanto ameaça – seu principal meio de pressão, sua arma maior: a *greve* e, principalmente, a *secessão*. Daí o rigor através do qual as universidades nascentes se fizeram reconhecer esse direito, com a ajuda do papado, que o concedeu, de boa vontade, por não estar interessado no assunto, em geral.

6) As universidades como meio social

Definitivamente, o fundamento e o mecanismo das relações entre as universidades medievais e os poderes públicos devem ser buscados no fato de que os universitários medievais constituem um meio social original: uma *intelligentsia médiévale*. Mas falta ainda determinar através de estudos precisos as características desse meio.

a) *Recruta-se em todas as categorias da sociedade*, mas importa saber, na medida em que a documentação o permite, qual é para cada universidade, nos diferentes períodos da história, a porcentagem dos diferentes meios de origem de seus membros e qual é a carreira de seus membros de acordo com sua origem social. É igualmente importante conhecer a forma pela qual se estruturam as diferentes categorias de universitários dentro do meio universitário: pobres e não pobres, mestres e estudantes, universitários de diferentes faculdades etc. Só então um estudo comparativo da estrutura social do meio universitário com aquela das sociedades globais, com que estão em contato, permitirá situar suas relações em uma base sociológica séria.

b) Ele é *transitório*: os universitários, com exceção de uma minoria, não ficam nas universidades, eles a deixam. Valeria uma série de estudos estatísticos sobre as carreiras dos universitários: quantos concluem seus estudos até conseguirem se formar, quantos ficam nas universidades, o que se tornam aqueles que saem das universidades. Só então será possível avaliar o retorno do capital investido pelos poderes públicos na ajuda financeira, jurídica, moral às universidades.

c) Ele é *internacional*: ainda aqui, a divisão, desde a origem (recrutamento) até a chegada (carreiras), por nacionalidades dos universitários, permitirá precisar as relações das universidades com os organismos políticos.

d) Enfim, seria necessário poder avaliar a coesão, a homogeneidade dessa *intelligentsia médiévale* e definir suas características fundamentais para saber o que ela traz às formações políticas: competência, prestígio, contestação? O *"estado"* universitário, que oferece à maioria de seus membros um meio de ascensão social, teria ameaçado ou fortalecido a estabilidade das sociedades medievais? Ele foi um elemento de ordem, um fermento do progresso, um sustento das tradições ou um destruidor das estruturas?

III. Linhas gerais da evolução das relações entre universidades e poderes públicos no Renascimento (meados dos séculos XV e XVI)

a) Se a evolução dessas relações se deve, em grande parte, ao fato de que as próprias universidades e poderes públicos evoluíram, as transformações maiores parecem produzir-se na evolução dos poderes públicos, mais do que na das universidades. Os poderes públicos são mais o elemento motor e as universidades o elemento conservador, refreador. As universidades, que pareciam estar mais avançadas do que os poderes públicos na Idade Média (na origem, em todo caso, as universidades nascidas "espontaneamente" se impuseram aos poderes mais do que estes as suscitaram, e os poderes públicos procuraram mais enquadrá-las, discipliná-las), se veem, deste ponto em diante, atrelados aos poderes públicos.

b) No entanto, as universidades evoluíram ao longo do período medieval. Mas essa evolução orientou-se principalmente em direção à degenerescência do meio universitário em *casta:* fechamento relativo do meio social (diminuição do número de *pobres*, nepotismo), aspereza na defesa dos privilégios como signos distintivos da casta, insistência cada vez maior sobre o tipo de vida de privilegiados etc. Essa esclerose social caminhando junto com uma certa esclerose intelectual (*Spätscholastik*), as universidades, no final da Idade Média, ofereciam aos poderes públicos um meio menos aberto, menos rico de possibilidades do que durante o período precedente.

c) Diante dos progressos da autoridade pública, as universidades perdem uma grande parte de suas *liberdades* essenciais, principalmente lá onde o poder monárquico ou principesco progride às custas dos poderes locais (na França, notadamente): *perda da autonomia jurídica* (a Universidade de Paris é submetida ao Parlamento desde 1446) *e do direito de secessão* (última tentativa em Paris, em 1499, e ameaça em Lovaina, em 1564, da nação alemã de deixar a cidade).

d) Submetidas juridicamente, as universidades também eram dependentes *economicamente*. Ainda que o financiamento das universidades pelos poderes públicos tenha se efetuado por meios variados (salários, prebendas, assim como dotações pela outorga de rendimentos de natureza econômica ligadas ao desenvolvimento do comércio: rendimentos de pedágios em Heidelberg ou de fazendas de sal em Cracóvia, por exemplo, ou nos Estados reformados de bens monásticos secularizados como em Tübingen, Wittenberg, Leipzig, Heidelberg), a parte crescente dessas subvenções públicas no orçamento dos universitários e das universidades reduziu sua independência.

e) O caráter internacional das universidades também se desfez. Primeiro, as universidades se fecharam, estatutariamente ou de fato, aos mestres e estudantes das cidades ou nações que estavam em guerra com os poderes políticos das cidades ou países de quem dependiam: assim, o caráter nacional das guerras afetou o meio universitário. Por outro lado, com a Reforma e o triunfo do princípio *"cujus regio ejus religio"*, as universidades se dividiram em universidades católicas e universidades protestantes e a divisão religiosa contribuiu para acentuar a nacionalização ou, em todo caso, a regionalização das universidades. Os estrangeiros, principalmente, foram cada vez mais excluídos dos ofícios, dos cargos de direção, até mesmo nos lugares onde a frequentação estrangeira permaneceu expressiva (e um razoável internacionalismo das universidades se manteve no Renascimento).

f) Sem dúvida, o prestígio dos universitários e das universidades permanecia expressivo e é, em parte, por razões de prestígio que um número crescente de príncipes e de cidades, na segunda metade do século XV e no século XVI, criaram universidades (sobretudo na Europa central, que teve, no plano universitário, apesar de uma primeira leva de criações a partir de 1347, um atraso até hoje pouco explicado), mas as intenções *utilitárias* desses fundadores sobrepuseram-se cada vez mais aos motivos desinteressados: tais universidades deveriam ser, antes de tudo, viveiros de funcionários, de administradores, de magistrados, de diplomatas, de servidores do poder público. De resto, o fato de que o humanismo se desenvolveu em parte fora das universidades, que haviam perdido também o monopólio da cultura e da ciência, favoreceu sua conversão a carreiras utilitárias, o que facilitou também a laicização crescente dos universitários. Assim, enquanto as universidades da Idade Média só eram secundariamente favorecidas *"pro commodo suo"* pelos poderes públicos – com exceção, talvez, das universidades ibéricas e, evidentemente, de Nápoles, única tentativa medieval de se fazer uma universidade de Estado –, tal preocupação passou para primeiro plano.

g) No plano espiritual, igualmente, as universidades tendiam cada vez mais a desempenhar um papel utilitário. Inclinavam-se a se tornar guardiãs e vigias da ortodoxia, a ocupar uma função de *polícia ideológica* a serviço dos poderes políticos. Na verdade, as universidades preencheram essa função de forma mais ou menos rígida, de acordo com toda uma gama de nuances, entre Paris, onde a Sorbonne se distinguiu na caça às bruxas, e Veneza (isto é, principalmente em Pádua, onde uma grande liberdade ideológica parece ter reinado).

h) Assim, as universidades, ao se tornarem mais centros de formação profissional a serviço dos Estados do que centros de trabalho intelectual e científico desinteressados, mudavam de função e de fisionomia social. Elas se tornavam menos núcleos de formação de uma *intelligentsia* original do que um centro de aprendizagem social pelo qual passavam os membros das categorias que formavam a base administrativa e social dos Estados modernos, e, posteriormente, do absolutismo monárquico. Apesar de não ser fácil desvendar o que é causa ou efeito da mudança de função das universidades nesse fenômeno, é possível (pois, apesar da documentação universitária ser muito mais rica para o Renascimento do que para a Idade Média, falta-nos mais estudos precisos para este último, tendo em vista a fascinação que os períodos das origens exercem nos historiadores) que a origem social dos universitários, em todo caso dos estudantes, tenha se transformado expressivamente no Renascimento, tendo aumentado a proporção dos universitários de origem burguesa e sobretudo de origem nobre, o que manifesta ainda a *inserção das universidades dentro dos quadros sociais dirigentes* da era monárquica.

i) Assim, o Renascimento assiste a uma *domesticação* das universidades pelos poderes públicos, que restringe expressivamente os motivos e as possibilidades de conflitos. Esses se limitam, desse ponto em diante, a conflitos menores referentes, em nível local, principalmente a questões de interesses materiais ou de amor-próprio corporativo e, em nível nacional, a problemas de religião e de polícia intelectual.

Conclusão

Ainda que, da Idade Média ao Renascimento, a natureza das relações entre universidades e poderes públicos tenha sofrido uma transformação profunda devido, antes de tudo, à sujeição dos primeiros aos segundos, é possível dizer que, durante os dois períodos, os conflitos referiram-se a aspectos menores e que o *Regnum* e o *Studium* se ajudaram e se respeitaram de forma recíproca. Será preciso aguardar as reviravoltas da Revolução Industrial para que, já em uma perspectiva nacional, as universidades, sem deixarem, de seu lado, de serem depositárias e defensoras de certas tradições e de certa ordem, tornem-se os centros de uma nova *intelligentsia*, uma *intelligentsia* revolucionária que questiona ainda mais os poderes públicos e só lhes presta obediência na medida em que esses serviam, eles próprios, a princípios e ideais transcendendo a simples razão de Estado e os interesses das classes dominantes.

Referências sumárias

I. Estudos gerais

GRUNDMANN, H. "Vom Ursprung der Universität im Mittelalter". *Berichte über die Verhandl. der Sächs. Akad. der Wiss. zu Leipzig. Phil. hist. Kl.*, 1957, p. 103ss.

KIBRE, P. "Scholarly Privileges in the Middle Ages – The Rights, Privileges, and Immunities, of Scholars and Universities at Bologna, Padua, Paris and Oxford". *Mediaeval Acad. of America*, 72, 1961. Londres.

KLUGE, A. *Die Universitätsselbstverwaltung* – Ihre geschichtliche und gegenwärtige Rechtsform. Frankfurt am Main: [s.e.], 1958.

MEISTER, R. "Beiträge zur Gründungsgeschichte der mittelalterlichen Universitäten". *Anz. der phil. hist. Kl. der Österr. Akad. der Wiss.*, 1957.

RASHDALL, H. *Universities of Europe in the Middle Ages*. 3 vols. Oxford: [s.e.], 1936 [Org. por F.M. Powicke e A.B. Emden].

STELLING-MICHAUD, S. "L'histoire des universités au Moyen Age et à la Renaissance au cours des vingt-cinq dernières années". *XIe Congrès International des Sciences Historiques*. Tomo I. Estocolmo: [s.e.], 1960.

II. Trabalhos anteriores a 1960

BELTRAN DE HEREDIA, V. "Los origines de la Universidad de Salamanca". *La Cienca Tomista*, 81, 1954.

BENARY, F. *Zur Geschichte der Stadt und der Universität Erfurt am Ausgang des Mittelalters*. Gotha: [s.e.], 1919.

BONJOUR, E. "Zur Gründungsgeschichte der Universität Basel". *Basler Zeitschrift fur Geschichte und Altertumskunde*, 54, 1955 [Reimpresso em *Die Schweiz und Europa*. Basle: [s.e.], 1958].

CENCETTI, G. "Sulle origini dello Studio di Bologna". *Rivista Storica Italiana*, VI-5, 1940.

_____. "Il foro degli scolari negli studi medievali italiani". *Atti e Memorie della R. Deputaz. di Storia Patria per l'Emilia e la Romagna*, V, 1939-1940.

DAVY, M.M. "La situation juridique de l'Université de Paris au XIIIe siecle". *Revue d'Histoire de l'Eglise de France*, 17, 1931.

ERMINI, G. "Il concetto di studium generale". *Archivio Giuridico*, 5, 7, 1942.

EULENBURG, F. "Die Frequenz der deutschen Universitäten von ihrer Gründung bis zur Gegenwart". *Abh. der phil. hist. Kl. der Säichs. Gesell. der Wiss.*, 24-2, 1904.

GABRIEL, A.L. "La protection des étudiants à l'Université de Paris au XIIIe siècle". *Revue de l'Universite d'Ottawa*, 1950.

GAUDENZI, A. "La costituzione di Federico II che interdice lo Studio Bolognese". *Archivio Storico Italiano*, 5, XLII, 1908.

GAUTHIER, R.-A. *Magnanimité – L'Idéal de la grandeur dans la philosophie païenne et dans la théologie chrétienne*, 1951.

GRUNDMANN, H. "Freiheit als religiöses, politisches und persönliches Postulat im Mittelalter". *Historische Zeitschrift*, 183, 1957.

_____. "Sacerdotium-Regnum-Studium – Zur Wertung der Wissenschaft im 13. Jahrhundert". *Archiv für Kulturgeschichte*, 34, 1951.

HAMPE, K. "Zur Gründungsgeschichte der Universität Neapel". *Sitz. Ber. Heidelberg, phil. hist. Kl.*, 10, 1923.

HEIMPEL, H. *Hochschule – Wissenschaft, Wirtschaft, in Kapitulation vor der Geschichte?*, 1956.

JACOB, E.F. "English University Clerks in the Later Middle Ages: The Problem of Maintenance". *Bulletin of the John Rylands Library*, 29, p. 1945-1946.

KAUFMANN, G. "Die Universitätsprivilegien der Kaiser". *Deutsche Zeitschrift fur Geschichtswissenschaft*, I, 1889.

KEUSSEN, H. "Die Stadt Koln als Patronin ihrer Hochschule". *Westdeutsche Zeitschrift*, 9, 1890.

KIBRE, P. "The Nations in the Mediaeval Universities". *Mediaeval Acad. of America, pub!*, n. 49, 1948.

KUTTNER, S. *Papst Honorius III und das Studium des Zivilrechts*, 1952 [Festschrift für Martin Wolff].

MEYHÖFER, M. "Die kaiserlichen Stiftsprivilegien für Universitäten". *Archiv für Urkundenforschung*, 4, 1912.

NITSCHKE, A. "Die Reden des Logotheten Bartholomäus von Capua". *Quellen und Forschungen aus italienischen Archiven und Bibliotheken*, 35, 1955.

PALMIERI, A. "Lo studio bolognese nella politica del secolo XII". *R. Deputaz. di storia patria per le prov. di Romagna*, 4, XIII, 1932.

PAQUET, J. "Salaires et prébendes des professeurs de l'université de Louvain au XVe siècle". *Studia, Universitatis "Lovanium"*, 2, 1958.

PEGUES, F. "Royal Support of Students in the XIIIth Century". *Speculum*, 31, 1956.

POST, G. "Parisian Masters as a Corporation (1200-1246)". *Speculum*, 9, 1934.

——. "Masters's Salaries and Student-Fees in the Mediaeval Universities". *Speculum*, 7, 1932.

ROSSI, G. "Universitates scolarium e Commune – Sec. XII-XIV". *Studi e Memorie St. Univ. Bol.*, NS I, 1956.

SIGHINOLFI, L. "Gli statuti del Comune di Bologna e i privilegi degli scolari forestieri". *R. Deputaz. di storia patria per le prov. di Romagna*, 4, XXIII, 1932-1933.

SIMEONI, L. "La lotta dell'investiture a Bologna e la sua azione sulla città e sullo studio". *Memorie della R. Accad. delle sc. dell'Ist. di Bologna*, IV, 3, 1941.

——. "Un nuovo documento su Irnerio". *Atti e Memorie della Deputaz. di storia patria per l'Emilia e la Romagna*, 4, 1938-1939.

——. "Bologna e la politica di Enrico V". *Atti e Memorie della Deputaz. di storia patria per l'Emilia e la Romagna*, 2, 1936-1937.

STEIN, F. *Die akademische Gerichtsbarkeit in Deutschland*, 1891.

STELLING-MICHAUD, S. "L'Université de Bologne et la pénetration des Droits Romain et Canonique en Suisse aux XIIIe et XIVe siècles". *Travaux d'Humanisme et Renaissance*, 17, 1955. Genebra.

TORELLI, P. "Comune ed Università". *Studi e Memorie St. Univ. Bol.*, 16, 1943.

ULLMANN, W. "The Medieval Interpretation of Frederick I's 'Authentica Habita'". *L'Europa e il Diritto Romano* – Studi in memoria di P. Koschaker I. Milão: [s.e.], 1953.

_____. "Honorius III and the Prohibition of Legal Studie". *Juridical Review*, 60, 1948.

VAN DER ESSEN, V. "Les 'nations' estudiantines a l'Université de Louvain". *Bulletin de la Commission Royale d'Histoire*, 88, 1924.

VERGOTTINI, G. "Lo Studio di Bologna, l'Impero, il Papato". *Studi e Memorie St. Univ. Bol.*, NS I, 1956.

_____. *Aspetti del primi secoli della storia dell'Università di Bologna*, 1954.

VON BEZOLD, F. "Die ältesten deutschen Universitäten in ihrem Verhältnis zum Staat". *Historische Zeitschrift*, 80, 1898 [Reimpresso em *Aus Mittelalter und Renaissance*, 1918].

VON WRETSCHKO, A. *Universitätsprivilegien der Kaiser aus der Zeit von* (1412-1456), 1911 [Festschrift Otto Gierke].

WAXIN, M. *Le Statut de l'étudiant étranger dans son développement historique*. Paris: [se.], 1939.

Ver também os estudos sobre o financiamento de diversas universidades alemãs no Renascimento citadas por S. Stelling-Michaud em seu relatório de Stockholm, p. 137, n. 185.

III. Trabalhos publicados depois de 1960[1]

ABE, H.R. "Die soziale Gliederung der Erfurter Studentenschaft im Mittelalter, 1392-1521, I. *Beiträge zur Geschichte der Universität Erfurt* VIII, 1961.

---

1. Ou que, surgidos um pouco antes de 1960, só puderam ser utilizados por S. Stelling-Michaud em seu relatório no Congresso de Stockholm, mas anteriores a 1965, data de apresentação deste estudo no Congresso de Viena.

Actes du Colloque de la Commission internationale d'Histoire des Universités à l'occasion du jubilé de l'Université Jagellonne, 1364-1964 [Cracóvia, mai./1964]: "La conception des universités à l'époque de la Renaissance".

Actes du Congrès sur l'ancienne université d'Orleans, 06-07/05/1961. Orleans, 1962.

"Aus der Geschichte der Universität Heidelberg und ihrer Fakultäten hrsg. v. G. Ninz". *Ruperto-Carola*, XIII, 1961. Heidelberg.

BAUMGÄRTEL, G. "Die Gutachter und Urteilstätigkeit der Erlanger Juristenfakultät in dem ersten Jahrhundert ihres Bestehens". *Erlanger Forschungen*, A, XIV, 1962. Erlangen.

BLASCHKA, A. "Von Prag bis Leipzig – Zum Wandel des Städtelobs". *Wissenschaftliche Zeitschrift der Universität Halle – Gesellschafts-Sprachwiss*, 7, 1959.

BOÜARD, M. "Quelques données nouvelles sur la creation de l'Université de Caen (1432-1436)". *Le Moyen Age*, t. LXIX, 1963.

CHIBNALL, A.C. *Richard de Badew and the University of Cambridge*. Cambridge: [s.e.], 1963.

CLAEYS BOUUAERT, F. "À propos de l'intervention de l'Université de Louvain dans la publication des décrets du Concile de Trente". *Revue d'Histoire Ecclésiastique*, LV, 1960.

CURTIS, M.H. "The Alienated Intellectuals of Early Stuart England". *Past and Present*, n. 23, 1962.

_____. *Oxford and Cambridge in Transition, 1558-1662*. Oxford: [s.e.], 1959.

Das 500-jährige Jubiläum der Universität Greifswald 1956. Bearb. V.G. Erdmann u. a., Greifswald, 1961.

DAUVILLIER, J. "La notion de chaire professorale dans les universités depuis le Moyen Age jusqu'à nos jours". *Annales de la Faculté de Droit de Toulouse*, 1959.

_____. "Origine et histoire des costumes universitaires français". *Annales de la Faculté de Droit de Toulouse*, 1958.

"Dekret Kutnohorsky a jeho misto v dějinach" [O Decretum de Kutna Hora e seu lugar na história). *Acta Universitatis Carolinae* – Philosophica et Historica, 2, 1959. Praga.

Dzieje Uniwersytetu Jagiellonskiego w latach 1364-1764 [História da Universidade de Jagellona, 1364-1764]. Cracóvia: [s.e.], 1964.

EMDEN, A.B. "The Remuneration of the Medieval Proctors of the University of Oxford". *Oxoniensia*, XXVI-XXVII, 1961-1962.

HEXTER, J.H. "The Education of the Aristocracy in the Renaissance". *Reappraisals in History.* Londres: [s.e.], 1961.

HLAVACEK, I. "Jeden dokument k vztahu university a prazskych měst v druhé polovoně 14. stoleti" [Um documento sobre as relações entre a universidade e as cidades de Praga na segunda metade do século XIV]. *Acta Universitatis Carolinae* – Historia Universitatis Carolinae Pragensis, II, 1961.

KEJR, J. "Sporné otazky v badani o Dekretu kutnohorskem [Questões controversas da pesquisa sobre o Decreto de Kutna Hora]. *Acta Universitatis Carolinae* – Historia Universitatis Carolinae Pragensis, III-I, 1963.

KISCH, G. "Die Anfänge der Juristischen Fakultät der Universität Basel, 1459-1529". *Studien zur Geschichte der Wissenschaften in Basel XV.* Basileia: [s.e.], 1962.

KOPRIO, G. "Basel und die eidgenössische Universität". *Basler Beltrage zur Geschichtswissenschaft*, LXXXVII, 1963. Basileia.

KÜRBISOWNA, B. "Proba zalozenia uniwersytetu w Chelmnie w r. 1386" [A questão da fundação da Universidade de Chelmno em 1386]. *Opuscula Casimiro Tymieniecki septuagenario dedicata*. Poznan: [s.e.], 1959.

LE GOFF, J. "Quelle conscience l'université médiévale a-t-elle eu d'elle même?" *Miscellanea Mediaevalia* – Veroffentlichungen des Thomas-Instituts an der Umversltat Koln. 3: Beiträge zum Berufsbewusstsein des mittelalterlichen Menschen, 1964.

MICHAUD-QUANTIN, P. "Le droit universitaire dans le conflit parisien de 1252-1257". *Studia Gratiana*, VIII, 1962.

OURLIAC, P. "Sociologie du Concile de Bâle". *Revue d'Histoire Ecclésiastique*, LVI, 1961.

PAQUET, J. "Bourgeois et universitaires à la fin du Moyen Age – À propos du cas de Louvain". *Le Moyen Age*, 1961.

PEGUES, F.J. *The Lawyers of the Last Capetians*. Princeton: [s.e.], 1962.

ROBSON, J.A. *Wyclif and the Oxford Schools*. Cambridge: [s.e.], 1961.

SIDOROVA, N.A. "Les problèmes fondamentaux de l'histoire des Universités au Moyen Age dans l'optique de l'historiographie bourgeoise contemporaine". *Srednia Veka*, 23, 1963. [Em russo].

SIMON, J. "The Social Origins of Cambridge Students, 1603-1640". *Past and Present*, n. 26, 1963.

SMITH, C.E. *The University of Toulouse in the Middle Ages* – Its Origins and Growth to 1500. Milwaukee: [s.e.], 1958.

STELLING-MICHAUD, S. "Le transport international des manuscrits juridiques bolonais entre 1265 et 1320". *Melanges Antony Babel*. Genebra: [s.e.], 1963.

STONE, L. "The Educational Revolution in England, 1560-1640". *Past and Present*, n. 28, 1964.

WYCZANSKI, A. "Rola Uniwersytetu Jagiellonskiego w pierwszej polowie XVI wieku" [O papel da Universidade Jagellona na primeira metade do século XVI]. *Kwartalnik Historyczny*, LXXI, 1964.

ZANETTI, D. "A l'Université de Pavie au XVe siècle: les salaires des professeurs". *Annales, ESC*, 1962.

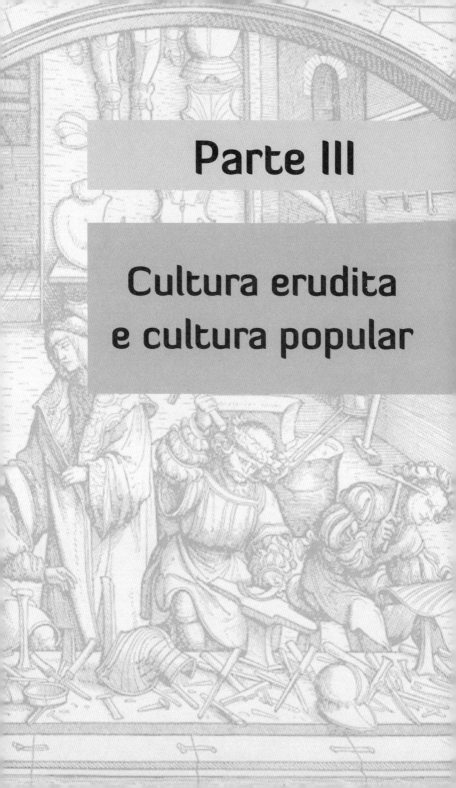

Parte III

Cultura erudita e cultura popular

12

Cultura clerical e tradições folclóricas na civilização merovíngia

A pressão das representações populares sobre a religião dos doutos é um fenômeno bem-conhecido de todos os historiadores do cristianismo medieval. Suas primeiras manifestações remontam provavelmente a muito antes. É admissível colocar o problema da "decadência" da cultura intelectual antiga sem se perguntar se esta "cultura", nascida de sociedades muito particulares de algumas cidades helênicas, em seguida adotada e adaptada pela oligarquia romana, não estaria antes condenada a estranhas deformações, a partir do momento em que, limitada ainda, é verdade, a uma elite, mas a uma elite agora espalhada através de um imenso mundo, ela se viu, de boa ou de má vontade, entrar em contato com multidões impregnadas de todas as outras tradições mentais? (BLOCH, M. *Annales d'Histoire Sociale*, 1939, p. 186).

O desejo de relacionar os grupos ou os meios sociais com os níveis de cultura no momento da passagem da Antiguidade à Idade Média no Ocidente não é novo. Sem remontar a muito atrás, é preciso lembrar o célebre artigo de Ferdinand Lot: "Em que época se parou de falar latim?"[1] – e ecoou mais tarde em Dag Norberg[2]. Eu não me sinto muito capaz de seguir esses dois autores eruditos no terreno filológico em que eles estão situados. Mas, se admiro muito as observações pertinentes de que seus artigos abundam, se lhes sou reconhecido por terem ancorado o seu estudo linguístico na análise mais ampla das condições sociais, acredito, porém, que o essencial, para o nosso debate, está em outro lugar.

Sem dúvida, o aparato linguístico faz parte, num nível fundamental, do aparato mental e intelectual e se encontra, portanto, englobado no contexto social que marca profundamente esse contexto. Mas, do ponto de vista central da comunicação cultural entre ambientes sociais, em todo caso para os séculos V e VI, Dag Norberg me parece ter razão contra Ferdinand Lot: "De um ponto de vista social, não havia duas línguas nessa época, mas várias formas da mesma língua segundo os diferentes meios da sociedade"[3].

Portanto, no nível linguístico, o povo e a aristocracia se compreendem – com esta importante reserva: lá onde eles falam latim. Ora, se o clero fala em todo lugar latim, os leigos continuam frequentemente a falar línguas "bárbaras" – quer se trate de línguas vulgares de populações admitidas há muito tempo na esfera política e cultural romana, ou das línguas dos bárbaros propriamente ditos, dos imigrantes ou dos invasores recentemente instalados nos limites do Império Romano. No primeiro caso, eram principalmente os camponeses que tinham conservado suas línguas tradicionais – copta, siríaco, trácio, celta, berbere – como lembrou A.H.M. Jones num admirável estudo[4]. Para nos limitarmos ao Ocidente, a

---

1. LOT, F. "A quelle époque a-t-on cessé de parler latin?" *Archivum Latinitatis Medii Aevi* – Bulletin du Cange, 1931.

2. LOT, F. "A quelle époque a-t-on cessé de parler latin?" *Archivum Latinitatis Medii Aevi* – Bulletin du Cange, 1931.

3. Op. cit., p. 350.

4. "The social background of the struggle between paganism and christianity". MONGLIANO, A. (org.). *The Conflict between paganism and christianity in the IVth Century*. Oxford: [s.e.], 1963.

persistência de linguagens célticas é atestada por diferentes fontes, principalmente por São Jerônimo[5] e por Sulpício Severo[6]. No que concerne aos recém-chegados, a permanência da utilização de dialetos germânicos se encontra de alto a baixo da sociedade. Há claramente uma certa romanização dos bárbaros, mas ela permanece muito limitada[7].

Assim, vê-se afirmar dois fenômenos essenciais: a emergência da massa camponesa como grupo de pressão cultural[8], a indiferenciação cultural crescente – com algumas exceções individuais ou locais – de todas as camadas laicas diante do clero, que monopoliza todas as formas evoluídas, principalmente escritas, de cultura. O peso da massa camponesa e o monopólio clerical são as duas formas essenciais que atuam sobre as relações entre os meios sociais e os níveis de cultura na Alta Idade Média. O melhor terreno onde se

---

5. *Comm. in Economia política. Gal.*, II.

6. *Dialogi*, I, 27.

7. "Os condes, os *saiones* enviados em missão junto aos funcionários romanos, conheciam necessariamente algumas expressões latinas, o que há bastante tempo sabe qualquer funcionário, ou mesmo um soldado, num país ocupado" (RICHÉ, O. *Éducation et culture dans l'Occident barbare.* Paris: [s.e.], 1962, p. 101). "É certo que os aristocratas bárbaros não foram romanizados muito rapidamente. Mas é bem-evidente que somente pode se tratar de uma minoria, tendo a massa dos bárbaros conservado os seus usos próprios" (p. 102).

8. Trata-se de um fenômeno diferente daquele produzido nas origens da cultura romana. Ali o fundo rural impregnou para sempre uma cultura que se urbanizava e se dilatava incessantemente. Cf., p. ex., HEITLAND, W.E. *Agricola.* Cambridge: [s.e.], 1921. Como tb. as observações de J. Marouzeau sobre o latim, "língua de camponeses": *Lexique de terminologie linguistique.* 2. ed. [s.l.]: [s.e.], 1943. Aqui, o camponês, evacuado e posto à parte do universo cultural (cf. LE GOFF, J. "Les paysans et le monde rural dans la littérature du Haut Moyen Age" (V^e-VIe siècles). *Agricoltura e mondo rurale in Occidente nell'alto medioevo* – Settimane di Studio del Centro Italiano di Studi Sull'alto Medioevo, XIII. Espoleto: [s.e.], 1965 [1966], p. 723-741), faz pesar sobre esta cultura uma ameaça que obriga os clérigos a realizar um movimento inverso, de cima a baixo, fazer um grande sacrifício para salvar uma situação comprometida.

pode estudar estas relações não me parece ser o terreno da língua, mas aquele – mais amplo e mais profundo – do aparato intelectual e mental.

Para melhor compreender o papel dos suportes sociais da cultura na Alta Idade Média é preciso lembrar a evolução das infraestruturas que leva bruscamente o cristianismo ao primeiro plano da cena histórica no século IV. A.H.M. Jones[9] mostrou que a difusão do cristianismo no mundo romano do século IV não era um fato puramente político ou espiritual – consequência da conversão de Constantino e do zelo missionário dos cristãos agora sustentados por poderes públicos. No início do século IV, o cristianismo estava principalmente disseminado nas classes urbanas médias e inferiores, enquanto que as massas camponesas e a aristocracia eram pouco atingidas. Ora, a contração econômica e o desenvolvimento da burocracia trazem a promoção destas *middle and lower classes* (classes média e inferior) onde o cristianismo já era forte. Esta promoção carrega consigo a expansão cristã. Mas quando o triunfo do cristianismo fica evidente, as classes que o carregam estão em pleno recuo. O cristianismo escapa do desmoronamento das superestruturas frágeis do baixo império, mas se afastando das classes que asseguraram o seu sucesso e que a evolução histórica fez desaparecer. A transformação social da aristocracia, depois das massas camponesas, implanta o cristianismo – mas ao preço de numerosas distorções, particularmente sensíveis no domínio da cultura. Entre um clero cada vez mais colonizado por uma aristocracia formada pela *Paideia* greco-romana[10] e um laicato com predominância rural, que o recuo do paganismo oficial torna mais vulnerável aos impul-

---

9. Op. cit. Cf. nota 6.
10. Cf. a obra clássica de H.I. Marrou: *Histoire de l'éducation dans l'Antiquité*. 5. ed. Paris: [s.e.], 1960. Para os fundamentos gregos da cultura greco-romana, cf. JAEGER, W. *Paideia* – The Ideals of Greek culture. Vols. I-III. Oxford: [s.e.], 1936-1945.
• Há uma publicação em português desse livro: *Paideia* – A formação do homem grego. 2. ed. São Paulo/Brasília: Martins Fontes/UnB, 1989 [Trad. de A.M. Parreira] [N.T.].

sos de uma cultura primitiva renascente, a religião cristã introduzida pelas categorias sociais urbanas moribundas chegará a se definir numa cultura comum, através de um jogo sutil de aculturações internas?[11]

I. As características fundamentais da história da cultura ocidental, do século V ao século VIII, podem ser definidas assim:

a) A laminagem das classes médias se encontra no domínio da cultura onde se amplia o fosso entre a massa inculta e uma elite cultivada.

b) Mas a clivagem cultural não coincide com a estratificação social, porque a cultura intelectual se torna monopólio da Igreja. Mesmo quando há grandes diferenças de grau de cultura entre os clérigos, a natureza da sua cultura é a mesma e a linha de separação essencial é aquela que separa os clérigos e os laicos.

c) A cultura eclesiástica, quaisquer que sejam as respostas individuais ou coletivas dos clérigos ao problema da atitude a adotar em relação ao conteúdo da cultura profana, utiliza o aparato intelectual posto à disposição, do século III ao século V, pelos autores didáticos que sistematizam, num nível simplificado e medíocre, a herança metodológica e científica da cultura greco-romana[12]. Deste aparato intelectual, o essencial é provavelmente o quadro das

---

11. Sobre a problemática da aculturação, a exposição de referência é aquela de A. Dupront: "De l'acculturation" (*Comité International des Sciences Historiques* – XIIe Congrés International des Sciences Historiques. Viena: [s.e.], 1965, p. 7-36 [Traduzido para o italiano com adendos, em: "*L'acculturazione* – Per un nuovo rapporto tra ricerca storica e scienze umane (Turim: [s.e.], 1966). Os problemas de aculturação interna nascidos da coexistência de níveis e totalidades culturais distintos no interior de uma mesma atmosfera étnica constituem um domínio particular e particularmente importante da aculturação.

12. Por exemplo, o essencial dos conhecimentos etnográficos que a cultura greco-latina legará ao Ocidente medieval virá da *Colletanea rerum memorabilium*, medíocre compilação de Solinus no século III (2. ed. Berlim: [s.e.], 1895).

"artes liberais" e o autor mais importante é Martianus Capella (*De nuptis Philologiae et Mercurii*, primeira metade do século V)[13]. Seria importante ter um bom conhecimento de conjunto desta primeira camada de "fundadores da Idade Média", muitas vezes também camponeses, como Macróbio[14].

d) Os chefes eclesiásticos recebem cada vez mais facilmente esta formação intelectual, e, principalmente nos séculos V e VI, a grande maioria deles pertence às aristocracias indígeno-romanas. Mas os prelados bárbaros, os bispos e os abades de origem bárbara que puderam fazer carreira adotam muito bem este tipo de cultura, porque a sua aquisição é precisamente um dos melhores meios de assimilação e de ascensão sociais. O tipo hagiográfico do santo bispo comporta, em geral, uma origem "ilustre" e quase sempre, antes ou depois da "conversão", a formação das artes liberais (como ocorreu com Paulin de Milão na *Vita Ambrosii*, em 422; com Constance de Lion na *Vita Germani*, em 470-480 etc.).

e) Apesar da tendência à regionalização, esta cultura eclesiástica tem, em quase todo lugar, a mesma estrutura e o mesmo nível (cf. dois exemplos, entre os mais opostos: Isidoro de Sevilha e a cultura monástica irlandesa em Ynis Pyr na época de Iltud, na primeira metade do século VI, segundo a *Vita Samsonis*)[15].

---

13. Cf. ATAHL, W.H. "To a better understanding of Martianus Capella". *Speculum*, XL, 1965.

14. Foi de Macróbio que os clérigos da Idade Média tomaram tardiamente emprestado, por exemplo, a tipologia dos sonhos – tão importante numa cultura em que o universo onírico ocupa um lugar tão grande. Cf. DEUBNER, L. *De Incubatione*. Giessen: [s.e.], 1899.

15. A *Vita Samsonis* foi submetida a uma severa crítica do seu editor R. Fawtier (Paris: [s.e.], 1912). Mas, mesmo quando as adições e as mudanças posteriores são observáveis no texto que nos chegou, os historiadores do monaquismo irlandês tendem a considerar a cultura "liberal" dos abades irlandeses (Santo Itlud ou São Cadoc são do mesmo ramo que São Samson) como uma realidade e não como uma ficção carolíngia. Cf. RICHÉ, O. *Éducation et culture dans l'Occident barbare*. Op. cit., p. 357. • LOYER, O. *Les chétientés celtiques*. Paris: [s.e.], 1965, p. 49-51.

f) Perante esta cultura eclesiástica, a cultura laica manifesta uma regressão muito mais forte, estimulada desde o século II, reforçada pela desorganização material e mental que se tornou catastrófica pelas invasões e pela fusão de elementos bárbaros com as sociedades indígeno-romanas. Esta regressão cultural se manifestou principalmente pelo ressurgimento de técnicas, de mentalidades, de crenças "tradicionais". O que a cultura eclesiástica encontrou na sua frente foi, mais do que uma cultura pagã do mesmo nível e do mesmo tipo de organização, rapidamente vencida apesar dos últimos sobressaltos do início do século V, uma cultura "primitiva", com coloração mais guerreira nos bárbaros (sobretudo na camada superior, cf. mobiliário funerário)[16], com coloração principalmente camponesa no conjunto das camadas inferiores ruralizadas.

II. Deixando, portanto, de lado o testemunho dos documentos arqueológicos, podemos tentar definir as relações entre esses dois níveis de cultura através das relações entre cultura clerical e folclore.

O fato de que este esboço se funda em documentos que pertencem à cultura eclesiástica escrita (principalmente vidas de santos e obras pastorais, tais como os *Sermons*, de Césaire d'Arles, o *De corretione rusticorum*, de Martin de Braga, os *Dialogi*, de Gregório o Grande, os textos dos sínodos e concílios, os penitenciais irlandeses) arrisca a falsear, quando não a objetividade, pelo menos as perspectivas. Mas não procuramos aqui estudar a resistência da cultura folclórica e as diversas formas que ela pôde tomar (resistência passiva, contaminação da cultura eclesiástica, ligação com

---

16. Ainda que a arqueologia nos revele uma cultura guerreira (SALIN, E. *La Civilisation mérovingienne d'après les sépultures, les textes et le laboratoire*. 4 vols. Paris: [s.e.], 1949-1959), a aristocracia militar da Alta Idade Média permanece distanciada da cultura escrita, à espera do impulso na época carolíngia e pré-carolíngia (LOT, F. "A quelle époque a-t-on cessé de parler latin?" *Archivum Latinitatis Medii Aevi* – Bulletin du Cange, 1931, p. 232), na qual ela se deixa mergulhar aleatoriamente na cultura clerical, antes de fazer sua entrada na época romana com as canções de gesta (BODMER, J.-P. *Der Krieger der Merowingerseit und seine Welt*. [s.l.]: [s.e.], 1957).

os movimentos políticos, sociais e religiosos, revoltas camponesas, arianismo, priscilianismo, pelagianismo etc.). Contentamo-nos com tentar definir a atitude da cultura eclesiástica diante da cultura folclórica[17].

---

17. Por cultura folclórica eu compreendo principalmente a camada profunda da cultura (ou da civilização) tradicional (no sentido de A. Varagnac: *Civilisation traditionnelle et genres de vie*. Paris: [s.e.], 1948), subjacente em toda sociedade histórica e, parece-me, aflorando ou prestes a aflorar na desorganização que reinou entre a Antiguidade e a Idade Média. O que torna a identificação e a análise desta camada cultural particularmente delicadas é que ela está recheada de contribuições históricas disparatadas por sua idade e sua natureza. Aqui só se pode absolutamente tentar distinguir esse estrato profundo da camada de cultura "superior" greco-romana que a marcou com seu sinal. Estes são, como se vê, os dois paganismos da época: aquele das crenças tradicionais de muito longa duração e aquele da religião oficial greco-romana, mais evolutiva. Os autores cristãos da baixa Antiguidade e da Alta Idade Média os distinguem mal e parecem, aliás (uma análise, p. ex., do *De corretione rusticorum*, de Martin de Braga – cf. CHAVES, L. "Costumes e tradições vigentes no século VI e na actualidade". *Bracara Augusta*, VIII, 1957. • McKENNA, S. *Paganism and pagan survivals in Spain up to the fall of the visigothic kingdom*. Washington: [s.e.], 1938. • BARLOW, C.W. "Martin de Braga". *Opera omnia*, 1950 – mostra isso) mais preocupados com combater o paganismo oficial do que as velhas superstições que eles mal distinguem. Numa certa medida, sua atitude favorece a emergência dessas crenças ancestrais mais ou menos purgadas da sua vestimenta romana, e não ainda cristianizadas. Mesmo um Santo Agostinho, atento, porém, em distinguir a *urbanitas* e a *rusticitas* nos aspectos sociais das mentalidades, das crenças e dos comportamentos (cf., p. ex., sua atitude discriminadora em relação às práticas funerárias no "De cura pro mortuis gerenda". *PL*, XL – Csel 41. Bibliothèque Augustinienne, 2. E mais esp. "De catechizandis rudibus". *PL.*, XL, Bibliothèque Augustienne, 1, 1) nem sempre faz a distinção. Assim também a célebre passagem do *De Civitate Dei*, XV, 23, sobre os *Silvanos e Faunos quos vulgo incubos vocant*, ato de nascimento dos demônios íncubos da Idade Média, como bem viu Ernest Jones no seu ensaio pioneiro sobre a psicanálise das obsessões coletivas medievais (*On the nightmare*. 2. ed. Londres, 1949, p. 83). Na prática, considero como elementos folclóricos os temas da literatura merovíngia que remetem a THOMPSON, A. *Motif-index of Folk-literature*. 6 vols. Copenhagen: [s.e.], 1955-1958. Sobre a historicidade do folclore, cf. o artigo esclarecedor, de alcance geral, apesar do seu título: COCCHIARA, G. "Paganitas Sopravivenze Folkloriche del Paganesimo siciliano" (*Atti del 1º Congresso Internazionale di Studi sulla Sicilia Antica*: ΚΩκΑ ΛοΣ – Studi publicati dall'Istituto di Storia antica dell'Università di Palermo. X-XI, 1964-1965, p. 401-416).

Há, sem dúvida, um certo acolhimento desse folclore na cultura clerical:

a) Ele é favorecido por algumas estruturas mentais comuns às duas culturas, em particular a confusão entre o terrestre e o sobrenatural, o material e o espiritual (por exemplo a atitude diante dos milagres e o culto das relíquias, uso dos filácteras etc.).

b) Tornou-se obrigatório, pela tática e pela prática evangelizadoras; a evangelização exige um esforço de adaptação cultural dos clérigos: língua (*sermo rusticus*), o recurso às formas orais (sermões, cantos) e a alguns tipos de cerimônias (cultura litúrgica, procissões: o caso das ladainhas[18] e as procissões instituídas por Gregório o Grande)[19], satisfação das petições da "clientela" (milagres "a pedido").

---

18. Sabe-se que as ladainhas datam dos séculos V e VI. Elas foram instituídas, segundo a tradição, por São Mamert, bispo de Viena (morto em 474), num contexto de calamidade, e se estenderam rapidamente a toda a Cristandade, como dá testemunho Santo Avit (morto em 518): *Homilia de rogationibus* (*PL*, LIX: 289-294). Não é certo que elas tenham sido o substituto direto e desejado dos *Ambarvalia* antigos. Cf. artigo de H. Leclercq: "Rogations". *Dictionnaire d'Archéologie Chrétienne et de Liturgie*, XIV-2, 1948, col. 2.459-2.461. É certo, ao contrário, que elas acolheram elementos folclóricos. Mas é difícil saber se esses elementos deram imediatamente, a partir de nossa época, sua coloração à liturgia das ladainhas, ou se são ou não introduzidas aí, ou em todo caso desenvolvidas mais tarde. Nossos testemunhos que concernem, por exemplo, aos dragões de procissão, datam somente dos séculos XII-XIII para os textos teóricos (os liturgistas J. Beleth e G. Durand) e os séculos XIV-XV para as menções individuais concretas. Estudei o problema dos dragões de procissão desde a época merovíngia num ensaio: "Culture cléricale et folklore au Moyen Age: Saint Marcel de Paris et le dragon" (*Mélanges Barbagallo*, II, 51-90 e aqui, p. 283-356). Sobre as características folclóricas das ladainhas, cf. as belas páginas de A. van Gennep, com o título significativo: "Fêtes liturgiques folklorisées" (*Manuel de Folklore français contemporain*, I /4-2, 1949, p. 1.637ss.).

19. Sua origem é urbana, sua natureza propriamente litúrgica, como demonstra a carta de instituição dirigida pelo papa aos romanos depois de sua elevação ao pontificado na ocasião da epidemia de peste negra de 590 – alvará que Gregório de Tours inseriu na *Historia Francorum*, porque um diácono de Tours, então em Roma para aí adquirir relíquias, para ele tinha entregado (HF, X, 1). Mas a sua inserção no calendário litúrgico como *liturgiae majores* ao lado das *liturgiae menores* das ladainhas, sem dúvida, as expuseram também a uma degradação popular.

A cultura eclesiástica deve, muitas vezes, se inserir nos quadros da cultura folclórica: localização das igrejas e dos oratórios, funções pagãs transmitidas aos santos etc.

Mas o essencial é uma *recusa* dessa cultura folclórica pela cultura eclesiástica:

a) *Por destruição*

As muitas destruições de templos e ídolos tiveram por paralelos na literatura a proscrição dos temas propriamente folclóricos cujo proveito, inclusive na literatura hagiográfica *a priori*, privilegiada nesse aspecto, é menor. O proveito é ainda menor quando se elimina os temas folclóricos saídos da *Bíblia* (a esse respeito, seria importante distinguir a tradição veterotestamentária rica em motivos folclóricos e a tradição neotestamentária onde esses temas são raros). Por outro lado, é preciso distinguir cuidadosamente nos relatos hagiográficas as diversas camadas cronológicas de elementos folclóricos devidos a mudanças sucessivas. Os autores (por exemplo, SAINTYVES, P. *À margem da lenda dourada* • GÜNTHER, H. *Psicologia da lenda*) não distinguiram suficientemente esses estratos e tiveram a tendência de fazer recuar até a remota Idade Média os elementos folclóricos introduzidos na época carolíngia e principalmente na ocasião da grande vaga folclórica dos séculos XII-XIII, que vem rebentar em *A lenda dourada*, de Jacques de Voragine.

b) *Por obliteração*

A superposição dos temas, das práticas, dos monumentos, dos personagens cristãos aos predecessores pagãos não é uma "sucessão", mas uma abolição. A cultura clerical encobre, oculta e elimina a cultura folclórica.

c) *Por desnaturação*

É provavelmente o mais importante dos procedimentos de luta contra a cultura folclórica: os temas folclóricos mudam radicalmente de significação nos seus substitutos cristãos (exemplo do dragão, por exemplo, na *Vita Marcelli* de Fortunato[20]; exemplo de fantasmas na *Vita Germani* de Constance de Lyon, em comparação com o modelo greco-romano de Plínio o Jovem, e o tema folclórico dos mortos sem sepultura)[21] e mesmo de natureza (por exemplo, os santos são somente taumaturgos auxiliares, só Deus faz milagres)[22].

---

20. O dragão folclórico – símbolo das forças naturais ambivalentes que podem se voltar ao nosso favor ou ao nosso prejuízo (cf. SALIN, E. *La Civilisation mérovingienne d'après les sépultures, les textes et le laboratoire.* IV. Op. cit., p. 207-208) continua a existir ao longo da Idade Média, ao lado do dragão cristão identificado com o diabo e reduzido ao significado de mau. Na época (final do século VI), quando Fortunato escreveu a *Vita Marcelli* (cf. KRUCH, B. *MGH* – Scriptores Rerum Merovingiarum, IV-2, 49-54), o tema do santo vencedor do dragão permanece a meio caminho destas duas concepções, na linhagem da interpretação antiga que, atribuindo aos heróis uma vitória sobre um dragão, hesitava entre a domesticação e a morte do monstro. Sobre os aspectos folclóricos desse tema, cf. THOMPSON, A. *Motif-Index of Folk-literature.* Op. cit. Motif A 531: Culture hero (demigod) overcomes monsters. Tentei apresentar esse problema no artigo citado na nota 8, p. 285. "L'Ambivalence des animaux rêvés" foi sublinhada por GYÖRY, J. *Cahiers de Civilisation Médiévale*, 1964, p. 200. Para uma interpretação psicanalítica dessa ambivalência, cf. JONES, E. *On the nightmare*, p. 85.

21. CONSTANCE DE LYON. *Vie de Saint Germain d'Auxerre.* Paris: [s.e.], 1965, p. 138-143 [org. por R. Borius]. • PLÍNIO O JOVEM. *Lettres*, VII, 27.

22. Aqui é preciso distinguir. A tese de P. Saintyves, que se expressa no título sugestivo do seu livro marcado com o selo de "modernista": *Les Saints sucesseurs des dieux*, aparecido em 1907, é falsa na medida em que os ancestrais antigos e eventuais dos santos são, não os deuses, mas os semideuses, os heróis e nos quais a Igreja quis fazer dos santos, não os sucessores, mas os substitutos dos heróis e situá-los num outro sistema de valores. Ao contrário, a tese de G. Cocchiara ("Paganitas Sopravivenze Folkloriche del Paganesimo siciliano". Op. cit.), que afirma o triunfo da Igreja nessa matéria, não leva em consideração o fato de que a grande maioria dos cristãos, na Idade Média, e depois, tiveram em relação aos santos o mesmo comportamento dos seus ancestrais em relação aos heróis, os semideuses, e mesmo os deuses. Em particular, contrariamente ao que pensa G. Cocchiara, a atitude, tão frequente nas coletividades medievais, de maltratar um santo [ou sua estátua] culpado por não ter atendido as orações de seus fiéis, deriva antes de uma mentalidade "primitiva" persistente, e não de qualquer mutação afetiva da piedade. O que permanece é que a distinção entre o papel de Deus e o papel dos santos – puros intercessores – nos milagres oferece à psicologia individual e coletiva uma válvula que salvaguarda, numa certa medida, a devoção a Deus.

O fosso cultural reside aqui, principalmente, na oposição entre o caráter fundamentalmente ambíguo, equívoco, da cultura folclórica (crença em forças *simultaneamente* boas e más e a utilização de um aparato cultural *de dois gumes*) e o "racionalismo" da cultura eclesiástica, herdeira da cultura aristocrática greco-romana[23]: é a separação do bem e o mal, do verdadeiro e do falso, da magia negra e da magia branca, sendo o maniqueísmo propriamente dito evitado apenas pela onipotência de Deus.

Assim, temos de considerar duas culturas diversamente eficazes, níveis diferentes. A barreira oposta pela cultura clerical à cultura folclórica não vem somente de uma hostilidade consciente e deliberada, mas, ao contrário, da incompreensão. O fosso que separa da massa rural a elite eclesiástica cuja formação intelectual, a origem social, a implantação geográfica (quadro urbano, isolamento monástico) a tornam impermeável a esta cultura folclórica, é principalmente um fosso de ignorância (cf. a incompreensão surpreendente de Constance de Lyon perante

---

23. É sem dúvida simplificar o papel intelectual e mental do cristianismo insistir sobre os progressos da racionalização que ele trouxe nesses domínios. No meio-termo da história das mentalidades coletivas ele parece mais derivar de uma reação mística, "oriental", diante de um certo "racionalismo" greco-romano ao qual não seria preciso, por outro lado, reduzir a sensibilidade crítica: muitos aspectos da sensibilidade helenística serviram de base para o judaico-cristianismo, e os cristãos da Idade Média percebiam uma certa continuidade ao atrair Virgílio e Sêneca para o cristianismo. Acontece que, no domínio das estruturas mentais e intelectuais, o cristianismo parece ter marcado principalmente uma nova etapa do pensamento racional – como P. Duhem tinha sustentado para o domínio da ciência, onde, segundo ele, o cristianismo, ao dessacralizar a natureza, tinha permitido ao pensamento científico progressos decisivos. Neste aspecto, a oposição folclórica ao cristianismo (mais fundamental, me parece, do que os amálgamas e as simbioses) representa a resistência do irracional, ou melhor, de um outro sistema mental, de uma outra lógica, aquela do "pensamento selvagem".

o milagre dos galos mudos realizado por São Germano a pedido dos camponeses)[24].

Assim, assiste-se no Ocidente da Alta Idade Média mais a um *bloqueio* da cultura "inferior" pela cultura "superior", a uma estratificação relativamente estanque dos níveis de cultura, do que a uma hierarquização, dotada de órgãos de transmissão que asseguram influências unilaterais ou bilaterais, entre os níveis culturais. Mas esta estratificação cultural, caso ela chegue à formação de uma cultura aristocrática clerical[25], não se confunde por isso com a estra-

---

24. CONSTANCE DE LYON. *Vie de Saint Germanin d'Auxerre*. Op. cit., p. 142-143. Germano, albergado pelos aldeões, cede às suas súplicas e restitui a voz aos galos que tinham ficado mudos, dando a eles para comer o trigo benfazejo. O biógrafo não compreende claramente a importância e a significação desse milagre, que ele evita mencionar. *Ita virtus divina etiam in rebus minimis maxima praeeminebat*. Estas *res minimae* de que falam frequentemente os hagiógrafos da Alta Idade Média são precisamente os milagres de tipo folclórico – introduzidos pela pequena porta na literatura clerical. No caso citado aqui há uma combinação de vários temas folclóricos envolvidos nesse milagre de feiticeiro de aldeia, que põe em marcha a ordem mágica da natureza. Cf. THOMPSON, S. *Motif-Index*. Op. cit., A 2426: Nature and meaning of animal cries (principalmente A 2426.2.18: *Origin and meaning of cock's cry*); A 2489: Animal periodic habits (principalmente A 2489.1: *Why cock wakes man in morning*; A 2489.1.1: *Why cock crows to greet sunrise*); D 1793: *Magic results from eating ou drinking*; A 2146: *Magic control of day and night*; J 2272.1: *Chanticleer believes that his crowing makes the sun rise*.

25. Esta cultura aristocrática clerical floresceu na época carolíngia numa penhora recíproca da Igreja sobre os valores laicos e da aristocracia laica sobre os valores religiosos. Se, na nossa época, nos séculos V e VI, a aristocracia coloniza socialmente a Igreja, ela só o faz abandonando a sua cultura laica, não como aparato técnico, mas como sistema de valores. Entre outros, o exemplo de Cesário de Arles é significativo ("Vita Caesarii", I, 8-9. In: MORIN, G. (org.). *S. Caesarii opera omnia*, t. II, 1937). Cesário, enfraquecido pelas práticas ascéticas em Lérins, é enviado a Arles para uma família aristocrática que confia a ele o *quidam Pomerius nomine, scientia rhetor, Afer genere, quem ibi singularem et clarum grammaticae artis doctrina reddebat... ut saecularis scientiae disciplinis monasterialis in eo simplicitas poliretur*. Pomère, autor do *De vita contemplativa*, que ganhou uma grande voga na Idade Média, é, por outro lado, um cristão que não tem nada de "racionalista". Mas, uma vez adquirida a técnica intelectual, Cesário se desvia desta ciência profana,

tificação social. A partir da época carolíngia, a "reação folclórica" será o modo de agir de todas as camadas laicas. Ela irromperá na cultura ocidental a partir do século IX, paralelamente aos grandes movimentos heréticos[26].

como lhe sugere um sonho no qual ele vê um dragão devorar-lhe o ombro pousado em cima do livro sobre o qual ele adormecera. No outro extremo do nosso período (séculos VII-VIII), vê-se o ideal aristocrático (não entramos aqui na discussão sobre a existência de uma *nobreza* nessa época) invadir a literatura hagiográfica a ponto de lhe impor um tipo aristocrático de santo. Cf. GRAUS, F. *Volk, Herrscher und Heiliger im Reich der Merowinger.* Praga: [s.e.], 1965. • PRINZ, F. *Frües Mönchtum im Frankenreich Kultur und Gesellschaft in Gallien, den Rheinlanden und Bayern am Beispiel der monastichen Entwicklung, IV bis VIII Jahrhundert.* Munique/Viena: [s.e.], 1965, principalmente as p. 489, 501-507: Die Selbstheilligung des frankischen Adels in der Hagiographie, 8. Heiligenvita-Adel-Eigenkloster, 9. Ein neues hagiographisches Leitbild. Cf. tb. os trabalhos citados, p. 493-494, notas 126 e 127, às quais é preciso acrescentar BOSL, K. "Der 'Adelsheilige', Idealtypus und Wirklichkeit, Gesellschaft und Kultur im Merowingerzeite. Bayern des 7. und 8. Jh.". *Speculum historiale, Geschichte im Spiegel von Gedichtsschreibung und Gedichtsdeutung*, 1965, p. 167-187.

26. Eu interpreto o renascimento da literatura profana nos séculos XI e XII, à maneira de Erich Köhler, como o produto do desejo da pequena e média aristocracia dos *milites* de criar para si uma cultura relativamente independente da cultura clerical, na qual estavam muito bem-acomodados os *proceres* laicos carolíngios. Cf. KÖHLER, E.E. *Trobadorlyric und höfischer Roman.* Berlim: [s.e.], 1962. • KÖHLER, E.E. "Observations historiques et sociologiques sur la poésie des troubadours". *Cahiers de Civilisation Médiévale*, 1964, p. 27-51. Eu acredito também, com D.D.R. Ower ("The secular inspiration of the '*Chanson de Roland*'". *Speculum*, XXXVII, 1962), que a mentalidade e a moral do Roland primitivo são todas laicas, "feudais". E acho que esta nova cultura feudal, laica, tomou muita coisa emprestada da cultura folclórica subjacente, porque esta era a única cultura de reserva que os senhores podiam, quando não se opor, pelo menos impor ao lado da cultura clerical. Marc Bloch tinha, aliás, pressentido a importância dessa natureza folclórica profunda das canções de gesta ("A intriga de *Roland* vem mais do folclore do que da história: ódio entre enteado e padrasto, ciúme, traição". *La Societé Féodale*, I, p. 148, 133). Certamente, a cultura clerical chegará muito facilmente e muito rapidamente a um compromisso, a uma cristianização dessa cultura senhorial laica de fundo folclórico. Entre Geoffroy de Monmouth, p. ex., e Robert de Boron, se tem apenas o tempo de perceber um Merlin selvagem, profeta não cristão, louco estrangeiro para a razão católica, homem selvagem que foge do mundo cristão, saído de um Myrdklin em

Seleção bibliográfica

ALONSO, J.-F. *La cura pastoral en la España romanovisigoda*. Roma: [s.e.], 1955.

AUERBACH, E. *Literatursprache und Publikum in der lateinische Spätantike und im Mittelalter*. Berna: [s.e.], 1958.

BECK, H.G. *The pastoral Care of Souls in South-East France during the sixth Century*. Roma: [s.e.], 1950.

BERNOUILLI, C.A. *Die Heiligen der Merowinger*. Tübingen: [s.e.], 1900.

BEUMANN, H. "Gregor von Tours und der 'sermo rusticus'". *Spiegel der Geschichte* – Festgabe Max Braubach. Munique: [s.e.], 1964, p. 69-98.

BODMER, J.-P. *Der Krieger der Merowingerseit und seine Welt*. [s.l.]: [s.e.], 1957.

BOESE, R. *Superstitiones Arelatenses e Caesario collectae*. Marburgo: [s.e.], 1909.

BONINI, I. "Lo stille nei sermoni di Caesario di Arles". *Aevum*, 1962.

BONNET, M. *Le latin de Grégoire de Tours*. Paris: [s.e.], 1890.

BORIUS, R. *Constance de Lyon*: vie de Saint Germain d'Auxerre. Paris: [s.e.], 1965.

---

que a cultura semiaristocrática dos bardos celtas tinha deixado aparecer um feiticeiro de aldeia. Mas, ao contrário da época merovíngia, a época romano-gótica não pôde repelir completamente esta cultura folclórica. Ela precisava compor com ela e permitir que ela se implantasse antes do novo impulso dos séculos XV e XVI. O tema, eminentemente folclórico e portador de aspirações vindas do fundo coletivo, do país de Cocanha aparece na literatura do século XIII, antes de fazer sua entrada definitiva no século XIV. Cf. COCCHIARA. *Il paese di Cuccagna*, 1954. A esse respeito, os séculos XII e XIII são mesmo a primeira etapa do Renascimento. • Há uma publicação em português do livro de Marc Bloch: *A sociedade feudal*. São Paulo: Ed. 70, 1979 [Trad. de E.L. Godinho] [N.T.].

BOUDRIOT, W. *Die altgermanische Religion in der amtlichen kirchlichen Literatur vom 5. bis 11. Jahrhundert*. Bonn: [s.e.], 1928.

CAVALLIN, S. *Literarhistorische und textkritische Studien zur "Vita S. Caesari Arelatensis"*. Lund: [s.e.], 1934.

CHAVES, L. "Costumes e tradições vigentes no século VI e na actualidade". *Bracara Augusta*, VIII, 1957.

COURCELLE, P. *Histoire littéraire des grandes invasions germaniques*. Paris: [s.e.], 1948.

_____. *Les lettres grecques en Occident de Macrobe à Cassiodore*. Paris: [s.e.], 1943.

CURTIUS, F.-R. *La littérature européenne et le Moyen Age latin*. Paris: [s.e.], 1956.

DELEHAYE, H. *"Sanctus"* – Essai sur le culte des saints dans l'Antiquité. Bruxelas: [s.e.], 1954.

_____. *Les légendes hagiographiques*. Bruxelas: [s.e.], 1905.

DUFOURCQ, A. *La christianisation des foules* – Étude sur la fin du paganisme populaire et sur les origines du culte des saints. 4. ed. Paris: [s.e.], 1953.

"*Études mérovingiennes*". *Actes des journées de Poitiers*, 01-03/05/1952.

FONTAINE, J. *Isidore de Séville et la culture classique dans l'Espagne wisigothique*. Paris: [s.e.], 1959.

GRAUSS, F. *Volk, Herrscher und Heiliger im Reich der Merowinger*. Praga: [s.e.], 1965.

GRUNDMANN, H. "'Litteratus-illiteratus'. Der Wandlung einer Bildungsnorm vom Altertum zum Mittelalter". *Archiv für Kulturgeschichte*, 40, 1958.

LOOMIS, C.G. *White Magic* – An introduction to the Folklore of Christian Legends. Cambridge, Mass.: [s.e.], 1948.

LOT, F. "À quelle époque a-t-on cessé de parler latin?" *Archivum Latinitatis Medii Aevi* – Bulletin du Cange, 1931.

LOYER, O. *Les chrétientés celtiques*. Paris: [s.e.], 1965.

McKENNA, S. *Paganism and pagan survivals in Spain up to the fall of the visigothic kingdom*. Washington: [s.e.], 1938.

MARIGNAN, A. *Études sur la civilisation mérovingienne* – I: La societé mérovingienne; II. Le culte des saints sous les mérovingiens. Paris: [s.e.], 1899.

MARROU, H.-I. *Nouvelle histoire de l'Église* – I: Des origines à Gregoire le Grand. Paris: [s.e.], 1963 [com J. Daniélou].

_____. *Histoire de l'éducation dans l'Antiquité*. 5. ed. Paris: [s.e.], 1960.

_____. *Saint Augustin et la fin de la culture antique*. 2. ed. Paris: [s.e.], 1937.

MONGLIANO, A. (org.). *The Conflict between paganism and christianity in the IVth Century*. Oxford: [s.e.], 1963.

MUSSET, L. *Les invasions* – II: Le second assaut contre l'Europe chrétienne. Paris: [s.e.], 1966.

_____. *Les invasions* – I: Les vagues germaniques. Paris: [s.e.], 1965.

NORBERG, D. "À quelle époque a-t-on cesse de parler latin en Gaule?" *Annales, ESC*, 1966.

PENCE, G. "La composizione sociale delle communità monastiche nei primi secoli". *Studia Monastica*, IV, 1962.

PIRENNE, H. "De l'état de l'instruction des laïcs à l'époque mérovingienne". *Revue Belge de Philologie et d'Histoire*, 1934.

PRINZ, F. *Frües Mönchtum im Frankenreich Kultur und Gesellschaft in Gallien, den Rheinlanden und Bayern am Beispiel der monastichen Entwicklung, IV bis VIII Jahrhundert*. Munique/Viena: [s.e.], 1965.

RICHÉ, O. *Éducation et culture dans l'Occident barbare*. Paris: [s.e.], 1962.

ROBLIN, M. "Le culte de Saint Martin dans la région de Senlis". *Journal des Savants*, 1965.

_____. "Paganismem et rusticité". *Annales, ESC*, 1953.

ROMERO, J.-L. *Sociedad y cultura en la temprana Edad Media*. Montevidéu: [s.e.], 1959.

Saint Germanin d'Auxerre et son temps. Auxerre: [s.e.], 1960.

"Saint Martin et son temps – Mémorial du XVIe Centenaire des débuts du monachisme en Gaule". *Studia Amselmiana*, XLVI, 1961. Roma.

SAINTYVES, P. *En marge de la Légende Dorée: songes, miracles et survivances* – Essai sur la formation de quelques thèmes hagiographiques. Paris: [s.e.], 1930.

_____. *Les saints successeurs des dieux*. Paris: [s.e.], 1907.

SALIN, E. *La Civilisation mérovingienne d'après les sépultures, les textes et le laboratoire*. 4 vols. Paris: [s.e.], 1949-1959.

"Settimane di studio del Centro Italiano di Studi sull'alto Medioevo (1954...) e mais particularmente *IX*". Il passaggio dell'Antichità al Medioevo in Occidente. [s.n.t.], 1962.

VARAGNAC, A. *Civilisation traditionnelle et genres de vie*. Paris: [s.e.], 1948.

VOGEL, G. *Introduction aux oeuvres de l'histoire du culte chrétien au Moyen Age*. Espoleto: [s.e.], 1965.

_____. *La discipline pénitentielle en Gaule des origines à la fin du XIIe siècle*. Paris: [s.e.], 1952.

ZELLINGER, J. *Augustin und die Volksfrömmigkeit* – Blicke in den frühchristlichen Alltag. Munique: [s.e.], 1933.

13

Cultura eclesiástica e cultura folclórica na Idade Média: São Marcelo de Paris e o dragão*

São Marcelo, bispo de Paris no século V, depois de ter forçado o destino, parece ter caído novamente na obscuridade, onde sua origem humilde deveria tê-lo mantido. Ainda que, de fato, o episcopado da Alta Idade Média fosse recrutado essencialmente na aristocracia, a ponto de o nascimento ilustre figurar entre os lugares-comuns hagiográficos que os autores das *Vitae* repetiam, sem grande risco de se enganar, mesmo quando eles eram mal-informados sobre a genealogia dos seus heróis – Marcelo de Paris é uma exceção[1]. Além disso, quando Venâncio Fortunato[2], a pedido de São Germano, bispo de Paris e ainda em vida deste, portanto, antes de 28 de maio de 576, escreve a biografia do seu predecessor[3],

---

* Para as ilustrações, às quais é preciso fazer alusão nesse texto, remeter ao artigo original.

1. Sobre as origens aristocráticas dos santos na hagiografia merovíngia, cf. as excelentes observações de GRAUS, F. *Volk, Herrscher und Heiliger im Reich der Merowinger*. Praga: [s.e.], 1965, p. 362ss. Sobre o meio monástico, cf. PRINZ, F. *Frühes Mönchtum im Frankenreich*. Munique/Viena: [s.e.], 1965, p. 46ss: "Lerinum als 'Flüchtlingskoster' der nordgallischen Aristokratie".

2. Sobre Fortunato, cf. WATTENBACH, W. & LEVISON, W. *Deutschlands Geschichtsquellen im Mittelalter* – Vorzeit und Karolinger, I. Weimar: [s.e.], 1952, p. 96ss.

3. A *Vita S. Marcelli* de Fortunato foi editada por Bruno Krusch nos *MGH, Script. Rer. Mer.*, IV/2, 1885, p. 49-54. Reproduzimos em apêndice o X e último capítulo da *Vita*, de acordo com esta edição. Sobre São Marcelo de Paris, cf. "Acta Sanctorum", nov.,

Marcelo, morto provavelmente em 436, e quando, entre os raros indícios todos orais que recolhe, encontra a menção da mediocridade da sua origem, Fortunato tem de reconstituir a carreira do santo a golpes milagrosos. Cada etapa da carreira eclesiástica de Marcelo segue um milagre, e a sucessão desses milagres é também qualitativa: cada um deles é superior àquele que o precedeu. Texto precioso, portanto, para nos introduzir numa psicologia do milagre na época merovíngia. O primeiro milagre que eleva Marcelo ao subdiaconato (*Vita*, V) é um milagre da vida cotidiana e do ascetismo: desafiado por um ferreiro para dizer o quanto pesava um pedaço de ferro em brasa, ele o toma na mão e avalia exatamente o seu peso. O segundo milagre (*Vita*, VI), que reveste já um viés cristológico, mas que lembra um dos primeiros milagres do Cristo antes do apostolado decisivo dos seus últimos anos, o milagre das Bodas de Caná, se produz quando Marcelo, tirando água do Sena para permitir que seu bispo lavasse as mãos, esta água se transforma em vinho e aumenta de volume a ponto de permitir ao bispo dar comunhão a todas as pessoas presentes; o seu autor se torna diácono. O terceiro milagre, que não marca um progresso qualitativo (*"miraculum secundum ordine non honore"*. *Vita*, VII), envolve Marcelo com uma unção sacerdotal. A água que, nas suas funções litúrgicas, ele oferece uma vez mais ao bispo, começa a aromatizar o ar como um crisma sagrado, o que faz de Marcelo um presbítero. O bispo, pondo-se, sem dúvida, de má vontade para reconhecer os milagres de Marcelo, só depois de ser ele próprio o beneficiário do milagre seguinte, abandona sua hostilidade e suas reticências. Emudecendo, ele recupera a palavra pela virtude taumatúrgica do seu presbítero que é, finalmente, julgado digno – apesar do seu obscuro nascimento – de lhe suceder (*Vita*, VIII). Tornando-se bispo, Marcelo realiza os grandes feitos

---

I, 1887, p. 259-267 (G. van Hoof), onde se encontra o texto da *Vita*, de Fortunato, reprodução de Migne (*PL* 88, p. 541-550). • *Vies des Saints et des Bienhereux selon l'ordre du calendrier avec l'historique des fêtes*, pelos RR.PP. beneditinos de Paris, t. XI, nov. Paris: [s.e.], 1954, p. 45-49. Esses dois artigos não contêm nada sobre o dragão de procissão.

que a época exige de seus chefes eclesiásticos, tornados, em quase todos os domínios, os protetores de suas ovelhas: ele procede a uma dupla liberação miraculosa, física, fazendo cair as cadeias de um prisioneiro e espiritual, livrando do pecado esse prisioneiro que é também e sobretudo um possesso (*Vita*, IX).

Eis, enfim, o coroamento da carreira terrestre e espiritual, social e religiosa, eclesiástica e taumatúrgica de São Marcelo (*Vita*, X): "*Venhamos para este milagre [mistério] triunfal que, embora seja o último no tempo, é o primeiro em valor*". Um monstro – serpente-dragão – que vem, nas cercanias imediatas de Paris, semear o terror entre as populações, é caçado pelo santo bispo que, em presença de seu povo, na época de um confronto dramático, o submete a seu poder essencialmente sobrenatural e o faz desaparecer.

Último grande fato cuja lembrança, diz-nos o hagiógrafo, sobrevive na memória coletiva. Nas suas compilações de milagres, Gregório de Tours, de fato, no final do século VI, um pouco depois da narrativa de Fortunato e um século e meio aproximadamente depois da morte de Marcelo, relata este milagre de um santo a quem não se prestava, aliás, qualquer atenção[4].

Um belo devir parecia, portanto, se abrir ao culto de São Marcelo. Porém, desde o início, este culto se restringe a uma área local. Ele se chocava, com efeito, com a veneração por outros Marcelos e, entre eles, com o Santo Papa Marcelo [provavelmente martirizado em 309, no tempo de Maxence] e com São Marcelo de Chalon, cujo culto vinha concorrer com o seu na própria região de Paris[5].

Como santo parisiense, São Marcelo pareceu ter sido bem-sucedido. Ainda que a história do seu culto – fora mesmo do seu tra-

---

4. *Gloria Confessorum*, c. 87 (*MGH, Script. Rer. Mer.*, 1/2, p. 804).

5. Sobre São Marcelo de Chalon-sur-Saône e o seu culto na região de Paris (este culto tinha sido favorecido no século VI pelo Rei Gontran; São Marcelo de Chalon é, no século IX, o padroeiro da maior paróquia do domínio de Saint-Dinis), cf. ROBLIN, M. *Le Terroir de Paris aux époques galo-romaine et franque.* Paris: [s.e.], 1951, p. 165.

dicional dragão, objeto deste estudo – esteja cheia de obscuridades e de lendas, sabemos que o teatro do seu último milagre foi o lugar da sua sepultura e de uma igreja suburbana que lhe foi dedicada e que permaneceu na tradição como sendo "a primeira igreja" de Paris e, em todo caso, até os nossos dias, deu o seu nome a um dos bairros mais ativos – economica e politicamente – da história de Paris, o burgo ou bairro de Saint-Marcel[6]. Tendo sido transportadas as suas relíquias para Notre-Dame de Paris[7], numa data difícil de determinar, entre os séculos X e XII, talvez relacionado com uma epidemia de erisipela gangrenosa, elas desempenharam daí por diante um papel de primeiro plano na devoção parisiense. Ao lado das relíquias de Santa Genoveva – umas e outras andavam sempre juntas – elas foram, até a Revolução, as protetoras mais populares de Paris e as insignes relíquias para as quais São Luís construiu a Sainte Chapelle pareciam mesmo incapazes de suplantá-las na piedade dos parisienses[8]. Transformado, com Santa Genoveva e São

---

6. Duas teses da École des Chartes foram consagradas ao burgo Saint-Marcel de Paris. RUINAUT, J. *Essai historique sur les origines et l'organisation de l'Église de Saint-Marcel de Paris* (Ve s., 1597), 1910 ("Positions des thèses... de l'École des Chartes", 1910, p. 179-184), e sobre o próprio burgo, CONCASTY, M.L. *Le Bourg Saint-Marcel à Paris, des origines au XVIe siècle*, 1937, p. 26ss.). Sobre a igreja e o cemitério de Saint-Marcel, cf. "Les églises suburbaines de Paris du IVe au Xe siècle", por M. Vieillard-Troïekouroff, D. Fossard, E. Chatel e C. Lamy-Lassaile. In: *Paris et Ile-de-France* – Memórias publicadas pela Fédération des Sociétés Historiques et Archéologiques de Paris et de Ile-de-France. T. XI, 1960, p. 122-134, 136ss.

7. Sobre a história do culto de São Marcelo de Paris, cf. PERDRIZET, P. *Le calendrier parisien à la fin du Moyen Age d'après Le bréviaire et les livres d'heures*. Paris: [s.e.], 1933, s.v. "Marcel".

8. Quando São Luís pediu a todas as relíquias de Paris para vir acolher, na entrada da cidade, em 1248, a coroa de espinhos vinda de Saint-Dinis, onde ela esperava a consagração da Santa-Capela, as relíquias de São Marcelo e de Santa Genoveva não chegaram. Cf. Don Michel Félibien: *Histoire de la Ville de Paris* – revista, ampliada e atualizada por Dom G.A. Lobineau. Paris, 1725, t. L, I, p. 295. Sobre São Luís e as relíquias de Santa Genoveva, cf. CAROLUS-BARRÉ. "Saint Louis et la translation des corps saints". In: *Études d'Histoire du Droit Canonique dédiées à Gabriel Le Bras*. t. II. Paris: [s.e.], 1965, p. 1.110-1.112.

Dinis, padroeiro de Paris, São Marcelo foi gratificado, desde a Idade Média, com uma casa lendária, naturalmente situada na Ilha da Cité[9]. Também o Anão de Tillemont pôde, no século XVII, admirar esse sucesso histórico de São Marcelo de Paris: "nem o longo espaço de tempo", escreveu ele, "nem a celebridade dos seus sucessores conseguiram impedir que o respeito que esta Igreja [a de Paris] tem por ele não ultrapasse o respeito que ela tem por todos os outros e que não seja considerado como o seu protetor e o seu primeiro padroeiro depois de São Dinis"[10].

No entanto, não iria tardar o retorno de São Marcelo a uma obscuridade quase completa. Desde o século XVIII o seu culto refluía e, depois da Revolução, ele foi vítima de depuração progressiva da devoção que, no quadro parisiense, vive a contração da piedade local: São Marcelo acaba por ser, depois de séculos, eclipsado por São Dinis e principalmente por Santa Genoveva. O seu dragão, como será visto, foi uma das primeiras vítimas da sua desgraça e, a partir do século XIX, ele é raramente citado entre os dragões hagiográficos e folclóricos com os quais ele dividiu por muito tempo o seu destino.

Por que, então, tentar ressuscitá-lo neste ensaio científico? Porque o seu caso, banal à primeira vista lançada ao texto de Fortunato e à sobrevivência medieval, se revela a um exame mais atento, complexo, instrutivo e talvez exemplar.

Numa primeira abordagem, os dois aspectos, sob os quais aparece o dragão de São Marcelo na história medieval, não têm nada de muito original. No século VI, parece ser somente um desses dragões, símbolos do demônio e do paganismo, que servem de atributos a muitos santos e, especialmente, a santos bispos evangelizadores. A partir de certa data, pouco provavelmente anterior ao século

---

9. Foi ali que ocorreu, p. ex., o concílio da Província de Sens em Paris, em 1346. Cf., p. ex., BERTY. *Les Trois Ilots de la Cité*. [s.n.t.], 1860, p. 29.

10. Le Nain de Tillemont. *Histoire de Saint Louis*. T. X. [s.l.]: [s.e.], 1693, p. 415.

XII, e situada entre os séculos XII e XIV, parece então não ser mais do que um desses dragões de procissão que a liturgia das ladainhas difunde um pouco em todo lugar.

Não é, porém, desprovido de interesse se dedicar, a respeito desse assunto, a algumas investigações e colocar a propósito dele algumas questões suscetíveis de esclarecerem a história da devoção, da cultura e da sensibilidade no Ocidente medieval, e mais precisamente num dos grandes centros de sua cultura: Paris.

O dragão merovíngio de São Marcelo é somente esse símbolo diabólico, em que a Igreja transformou um monstro portador de uma das cargas simbólicas mais complexas da história das culturas?[11]

O dragão de São Marcelo da Idade Média clássica é o mesmo do seu antigo predecessor, e as significações que, bem ou mal, se unificam nele não se separam então, revelando tensões, divergências, antagonismos socioculturais?

Não podem estas tensões ser reagrupadas em torno de dois polos – o polo de uma tradição erudita, libertada pelos clérigos e que atribui ao símbolo draconiano um papel de fixação das forças do mal, e o polo de uma tradição "popular" que, através de uma série de contaminações e de metamorfoses, conserva dela um valor ambíguo? Se pudéssemos esboçar com plausibilidade uma resposta

---

11. Não tratamos aqui do simbolismo polivalente do dragão de uma maneira que se quisesse exaustiva e não procuraremos citar a imensa literatura consagrada a esse assunto. M. Eliade, principalmente, insiste sobre "o polissimbolismo do dragão, da serpente" (*Traité d'histoire des religions*. Paris: [s.e.], 1964, p. 179). Encontrar-se-ão interessantes indicações nos dois artigos consagrados ao simbolismo do dragão: MACKENSEN, L. In: *Handwörterbuch des deutschen Aberglaubens*, t. II, 1929-1939, col. 364-405. • MERKELBACH, R. In: *Reallexicon für Antike und Christentum*, t. IV, 1959, col. 226-250. Do dragão de São Marcelo, este último declara: "nicht ganz klar ist die Legende vom Drachensieg des heiligen Marcellus", e resume o texto de Fortunato, sem, porém, dar uma interpretação. Voltaremos a este assunto na nota 139, em relação ao artigo de Mackensen. • Há uma publicação em português do livro de Mircea Eliade: *Tratado da história das religiões*. 4. ed. São Paulo: Martins Fontes, 2010 [N.T.].

afirmativa a esta questão, a estrutura e a curva da cultura medieval poderiam receber disso alguma luz.

Do rico texto de Fortunato, de onde partimos, deixamos de lado os elementos que não dizem respeito ao nosso propósito, ou reduzimo-los ao aspecto esquemático que os liga novamente ao simbolismo do dragão.

Distinguiremos, em primeiro lugar, os dois temas aqui misturados, o tema da serpente que devora o cadáver de uma mulher adúltera e aquele do dragão sobre o qual o santo obtém uma brilhante vitória. O primeiro, que não é sem interesse, será conservado ao longo de toda a Idade Média e se tornará o símbolo iconográfico da luxúria[12]. Mas aqui ele está ligado, mais ou menos artificialmente (pela tradição ou pela habilidade literária – isso não nos importa), ao tema do santo draconóctono. Não nos ocuparemos mais com isso, mas devemos reter – para além das duas anedotas diferentes – a identidade serpente-dragão.

Não entraremos também no estudo detalhado das "antiguidades parisienses", sobre as quais esse texto pode trazer alguns vislumbres, muitas vezes obscuros. As tradições de cultura suburbana, de sepultura *extramuros*, por outra via documentados pela arqueologia e pelos textos, estão fora de nosso propósito. Mas os pântanos

---

12. Sobre o simbolismo medieval da serpente-luxúria e a reapresentação da mulher devorada por uma serpente, cf. principalmente MÂLE, E. *L'Art religieux du XIIe siècle en France*. 6. ed. Paris: [s.e.], 1953. • *La femme aux serpents*, p. 374-376 (que abandona todo o fundo arcaico de um tema que se liga ao Mito da Deusa-mãe). • DEBIDOUR, V.H. *Le bestiaire sculpté en France*. Paris: [s.e.], 1961, p. 48, 309, 317, 320; ilustr. p. 438 e 440. Quanto às variações serpente-dragão (que, nos bestiários medievais, quando se trata do tentador do Gênesis, são as variações serpente/dragão/grifo), elas são muito antigas e as encontramos na tradição grega no par δράχν-ὄφις e na tradição hebraica no casal *tannîn-nâhâsh*. Na Idade Média, explicava-se mesmo por um texto de Gênesis 2,14 ["*Et ait Dominus Deus ad serpentem: quia fecisti hoc, maledictus es inter omnia animantia et bestias terrae; super pectus tuum gradieris*"], a perda das asas e das patas que transformava o dragão-grifo em serpente. Cf. WILD, F. *Drachen im Beowulf und andere Drachen*. Viena: [s.e.], 1962.

do baixo vale do Bièvre, que são o teatro geográfico desse combate, e mais ainda o caráter local da aventura nos fornecerão matéria para reflexão sobre a interpretação dessa narrativa.

Poder-se-ia estudar também a composição da história e a hábil encenação deste episódio que, através do terreno, do público, dos gestos, faz desse combate um pedaço de bravura onde se deleitaram um autor – formado em Ravena – e os leitores ainda nostálgicos dos jogos do circo e dos triunfos antigos, substituindo-lhes de boa vontade aqueles de um teatro cristão. Apenas conservaremos desse combate de gladiadores cristãos o tipo de relação que se define entre o santo e o monstro.

Enfim, apenas observaremos a comparação à qual se entrega Fortunato entre o episódio românico do dragão subjugado pelo Papa Silvestre[13] e o episódio parisiense aqui contado. Um historiador do sentimento nacional poderia talvez encontrar aí uma das mais velhas expressões medievais de um patriotismo cristão gaulês. Este paralelo não nos interessa, senão na medida em que ele nos mostra que o autor está consciente, numa certa medida, do caráter típico e não somente particular da história que ele conta.

Antes de analisar o episódio do ponto de vista que nos interessa – o que significa o *dragão* nesse texto? – descartamos rapidamente uma hipótese que tornaria este estudo inútil: a historicidade do episódio aqui narrado. Se o dragão do qual São Marcelo livrou os parisienses existiu mesmo, estas páginas não têm objetivo. Por dragão entendemos certamente uma serpente, um animal real, mas principalmente bastante extraordinário por suas dimensões para que se tenha podido transformar, na imaginação dos indígenas e da posteridade, um monstro que somente um personagem dotado de poderes sobrenaturais poderia subjugar milagrosamente.

---

13. Sobre este episódio, cf. LEVISON, W. "*Konstantinische Schenkung und Silvester-Legend*". Roma: [s.e.], 1924, p. 155-247 [retomado em *Aus rheinischer und fränkischer Frühzeit*. Düsseldorf: [s.e.], 1948, p. 390-465. • TERVARENT, G. *Les énigmes de l'art du Moyen Age*. 2. Série. Paris: Art Flamand, 1941, VIe: Le pape au dragon, p. 49-50.

Esta hipótese, como se sabe, foi formulada pelo conjunto de casos desta espécie e o dragão de São Marcelo recebeu, em Paris mesmo, do clero pelo menos, uma interpretação concreta nesse sentido. Havia, de fato, suspenso nas abóbodas da igreja Saint-Marcel, no subúrbio parisiense, com o mesmo nome, no despertar da Revolução, um animal empalhado – serpente, crocodilo ou lagarto gigante, levado para aí por um viajante originário da paróquia[14] e, evidentemente, destinado a dar uma encarnação realista, científica, do dragão de São Marcelo. Recordemos que o clero do Antigo Regime favoreceu esta interpretação *científica* que os mitólogos e folcloristas racionalistas dos séculos XIX e XX deviam retomar e, aplicando principalmente esta explicação ao dragão de São Marcelo, entre outros, Eusèbe Salverte, cujo estudo primeiramente intitulado *Lendas da Idade Média – serpentes monstruosas*[15], corrigido sob o título *Os dragões e as serpentes monstruosas que figuram num grande número de narrativas fabulosas ou históricas*[16] foi incorporado na sua obra *As ciências ocultas ou Ensaio sobre a magia, os prodígios e os milagres*, cuja terceira edição, de 1856, recebeu uma introdução de Émile Littré, que só por seu nome denuncia já o espírito *positivista*[17]. Louis Dumont, entre outros[18], fez justiça a essa teoria cientista,

---

14. Sobre o aparecimento desses animais exóticos nas igrejas, cf. PERDRIZET, P. Op. cit., s.v. "Marcel". • MÂLE, E. *L'Art réligieux du XIIe siècle...* Op. cit., p. 325-326. Que eu saiba, nenhum documento permite afirmar que as igrejas da Idade Média eram "verdadeiros museus de história natural". Esse fenômeno me parece posterior. E. Mâle cita J. Berger de Xivrey: *Traditions tératologiques*, 1836, p. 484. Mas a garra do grifo suspensa na abóbada da Sainte-Chapelle não se encontra em Barthelemy o Inglês, nem na tradução que dela fez Jean de Corbichon para Carlos V. É um adendo do manuscrito transcrito por Berger de Xivrey, escrito em 1512.

15. "Lettre adressé à M. Alexandre Lenoir au sujet de son Mémoire sur le dragon de Metz appelé Graouilli", extraída da *Magasin Encyclopédique*, t. I, 1812.

16. In *Revue Encyclopédique*, 88e et 89e cahiers, t. XXX, 1826.

17. Paris, 1829. Paris, 2. ed., 1842, precedido do discurso de François Arago no túmulo de Eusèbe Salverte, em 30 de outubro de 1839. Paris, 3. ed., 1856, com uma introdução de Émile Littré.

18. DUMONT, L. *La Tarasque* – Essai de description d'un fait local d'un point de vue ethnographique. Paris: [s.e.], 1951, p. 213ss.

pseudocientífica, que ele chama de *naturalista* e que só se aplica, quando muito, a um número muito restrito de fatos lendários[19]. Os animais monstruosos, e especialmente os dragões, são fenômenos lendários reais. A sua explicação científica não pode ser dada no quadro de um cientismo casual. São fatos de cultura – que a história não pode tentar elucidar, senão com a ajuda da história das religiões, da etnografia e do folclore. Elas derivam da mentalidade coletiva[20], o que não quer dizer, ao contrário, que elas se situam fora do tempo e da história. Mas o nível da sua realidade é aquele das profundezas do psiquismo e o ritmo de sua evolução cronológica não é aquele tradicional da história dos acontecimentos.

A primeira observação que o texto de Fortunato sugere é a ausência quase completa de qualquer interpretação simbólica por parte do autor. O alcance da vitória do santo sobre o dragão é de natureza material, psicológica, social, não religiosa. Tratava-se de reconfortar o povo aterrorizado (*"perterriti homines"*, *"hinc confortatus populus"*). O bispo sauróctono aparece aqui no seu papel terrestre de chefe de uma comunidade urbana e não nas suas funções espirituais de pastor. Ele é o defensor nacional (*"propugnaculum publicus"*), o vencedor do inimigo público (*"inimicus publicus"*). O seu caráter religioso não é aqui evocado, senão para expressar um tema caro à hagiografia cristã desde o fim do século IV: na desorganização das instituições públicas, o *"vir sanctus"* dissimula a sua carência pelo uso das suas

---

19. Este é talvez o caso do crocodilo de Nîmes, que foi trazido do Egito pelos legionários romanos. Mas esta explicação dada por L.J.B. Féraud (*Superstitions et survivances étudiées au point de vue de leur origine et de leurs transfomations.* Paris: [s.e.], 1896), está sujeita à caução; pois o autor é um *racionalista* da linha de Salverte.

20. Sobre a "psicologia das profundezas", cf. as proposições de exploração de A. Dupont: "Problèmes et méthodes d'une histoire de la psychologie collective". *Annales, ESC*, 1961. Sobre a historicidade do folclore, cf. COCCHIARA, G. "Paganistas: Sopravivenze folkloriche del paganesimo siciliano" – Atti del 1º Congresso Internazionale di Studi sulla Sicilia Antica. In: ΚΩΚΑΛΟΣ. Studi publicati dall'Istituto di Storia Antica dell'Università di Palermo, X-XI, 1964-1965, p. 401-416.

armas espirituais, privadas e não públicas, mas postas à disposição da comunidade civil, servindo a *"arma privata"* para proteger os *"cives"*, onde o leve bastão episcopal mostra ser uma arma de peso, graças à transmutação material que realiza o poder milagroso do santo – *"Dans le bâton léger duquel le poids du pouvoir thaumaturgique se montra"* (No cetro a partir do qual se mostrou leve a força do poder taumatúrgico) – e os frágeis dedos de Marcelo, dedos tão sólidos quanto as cadeias – *"cuius molles digiti fuerunt catense serpentis"*.

Assim, é numa função cívica, não religiosa, que nos é apresentada: Marcelo triunfando sobre o dragão. Quanto a este, a sua natureza é tão imprecisa quanto aquela do *episcopus* Marcelo parece definida. Ele é chamado três vezes de *"bestia"*, que evoca o combate do *bestiarius*, do gladiador, uma vez *"belua"* que faz alusão à enormidade e ao caráter selvagem, excepcional, do monstro, quatro vezes *"serpens"* e uma vez *"coluber"*, que é o equivalente poético de serpente, e três vezes somente *"draco"*. Ao contrário, algumas particularidades físicas do monstro são valorizadas: a sua corpulência (*"serpens immanissimus"*, *"ingentem beluam"*, *"vasta mole"*) e as três partes do seu corpo: suas curvas sinuosas (*"sinuosis anfractibus"*) entre as duas extremidades claramente individualizadas: a cabeça e cauda, em primeiro lugar, erguidas e ameaçadoras, depois baixadas e vencidas (*"cauda flagellante"*, *"capite supplici"*, *"blandiente cauda"*). O narrador insiste mesmo num ponto preciso do corpo do monstro, a nuca, pois é nesse lugar que se produz a milagrosa domesticação: o santo dominador, depois de ter batido três vezes na cabeça da besta com seu cetro, domina o animal, passando sua estola em torno da nuca (*"missa in cervice serpentis oratio"*). Detalhes decisivos, pois eles definem o simbolismo do animal, a heráldica de seu corpo e são, ao mesmo tempo, um rito e um cerimonial de domesticação. Retornaremos a isso[21].

---

21. A importância desses detalhes físicos foi particularmente bem-valorizada por L. Dumont. Op. cit. (no rito, p. 51-63; na lenda, p. 155-163; na interpretação, p. 207-208).

Aparece na narrativa uma frase que nos obriga a procurar, apesar de tudo, para além do simbolismo próprio do animal e da sua domesticação, uma significação oculta, de fato diferente do que nos foi descrito: "*assim, no teatro espiritual, sob os olhos do povo espectador, somente ele combate o dragão*". O espetáculo que nos foi dado é somente uma cópia de um outro espetáculo mais verdadeiro. Deixamos o teatro material para nos transportarmos para o teatro espiritual.

Que podem representar nesta época, entre a morte de São Marcelo e a redação da sua *Vita* por Fortunato, deixando de lado provisoriamente o problema de saber se, de meados do século V ao final do século VI e da lenda oral à biografia literária, não houve mudança de interpretação – que podem, então, representar este teatro e este combate?

A obra de Venâncio Fortunato deriva de um gênero literário bem-definido na sua época, a hagiografia[22], e devemos primeiro procurar a significação do combate contra o dragão na literatura cristã, e mais propriamente hagiográfica – no final do século VI. Tentaremos em seguida ver como este lugar-comum hagiográfico pôde ser aplicado a uma história que Fortunato tinha recolhido na época do seu inquérito parisiense.

Sendo a Bíblia a grande fonte de toda a literatura cristã, busquemos aí primeiro os dragões ou as serpentes suscetíveis de aparecerem também como os dragões[23]. As serpentes-dragões são numerosas no Antigo Testamento. Três dentre elas se destacam: a serpente tentadora do Gênesis 3[24], Behemoth e Leviatã tratadas com mais dureza por Isaías 27,1, que as identifica como serpentes, o que não

---

22. O melhor trabalho sobre a hagiografia merovíngia é a obra de F. Graus citada na nota 1, onde se encontrará uma ampla bibliografia.

23. Cf. SPADAFORA, F. *Dizionario Biblico*. Roma: [s.e.], 1955, s.v. *"Dragone"*.

24. Sobre o "segundo Gênesis" e as "duas serpentes" cujo traço encontramos em algumas contradições ou divergências do texto bíblico, cf. FRAZER, J.G. *Le Folklore dans l'Ancien Testament*. Paris: [s.e.], 1924, p. 15ss. [ed. resumida].

tinha acontecido com o Livro de Jó 40–41, onde nenhum nome de animal lhes tinha sido dado[25]. Os dragões menos individualizados se agitam nos Salmos[26]. Enfim, se os evangelhos ignoram o dragão, o Apocalipse lhe dá um impulso decisivo. No texto que vai oferecer à imaginação medieval o mais extraordinário arsenal de símbolos[27], o dragão recebe, de fato, aquela interpretação que vai se impor na cristandade medieval. Este dragão é a serpente do Gênesis, é o velho inimigo do homem, é o demônio, é satanás: *"Este grande dragão, a antiga serpente, que se chama demônio e satanás"* (12, 9). Este dragão será o dragão eclesiástico. Relegando à sombra os outros dragões de quem o Apocalipse não nega a existência, ele se torna o grande dragão, o dragão por excelência, o chefe de todos os outros – e é a encarnação de todo o mal do mundo, ele é satanás.

No final do século VI, a interpretação apocalíptica do dragão se tornou a interpretação habitual dos autores cristãos?[28] Interro-

---

25. Entre os sinais característicos que os aproximam do dragão de São Marcelo, observaremos: 1) O *habitat* em lugares úmidos (*"in locis humentibus"*, Jó 40,16; no século III sobre uma miniatura do *Hortus deliciarum* de Herrade de Landsberg, os traços ondulados indicam que o dragão está no mar. Cf. DAVY, M.M. *Essai sur la symbolique romane*. Paris: [s.e.], 1955, p. 167). 2) A cauda (Behemoth: *"stringit caudam suam quasi cedrum"*, Jó 40,12). 3) O pescoço (e mais geralmente a cabeça no Leviathan: *"in collo ejus morabitur fortitudo"*, Jó, 41,13). Sobre os dragões e, especialmente, o dragão de Daniel nos apócrifos bíblicos, cf. GRAUS, F. Op. cit., p. 231, nota 204. • MERKELBACH, R. Op. cit., col. 247.

26. P. ex., Salmo 73,13; 90,13; 148,7.

27. Apocalipse 12,3. Sobre os comentários medievais do Apocalipse, deve ser consultada a inestimável compilação STEGMÜLLER, F. *Repertorium biblicum medii aevi*. M.R. Sanfaçon, professor na Universidade Laval de Quebec, e G. Vezin preparam trabalhos sobre a iconografia do Apocalipse. Os dragões do Apocalipse foram utilizados para muitas finalidades: morais, estéticas, políticas.

28. Ao tirar o artigo "Dragão" (H. Leclercq) do *Dictionnaire d'Archéologie Chrétienne et de Liturgie*, IV/2, 1921, col. 1.537-1.540, vemos que é tributário de trabalhos antigos, aliás, meritórios na sua época e que permitem seguir o encaminhamento historiográfico da questão. De acordo com Dom Jérôme Lauret, p. ex., em *Sylva allegoriarum totius Sacrae Scripturae* (Veneza: [s.e.], 1575), "para os Padres da

guemos duas autoridades: Santo Agostinho e, ainda que posterior de mais ou menos meio século a Fortunato, Isidoro de Sevilha, o primeiro enciclopedista da Idade Média. De fato, nos será permitido estender esta rápida pesquisa até Bède, o último "fundador" da Idade Média, de acordo com o que diz K. Rand, pois os clérigos permanecem até meados do século VIII no mesmo mundo cultural. Santo Agostinho dá pouca atenção ao dragão. Somente na medida em que a palavra se apresenta na Bíblia é que ele se sente levado, enquanto exegeta, a explicar na ocasião o seu sentido. Foi principalmente no seu *Comentário aos Salmos* (*Enarratio in Psaumes*) que ele encontrou o dragão. Ele não ignora a identificação dragão = satanás e ela lhe fornece a explicação do Salmo 15,13: *"Tu esmagarás o*

Igreja, o dragão é uma espécie de serpente de grande dimensão, vivendo na água, pestilenta e horrível; os dragões significam geralmente satanás e seus comparsas; lúcifer é chamado de "grande dragão". Com Marangoni (*Delle cose gentilesche e profane trasportate ad uso e ad ornamento delle chiese*. Roma: [s.e.], 1744) é estabelecida a ligação entre dragões pagãos e dragões cristãos, por um lado; os textos e os documentos arqueológicos e iconográficos, por outro. Os métodos da história das religiões e da antropologia nascentes se encontram em LONGPÉRIER, A. "Sur les dragons de l'antiquité, leur véritable forme, et sur les animaux fabuleux des legendes". *Comptes rendus de la 2e session du Congrès International d'Anthropologie et d'Archéologie Préhistorique*, 1867, p. 285-286. • MEYER, M. "Ueber die Werwandtschaft heidnischer und christlichen Drachentödter". *Verhandlugen der XL Versammlung deutscher Philologie*. Leipzig: [s.e.], 1890, p. 336ss. Este artigo tem também o mérito de chamar a atenção para o texto de Gregório o Grande (*Dialogi*, II, c. XXV): "De monacho qui, ingrato eo de monasterio discedens, draconem contra se in itinere invenit", que mostra o emprego antigo do dragão na simbólica disciplinar beneditina e na utilização política do simbolismo do dragão na época carolíngia, a partir de um texto da *Vita*, de São Eucher (*MGH* – Script. Rer. Mer., VII, p. 51), no âmbito da campanha eclesiástica de descrédito contra Carlos Martelo, espoliador das igrejas: em 858 Luís o Germânico recebe, dos bispos das províncias de Rheims e de Rouen, o aviso de que o seu trisavô Carlos Martel foi certamente um amaldiçoado, pois Santo Eucher de Orléans o viu um dia bem no meio do inferno e que um dragão escapou do seu túmulo – tema cujo parentesco com o dragão da *Vita S. Marcelli* é surpreendente, segundo BASTARD, A. "Rapport sur une crosse du XIIe siècle". *Bulletin du Comité de la Langue, de l'Histoire et des Arts de la France*, 1860, t. IV, p. 450 e 683, nota 206.

leão e o dragão" e do Salmo 53,27, "*Esse dragão que tu imaginaste para enganar*". Agostinho vê nesse dragão o "nosso velho inimigo"[29]. Mas se mostra mais titubeante para interpretar os dragões do Salmo 148. Lá, de fato, o salmista, exortando toda a criação para louvar o Senhor, convida os dragões a se juntarem a esse coro de elogios:

> Louvai o Senhor, dragões da terra[30] e todos vós, abismos.

Agostinho, consciente da contradição em que ele deveria incorrer ao louvar a Deus através de criaturas cuja natureza maléfica e rebelde é, por outro lado, conhecida, sai dela, explicando que o salmista cita aqui somente os dragões como sendo os maiores seres vivos terrestres criados por Deus ("*majora non sunt super terram*") e que são os homens, cheios de admiração pelas proezas de um Deus, capazes de criar seres tão consideráveis em tamanho, que associam os dragões ao hino que o mundo, apenas por sua existência, dirige ao Senhor[31]. Aqui, portanto, o dragão é apresentado sob um aspecto essencialmente realista, científico: ele é o maior animal.

Sem dúvida, os comentadores do Apocalipse da Alta Idade Média foram naturalmente levados a identificar o dragão com o demônio. Por exemplo, Cassiodoro[32], Primasius, bispo de Adrumète, morto em 586[33] e Bède, em quem se encontra a dupla identificação do demônio com a serpente do Gênesis, por um lado, com o dragão do Apocalipse, por outro[34].

---

29. SANTO AGOSTINHO. *Enarratio in Ps.*, CIII, 27; *PL* 36-37, 1381-1383.
30. Trata-se aqui do dragão terrestre.
31. SANTO AGOSTINHO. *Enarratio in Ps.* CIII, 9; *PL* 36/37, 1943.
32. CASSIODORO. *Complexiones in Apocalypsim*; *PL* 70, 1411. • *Expositiones in Psalterium*. *PL* 70, 531 [comentário do Salmo 73,13].
33. PRIMASIUS. *Commentarium in Apocalypsim*; *PL* 68, 873-875.
34. BÈDE. *Hexaemeron*; *PL* 91, 53. • *Commentarii in Pentateuchum*; *PL* 91, 210-211. • *Explanatio Apocalypsis*; *PL* 93, 166-167.

No entanto, em Isidoro de Sevilha, o dragão é essencialmente tratado de uma maneira científica, não simbólica. Ele é "o maior de todos os animais": *"o dragão é a maior de todas as serpentes e de todos os animais da terra"*[35]. Dois detalhes importantes definem os seus hábitos: ele é um animal ao mesmo tempo subterrâneo e aéreo, que gosta de deixar as cavernas onde se esconde para voar pelos ares; a sua força reside não na sua goela ou nos seus dentes, mas na sua cauda[36]. Dois problemas científicos preocupam Isidoro a propósito do dragão. O primeiro reside naquilo que distingue o dragão dos animais semelhantes e, primeiramente, da serpente. A resposta parece clara. Isidoro, utilizando principalmente Virgílio, estabelece a diferença entre *anguis*, *serpens* e *draco*: *anguis* vive na água, a serpente na terra, o dragão no ar[37]. Mas Isidoro esbarra assim num segundo problema: aquele do *habitat* do dragão. Ele não pode, de fato, ignorar a multiplicidade dos elementos onde habita e se move o dragão e, em particular, as suas ligações com a água que não aparecem em nenhuma das duas definições dadas acima. Ele é também levado a distinguir um tipo particular de dragão: o dragão marinho, *"draco marinus"*[38].

Ao contrário, em Isidoro, o dragão escapa ao simbolismo moral e religioso. Numa passagem das *Scientiae* (III, v, 28; *PL* 83, 665), ele enumera as formas animais que o demônio assume segundo ele encarne este ou aquele vício ou pecado capital: animal, sem precisão,

---

35. ISIDORE. *Etymologiae*, XII, iv, 4; *PL* 82, 442.
36. "*Qui saepe a speluncis abstractus fertur in aerem, concitaturque propter eum era... Vim autem non in dentibus, sed in caude habet, et verbere potius quam rictu nocet*" (Ibid.).
37. ISIDORE. *Differentiae*, I, 9 (*PL* 88, 16): "*in mari angues, in terra serpentes, in templo dracones*". Isidoro reproduz de fato o comentário por Servius de Virgílio: *Enéide*, 2, 204. • Há uma publicação em português da obra clássica de Virgílio, *Eneida* (São Paulo: Martins Fontes [Trad. do latim pelo filólogo J.V. Barreto Feio]) [N.T.].
38. ISIDORE. *Etymologiae*, XII, iv, 42; *PL* 82, 455.

quando ele se torna luxúria ("*luxuria*"), serpente ("*serpens*") quando se transforma em cupidez ou malícia ("*cupiditas ac nocendi malitia*"), pássaro ("*avis*") quando é orgulho ("*superbia ruina*"), ele jamais é dragão. No entanto, Isidoro, erudito completo, não ignora outros aspectos do dragão pouco úteis, acreditamos, para a elucidação do texto de Fortunato, mas muito preciosos para o conjunto do *dossier* que nos esforçamos para reunir e apresentar. Isidoro conhece três outros dragões: o dragão tutelar que vela pelas maçãs de ouro do jardim das Ilhas Hespérides[39]; o dragão-estandarte que figura nas insígnias militares e do qual Isidoro, lembrando o uso que fizeram dele os gregos e os romanos, faz remontar a origem à comemoração da vitória de Apolo sobre a serpente Python[40]; o dragão anular que, mordendo a cauda, representa o ano, o tempo redondo, o tempo circular, o tempo do eterno retorno e ao qual Isidoro atribui a invenção das velhas civilizações e, explicitamente, a egípcia[41].

Enfim, Isidoro conhece o combate de um bispo contra o dragão. O caso que ele cita é o de Donato, bispo de Epiro na época dos imperadores Arcádio e Honório, que teria matado um enorme dragão cujo hálito fazia apodrecer o ar e cujo cadáver oito pares de bois tiveram dificuldade para arrastar até a fogueira onde ele seria

---

39. "*In quarum hortis figunt fabulae draconem pervigilem aurea mala servantem*" (*Etymologiae*, XIV, vi, 10; *PL* 82, 140).

40. "*Draconum signa ab Apolline morte Pythonis serpentis inchoata sunt. Dehinc a Graecis et Romanis in bello gestari coeperunt*" (*Etymologiae*, XVIII, iii, 3; *PL* 82, 643).

41. "*Annus quasi annulus... Sic enim et apud Aegyptis indicabatur ante inventas litteras, picto dracone caudam suam mordente, quia in se recurrit*" (*Etymologiae*, V, xxxvi, 2; *PL* 82, 222). Sobre o dragão "recrutado" na arte das estepes e na arte merovíngia, cf. SALIN, E. *La Civilisation Mérovingienne d'après les sépultures, les textes et le laboratoire*, IV. Paris: [s.e.], 1959, p. 241-244, onde o autor, depois de J. Grimm, dá a este tema uma interpretação pouco plausível, e, em todo caso, derivada, do dragão guardião de tesouro. Cf. ELIADE, M. *Le Mythe de l'Éternel Retour: Archétypes et répétition*. Paris: [s.e.], 1949. • Há uma publicação em português dessa obra: *O Mito do Eterno Retorno*. Lisboa: Ed. 70, 1988 [Trad. de M. Torres] [N.T].

queimado[42]. Isidoro não dá qualquer interpretação simbólica a este grande feito.

É mais difícil levantar um catálogo cronológico dos combates de santos e mais especialmente ainda de bispos contra os dragões. Os trabalhos existentes são ao mesmo tempo imprecisos e sujeitos a caução[43]. O historiador dos fatos da cultura tradicional dificilmente abre para si um caminho entre os positivistas que desprezam estes fenômenos, ou aplicam a eles métodos inadequados e os para-historiadores que esquecem a cronologia, entre o desprezo e a ingenuidade, a erudição míope e a curiosidade atrapalhada. A história das mentalidades, das sensibilidades e das crenças se movem em tempos longos, embora submetidos eles também a uma diacronia cujos ritmos são particulares. Limitemo-nos, nesse esboço, a alguns pontos de referência importantes.

A vitória do santo [e, repitamos, principalmente do santo bispo] sobre um dragão remonta às fontes da tradição hagiográfica

---

42. "*Per idem tempus Donatus, Epiri episcopus, virtutibus insignis est habitus. Qui draconem ingentem, expuens in ore ejus, peremit, quem octo juga boum ad locum incendi vix trahere potuerunt, ne aerem putredo ejus corrumperet*" (*Chroniscon*, 107; *PL* 83, 1051). Encontra-se também, num contexto diferente, porém mais explicitamente diabólico, um dragão na *Vita St. Césaire d'Arles* (Org. por G. Morin. 1942, t. II, p. 299-300). Quando Cesário, depois de ter deixado o mosteiro de Lérins por razões de saúde, dedica-se em Arles à ciência profana, ele dorme uma noite sobre o seu livro e vê um dragão devorar o seu braço.

43. Cf. os trabalhos citados pelo *Dictionnaire d'Archéologie...* Op. cit., mencionados na nota 28. É lamentável que a obra de C.G. Loomis (*White Magic* – An Introduction to the Folklore of Christian legend. Cambridge, Mass.: [s.e.] 1948) seja dificilmente utilizável por causa da sua confusão e principalmente pela falta de distinções cronológicas. O.P. Delehaye, cujos trabalhos sobre a hagiografia permanecem fundamentais, apesar da sua problemática frequentemente ultrapassada, não abordou sistematicamente este tema. De acordo com F. Graus (Op. cit., p. 231, nota 203), um estudo de conjunto do tema do dragão e do combate contra o dragão foi levado a cabo por V. Schirmunski (cf. *Vergleichende Epenforschung* I. "Deutsche Ak. der Wiss. Zu Berlin. Veröff. des Instituts für Deutsche Volkskunde", vol. XXIV. Berlim: [s.e.], 1961, p. 23ss., que não pude consultar).

cristã. Encontramo-la de fato na primeira hagiografia que, com a *Vita* de Santo Ambrósio por Paulino de Milão, depois com a biografia de São Martinho por Sulpício Severo, servirá de modelo para todo o gênero: a vida de Santo Antônio escrita por Santo Atanásio[44]. Encontra-se aí a interpretação diabólica do dragão. Mas, seja porque a atmosfera eremítica da *Historia monachorum* de Atanásio tenha desconcertado a cristandade, seja porque o apagamento do conhecimento do grego na Igreja latina tenha limitado, pelo menos durante algum tempo, a influência da *Vita*, de Antônio, este episódio, dentre outros, não parece ter tido no Ocidente um sucesso extenso nem uma influência direta sobre São Cesário e o dragão. O único episódio de santo sauróctono que teve, parece, uma grande ressonância na Alta Idade Média foi aquele do dragão do papa São Silvestre, que é precisamente evocado por Fortunato e dá lugar a uma comparação com vantagem para São Marcelo.

Este episódio da lenda de Silvestre infelizmente atraiu a atenção dos historiadores, principalmente em ligação com o papel e o momento históricos de Silvestre[45]. Papa no tempo da conversão de Constantino, ele tem por isso orientado os historiadores para a interpretação política do seu pontificado. Nesse contexto, o combate contra o dragão se tornava naturalmente o símbolo da vitória contra o paganismo. No entanto, uma outra interpretação – mais romana do que ecumênica – e que, mesmo em Roma, parece ter tido na Idade Média[46] mais interesse do que a interpretação católica, coloca esse milagre num outro contexto. Nessa perspectiva, o dragão de Silvestre é assimilado a uma serpente gigante encalhada na margem do rio durante uma inundação do Tibre e que evocaria de fato

---

44. *PG* 26, 849. Sobre a influência da *Vita de St. Antoine* de Athanase sobre a hagiografia ocidental da Alta Idade Média, cf. CAVALLIN, S. *Literarhistorische und textkritische Studien zur Vita S. Caesarii Arelatensis.* Lund: [s.e.], 1934.

45. É o caso do estudo de W. Levison, citado na nota 13.

46. Cf. GRAF, A. *Roma nella memoria e nell'immaginazione del Medioevo.* Turim: [s.e.], 1923, p. 177 e 442.

o papel do papa/bispo na luta contra as calamidades naturais em Roma[47]. Este episódio se insere então numa tradição romana, aquela dos prodígios ligados às calamidades naturais[48], e prefigura um episódio da carreira de Gregório o Grande: o episódio do monstro encalhado nas margens do Tibre, na ocasião de uma inundação em 590, no exato momento em que, segundo o testemunho de Gregório de Tours, Gregório, que já se fazia observar no seu papel social, principalmente no domínio dos abastecimentos, se torna bispo de Roma e inaugura seu pontificado, protegendo a população romana das calamidades naturais [inundação e peste] e de suas consequências[49].

Portanto, no final do século XI, o simbolismo cristão do dragão e do combate do santo-bispo contra um dragão não se fixou. Ele tende a identificar, no sentido da exegese do Apocalipse, o dragão-serpente com o demônio e a dar à vitória do santo o sentido de um triunfo sobre o mal, quer dizer, nesta fase da cristianização do Ocidente, o sentido de um episódio decisivo na vitória do cristianismo sobre o paganismo numa região e, mais especialmente, numa *civitas*. Porém, ele deixa também transparecer outras tradições nas quais a significação do dragão é diferente. Estas tradições são aquelas que o próprio cristianismo herdou. Elas estão geralmente já marcadas pelas evoluções, contaminações, toda uma história que torna difícil a sua análise. Todavia, podemos – vemos que Isidoro de Sevilha já o

---

47. Cf. CAHIER, C. *Caractéristiques des saints dans l'art populaire*, 1867, p. 316. • TERVARENT, G. Op. cit., nota 13, p. 50. É curioso que Silvestre e Marcelo tenham sido, por outro lado, gratificados, ambos, com um mesmo milagre, semelhante ao milagre do combate contra o dragão: eles teriam dominado um touro furioso fugido (cf. para Silvestre: *La légende dorée*, e para Marcelo: DULAURE, J.A. *Histoire physique, civile et morale de Paris*. I. 6. ed. 1837, p. 200ss.). Simples coincidência a lembrança comum de luta contra o culto de Mitra, simbolismo mais amplo ligado ao simbolismo arcaico do touro?

48. Cf. GRANT, R.M. *Miracle and natural Law in graeco-roman and early kristian thought*. Amsterdã: [s.e.], 1952. • BLOCH, R. *Les prodiges dans l'Antiquité Classique*. Paris: [s.e.], 1963.

49. GRÉGOIRE DE TOURS. *Historia Francorum*, X, 1.

fizera – tentar distinguir várias contribuições culturais: a herança greco-romana, a herança germano-asiática, a herança indígena.

Os elementos que extraímos desta imensa e complexa herança são, entenda-se, o resultado de uma triagem, de uma escolha. Esperamos, no entanto, não falsear a significação destas tradições.

Na tradição greco-romana[50], três aspectos do dragão e do combate heroico contra o dragão nos parecem essenciais. O primeiro aparece através dos ritos, das crenças e das lendas ligadas à fecundação. Sabemos a importância que assumiu na época helênica esta prática, da qual o Asclépio de Epidauro foi o grande centro, e que se propagou no mundo romano, principalmente na sua parte oriental[51]. Este desejo, numa grávida sagrada, uma visão ou um sonho portadores da resposta que algum sofredor ou um inquieto colocou ao deus, era somente o prolongamento de uma tradição de relações sexuais sobrenaturais entre uma mulher e um deus, que engendravam um herói. A aparência tradicional do deus fecundador era aquela de uma serpente-dragão. A mais célebre dos filhos desses noivados sagrados é Alexandre. Mas Suetônio reporta que Apolo, tendo dormido sob a forma de um dragão com Átia, tinha praticado no seu templo a fecundação, engendrando assim Augusto[52]. Em torno de Asclépio, revestindo a forma de um dragão e da tradição de Hipócrates, se desenvolveu a lenda do dragão de Cós[53]. O que

---

50. Cf. KÜSTER, E. "Die Schlange in der griechischen Kunst und Religion". *Religionsgeschichtliche Versuche und Vorarbeiten*, XIII, 2, 1913.

51. Cf. DEUBNER, L. *De incubation*. Giessen: [s.e.], 1899. • HAMILTON, M. *Incubation for the cure of Disease in pagan temples and christian churches*. Londres: [s.e.], 1906. • SAINTYVES, P. *En Marge de la Légende dorée – Songes, miracles et survivences*. Paris: [s.e.], 1930, p. 27-33.

52. SUÉTONE. *Divi Augusti Vita*, 94.

53. HERQUET, K. "Der Kern der rhodischen Drachensage". *Wochenblatt des Johanniterordens Balley*. X. Brandemburgo: [s.e.], 1869, p. 151ss. • HERZOG, R. *Kos. Ergebnisse der deutschen Ausgrabungen und Forschungen* – I. Asklepieion. Berlim: [s.e.], 1952.

nos importa aqui é a ligação do dragão com o mundo noturno e onírico, a mistura de desejo e de temor, de esperança e de terror, no qual mergulham as suas aparições e as suas ações. A psicanálise deveria se interessar por esses problemas. Voltaremos a eles[54].

O segundo aspecto é aquele da significação da libertação de uma situação do mito greco-romano do deus ou herói sauróctono. Ainda que a instalação de Apolo em Delfos, depois da vitória sobre a serpente Python, ultrapasse o quadro local[55], ainda que o combate de Perseu contra o dragão que mantém Andrômeda prisioneira não esteja diretamente ligado à fundação de Micenas, o mito de Cadmo, por exemplo, serve para definir o alcance da vitória sobre um dragão. Ela permite e significa o estabelecimento de uma comunidade numa determinada localidade. Ela é um rito de fundação urbana e de valorização de uma terra. O dragão é aqui o símbolo de forças naturais que precisam ser dominadas. Se sua morte é necessária, não o é somente porque com ela se afasta um obstáculo, mas porque ela é também fecundante. Cadmo semeia no território da futura Tebas os dentes do dragão imolado.

---

54. Sobre as interpretações psicanalíticas da fecundação, cf., na tradição ortodoxa freudiana, JONES, E. *On the Nightmare*. 2. ed. 1949, p. 92-97 (e sobre os *incubi* medievais: ibid., passim). Para um discípulo de Jung, cf. MEIER, C.A. *Antike Inkubation und moderne Psychotherapie*. Zurique: [s.e.], 1949 [Studien aus dem C.G. Jung-Institut, I]. Sobre a interpretação psicanalítica e antropológica do simbolismo do dragão e dos matadores de dragão não pude consultar os trabalhos de RÓHEIM, G. "Dragons and Dragon Killers". *Ethnographie*, Budapeste, 22, 1911. Budapeste. • *Drachen und Drachenkämpfer*. Berlim: [s.e.], 1912. • "The Dragon and the Hero". *American Imago*, I. 1940. Em *Psychoanalysis and Anthropology* (Nova York: [s.e.], 1950), G. Róheim definindo, segundo Freud e Jones, o símbolo como "the outward representative of a latent repressed content" (o representante externo de um conteúdo reprimido latente – definição cuja utilização poderia renovar o estudo do simbolismo medieval) tratou do simbolismo sexual da serpente na Antiguidade (p. 18-23) e sugeriu o simbolismo do dragão (cf. a expressão de um primitivo australiano: "your penis is like a *muruntu* = dragon" (seu pênis parece um dragão), ibid., p. 119).

55. Cf. FONTENROSE, J. *Python* – A study of Delphic Myth and its origins, 1959.

Para além da herança greco-romana se projeta a contribuição das culturas orientais que vieram irrigá-la. Porém, na Babilônia, na Ásia Menor e no Egito, podemos seguir a evolução do simbolismo do dragão. Num estudo fundamental, G. Elliot Smith a retraçou[56]. O dragão, na atmosfera cultural asiático-egípcia, era primitivamente a personificação das forças da água, ao mesmo tempo fertilizante e destruidora. O elemento essencial nos poderes dos dragões era o controle da água: enquanto benéficos, eles trazem a chuva e as precipitações fluviais fecundantes; enquanto hostis, eles desencadeiam os dilúvios e as inundações devastadoras. No início, é o seu papel positivo que o impulsiona; os dragões eram criaturas antes de tudo benéficas, personificações e símbolos de deuses da fecundidade e de heróis ou reis civilizadores; assim, o dragão encarnando Tiamat, uma das formas da Grande Mãe, e o dragão marinho ligado ao nascimento de Afrodite, ela própria uma das formas da Grande Mãe. Depois o dragão se desclassifica e se torna finalmente um símbolo do mal. No Egito, ele é identificado com Set, o inimigo de Osíris e de Horus, o assassino de Osíris e a vítima do filho de Osíris, Horus. Assim, a *racionalização* egípcia precede a *racionalização* cristã. No Egito, por outro lado, pode-se observar a passagem de Horus ao Cristo, por um lado, de Set a satanás, por outro. Mas o que nos importa aqui é que, apesar do parentesco com a serpente, animal ctônico por excelência, o dragão está fundamentalmente ligado às potências das águas.

O Extremo Oriente é uma outra grande pátria do simbolismo do dragão. Ele não parece atingir diretamente o Ocidente cristão senão muito tarde, no século XIII, segundo Jurgis Bautrusaitis[57].

---

56. SMITH, G.E. *The Evolution of the dragon*. Manchester: [s.e.], 1919. M. Eliade, que insistiu muito na ligação das serpentes e dos dragões com as águas, sobre os dragões como "emblemas da água" (*Traité...* Op. cit., p. 179-182), não cita esta obra.

57. BAUTRUSAITIS, J. *Le Moyen Age fantastique. Antiquités et exotismes dans l'art gothique*. Paris: [s.e.], 1955, cap. V. "Ailes de chauve-souris et Démons chinois" [Asas de morcegos e demônios chineses], p. 151ss.: "A mesma evolução pode ser observada em relação ao dragão, uma das encarnações do demônio. Na arte româ-

Na China, o dragão parece principalmente ligado ao mundo uraniano, ao mito solar, ele é alado. Mas ao longo das rotas das estepes, esse dragão celeste se funde mais ou menos com a serpente ctônica e com um dragão, ctônico ele também, guardião de tesouros, e aparentado com o grifo – grifo que as transformações do sincretismo simbólico animal dotarão também de asas[58]. O que é importante é que os dragões do Extremo Oriente, caminhando ao longo das rotas das estepes, chegam ao Ocidente na época merovíngia. Édouard Salin, desenvolvendo uma ideia de Forrer[59], esclareceu, através de uma análise das formas estéticas da arte merovíngia, esta chegada ocidental do dragão asiático e sublinhou bem as duas características principais do seu simbolismo: por um lado, a sua polivalência, por outro, a sua ambiguidade: "se as formas do dragão merovíngio

---

nica, é uma serpente sem asas nem patas, ou um pássaro com cauda de lagarto. Na arte gótica, ele tem asas membranosas. Uma das suas primeiras figurações, sob este novo aspecto, pode ser assinalada no *Psautier*, de Edmond de Laci (morto em 1258, Belvoir Castle)" (p. 152). Se as asas de morcego se desenvolvem de fato no século XIII e se os modelos chineses puderam ter influência nessa evolução, o dragão românico pode muito bem ter asas e patas, tal como aquele que se vê da muralha sul do batistério de Saint-Jean de Poitiers, datado de 1120 mais ou menos (DESCHAMPS, P. & THIBOUT, M. *La Peinturemurale en France* – Le Haut Moyen Age et l'époque romane. Paris: [s.e.], 1951, p. 94). Sobre os dragões chineses e asiáticos, principalmente hindus, cf. ELIADE, M. *Traité...* Op. cit., p. 180-182, e a bibliografia, p. 186-187, à qual se pode acrescentar, entre outros, DU BOSE, H.C. *The Dragon, Image and Demon*. Londres: [s.e.], 1886. • FERGURSON, J.C. *Chinese Mythology*. Boston: [s.e.], 1928. • BENZ, R. *Der orientalische Schlangendrache*, 1930. • DANIELS, F.S. "Snake and Dragon Lore of Japan". *Folklore*, 71, 1960, p. 145-164. Cf. nota 133 infra.

58. Vê-se, p. ex., o tentador sob a forma de um grifo alado sobre as portas de bronze da Catedral de Hildesheim (1015). Cf. LEISINGER, H. *Bronzi Romanici* – Porte di Chiese nell'Europa medioevale. Milão: [s.e.], 1956, il. 19. Sobre o simbolismo do grifo cf. RATHE, K. "Der Richter auf dem Fabeltier". *Festschrift für Julius von Schlosser*, 1927, p. 187-208. • WILD, F. *Gryps-Greif-Gryphon (Griffin)* – Ein sprach-, kultur-, und stoffgeschichtliche Studie. Viena: [s.e.], 1963.

59. FORRER. "A propôs d'un bijou à dragon émaillé trouvé à la Meinau". *Cahiers d'Archéologie et d'Histoire d'Alsace*, 1520, p. 250ss.

são muito diversas, o seu simbolismo não o é menos. Ele traduz, de fato, muito provavelmente, crenças também diversas, ao mesmo tempo em que reproduz divindades muito diferentes"[60]. E mais: "muito frequentemente de caráter solar quando elas se assemelham ao grifo e de caráter ctônico quando saem da serpente; ora benéficas, ora maléficas, as figurações do dragão aparecem, definitivamente, como uma herança de crenças quase tão velhas quanto o mundo e difundidas através da Eurásia do Oriente ao Ocidente"[61].

Nesse complexo de simbolismos e de crenças deve-se tentar retirar a parte, ao lado da herança greco-romana e da contribuição asiático-bárbara, das tradições indígenas. Quando se considera o mundo céltico no seu conjunto, ele formiga, em algumas áreas de dragões[62], e na Irlanda, por exemplo, os santos tiveram de se empenhar especialmente contra eles[63]. Mas o universo gaulês das crenças e dos símbolos não parece rico de dragões, embora tenha acolhido, certamente, a serpente ctônica, atributo de deuses e deusas[64], e morta pelo Hércules gaulês, Smértrios, o "Provedor"[65].

Mas, atrás dessas heranças, não será principalmente a serpente-dragão quase universal em todas as crenças e mitos primitivos?

---

60. SALIN, E. *La Civilisation Mérovingienne*. Op. cit., IV, p. 241.

61. Ibid., p. 207-208.

62. Cf. LENOIR, A. "*Mythologie celtique* – Du dragon de Metz appelé Graouilli..." *Mémoires de l'Académie Celtique*", t. II, 1808, p. 1-20. • CERQUAND, J.F. "Taranis et Thor". *Revue Celtique*, t. VI, 1883-1886, p. 417-456. • HENDERSON, G. *Celtic Dragon Myth*. Edimburgo: [s.e.], 1911.

63. Cf. FALSETT, H.J. *Irische Heilige und Tiere in mittelalterlichen lateinnischen Legendes*. Diss./Bonn: [s.e], 1960. • F. Graus (Op. cit., p. 231) dá como exemplo de combate de um santo com um dragão na hagiografia irlandesa os episódios da *Vita s. Abbani*, c. 15, 16, 18, 24 (Apud PLUMMER, C. *Vitae Sanctorum Hiberniae* I. Oxford: [s.e.], 1910, p. 12, 13, 15, 18ss.).

64. Cf. REINACH, A.J. "Divinités gauloises au serpent". *Revue Archéologique*, 1911. • DUVAL, P.M. *Les dieux de la Gaule*. Paris: [s.e.], 1957, p. 51.

65. Cf. DUVAL, P.M. "Le dieu Smertrios et ses avatars gallo-romains". *Études Celtiques*, VI, 2, 1953-1954.

O dragão merovíngio não é, sobretudo, um monstro folclórico[66], ressurgido nesse intervalo das crenças onde a cultura pagã se afoga, sem que o sistema cultural cristão esteja ainda verdadeiramente implantado?[67] Quando Fortunato esboça precisamente a interpretação cristã, eclesiástica do dragão de São Marcelo, este não tinha na tradição oral recolhida por Fortunato uma outra significação? Não deveríamos tentar descobrir esta significação nas profundezas de um folclore renascente – mas carregado de elementos folclorizados de culturas anteriores e principalmente atualizado por situações históricas novas? No fundo da lenda narrada por Fortunato, há a imagem de um taumaturgo que dominou forças terríveis. Estas forças existem em relação com a natureza. Mas o monstro posto em cena oscila entre um animal ctônico (serpente) e um animal (dragão) de caráter mais ou menos aquático, já que o santo manda que ele desapareça tanto do deserto quanto do mar. Certamente, no contexto geográfico parisiense, o mar vem de um modelo hagiográfico copiado por Fortunato, sem grande esforço de adaptação. Mas este empréstimo não deve, da mesma maneira, ser explicado por sua relativa conformidade com um contexto similar – um contexto aquático, aquele sobre o qual G. Eliott Smith mostrou o caráter fundamental no simbolismo do dragão?

Se do cenário se passa aos heróis, o santo não aparece aqui num papel de heróis sauróctonos, libertadores e civilizadores? Isto fica demonstrado[68] por todo um vocabulário de herói cívico,

---

66. Sobre o dragão e o combate contra o dragão no folclore universal, cf. as abundantes referências de Stith Thompson: *Motif-Index of Folk-Literature*. T. I. Copenhaguen: [s.e.], 1955-1958, p. 348-355. Esses motivos figuram sob a referência B. 11, mas se encontrará o dragão e os motivos vizinhos sob outras referências, tais como A. 531, D. 418.1.2 (Transformation: snake to dragon), H. 1174.

67. Cf. LE GOFF, J. "Culture cléricale et traditions folkloriques dans la civilisation mérovingienne". *Niveaux de culture et groupes sociaux*. Paris: [s.e.], 1968, e aqui p. 223-235 [Colóquio organizado pela École Normale Supérieure].

68. Não se pode, no entanto, excluir o fato de que Fortunato podia ter sido influenciado pela assimilação que podia ser feita, segundo Merkelbach, "Reallexicon..." (Op. cit.,

mais do que religioso. Quanto ao dragão, se ele é eliminado como um perigo, um objeto de temor, não é significativo que ele não tenha sido morto, mas somente perseguido: "*o monstro, tendo sido rapidamente caçado, não se encontrou mais qualquer vestígio dele*"? O combate contado por Fortunato não é um duelo de morte, mas é uma cena de subjugação. Entre o bispo dominador e o monstro dominado se estabelecem, durante um breve instante, relações que lembram a amizade dos eremitas e dos santos com os animais, e mais particularmente com os animais ferozes – desde o leão de São Jerônimo até o lobo de São Francisco[69] – ("*este de cabeça suplicante se pôs a pedir perdão com uma cauda acariciante*"): um animal, portanto, para neutralizar, mais do que para matar. O que podemos, pois, razoavelmente imaginar atrás desta cena em que um herói domina as forças naturais, sem que o hagiógrafo queira ou possa fazer dele explicitamente um episódio simbólico de evangelização?

Um episódio de civilização material. O teatro topográfico desta cena é fácil de adivinhar, é o lugar em que na Idade Média se erguerá o burgo, o subúrbio que levará o nome de São Marcelo, portanto, o baixo vale do Bièvre cujo caráter pantanoso se percebe também nos baixios do atual Jardim Botânico[70]. O maior conhecedor da topografia parisiense na Alta Idade Média, Michel Roblin,

---

col. 240), entre o mártir e o combate contra o dragão. Para um dos aspectos deveríamos, então, fazer tentativas dos hagiógrafos da Alta Idade Média para conservarem a mitologia do martirológio em benefício dos santos, já que não são mártires. Esta interpretação, que não foi, aliás, tanto quanto sabemos, desenvolvida por ninguém, parece-nos complicada e arriscada.

69. Cf. PENCO, G. "Il simbolismo animalesco nella letteratura monastica". *Studia Monastica*, 1964, p. 7-38. • "L'amicizia con gli animali". *Vita Monastica*, 17, 1963, p. 3-10. O dragão, considerado como um animal real, participava desta mística da criação no interior da qual W. von den Steinen magnificamente situou a simbólica animal: "Altchristliche-mittelalterliche Tiersymbolik". *Speculum*, IV, 1964.

70. M.I. Concasty mostrou realmente a importância das inundações do Bièvre (Op. cit. *Positions*... Op. cit., 1937, p. 28).

depois de ter lembrado este sítio de cristianização parisiense, "o velho subúrbio cristão de São Marcelo"[71] e ter sublinhado que a sua formação "não foi claramente explicada", evoca a presença de pedreiros que poderiam ter favorecido o estabelecimento de catacumbas como em Roma e a possível utilização das águas da Bièvre que, séculos mais tarde, atrairão tintureiros e curtidores de peles para o burgo de Saint-Marcel, e pensa finalmente que Saint-Marcel "é muito simplesmente uma estação no caminho de Sens". "É normal, portanto", continua ele, "que o cristianismo, importado da Itália por Lyon e Sens, seja primeiro instalado em Saint-Marcel, o primeiro quarteirão de Lutèce, quando se chegava pelo caminho da margem esquerda". Nosso texto não esclarece sobre este surgimento do burgo Saint-Marcel? Não temos aqui um mito de fundação – cristão ou não? A vitória de Marcelo sobre o dragão não é a dominação do *"genius loci"*, a acomodação de um sítio natural entre os *"deserta"* da floresta (*"silva"*), o covil da serpente ctônica e dos pântanos do afluente fluvial do Sena e do Bièvre (*"mare"*), onde o dragão aquático é convidado a desaparecer?[72] Não temos com isso um testemunho de uma dessas instituições da Alta Idade Média a favor de um tímido arroteamento e de uma drenagem rudimentar, sob a égide de um bispo-empreendedor econômico, ao mesmo tempo em que pastor espiritual e chefe político?[73] É antes também a instituição de uma comunidade urbana da Alta Idade Média, a cuja constituição assistimos aqui, em torno de um corpo de fiéis-cida-

---

71. ROBLIN, M. *Le terroir...* Op. cit., p. 114.

72. Cf. a Tarasca entre floresta e rio (*"a nemore in flumine"*). DUMONT, L. Op. cit., p. 156-157.

73. Sobre o papel econômico dos santos e dos bispos da Alta Idade Média há muitos testemunhos na hagiografia. Um dos primeiros exemplos, no contexto significativo do vale do médio Danúbio no século V, encontra-se na *Vita s. Severini* de Eugippius (*MGH* – Auct. ant. I, 1977, p. 1-30). Teria havido, de resto, uma intenção de propaganda dinástica em Fortunato? Sustentou-se isto a propósito da vida de Santa Radegundes. Cf. LAPORTE, D. "Le royaume de Paris, dans l'oeuvre hagiographique de Fortunat". *Études mérovingiennes*. Paris: [s.e.], 1953, p. 169ss.

dãos ("*cives*"), de um terreno urbano e suburbano, na proximidade imediata, além disso, de um caminho de alguma importância[74].

Este texto não é o único em que Fortunato relata o milagre pelo qual um santo, varrendo uma região de monstros (dragões ou serpentes), a transforma em algo de valor.

Na vida de Santo Hilário[75], Fortunato conta como o santo, passando na proximidade da Ilha de Gallinaria, em frente de Albenga, na costa da Ligúria, é alertado pelas pessoas da costa que lhe indicam a impossibilidade de se estabelecer na ilha por causa das imensas serpentes que a infestam ("*ingentia serpentium volumina sine numero pervagari*"). Tal como Marcelo, Hilário parte bravamente para o combate contra os animais selvagens ("*vir dei sentiens sibi de bestiali pugna venire victoriam*"). As serpentes fogem ao vê-lo e o bastão episcopal serve desta vez de fronteira que delimita duas partes da ilha: uma onde é proibido às serpentes penetrarem, a outra onde elas podem conservar a sua liberdade. Aqui ainda, portanto, e mais claramente do que no caso de São Marcelo, o perigoso monstro, símbolo da natureza hostil, é contido, dominado, mas não aniquilado[76]. Aqui também, por outro lado, é dito às serpentes que, se elas não querem respeitar a divisão determinada pelo santo, somente lhes resta o mar, cuja presença ali é bem real.

Tal como na vida de São Marcelo, uma reflexão orienta aqui a interpretação para o simbolismo diabólico. Fortunato sublinha que o segundo Adão, o Cristo, é muito superior ao primeiro, visto que, em vez de obedecer à serpente, ele tem dois servidores – como

---

74. Sobre o dragão lendário e o estabelecimento de Cracóvia, no sopé da colina de Wawel, nas margens do Vístula, cf. art. "Krak". *Alownik Folkloru Polskiego* (Dicionário do Folclore Polonês). Varsóvia: [s.e.], 1965, p. 185-186 [Org. por J. Krzyzanowski].

75. "Vita S. Hilaire". *MGH* – Script. Rer. Mer., cit., IV/2, p. 5.

76. Aliás, o dragão do Apocalipse padecia de um destino semelhante: "*et misit eum in abyssum, et clausit, et signavit super illum, ut non secudat amplius gentes*" [XX, 3].

o santo – capazes de dominar as serpentes[77]. Também aqui a alusão não é bem-explicitada. Pelo contrário, a conclusão é puramente material e faz incontestavelmente de Hilário um "herói civilizador": *"ele aumentou o território dos homens, pois o homem veio a se estabelecer no território da besta"*.

Mesmo quando não se admite a nossa hipótese em relação ao simbolismo, a significação do combate de São Marcelo contra o dragão, ocorre que, no final do século VI, na Gália, se os escritores eclesiásticos tendem a cristianizar as lendas de santos sauroctônicos, identificando a serpente ou o dragão eliminado com o demônio, eles não chegam a disfarçar inteiramente um simbolismo muito claramente diferente. Este simbolismo, complexo, parece sobretudo revelador, para além das contribuições das diversas culturas pré-cristãs, de um fundo tradicional de natureza folclórica. Ele aparece em relação a um sistema de comportamentos mentais e de práticas prudentes em relação às forças naturais, poderosas e equívocas. Domina-se o dragão e, numa certa medida, faz-se um pacto com ele.

*

Seis séculos mais tarde, São Marcelo e seu dragão reaparecem. No final do século XII, uma escultura de Notre-Dame de Paris, visivelmente inspirada no texto de Fortunato, representa a cena que estamos tentando analisar, embora tenhamos boas razões para acreditar que, desde esta época, São Marcelo e seu dragão figuravam nas procissões das ladainhas que aconteciam nas proximidades de Notre-Dame. Em que se tornaram, então, os nossos heróis – e que significado, então, o dragão pode ter?

---

77. *"Apparet quantum est melior Adam secundus antiquo. Ille serpenti paruit, iste servos habet, qui possunt serpentibus imperare. Ille per bestiam de sede paradysi proiectus est, iste de suis cubilibus serpentem exclusit"*.

Em primeiro lugar, esbocemos rapidamente as principais direções de evolução do simbolismo do dragão, entre o século VI e o século XII.

Num dos principais livros que a Alta Idade Média legou à devoção românica, os *Moralia in Job* de Gregório o Grande, o leviatã do Antigo Testamento é identificado com satanás[78]. Rabano Mauro fornece, no século IX, a condição de funcionamento do enciclopedismo cristão. Sabe-se que ele explorou muito Isidoro de Sevilha. As diferenças são muito significativas. O abade de Fulda trata do dragão no capítulo dedicado às serpentes[79]. A sua primeira parte é científica: o dragão aparece como sendo a maior de todas as serpentes e inclusive de todos os animais. Ele sai frequentemente das cavernas para roubar. Ele tem uma crista na cabeça e da sua pequena boca, com estreitos canais, ele lança o seu sopro e dardeja a sua língua. Sua força reside não nos seus dentes, mas na sua cauda. Não é verdade que se deva temer os seus venenos. Mas, rapidamente, o artigo se transporta para outro plano, aquele da significação mística[80]. E a interpretação fica então clara: o dragão é o demônio, ou seus ministros, ou os perseguidores da Igreja, os maus. E ele tem de citar os textos das Escrituras que fundamentam esta interpretação: o salmista, Jó e o Apocalipse de João. Nestes textos é a existência tanto do singular quanto do plural que o levou a definir o que o dragão pode significar, além do demônio, os espíritos maus: "*o*" dragão é satanás, "*os*" dragões são seus sectários.

---

78. *PL* 76, 680.

79. MAURO, R. *De universo*, VIII, 3; *PL* 3, 229-230.

80. "*Mystice draco aut diabolum significat aut ministros ejus vel etiam persecutores Ecclesiae, homines nefandos, cujus mysterium in pluribus locis Scripturae invenitur*" (ibid., 230). Sobre este método exegético, cf. DE LUBAC, H. *Exégèse médiévale, les quatre sens de l'Écriture*. Paris: [s.e.], 1959-1964.

Este dragão diabólico, devotado ao mal, é exatamente aquele que reina na iconografia romana[81]. A corrente naturalista, saída de Isidoro e que reforça a influência crescente do *Physiologus*[82] sobre os bestiários, pode perfeitamente permitir ao escultor ou ao miniaturista esta ou aquela variante sobre a crista, as escamas, a cauda, mas continua a serviço do simbolismo maléfico e vem se unir à tradição do satanás-leviatã que, a partir de Gregório o Grande, se afirma nos mais célebres comentadores do livro de Jó, um Odon de Cluny, um Brunon d'Asti para chegar a Honorius Augustodunensis, que realiza a síntese da corrente místico-alegórica e da corrente pseudocientífica[83]. Lá mesmo onde não existe o dragão de sete cabeças do Apocalipse[84], o dragão românico é o mal.

O sucesso do dragão na arte romana tem uma dupla origem que se confunde com a dupla raiz de toda a arte romana: com a sua raiz estética e a sua raiz simbólica. De um lado, herdando a arte irlandesa e a arte das estepes, as formas românicas jogam com o corpo flexível do dragão. Não é este o tema por excelência que permite ao artista românico satisfazer o cânone definido por Henri

---

81. Encontramos pouca coisa a respeito do dragão na obra sempre fundamental e admirável de E. Mâle: *L'Art réligieux du XIIe siècle en France* – Étude sur les origines de l'iconographie du Moyen Age. 6. ed. Paris: [s.e.], 1953. O trabalho de F. d'Ayzac ("Iconographie du dragon". *Revue de l'Art Chrétien*, 8, 1864, p. 75-95, 169-194, 333-361 [cf. sobre a cauda do dragão, p. 183-189] envelheceu. RÉAU, L. *Iconographie de l'art chrétien*. T. I. Paris: [s.e.], 1955. O simbolismo animal: dragão, p. 115-116, é rápido e confuso. DEBIDOUR, V.H. *Le Bestiaire sculpté en France* (Paris: [s.e.], 1961, passim [cf. s.v. "Dragon"]) é rápido e contém judiciosas notas e boas ilustrações.

82. Não há, aliás, dragão no *Physiologus* latino, dos séculos IV-V, cuja influência será grande principalmente na Baixa Idade Média, do século XIII ao século XV. Cf. CARMODY, F. (org.). *Physiologus Latinus*, 1939, p. 97.

83. Cf. MÂLE, R. Op. cit., p. 384-385. • CLUNY, O. *PL* 164-685. • HONORIUS AUGUSTODUNENSIS. *Speculum Ecclesiae*; *PL* 172-937. É interessante observar que não há dragão na enciclopédia de Honorius, o *Imago Mundi*.

84. Sobre a iconografia do dragão no Apocalipse, cf. RÉAU, L. Op. cit. T. II/2. Paris: [s.e.], 1957, p. 708-712.

Focillon: "a lei dos mais numerosos contatos com o quadro"?[85] Por outro lado, a onipresença do mal no mundo românico faz surgir os dragões a cada página do manuscrito, a cada canto de pedra esculpida[86], na ponta de todo pedaço de metal forjado.

Mas o mundo românico é aquele da psicomaquia, do combate das virtudes e dos vícios, do bem e do mal, dos bons e dos maus. Perante satanás e seus cúmplices, perante os dragões, estão se formando os indivíduos e as classes que são os defensores de Deus. Na mitologia cristã da salvação, em que, na época carolíngia, São Miguel, o lutador supremo, atacou o dragão[87], são os cavaleiros, ao lado do clero, que agora lutam contra o monstro. A partir do século XI, São Jorge, vindo do Oriente desde antes das Cruzadas para respaldar ideologicamente a ascensão social da aristocracia militar, vence incessantemente os dragões sempre renovados, em nome de todos os cavaleiros. Porém, mais de uma vez um cavaleiro real, anônimo, mas armado até os dentes, ataca o monstro e às vezes desce de sua montaria para combatê-lo, como aquele que veio terminar sua luta de pedra em Lyon, no museu Gadagne[88]. Entre estes combatentes sem medo distingue-se o bispo, tal como nos tempos heroicos da evangelização, mas agora como simbolismo descoberto. Raros são

---

85. Cf. DEBIDOUR, V.H. Op. cit., p. 129-133. Sobre o meio cisterciense e o jogo de formas românicas nas iniciais dos manuscritos, cf. PÄCHT, O. "The precarolingian roots of early romanesque art". *Studies in Western Art*, I. Romanesque and Gothic Art – Acts of the XXth International Congress of the History of Art. Princeton, 1963, p. 71 e il., XIX, 6.

86. Sobre os dragões representados nas fontes batismais (simbolismo da água e do dragão aquático), cf. PERRY, J.T. "Dragons and monsters beneath baptismal fonts". *Reliquary*, s. 3, II, 1905, p. 189-195. • LE BLANC SMITH, G. "Some dragonesque forms on, and beneath, fonts". Ibid., 13, 1907, p. 217-227.

87. Cf. HEITZ, C. *Recherches sur les rapports entre architecture et liturgie à l'époque carolingienne*. Paris: [s.e.], 1963.

88. Il. apud DEBIDOUR. Op. cit., p. 347. Da vasta bibliografia sobre São Jorge e o dragão, tema que está longe de ter revelado todos os seus segredos, devemos consultar AUFHAUSER. "Das Drachenwunder des hl. Georg. *Byzantinisches Archiv*, 5, 1911, p. 52-69.

os báculos episcopais que não conservam, na sua cabeça curvada, o dragão vencido e cativo que oferece o seu corpo contorcido à habilidade triunfante do ourives e à potência simbólica do prelado.

O progresso da arte funerária, nos confins do românico e do gótico, abre para o dragão vencido uma outra carreira. Ele vem se deitar aos pés dos seus vencedores, cuja vitória se imortaliza na pedra. Ele serve, assim, de almofada simbólica para os bispos, como Hugues de Fouilloy, em Chartres[89], ou às vezes mesmo para os senhores laicos, como Haymon, conde de Corbeil[90]. Mas não se encontra aqui, para além do simbolismo diabólico, o simbolismo do triunfo do herói civilizador, construtor de catedrais ou desbravador de terras e organizador da ordem feudal?

No mundo românico, estes dragões não são sempre tão dóceis. Eles irrompem nos sonhos dos heróis, frequentam suas noites como fantasmas e os agitam de terror. O Carlos Magno da *Chanson de Roland*, assustado, vê que eles se lançam contra seus exércitos como uma matilha de pesadelos[91]. O dragão é o animal onírico por excelência do universo românico. Ele prolonga nele a ambiguidade de suas origens[92] e aí manifesta as obsessões coletivas da classe feudal e da sua cultura[93].

---

89. Cf. DEBIDOUR. Op. cit., il., p. 98.

90. Cf. apêndice fora do texto do catálogo da exposição *Cathédrales*. Paris: Museu do Louvre, 1962. Notar-se-á que o personagem é um fundador de dinastia feudal, um desbravador de terras.

91. Cf. MENTZ, R. *Die Träume in den altfranzösischen Karls-und Artusepen*. Marbourg: [s.e.], 1888. • HEISIG, K. "Die Geschichtsmetaphysik des Rolandsliedes und ihre Vorgeschichte". *Zeitschrift für romanische Philologie*, LV, 1935, p. 1-87. • STEINMEYER, K.J. *Untersuchungen zur allegorischen Bedeutung der Träume im altfranzösischen Rolandslied*, 1963. • GYÖRY, J. *Cahiers de Civilisation Médiévale*, 1964, p. 197-200.

92. "Ambivalence des animaux rêvés" . Op. cit., p. 200. Cf. GYÖRY, J. "Le cosmos, un songe". *Annales Universitatis Budapestinensis*, Sectio Philologica, t. IV, 1963, p. 87-110.

93. Sobre o dragão nos sonhos medievais, de um ponto de vista psicanalítico, cf. JONES, E. *On the Nightmare...* Op. cit., p. 170, 306.

Enfim, outros dragões emancipados parecem quase definitivamente ter escapado, tanto da confusão das suas origens quanto do esclarecimento racionalista do simbolismo diabólico. Eles são os dragões-estandartes. Através de Isidoro de Sevilha, vimos as suas antigas origens. Desde o começo do século IV, no momento mesmo do triunfo político cristão, o dragão militar passava aos novos senhores convertidos: sobre o *labarum* das moedas de Constantino, a haste do signo sagrado abatia o dragão[94]. O dragão-estandarte dos séculos XI e XII é, sem dúvida, o herdeiro dos estandartes asiáticos que vieram para o Ocidente através dos anglo-saxões e dos vikings ao norte, através dos árabes ao sul. Na segunda metade do século XV, eles são expostos na tapeçaria de Bayeux[95] e, na *Chanson de Roland*, eles parecem reservados aos estandartes sarracenos; é verdade que a *Chanson* nos chegou num texto bastante clericalizado, onde o simbolismo diabólico é posto a serviço da propaganda político-religiosa[96]. Mas o dragão-estandarte desenvolve, ao longo do século XII, um simbolismo próprio que chega a fazer do dragão um emblema de comunidade militar, mais tarde nacional. O *Draco Normannicus*, que dá seu título a um poema de Étienne de Rouen, é simplesmente, numa metáfora, o povo normando, de acordo com um emprego colocado em voga por Geoffroy de Monmouth[97]. Os dois dragões descobertos por Merlin são, de fato, por confissão in-

---

94. Cf. DACL. Op. cit. Sobre as representações do dragão nas moedas, cf. MERKELBACH, R. "Reallexicon...". Op. cit., p. 243-245.

95. Cf. STENTON, F. *The Bayeux Tapestry*. Londres: [s.e.], 1957.

96. A propósito do dragão-insígnia, lê-se com espanto em GOUGENHEIM, G. *Les mots français dans l'histoire et dans la vie*, II. Paris: [s.e.], 1966, p. 141-142: "Nenhum indício permite saber o que era exatamente este *dragão*, nem que relação ele tem com o animal fantástico denominado *dragão* (do latim *draco*). É fazer obra de pura imaginação supor que uma representação deste animal fantástico era pintada ou bordada sobre a insígnia". Uma simples olhadela na tapeçaria de Bayeux (cf. nota supra) desautoriza estas afirmações.

97. Cf. TATLOCK, J.S.P. "Geoffroy and King Arthur in Normannicus Draco". *Modern Philology*, 31, 1933-1934, p. 1-18, 113-125.

clusive do autor, os símbolos do povo bretão e do povo saxão[98]. Mas atrás deles se apresenta, como bem observou Jean-Charles Payen[99], todo o mundo turvado por um folclore que a Igreja da Alta Idade Média rechaçou para as profundezas e que, ao lado do sistema acabado do simbolismo eclesiástico, brotou de repente dos tempos românicos[100].

São Marcelo e seu dragão aparecem duas vezes nas esculturas de Notre-Dame de Paris, na fachada do tremó do portal de Sainte-Anne, no flanco setentrional da arqueadura do portal dos cônegos[101].

As duas esculturas não são contemporâneas. A história do portal de Sainte-Anne é a mais complicada: a maior parte das esculturas data do começo da construção da Igreja, por volta de 1165, e foi empregada novamente mais tarde, em 1230, na ocasião da construção dos portais da fachada. O tímpano e a parte central da banda

---

98. Cf. KRAPPE, A.H. "The fighting snakes in the Historia Britonum of Nennius". *Revue Celtique*, XLIII, 1926. Uma miniatura de um manuscrito do final do século XIII (Paris, BN, Ms. fr. 95) representa Merlin levando um dragão-estandarte numa batalha. Esta miniatura é reproduzida em LOOMIS, R.S. (org.). *Arthurian Literature in the Middle Ages*. Oxford: [s.e.], 1959, il. 7, p. 320. Cf. BROMWICH, R. *Trioedd Ynys Prydein* – The Welch Triads, 1961, p. 93-95.

99. A propósito do "Merlin" de Robert de Boron: "Os dois dragões que jazem sob as fundações da torre que Vertigier quer erigir não são objeto de qualquer descrição precisa e o seu combate não suscita nem horror nem angústia. Mas principalmente deixaram de ser monstros de uma outra época, fugidos de um bestiário do outro mundo, com uma significação ambígua, sobre a qual se poderia incessantemente sonhar. Pela voz de Merlin, Robert dissipa todos os equívocos, explica o símbolo que perde o seu valor poético" ("L'art du récit dans Le Merlin de Robert de Boron – Le Didot Perceval et Le Parlevaus". *Romance Philology*, 17, 1963-1964, p. 579-580).

100. Cf. UTLEY, F.L. "Arthurian Romance and International Folklore Method" (*Romance Philology*, 17, 1963-1964), onde o autor indica que Alan Loxterman e Miriam Kovits estudam as relações entre o Tipo 300 (Dragonslayer: matador de dragões) e o Tipo 303 (The two brothers: Os dois irmãos) com a história de Tristão.

101. Cf. a monografia clássica: AUBET, M. *La Cathédrale Notre-Dame de Paris, notice historique et archéologique*. [s.l.]: [s.e.] 1945. Para as ilustrações cf. COLOMBIER, P. *Notre-Dame de Paris*. Paris: [s.e.], 1966.

superior do lintel superior e do lintel inferior são do século XIII. Segundo toda probabilidade, o tremó pertence ao período "arcaico"[102].

Seja como for, o lugar de São Marcelo no portal de Sainte-Anne se inscreve claramente no programa da fachada[103]. Nesse tríptico esculpido, o portal central é dedicado ao Cristo e representa o destino da humanidade que, através do combate das virtudes e dos vícios, pela mediação do Novo Testamento encarnado pelos apóstolos, encaminha-se para o Juízo Final. Os postigos que o enquadram são ambos dedicados à Virgem. Mas, à esquerda da Virgem coroada que protege o ciclo litúrgico, é o triunfo de Maria-Ecclesia, reunindo os trabalhos dos meses e, segundo a expressão de Adolf Katzenellenbogen, há toda uma série de personagens saídos do conjunto do desenrolar da história eclesiástica. Assim, figuram aí São Miguel, dominando o dragão e os personagens marcantes da história da Igreja e da devoção tradicional parisiense: Constantino, provavelmente com São Silvestre, Santo Estêvão, protomártir e padroeiro da primeira catedral, São Dinis e Santa Genoveva.

O portal de Sainte-Anne coloca sob o patrocínio da Virgem Mãe que entrona com o filho um conjunto mais cronologicamente, mais narrativamente histórico. No lintel, a vida da Virgem desde a história dos seus pais, Ana e Joaquim, até o episódio final de seu parto: a visita dos reis magos. Nas arqueaduras do teto e nos pi-

---

102. Cf. AUBERT, M. Op. cit., 1945, p. 117-118. A estátua de São Marcelo, atualmente *in situ*, é uma cópia do século XIX. O original, deteriorado, que pertence ao Museu de Cluny, está atualmente conservado na torre norte da catedral. M.S. Salet, conservador do Museu de Cluny, encontrará aqui os meus agradecimentos pelas explicações que ele amavelmente me forneceu. Sobre a história das esculturas da portal de Sainte-Anne, cf. catálogo da exposição *Cathédrales*. Op. cit., p. 31.

103. Cf. SAUERLÄNDER, W. "Die kunstgeschichtliche Stellung der Westportale von Notre-Dame in Paris". *Marburger Jahrbuch für Kunstwissenschaft*, XVII, 1959. • KATZENELLENBOGEN, *Sculptural Programa of Chartres Cathedral*: Christ-Mary-Ecclesia. Baltimore: [s.e.], 1959. • "Iconographic Novelties and Transformations in the Sculpture of French Church Façades", ca. 1160-1190. *Studies in Western Art*. Op. cit., p. 108-118.

lares estão os personagens do Antigo Testamento: reis e rainhas, profetas, velhos do Apocalipse, até a consolidação da Igreja, com São Pedro e São Paulo, fazem desse portal um portal dos *precursores*. Mas é aí também que aparece, na sua individualidade histórica, a catedral. No tímpano estão os seus fundadores: à esquerda, o Bispo Maurício de Sully, à direita, o Rei Luís VII. Enfim, no tremó está São Marcelo, o padroeiro parisiense que pertence mais à catedral, visto que esta conserva as suas relíquias. Assim, em Notre-Dame, Marcelo representa, melhor e mais que São Dinis ou Santa Genoveva, a Igreja parisiense, o assento episcopal parisiense, a comunidade cristã parisiense. O bispo-chefe do rebanho, acampado e justificado na *Vita*, de Fortunato, encontra aqui a natural realização do seu triunfo e da sua significação local.

O escultor do São Marcelo do portal de Sainte-Anne nitidamente seguiu, pelas indicações dos seus mandatários, o texto de Fortunato. Na parte inferior do grupo, de fato é representado o sarcófago com o cadáver da mulher adúltera, de onde escapa o dragão[104]. Quanto ao combate do santo com o monstro, ele é reduzido ao triunfo de Marcelo sobre o dragão. Sem dúvida, as exigências técnicas pesaram na significação iconográfica: a submissão às linhas do lintel impuseram uma cena vertical, onde o santo podia apenas dominar o dragão, e não um combate horizontal em que a dominação teria podido revestir uma natureza menos sangrenta e mais conforme ao texto de Fortunato. Acontece que a infidelidade a este texto, que transforma a eliminação pela fuga do monstro, morto pelo uso do báculo utilizado como uma arma, que é enfiado na goela do dragão e o mata, é a expressão da interpretação clerical do simbolismo maléfico do dragão. Os cônegos de Notre-Dame, que traçaram o programa do escultor, modificaram o texto de Fortunato de modo a adaptá-lo à evolução do simbolismo do dragão e o tremó lhes ofereceu a colocação perfeitamente adaptada a esta estética significativa.

---

104. Curiosamente chamado por E. Mâle (*L'Art religieux du XIIIe siècle*. Op. cit., p. 315) de o "vampiro do cemitério".

Da mesma maneira, na arqueadura do portal dos cônegos, que, pela cor de suas meias-portas, é também chamada de portal vermelho, se vê a cena da vida de São Marcelo, quando o bispo triunfante do dragão utiliza a mesma iconografia: o santo enfia o báculo na goela do monstro. Esta escultura pode ser datada de 1270, mais ou menos.

As esculturas de Notre-Dame de Paris são conformes ao simbolismo do dragão na ortodoxia gótica. Sem dúvida, o espírito gótico enfraqueceu um pouco esse simbolismo, insistindo mais sobre o lado anedótico e moralizador da cena do que sobre seu alcance teológico. De acordo com os episódios que colocam em cena os santos e os bispos com dragões, na obra de Vincent de Beauvais e na *Lenda dourada* de Jacques de Voragine, o dragão é mais o símbolo do pecado do que do mal[105]. No entanto, o seu caráter intrinsecamente mal é aí afirmado. Todos os dragões do Antigo Testamento e do Apocalipse convergem, enfim, na época gótica, para a materialização do inferno. É a goela do dragão que o simboliza nos inumeráveis infernos dos juízos finais[106].

No entanto, na mesma época, sem dúvida, um dragão totalmente diferente de São Marcelo frequenta as vizinhanças de Notre-Dame de Paris. Na ocasião das procissões das ladainhas, um grande dragão de palha, em cuja goela aberta o povo lançava frutos e bolos, era levado a passear com grande alegria pelos parisienses. Este dragão era certamente o dragão de São Marcelo, mas um dragão muito diferente daquele que o clero tinha feito representar no portal de Sainte-Anne e no portal vermelho, e diferente também daquele posto em cena por Fortunato. Este é um dos numerosos dragões de pro-

---

105. E. Mâle, que viu bem o papel do dragão na *Légende dorée*, engana-se ao colocar uma iniciativa clerical na origem do tema ("originariamente, a história do dragão é uma metáfora piedosa imaginada pelos clérigos". Op. cit., p. 291, nota 3).

106. MÂLE, E. Op. cit., p. 384-386.

cissão das ladainhas testemunhados e conhecidos[107]. Dentre os mais célebres, citamos, no oeste da França, a *Grande Gueule* de Poitiers, o dragão crocodilo de Niort, a *Gargouille* de Rouen; na Flandre-Hainaut, o dragão de Douai e o dragão de Mons; em Champagne, o dragão chamado *Chair-Salée* de Troyes, o dragão de Provins e o *Kraulla* ou *Grand Bailla* de Reims; em Lorraine, os dragões de Toul, Verdun e principalmente o de Metz, o seu célebre *Grawly* ou *Graoully* que não escapou a esse grande utilizador do folclore e grande amante de seres gigantescos que foi Rabelais[108]. O Sul não é menos rico em dragões, se bem que, com exceção do crocodilo de Nîmes, o único desses dragões que ficou célebre é a *Tarasque* de Tarascon. Porém, o seu caso é exemplar, ao mesmo tempo porque a tradição, perseguida, ou melhor, ressuscitada nos séculos XIX e XX, permite um estudo concreto, estudo este que foi realizado num livro magistral de Louis Dumont[109]. Mas um exame mais minucioso fez surgir o dragão quase em cada cidade (ou sítio célebre), em Sainte-Baume, em Arles, em Marselha, em Aix, em Draguignan, em Cavaillon, na fonte de Vaucluse, na Ilha de Lérins, em Avignon[110].

Estes dragões, de fato, têm uma dupla origem. Alguns saíram das lendas hagiográficas e estão ligados a um santo, muitas vezes a um bispo (ou um abade) – e estes santos remontam frequentemente à Alta Idade Média. Este é o caso do Graoulli de Metz saído da lenda do bispo São Clemente, do dragão de Provins acompanhando São

---

107. Sobre os dragões de procissão na França, cf. VAN GENNEP, A. *Manuel de Folklores Français contemporain*. T. III. Paris: [s.e.], 1937, p. 423-424 [com uma bibliografia]. Encontraremos uma lista resumida, e sem referências, de dragões de procissão e de santos domadores e vencedores de dragões na França em DÉVIGNE, R. *Le Légendaire des provinces françaises à travers notre folklore*. Paris: [s.e.], 1950, p. 152.

108. *Quart Livre*, cap. LIX.

109. Cf. nota 18.

110. Cf. BÉRENGER-FÉRAUD, L.J.B. *Traditions et réminiscenses populaires de la Provence*. Paris: [s.e.], 1886. • DUPRAT, E.H. "Histoire des légendes saintes de Provence". *Mémoires de l'Institut Historique de Provence*. T. XVII-XX, 1940-1946.

Quirinácio, do dragão de Marselha atribuído a São Vitor, daquele de Draguignan atributo de Santo Armentério. Entenda-se, este é o caso do nosso dragão de São Marcelo de Paris. Mas muitos desses dragões de procissão não devem sua vida senão às procissões das ladainhas onde eles tinham, como logo veremos, um lugar oficial. Os mais célebres desses dragões parecem ser aqueles que, tradicionalmente ligados à lenda de um santo local, puderam se introduzir nas procissões das ladainhas sob o patrocínio do santo e com uma individualidade marcada – às vezes sublinhada por um nome próprio, ou a uma alcunha. Este é ainda, evidentemente, o caso do nosso dragão de São Marcelo, embora ele não pareça ter chegado à celebridade.

Está, por outro lado, fora de dúvida que estes dragões de procissão se integram nos ritos folclóricos. As oferendas em gêneros que eles suscitam, seja para o seu próprio benefício, seja para o benefício dos organizadores ou agentes das procissões (curas, sacristãos, membros da procissão), são ritos preparatórios, ligados às cerimônias destinadas, desde a mais alta antiguidade, a atrair os favores das potências da fecundidade[111]. Entre os romanos, as mulheres jovens, chegada a primavera, iam depositar bolos nas grutas onde habitavam as serpentes [dragões] de Juno de Lanuvium, deusa agrária, de quem se esperava boas colheitas[112]. Platão recolocou estas oferendas de bolos e de frutas no contexto de perpétua fecundidade da idade de ouro (*Leis*, VI, 782 CE).

---

111. Cf. VAN GENNEP, A. *Manuel...* Op. cit., I-IV/2, 1949, p. 1.644-1.645. A. Troyes: "o dragão era levado triunfalmente ornado com flores, fitas e borlas, e parecia conduzir a multidão que lançava biscoitos crocantes na sua goela escancarada" (LALORE, C. "Le dragon – vulgairement dit Chair-Salée – de Saint Loup para évêque de Troyes – Étude iconographique". *Annuaire Administratif, Statistique et Commercial du Département de l'Aube*, 51, 1877, p. 150). Em Metz, "outrora a imagem do Graouilli, levado a passeio às festas das ladainhas na cidade, detinha-se nas portas dos padeiros e dos pasteleiros, que lhe atiravam na goela pães e bolos" (WESTPHALEN, R. *Petit Dictionnaire des Traditions Populaires Messines.* Metz, 1934, col. 318).

112. Cf. MAEHLY, J. *Die Schlange im Mythus und Cultus der classischen Völker.* Basileia: [s.e.], 1867, p. 13.

Mas como definir a cronologia do aparecimento desses dragões de procissão e, através dela, como precisar a sua significação para as pessoas da Idade Média, que eram seus atores ou seus espectadores?

Uma primeira hipótese é a da continuidade das crenças e dos ritos que dizem respeito aos dragões, desde a Antiguidade e mesmo da Pré-história até a Baixa Idade Média. Frazer procurou estabelecer esta filiação ligando os manequins de procissão aos gigantes dos sacrifícios druídicos[113]. Esta hipótese suporia que as procissões das ladainhas tinham adotado as cerimônias anteriores. Ora, nada está menos provado. Sabemos que as procissões das ladainhas foram instituídas por São Mamert, bispo de Viena, morto por volta de 470, e que elas conheceram uma difusão rápida, como testemunha Santo Avit, também bispo de Viena entre, mais ou menos, 494 e 518[114]. Sustentou-se que estas festas cristãs eram destinadas a substituir as *ambarvalia* galo-românicas e lhes transmitir numerosos ritos, entre os quais os dos disfarces animais. Ora, os indícios pouco numerosos, e que não dizem respeito às ladainhas, que foram deixados dos textos da Alta Idade Média, testemunham o cuidado com que a Igreja proibiu estes disfarces. Se um texto afirma que os lombardos, em meados do século VII, sob o reinado de Grimoald, adoravam a imagem de uma serpente, Cesário de Arles, num sermão, proíbe o hábito de andarem pelas casas disfarçados como cervo, como vaca ou, em todo caso, outro animal prodigioso; e o Concílio de Auxerre, em 578, edita uma proibição semelhante[115]. Estes dois textos dizem respeito,

---

113. FRAZER, J.G. *The Golden Bough*. Londres: [s.e.], 1915. *Balder the Beautiful* (Op. cit. T. II, p. 21ss.) parece seguido por VARAGNAC, A. *Civilisation traditionnelle et genres de vie*. Paris: [s.e.], 1914, p. 105.

114. ST. AVIT. "Homilia de regationibus". *PL* 59, col. 289-294. Cf. artigo *Rogations* in DACL... Op. cit., XIV/2, 1948, col. 2.459-2.461 (H. Leclerq).

115. O texto da *Vita Barbati*, a propósito dos lombardos (*MGH* – Scrip. Rer. Lang., p. 557) e o texto do Concílio de Auxerre (CLERQ, C. (org.). *Concilia Galliae*, II. "Corpus christianorum", S. Latina CXLVIII A, 1963) se encontra em SALIN, E. Op. cit., IV, p. 48 e 494. O texto de São Cesário está no sermão 130 (MORIN, G. (org.). "Corpus Christianorum". S. Latina, CIII, 1953).

por outro lado, aos costumes folclóricos-pagãos das calendas de Janeiro – "presentes diabólicos", como dizem os padres de Auxerre. Tudo indica, de resto, que a Igreja da Alta Idade Média teve principalmente como finalidade proibir os ritos pagãos e, especialmente, folclóricos, apagando-os, desnaturando-os, ou ainda, quando ela podia, e ela podia muito, destruindo-os[116]. Não sabemos nada sobre o desenrolar das ladainhas na Alta Idade Média. Parece-nos pouco provável que elas tenham acolhido os monstros de procissão e, especialmente, os dragões. Achamos, portanto, seja antes um ressurgimento, ou mesmo um renascimento mais ou menos tardio na corrente da Idade Média. Seria possível datá-la?

Arnold van Gennep emitiu algumas hipóteses em relação ao nascimento dos gigantes de procissão de Flandres e do Hainaut e, entre eles, os dragões[117]. De acordo com ele, embora os dragões se integrem aos cortejos das procissões chamados em flamengo *renzentrein* [marcha de gigantes] e em valão *ménagerie* [coleção de feras enjauladas], suas origens lhes são desconhecidas. Os animais que aparecem primeiramente nas *ménageries* são o dragão, o elefante, o camelo, o leão, a baleia, "em outras palavras, os animais de que se fala na Bíblia ou no Apocalipse e que as ilustrações dos manuscritos e os primeiros impressos tinham tornado familiares. Mais tarde, vemos aparecer também todas as espécies de animais estranhos, avestruzes, crocodilos, pelicanos etc." A. van Gennep pensa, então, que estas *ménageries* se organizam no século XV, mais para o final, que elas não têm relação com o ciclo da Quaresma e do Carnaval e que sua origem "foi mais literária e semierudita do que popular". Por outro lado, ele acredita que os dragões monstruosos aparecem anteriormente nos cortejos e que foram eles que deter-

---

116. Sobre o refluxo do folclore pela cultura eclesiástica na Alta Idade Média, cf. GRAUS, F. Op. cit. • LE GOFF, J. Op. cit.

117. VAN GENNEP, A. *Le Folklore de la Frandre et du Heinaut français (département du Nord)*. T. I. Paris: [s.e.], 1935, p. 154ss.

minaram a moda do gigantismo que em seguida ganhou outros animais e, mais tarde, as figuras humanas. Ele observa estes dragões em Anvers em 1394, Cierre em 1417, Alost em 1418, Furnes em 1429, Audenarde em 1433, Malines em 1436. Esta cronologia pode recuar ainda mais. As contas feitas por Santo Aimé de Douai mostram, desde 1361, as despesas feitas nesse ano "para fazer uma *neuwe keuwe* [nova cauda] de tecido vermelho para o dragão que se carrega na procissão"[118]. Quanto à origem desses dragões de procissão, ela se encontra evidentemente nas procissões das ladainhas. Mas desde quando estas envolviam dragões?

Flandres não oferece qualquer dragão individualizado ao nosso conhecimento antes do dragão de Douai, de 1361. O dragão de São Marcelo de Paris nos permite determinar e recuar a cronologia?

Louis Réau declara: "Nas procissões das ladainhas, o clero de Notre-Dame fazia carregar, como lembrança do seu milagre simbólico, um grande dragão de palha, em cuja goela aberta o povo lançava frutas e bolos"[119]. Ele não determina em que época, mas é claro que reproduziu uma passagem sem referência dos *Costumes, mitos e tradições das Províncias da France* [Paris, 1846] de Alfred de Nore, ou, seguindo o modelo desse último, do historiador parisiense do início do século XIX J.A. Dulaure[120].

---

118. Devo este esclarecimento, que V. Gay tinha observado no seu *Glossaire archéologique* (t. I, p. 569), a Mlle Françoise Piponnier, a quem expresso a minha gratidão. De acordo com as mesmas fontes, encontra-se um dragão de procissão no *Inventaire de Saint-Père de Chartres*, em 1399.

119. RÉAU, L. *Iconographie...* Op. cit. T. III/2, 1958, p. 874.

120. *Histoire civile, physique et morale de Paris* (Paris, 1821-1825), que teve várias reedições no século XIX, algumas delas anotadas. Expresso aqui os meus vívidos agradecimentos a R.P. Baudoin de Gaiffier e a Mlle Anne Terroine, que tiveram a gentileza, a propósito do dragão de procissão de São Marcelo, de me beneficiar com sua ciência incomparável nos domínios da hagiografia e da história de Paris.

Não pudemos descobrir, nem numa ata nem numa crônica da Idade Média, nem nas histórias antigas ou modernas de Paris, qualquer referência a um dragão de procissão de São Marcelo. É no momento em que o dragão vai desaparecer, no século XVIII, que a sua existência é afirmada. J.A. Dulaure, e depois dele A. de Nore, afirmaram que o dragão de procissão de São Marcelo caiu em desuso em 1730. Porém, na segunda edição de 1733, da sua *História e investigações das antiguidades da cidade de Paris* (t. II, p. 620), Henry Sauval, um visível adepto das luzes, declara, com um desprezo não dissimulado, que "todos os anos nas procissões que Notre-Dame faz com suas quatro filhas nas ladainhas vemos ainda um grande dragão praticar as mesmas tolices que fazia este grande demônio" – quer dizer, o demônio que lutava com São Miguel tal como o dragão o fazia com São Marcelo.

Devemos renunciar à datação do aparecimento do dragão de procissão de São Marcelo e nos resignarmos em dizer que, com Dulaure, "um hábito da mais alta antiguidade [...]", sem acrescentar, porém, esta hipótese que nos pareceu já muito aventureira: "[...] que poderia remontar aos tempos do paganismo"? Uma nota da segunda edição da *História de Paris* de Dulaure mostra que a única fonte sobre a qual podemos apoiar a afirmação da existência antiga do dragão de procissão parisiense é um texto bem-conhecido de caráter geral. "Todas as Igrejas da Gália – escreve Dulaure[121] – tinham, no século XIII, o seu dragão. Durand, no seu *Rational*, fala dele como se se tratasse de um hábito geral. Estes dragões, segundo ele, significavam o demônio". De fato, Guillaume Durand, no seu *Rationale divinorum officiorum*, no final do século XIII[122], só faz retomar um texto do liturgista parisiense

---

121. DULAURE. Op. cit. T. II. Paris, 1823, p. 228, nota 1.

122. Existem várias edições antigas do *Rational*, de Guillaume Durand, que mereceriam uma edição crítica moderna. Eu utilizei a edição de Lyon de 1565. Há a questão dos dragões de procissão no capítulo CII, "De rogationibus". De acordo

Jean Beleth, por volta de 1180[123], e Jacques de Vitry, no começo do século XIII, que tinha tratado das procissões das ladainhas num sermão[124]. Estes textos nos ensinam que, em alguns lugares, as procissões aconteciam durante três dias na ocasião das ladainhas e que nessas procissões figurava um dragão. Nos dois primeiros dias, o dragão marchava à frente do cortejo, precedendo a cruz e os estandartes, com sua longa cauda erguida e inflada – "*cum cauda longa erecta et inflata*". No terceiro dia, ele segue atrás, com a cauda mirrada e caída – "*cauda vacua aeque depressa*". Este dragão representa o demônio ("*draco iste significat diabolum*"), os três dias significam três épocas da história – "*ante legem*", "*sub lege*" e "*tempore gratiae*". Durante as duas primeiras épocas, o demônio reinou e, cheio de orgulho, enganou os homens. Mas o Cristo venceu o demônio e, como diz o Apocalipse, o dragão caiu do céu – "*draco de caelo cadens*" – e este dragão decaído só pode agora tentar humildemente seduzir os homens.

Este simbolismo é claro. Louis Dumont, que conhecia estes textos, explicou admiravelmente, a propósito do ritual da Tarasca,

---

com L. Falletti (*Dictionnaire du Droit Cannonique*. T. V. Paris, 1953, col. 1.055-1.057 [Org. por R. Naz]), o *Rationale*, "em data, é a primeira das obras publicadas por Durand enquanto bispo de Mende" (Ibid., col. 1.033); será datada, portanto, por volta de 1290.

123. BELETH, J. *Rationale divinorum et officiorum*; *PL* 202, 130. Pode-se observar, como uma presunção em favor da tese, que não houve continuidade, máscaras ou manequins-animais desde a Alta Idade Média, mas que os dragões de procissão deveriam ter aparecido em meados do século XII, pois que Rupert de Deutz (morto em 1129), no seu tratado litúrgico *De divinis officiis*, lib. IX, cap. V, "De rogationibus"; *PL* 170, 248-250, não faz qualquer alusão aos dragões de procissão e apenas menciona as cruzes e os estandartes ("*cruces atque vexilla praeferuntur*"), e faz uma alusão ao "*labarum*".

124. JACQUES DE VITRY. *Sermones*. Veneza: [s.e.], 1518, p. 762.

o simbolismo da cauda[125]. Acreditamos tê-lo mostrado[126] que este simbolismo seja muito antigo e está enraizado no simbolismo pseudocientífico da Antiguidade e do folclore. Foi esclarecido também que ele se encontra no texto de Fortunato.

Devemos dizer que, a partir desse detalhe, capital é verdade, retomamos a hipótese da continuidade do dragão folclórico?

Louis Dumont, analisando de maneira magistral o mais antigo texto onde aparece a Tarasca – a *Vida de santa Marta*, pretensamente escrita por Marcela, criada de Marta, e composta entre 1187 e 1212, utilizada por Gervásio de Tilbury, Vincent de Beauvais e Jacques de Voragine[127], demonstrou que, apesar das influências livrescas dos bestiários, o monstro que aí é descrito supõe a existência de uma

---

125. Este simbolismo não é frequentemente compreendido pelos clérigos do século XII. Por exemplo, a *Glossa ordinaria* [*PL* 114, 732] que, glosando o Apocalipse, 12,4: "*Et cauda*", explica: "*id est deceptione, quibus celant vitia, ut cauda celantur turpia*". Assim também Alain de Lille [*Distinctiones dictionum theologicarum*; *PL* 210, 775-776, ao artigo "Draco", interpreta *cauda = extrema ejus persuasio*. Este artigo contribui pouco para o simbolismo do dragão, mas ele mostra o estado da questão nos clérigos escolásticos no final do século XII. Alain distingue o sentido próprio (quer dizer, o dragão é um animal real) e os cinco sentidos simbólicos: "*malitia*", "*diabolus*", "*gentilis populus*", "*Antichristus*" e, no plural, "*gentes malitiosae*" e, mais especialmente, "*superbi Judaei*". Este é o reencontro do dragão com o antissemitismo. Mas o tema não parece ter sido explorado. É verdade que o basilisco, aliás, símbolo muito raro do povo judeu na Idade Média, está muito próximo do dragão, é o "rei das serpentes" [cf. BLUMENKRANZ, B. *Le Juif medieval au miroir de l'art chrétien*, Paris, 1966, p. 64]. Quando muito, vemos numa miniatura do *Liber Floridus* (começo do século XII) a goela do leviatã infernal ao lado da sinagoga simbólica [BLUMENKRANZ, B. Op. cit., il. 121, p. 107).

126. Vejamos também um traço antigo retomado pela liturgia, mas não compreendido: aquele do "monstro olhando para trás" [cf. SALIN, E. Op. cit., IV, p. 209-222]. Guillaume Durand observa que no terceiro dia o dragão vai "*quasi retro aspiciens*".

127. Texto da Pseudo-Marcelle e referências em DUMONT, L. Op. cit., p. 150. Pseudo-Marcelle, apud MOMBRITUS. *Sactuarium seu vitae sanctorum*... [ed. de VORAGINE. *Legenda áurea*, 1846, 444-445).

"efígie ritual"[128]. Da mesma maneira, sua pesquisa etnográfica o leva a pensar que a Tarasca ritual aparece na passagem dos séculos XII e XIII – sem dúvida, no termo de uma longa pré-história[129].

Inclinar-nos-íamos de bom grado a pensar que devia ter acontecido mais ou menos a mesma coisa com o dragão de procissão de São Marcelo. Tal como ocorreu com Louis Dumont em relação à Tarasca, não pudemos estabelecer um "repertório da iconografia"[130] para o dragão de São Marcelo e, menos afortunado que ele, não temos a imagem do dragão de procissão. Somente o dragão eclesiástico de Notre-Dame de Paris nos foi oferecido. Mas o início do século XIII parece ter oferecido à iconografia dragões que, como a Tarasca, não podem ter sido inspirados senão por manequins reais, por efígies rituais. Acreditamos, por exemplo, ver um dragão nessa fonte, do início do século XIII, originário do Norte da França e conservado no museu de Dahlem, em Berlim. O dragão cavalgado por um demônio não me parece engendrado pelo gênio das formas romanas tradicionais, nem pela pura imaginação de um artista bem-dotado. Encontro nele uma máscara de procissão, vizinha das máscaras do carnaval[131].

O que significa, então, este dragão de caráter novo, diretamente folclorista? O texto de Jean Beleth, o exemplo da Tarasca, com possíveis analogias iconográficas, bastarão para sustentar a hipótese de que o dragão de procissão de São Marcelo tenha provavelmente surgido no final do século XII ou no início do século XIII?

No final do seu estudo, Louis Dumont, resumindo as características principais do rito da Tarasca analisadas no decorrer de seu "registro etnográfico", declara: "o fator sociológico é fundamental: a Tarasca é antes de tudo o animal epônimo, o paladino da

---

128. DUMONT, L. Op. cit., p. 161.

129. Ibid., p. 226.

130. Ibid., p. 199.

131. Sobre as máscaras de carnaval, cf. KARF, O. "Über Tiermasken". *Wörter und Sachen*, V, 1913. • KELLER, A. (org.). *Deutsche Fastnachtspiele aus dem 15ten Jahrhundert*. Tübingen: [s.e.], 1853-1858. • SPAMER, A. *Deutsche Fastnachtsbräuche*. Iena: [s.e.], 1936.

comunidade"[132]. Estas últimas palavras lembram particularmente uma expressão do texto de Fortunato a propósito de São Marcelo, vencedor do dragão: *"propugnaculum patriae"*. O que nos séculos V e VI podia significar constituição da comunidade cristã, organização de um terreno urbano e suburbano, pode tomar, localmente e geralmente, uma nova significação, mas com igual tendência, no final do século XII? Não é esta época, no final do reinado de Luís VII e sob o reinado de Felipe Augusto, o momento em que Paris se torna capital, em que o seu progresso topográfico, no interior de suas novas muralhas, em que o florescimento e a harmonização de suas funções urbanas conduzem os parisienses a uma nova tomada de consciência local e à busca de um novo emblema para a cidade? Sem dúvida, no século XIV, o papel de um Étienne Marcel e, depois dele, de uma classe de rica burguesia imporá a Paris uma emblemática política tirada dos grandes mercadores: o navio do Sena, o barrete com duas partes, uma azul e outra vermelha. Mas o dragão de São Marcelo não teria sido muito cedo pelo menos a tentativa de um emblema de Paris? No momento em que os clérigos, no portal de Sainte-Anne, fazem de Marcelo o padroeiro visível e imortalizado da cidade, o povo não introduz nas ladainhas um dragão de uma outra origem e de uma outra natureza em que se cristaliza seu sentimento patriótico local?

Se a ausência de qualquer documentação sobre Paris nos impede de fazer desta ideia mais do que uma hipótese, um rápido olhar fora de Paris e de Tarascon nos confirma que esta hipótese não é absurda. A segunda metade do século XII e todo o século XIII veem, de fato, no Ocidente cristão se desenvolver uma emblemática urbana do dragão. M. Battard, estudando os monumentos públicos urbanos do norte da França e da Bélgica[133], descreveu

---

132. DUMONT, L. Op. cit., p. 227.

133. BATTARD, M. *Beffrois, Halles, Hôtels de ville dans le nord de la France et la Belgique*. Arras: [s.e.], 1948, p. 36. Sobre os dragões guardiães de tesouro, cf. ELLIS, H.R. "The Hill of the Dragon: Anglo-saxon burial mounds in literature and archaeology". *Folklore*, 61, p. 169-185.

estes monstros, ou animais geralmente móveis e girando em torno de uma haste de ferro e que se tornam o "emblema protetor da cidade". A maior parte do tempo, sublinha ele, este animal emblemático era um dragão. Este é o caso de Tournai, de Ypres, de Béthume, de Bruxelas, onde o dragão foi vencido por São Miguel, de Gand, onde o *Draak* reconstituído é ainda conservado no Museu da Torre. Ele mede três metros e cinquenta e cinco centímetros e pesa trezentos e noventa e oito quilos; de acordo com a lenda, ele tinha sido trazido de Constantinopla para Bruges pelas Cruzadas, portanto, no início do século XIII, e adotado pelos gandeses em 1382. Este dragão urbano é o resultado do monopólio citadino do velho dragão guardião de tesouros. No alto da torre, ele guardava os arquivos e o tesouro da comuna.

Friedrich Wild, a partir de uma análise da literatura épica, e mais particularmente de Beowulf, encontrou também estes dragões-estandartes como brasões de famílias, de comunidades, de corporações[134].

Tentou-se mesmo explicar a gênese de um dragão episcopal a partir de um dragão-estandarte das processões das ladainhas. R. de Westphalen escreveu, a propósito do Graouilly de Metz: "No século XII, os presidentes das câmaras municipais e os justiceiros de Woippy, cidade dependente do capítulo da Catedral de Metz, eram obrigados a carregar, nas processões de São Marcos e das ladainhas, três estandartes vermelhos, em que um deles empunhava uma cabeça de dragão. Um século mais tarde, esse *vexillum draconiarum* deu lugar ao Grolli, que devia representar o dragão vencido pelo apóstolo do Messin, seu primeiro bispo, São Clemente [...]. Hábil montagem que procura organizar racional e cronologicamente os

---

134. Cf. WILD, F. "Drachen im Beowulf und andere Drachen, mit einen Anhang: Drachenfeldzeichen, Drachenwappen und St. Georg". Österreichische Akd. der Wiss. Phil.-hist. Kl. Sizungaber, vol. CCXXXVIII, 5 Abh. Viena, 1962.

temas cuja convergência, por volta do século XII, é obscura. Só há uma objeção: não estar fundado em nenhum documento"[135].

Seja como for, o encontro plausível de um dragão parisiense eclesiástico e de um dragão também parisiense folclórico, interpretações emblemáticas de um mesmo animal tradicional, o dragão de São Marcelo, bispo de Paris no século V, testemunha uma convergência da cultura clerical e da cultura popular que encontraríamos na significação do dragão materializado, o primeiro na pedra, o segundo na palha?

Observemos primeiramente que, entre os clérigos, o emblema é o bispo na sua função de matador de dragão, enquanto que para o povo ele parece antes ser o próprio dragão nas suas relações dos diversos destinos com o prelado. Por outro lado, se o dragão eclesiástico é designado inequivocamente como sendo um símbolo do mal que se deve suprimir, o dragão popular é objeto de sentimentos mais confusos: procura-se primeiro afagá-lo com oferendas, procura-se agradá-lo, antes de brincar com sua derrota, sem, porém, desejar a sua morte. Certamente, o dragão de procissão está integrado numa cerimônia cristã e os liturgistas deram uma interpretação teológica ortodoxa do seu comportamento e, ao mesmo tempo, do comportamento dos espectadores, no decorrer do tríduo de procissões. Da mesma maneira, não podemos excluir a hipótese de uma origem erudita, eclesiástica, do dragão de procissão que o

---

135. WESTPHALEN, R. *Petit Dictionnaire...* Op. cit., col. 317. O texto de Rupert de Deutz citado na nota 123 dá, no entanto, uma certa base teórica a este texto. De resto deve-se ver uma relação histórica entre São Clemente de Metz e seu Graouilly, por um lado, São Marcelo de Paris e seu dragão, por outro? De acordo com uma certa tradição, a Igreja suburbana de Saint-Marcel teria sido construída no lugar de uma capela inicialmente dedicada a São Clemente. Em "Les églises suburbaines..." (Op. cit., nota 6) é dito que o culto de São Clemente não aparece em Saint-Marcel senão no século XII, quer dizer, na época crítica, segundo nós, para os dragões de procissão (um selo de São Marcelo aposto num ato de 1202 carrega as efígies de São Clemente e de São Marcelo). Mas se trataria não de São Clemente de Metz, mas de São Clemente, o papa.

povo teria em seguida deformado de acordo com as suas tradições. A. van Gennep falou das "festas litúrgicas folclorizadas" e conhecemos a degradação folclorista do culto de muitos santos de origem erudita[136]. Acontece que esta contaminação da ideia clerical e da crença popular – popular, nesta época, sendo quase o equivalente de laico – deixa subsistir a diferença e mesmo a oposição entre duas mentalidades e duas sensibilidades. De um lado, aquelas da cultura clerical muito bem-armada para afirmar o triunfo do bem sobre o mal e impor distinções claras. De outro, aquelas da cultura folclórica tradicionalmente prudente a ponto de preferir, diante de forças que não se despojam da sua ambiguidade, dos modos primitivos, estes também equívocos, astutos e destinados, graças às oferendas lisonjeiras, a tornar não somente inofensivas, mas até benéficas, as forças naturais simbolizadas pelo dragão.

Assim, do século VI ao século XIII, a evolução é surpreendente. Em Fortunato, a interpretação maniqueísta cristã não está ainda bem-formada, mas a sua orientação é muito clara para repelir as ambiguidades das interpretações populares. No coração da Idade Média, a interpretação eclesiástica chegou à sua expressão definitiva, mas ela deve coexistir com uma interpretação folclórica, neutra, poderosamente refletida.

Parece-nos provável que tal reflexão data do século XII e expressa o impulso de uma cultura popular laica que é tragada no fosso aberto nos séculos XI e XII pela cultura da aristocracia laica[137], toda ela impregnada do único sistema cultural à sua disposição,

---

136. GENNEP, A. van. *Manuel...* Op. cit., I-IV/2, p. 1624ss. Festas litúrgicas folclorizadas (e especialmente as ladainhas). Sobre a "folclorização" do culto dos santos, cf. ZENDER, M. *Räume und Schichten mittelalterlicher Heiligenverehrung in ihrer Bedeutung für die Volkskunde – Die Heiligen des mittleren Maaslandes und der Rheinlande in Kultgeschichte und Kultverbreitung.* Düsseldorf, 1959.

137. Cf. KÖHLER, E. *Trobadorlyric und höfischer Roman.* Berlim, 1962. E, do mesmo autor, "Observations historiques et sociologiques sur la poésie des troubadours". *Cahiers de Civilisation Médiévale,* 1964, p. 27-51.

que era, além do sistema clerical, precisamente aquele das tradições folclóricas. O exemplo parisiense seria então um modelo acabado: o dragão clerical de pedra e o dragão folclórico de palha seriam contemporâneos. Um girava em torno do outro, como se quisesse zombar dele, mas sem franquear os portais do santuário guardados por ele.

A ausência de qualquer documentação precisa acerca do dragão de São Marcelo nos impossibilita rejeitar a hipótese de que o dragão de procissão de Marcelo tenha nascido na ocasião da segunda grande vaga do impulso folclórico, aquele do século XV, que pertence, de resto, mais ao Renascimento do que à Idade Média. Mas, mesmo nesse caso, a coexistência paradoxal que valorizou existiu mesmo, com a diferença de que ela só apareceria no fim da Idade Média. Notemos, por outro lado, que ela desapareceu antes da Revolução e que a explicação dos acontecimentos está ainda aqui ausente. Se não podemos confirmar a data aproximada de 1730 trazida por Dulaure, ela parece, porém, plausível. Pois o dragão não existia mais na Revolução e é em 1728 que um dragão análogo, chamado Carne-Suja (Chair-Salée), de São Loup de Troyes, desaparece com as severas sentenças do bispo que, em 25 de abril de 1728, proíbe esta "figura indecente" "para deter no futuro as desordens tão contrárias à sacralidade da nossa religião"[138]. A mentalidade esclarecida do século XVIII, no tocante a uma parte do alto clero,

---

138. LALORE, C. *Le Dragon (vulgairement dit Chair-Salée)...* Op. cit., p. 150. O estudo quase centenário do Abade Lalore testemunha uma perspicácia e uma abertura de espírito excepcionais. O autor, que indicou as fontes litúrgicas medievais, as representações de dragões nas moedas e nos estandartes, viu que havia dois dragões num único, aquele dominado por São Loup e aquele levado nas procissões. Ele soube procurar os ancestrais chineses dos dragões tutelares e encontrar uma boa citação, colocando na boca de um chinês uma declaração, mostrando que o dragão é para os chineses a imagem dos bons gênios protetores do homem, o emblema das inteligências superiores: "Ignoro como o dragão é levado através dos ventos e das nuvens e sobe até o céu. Vi Lao-Tsé, ele é parecido com o dragão" [WINDISCHMANN. *Mémoires concernant les Chinois*, p. 394, citado na p. 164, nota 3].

permite à cultura eclesiástica alcançar, graças às luzes, a vitória sobre a cultura popular, vitória que o *obscurantismo* medieval não lhe havia permitido obter. É a complexidade dos grandes movimentos da sensibilidade coletiva.

Ao longo desta pesquisa, teríamos cedido ao demônio do folclore[139] e procurado estabelecer, por um lado, uma interpretação clerical – o que é talvez forçado, mas verdadeiro no geral, na medida em que, sobre um ponto que envolve de fato toda a teologia cristã do bem e do mal, a Igreja impôs uma interpretação coerente do simbolismo do dragão –, e, por outro lado, uma interpretação folclórica, o que seria certamente errado? Não esqueçamos, de acordo com a opinião de André Varagnac, "o caráter plurifuncional das tradições"[140] e não quisemos, para retomar os termos de Louis Dumont, substituir "a obscuridade pela clareza, a irracionalidade pela racionalidade", com o risco de desviarmos "a realidade popular para outra coisa diferente dela própria"[141]. As pesquisas folclóricas não podem trazer para a história e para as ciências humanas luzes decisivas senão quando respeitarem a sua especificidade, no seio da qual os fenômenos de contaminação permanecem fundamentais. Só quisemos aqui esclarecer a complexidade de um tema que teria podido parecer simples a um leitor ingênuo de Fortunato ou a um espectador ingênuo dos escultores de Notre-Dame de Paris. O nosso método de historiador consistiu somente em levar em conta a ausência ou a presença de documentos e tentar restituir uma cronologia aos ritmos, amplos o bastante para fornecerem um contexto significativo dos fenômenos de sensibilidade e de mentalidade aqui estudados. Possamos nós não termos tornado muito pesada a graça lúdica, embora ambígua, desta feitiçaria: o dragão de São Marcelo de Paris.

---

139. Inversamente, L. Mackensen, como mostra L. Dumont (Op. cit., p. 211), não soube reconhecer a especificidade das práticas populares reduzidas a sucedâneos das lendas de origem erudita (*Handwörterbuch*... Op. cit., artigo "Drachen").

140. VARAGNAC, A. Op. cit., p. 105.

141. DUMONT, L. Op. cit., p. 219-220.

São Marcelo de Paris e o dragão

Voltemos agora para este milagre (*mysterium*) triunfal que, ainda que seja cronologicamente o último, é o primeiro pela importância sobrenatural (*in virtute*). Uma matrona, nobre pela origem, mas vil pela reputação, manchando por um crime nefando o brilho do seu nascimento, depois de ter terminado os dias de sua vida breve, sendo a luz arrebatada dela, foi para o túmulo acompanhada por um vão cortejo. Logo depois de ter sido enterrada, veio um acontecimento depois dos funerais, cujo relato me encheu de horror. Eis que uma dupla lamentação sai da defunta. Uma gigantesca serpente se pôs a vir assiduamente para consumir o seu cadáver e, para ser mais claro, o monstro se dirigiu para esta mulher para devorar os seus membros; era o próprio dragão que vinha à sua sepultura. Assim, estas exéquias infelizes tinham como coveiro uma serpente, e o cadáver não pôde, depois da morte, repousar em paz, pois embora no final da vida lhe tenha sido concedido um lugar onde se estender, o castigo lhe impunha sempre mudar. Ó destino execrável e terrível! A mulher que não tinha respeitado nesse mundo a integridade do casamento não mereceu repousar no túmulo, pois a serpente que, em vida, a tinha levado ao crime, atormentava agora o seu cadáver. Então, os membros da sua família, que permaneciam nas proximidades, ouvindo este ruído, acorreram à porfia e viram um monstro imenso sair da tumba desenrolando seus anéis e rastejando com sua grande massa e chicoteando o ar com a sua cauda. Aterrorizados com esta visão, as pessoas abandonaram o lugar. Informado disso, São Marcelo compreendeu que ele devia vencer o sangrento inimigo. Ele reuniu o povo da cidade e marchou à sua frente, depois, tendo dado a ordem aos cidadãos para se deterem, mas permanecendo à vista do povo, sozinho, com o Cristo como guia, ele avançou para o lugar do combate. Quando a serpente saiu da floresta para ir até o túmulo, eles marcharam ao encontro um do outro. São Marcelo se pôs a rezar e o monstro, com a cabeça suplicante e com a cauda acariciante, veio pedir o seu perdão. Então, São Marcelo lhe bateu três vezes na cabeça com o seu báculo, lhe passou a estola em torno do pescoço e mostrou o seu triunfo aos olhos dos cidadãos. Foi assim que, nesse circo espiritual, com o povo como espectador, ele combateu sozinho o dragão. O povo tranquilizado correu para seu bispo para ver seu inimigo cativo. Então, com o bispo à frente, durante quase três milhas, todos seguiram o monstro dando graças a Deus e celebrando os funerais do inimigo. Então, São Marcelo repreendeu o monstro e disse a ele: "Daqui por diante, ou permaneças no deserto ou te escondas na água". O monstro desapareceu imediatamente e o seu rasto não foi mais visto. O escudo da pátria foi, portanto, um padre sozinho que, com seu báculo frágil, dominou o inimigo mais seguramente do que se o tivesse trespassado de flechas, pois, atingido por flechas, ele teria podido devolvê-las, se o milagre não o tivesse vencido! Ó muito santo homem que, pelo poder de seu frágil báculo, mostrou onde estava a força e cujos delicados dedos foram as cadeias para a serpente! Assim, as armas privadas venceram um inimigo público e uma única presa levantou os aplausos de uma vitória geral. Quando comparamos os méritos dos santos com suas façanhas, a Gália deve venerar Marcelo, assim como Roma o fez com Silvestre, e a façanha daquele é maior, porque, se este só pôde fechar a goela do dragão, Marcelo fez que ele desaparecesse.

Venantius Fortunatus
Vita Sancti Marcelii, cap. X
(*MGH, Scrip. Rer. Mer.* 2. ed., IV/2, 1885, p. 53-54
[Org. por B. Krusch]).

14

O Ocidente medieval e o Oceano Índico: um horizonte onírico[1]

O Ocidente medieval ignorou as realidades do Oceano Índico. Em meados do século XV, o mapa-múndi catalão da Biblioteca Estense, em Módena, demonstra uma completa ignorância do Oceano Índico[2]. Sobre o planisfério de Fra Mauro de Murano (1460), a costa

---

1. Além das fontes que serão citadas aqui, eu utilizei principalmente, ainda que centrado sobretudo na iconografia e embora minhas interpretações difiram às vezes, o admirável artigo, bem-ilustrado, de R. Wittkower ("Marvels of the East – Study in the History of Monsters". *Journal of the Warburg and Courtauld Institutes*, V, 1942, p. 1159-197), que trata também do Renascimento. Desde que a comunicação que forma a base deste artigo foi pronunciada [Veneza, setembro de 1962], apareceu uma dissertação de H. Gregor: *Das Indienbild des Abendlandes (bis zum Ende des 13. Jahrhunderts)* – Wiener Dissertationen aus dem Gebiete der Geschichte. Viena: [s.e.], 1964. O autor define na Introdução (p. 3) o seu objeto como se segue: "*Indien ist schon für die Antike auf Grund seiner fernen Lage mehr ein Objekt der Phantasie als der realen Beobachtung gewesen... Der schreibende Mönch, der gelehrte Abt, sie waren in ihrem Wissen über diesen Teil der Erde auf das angewiesen, was die antiken Autoren erzählten. Und von diesen oft kuriosen Berichten angeregt, wurde in ihrer Vorstellung Indien zum Wunderland schlechthin, in dem dank seiner Grösse, seines Reichtums und des fruchtbaren Klimas alles möglich war, was sich auf dieser Welt denken lässt*". Acrescentarei que, graças à miniatura e à escultura, à literatura científica, didática, romanesca e homilética, a imagem da Índia penetrou grandemente na sociedade do Ocidente medieval e que ela não limitou sua audiência e sua significação a uma camada instruída. Ela é, portanto, um testemunho da psicologia e da sensibilidade coletivas.

2. A cartografia medieval foi objeto de uma vasta literatura. Citemos, depois de ter rendido homenagem ao trabalho pioneiro do historiador polonês Joachim Lelewel: *La Géographie du Moyen Age* [5 vols. Bruxelas, 1853-1857 e um atlas, 1849]. •

leste do Golfo Pérsico "não tem aspecto terrestre"[3]. Martin Behaim também, no seu globo de 1492, apesar de ter utilizado as indicações de Marco Polo, não sabe nada sobre a Índia. A África do Sul, Madagascar, Zanzibar são aí uma fantasia extravagante[4]. É preciso esperar as primeiras descobertas portuguesas para que o conhecimento geográfico – digamos, costeiro – do Oceano Índico comece a se definir. A data essencial é o retorno de Diaz a Lisboa: 1488[5]. Há ainda muita fantasia na *Carta navigatoria Auctoris Incerti* (1501-1502) do doutor Hamy, mas a África Oriental nele é muito boa[6]. Já o portulano-mapa-múndi de Canerio Januensis (1503) é muito mais preciso[7]. Em suma, o conhecimento do Oceano Índico começa pela África – com os portugueses – ao contrário dos sonhos medievais que se desenvolveram ao longo da Pérsia, da Índia e das ilhas.

No entanto, o século XV presenciou alguns progressos[8]. Eles estão principalmente ligados à redescoberta de Ptolomeu que, ao

---

MILLER, K. *Mappae Mundi: 1895-1898.* • PULLÉ, F. "La cartografia antica dell'India". *Studi Italiani di Fisiologia indo-iranica*, IV-V, 1901-1905. • WRIGHT, J.K. *The geographical Lore of Time of the Crusades.* Nova York: [s.e.], 1925. • UHDEN, R. "Zur Herkunft und Systematik der mittelalterlichen Weltkarte". *Geographische Zeitschrift*, XXXVII, 1931, p. 321-340. • KAMMERER, A. *La Mer Rouge, l'Abyssinie et l'Arabie depuis l'Antiquité* – T. II: Les guerres du poivre – Les Portugais dans l'Océan Indien et la Mer Rouge au XVIe siècle Histoire de la cartographie orientale – Cidade do Cairo: [s.e.], 1935. • KIMBLE, G.H.T. *Geography in the Middle Ages.* Londres: [s.e.], 1938. • THOMSON, J.O. *History of Ancient Geography.* Cambridge: [s.e.], 1948. • BAGROW, L. *Die Geschichte der Kartographie.* Berlim: [s.e.], 1951. De acordo com Kimble (Op. cit., p. 145), o único tratado de geografia anterior às grandes descobertas que parece vagamente informado acerca das viagens no Oceano Índico é o *Tractatus optimus super totam astrologiam*, de Bernard de Verdun (v. 1300). Sobre o mapa-múndi catalão da Biblioteca Estense, cf. KAMMERER, A. Op. cit., p. 348.

3. KAMMERER, A. Op. cit., p. 350.

4. Ibid., p. 362.

5. Ibid., p. 354ss.

6. Ibid., p. 369-370.

7. Ibid., p. 387-389.

8. Cf. KUNSTMANN, F. *Die Kenntnis Indiens im 15. Jahrhundert.* Munique: [s.e.], 1863.

contrário dos geógrafos romanos ignorantes – fonte essencial dos cartógrafos medievais –, tinha um melhor conhecimento das realidades do Oceano Índico. Redescoberta que data de 1406, mas que só dá seus frutos a partir da imprensa. As primeiras edições impressas que levantei na Biblioteca Nacional de Paris são aquelas de Vicence (1475), Roma (1478 e 1490), Bolonha (1482), Ulm (1482 e 1486). Mas a utilização delas não foi sempre boa imediatamente, como testemunha o globo de Martin Behaim, que se serviu, porém, das edições de Ulm.

O progresso definitivo mais importante do século XV foi o abandono por parte de alguns eruditos da visão ptolomaica – pois Ptolomeu encerra uma certa precisão de detalhe num monumental erro de conjunto – de um Oceano Índico *fechado*, de fato considerado como um rio, o rio circular oceano. Sublinharam-se as passagens célebres a esse respeito – mas sem conclusão prática – de Pierre d'Ailly no seu *Imago Mundi* e de Pio II na sua *Cosmographia*[9]. A primeira carta medieval onde o Oceano Índico é *aberto* é aquela de Antonin de Virga (1415)[10]. Mas é preciso esperar o

---

9. Cf. KIMBLE. Op. cit., p. 211ss. O texto de Pierre d'Ailly está no capítulo XIX do *Imago Mundi* (Paris: [s.e.], 1930 [Org. por E. Buron]). Eis o texto de Pio II, citado por Kimble, p. 213: "*Plinius nepotis testimonio utitur qui Metello Celeri Gallie pro consuli donatos a rege Sueuorum Indos astruit qui ex India commercii causa navigantes tempestatibus essent in Germaniam arrepti. Nos apud Ottonem (Othon de Freising) legimus sub imperatoribus teutonicis Indicam navim et negociatoris Indos in germanico littore fuisse deprehensos quos ventis agitatos ingratis ab orientali plaga venisse constabat. Quod accidere minime potuisset si ut plerisque visum est septentrionale pelagus innavigabile concretumque esset a columnis herculeis Mauritanie atque Hispanie et Galliorum circuitus totusque ferme Occidens hodie navigatur. Orientem nobis incognitum cum religionum atque impiorum diversitas tum barbaries immensa reddidit. Veteres tamen navigatum et Oceano qui extremas amplectitur terras a suis littoribus nomina indiderunt... Straboni multi consentiunt. Ptolemeus plurimum adversatur qui omne illud mare quod Indicum appellatur cum suis sinibus Arabico, Persico, Gangetico et qui proprio vocabulo magni nomen habet undique terra concludi arbitratus est...*"
10. Cf. KAMMERER, A. Op. cit., p. 353-354. • VON WIESER, F. *Die Weltkarte des Antonin de Virga.*

mapa-múndi de Martellus Germanus (1489)[11] para que seja adotada a noção – aceita, por exemplo, por Martin Behaim – de um Oceano Índico aberto.

Esta abertura do Oceano Índico não é somente o fim de uma grande ignorância, é a destruição do próprio fundamento do mito do Oceano Índico na mentalidade medieval. O portulano tinha já quase aberto uma brecha no mundo fechado do Oceano Índico onírico sonhado pelo Ocidente medieval. Jurgis Baltrusaitis descreveu muito bem esta revolução mental do portulano que "inverte as bases" da cartografia e, ao mesmo tempo, da visão do mundo. "Em vez de espaços fechados no interior de um círculo estreito, surgem as extensões sem fim [...]. Em vez de limites estáveis, regulares de continentes em que se acumulam, ao sabor da imaginação, cidades e países errantes, é o desenho das costas que evolui em torno de pontos fixos [...]. A terra muda bruscamente de aspecto"[12]. Mas, como vimos, os portulanos desconheceram durante muito tempo o Oceano Índico e dele absolutamente não feriram a sua integridade mítica.

Toda a fecundidade desse mito repousa de fato na crença num *mare clausum* que faz do Oceano Índico, na mentalidade medieval, um receptáculo de sonhos, de mitos e de lendas. O Oceano Índico é o mundo fechado do exotismo onírico do Ocidente medieval, o *hortus conclusus* de um paraíso misturado com encantamentos e pesadelos. Quando se abre, quando se atravessa uma janela, um acesso, o sonho se desfaz.

Antes de esboçar as visões desse horizonte fechado e onírico, é preciso, sem ter a pretensão de resolvê-las, colocar algumas questões sobre esta ignorância medieval. Os contatos do Ocidente medieval com o Oceano Índico existiram. Mercadores, viajantes, mis-

---

11. KAMMERER, A. Op. cit., p. 354ss.

12. BALTRUSAITIS, J. *Réveils et Prodiges* – Le Gothique fantastique. Paris: [s.e.], 1960, p. 250.

sionários[13] aportaram nas suas margens. Alguns, e primeiramente Marco Polo, escreveram sobre ele. Por que o Ocidente ignorou obstinadamente a sua realidade?

Em primeiro lugar, apesar das incursões, de resto, mais individuais do que coletivas, o Oceano Índico foi efetivamente fechado aos cristãos. Árabes, persas, indianos, chineses – para citar apenas os mais importantes – fizeram dele um domínio reservado.

Os ocidentais que aí chegaram o abordaram quase todos pelo norte, pelas rotas terrestres – sem falar daqueles que de alguma maneira falharam, passando por cima, pela rota mongol, cordão umbilical, e às vezes cortado, das relações Oeste-Leste na Idade Média.

Em alguns, missionários ou mercadores, os tabus psicológicos influenciaram: o medo de desvendar o que podia ser considerado como um segredo desta prática comercial que atingiu o extremo, o interesse por realidades geográficas negligenciáveis, em comparação com verdades espirituais. Inclusive Jean de Monte Corvino, excepcional por sua cultura e seu "espírito científico", é decepcionante. Ao contrário dos homens do Renascimento, os homens da Idade Média não sabem olhar, mas estão sempre prestes a escutar e a acreditar em tudo o que se diz a eles. Ora, no curso de suas viagens, eles se embebedam com narrativas maravilhosas e, sem dúvida, acreditam ter visto o que aprenderam no lugar, mas somente por ouvir-dizer. Alimentados desde o início, principalmente por lendas que tomam como sendo verdades, eles trazem consigo as suas miragens e, com sua imaginação crédula, materializam os seus sonhos em cenários que os desenraízam o suficiente, para que, mais

---

13. Cf. HENNIG, R. *Terrae Incognitae*. 2. ed. 4 vols. Leyde: [s.e.], 1944-1956. • NEWTON, A.P. *Travel and Travellers of the Middle Ages*. Londres: [s.e.], 1926. • MOLLAT, M. "Le Moyen Age". In: PARIAS, L.H. (org.). *Histoire universelle des explorations*. T. I. Paris: [s.e.], 1955. • ROUX, J.P. *Les Explorateurs au Moyen Age*. Paris: [s.e.], 1961. • LOPEZ, R.S. "Nouvo luci sugli Italiani in Extremo Oriente prima di Colombo". *Studi Colombiani*, III. Gênova: [s.e.], 1952. • "L'Extrême Frontière du commerce de l'Europe médiévale". *Le Moyen Age*, LXIX, 1963.

ainda do que nas suas terras, eles sejam estes sonhadores acordados, que foram os homens da Idade Média[14].

Enfim, pode-se perguntar qual foi o verdadeiro conhecimento do Oceano Índico que tiveram aqueles que parecem tê-lo melhor conhecido: um Marco Polo, por exemplo. Chegado à "grande" Índia, na Região de Madrasta na costa oriental, a sua narrativa perde o caráter de um itinerário vivido para se tornar uma descrição sistemática, livresca, tradicional. A desconfiança que inspiram nos ocidentais os barcos de um tipo desconhecido, particularmente os barcos costurados que lhes pareciam frágeis, os impedia também de se aventurarem num mar atemorizante[15].

E, daqui por diante, podemos inclusive colocar a questão do conhecimento do Oceano Índico que tinham os geógrafos árabes, a quem se dirigem às vezes os escritores e os mercadores ocidentais para com isso se informarem. Suas descrições estão também, frequentemente, cheias de fábulas e denunciam a ignorância das realidades. Para os árabes também – para os seus eruditos, pelo menos – o Oceano Índico não foi, até certo ponto, um mundo proibido, desconhecido? Assim, uma fonte possível de indicações para os ocidentais só fazia talvez reforçar as suas ilusões[16].

De onde vinha, então, o Oceano Índico do Ocidente medieval? De medíocres fontes helenístico-latinas e de escritos lendários.

---

14. Cf. WITTKOWER, R. Op. cit., p. 195, nota 1, lembrando os estatutos medievais de New College, Oxford, onde se trata da leitura pelos estudantes dos *mirabilia mundi*. Cf. tb. J.P. Roux (Op. cit., p. 138ss.), num capítulo impropriamente intitulado "Des yeux ouverts sur l'inconnu".

15. Cf. OLSCHKI, L. *L'Asia di Marco Polo*. Florença: [s.e.], 1957. Sobre a desconfiança dos venezianos em relação aos barcos do Oceano Índico (p. 17) e sobre a mudança de caráter da narrativa de Marco Polo (p. 31-32).

16. Sobre a incrível semelhança entre a Índia fabulosa dos manuscritos ocidentais e a Índia dos manuscritos de Kazwim (em particular, o *Cod. Arab*. 464 de Munique, de 1280), cf. WITTKOWER, R. Op. cit., p. 175. Sobre os vestígios dos eruditos ocidentais da Idade Média em trabalhos mais astrológicos e mágicos do que científicos dos árabes, cf. LEMAY, R. "Dans l'Espagne du XIIe siècle: les traductions de l'arabe au latin". *Annales, ESC*, 1963, p. 639-665.

A Antiguidade conheceu um momento "crítico" em relação às lendas que dizem respeito ao mundo indiano, aquilo que Rudolf Wittkower chama de *an enlightened interlude* (um interlúdio iluminado). O principal representante desta corrente incrédula é Estrabão, que não hesita em tratar como mentirosos aqueles que escreveram antes dele sobre a Índia[17]. Aulu-Gelle, por sua vez, devia revelar mais tarde o seu desgosto pelas fábulas, cujo proveito estético ou moral lhe parecia nulo[18]. O próprio Ptolomeu, apesar do caráter mais científico do seu método geográfico, apesar de um melhor conhecimento do detalhe cartográfico, não tinha podido contrabalançar vitoriosamente uma pseudociência, saída em grande parte da própria poesia épica indiana, para quem os mitos eram a essência mesma da realidade e do conhecimento. Esta poesia científica mítica, desvalorizada como pitoresca de pacotilha, iria matar a sede da imaginação do Ocidente medieval[19]. Observemos aqui, para dizer imediatamente como o seu "ceticismo" encontrou pouco eco na Idade Média, que dois grandes espíritos cristãos se incluem, mais ou menos, nesse pequeno grupo de incrédulos. Santo Agostinho, preocupado com justificar uma antropologia fundada no Gênesis, é torturado pela possibilidade da existência na Índia de homens monstruosos que dificilmente se poderia fazer entrar na posteridade de Adão e de Noé, mas ele não exclui que Deus tenha criado neles modelos desses abortos colocados no mundo perto de nós, e que seríamos tentados a atribuir a Ele uma falta de sabedoria. Quanto a Alberto o Grande, oito séculos mais tarde, ele hesita em se pronunciar sobre os fatos e os seres que não estão provados, a seus olhos, pela experiência[20].

---

17. STRABON, II, 1, 9.

18. AULU-GELLE, *Noctes Atticae*, IX, 4.

19. Cf. STEVENSON, E.L. *Geography of Claudius Ptolemy*. Nova York: [s.e.], 1932.

20. Sobre o texto de Santo Agostinho, *De Civitate Dei* (XVI, 8: "*An ex propagine Adam vel filiorum Noe quaedam genera hominum monstruosa prodiderint*"), cf. WITTKOWER, R. Op. cit., p. 167-168. Alberto o Grande (*De animalibus*, XXVI, 21) declara a propósito das formigas pesquisadoras de ouro da Índia: "*sed hoc non satis est probatum per experimentum*".

Mas Plínio o Antigo tinha acolhido na sua *Historia Naturalis* todas as fábulas a propósito da Índia e tinha dado, durante os séculos, a sua sanção de "autoridade científica" à crença num mundo indiano regurgitando de maravilhas[21]. Principalmente, mais do que Plínio, um desses autores de *digests* que inauguram no Baixo-Império a cultura medieval, C. Iulius Solinus vai ser com suas medíocres *Collectanea rerum memorabilium*, escritas durante este naufrágio do século III, de onde emergem os primeiros destroços da cultura greco-romana, o grande inspirador das divagações medievais sobre o Oceano Índico e suas áreas circunvizinhas[22]. Sua autoridade foi ainda reforçada pelo uso que dele fez um dos primeiros retóricos cristãos no início do século V, Martinus Capella, o grande mestre, até o século XII, do Ocidente medieval em matéria de "artes liberais"[23].

Mais ainda, alguns escritos fantásticos, colocados sob a autoridade de algum grande nome, de quem a credulidade medieval aceitava, sem exame nem dúvida, o patrocínio, alimentaram o sector indiano de uma pseudociência que se servia de preferência das fontes da literatura apócrifa. Assim, a carta de um certo Fermes ao Imperador Adriano "sobre as maravilhas da Ásia", remontando provavelmente ao século IV, segundo um original perdido, conta uma pretensa viagem ao Oriente[24]. Entre os séculos VII e X, três tratados da mesma natureza, entre os quais uma *Epistola Premonis Regis ad Traianum Imperatorem*, autorizam no Ocidente o tema e

---

21. Plínio declara (*Historia naturalis*, VII, ii, 21) "praecipue India Aethiopumque tractus miraculis scatent".

22. As *Collectanea rerum memorabilium*, de Solinus, foram editadas por MOMMSEN. 2. ed. Berlim, 1895.

23. A geografia de Martianus Capella se encontra no sexto livro, consagrado à geometria, do *De nuptiis Philogiae et Mercurii*.

24. Editado por H. Omont: "Lettre à l'Empereur Adrian sur les merveilles de l'Asie". *Bibliothèque de l'École des Chartes*, L. XXIV, 1913, p. 507ss., segundo o *Ms. Paris B.N. Nouv. acq. lat. 1065, ff^{os} 92 v°-95*, do século IX.

a expressão dos *mirabilia Indiae*[25]. A correspondência apócrifa em relação à Índia e suas maravilhas foram enriquecidas também com a *Lettre d'Alexandre à Aristote*, que circulava desde 800 mais ou menos, e com a correspondência entre Alexandre e Dindymus[26]. Enfim, o mito indiano foi enriquecido no século XII com um novo personagem, o Prestes João, que teria enviado, em 1164, uma carta ao imperador bizantino Manuel Comneno[27].

É preciso dar um lugar à parte, nesta literatura de ficção, a um conjunto romanesco que, amalgamando o tema das maravilhas da Índia, conferir-lhe-á um prestígio extraordinário. O Alexandre medieval, herói lendário, a quem foi consagrado um dos ciclos romanescos favoritos do público ocidental, ficou ligado, por um impulso dado à história, ao vasto domínio da Índia prodigiosa. As aventuras e as explorações que atribuímos ao rei explorador, curioso de tudo, que sondava as profundezas da terra, das florestas, dos mares e dos céus, davam uma dimensão romanesca ao mito indiano. Com ele, a ciência-ficção medieval, o maravilhoso geográfico e a teratologia pitoresca desembocavam na aventura, ordenavam-se

---

25. Os dois primeiros tratados *Mirabilia* e *Epistola Premonis Regis ad Traianum Imperatorem* foram editados por M.R. James: *Marvels of the East. A full reproduction of the three known copies*. Oxford: 1929. O terceiro, *De monstris et belluis*, foi editado por M. Haupt in Opuscula, II, 1876, pp. 221s.

26. Estes textos foram editados por F. Pfister: *Kleine Texte zum Alexanderroman* (Sammlung vulgar-lateinischer Texte, 4), 1910. W.W. Boer deu uma nova edição crítica da *Epistola Alexandri ad Aristotelem*. Haia: [s.e.], 1953.

27. Todas as fontes relacionadas a Prestes João foram reunidas por F. Zarncke em *Abhandlungen der Phil.-hist. Klasse d. kgl. sachs. Gesell. d. Wiss.*, VII e VIII, 1876-1879. Cf. HENNING. Op. cit., n. 13, III, cap. CXV. • THORNDIKE, L. *A History of Magic and Experimental Science*. Londres: [s.e.], 1923, II, p. 236s. • LANGLOIS, C.-V. *La vie en France au Moyen Age* – III: *La connaissance de la nature et du monde*. Paris: [s.e.], 1927, p. 44-70. L. Olschki viu na *Lettre du Prête Jean* um texto de utopia política: "Der Brief des Presbyters Johannes". *Historische Zeitschrift*, 144, 1931, p. 1-14. • *Storia litteraria delle scoperte geografiche*, 1937, p. 194s. Não pude consultar VSEVOLOD, S. *Priester John*. Mineápolis: University of Minnesota, 1959.

numa busca de maravilhas e de monstros[28]. Com ele também o Ocidente medieval encontrava as fontes gregas da Índia fabulosa. Na verdade, mais ainda que os Ινδιχα escritos no início do século IV a.C. por Ctésias de Cnido, que tinha sido médico do Rei Artaxerxes Mnemon[29], na Pérsia, é o tratado escrito por Megástenes em 300 a.C. que está na origem de todas as fábulas antigas e medievais relativas às maravilhas da Índia. Enviado como embaixador junto a Sadracottos (Chandragupta) na sua corte de Pataliputra (Patna), no Ganges por Seleucos Nicator, herdeiro de Alexandre na Ásia, Megástenes tinha recolhido aí, e embelezara todas as narrativas místicas, todas as fábulas que iriam, durante oito séculos, fazer da Índia o mundo maravilhoso dos sonhos do Ocidente[30].

Os escritores do Ocidente medieval não estabelecem divisão estanque entre a literatura científica ou didática e a literatura de ficção. Eles acolhem igualmente, em todos esses gêneros, as maravilhas da Índia. Ao longo de toda a Idade Média, elas formam um capítulo habitual das enciclopédias, onde uma série de eruditos procura circunscrever, como num tesouro, o conjunto dos conhecimentos do Ocidente. O primeiro deles, depois de Martianus Capella, é certamente Isidoro de Sevilha, que consagra à Índia e às suas maravilhas um parágrafo a cada um dos seus artigos pertinentes das suas *Ethymologiae*[31]. A grande enciclopédia carolíngia de Rabano Mauro, o *De universo*, retoma o texto de Isidoro, acrescen-

---

28. Da muito abundante literatura sobre o Alexandre medieval, eu me contentarei em citar três livros recentes e fundamentais: ABEL, A. *Le Roman d'Alexandre, légendaire medieval.* Bruxelas: [s.e.], 1955. • CARY, G. *The Medieval Alexander.* Cambridge: [s.e.], 1956. • ROSS, D.J. *Alexander historiatus*: A Guide to Medieval illustrated Alexander Literature – I: Warbug Institute Surveys. Londres: [s.e.], 1963.
29. McCRINDLE, J.W. Ancient India as described by Ktesias the Knidian. Westminster: [s.e.], 1882.
30. SCHWANBECK, E.A. *Megasthenis Indica.* Bonn: [s.e.], 1846.
31. ISIDORO DE SEVILHA. *Ethymologiae.* Londres: [s.e.], 1911, caps. xi, xii, xiv, xvi, xvii. [Org. por W.M. Lindsay]. Cf. FONTAINE, J. *Isidore de Séville et la culture classique dans l'Espagne wisigothique.* 2 vols. Paris: [s.e.], 1959.

tando a ele interpretações alegóricas e as espantosas miniaturas do manuscrito 132, pintado por volta de 1023 no Monte-Cassino apresentam aí os monstros da Índia ao lado de cenas realistas, em que se pretendeu ver uma das primeiras representações do instrumental técnico do Ocidente medieval[32]. Há um capítulo, *De India*, sem falar nas referências indianas dos capítulos *Paradisus, De Monstris, De Bestis*, no *Imago Mundi* atribuído a Honorius Augustodunensis[33]. Jacques de Vitry retoma esses materiais na sua *Historia Orientalis*, manifestando que os eruditos cristãos da Terra Santa continuam a tirar o seu saber do arsenal ocidental, nesse caso, da *Epistola Alexandri*, e não das fontes orientais, escritas ou orais[34]. Todos os enciclopedistas do século XIII estão presentes no encontro com o mito indiano: Gauthier de Metz no seu *Imago Mundi*, que será traduzido para o inglês, para o francês e para o italiano, até o final da Idade Média[35], Gervásio de Tilbury que, nos seus *Otia imperialia* escritos por volta de 1211 por Othon IV, recebe principalmente a influência da *Lettre de Fermes à Adrien*[36], Barthélemy o Inglês, dependente aqui de Solinus, cujo *De proprietatibus rerum* conheceu o sucesso até o início do século XVII[37], Thomas de Cantimpré, cujo *De natura rerum* será traduzido para o flamengo no final do século XIII por Jacob Maerlant, e para o alemão em meados do século XIV por Conrad von Megenberg[38], Brunetto Latini no seu *Trésor*, de onde

---

32. MAURO, R. *De universo* ou *De rerum naturis*, 8, 12, 4, 17, 19. • MIGNE. *PL.* CXI. • AMELLI. *Miniature sacre e profane dell'anno 1023 illustranti l'Enciclopedia medioevale di Rabano Mauro*. Monte-Cassino: [s.e.], 1896. • GOLDSCHMIDT, A. "Frühmittelalterliche Illustrierte Enzyklopädien". *Vortrage der Bibliothek Warburg*, 1923-1924. • WHITE JR. L. "Technology and Inventions in the Middle Ages". *Speculum*, XV, 1940.

33. MIGNE. *PL.*, CLXXII, I, 11-13.

34. *Historia Orientalis*, caps. LXXXVI-XCII.

35. Cf. WITTKOWER, R. Op. cit., p. 169, nota 5.

36. Cf. JAMES, M.R. Op. cit., nota 25, p. 41ss.

37. Cf. WITTKOWER, R. Op. cit., p. 170, nota 1. Trata-se das maravilhas da Índia no *De proprietatibus rerum*, nos caps. XII, XV, XVI, XVII, XVIII.

38. Cf. WITTKOWER, R. Op. cit., p. 170, notas 8 e 9.

Dante talvez tenha tirado as suas alusões indianas[39], Vincent de Beauvais, que o retoma por três vezes, uma vez no *Speculum naturale* e duas vezes no *Speculum historiale*[40]. A Baixa Idade Média continua a enriquecer o mito indiano. Mandeville, na sua viagem imaginária em volta do mundo, introduz um novo "*Indienfahrer*", Ogier o Dinamarquês, cujas explorações rivalizam com aquelas de Alexandre[41], os *Gesta Romanorum*, compilação de fábulas e de contos moralizadores, onde bebem os pregadores, que oferece ao público os sermões extraídos do fantástico indiano[42], e Pierre d'Ailly, que, no seu *Imago Mundi*, de 1410, reúne num capítulo todo o saber acerca dos *Mirabilia Indiae*[43].

O sucesso dessa literatura foi aumentado pelas imagens que ilustraram muitos manuscritos em que figuravam estes textos e que irrompem, às vezes, no domínio da escultura, como testemunham muitas obras de arte, dentre as quais a mais célebre e a mais apai-

---

39. Cf. ibid., nota 2. Sobre Dante, cf. DE GUBERNATIS. "Dante e l'India". *Giornale della Società Asiatica Italiana*, III, 1889.

40. As passagens indianas se encontram, no *Speculum naturale*, no livro XXXI, caps. CXXIV a CXXXI (principalmente segundo Solinus e Isidoro) e, no *Speculum historiale*, um cap. "De India et ejus mirabilibus" (1, 64) e uma longa passagem (IV, 53-60) "De mirabilibus quae vidit Alexander in India", extraído da *Epistola Alexandri ad Aristotelem*.

41. Cf. BOVENSCHEN, A. *Die Quelle für die Reisebeschreibung des Johann von Mandeville*. Berlim: [s.e.], 1888. • MARTINSSON, S. *Mandevilles Reise in mittelniederdeutscher Übersetzungen*. Lund: [s.e.], 1918. Há em João de Mandeville o eco das aventuras, aliás, em parte, extraídas das mesmas fontes (principalmente Plínio e Solinus) de Sindbad o Marinheiro. Sobre o tema dos exploradores do Oceano Índico na literatura muçulmana medieval, cf. RENAUDOT, E. *Anciennes relations des Indes et de la Chine de deux voyageurs mahométans*. I. Paris: [s.e.], p. 235-238, 438-450.

42. Cf. GRÄSSE. *Gesta Romanorum*. Leipzig: [s.e.], 1905. • OESTERLEY, H. *Gesta Romanorum*. Berlim: [s.e.], 1872, p. 574ss. Sobre os *exempla* indiano na literatura moral medieval, cf. KLAPPER, J. *Exempla (Sammlung mittellateinischer Texte*, 2). Heidelberg: [s.e.], 1911.

43. BURON, E. (org.). *De mirabilibus Indiae*. Paris: [s.e.], 1930, p. 264ss.

xonante é o tímpano de Vézelay⁴⁴. Não é o caso aqui de desenvolver o estudo de uma iconografia que me levaria para longe do meu objeto e das minhas competências, mas se pode, a propósito dessas imagens, fazer algumas breves observações. Em primeiro lugar, a abundância dessas figuras prova o quanto as maravilhas da Índia inspiraram as mentes ocidentais; mais ainda, os autores em cujos textos se inspiravam os miniaturistas e os escultores souberam traduzir tudo aquilo que os cristãos da Idade Média aí colocavam de fantasia e de sonho. Mundo imaginário, ele devia ser um tema favorito da exuberante imaginação medieval.

O estudo da iconografia revela também o quanto são às vezes complexas as diversas tradições artísticas e literárias que, para além de algumas influências maiores, algumas linhas mestras, se misturam na inspiração indiana do Ocidente medieval[45]. Seria talvez revelador distinguir, através de muitas contaminações, duas inspirações distintas, duas interpretações divergentes, desse maravilhoso indiano na ideologia e na estética medievais. De um lado, a tendência que Rudolf Wittkower chama de *"geographical-ethnological"* (geográfico-etnológica) e que não parece remeter a um universo folclórico e mítico, a uma concepção da Índia como *antinatura*,

---

44. Sobre a iconografia dos *mirabilia*, além do artigo de R. Wittkower, as duas admiráveis obras de J. Baltrusaitis: *Le Moyen Age fantastique, Antiquités et exotismes dans l'art gothique*. Paris: [s.e.], 1955. • *Réveils et Prodiges* – Le Moyen Age fantastique. Paris: [s.e.], 1960. Pode-se também ler MÂLE, E. *L'art religieux du XIIe siècle en France* (6. ed. Paris: [s.e.], 1953): *La géographie du XIIe siècle. La tradition antique. Les fables de Ctésias, de Mégasthène, de Pline, de Solin sur les monstres. La colonne de Souvigny, tableau des merveilles du monde. Le tympan de Vézelay et les différents peuples du monde évangélisés par les apôtres*, p. 321ss. Sobre o tímpano de Vézelay, cf. KATZENELLENBOGEN, A. *"The Central Tympanum at Vézelay"*. Art Bulletin, 1944. • SALET, F. *La Madeleine de Vézelay*. Melun: [s.e.], 1948.

45. Sobre as filiações da iconografia e do estilo nas miniaturas dos *Mirabilia Indiae* da Alta Idade Média e principalmente sobre as influências bizantinas, cf. WITTKOWER, R. Op. cit., p. 172-174.

das suas maravilhas como fenômenos *"contranatura"*[46]. Marcado com o selo do paganismo greco-romano, esta concepção me parece sobretudo saída de um fundo primitivo e selvagem. Ela faria parte desse anti-humanismo medieval que inspirou as criações artísticas mais impressionantes da Idade Média ocidental. Diante desta interpretação escandalosa, uma tendência mais "racional" procura domesticar as maravilhas da Índia. Saídas das interpretações naturalistas de Santo Agostinho e de Isidoro de Sevilha, que fazem delas simples casos particulares dos casos-limite da natureza, e as fazem entrar na ordem natural e divina, esta tendência desemboca na alegoria, e mais ainda na moralização dessas maravilhas. Sob a influência do *Physiologus*, os bestiários, a partir principalmente do século XII, dão assim um *sentido* às extravagâncias indianas e tendem a lhes despojar do seu poder escandaloso. Os pigmeus são o símbolo da humildade, os gigantes são o símbolo do orgulho, os cinocéfalos o símbolo daquelas pessoas altercadoras, sendo assim reduzidos à humanidade ordinária. A domesticação é perseguida ao longo de uma evolução que transforma as alegorias místicas em alegorias morais e as degrada finalmente ao nível da sátira social. Num manuscrito do século XV, do *Liber de monstruosis hominibus* de Thomas de Cantimpré (*Bruges Cod. 411*), raças fabulosas da Índia aparecem vestidas como burgueses flamengos[47].

Nas duas perspectivas, o Oceano Índico é um horizonte mental, o exotismo do Ocidente medieval, o lugar de seus sonhos e recalcamentos. Explorá-lo é reconhecer uma dimensão essencial da

---

46. Cf. WITTKOWER, R. Op. cit., p. 117.

47. Cf. os textos citados por R. Wittkower (Op. cit., p. 168, notas 2 e 4): *"Portenta esse ait Varro quae contra naturam nata videntur, sed non sunt contra naturam, quia divina voluntate fiunt"* [ISIDORO DE SEVILHA. Etymologie, XI, III, 1) e *"Portentum ergo fit non contra naturam, sed contra quam est nota natura. Portenta autem, et ostenta, monstra, atque prodigia, ideo nuncupantur, quod portendere, atque ostendere, mostrare, atque praedicere aliqua futura videntur"* (ibid., XI, III, 2). Um fólio do Cod. 411 de Bruges é reproduzido em WITTKOWER, R. Op. cit., il. 44ª, p. 178.

sua mentalidade e da sua sensibilidade, visível em tantos aspectos da sua arte, um dos principais arsenais da sua imaginação[48].

Antes de esboçar a carta onírica da Índia no Ocidente medieval, resta perguntar o que banha este Oceano Índico, qual é a Índia cujas maravilhas ele defende. Ao longo dessa linha costeira que parece seguir sem maiores acidentes, para os ocidentais, desde a África Oriental até China, eles distinguem em geral três setores, três Índias. A Índia Maior, que compreende a maior parte da nossa Índia, enquadra-se entre uma Índia Menor que se estende do norte da costa de Coromandel e engloba as penínsulas do Sudeste Asiático, e uma Índia Meridiana que compreende a Etiópia e as regiões costeiras do Sudoeste Asiático[49]. A ligação – ou a confusão – interessante é aquela que une a Etiópia à Índia e forma um único mundo maravilhoso com a África Oriental e a Ásia Meridional, como se a rainha de Sabá desse a mão não a Salomão, mas a Alexandre. Vemos claramente isso na história da lenda de Prestes João. Primeiramente situado na Índia propriamente dita, mas não encontrado na Ásia, ele é finalmente transferido, nos séculos XIV e XV, para a Etiópia. Em 1177, o Papa Alexandre III tinha em vão enviado ao Oriente o seu médico Philippe, portador de uma carta dirigida a *Johanni illustri et magnifico Indorum regi*[50]. Mas, apesar dessas hesitações, os ocidentais conservam uma certeza: o mundo das maravilhas está a leste, no Oriente. Somente Adão de Brema tentará transplantar os *mirabilia Indiae* para o mundo do norte[51].

---

48. Reportar-nos-emos principalmente às obras de J. Baltrusaitis, citadas na nota 44.

49. Sobre as três Índias, cf., p. ex., TILBURY, G. *Otia Imperialia*. Hanover: [s.e.], 1856, p. 911 [Org. por F. Liebrecht]. • YULE, H. *Cathay and the Way thither*. II. Londres: [s.e.], 1914, p. 27ss. • WRIGHT, J.K. *The geographical Lore...*, p. 307ss.

50. Cf. WITTKOWER, R. Op. cit., p. 197. • CARPIN, J.P. *Histoire des Mongols*. Paris: [s.e.], 1965, nota 5, p. 153-154 [Org. por J. Becquet e L. Hambis].

51. BREMA, A. *Gesta Hammaburgensis ecclesiae*. Livro IV, passim, e esp. cap. XII, XV, XIX, XXV [*MGH* – SS. VII. • SCHMEIDLER, B. *MGH* – SS, R.G. 2. ed., 1917]. Adão transplanta as raças monstruosas da Índia para a Escandinávia. Cf. MILLER, K. *Mappae mundi*, IV, 18.

O primeiro sonho indiano do Ocidente medieval é aquele de um mundo da riqueza. Nesse domínio indigente da Cristandade ocidental – *latinitas penuriosa est*, diz Alan de Lille –, o Oceano Índico parece regurgitar de riquezas, ser a fonte de uma vaga de luxo. Sonho principalmente ligado às ilhas, a inumeráveis "ilhas afortunadas", ilhas felizes e ricas, que são o prêmio do Oceano Índico, mar semeado de ilhas. "Nesse mar da Índia, diz Marco Polo, há doze mil e setecentas ilhas [...] Não há nenhum homem no mundo que possa contar a verdade de todas as ilhas da Índia [...] É tudo o melhor e a flor da Índia [...]"[52] O simbolismo cristão rodeia ainda as ilhas com uma auréola mística, visto que faz delas a imagem dos santos guardando intactos o seu tesouro de virtudes, em vão batidos por todos os lados pelas vagas das tentações[53]. Ilhas produtivas de materiais de luxo: metais preciosos, pedras preciosas, madeiras preciosas, especiarias. A abundância é tal que, de maio a julho, segundo Marco Polo, no reino de Coilum, que é a costa indiana a sudoeste de Malabar, faz-se a colheita de pimenta: "ela é carregada a granel nos navios, como em nós se carrega o centeio"[54]. O reino de Malabar é rico de tão "enormes quantidades" de pérolas pescadas no mar, que o seu rei anda todo nu, coberto somente de pérolas da cabeça aos pés, "cento e quatro das maiores e mais belas" somente no pescoço[55]. Ilhas inteiras que são completamente constituídas

---

52. MARCO POLO. *La Description du Monde* [com a reprodução de miniaturas do Ms. França. 2810. Paris, intitulado *Le livre des Merveilles*]. Paris: [s.e.], 1955, p. 292 [Org. por L. Hambis].

53. MAURO, R. De universo. • MIGNE. PL., CXI, cap. V. De insulis: *"Insulae dictae, quod in sale sint, id est in mari positae, quae in plurimis locis sacrae Scripturae aut ecclesias Christi significant aut specialiter quoslibet sanctos viros, qui traduntur fluctibus persecutionum, sed non destruuntur, quis a Deo proteguntur"*.

54. MARCO POLO, p. 276.

55. Ibid., p. 253. Eis como as ilhas de ouro e de prata chegam até a Imago Mundi, de Pierre d'Ailly (cap. XLI. De aliis insulis Oceani famosis). *"Crise et Argire insule in Indico Oceano site sunt adeo fecunde copia metallorum ut plerique eas auream superficiem et argenteam habere dixerunt unde et vocabulum sortite sunt"*.

por ouro puro ou prata pura, como as ilhas de Chryse e de Argyre... De todas essas ilhas, a "melhor", quer dizer, a maior e mais rica é Taprobane, que é o Ceilão. Horizonte semirreal, semifantástico, semicomercial, semimental, ligado à própria estrutura do comércio do Ocidente medieval, importador de produtos preciosos vindos de longe, com os seus reflexos psicológicos.

A este sonho de riqueza está ligado um sonho de exuberância fantástica. As terras do Oceano Índico são povoadas de homens e de animais fantásticos. Elas são um universo de monstros de duas categorias. Como disse Honorius Augustodunensis *"Há lá monstros podendo alguns deles ser classificados na espécie humana, outros nas espécies animais"*[56]. Através deles, o Ocidente escapa à realidade medíocre da sua fauna, reencontra a inesgotável imaginação da natureza e de Deus. Homens com pés voltados para trás, cinocéfalos que ladram, vivendo muito além da duração da existência humana e cujo pelo, na velhice, escurece em vez de branquear, monópodos que se abrigam à sombra de um único pé suspenso, ciclopes, homens sem cabeça que têm os olhos nas espáduas e dois buracos no peito à guisa de nariz e boca, homens que vivem somente do perfume de uma única espécie de fruto e morrem quando não podem mais respirá-lo[57]. Antropologia surrealista comparável àquela de um Max Ernst... Ao lado desses homens monstruosos pululam os animais

---

56. *De Imagine Mundi.* • MIGNE. *PL*, CLXXII, caps. XI-XIII, col. 122-125. A frase citada é o início do capítulo XII.

57. "*Ut sunt ii qui aversas habent plantas, et octonos simul sedecim in paribus digitos, et alli, qui habent canina capita, et ungues aduncos, quibus est vestis pellis pecudum, et vox latratus canum. Ibi etiam quaedam matres semel pariunt, canosque partus edunt, qui in senectude nigrescunt, et longa nostrae aetatis tempora excedunt. Ibi sunt, et monoculi, et Arimaspi et Cyclopes. Sunt et Scinopodae qui uno tantum fulti pede auram corsu vincunt, et in terram positi umbram sibi planta pedis erecti faciunt. Sunt alli absque capite, quibus sunt oculi in humeris, pro naso et ore duo foramine in pectore, setas habent ut bestiae. Sunt alii juxta fontem Gangis fluvii, qui solo odore cujusdam pomi vivunt, qui si longius eunt, pomum secum ferunt; moriuntur enim si parvum odorem trahunt*" (ibid., cap. XII).

fantásticos, aqueles feitos de pedaços e de partes, como a "*bestia leucocroca*" que tem um corpo de burro, ancas de veado, peito e coxas de leão, pés de cavalo, um grande chifre bifurcado, uma grande boca fendida até as orelhas de onde escapa uma voz quase humana; e aqueles que têm uma face humana, como a *mantichora*, com três fileiras de dentes, num corpo de leão, com uma cauda de escorpião, com olhos azuis, com uma pele tingida de sangue, cuja voz sibila como aquela de uma serpente, mais rápido na corrida do que um pássaro voando, antropofágico, em suma[58]. Sonho de abundância e extravagância, de justaposições e de misturas perturbadoras, forjado por um mundo pobre e limitado. Monstros que são também frequentemente uma separação entre o homem e a riqueza entrevista, sonhada, desejada: os dragões da Índia velam sobre os tesouros, sobre o ouro e a prata e impedem que o homem se aproxime deles.

Sonho que se expande na visão de um mundo da vida diferente, onde os tabus são destruídos ou substituídos por outros, onde a estranheza secreta a impressão de liberação, de liberdade. Diante da moral estrita imposta pela Igreja se expande a sedução perturbadora de um mundo de aberração alimentar, onde se pratica coprofagia e o canibalismo[59], mundo da inocência corporal onde o homem,

---

58. Depois das serpentes gigantes, capazes de atravessar o Oceano Índico a nado, eis *"Ibi est bestia ceucocroca, cujus corpus asini, clunes cervi, pectus et crura leonis, pedes equi, ingens cornu bisucum, vastus oris hiatus usque ad aures. In loco dentium os solidum, vox pene hominis [...]. Ibi quoque Mantichora bestia, facie homo, triplex in dentibus ordo, corpore Leo, cauda scorpio, oculis glauca, colore sanguinea, vox sibilus serpentum, fugiens discrimina volat, velector cursu quam avis volatu, humanas carnes habens in usu [...]"* (Ibid., cap. XIII).

59. "Nessa ilha há as pessoas mais maravilhosas e as piores no mundo. Elas comem carne crua e todas as espécies de outras porcarias e crueldades. Porque aí o pai come o filho e o filho come o pai, o marido sua mulher e a mulher seu marido" (*Les voyages en Asie au XIVe siècle du bienheureux frère Odoric de Pordenone, religieux de saint François. Recueil de voyages et de documents pour servir à l'histoire de la géographie depuis le XIIIe jusqu'à la fin du XIVe siècle.* CORDIER, H. (org.). *De l'isle de Dondiin.* V. X. Paris: [s.e.], 1891, cap. XIX, p. 237).

liberado do pudor da vestimenta, reencontra o nudismo[60], a liberdade sexual, mundo onde o homem, liberto da indigente monogamia e das barreiras familiares, se entrega à poligamia, ao incesto e ao erotismo[61].

Mais para lá ainda, sonho do desconhecido e do infinito, e do medo cósmico. Aqui, o Oceano Índico é o *mare infinitum*, a introdução no mundo das tempestades, na *terra senza gente* de Dante. Mas a imaginação ocidental esbarra aqui com as fronteiras desse mundo que é, antes e definitivamente, o mundo fechado onde o sonho rodopia. De um lado, ele se choca com os muros que contêm provisoriamente o anticristo, as raças malditas do fim do mundo, Gog e Magog, até desembocar no seu próprio aniquilamento apocalíptico.

---

60. "Nesta ilha (Necuveran, quer dizer, Nicobar) eles não têm nem rei nem senhor, mas são como animais selvagens. E vos digo que eles andam todos nus, homens e mulheres, e não se cobrem com nada no mundo. Eles têm relações carnais como os cães na rua, ou onde possam estar, sem nenhuma vergonha, e não têm respeito, nem o pai em relação à sua filha, nem o filho em relação à sua mãe, pois cada um faz como quer e como pode. Este é um povo sem lei..." (MARCO POLO, p. 248 [Org. por L. Hambis]). Este tema se combina com aquele da inocência, da Idade de Ouro e dos "piedosos" brâmanes, dos quais eu falarei depois. Por exemplo: "Nós andamos nus", dizem os *ciugni*, categoria especial de brâmanes de Malabar, "porque não queremos nada desse mundo, porque viemos a esse mundo sem qualquer roupa e nus; e se não temos vergonha de mostrar o nosso membro, isto se deve a que com ele não cometemos nenhum pecado" (ibid., p. 269).

61. "Ora, saibam que na verdade esse rei possui quinhentas mulheres, quer dizer, esposas, pois, eu digo a vocês, a partir do momento em que ele vê uma bela dama ou uma donzela, ele a quer para si e a toma como esposa. E nesse reino há mulheres muito belas. E, além disso, elas embelezam o rosto e principalmente o corpo" (ibid., p. 254). E ainda, por exemplo: "Estas jovens, na medida em que são jovens, têm uma carne tão firme que ninguém poderia agarrar ou beliscá-las tanto quanto queira. Por uma pequena quantidade de moeda, elas permitem a um homem beliscá-las na medida em que queira... Em razão dessa firmeza, seus seios não são absolutamente caídos, mas se mantêm eretos e proeminentes. Meninas assim as há em quantidade em todo o reino" (ibid., p. 261).

De outro, ele reencontra a sua própria imagem invertida, o mundo às avessas; e o antimundo com que ele sonhava, arquétipo onírico e mítico dos *antípodas*, que remete a si mesmo[62].

Já só lhe resta se satisfazer com sonhos agradáveis, virtuosos, tranquilizantes. Este é o sonho católico do Oceano Índico. As suas tempestades não teriam absolutamente impedido os apóstolos de para aí levar o Evangelho. São Mateus converterá a Índia Meridional, São Bartolomeu, a Índia Superior e principalmente Santo Tomás, a Índia Inferior, onde a procura do seu túmulo oferece uma miragem a mais aos cristãos medievais. Nas costas do Oceano Índico, uma Cristandade perdida esperava os seus irmãos do Ocidente. Este sonho engendrará Prestes João e a descoberta de comunidades nestorianas lhe dará uma sombra de realidade. De Gregório de Tours a Guilherme de Malmesbury, Heinrich von Moringen e Cesarius von Heisterbach, a Índia apostólica visitará as imaginações cristãs. A Cristandade do Extremo-Ocidente procura ser uma das primeiras a dar a mão a esta Cristandade do Extremo-Oriente: em 883, o rei inglês Alfred envia para a Índia cristã o Bispo Sigelmus[63]. As costas do Oceano Índico são o domínio do sonho missionário

---

62. Sobre Gog e Magog, cf. ANNDERSON, A.R. *Alexander's Gate, and Magog and the Inclosed Nations*. Cambridge, Mass.: [s.e.], 1932. Sobre os antípodas, cf. BOFFITO, G. "La leggenda degli antipodi". *Miscellanea di Studi storici in onore di Arturo Graf*. Bérgamo: [s.e.], 1903, p. 583-601. • BAUTRUSAITIS, J. *Cosmographie chrétienne dans l'art du Moyen Age*. Paris: [s.e.], 1939.

63. TISSERANT, E. *Eastern Christianity in India*. Londres: [s.e.], 1957. • MONNERET DE VILLARD, U. "Le leggende orientali sui Magi evangelistici". *Studi e Testi 163*, 1952. • DAHLMANN, J. *Die Thomaslegende*. Fribourg-en-Brisgau: [s.e.], 1912. • BROWN, L.W. *The Indian Christians of St. Thomas*. Cambridge: [s.e.], 1956. A passagem de Gregório de Tours se encontra no *Liber in glori martyrum*, 31-32 (*MGH, SS RR MM*, 1). Sobre a peregrinação de Heinrich von Moringen na Índia, por volta de 1200, cf. HEISTERBACH, C. *Dialogus miraculorum*, dist. VIII, cap. LIX. • HENNING, R. *Terrae Incognitae*. II. Leyde: [s.e.], 1936-1939, p. 380ss. Sobre a embaixada de Sigelmus, cf. MALMESBURY, G. *De gestis rerum anglorum libri quinque* – Coll. Rerum britannicarum medii aevi scriptores, t. XC. Londres: [s.e.], 1887, p. 130 [Org. por W. Stubbs]. • HENNING, R. Op. cit. II, p. 204-207.

por excelência. Mesmo Marco Polo, mais realista, anota cuidadosamente, como tantos outros, informações sobre este grande empreendimento, e quais povos que são pagãos, muçulmanos, budistas, nestorianos.

Mas este sonho cristão tem um objetivo mais prestigioso ainda: encontrar a via de acesso ao paraíso terrestre. Pois é bem nas fronteiras da Índia que a Cristandade medieval o situa, é daí que partem os quatro rios paradisíacos, que ela identifica com o Tigre, o Eufrates, o Ganges (com o nome de Pison) e o Nilo (com o nome de Géhon). É para os confins da Índia que o levam cuidadosamente, nas suas cartas, a maioria dos cartógrafos medievais, a começar pelo monge Beatus, na sua famosa carta da segunda metade do século VIII[64].

Mas aqui ainda o sonho cristão se desfaz frequentemente diante de um sonho mais pagão. O paraíso terrestre indiano se torna um mundo primitivo da Idade de Ouro, o sonho de uma humanidade feliz e inocente, anterior ao pecado original e ao cristianismo. O aspecto mais curioso talvez do mito indiano no Ocidente medieval é aquele de um mundo de bons selvagens. Do *Commonitorium Palladii,* no final do século IV, até Roger Bacon no seu *Opus Maius,* até Petrarca no *De Vita Solitaria,* se desenvolve o tema dos povos "virtuosos" do Oceano Índico. São os "virtuosos Etíopes", são mais ainda os "piedosos brâmanes" sobre quem o ciclo de Alexandre se estende com benevolência. Se a sua piedade pode ter qualquer semelhança com um certo evangelismo cristão, ela se separa deste pela ausência de qualquer referência ao pecado original, pela rejeição de qualquer organização eclesiástica e social. Com eles o sonho indiano termina em humanismo hostil a qualquer cultura, a qualquer outra religião que não a natural[65].

---

64. Sobre o paraíso terrestre, cf. o livro fundamental de L.I. Rinbom: *Paradisus Terrestris* – Myt, Bild och Verklighet. Helsinque: [s.e.], 1958 [com um resumo em inglês e uma abundante ilustração].

65. Cf. BERNHEIMER, R. *Wild Men in the Middle Ages* – A study in Art. Sentiment and Demonology. Cambridge, Mass.: [s.e.], 1952. Os brâmanes inspiraram uma

No final dessa rápida incursão no universo onírico, que os homens do Ocidente medieval projetaram no mundo do Oceano Índico, considerado definitivamente como um Antimediterrâneo, lugar às avessas de civilização e racionalização, se pode perguntar se as contradições do sonho indiano são somente contradições de todos os universos oníricos. Serei tentado, retomando uma distinção esboçada antes, a aí discernir a oposição de dois sistemas de pensamento, duas mentalidades, duas sensibilidades, não obstante, misturados. De um lado, o cristianismo, pelo jogo de explicação

---

abundante literatura, não somente na Idade Média (a partir do "*De moribus Brachmanorum* do Pseudo-Ambrosius". In: MIGNE. *PL*, XVII), mas também na historiografia moderna, cf. BECKER, H. *Die Brahmanen in der Alexandersage*. Königsberg: [s.e.], 1889. • PFISTER, F. "Das Nachleben der Überlieferung von Alexander und den Brahmanen". *Hermes*, 76, 1941. • BOAS, G. *Essays on Primitivism and Related Ideas in the Middle Ages*. Baltimore: [s.e.], 1948. • GREGOR, H. *Das Inidenbild...*, p. 36-43. Petrarca escreveu: "*Illud importunae superbiae est quod se peccatum non habere confirmant... Placet ille contemptus mundi, qui iusto maior esse non potest, placet otium, placet libertas qua nulli gentium tanta est; placet silentium, placet otium, placet quies, placet intenta cogitatio, placet integritas atque securitas, modo temeritas absit; placet animorum aequalitas, unaque semper frons et nulli Rei Timor aut cupiditas, placet sylvestris habitatio fontisque vicinitas, quem ut in eo libro scriptum est quase uber terrae matris incorruptum atque integrum in os mulgere consueverunt...*" A este mito do paraíso terrestre indiano é preciso ligar muitas maravilhas que aparecem tradicionalmente entre os *mirabilia Indiae*: a fonte da juventude onde Prestes João se banhou seis vezes e graças à qual ele já ultrapassou quinhentos anos, as árvores com folhas sempre verdes, a teriaga que é uma panaceia para todos os males, a fênix imortal, o licorne imaculado etc. É na Índia que a Idade Média situou a árvore-sol e a árvore-lua, árvores falantes que davam oráculos e desempenhavam um papel importante na alquimia (eles são indicados na tábua de Peutinger, nas cartas de Ebstofer e de Hereford. Cf. JUNG, C.G. *Psychologie and Alchimie*. 2. ed. Zurique: [s.e.], 1952, p. 105-321). A estas árvores maravilhosas, Solinus acrescentou (*Collectanea*, 30, 10) a tábua do sol, em torno da qual se sentavam os magos etíopes e sobre a qual os pratos se renovavam sem cessar e milagrosamente, mito precursor do país de Cocagne, onde se reconhecia facilmente as relações alimentares de um mundo espreitado pela fome. É preciso, enfim, observar que, diante de um mito de uma Índia primitiva, florestal, anterior às corrupções da civilização, encontra-se aquele de uma Índia populosa e superurbanizada (cinco mil grandes cidades e nove mil nações, segundo Solinus, 52, 4).

alegórica, reforçou consideravelmente esta tendência; trata-se de maravilhas domesticadas, conjuradas, colocadas ao alcance dos ocidentais, levadas a um universo conhecido. Feita para servir de lição, esta Índia moralizada pode ainda inspirar o medo ou a inveja, mas ela é principalmente triste e entristecedora. As belas matérias não são mais que tesouro alegórico e os pobres monstros feitos para a edificação parecem todos repetir, com a raça desafortunada dos homens maus, com o grande lábio inferior caído em cima deles, o versículo do Salmo 140 que eles personificam: *malitia labiorum eorum obruat eos*[66]. Tristes trópicos...

Por outro lado, permanecemos no mundo ambíguo das maravilhas cativantes e, ao mesmo tempo, amedrontadoras. É a transferência dos complexos físicos das mentalidades primitivas[67] para o plano da geografia e da civilização. Sedução e repulsa, simultaneamente, diante do bárbaro. A Índia é o mundo dos homens cuja

---

66. Cf. WITTKOWER, R. Op. cit., p. 177. É preciso observar, com Émile Mâle [Op. cit., p. 330], que as raças monstruosas da Índia, representadas nos tímpanos de Vézelay e de outras igrejas, representavam, como explica um poeta do século XII (*Histoire Littéraire de la France*, t. XI, p. 8), a degradação física e moral da humanidade depois do pecado original.

67. Cf. FREUD, S. *Mythologische Parallele zu einer plastischen Zwangsvorstellung*, in *Internationale Zeitschrif für ärztliche Psychoanalyse* IV, 1916-1917 (apud WITTKOWER, R. Op. cit., p. 197, nota 7]. Sabe-se que, nos sonhos literários do Ocidente medieval, os monstros e, especialmente, os dragões e os grifos, que pululam na Índia, representam o inimigo do sonhador. Pode-se perguntar se o exército de animais ferozes e fantásticos que se lançam no pesadelo de Carlos Magno (*Chanson de Roland*, versos 2.525-2.554) sobre as tropas francas e que representam os soldados do "emir da Babilônia" não é o mundo fantástico da Índia se abatendo sobre a Cristandade? Cf. MENTZ, R. *Die Träume in den altfransösischen Karl- und Arus- Epen*. Marburgo: [s.e.], 1887, p. 39 e 64-65. • STEINMEYER, K.J. *Untersuchungen zur allegorischen Bedeutung der Träume in den altfransösichen Rolandslied*. Munique: [s.e.], 1963. • J. György in *Cahiers de Civilisation médiévale*, VII, 1964, p. 197-200. J. György aplicou ao tema do cosmo na literatura medieval ("Le cosmos". *Annales Universitatis Budapestinensis* – Sectio philologica, IV, 1963) um método que me parece próximo daquele que apliquei aqui ao mito geográfico e etnográfico da Índia.

língua não se compreende e a quem se recusa a palavra articulada ou inteligível, e mesmo toda possibilidade de falar. Eis o que são as Índias "sem boca", com quem estupidamente se tem procurado identificar esta ou aquela tribo himalaia[68]. Entre o Ocidente e a Índia, o desprezo é, por outro lado, recíproco na Idade Média. Desde a Antiguidade grega, o monoculismo é símbolo de barbárie no Ocidente e os cristãos medievais povoam a Índia de ciclopes. Qual não foi a surpresa no século XV do viajante Nicolò Conti, ao ouvir dizer dos indianos que eles eram muito superiores aos ocidentais, pois diferentemente deles, porque, tendo dois olhos, eram sábios, enquanto que os ocidentais somente possuíam um olho[69]. Quando os ocidentais sonhavam com os indianos semipartidos, meio homens, meio animais, não eram os seus próprios complexos que eles projetavam nesses monstros fascinantes e perturbadores? *Homodubii...*[70]

Observação. O mundo céltico constitui um outro horizonte onírico do Ocidente medieval. Porém, a cultura dos clérigos lhe fez sofrer a forte marca das influências orientais. Os mitos indianos invadem a lenda arturiana. Cf. *Arthurian Literature in the Middle Ages*, ed. R.S. Loomis, Oxford, 1959, p. 68-69, 130-131.

---

68. HOSTEN, H. "The mouthless Indians". Journal and Proceedings of the Asiatic Society of Bengal, VIII, 1912.

69. Nicolò Conti, que fez comércio na Índia, na China e nas Ilhas da Sonda de 1419 a 1444, deve ter se tornado muçulmano para poder exercer o seu tráfico e, de volta à Europa, pediu a absolvição do papa que lhe infligira, como penitência, escrever um relato das suas viagens. Cf. LONGHENA, M. *Viaggi in Persia, India e Giava di Nicolò de' Conti.* Milão: [s.e.], 1929, p. 179. • BRACCIOLINI, P. *Historia de varietate fortunae*, livro IV. • HENNING. *Terrae Incognitae*, IV, p. 29ss. • WITTKOWER, R. Op. cit., p. 163, nota 5.

70. *"Homobubii qui usque ad umbilicum hominis speciem habent, reliquo corpore onagro similes, cruribus ut aves..."* (lenda de uma miniatura de um manuscrito dos Mirabilia Indiae: Londres, British Museum. Tiberius B V f° 82v°, por volta do ano 1000. Cf. WITTKOWER, R. Op. cit., p. 173, nota 1).

Eu deixei de lado o problema das eventuais influências indianas nos fabulários levantados por Gaston Paris, em 9 de dezembro de 1874, na sua aula de abertura no Collège de France: "*Les contes orientaux dans la littérature française au Moyen Age*" (*La Poésie du Moyen Age*, 2ª série. Paris, 1895), a partir dos trabalhos dos grandes orientalistas alemães do século XIX (principalmente Th. Benfey, *Pantschatantra. Fünf Bücher indischer Fabeln, Märchen und Erzählungen aus dem Sanskrit ubersetzt*, Leipzig, 1859). Sobre este debate, cf. NYKROG, P. *Les Fabliaux*. Copenhague: [s.e.], 1957.

15

Os sonhos na cultura e a psicologia coletiva do Ocidente medieval

Este tema foi escolhido como proposta de uma investigação de longo fôlego elaborada no âmbito de um curso de iniciação destinado aos jovens historiadores da ENS (École Normal Supérieur). Esta tentativa tem como objeto apresentar as estruturas, as permanências e as viragens da história da cultura e das mentalidades medievais – a partir de algumas obsessões fundamentais.

Um estudo assim tem fatalmente horizontes psicanalíticos, mas, considerando a insuficiente competência do coordenador nesse domínio e também os problemas não resolvidos[1], que põem a passagem do individual ao coletivo na psicanálise, teremos de nos contentar com abordar às vezes inferências psicanalíticas da pesquisa, sem nos comprometermos verdadeiramente com elas. Assim como o estudo do sonho de São Jerônimo[2] permitiu cercar o sentimento de culpa do intelectual cristão, discernível ao longo da história cultural medieval, também a análise dos cinco sonhos de Carlos Magno na *Chanson de Roland*[3] esclareceu sobre o possível reconhecimento de uma "libido feudal". Procurou-se também explorar

---

1. Cf. BESANÇON, A. "Vers une histoire psychanalitique", I e II. *Annales ESC*, n. 3 e 4, 1969, p. 594-616, 1.011-1.033.

2. Dom Paul Antin, no "Autour du songe de Saint Jerôme" (*Revue des Études Latines*, 41, 1963, p. 350-377), apresentou um admirável *dossier*, mas se prendeu a uma interpretação médica desinteressante, como a maioria das explicações "cientistas".

3. STEINMEYER, K.-J. *Untersuchungen zur allegorischen Bedeutung der Träume im altfransösischen Karls- und Artusepen*. Marbourgo: [s.e.], 1988. Para os horizontes comparativos e etnológicos, cf. KRAPPE, A.H. "The Dreams of Charlemagne in the Chanson de Roland". *P.M.L.A.*, 36, 1921, p. 134-141.

e desenvolver os incentivos na obra de Freud[4] de uma psicanálise social ancorada na consciência profissional ou na consciência de classe. A propósito disso, o sonho real de Henrique I da Inglaterra[5],

---

4. Ainda que as concepções e o vocabulário de Jung, por exemplo, possam seduzir o historiador, por uma aparente disposição para servir as suas curiosidades, pareceu sábio, por numerosas razões, tomar como referência psicanalítica a obra de Freud numa interpretação tão fiel quanto possível. Fomos nisso auxiliados por instrumentos tais como o *Vacabulaire de la Psychanalyse*, de J. Laplanche e J.-B. Pontalis (Paris: [s.e.], 1967) e os volumes de *The Hampstead Clinic Psychoanalytic Library*, principalmente o vol. II: *Basic Psychoanalytic Concepts on the Theory of Dreams*. Londres: [s.e.], 1969 [Org. por H. Nagera]. Lembremos que Freud estava interessado, por causa da *Traumdeutung*, nos estudos históricos e, principalmente, no estudo de P. Diepgen: *Traum und Traumdeutung als medizinisch-wissenschaftliches Problem im Mittelalter* (Berlim: [s.e.], 1912), citado por ele a partir da 4ª edição do *Traumdeutung*, 1914. Sobre o sonho, estruturas sociais e psicanálise poder-se-á consultar dois estudos surgidos em *Le rêve et les sociétés humaines*, 1967 (Org. por R. Caillois e G.E. von Grunebaum: MILLAN, A. "Le rêve et le caractere social", p. 306-314, estritamente dependente das teorias psicanalíticas de Erich Fromm). • FAHD, T. "Le revê dans la societé islamique du Moyen Age", p. 335-365, muito sugestivo. E, mais amplamente, BASTIDE, R. "Sociologie du rêve", p. 177-188.

• Há uma publicação em português do livro de J. Laplanche & J.-B. Pontalis: *Vocabulário da Psicanálise*, org. por D. Lagache (9. ed. Lisboa: Martins Fontes, 1986 [Trad. de P. Tamen]. Há duas publicações em português de Freud, uma *standard*: FREUD, S. *Obra Completa*, 24 volumes, traduzida a partir do inglês, com notas e comentários do editor J. Strachey (Rio de Janeiro: Imago, 2009), e outra em andamento: FREUD, S. *Obra Completa*, 20 volumes, traduzida diretamente do alemão; coordenação e tradução de P.C. Souza (São Paulo: Companhia das Letras, 2009). Há também uma publicação em português das *Obra Completa* de C.G. Jung, 18 volumes (Petrópolis: Vozes) [N.T.].

5. "The Chronicle of John Worcester" [1118-1140]. In: WEAVER, R.H. *Anedota Oxamiensia*, 13, 1908, p. 32-33. O sonho de Henrique é situado pelo cronista no ano de 1130. O rei é sucessivamente ameaçado em sonho pelos *laboratores*, pelos *bellatores* e pelos *oratores*. O manuscrito da crônica está enfeitado de miniaturas, representando o triplo sonho. Elas são reproduzidas em LE GOFF, J. *La Civilisation de l'Occident medieval*. Paris: [s.e.], 1964, il. 117-118. Cf. supra, o artigo "Note sur société tripartie, idéologie monarchique et renouveau économique dans la Chrétienté du IXe au XIIe siècle", p. 80. Sobre a tradição dos sonhos reais nas sociedades orientais, cf. *Les songes et leur interprétation*. II. Paris: [s.e.]. Index, s.v. "Roi". Os sonhos de Carlos Magno devem também, é claro, ser analisados como os sonhos reais. Há uma publicação em português do livro de J. Le Goff: *A civilização do Ocidente medieval*. Lisboa: Estampa, 1983 [Trad. de M. Ruas].

aliás, estruturado pelo esquema dumeziliano da sociedade tripartida, forneceu um ponto de partida.

Em toda esta preparação de uma abordagem psicanalítica não deixamos de tentar definir como a elaboração literária das narrativas de sonho duplicava de alguma maneira e aumentava a deformação do conteúdo manifesto em relação ao conteúdo latente do sonho. A propósito disso, a literatura medieval, por sua obediência frequentemente rígida às leis de gêneros bem fixados, ao peso de autoridades constrangedoras, à pressão dos lugares comuns, de imagens e de símbolos obsedantes, se esta literatura empobrece o conteúdo manifesto dos sonhos, oferece, por outro lado, os melhores resultados a quem procura atingir o conteúdo latente. Enfim, pareceu que era talvez revelador de uma cultura considerá-la a partir das suas obsessões e trazendo à luz as censuras que se exercem sobre ela no plano do refluxo individual e coletivo.

Seguimos uma dupla linha de investigação: uma segundo a natureza dos documentos, a outra no fio da cronologia.

Ficamos, por um momento, limitados aos textos, reservando para depois uma abordagem menos familiar, aquela da iconografia e da arte, cuja riqueza e revelações decisivas podemos adivinhar.

Entre os textos, distinguimos aqueles que, sendo teóricos, propõem quadros de interpretação – tipologia dos sonhos, chaves dos sonhos – e também os exemplos concretos de relatos de sonhos.

Do ponto de vista diacrônico, ficamos limitados até aqui a sondar dois aspectos cronológicos: a fase de instalação da cultura e da mentalidade medievais, do final do século IV ao início do século VII; a grande subversão do século XII, quando se manifesta também, no seio da permanência de estruturas profundas e resistentes, uma *take off* (caricatura) cultural e mental.

Para o primeiro período, analisamos de perto, no grupo dos textos teóricos, a tipologia dos sonhos de Macróbio[6], de Gregório o Grande[7] e de Isidoro de Sevilha[8], nas categorias das narrativas de sonhos, o sonho de São Jerônimo[9], os sonhos de São Martinho na *Vita Martini* de Sulpício Severo[10], dois sonhos extraídos das compilações hagiográficas de Gregório de Tours[11].

Em relação ao século XII, estudamos, na primeira série, a tipologia dos sonhos de John de Salisbury[12], a análise das motivações dos sonhos de Hildegard de Bingen[13], a classificação do *Pseudo-Au-*

---

6. MACRÓBIO. *Commentarium in Somnium Scipionis*, I, 3. Vol. II. Leipzig: [s.e.], 1963 [Org. por J. Willis]. Cf. STAHL, W.H. *Macrobius* – Commentary on the Dream os Scipio, 1952. Cf. tb. P. Courcelle, autor de importantes trabalhos sobre Macróbio, mais particularmente "La postérité chétienne du Songe de Scipion". *Revue des Études Latines*, 36, 1958, p. 205-234.

7. GRÉGOIRE LE GRAND. *Moralia*, Job, I, VIII [*PL*, 827-828]. • *Dialogi*, IV, 48 [*PL*, 77, 409].

8. ISIDORO DE SEVILHA. *Sententiae*, III, cap. VI: "De tentamentis somniorum" [*PL*, 83, 668-671]. • *Appendix IX* – Sententiarum líber IV, cap. XIII: "Quae sint genera somnibrum" [ibid., 1163].

9. SAINT JÉRÔME. *Ep.*, 22, 30 [ad Eustochium]. *C.S.E.L.*, 54, 1910, p. 189-191 [Org. por Hilberg]. • LABOURT. Coll. "Budé", t. I, 1949, p. 144-146.

10. SULPÍCIO SEVERO. *Vie de Saint Martin*, 3, 3-5, 5,3, 7,6, ep. 2, 1-6. • Index, s. v. "Rêves" da edição, com um comentário admirável de J. Fontaine, 3 vols. Paris, 1967-1969 (Col. "Sources chrétiennes, n. 133-134-135).

11. GREGÓRIO DE TOURS. *De miraculis sancti Juliani*, c. IX: De Fedamia paralytica. • GREGÓRIO DE TOURS. *De virtutibus sancti Matiani*, c. LVI: De muliere quae contractis in palma digitis venit. Observar-se-á que o sonho de Herman de Valenciennes (final do século XII) citado infra é: sob uma forma degradada, um sonho de incubação. Sabemos que um discípulo de Jung estudou a incubação numa perspectiva psicanalítica: MEIER, C.A. *Antike Inkubation und moderne Psychotherapie*, 1949. Também deve-se a ele esta contribuição: "Le rêve et l'incubation dans l'ancienne Grèce". In: *Le rêve et les sociétés humaines*, p. 290-304.

12. JOHN DE SALISBURY. *Polycraticus*, II, 15-16, 1909, p. 88-96 [Org. por Webb]: *De speciebus somniorum, et causis, figuris et significationibus et Generalia quaedam de significationibus, tam somniorum quam aliorum figuralium.*

13. KAISER, P. (org.). *Hildegardis Causae et Curae*. Leipzig: [s.e.], 1903, p. 82-83: "De somniis"; p. 142-143: "De nocturna oppressione et De somniis".

gustinus[14] – textos aos quais acrescentamos uma chave dos sonhos do século XIII em francês arcaico[15]. No segundo grupo, explicamos os sonhos de Carlos Magno, o pesadelo[16] de Henrique I e três sonhos que estão relacionados à Virgem Maria: dois deles tirados da crônica de John de Worcester[17] e o terceiro ao *Roman de Sapience* de Herman de Valenciennes[18].

Quando sublinhamos, para mostrar os seus limites, a possível direção psicanalítica da pesquisa, isto não deve mascarar que esta pesquisa contribui, por outro lado, para a história das ideias, para a história literária, para a história da medicina e das ciências, para a história das mentalidades e da sensibilidade, do folclore. O estudo do sonho contribui assim – e, por exemplo, – com indícios preciosos sobre o lugar do corpo e dos fenômenos aferentes (téc-

---

14. *Liber De Spiritu et Anima (Pseudo-Augustinus)*, c. XXV; *PL*, 40, 798. A dependência do *Pseudo-Augustinus* em relação a Macróbio foi colocada em evidência em DEUBNER, L. *De incubatione*, 1900.

15. WALTER-SUCHIER. *Ci commence la senefiance de songes*: "Altfranzösische Traumbücher". *Zeitschrift für französische Sprache und Literatur*, 67, 1957, p. 154-156. Cf. THORNDIKE, L. *A History of Magic and Experimental Science*. Vol. II. Londres: [s.e.], 1923, c. 50: Ancient and Medieval Dream-Books, p. 290-302.

16. Observe-se que o latim não tem uma palavra para pesadelo (*couchemar*) (Macróbio não tem equivalente latino para o grego ἐπιάλτης, que ele relega para o lado das crenças populares). Este aparece nas línguas vulgares na Idade Média. Cf. o belo estudo de psicanálise histórica de E. Jones: *On the Nightmare*. 2. ed., 1949. A etimologia de *couchemar* (cf. BLOCH, O. & VON WARTBURG, W. *Dictionnaire Étymologique de la Langue Française*. 5. ed. Paris: [s.e.], 1968, p. 114: *calcare: fouler + mare*, em holandês "fantasma noturno") é controvertida. Porém, retenhamos o *couchemar* como uma criação medieval. Para uma interpretação fisiológica do pesadelo, cf. HILDEGARD DE BINGEN. "De nocturna oppressione", citado na nota 12.

17. *The Chronicle of John of Worcester*. Op. cit., MCXXXVII, p. 41-42.

18. O *Roman de Sapience*, de Herman de Valenciennes, é parte inédita do Ms. B.N. fr. 20039, versos 399-466. Devo este texto à amabilidade do Pe. J.R. Smeets, da Universidade de Leyde.

nicas do corpo no sentido dado por Mauss[19], alimentação, fisiologia[20]) na visão medieval, ou ainda uma contribuição, o fenômeno da "tradição", ultrapassando os métodos estreitos da história cultural "tradicional". Podemos enfim calcular, nessa perspectiva, em que limites uma comparação entre a sociedade medieval – as sociedades medievais – e as sociedades ditas "primitivas" pode ser legítima e reveladora[21].

Esta pesquisa valorizou em primeiro lugar a elaboração, característica da cultura e da mentalidade medievais, das heranças antigas. Dos sonhos da ciência onírica da Antiguidade greco-latina, os clérigos da Idade Média retiveram principalmente os textos suscetíveis de uma interpretação que vai no sentido do cristianismo, oferecendo uma presa relativamente fácil – pelo preço de deformações e de absurdos quase sempre inconscientes – aos espíritos dotados de um instrumental mental simplificado. Pitagorismo, estoicismo,

---

19. MAUSS, M. "Les techniques du corps". *Journal de Psychologie*, 1935, p. 271-293, retomado em *Sociologie et anthropologie*. Paris: [s.e.], 1950. • Há uma publicação em português dessa obra: MAUSS, M. *Sociologia e antropologia*, Editora. São Paulo: Cosac & Naify [Trad. de P. Neves; Prefácio e posfácio de G. Gurvitch; Introdução de C. Lévi-Strauss [N.T.].

20. Cf. o número especial "Histoire biologique et société" dos *Annales ESC*, n. 6, nov.-dez./1969.

21. Cf. principalmente as contribuições de DEVEREUX, G. "Rêves pathogènes dans les sociétés non occidentales". *Le rêve et les sociétés humaines*. Op. cit., p. 189-204. • EGGAN, D. "Le rêve chez les Indiens hopis". Ibid., p. 213-256. • HALLOWELL, A.I. "Le rôle des rêves dans la culture ojibwa". Ibid., p. 257-281. Geza Roheim, ele mesmo autor de "Psychoanalysis of Primitive Cultural Types" (*International Journal of Psycho-Analysis*, 13, 1932, p. 1-224), criticou severamente a obra LINCOLN, J.S. *The Dream in Primitive Cultures*. Londres: [s.e.], 1935. Numa compilação muito sugestiva já mencionada, *Le rêve et les sociétés humaines*, G. von Grunebaum definiu de maneira interessante as características das civilizações que ele chama de "medievais" ou "pré-modernas" (p. 8-9), contribuindo assim para situá-los em relação às civilizações "primitivas". Os prestígios de um comparatismo necessário e esclarecedor não devem eclipsar a importância das diferenças.

através de Cícero, se juntam em Macróbio – grande mestre da ciência onírica medieval – as correntes neoplatônicas já amassadas no crisol eclético de Artemidoros[22]. Um texto de Virgílio[23] nos oferece uma noção das visões verdadeiras e das visões falsas[24], capital para o grosseiro maniqueísmo medieval. Esta falência da diversidade e da riqueza oníricas da Antiguidade é acrescida pela desconfiança em relação ao sonho que lega a herança bíblica: prudência do An-

---

22. Sobre Artemidoros cf. BLUM, C. *Studies in the Dream-Book of Artemidorus*, 1936. Cf. tb. um ponto de vista psicanalítico do precioso estudo KURTH, W. "Das Traumbuch des Artemidoros im Lichte der Freudachen Traumlehre". *Psyche*, 4 Jg. 10 H, 1951, p. 488-512.

23. Trata-se da famosa passagem [*Enéide*, VI, 893-898] das duas portas que dão entrada ao sono, a porta de chifre com sombras verdadeiras, a porta de marfim com falsas visões: *Sunt geminae somni portae: quarum altera fertur / cornea, qua veris facilis datur existus umbris, / altera candenti perfecta nitens elephanto, / sed falsa ad caelum mittunt insomnia manes. / His tibi tum natum Anchises unaque Sibyllam / prosequitur dictis portaque emittit eburna.* As "portas do sonho" principalmente deram seu nome ao último livro de G. Roheim: *The Gates of the Dream*, 1953. Sobre este texto, a erudita exegese de E.L. Heighbarger ("The Gates of Dreams: an archaeological examination of Aeneid", VII, 893-899. *The John Hopkins University Studies in Archaeology*, n. 30, 1940) gasta muita engenhosidade e ciência à vã pesquisa de uma localização geográfica do universo onírico virgiliano. Cf. tb. STEINER, H.R. *Der Traum in der Aeneis*. Berna, 1952 [Dissertação de mestrado]. Sobre o sentido de *insomnia* nesse texto, cf. GETTY, R.J. "Insomnia in the Lexica". *The American Journal of Philology*, LIV, 1933, p. 1-28.

24. A Idade Média distingue mal entre sonho e visão. A clivagem essencial para ela passa entre o sono e a vigília. Tudo o que surge a quem está dormindo é do domínio do sonho. Ao pesquisador falta aqui, como frequentemente, um estudo semântico sério. Cf., no entanto, o interessante e perspicaz artigo de F. Schalk: "Somnium und verwandte Wörter im Romanischen", publicado em *Exempla romanischer Wortgeschichte*. Frankfurt-am-Main: [s.e.], 1966, p. 295-337. Para ser verdadeiramente útil, a pesquisa filológica deve ser realizada através de todas as línguas da Cristandade medieval. Sonha-se, para as sociedades medievais, com uma obra comparável à magistral obra de E. Benveniste (*Le vocabulaire des institutions indo-européennes*. 2 vols. Paris: [s.e.], 1969), aliás, preciosa também para medievalista.

tigo Testamento[25], silêncio do Novo Testamento[26]. As práticas oniromantes que vêm, enfim, das tradições pagãs (céltica, germânica etc.)[27] aumentam ainda as reticências e mesmo a fuga em relação aos sonhos que se tornam habituais na Alta Idade Média. O sonho já perturbado em São Jerônimo e Santo Agostinho[28], em Gregório o Grande, e, com nuances, em Isidoro de Sevilha inclinou-se para o lado do diabo... Porém, permanece uma corrente de "bons" sonhos, provenientes de Deus pela nova intermediação dos anjos e principalmente dos santos. O sonho se prende à hagiografia. Ele justifica as etapas essenciais da marcha de Martinho no caminho da santidade. Ele recupera – como testemunha Gregório de Tours – em proveito dos santuários dos santos (São Martinho de Tours,

---

25. Tipologia e lista dos sonhos do Antigo Testamento em EHRLICH, E.L. *Der Traum im Alten testament*, 1953. • VASCHIDÉ, N. & PIÉRON, H. "La valeur du rêve prophétique dans la conception biblique". *Revue des traditions populaires*, XVI, 1901, p. 345-360. – Acham que a reticência do Antigo Testamento em relação aos sonhos vem principalmente da hostilidade entre os profetas judeus e os adivinhos caldeus. Cf. CAQUOT, A. "Les songes et leur interprétation selon Canan et Israël". *Les songes et leur interpretation*. Op. cit., p. 99-124.

26. Lista (breve) dos sonhos do Novo Testamento em WIKENHAUER, A. "Die Traumgeschichte des Neuen Testament in religiongeschichtlicher Sicht". *Pisciculi – Studien zur Religion und Kultur des Altertums*. Münster: [s.e.], 1939, p. 320-333 [Festschrift Franz Joseph Dölger]. Os cinco sonhos do Evangelho (todos em Mateus, dizem respeito à infância de Cristo e de São José), e os quatro dos Atos dos Apóstolos (todos dizem respeito a São Paulo) remetem os primeiros a um modelo oriental, os segundos a um modelo helenístico.

27. Cf., p. ex., ETTLINGER, E. "Precognitive Dreams in Celtic Legend and Folklore". *Transactions of the Folk-lore Society*, LIX, 43, 1948. Sobre a divinização, cf. o excelente conjunto de estudos: CAQUOT, A. & LEBOVICI, M. *La divination* (2 vols. Paris: [s.e.], 1968), da qual a Idade Média ocidental está ainda infelizmente ausente.

28. Sobre os sonhos em Santo Agostinho, devo à amabilidade de J. Fontaine ter podido consultar o excelente estudo de M. Dulaey: *Le rêve dans la vie et la pensée de Saint Augustin* (Paris: 1967 [datilografado]), que utilizou NEWMAN, F.X. *Somnium: Medieval theories of dreaming and the form of vision poetry* (Tese de doutorado inédita da Princeton University, 1963) que não pude consultar.

São Juliano de Brioude) as velhas práticas da incubação[29]. Mas, no conjunto, o sonho é repelido para o inferno das coisas duvidosas, às quais o cristão comum deve cuidadosamente abster-se de ligar à fé. Somente uma nova elite do sonho está à sua altura: os santos. Quer os sonhos lhes venham de Deus (São Martinho) ou de satanás (Santo Antônio – e, nesse caso, a resistência às visões, o heroísmo onírico, torna-se um dos combates de uma santidade que não se conquista pelo martírio), os santos substituem as elites antigas do sonho: os reis (Faraó, Nabucodonosor) e os chefes ou os heróis (Cipião, Eneias).

O século XII pode ser considerado como uma época de reconquista do sonho pela cultura e pela mentalidade medievais. Para resumir, e *grosso modo*, pode-se dizer que o demônio então recua em proveito de Deus e que, sobretudo, amplia-se o campo do sonho "neutro", do *somnium*, mais estritamente ligado à fisiologia do homem. Esta relação entre o sonho e o corpo, esta oscilação da oniromancia para a medicina e a fisiologia, se realizará no século XIII, com Alberto o Grande, depois com Arnaud de Villeneuve[30]. Ao mesmo tempo em que ele se dessacraliza, o sonho se democratiza. Simples clérigos – incluindo os vulgares laicos – são favorecidos com sonhos significativos. Em Hildegard de Bingen o sonho, ao lado do pesadelo, se instaura como fenômeno normal do "homem de *bom* humor".

O sonho estende a sua função ao domínio cultural e político. Ele desempenha um papel na recuperação da cultura antiga: sonhos

---

29. Cf. SAINTYVES, P. *En Marge de la Lègende Dorée*, 1930: incubação nas igrejas cristãs ocidentais na Idade Média, mais especialmente nos santuários da Virgem. Cf. tb. o artigo "Incubation", de H. Leclercq, no *Dictionnaire d'Archéologie Chrétienne et de Liturgie*, VII-I, 1926, col. 511-517.

30. ALBERTO O GRANDE. "De somno et vigília" (*Opera*, t. V. Lyon, 1951, p. 64-109). VILLENEUVE, A. "Expositiones visionum, quae fiunt in somnis, ad utilitatem medicorum non modicam". *Opera omnia*. Basileia: [s.e.], 1585, p. 623-640. Lynn Thorndike (Op. cit., p. 300-302) atribui este tratado a um certo mestre Guilhaume d'Aragon, segundo o Ms. Paris, B.N., lat. 7.486.

da Sibila, premonitórios do cristianismo, sonhos dos grandes intelectuais precursores da religião cristã, Sócrates, Platão, Virgílio. É a força onírica de uma nova história das civilizações e da salvação. Uma literatura política explora também a veia onírica – mesmo que o sonho esteja nela reduzido ao emprego de um procedimento literário. O sonho de Henrique I marca uma etapa na via que conduz ao *Songe du verger* (Sonho do vergel).

É que – mesmo depreciado ao estado acessório – o sonho continua a desempenhar o seu papel de descarga, de instrumento próprio para superar as censuras e as inibições. O sonho de Herman de Valenciennes manifesta brilhantemente, no final do século XII, a sua eficácia num novo combate da evolução cultural: a substituição do latim pelas línguas vulgares. Somente um sonho autêntico – e, sinal dos tempos, Marial (referente à Virgem Maria) – pode legitimar esta ousadia traumatizante: contar a Bíblia em linguagem vulgar[31]. Num John de Salisbury, enfim, o sonho toma lugar numa verdadeira semiologia do saber[32].

---

31. *Garde la moie mort n'i soit pas oubliee, / De latin en romanz soit toute transpose* (*Roman de Sapience*. Ms. Paris, B.N., fr. 20.039, versos 457-458).

32. JOHN OF SALISBURY. *Policraticus*, II, 15-16. Op. cit. Aproximar-nos-emos da concepção mais escolástica e estreita, mas vizinha, do Ms. Bamberg Q VI 30, da primeira metade do século XII, citado por M. Grabmann (*Geschichte der scholastischen Methode*, 1911 [reedição 1957, p. 39]), que faz do sonho um dos três meios de a alma conhecer o *occulta Dei*.

16

Melusina maternal e decifradora

J. Le Goff e Le Roy Ladurie, independentemente um do outro, encontraram Melusina nos textos que explicaram nos seus seminários respectivos da VIᵉ section de l'École Pratique des Hautes Études. Em seguida, eles confrontaram os seus textos e as suas ideias. Daí resultou este estudo comum, do qual J. Le Goff é responsável pela parte medieval* e E. Le Roy Ladurie pela parte moderna.

> A criação popular não fornece todas as formas matematicamente possíveis. Hoje não há mais criações novas. Mas é certo que houve épocas excepcionalmente fecundas, criadoras. Aarne acha que na Europa este foi o caso na Idade Média. Quando imaginamos que os séculos em que a vida do conto popular foi a mais intensa foram sem retorno perdidos para a ciência, compreendemos que a ausência atual desta ou daquela forma não basta para colocar em causa a teoria geral. Assim como, na base das leis gerais da astronomia, supomos a existência de estrelas que não vemos, também podemos supor a existência de contos que não foram recolhidos (PROPP, V. *Morphologie du conte*. Paris: Gallimard, 1970, p. 189-190).

No capítulo IX da quarta parte do *De nugis curialium*, escrito entre 1181 e 1193 por um clérigo que vivia na corte real da Ingla-

---

* A única reproduzida aqui. Encontraremos uma bibliografia comum nos *Annales ESC*, 1971.

terra, Gautier Map, conta-se a história do casamento de um jovem homem, visivelmente um jovem senhor, "Henno dos Dentes Grandes" (*Henno Cum Dentibus*), "assim chamado por causa do tamanho dos dentes", com uma estranha criatura[1]. Um dia, ao meio-dia, numa floresta próxima da costa da Normandia, Henno encontra uma jovem mulher, muito bela e vestida com roupas da realeza, que chorava. Ela lhe confidencia que escapou do naufrágio de um navio que a conduzia para o rei da França, com quem deveria casar. Henno se apaixona pela bela desconhecida, casa-se com ela e esta lhe dá uma muito bela prole: *"pulcherrimam prolem"*. Mas a mãe de Henno observa que a jovem mulher, que finge ser piedosa, evita o início e o fim das missas, não asperge água-benta e foge da Comunhão. Intrigada, ela fura um buraco no muro do quarto da sua nora e a surpreende, antes de se banhar, sob a forma de um dragão (*draco*), e readquirir sua forma humana, depois de ter cortado com seus dentes, em pedacinhos, um manto novo. Avisado por sua mãe, Henno, com a ajuda de um padre, asperge água-benta na sua mulher que, acompanhada de sua criada, foge pelo teto e desaparece nos ares, soltando um grande uivo. De Henno e da sua mulher-dragão conserva-se ainda, na época de Gautier Map, uma numerosa descendência *"multa progenies"*.

A criatura não é nomeada e a época da história não é precisa; mas *Henno dos dentes grandes* é talvez o mesmo *Henno* (sem qualificativos) colocado em cena numa outra passagem do *De nugis curialium* (capítulo XV da parte IV) e que está situado entre personagens e acontecimentos meio-históricos, meio-lendários, que podemos datar de meados do século IX.

Alguns críticos aproximaram a história de *Henno dentes grandes* da história da *Dama do Castelo de Esperver*, contada nas *Otia Impe-*

---

1. MAP, W. *De nugis curialium*. Oxford: [s.e.], 1914 [Org. por M.R. James].

rialia (parte III, capítulo LVII), compostos entre 1209 e 1214 por um antigo protegido também de Henrique II da Inglaterra, passando depois para o serviço dos reis da Sicília, depois do Imperador Otton IV de Brunswick, de quem ele era, no momento da redação das *Otia Imperialia*, o marechal do reino de Arles². É nesse reino, na Diocese de Valence (Franca, Drôme) que se encontra o Castelo de Esperver. A dama de Esperver chegava também atrasada à missa e não podia assistir à consagração da Hóstia. Como seu marido e os criados, um dia, a tinham retido à força na Igreja, no momento das palavras de consagração, ela voou destruindo uma parte da capela e desapareceu para sempre. Uma torre em ruínas situada perto da capela era ainda, na época de Gervásio, um testemunho desse fato estanho que não é também datado³.

Mas se há entre essa história e a história da mulher de *Henno dos dentes grandes* uma evidente semelhança, se, ainda que não seja designada como dragão, a dama de Esperver é também um espírito diabólico banido pelos ritos cristãos (água-benta, Hóstia consagrada), então, o texto de Gervásio de Tilbury é particularmente pobre em relação àquele de Gautier Map. Raramente se imaginou, ao contrário, aproximar a história de *Henno dos dentes grandes* da história,

---

2. Única edição completa (mas muito imperfeita) em LEIBNIZ, G.W. *Scriptores rerum Brunsvicensium*, I. Hanover: [s.e.], 1707, p. 881-1.004. • *Emendationes et supplementa*, II. Hanover: [s.e.], 1709, p. 751, 784. F. Liebrecht editou, com interessantes comentários folclóricos, passagens "maravilhosas" das *Otia Imperialia* com o subtítulo *Ein Beitrag zur deutschen Mythologie und Sagenforschung* (Hanover: [s.e.], 1856). J.R. Caldwell preparava uma edição crítica das *Otia Imperialia* [cf. artigos em *Scriptorium*, 11, 1957; 16, 1962] e *Mediaeval Studies*, 24, 1062]. Sobre Gervásio de Tilbury: BOUSQUET, R. "Gervais de Tilbury". *Revue Historique*, 191, 1941, p. 1-22. • RICHARDSON, H.G. "Gervase of Tilbury". *History*, 46, 1961, p. 102-114.

3. Este episódio (LIEBRECHT, F. (org.). *Otia Imperialia*, III, p. 28] foi retomado por Jean d'Arras e transportado para o Oriente. É no Castelo de Esperver, na Grande Armênia, que uma das irmãs de Melusina, Melior, foi exilada por sua mãe Presina [Org. por L. Stouff, p. 13].

também contada por Gervásio de Tilbury, de *Raymond* (ou Roger) do Castelo Rousset[4].

Não longe de Aix-en-Provence, o senhor do castelo de Rousset, no Vale de Trets, encontra perto do Rio Arc uma bela dama magnificamente vestida, que o chama pelo nome e que aceita finalmente casar com ele, com a condição de que ele jamais procuraria vê-la nua, caso no qual ele perderia toda a prosperidade material que ela traria para ele. Raymond promete e o casal conhece a felicidade: riqueza, força e saúde, muitos e belos filhos. Mas, um dia, o imprudente Raymond afasta a cortina atrás da qual sua mulher toma banho no seu quarto. A bela esposa, então, se transforma numa serpente e desaparece na água do banho para sempre. Somente as amas de leite a ouvem de noite, quando ela volta, invisível, para ver os seus pequenos filhos.

Aqui também a mulher-serpente não tem nome e a história não é datada; mas o cavaleiro Raymond, embora tendo perdido a maior parte da sua prosperidade e de sua felicidade, teve, de sua efêmera esposa, uma filha (Gervásio não fala de outros filhos), muito bela também, que casou com um nobre provençal e cuja descendência vive ainda na época de Gervásio.

Assim como há duas mulheres-serpente (a serpente aquática e a serpente alada) nas *Otia Imperialia*, há também duas no *De nugis curialium*, pois, ao lado de *Henno dos dentes grandes*, surge *Edric o selvagem* ("*Edric o selvagem quer dizer que vive no bosque, assim chamado por causa da sua agilidade física e dos seus dotes de palavra e ação*"), senhor de Ledbury Norte, cuja história é narrada no capítulo XII

---

4. Este episódio (LIEBRECHT, F. (org.). *Otia Imperialia*, I, 15, p. 4) se aproxima da história de Melusina, mas não, em geral, da história de Henno, ainda que o conjunto constitua uma totalidade. Alguns manuscritos de Jean d'Arras chamam o *Raymond das Otia Imperialia*, de Roger (p. 4). Trata-se de uma contaminação Rocher-Roger ou de uma outra tradição? Cf. a tese de Mme Duchesne assinalada infra, nota 11. Notemos, em todo caso, que Raymond é já mencionado, quando Melusina não o era ainda.

da segunda parte[5]. Numa tarde, depois da caçada. Edric se perde na floresta. Em plena noite, ele chega à frente de uma grande casa[6] onde dançam nobres damas, muito belas e esbeltas. Uma delas lhe inspira uma tão ardente paixão que ele a arrebata imediatamente e passa com ela três dias e três noites de amor. No quarto dia, ela lhe promete saúde, felicidade e prosperidade, mas somente se ele não a questionar sobre as suas irmãs nem a respeito do lugar e do bosque onde ocorreu o rapto. Ele promete e se casa com ela. Mas, muitos anos depois, numa noite, ele se irrita por não encontrá-la depois da caçada. Quando ela enfim chegou, ele perguntou a ela furioso: "Por que as tuas irmãs te fizeram demorar tanto tempo?" E, então, ela desapareceu. E ele morreu de dor. Mas eles deixam um filho, de uma grande inteligência, que é logo atingido pela paralisia e pelo tremor da cabeça e do corpo. Uma peregrinação às relíquias de São Ethelbert e Hareford o cura. Ele deixa para o santo a sua terra de Ledbury e uma renda anual de trinta libras.

Nesta mesma época – por volta de 1200 – em que escreviam Map e Gervásio de Tilbury, o cisterciense Hélinand de Froimont conta a história do casamento de um nobre com uma mulher-serpente, relato que se perdeu, mas que foi recuperado num seco resumo, mais ou menos um século mais trade, pelo dominicano Vincent de Beauvais no seu *Speculum naturale* (2, 127). "Na Província de Langres[7], um nobre encontrou, na mais espessa das florestas, uma

---

5. Gautier conta duas vezes a história de Edric. A segunda versão, mais curta, e que não fala de Edric, segue imediatamente a história de Henno (JAMES, M.R. (org.). *De nugis curialium*, IV, p. 176).

6. "*Ad domum in hora nemoris magnam delatus est, quales Anglici in singulis singulas habebant dioecesibus bibitorias ghildhus Anglice dictas...*" (JAMES, M.W. (org.). *De Nugis curialium*, 11, 12, p. 75). Parece-me que este texto curioso escapou aos historiadores das guildas.

7. L. Stouff comparou este texto ao de Jean d'Arras (p. 79), em que a cidade de Saintes é chamada de Linges. E. Renardet (*Légendes, Contes et Traditions du Pays Lingon*. Paris: [s.e.], 1970, p. 260) evoca Melusina sem dar a ela uma versão propriamente lingona. Ocorre também com Marcelle Richard em *Mythologie du Pape*

bela mulher vestida com preciosas roupas, por quem ele logo se apaixonou e com quem se casou. Ela gostava muito de tomar banho e foi vista um dia por uma criada, quando ondulava na forma de uma serpente. Acusada por seu marido e surpreendida no banho, ela desapareceu para sempre, mas a sua descendência ainda vive"[8].

Depois, a literatura erudita sobre Melusina dá um salto de cerca de dois séculos e produz duas obras: uma versão em prosa – composta pelo escritor Jean d'Arras para o duque Jean de Berry e sua irmã Marie, duquesa de Bar, de 1387 a 1394 – e cujo título nos mais antigos manuscritos é: *A nobre história de Lusignan*, ou *O romance de Melusina em prosa*, ou *O livro de Melusina em prosa*; outra versão em versos, concluída pelo livreiro parisiense Couldrette, entre 1401 e 1405, e chamada de *O romance de Lusignan ou de Parthenay*, ou ainda *Melusina*.

Estas duas obras apresentam três características essenciais para o nosso propósito. Elas são muito mais longas do que as anteriores e a historieta se tornou romance, a mulher-serpente se chama Melusina (ou, mais exatamente, Meluzine, em Jean d'Arras, com as variantes Mesluzine, Messurine, Meslusigne; Mellusine ou Mellu-

---

de Langres (Paris: [s.e.], 1970), onde, a propósito de Melusina (p. 88ss.), sem lançar mão de elementos locais precisos, ela faz interessantes observações sobre as transformações serpente-dragão, os cenários ctônicos e aquáticos e a ambivalência do dragão-serpente que pode não ser maléfico, mas simbolizar, de acordo com os termos de P.M. Duval, "a fecundidade reprodutora e a prosperidade terrena". Apresentamos uma interpretação idêntica em: "Culture ecclésiastique et culture folklorique au Moyen Age: Saint Marcel de Paris et le dragon". *Ricerche storiche ed economiche in memoria di Corrado Barbagallo*, t. II, p. 53-90, 1970. Nápoles, 1970; aqui p. 301-356.

8. "*In Lingonensi provincia quidam nobilis in sylvarum abditis reperit mulierem speciosam preciosis vestibus amictam, quam adamavit et dixit. Illa plurimum balneis delectabatur in quibus visa est aliquando a quadam puella in serpentis se specie volutare. Incusata viro et deprehensa in balneo, nunquam deinceps in comparitura disparuit et adhuc dura tejus projenies*" (BEAUVAIS, V. *Speculum naturale*, II, 127, apud HOFFRICHTER, L. p. 67).

signe, em Couldrette) e a família do seu marido é a família dos Lusignan, nobres importantes de Poitou, cujo ramo mais antigo se extinguiu em 1308 (passando os seus domínios para o domínio real, depois para o apanágio de Berry) e cujo ramo mais jovem carregou o título imperial de Jerusalém a partir de 1186 e o título real de Chipre a partir de 1192.

Os relatos de Jean d'Arras e de Couldrette são muito próximos um do outro e idênticos, no essencial daquilo que concerne a Melusina. Importa-nos pouco saber se, como o pensou a maioria dos comentadores, Couldrette condensou e versificou o romance em prosa de Jean d'Arras ou se, seguindo a opinião de Léo Hoffrichter, os dois textos procedem mais provavelmente de um mesmo modelo perdido, um relato francês em verso de mais ou menos 1375. Em alguns pontos, o poema de Couldrette conservou os elementos deixados de lado por Jean d'Arras ou incompreendidos por ele, tais como as maldições agrárias pronunciadas por Melusina no momento do seu desaparecimento.

Eis aqui, segundo Jean d'Arras, o essencial, como pensamos que é, do *Romance de Melusina*, no final do século XIV.

O rei da Albânia (= Escócia), Elinas, encontra, durante a caçada na floresta, uma mulher admiravelmente bela e que canta com uma voz maravilhosa, Presina. Ele lhe faz uma declaração de amor e propõe casar com ela. Ela aceita com a condição de que, caso eles tenham filhos, ele não assistiria aos partos. O filho de um primeiro casamento de Elinas o incita maliciosamente a ir ver Presina que acaba de pôr no mundo três filhas: Melusina, Melior e Palestina. Presina, então, desaparece com as suas três filhas e se retira com elas para Avalon, a Ilha Perdida. Quando as filhas fazem quinze anos, elas tomam conhecimento da história da traição de seu pai e, para puni-lo, o prendem numa montanha. Presina, que continua a gostar de Elinas, furiosa, castiga as filhas. Melior é presa no Castelo do Épervier, na Armênia; Palestina é sequestrada no Monte Canigou; Melusina, a mais velha e a mais culpada, se transforma em serpente todos os sábados. Se um homem casar com ela, ela se tornará mortal (e morrerá naturalmente, escapando assim ao castigo eterno), mas retornará a seu tormento se o seu marido a vir sob a forma que ela toma aos sábados.

Raimondin, filho do conde de Ferez e sobrinho do conde de Poitiers, mata inadvertidamente o seu tio na caçada do javali. Na Fonte (Fonte de Sede ou Fonte Fada), Raimondin encontra três mulheres muito belas, entre as quais Melusina, que o consola e promete fazer dele um senhor muito poderoso, se ele consentir em casar com ela, o que ele aceita. Mas ela faz que ele jure jamais procurar vê-la no sábado.

A prosperidade cumula o casal. Melusina é o artífice mais ativo desta prosperidade, desbravando terras e construindo cidades e castelos fortes, a começar pelo Castelo de Lusignan. Eles tiveram também muitos filhos, dez filhos e vários deles se tornaram reis pelo casamento, como Urian, rei de Chipre, Guion, rei da Armênia, Renaud, rei da Boêmia. Mas cada um deles tinha um defeito físico no rosto, como o sexto filho, Geoffroy do Dente Grande.

Jean d'Arras se espraia sobre as proezas destes filhos, principalmente sobre os seus combates contra os Sarracenos. No entanto, numa estadia que fez em La Rochelle, Raimondin recebe a visita de seu irmão, o conde de Forez, que lhe conta os rumores que correm a respeito de Melusina. No sábado, ela se retira, seja porque passa este dia com um amante, seja porque ela é uma fada e cumpre nesse dia a sua penitência. Raimondin, "tomado pela raiva e pelo ciúme", faz um buraco na porta da caverna onde Melusina toma banho e a vê sob a forma de uma *sereia*. Mas ele não diz isso a ninguém e Melusina finge nada saber, como se nada tivesse acontecido.

As proezas dos filhos não são sempre louváveis. Geoffroy incendeia o mosteiro (e os monges) de Maillezais. Raimondin se lança contra ele e Melusina tenta chamá-lo à razão. Mas, acometido pela cólera, o seu marido lhe diz: "Ah, muito falsa serpente, por Deus, tu e teus grandes feitos são somente fantasmas e nenhum dos herdeiros que tiveste obterá a sua salvação". Melusina, então, voa pela janela sob a forma de uma serpente alada. Ela retorna à noite (mas somente a veem as amas de leite) a Lusignan para se ocupar com seus filhos mais novos, Remonet e Thierry, assinalando a sua presença com um lúgubre lamento, lamento que são "os gritos da fada". Raimondin, desesperado, se retira como eremita para Montserrat. Geoffroy vai a Roma se confessar com o papa e reconstrói Maillezais[9].

Quando juntamos ao *dossier* o texto a respeito de Edric o Selvagem (em Gautier Map) e o *dossier* a respeito da dama de Esperver (em Gervásio de Tilbury), isto se explica porque eles representam ligações evidentes com as histórias de *Henno dos dentes grandes* e de *Raymond do Castelo-Rousset*. Mas a mulher-fada que aí aparece difere de Melusina, pois ela não se apresenta como serpente[10].

Nosso *dossier* essencial se reduz, portanto, aos três textos dos anos próximos a 1200: Gautier Map, Gervásio de Tilbury e Hélinand de Froimont (através de Vincent de Beauvais), e aos dois romances, datados por volta de 1400: o romance em prosa de Jean d'Arras e o romance em verso de Couldrette.

Que leitura – e que início de leitura – o historiador pode aí fazer?

---

9. Uma aproximação até agora não assinalada, parece-me, confirma as ligações entre todas estas histórias. O filho de Edric, Arnold, quando quer recuperar a saúde, é convidado a fazer uma peregrinação a Roma para rogar sua cura aos apóstolos Pedro e Paulo. Indignado, ele responde que irá primeiro a Hereford implorar a São Ethelbert, rei e mártir, de quem é "paroquiano" (JAMES, M.W. (org.) *De Nugis curialium*, p. 77).

10. Gautier Map, Gervásio de Tilbury e Jean d'Arras, ao lado de Melusina, e na mesma "categoria" que ela, outras fadas (demônios súcubos), não serpentes. O cristianismo aqui subverteu a tipologia. Assinalando isso, nos limitaremos ao *dossier* "estrito". Cf. a fada de Argouges assinalada por E. Le Roy Ladurie na sua nota bibliográfica. Observamos, aliás, as ressonâncias e as transferências episódicas. De Henno dos dentes grandes a Geoffroy do dente grande, o castelo do Espervier no Delfinado e aquele do Espervier na Armênia etc.

Hipóteses e problemas de interpretação

Quais são as "fontes" dos nossos textos? Couldrette invoca dois livros em latim encontrados "na torre de Mabregon" e traduzidos para o francês e uma outra obra que lhe foi fornecida pelo "conde de Salz e de Berry" (o conde de Salisbury também citado como informador por Jean d'Arras). Quer se trate da realidade ou de uma astúcia do autor, quer a verdadeira fonte de Couldrette tenha sido o romance de Jean d'Arras ou um texto anterior, permanece, porém, o fato de que o livreiro Couldrette conheceu Melusina, por seus autores, pelo canal da literatura erudita.

Jean d'Arras menciona também fontes livrescas, "as verdadeiras crônicas", que lhe foram fornecidas tanto pelo duque de Berry quanto pelo conde de Salisbury, e "muitos livros que foram encontrados". Ele cita principalmente Gervásio de Tilbury (Gervaise)[11]. Mas acrescenta que enriqueceu as verdadeiras crônicas com aquilo que "ouviu dizer e contar aos nossos avós" e com aquilo que "ouviu dizer que viram no país de Poitou e em outros lugares". Portanto, tradições orais, por intermédio de pessoas velhas; o valor de Jean d'Arras para nossa pesquisa reside nisso. Apesar do talento literário do autor, uma atenção à cultura oral que o impede de deturpar muito estas tradições lhe faz recolher e reter elementos incompreendidos ou deixados de lado pelos clérigos do final do século XII e reencontrar o sentido, anteriormente obliterado, do maravilhoso[12].

---

11. Jean d'Arras devia conhecer as *Otia Imperialia* pela tradução que fez, no século XII, Jean du Vignay, tradutor, aliás, do *Speculum naturale* de Vincent de Beauvais. Foi a biblioteca de Jean de Berry que colocou à disposição de Jean d'Arras estas "fontes". Mlle A. Duchesne consagrou uma tese da École des Chartes (1971) às traduções francesas medievais das *Otia Imperialia*.

12. O estudo da cultura popular ou de fenômenos ou obras impregnadas de cultura popular coloca o historiador em contato com um "tempo histórico" que o desconcerta. Ritmos lentos, *flash-backs*, perdas e ressurgimentos se harmonizam mal com o tempo unilinear no qual se está mais acostumado a discernir, aqui e ali, as "acelerações" ou as "demoras". Uma razão a mais para ficarmos felizes com a ampliação do campo da história ao folclore, o que põe em evidência este tempo insuficiente.

A boa caça para o folclorista é a *Melusina* de Jean d'Arras, que Louis Stouff não pôde, há quarenta anos, senão desajeitadamente, embora utilmente, decifrar, segundo os métodos da história literária tradicional.

Interessado pelo folclore, Jean d'Arras o é também de uma outra forma, indiretamente: utilizando o material tradicional já recolhido e em parte integrado à cultura erudita pelos clérigos do ano de 1200.

De Hélinand de Froimont não poderemos dizer grande coisa, através do breve resumo de Vincent de Beauvais. Mas sabemos que o cisterciense se interessava pelo maravilhoso, mais ou menos folclórico. Ele faz parte do pequeno grupo de clérigos que, sempre em torno do ano de 1200, se comprazia com as *mirabilia* que se referem a Nápoles e a Virgílio, o mágico[13]. Mesmo que, como se sugeriu[14], não seja à província de Langres a qual ele tenha feito alusão, mas ao país de Linges, que seria a Saintonge, portanto, *grosso modo*, a região de Lusignan, se testemunha a presença de Melusina (Melusina somente e nada mais), em torno do ano de 1200 no Oeste, tanto na Normandia quanto em Provença.

Gautier Map vasculhou bastante nas bibliotecas às quais ele teve acesso. Mas, ao lado dos Padres da Igreja e dos clássicos latinos, as narrativas extraídas da tradição oral são numerosas. O editor do *De Nugis curialium* fala de *"the unidentified romances and sagas from which many of his longer stories are supposed to be derived"*[15] (os romances e as sagas não identificados a partir dos quais se supõe que muitas das suas histórias mais longas derivaram). Map invoca frequentemente as *fabulae* de onde ele tira a sua informação. Se ele

---

13. Sobre os *mirabilia* napolitanos e virgilianos, cf. COMPARETTI, D. *Vergilio nel Medio Evo*. 2. ed., 1896 [Trad. inglesa reeditada em 1966]. • SPARGO, J.W. *Vergil the Necromancer*. Cambridge, Mass.: [S.E.], 1934.

14. Cf. acima, nota 7.

15. JAMES, M.R. Prefácio à edição do *De Nugis curialium* de Walter (Gautier).

não indica as fontes para a história de *Henno dos dentes grandes*, para a história de *Edric o selvagem* ele se refere aos Gauleses, "Wallenses", aqueles que ele chama, aliás, de "*compatriote nostri Wallenses*". Importância, portanto, da tradição oral, quando não popular[16].

As coisas são mais precisas com Gervásio de Tilbury. Pois o Inglês, ao lado de uma sólida bagagem livresca, ao longo da sua carreira, da Inglaterra a Bolonha, e de Nápoles a Arles, recolheu uma ampla coleção de tradições orais. No início do capítulo onde ele se refere à história de Raymond do Castelo Rousset, indica a sua fonte: "*as pessoas do povo que contam*"[17].

A Melusina medieval que, como se verá, tem pais (ou mesmo ancestrais) nas sociedades antigas, mas que, sendo uma criatura, uma criação da Idade Média, tem, portanto, fortes possibilidades, ainda que tenha sido contaminada pelas leituras dos escritores que a puseram em cena, deve ser procurada pelo lado do folclore. Melusina – e mais particularmente a Melusina dos nossos textos – se encontra, de fato e facilmente, nas obras que se referem ao folclore e mais particularmente ao conto popular[18].

A. van Gennep consagra dezessete números a Melusina na bibliografia do seu *Manuel de folklore français contemporain*[19]; mas,

---

16. Map, p. XXII.

17. LIEBRECHT, F. (org.). *Otia Imperialia*, p. 4.

18. Lembremos que uma importante revista francesa de folclore, fundada por Henri Gaidoz e Eugène Rolland, que compreendia 11 volumes, publicados irregularmente de 1877 a 1912, chamava-se *Mélusine* (Compilação de mitologia, literatura popular, tradições e costumes).

19. VAN GENNEP, A. *Manuel de folklore français contemporain*, t. IV, 1938, p. 651-652. Van Gennep faz preceder os títulos com esta nota: "As origens deste tema folclórico bem característico não são conhecidas; Jean d'Arras certamente tirou das realidades populares; apesar da sua literarização, o tema permaneceu popular em algumas regiões, como se pode ver na monografia de Léo Desaivre, à qual acrescento complementos folclóricos classificados por ordem cronológica, sem levar em conta os trabalhos dos medievalistas, que saem do âmbito atribuído a este *Manual*".

sempre que cita Jean d'Arras, ele se detém explicitamente no limiar da Idade Média.

Stith Thompson, no seu *Motif-Index of Folklore*, permite encontrar Melusina sob várias rubricas. Primeiramente, sob o ângulo do *tabu* (C. 30, *Tabu*: "*offending supernatural relative*" (parente sobrenatural ofensivo), e mais especialmente C. 31,1.2, *Tabu*: "*looking at supernatural wife on certain occasion*" (olhando para a esposa sobrenatural em alguma ocasião)). Depois, a propósito dos *animais*, e, particularmente, dos homens (ou mulheres) serpentes (B. 29.1, *Lamia*: "*Face of woman, body of serpent*" (Rosto de mulher, corpo de serpente), com referência a F. 562.1, *Serpent damsel*, B. 29.2, *Echidna*: "*Half woman, half serpent*" (Metade mulher, metade serpente), e B. 29.2.1: "*Serpent with human head*" (Serpente com cabeça humana), homens (ou mulheres)-peixes (B. 812: "Mermaid marries man" (A sereia casa com o homem)). Em seguida, no capítulo das criaturas maravilhosas (*Marvels*, F. 302.2: "*Man marries fairy and takes her to his home*" (O homem casa com a fada e a leva para sua casa)). Enfim, entre as feiticeiras (G. Ogres (*Witches*), G. 245: "*Witch transforms self into snake when she bathes*" (A feiticeira se transforma numa serpente quando toma banho)). Se introduzirmos nessas categorias as realidades medievais, nos encontraremos diante dos seguintes problemas:

1) Qual é a importância da *transgressão* do tabu? Ela permanece essencial, pois continua sendo o nó da história e, na atmosfera cristã do conto medieval, surge uma nova questão: a infidelidade do marido à sua promessa não é menos culpada, por causa do caráter "diabólico" da mulher? A "cultura" da época desloca o problema.

2) Ainda que nas religiões "pagãs" a divindade possa perfeitamente se encarnar em animais e que a união de um mortal com um animal sobrenatural seja gloriosa, o cristianismo, que fez do homem a imagem encarnada exclusiva de Deus, não torna automaticamente degradante a união de um homem com um

meio-animal? A questão é colocada a propósito de Nabucodonosor e dos lobisomens por Gervásio de Tilbury (*Otia Imperialia*, III, 120).

3) Como, a propósito das mulheres "maravilhosas", se faz a separação entre magia branca e magia negra, fadas e feiticeiras? O cristianismo oferece a Melusina uma possibilidade de salvação ou a condena inevitavelmente?

Na sua classificação dos *Types of Folktale*[20], Antti Aarne e Stith Thompson não dão uma saída para Melusina, mas permitem encontrá-la entre os tipos T. 400-459 = "*Supernatural or enchanted husband (wife) or others relatives*" (marido/mulher) ou outros parentes sobrenaturais ou encantados, mais particularmente entre os números 400-424 (*wife*) e mais ainda no número T. 411: *The king and the lamia (the snake-wife)* (O rei e a lâmia (a mulher-serpente)), que coloca o problema do vocabulário e da grade de referências dos autores da obra: enquanto que a *lamia* remete explicitamente à Bíblia, aos escritores greco-latinos da Antiguidade, para São Jerônimo, Santo Agostinho e os nossos autores medievais (Gervásio de Tilbury, principalmente *Otia Imperialia*, III, LXXXV), a referência dada para o conto é indiana!

O lugar atribuído a Melusina é ainda menor no catálogo de Paul Delarue e de Marie-Louise Tenèze. O T. 411 não é aí ilustrado com exemplos; ao contrário, o T. 449 oferece o caso do "homem que

---

20. AARNE, A. & THOMPSON, S. *The Types of the Folktale* – A Classification and Bibliography. 2. Revisão. Helsinque, 1964 [FFC n. 184]. Diante desse monumento ficamos divididos entre a admiração e o reconhecimento, por um lado, e as dúvidas em face dos princípios de classificação, por outro. Mme Marie-Louise Tenèze expressou, com sua autoridade e sua cortesia, as suas reservas em relação a este outro monumento que é o *Motif-Index of Folk-Literature* de Stith Thompson (6 vols. Copenhague: [s.e.], 1955-1958) (TENÈZE, M.-L. "Introduction à l'étude de la littérature orale: Le conte". *Annales,* ESC, 1969, p. 1.116. • "Du conte merveilleux comme genre". *Approaches de nos traditions orales*. Paris: [s.e.], 1970, p. 40 [Org. por G.P. Maisonneuve et Larose]). Parece-nos que estas reservas podem ser estendidas aos *Types of the Folktale*.

casou com uma mulher-vampiro", e o T. 425 detalha longamente o tipo da "procura do marido desaparecido", que inclui a história de Melusina com a intervenção dos sexos (31. A moça que casa com uma serpente-macho).

Portanto, é legítimo evocar, a propósito das versões medievais de Melusina, alguns problemas fundamentais do estudo do folclore, mais particularmente dos contos populares e, mais especialmente ainda, dos contos maravilhosos[21].

*

E, em primeiro lugar, trata-se na verdade de um *conto*? Não temos antes de lidar com uma *lenda*, no sentido da palavra alemã *Sage*? Pois o francês *"légende"* recobre as duas palavras alemãs *Sage* e *Legende*, estando esta última reservada, na tipologia literária alemã, à *lenda religiosa*, no sentido do latim medieval *legenda*, equivalente de *Vita (alicujus sancti)*[22]. A diferença entre conto e lenda foi bem marcada pelos Irmãos Grimm, autores, como se sabe, de uma célebre compilação de *Märchen* e de uma outra compilação, não menos importante de "Deutsche Sagen": *"o conto é mais poético, a lenda é mais histórica"*. As histórias medievais de Melusina não correspondem exatamente à sua definição: *"A lenda, cujas cores são menos cambiantes, tem também esta particularidade de se prender a algo conhecido e consciente, a um lugar ou a um nome autenticado pela história"*?[23]

Mas, ainda que os Irmãos Grimm considerassem o conto e a lenda como sendo dois gêneros paralelos, não deveríamos ver na lenda

---

21. Remetemos mais especialmente ao admirável estudo de M.-L. Tenèze, citado na nota anterior.

22. Da abundante literatura sobre o problema dos *gêneros* da literatura "popular", contentamo-nos em citar BAUSINGER, H. *Formen der "Volkpoesie"*. Berlim: [s.e.], 1968 e esp. III: 1) *Erzählformen*; 2) *Märchen*; 3) *Sage*; 4) *Legende*, p. 154ss. Os autores alemães dizem Melusinensage.

23. GRIMM, J. & GRIMM, W. "Die deutschen Sagen", prefácio do volume I, org. por Darmstadt, 1956, p. 7, apud BAUSINGER, H. Op. cit., p. 170.

uma metamorfose (possível, mas não necessária) do conto? Quando um conto pertence ao domínio das camadas sociais superiores e da cultura erudita, quando ele passa para novos quadros espaciais e temporais, em que a inserção espacial é mais precisa (tal província, tal cidade, tal castelo, tal floresta) e o enquadramento temporal é mais rápido, quando ele é tragado pela história mais apressada das sociedades e das classes sociais "quentes", ele se torna lenda.

É isto que parece ter acontecido à nossa história. No final do século XII, o conto do homem casado com uma mulher-serpente corre em várias regiões: na Normandia, na Provença, no país de Langres ou em Saintonge. Nas condições nas quais avançaremos depois algumas hipóteses, alguns homens, tais como *Henno dos dentes grandes*, *Raimondin du Château-Rousset*, o nobre de que fala Hélinand de Froimont, ou melhor, os seus descendentes procuram se apropriar do conto e fazer dele uma lenda. Foram os Lusignan que conseguiram isso. Quando, como, por quê? É difícil saber. Os amadores, numerosos e frequentemente sutis, do pequeno jogo enganoso da alfinetada historicista dos mitos, procuraram saber qual Lusignan foi o Raimondin de Jean d'Arras e qual condessa de Lusignan foi Melusina. O único engate provável de um personagem histórico envolvido com a história é o caso de *Geoffroy do dente grande*, o sexto filho de Melusina. Parece mais que ele foi, no século XIV pelo menos, identificado com Geoffroy de Lusignan, Visconde de Châtellerault que, sem queimar a abadia e menos ainda os monges, devastou em 1232 os domínios da abadia de Maillezais (de tal maneira que ele precisou ir, no ano seguinte, a Roma para pedir perdão ao papa), cuja divisa teria sido *"non est Deus"* ("não há Deus") e que morreu sem filhos antes de 1250. Esse Geoffroy, que lembra *Henno dos dentes grandes*, marido (e não filho) da mulher-serpente de Gautier Map, e que, desconhecido de Gervásio de Tilbury, é recuperado por Jean d'Arras parece, porém, ser o herói de uma história diferente da história de Melusina. A todos os títulos, fazer da mãe do Gervásio histórico a Melusina da lenda é um absurdo. Não parece também que se possa determinar em que momento Melusina entra nas armas dos Lusignan[24]. A ligação com os Lusignan de Chipre, sustentada por Heisig, tendo em segundo plano a velha serpente marinha das influências orientais e dos contos indianos, resiste mal ao exame. A história de *Henno dos dentes grandes*, localizada na Normandia, é anterior à história de *Raymond do Castelo-Rousset*, em relação ao qual nenhuma ligação pode ser demonstrada com os Lusignan de Chipre. As datas dificilmente permitem esta via de eventual difusão e o texto de Gervásio de Tilbury evoca a Provença rural e florestal, culturalmente muito distante de Marselha[25].

O mais provável é que o nome de Melusina esteja ligado ao sucesso dos Lusignan. Mas é difícil descobrir se o nome de Melusina conduziu aos Lusignan ou se são os Lusignan que, tendo se apropriado da fada, deram a ela o seu nome, para melhor se ligar a ela. De qualquer maneira, a procura da etimologia nos parece decepcionante. Ela não explica o essencial: Por que esse interesse, a partir do final do século XII, com certos personagens e certos ambientes (cavaleiros, clérigos, "povo"), pelas "Melusinas"?[26]

Tentemos definir aqui os limites do "difusionismo". De onde partiu a lenda de Melusina? A partir do momento em que temos os textos, constatamos a existência, em várias regiões, de formas próximas de uma lenda idêntica, sem que um lugar-comum possa ser descoberto. Em seguida, a casa de Lusignan, depois as casas de Berry e de Bar (segundo Jean d'Arras é Maria, duquesa de Bar, irmã de Jean de Berry, que pediu a seu irmão para colocar por escrito a lenda de Melusina), estão na origem de um movimento de difusão

---

24. Cf. L. Hoffrichter, p. 68.

25. HEISIG, K. "Über den Ursprung der Melusinensage". *Fabula*, 3, 1959, p. 170-181 (p. 178: *Aix liegt etwa 30km nordlich von Marseille; man wird daherkaum fehlgeben, wenn man annimmt, dass Kaufleute aus Marseille die älteste Fassung des Märchens aus Zypern in ihre Heimat mitgebracht haben werden!*)

26. A etimologia de Melusina é abordada por quase todos os estudos. Mais especialmente, GODIN, H. "Mélusine et la philologie". *Revue du Bas-Poitou*. • MARTIN-CIVAT, P. *Le très simple secret de Mélusine*. Poitiers, 1969.

da lenda, em geral ligada aos membros da família dos Lusignan: em Agenais, em Chipre, em Sassenage, no Delfinado, em Luxemburgo. Um veio de difusão pode ser mais particularmente seguido: no começo do *Roman de Mélusine* de Jean d'Arras, que encontramos, desde o início do século XV, na biblioteca dos duques da Borgonha, logo seguido pelo romance em versos de Couldrette. Daí ele penetra, por um lado, em Flandres, por outro, nos países germânicos. Um manuscrito de Bruges data de 1467, mais ou menos. Ele foi impresso em Anvers, numa tradução flamenga, em 1491. Noutra direção, o margrave Rodolfo de Hochberg, homem de confiança de Felipe o Bom e de Carlos o Temerário, o introduz na Suíça. Thuring de Rengeltingen, ouvidor de Berna, traduz a *Mélusine* de Couldrette em 1456, e sua tradução é impressa por volta de 1477 (em Estrasburgo?) e, em 1491, em Heidelberg. Uma outra tradução aparece em Augsburgo em 1474[27]. Uma versão alemã é traduzida para o polonês por M. Siennik em 1569. O sucesso dessa tradução se encontra nas muitas Melusinas da arte erudita e popular, assim como nos folclores poloneses e ucranianos do século XVII[28].

Se olharmos agora não para a descendência das Melusinas medievais, mas para as suas prefigurações e os seus homólogos em outras culturas, o vasto campo do mito se abre para nós. A pesquisa comparativa, inaugurada por Felix Liebrecht[29], o editor da antologia folclórica das *Otia Imperialia*, de Gervásio de Tilbury, produziu, no final do século XIX, três estudos de qualidade: *Der Ursprung der Melusinensage. Eine ethnologische Untersuchung* de J. Kohler (1895), a mais sugestiva e a mais "moderna" quanto à problemática; e a dissertação de Marie Nowack, *Die Melusinensage. Ihr mythischer Hintergrund, ihre Verwandschaft mit anderen Sagenkreisen und ihre Stellung in der deutschen Literatur*, orientada para o estudo das obras literárias

---

27. Cf. L. Hoffrichter e L. Desaivre. Op. cit., p. 257ss.

28. KRZYZANOWSKI, J. (org.). *Slownik Folkloru Polskiego*, s.v. "Meluzyna", p. 226-227.

29. KUHN (org.). *Zeitschrift für vergleichende Sprachforschung*, vol. XVIII, 1869.

alemãs (1886); enfim, o artigo de Jean Karlowicz, *A bela Melusina e a rainha Vanda*, principalmente voltada para as Melusinas eslavas (1977).

A lenda de Melusina aí se aproxima muito: 1) no que diz respeito à Antiguidade europeia, dos mitos gregos de Eros e Psiqué e de Zeus e de Sêmele, da lenda romana de Numa e de Egéria; 2) pelo lado da Índia Antiga, de muitos mitos, dentre os quais o de Urvaçi seria a mais antiga versão ariana; 3) de toda uma série de mitos e de lendas nas diversas culturas, desde os Celtas até os Ameríndios.

Kholer definiu a característica de todos esses mitos da seguinte maneira: "um ser de uma outra natureza se une com um homem e, depois de ter levado uma vida humana comum, desaparece quando se produz um certo acontecimento". A variável é a natureza do acontecimento que provoca o desaparecimento. Muito frequentemente, este acontecimento consiste na revelação da natureza do ser mágico. O principal tipo desta categoria, de acordo com Kholer, seria o "tipo Melusina", no qual o ser mágico desaparece logo que o cônjuge terrestre a viu na sua forma original.

Esta análise, que tinha o grande mérito de comprometer a mitologia na via da análise estrutural, no entanto, não considera devidamente a verdadeira estrutura da lenda (ou do mito). A urdidura do conto (ou da lenda) não é um tema principal, como também não os motivos, mas o é a sua estrutura, aquilo que von Sydow chama de *composição*, que Max Luthi chama de *forma* (*Gestalt*) e que Vladimir Propp chama de *morfologia*[30].

Se tivéssemos competência e vontade para isso, poderíamos, sem dúvida, fazer uma análise estrutural das diferentes versões da lenda de Melusina, segundo os esquemas de Propp. Por exemplo[31]:

---

30. Cf. TENÈZE, M.-L. "Du conte merveilleux comme genre". Op. cit., p. 12-13, 16-17.

31. PROPP, V. *Morphologie du conte*. Paris: Gallimard, 1970, p. 46ss.

I. *Um dos membros da família se distancia da casa* (Propp): o herói vai à caça.

II. *Uma interdição é imposta ao herói* (Propp): Melusina não casa com o herói, senão na condição de que ele respeitará um tabu (parto ou gravidez, nudez, sábado).

III. *A interdição é transgredida*. "... Aparece então, no conto, um novo personagem, que se pode chamar de antagonista; o seu papel é perturbar a paz da família feliz e provocar alguma infelicidade..." (Propp). A sogra em Gautier Map, o cunhado em Jean d'Arras.

IV. *O antagonista tenta obter informações* (Propp). Em Gautier Map é a sogra, mas em geral o curioso é o próprio Raymond etc.

Poderíamos, ao que parece, encontrar também inversões, fenômeno que desempenha um papel essencial no mecanismo da transformação dos contos, de Propp a Claude Lévi-Strauss, virtuoso também nesse domínio. Já J. Kohler falava de "Umkehrung" a propósito de Melusina. E Le Roy Ladurie define-o depois em algumas versões alemãs de Melusina. Na segunda versão do mito de Urvaçi, a mulher mágica (*aspara*) desaparece quando ela vê o homem mortal nu.

Mesmo quando tivéssemos sido capazes de levar mais longe a análise estrutural, teríamos, sem dúvida, tirado conclusões modestas e cheias de bom-senso, mas suscetíveis, precisamente, de mostrar a importância que, para o historiador, têm os métodos de leitura estruturalista da sua documentação e os limites desses métodos.

A primeira conclusão que podemos tirar é que um conto não é suscetível de qualquer transformação e que, nessa luta da estrutura e da conjuntura, a resistência da estrutura conserva por muito tempo como fracassados os assaltos da conjuntura. Mas chega o momento em que o sistema se desfaz, como se ele tivesse sido construído muito antes. *Melusina*, a esse respeito, é medieval e moderna. Mas, tal como percebemos, no momento em que ela aparece por volta de 1200, que ela é a emergência escrita e erudita de um fenômeno popular e oral, cujas origens são difíceis de indicar, sabemos também que esta *Melusina* que, com o romantismo, se desliga da estrutura multissecular, permanece presente num folclore que não chega a morrer[32].

Ocorre que, ao longo de sua longa duração estrutural, as transformações, não mais da estrutura, mas do conteúdo, que o conto tolera apresentam para o historiador uma importância fundamental. E estas transformações não são o simples desenrolar de um mecanismo interno. Elas são as respostas do conto às solicitações da história. Antes de estudarmos o conteúdo de Melusina e de tentarmos extrair dele a sua significação histórica faremos algumas observações ainda sobre a forma. Serão os alicerces para as hipóteses apresentadas depois.

O conto e, particularmente, o conto maravilhoso, ao qual incontestavelmente se liga *Melusina*, gira em torno de um *herói*[33]. Quem é o herói de *Melusina*? Certamente o marido da fada. Mas, ainda que a mulher devesse, na lógica do conto, ser má, lógica reforçada pela ideologia da época que faz dela um demônio (simbolismo cristão da serpente e do dragão), Melusina, embora ela seja tratada como "*pestilentia*" por Gautier Map e como "serpente muito falsa" por Jean d'Arras (por intermédio de Raimundin furioso), é um personagem, quando não simpático, pelo menos *comovente*. Ela aparece no final do conto como a vítima da traição do seu mari-

---

32. Sobre tudo isso, além da obra de Claude Lévi-Strauss (e principalmente a série das *Mythologiques*) e a obra coletiva dirigida por E.F. Leach, cf. *Communications*, número especial: "L'Analyse structurale du récit", n. 8, 1966. • TENÈZE, M.-L. "Du conte merveilleux..." Op. cit., principalmente "... *vers la structure 'logique' du genre*", (p. 20ss.). • Há uma publicação em português dessa obra de Claude Lévi-Strauss: *Mitológicas*, em 4 volumes: I. *O cru e o cozido* (2004); II. *Do mel às cinzas* (2005); III. *As origens das maneiras à mesa* (2006); IV. *O homem nu* (2009). São Paulo: Cosac & Naify [N.T.].

33. Sobre o herói, cf. principalmente TENÈZE, M.-L., p. 15, nota 7.

do. Ela se torna uma pretendente ao lugar de herói. Tal como Marc Soriano revelou em La Fontaine um lobo-vítima e digno de pena, ao lado de um lobo-agressor e detestado, Melusina é uma serpente-vítima e enternecedora. A anotação final que a conduz, na sua invisibilidade noturna e gemente, para perto dos seus jovens filhos, enriquece, no registro psicológico, a apresentação comovedora desta pseudo-heroína. Por que este enternecimento para com uma mulher demoníaca?

Uma das características do conto maravilhoso é o *happy end* (final feliz). Melusina acaba mal. Sem dúvida, trata-se mais de uma lenda, pois o conto maravilhoso tem um princípio de evolução para o poema heroico, cujo acento é frequentemente trágico. Por que este deslizamento para um gênero implica o fracasso e a morte do herói?

Enfim, na "psicologização" do conto (estados de espírito de Raimondin que desempenha um papel essencial em várias passagens da narrativa; paixão, curiosidade ou cólera, tristeza ou desespero; evolução, que acaba de ser sublinhada, do caráter de Melusina), ao mesmo tempo em que na tendência à racionalização coerente da narrativa devemos reconhecer, sem dúvida, a evolução clássica (mas não obrigatória) do mito no conto ou na epopeia, depois para o romance no sentido banal do termo (gênero literário) ou no sentido dado por Dumézil (forma e fase de evolução)[34].

Se abordarmos agora os problemas de interpretação, deveríamos, em primeiro lugar, observar que os autores da Idade Média deram uma explicação muito clara daquilo que era para eles Melusina. Para todos eles ela é um demônio súcubo, uma fada assimilada aos anjos decaídos. Ela é metade-homem, metade-animal e das suas cópulas com um mortal nascem filhos excepcionais, dotados de qualidades físicas (beleza para as moças, força para os homens),

---

34. Sobre esta evolução, cf. VRIES, J. *Betrachtungen zum Märchen besonders in seinen Verhältnis zu Heldensage und Mythos*. Helsinque, 1954 [FFC, n. 154]. Cf. tb. "Les contes populaires". *Diogène*, n. 22, 1958, p. 3-19. Quase todas as obras de G. Dumézil deveriam ser citadas a esse respeito. Lembremos a última obra dele: *Du mythe au Roman – La saga de Hadingus et autres essais*. Paris: [s.e.], 1970.

porém tarados ou infelizes[35]. Alguns explicam também as razões desses casamentos. A serpente, condenada por um pecado cometido a sofrer eternamente no corpo de uma serpente, procura a união com um homem, o único ser suscetível de arrancá-la da sua eternidade infeliz, de permitir a ela morrer de morte natural e de gozar em seguida de outra vida feliz.

Esta compreensão cristã não tem nada de surpreendente, quando imaginamos o enquadramento cristão de toda a vida cultural na Idade Média e o fato de que, no final do século XII, o cristianismo se colocava na via das explicações racionais, embora as suas razões se aplicassem a dados de base completamente irracionais. Notemos de passagem que, se a lenda é também enquadrada numa

---

35. I. *Audivimus demones íncubos e succubos, et concubitus eorum periculosos; heredes autem eorum aut sobolem felici fine beatam in antiquis historiis aut raro aut nunquam legimus, ut Alnoldi qui totam hereditatem suam Christo pro sanitate sua retribuit, et in eius obsequiis residuum vite peregrinus expendit* (Gautier Map, conclusão da história de Edric o Selvagem: JAMES, M.W. (org.). *De Nugis curialium*, 11, 12, p. 771). Há uma mesma explicação, de Gervásio de Tilbury (*Otia Imperialia*, I, 15, antes da história de *Raymond do Castelo-Rousset*), que aproxima o caso das mulheres-serpentes da história dos lobisomens. O mesmo faz Jean d'Arras, que se refere a Gervásio de Tilbury. A originalidade de Jean d'Arras é que ele identifica, insistindo nisso, esses demônios súcubos com as *fadas* (importância no seu espírito e na sua obra das fontes populares) e, por outro lado, observa três tabus: "elas faziam jurar, umas que eles jamais as veriam nuas, outras que aos sábados não indagariam em que teriam elas se tornado, e outras ainda que, se tivessem filhos, os seus maridos jamais veriam o seu parto" (*elles faisoient jurer, les uns qu'ilz ne les verroient jamais nues, les autres que le samedy n'enquerroient qu'elles seroient devenues, aucunes se elles avoient enfants, que leurs maris ne les verroient jamais en leur gésine*) (Org. por L. Stouff, p. 4]. Ao que ele acrescenta, explicitando bem o mecanismo da prosperidade ligada ao pacto: "Enquanto eles cumprissem o pacto, seriam senhores de grande audiência e prosperidade. Mas se eles o descumprissem, perderiam essas coisas e ficariam pouco a pouco privados de toda a sua felicidade" (*Et tant qu'ilz leur tenoient leurs convenances, ils estoient regnans en grant audition et prosperité. Et si tost qu'ilz défailloient ilz les perdoient et decheoient de tout leur bonheur petit a petit*). Já Geoffroy de Monmouth, na *Historia Regum Britanniae*, tinha exposto os amores dos humanos e dos demônios (íncubos e súcubos) a propósito do nascimento de Merlin (aqui o casal é invertido: mortal + demônio íncubo).

explicação cristã (antes ou depois), há poucos elementos cristãos na própria lenda. Se, na história de *Henno dos dentes grandes* e na lenda da dama de Esperver, é seu mau comportamento de cristão (não assistir totalmente à missa) que desencadeia as suspeitas e se são os exorcismos cristãos (água-benta, oblação da Hóstia) que o desmascaram, na aventura de *Raymond do Castelo-Rousset* não está presente nenhum elemento cristão. Se, por um lado, o romance de Jean d'Arras se banha num clima cristão, por outro lado, nenhum elemento cristão desempenha um papel importante no desenrolar da história. Ele surge exatamente quando a cólera fatal de Raimondin se desencadeia a propósito do incêndio de um mosteiro, Maillezais. Melusina vem de um tempo anterior ao cristianismo. Se os hábitos e os costumes dos demônios súcubos explicam, aos olhos dos clérigos medievais, a natureza e a história de Melusina, o mesmo não pode ocorrer conosco.

Então, o que está em jogo na história? Quer a iniciativa, os avanços venham de Melusina (desejosa de escapar ao seu destino) ou de Raymond (inflamado de paixão), o "dote" de Melusina é para Raymond a prosperidade. Traída Melusina, Raymond se encontra mais ou menos como o joão-ninguém que era antes. A cornucópia da abundância se cala.

Assim se revela a *natureza* de Melusina através da sua *função* na lenda. Melusina traz a prosperidade. Quer ela se prenda concretamente e historicamente (e, sem dúvida, não o saberemos jamais) a uma deusa de fecundidade céltica e autóctone, a um espírito fertilizador, a uma heroína cultural de origem indiana (ou mais provavelmente e mais amplamente indo-europeia), quer ela seja de origem ctônica, aquática ou uraniana (ela é alternada ou simultaneamente serpente, sereia e dragão e é talvez verdadeiro, nesse nível, que *a Fonte* de Jean d'Arras tenha um sabor céltico muito claro, enquanto que em Gautier Map é o mar e em Gervásio de Tilbury é um rio – e em ambos um "banho" – são uma simples referência à natureza aquática da fada), em todos esses casos ela aparece como a metamorfose medieval de uma *deusa-mãe*, como uma fada da fecundidade.

Que fecundidade? Ela garante a seu marido força e saúde. Mas ela o cumula principalmente em três domínios – inegavelmente.

Em primeiro lugar, no domínio da prosperidade rural. Se, em Gautier Map e em Gervásio de Tilbury, a referência rural é alusiva (mas o quadro florestal do encontro seja fortemente simbólico de uma relação com a floresta que, segundo o que vimos mais claramente noutro lugar, é provavelmente o arroteamento), em Jean d'Arras a atividade *arroteadora* de Melusina é considerável. As clareiras se abrem debaixo dos seus pés, as florestas se transformam em campos. Uma região, o Forez (um Forez que é talvez bretão) deverá fazê-la passar da natureza para a cultura.

No entanto, em Jean d'Arras, uma outra atividade criadora passou para o primeiro plano: a construção. Tanto ou mais do que uma arroteadora, Melusina se tornou uma construtora. Ela semeia no seu caminho, nos seus inumeráveis deslocamentos, castelos fortes e cidades que ela constrói muitas vezes com suas próprias mãos, à frente de um canteiro de obra.

Por menos precavidos que sejamos em relação ao historicismo, sem dúvida seria querer deixar escapar a verdade se recusássemos a ver aqui a face histórica de *Melusina*, ligada a uma conjuntura econômica: arroteamentos e construções, arroteamento depois construção. Melusina é a fada do progresso econômico medieval.

No entanto, há um outro domínio em que a fecundidade de Melusina é ainda mais gritante: o domínio da demografia. O que Melusina dá, antes de tudo, a Raymond são filhos. Ainda que não sejam dez, como em Jean d'Arras, eles são o que sobrevive ao desaparecimento da fada-mãe e à ruína do homem-pai. Edric "*deixou a sua herança para seus filhos*". De Henno e da sua *pestilência* "*existe ainda hoje uma numerosa descendência*". Raymond do Castelo-Rousset conservou da aventura e da desventura uma filha, "*cuja descendência chegou até nós*".

Desaparecida Melusina, podemos ainda ouvi-la quando desempenha a sua função essencial, a função de mãe e de ama de leite. Arrebatada para a luz, ela permanece como uma geratriz noturna.

Quem resistiria, aqui, a evocar a família feudal, a linhagem, célula da sociedade feudal? Melusina é o ventre de onde saiu uma nobre linhagem.

Assim, o estruturalismo (e a história comparada), se eles se prontificam a liquidar um historicismo falacioso, aquele da historicidade "factual" dos contos e das lendas (buscar a explicação e, pior ainda, a origem de um conto ou de uma lenda num acontecimento ou num personagem histórico), eles permitem também, quando se presta atenção não somente à forma, mas também ao conteúdo cambiante, compreender melhor a sua função histórica, em relação não mais com um acontecimento, mas com as próprias estruturas sociais e ideológicas.

Nesse estágio não se pode ignorar dois grandes problemas.

Somente nomearemos um: é o totemismo. J. Kohler consagrou a ele, falando de Melusina, um longo desenvolvimento. Aquela mulher-animal, origem e emblema da linhagem, não obriga a recolocar o problema do totemismo?[36]

---

36. Numa obra de juventude, Georges Dumézil abordou, a propósito de Urvaçi, temas melusinianos, que evocam as hipóteses totêmicas de Frazer e que remetem mais especialmente ao estudo de J. Kohler e aos trabalhos eslavos, principalmente poloneses: "A ninfa *Urvaçi* é a decana de uma corporação muito disseminada no folclore: a corporação das mulheres sobrenaturais que casam com um mortal sob certas condições e que, no dia em que o pacto é violado, desaparecem para sempre, deixando às vezes ao infeliz marido a consolação de um filho, o primeiro de uma linhagem heroica. Na Europa, esse tema do folclore foi largamente disseminado e os romances de Melusina deram a ele, ao mesmo tempo em que a consagração literária, uma vitalidade nova: florescem *lemuzyne* até as margens do Vístula. Mas os negros, os peles-vermelha contam histórias semelhantes, e Sir J.-G. Frazer propôs a hipótese de que esses contos são um resto de mitologia totêmica; nos Ojibways, de fato, e na Costa do Ouro, a forma dos contos está solidamente ligada à organi-

O segundo é o problema das ligações entre esta literatura e a sociedade. Quem produz esses contos ou lendas e por quê?

São os escritores que nos fornecem as versões eruditas que estão na base desse estudo? Sim e não. A tripla coerção do seu comanditário, do fundo (popular?) com que eles trabalham e com a forma literária que empregam, limita particularmente a sua iniciativa. Mas se em Gautier Map sentimos a atração do maravilhoso; em Gervásio de Tilbury, a convicção de fazer obra científica, integrando os *mirabilia* no universo da realidade e do conhecimento; em Jean d'Arras, o prazer estético e formal de tratar uma matéria prazerosa, se percebe que eles sobretudo permitem a outros se exprimirem através deles. Esses outros, quem são eles?

Ficamos perplexos com o pertencimento dos heróis a uma mesma classe social e a uma classe elevada. Por que nos admiramos? Não sabemos que o *filho do rei* é o herói principal do conto popular? Mas, precisamente aqui, não se trata de filho de rei. Trata-se da pequena e média aristocracia, aquela dos *cavaleiros*, dos *milites*, às vezes designados como *nobres*. Henno, Edric, o senhor do Espervier, Raymond do Castelo-Rousset, Raimondin de Lusignan são todos eles os *milites. Milites* ambiciosos, desejosos por ampliar as fronteiras da sua pequena senhoria. Eis o instrumento da sua ambição: a fada. Melusina traz, para a classe dos cavaleiros, terras, castelos, cidades, linhagem. Ela é a encarnação simbólica e mágica da sua ambição social.

Porém, eles não fabricam este arsenal da literatura maravilhosa que trazem para o seu proveito. Encontro aqui as ideias de Erich

---

zação da sociedade em clãs totêmicos, e até no nosso folclore europeu a natureza metade-humana e metade-animal da heroína [quando não do herói] subsistiu... Mas uma origem tão obscura e tão longínqua é aqui para nós desimportante: o que nos importa, pelo contrário, são os traços pelos quais a história de *Pururavas* e de *Urvaçi* se distingue do tipo comum dos contos melusinianos..." (*Le problème des centaures*. Paris: [s.e.], 1929, p. 143-144).

Köhler[37] sobre a pequena e média aristocracia, que, no século XII, suscita uma cultura dela e para ela, de que logo a linguagem vulgar será o veículo. As canções de gesta a Melusina, os tesouros do folclore que os cavaleiros ouviam contar a seus camponeses – de quem estavam ainda próximos do século XII – ou faziam ouvir através dos seus escritores, quando já tinham distância, tesouros do folclore que se misturavam com os velhos mitos folclorizados das histórias dos clérigos mais recentes "popularizados" e com os contos saídos da imaginação dos contadores camponeses, todo esse mundo do maravilhoso popular vinha enriquecer a bagagem cultural dos cavaleiros. Seria preciso acrescentar aqui um certo distanciamento, quando não uma certa hostilidade desta classe, se não em relação ao cristianismo, pelo menos em relação à Igreja. Ela recusava seus modelos culturais, preferindo as fadas aos santos, fazendo pactos com o inferno, jogando com um totemismo suspeito[38]. Tentação que não se deve exagerar. Os maridos de Melusina conciliavam a profissão de cristão com uma prática às vezes desenvolta. Marc Bloch indicou a sua classe, que tomava, na realidade vivida, liberdades em relação à doutrina cristã do casamento e da família.

---

37. Expressas principalmente em "Observations historiques et sociologiques sur la poésie des troubadours". *Cahiers de Civilisation Médiévale* VII, 1964, retomado em *Esprit und arkadische Freiheit* – Aufsätze aus der Welt der Romania. Frankfurt-am-Main, 1956.

38. Cf. a observação de C. Lévi-Strauss: "O totemismo é, em primeiro lugar, a projeção para fora do nosso universo, e, como por um exorcismo, de atitudes mentais incompatíveis com a exigência de uma descontinuidade entre o homem e a natureza, que o pensamento cristão tinha como essencial" (*Le totemisme aujour-d'hui*. 3. ed. Paris: [s.e.], 1969, p. 4). Sobre o anti-humanismo que se opõe vigorosamente ao humanismo cristão romano e gótico (continuidade entre o homem e os reinos animal e vegetal), cf. os *dossiers* iconográficos e as análises estilísticas de BALTRUSAITIS, J. *Le Moyen Age fantastique*. Paris: [s.e.], 1955. • *Réveils et Prodiges* – Le gothique fantastique. Paris: [s.e.], 1960. A pedra de toque – o questionamento do homem feito *"ad imaginem Dei"* – é o lobisomem. Cf. SUMMERS, M. *The Werewolf*. Londres: [s.e.], 1933. Perturbadores são os casos do macaco e do homem selvagem. Cf. JANSON, H.W. *Apes and Ape Lore in the Middle Ages* – A Study in art, sentiment and demonology. Cambridge, Mass.: [s.e.], 1952. • TINLAND, F. *L'Homme sauvage*. Paris: [s.e.], 1968.

Aqui nos contentaremos com ter, para estas hipóteses, reunido em parte as ideias de Jan de Vries sobre os contos populares e, mais geralmente, de ter tentado aplicar a simples, mas profunda, observação de Georges Dumézil: "Os mitos não se deixam compreender, se os separarmos da vida dos homens que os contam. Ainda que chamados, cedo ou tarde, a uma carreira literária própria, eles não são invenções dramáticas ou líricas gratuitas, sem relação com a organização social ou política, com o ritual, a lei ou o costume; o seu papel é, pelo contrário, justificar tudo isso, exprimir em imagens as grandes ideias que organizam e sustentam tudo isso"?[39]

Que, como quer Jan de Vries, "o conto de fadas esteja ligado a um período cultural determinado" e que este período tenha sido para o Ocidente e, em particular, para a França, a segunda metade do século XII, esta não me parece ser uma conclusão suficiente para dar conta do alcance de uma lenda como aquela de Melusina.

O conto forma um todo. Se é legítimo isolar o motivo central – a prosperidade, adquirida e perdida, em algum lugar, em determinadas condições – para aí encontrarmos o apelo feito a uma deusa-mãe por uma classe social, devem principalmente buscar a "moral" do conto na sua conclusão.

Observamos que Melusina acaba mal. Jan de Vries, evocando os "meios aristocráticos que elaboraram" (não acredito nisso que tivessem elaborado, e sim açambarcaram, pois a elaboração vem de especialistas, no povo e nos clérigos, contadores populares e contadores-escritores eruditos) a epopeia e o conto de fadas, observa: "atrás do otimismo aparente pode muito bem se ocultar o sentimento de um fracasso inevitável"[40].

Seria um empreendimento acima das nossas possibilidades procurarmos como e por que esta busca da prosperidade e, particular-

---

39. DUMÉZIL, G. *Mythe et Épopée*, I. Paris: [s.e.], 1968, p. 10.
40. VRIES, J. *Les contes populaires*. Op. cit., p. 13. Cf. M.-L. Tenèze evocando a *Wunschdichtung*, a literatura de compensação segundo Max Luthi: *Du conte merveilleux...* Op. cit., p. 26-29.

mente, esta procura da prosperidade familiar, culmina num fracasso ou num meio-fracasso. Observemos o fato. Aproximemo-nos das observações que foram feitas a respeito do pessimismo – no final da evolução literária – do romance do século XIX e do começo do século XX. Para muitos romancistas de então, a trajetória do seu objeto é o crescimento e a agonia de uma família. Em meios diferentes, com recursos intelectuais e artísticos diferentes, num clima ideológico diferente, desde os Rougon-Macquart (de Émile Zola) até os Buddenbrooks (de Thomas Mann), uma família floresce e se desagrega.

Tal como as linhagens melusinianas. Mas, como Roger Martin du Gard no final dos *Thibault*, conserva a pequena esperança de uma criança, os contadores medievais de Melusina arrancam do voo da fada para o seu inferno – esta viagem das almas em que Propp via definitivamente o tema único do conto[41] – criancinhas para quem tudo continua, ou melhor, o essencial, sua própria continuidade. *Adhuc extat progenies*[42].

---

41. Desde o velho e clássico estudo de Alfred Maury: *Les fées du Moyen Age* [Paris: [s.e.], 1896], as fadas medievais não interessaram muito os historiadores, e elas não aparecem nos trabalhos dos folcloristas senão em casos particulares. Cf., no entanto, LEWIS, C.S. *The discarded image* – An introduction to Medieval and Renaissance literature. Cambridge: [s.e.], 1964, p. 122-138, cap. VI: "The Longaevi". Lewis observou, particularmente em Gautier Map, a referência às almas dos mortos. Mas todo o seu livro nos parece viciado por uma concepção da Idade Média como época "livresca" (cf. principalmente p. 11), que acreditamos ser falsa, porque ligada às limitações da medievalística tradicional e viciada pelo recurso ao mito do "homem da Idade Média" (por exemplo, p. 10: *"medieval man was not a dreamer nor a wanderer; he was an organiser, a codifier, a builder of systems etc."* (o homem medieval não era um sonhador; ele era um organizador, um codificador, um construtor de sistemas etc.). *Filii mortue*, diz Gautier Map dos filhos de uma pseudo-Melusina evocada exatamente antes da fada de Henno [JAMES, M.R. (org.). *De Nugis curialium*, IV, 8, p. 174]. J. Köhler tinha observado: *es ist der Sagenstoff der sich um die Orpheussage schlingt*, p. 31. A. Maury, por sua vez, tinha sublinhado que Melusina, em Jean d'Arras, "lança gemidos dolorosos sempre que a morte vem buscar um Lusignan".

42. Devo agradecer particularmente a M. Claude Gaignebet, que me ofereceu os números do *Bulletin de la Societé de Mythologie Française* onde figuram os artigos que dizem respeito a Melusina e a M. Jean-Michel Guilcher, que me indicou as miniaturas do Ms. Fr. 12575 da B.N. (o mais antigo manuscrito do *Roman de Mélusine* de Couldrette, século XV).

Post scriptum

Tínhamos acabado este artigo quando tomamos conhecimento, graças à amabilidade de Mme Marie-Louise Tenèze, da obra de Lutz Röhrich, *Erzählungen des späten Mittelalters und ihr Weiterleben in Literatur und Volksdichtung bis zur Gegenwart. Sagen, Märchen, Exempel und Schwänke MIT einem Kommentar herausgegeben von L.R.*, 2 volumes, Berna e Munique, Franke Verlag, 1962-1967. O autor aí apresenta (vol. I, p. 27-61) e comenta (ibid., p. 243-253) onze textos, escalonados, do século XIV ao século XX, a respeito de uma Melusina de Bade, ligada à lenda do cavaleiro Peter von Staufenberg (*Die gestörte Mahrtenche*). No seu comentário, o autor aproxima a lenda do cavaleiro Raymond do Castelo-Rousset em Gervásio de Tilbury e dos Lusignan em Jean d'Arras. A sua interpretação se aproxima da nossa, ao fazer da fada de Bade um personagem "totêmico" (a palavra não é empregada), que é utilizado por uma linhagem cavalheiresca: "O tipo Staufenberg pertence a este grupo de condes que procuram fazer remontar a origem de uma linhagem nobre medieval à união com um ser sobrenatural, de maneira a conferir às pretensões de uma família a legitimidade de uma consagração mais elevada, metafísica. Trata-se da lenda genealógica da família nobre implantada no castelo de Staufenberg, em Ortenau (Montenouwe), na parte central do país de Bade" (p. 244). A mais antiga versão da lenda é de 1310 mais ou menos, mas tem, sem dúvida, raízes no século XIII.

Parte IV

Para uma antropologia histórica

17

O historiador e o homem cotidiano

I

História e etnologia só se separaram em meados do século XIX, quando o evolucionismo, já triunfante antes de Darwin, isolou o estudo das sociedades evoluídas do estudo das sociedades ditas primitivas. Até então, a história havia englobado todas as sociedades, mas onde se constituía a consciência de um progresso, a história se restringia às parcelas da humanidade suscetíveis a uma rápida transformação. O restante era dedicado a gêneros menores do domínio científico ou literário – as *mirabilia* onde os homens primitivos perseguiam monstros, as viagens nas quais os autóctones são uma variedade da fauna, no melhor dos casos, a geografia, em que os homens eram um elemento da paisagem –, ou condenado ao esquecimento.

Heródoto, o "pai da história", é também o pai da etnografia. O segundo livro das *Histórias*, patrocinado por Euterpe, é dedicado ao Egito. A primeira metade é de um etnólogo que não se contenta em descrever os costumes e hábitos, mas ressalta as influências dos egípcios sobre os gregos, negando assim que um fosso pudesse separar os helenos das nações bárbaras. A segunda é de um historiador comprometido com o diacrônico, seguindo as dinastias uma após a outra, pronto muitas vezes a reduzir a história a uma coleção de anedotas.

Esse olhar etnográfico ganha outra característica em Tácito. Em uma perspectiva rousseauniana, ele opõe à corrupção da civilização, da qual Roma é o exemplo, a saúde dos "bons selvagens", que são o bretão ou o germano. Aí está o seu sogro Agrícola tentando trazer os bretões à civilização:

> Para que esses homens dispersos e ignorantes, e por isso mesmo inclinados às guerras, se acostumassem com os prazeres da tranquilidade e do descanso, ele os encoraja, pessoal e oficialmente, e os ajuda a edificar templos, mercados, residências, louvando os mais ativos e condenando os preguiçosos [...]. E ele manda instruir nas artes liberais os filhos dos notáveis [...] para fazer com que pessoas que até recentemente negavam até mesmo a língua dos romanos desejassem agora sua eloquência. Daí a preferência por nossas roupas, e pela toga da moda; e aos poucos desliza-se na aceitação dos vícios, dos pórticos, das termas, da elegância dos banquetes; os ingênuos davam a isso o nome de civilização: nada mais era do que um tipo de servidão.

No entanto, o caráter privilegiado da história romana tende a excluir, aqui também, os outros povos da literatura histórica do Baixo-Império. Os cristãos herdam esse preconceito. Foi apenas Salviano, em meados do século V, que pensou e disse que os bárbaros, rudes e muito honestos, valiam mais do que os romanos pecadores.

De agora em diante, apenas os cristãos têm direito à história. Os pagãos dela são excluídos. Pagãos, isto é, pagãos propriamente ditos, mas também os "infiéis" e, pelo menos de início, os camponeses. Certamente, a ideia que irá predominar por muito tempo não será a de um progresso, mas, ao contrário, a de um declínio. *Mundus senescit*. O mundo envelhece. A humanidade entrou na sexta e última idade da vida: a velhice. Mas esse progresso às avessas é também um processo unilinear que privilegia as sociedades que se transformam, mesmo que seja no mau sentido. E quando o cristianismo medieval recuperará a Antiguidade pagã, será para ressaltar os méritos excepcionais do Império Romano e definir uma nova linha de progresso: de Roma a Jerusalém. Como notou Augustin Renaudet, Dante "repete com orgulho a profecia do velho Anquise: *Lembra-te, Romano, que tu deves reinar sobre o universo*". Virgílio e Sibila anunciam o Cristo em uma perspectiva teleológica que deixa os outros, aqueles que não herdaram de Roma, fora da marcha rumo à salvação.

No entanto, a vocação universal do cristianismo mantém, para a etnologia, uma estrutura de acolhimento. Qualquer história, sendo universal, todos os povos têm vocação para integrá-la, mesmo que, de fato, apenas aqueles que evoluem rapidamente são dignos de seu interesse.

Em determinado momento, misturando tempo e espaço, história e geografia, um clérigo da Idade Média faz etnologia sem sabê-lo. Gervásio de Tilbury, por exemplo, em suas *Otia Imperialia*, recolhimento de *mirabilia* destinado ao Imperador Othon de Brunswick (em torno de 1212), após ter, na primeira parte, retraçado a história da humanidade até o dilúvio, de acordo com o Gênesis, dedica a segunda parte a um *pot-pourri* de anotações geográficas, históricas e etnográficas sobre os diversos povos do mundo e a última parte aos ritos, às lendas, aos milagres recolhidos nos diferentes lugares onde viveu, na Inglaterra, no Reino das Duas Sicílias, na Provença.

A Idade Média prepara também tudo o que é necessário para o acolhimento de um "bom selvagem": um milenarismo que aguarda o retorno à Idade de Ouro, a convicção de que o progresso histórico, caso exista, se faz a golpes de renascimentos, de retornos a um primitivismo inocente. Mas faltava aos homens da Idade Média dar um conteúdo a esse mito. Alguns se voltaram para o Oriente e, com a ajuda da crença em Prestes João, imaginaram um modelo antropológico, o "piedoso brâmane". No entanto, Marco Polo não foi levado a sério. Outros batizam o "homem selvagem", fazem de Merlin um eremita. A descoberta da América fornece subitamente à Europa "bons selvagens".

O Renascimento preserva as duas linhas, as duas atitudes. De um lado a história "oficial" liga-se aos progressos políticos, àqueles dos príncipes, àqueles das cidades, sendo a burocracia principesca e burguesa urbana as duas forças maiores, que desejam reencontrar na história a justificativa de sua promoção. Do outro lado, a curiosidade dos sábios explora o domínio etnográfico. Na literatura, o gênio e a erudição de Rabelais, por exemplo, manifestam-se no campo de uma etnografia imaginária – quase sempre próximo de suas bases camponesas. Como escreveu George Huppert: *"Há certamente outras épocas, menos felizes a esse respeito, do que a Antiguidade, cuja história ainda não foi escrita. Os turcos ou os americanos, a quem falta uma tradição literária, ofereceriam certamente uma ocasião para um Heródoto moderno".*

Esperava-se Heródoto, veio Tito-Lívio. Étienne Pasquier, em suas *Pesquisas*, fez-se etnógrafo do passado e conferiu "origens" à ciência.

Essa coexistência do historiador e do etnógrafo não iria durar. O racionalismo da Idade Clássica, depois o da Idade das Luzes, iria reservar a história para os povos capturados pelo progresso. *"No sentido em que Gibbon e Mommsen eram historiadores, não existiu nenhum historiador antes do século XVIII"*. Nesse ponto de vista, R.G. Collingwood tem razão.

II

Após um divórcio de mais de dois séculos, historiadores e etnólogos tendem a se reaproximar. A nova história, depois de sua aproximação com a sociologia, tende a se tornar etnológica. O que o olhar etnológico revela ao historiador em sua área?

A etnologia modifica, antes de tudo, as perspectivas cronológicas da história. Ela conduz a uma rejeição radical do acontecimento, realizando assim o ideal de uma história não factual. Ou melhor, propõe uma história feita de acontecimentos repetidos ou esperados, festas do calendário religioso, acontecimentos e cerimônias ligados à história biológica e familiar: nascimento, casamento, morte.

Ela obriga a recorrer a uma diferenciação dos tempos da história, e a conferir uma atenção especial a esse campo da longa duração, a esse tempo quase imóvel definido por Fernand Braudel em famoso artigo.

Passeando pelas sociedades em que ele estuda esse olhar etnológico, o historiador compreende melhor o que há de "litúrgico" em uma sociedade histórica. O estudo do "calendário" em suas formas secularizadas e residuais (fortemente marcadas nas sociedades industriais pelo avanço que o cristianismo tomou em relação às antigas religiões: ciclo de Natal, de Páscoa, quadro semanal, etc.), ou em suas formas novas (por exemplo, o calendário das competições – e festas – esportivas) revela o peso dos ritos ancestrais, dos ritmos periódicos sobre as sociedades ditas evoluídas. Mas impõe-se aqui, mais do que nunca, a colaboração das duas atitudes, a etnológica e a histórica. Um estudo "histórico" das festas poderia trazer esclarecimentos decisivos sobre as estruturas e as transformações das sociedades, sobretudo nos períodos que devem ser chamados "de transição", a exemplo da própria Idade Média, talvez decididamente bem-rotulada. Poderíamos seguir, por exemplo, a evolução do carnaval enquanto festa, enquanto psicodrama da comunidade urbana, constituindo-se na Baixa Idade Média e se desfazendo nos séculos XIX-XX, sob o choque da Revolução Industrial.

Emmanuel Le Roy Ladurie analisou brilhantemente o carnaval sangrento de Romans em 1580, "tragédia-balé, cujos atores brincaram e dançaram sua revolta, ao invés de discorrerem acerca dela em manifestos". Mas em Romans, nesse ano, o jogo anual se transformou em acontecimento singular. O mais das vezes é através do rito, não do ato, que se deve encontrar o significado da festa. Assim, em um estudo exemplar, Louis Dumont demonstrou, nas cerimônias onde aparece a Tarasca, o sentido mágico-religioso dos ritos através dos quais a comunidade tarasconesa buscava, entre os séculos XII e

XVIII, conciliar-se com o poder benéfico de um monstro ambíguo que se tornou "animal epônimo", "protetor da comunidade". "A festa principal, a de Pentecostes", destaca Louis Dumont, "associa-o à grande inspeção local das corporações de ofícios". É também o que se via em Londres, ao menos desde o século XVI, no cortejo do *Lord Mayor*, onde as corporações se encarregavam dos grupos folclóricos. Assim, na sociedade urbana, novos grupos sociais desempenham nos ritos comunitários o papel da classe de jovens nas sociedades rurais tradicionais. Mutações da história que nos conduziriam até as *majorettes* e aos desfiles *hippies* da atualidade. Presentes em toda sociedade, seriam a liturgia e a festa especialmente ligadas às sociedades arcaicas? Evans-Pritchard parece pensar nesse sentido: *"Uma formação antropológica, incluindo o trabalho de campo, seria especialmente útil para as pesquisas sobre períodos antigos da história onde as instituições e os modos de pensar se parecem, em muitos aspectos, com aqueles dos povos simples que estudamos"*. Mas seriam os homens do Ocidente medieval (Evans-Pritchard só vai até o período carolíngio) arcaicos? E nós, em nosso mundo de seitas, de horóscopos, de discos voadores e do terço? Sociedade litúrgica, sociedade lúdica, esses termos não expressam bem a sociedade medieval?

Diante do historiador das sociedades versáteis, dos homens das cidades dominadas pelas modas, o etnólogo designará as sociedades rurais conservadoras (conforme lembrou Marc Bloch, não tanto quanto se disse), o tecido conjuntivo da história. Daí, graças ao olhar etnológico, tem-se uma ruralização da história. Permitir-se-á aqui, uma vez mais, ao medievalista, observar o seu campo de estudos. Depois da Idade Média urbana e burguesa, que a história do século XIX nos impôs, de Augustin Thierry a Henri Pirenne, eis que nos parece mais verdadeira a Idade Média rural de Marc Bloch, Michael Postan, Léopold Génicot, Georges Duby.

Nessa conversão ao homem cotidiano, a etnologia histórica conduz naturalmente ao estudo das mentalidades, consideradas como "aquilo que menos se transforma" na evolução histórica.

Assim, no coração das sociedades industriais o arcaísmo estoura a partir do momento em que escrutamos a psicologia e o comportamento coletivos. Decalagem do mental que obriga o historiador a se fazer etnólogo. Mas um aspecto mental que não se perde na noite dos tempos. Os sistemas mentais são historicamente datáveis, mesmo que eles carreguem com eles destroços de arqueocivilizações, queridas a André Varagnac.

III

A etnologia também leva o historiador a valorizar certas estruturas sociais mais ou menos esquecidas nas sociedades "históricas" e a complicar sua visão da dinâmica social, da luta de classes.

As noções de classe, grupo, categoria, estrato, etc. devem ser reconsideradas pela inserção na estrutura e no jogo social de realidades e conceitos fundamentais, mas marginalizados pela sociologia pós-marxista.

a) A família e as estruturas de parentesco, cuja introdução na problemática do historiador pode, por exemplo, conduzir a uma nova periodização da história europeia segundo a evolução das estruturas familiares. Pierre Chaunu e o Centro de Pesquisas de História quantitativa de Caen definem como "o grande dado imutável na dialética do homem e do espaço 'a existência de *comunidades de habitantes* (confundidos apenas em 80% com as paróquias)', dos séculos XII-XIII até o final do século XVIII, ao longo de toda a civilização camponesa tradicional de uma corrente única, na longa duração [...]". O estudo, não mais apenas jurídico, mas etnológico, da linhagem e da comunidade, tanto da família extensa quanto da família nuclear, deve renovar as bases de estudos comparatistas entre ontem e hoje, a Europa e os outros continentes, em matéria de sociedade feudal, por exemplo.

b) Os sexos, cuja consideração deve conduzir a uma desmasculinização da história... Quantos caminhos ainda não há na história do Ocidente medieval que chegam à mulher! A história das heresias é, em muitos casos, uma história da mulher na sociedade e na religião. Se há uma novidade em termos de sensibilidade que possa ser atribuída a uma invenção da Idade Média, esta é certamente a do amor cortês. Ele se constituiu em torno de uma imagem da mulher. Michelet, sempre atento ao essencial, quando ele busca a alma medieval, encontra a beleza diabólica da feiticeira, a pureza popular, logo divina, de Joana d'Arc. Quem seria capaz de desvendar o mais importante fenômeno da história "espiritual" (no sentido dado por Michelet) da Idade Média: a fulminante aparição da Virgem no século XII?

c) As classes de idade, cujo estudo ainda está por se fazer quanto às gerontocracias, mas que é brilhantemente estimulado pelos jovens: Henri Jeammaire e Pierre Vidal-Naquet, para a Grécia Antiga, Georges Duby e Erich Köhler, para o Ocidente medieval.

d) As classes e as comunidades aldeãs, de quem Marc Bloch, outrora, havia reconhecido a importância na Cristandade medieval, e que os marxistas retomaram a análise que, caso consigam escapar ao dogmatismo, contribuirá para a renovação da história social. Aqui, de resto, nota-se uma das consequências possíveis, paradoxais, dessa regeneração da problemática histórica pelo olhar etnológico. A história de outrora deleitou-se em uma evocação anedótica e romanceada de acontecimentos ligados a certas estruturas clássicas no interior das sociedades "históricas", por exemplo ainda medievais. A história das guerras feudais deve ser retomada em um estudo de conjunto da guerra privada, da *vendetta*. A história das facções de linhagem, urbanas, dinásticas deve ser revista também nessa perspectiva: guelfos e gibelinos, montecchios e capuletos, armagnacs e borguinhões, heróis da Guerra das Duas Rosas, arrancados dos fatos anedóticos – dos quais eles foram uma das piores expressões –, podem retomar relevância e dignidade científicas em uma história etnológica largamente comparatista.

IV

Fazer história etnológica ainda é reavaliar na história os elementos mágicos, os carismas.

Carismas dinásticos cujo reconhecimento permitirá, por exemplo, "reabilitar" a monarquia feudal que, por muito tempo, permaneceu com uma natureza diferente de todas as outras instituições. Marc Bloch, evocando os reis taumaturgos, Percy Ernst Schramm, explicando as insígnias do poder, foram os pioneiros de uma busca que analisou a monarquia medieval em seu cerne e não mais em suas sobrevivências ou em seus sinais mágicos. Um olhar etnográfico deve metamorfosear o valor, por exemplo, do testemunho que carregam à sua maneira, a respeito da realeza sagrada no Ocidente medieval, a vida de Roberto o Piedoso d'Helgaud, a genealogia diabólica dos plantagenetas em Giraud o Câmbrico, as tentativas de Carlos o Temerário, para podermos ultrapassar essa barreira mágica.

Trata-se de carismas profissionais e categoriais. Permanecendo na Idade Média, podemos pensar no prestígio, a partir do século V, do ferreiro e do ourives, cujas canções de gesta e sagas preservaram a imagem mágica. A descoberta recente, em Normandia, do extraordinário túmulo 10 do cemitério merovíngio de Herouvillette ressuscitou esse artesanato mágico da Alta Idade Média, enterrado com as armas dos guerreiros aristocratas e a mala de ferramentas do técnico, e cujo lugar na sociedade só pode ser compreendido pela convergência do estudo tecnológico, da análise sociológica e do olhar etnológico. Seria necessário seguir, em nossas sociedades, a evolução do médico, do cirurgião, herdeiros do feiticeiro. Os "intelectuais" da Idade Média, os universitários, monopolizam elementos carismáticos dos quais, até os dias de hoje, os "mandarins" souberam utilizar: a cátedra, a toga, o pergaminho, signos que são mais do que signos... É por aí que os mais prestigiosos dentre eles se juntam às "vedetes" sociais, do gladiador aos *super-stars* e aos ídolos. Os mais habilidosos ou os maiores desses intelectuais se contentarão de seu poder carismático sem recurso aos signos, de Abelardo a Sartre.

Carismas individuais que permitem, finalmente, reconsiderar o papel do "grande homem" na história, que a redução sociológica só havia esclarecido em parte. Para voltarmos à Idade Média, a passagem do carisma dinástico ao carisma individual se expressa, por exemplo, em São Luís, que deixa de ser um rei sagrado para se tornar um rei santo. Laicização e canonização caminham lado a lado. O que se ganhou de um lado, perdeu-se de outro. E como não suspeitar do que um estudo dos carismas na história pode trazer à compreensão de um fenômeno não anedótico do século XX, o culto da personalidade?

Nessa perspectiva, finalmente, situam-se todas as crenças escatológicas, todos os milenarismos que marcam o retorno do sagrado em todas as frações das sociedades e das civilizações. Longe de serem confinados às sociedades arcaicas ou "primitivas", esses milenarismos manifestam os fracassos de adaptação (ou de resignação) das sociedades surpreendidas pela aceleração tecnológica. Norman Cohn expressou o que foram na Idade Média e no Renascimento esses surtos apocalípticos. O sucesso atual do sectarismo religioso, da astrologia, do hippismo manifesta a permanência – em conjunturas históricas precisas – dos adeptos do *"gran rifiuto"*.

V

Enquanto François Furet se apoiou mais no lado "selvagem" da história apreendida pelo olhar etnológico, eu insistiria principalmente em seu lado cotidiano.

A contribuição imediata da etnologia para a história é, certamente, a promoção da civilização (ou cultura) material. Não sem reticências por parte dos historiadores. Na Polônia, por exemplo, onde o sucesso desse domínio foi prodigioso desde 1945, favorecido por motivações (e mal-entendidos epistemológicos) nacionais e "materialistas", marxistas rigorosos temeram ver a inércia material invadir a dinâmica social. No Ocidente, a grande obra de Fernand

Braudel, *Civilização material e capitalismo (séculos XIV-XVIII)*, não permitiu que o novo domínio invadisse o campo da história sem subordiná-lo a um fenômeno propriamente histórico, o capitalismo.

Desse enorme domínio aberto à curiosidade e à imaginação do historiador, eu reteria três aspectos:

1) O destaque dado às técnicas. O problema mais interessante a esse respeito me parece ser talvez a reconsideração das noções de invenção e de inventor que a etnologia impõe ao historiador. Marc Bloch havia estimulado essa problemática a propósito das "invenções" medievais. Aqui, uma vez mais, reencontramos, em uma perspectiva lévi-straussiana, a oposição das sociedades *quentes* e das sociedades *frias*, ou então dos meios *quentes* e dos meios *frios*, dentro de uma mesma sociedade. As discussões em torno da construção da Catedral de Milão no século XIV destacaram a oposição da ciência e da técnica a propósito do conflito entre arquitetos e maçons. "*Ars sine scientia sine arte nihil est*", replicavam os maçons lombardos, não menos sábios, num outro sistema de saber. Tal interesse, em todo caso, começou a suscitar uma história dos materiais e das matérias primeiras, não necessariamente nobres, como o sal ou a madeira.

2) A emergência do corpo na história. Michelet já havia reclamado, no Prefácio de 1869 à *História da França*. Ele deplorava que a história não se interessasse suficientemente aos *alimentos*, a *tantas circunstâncias físicas e fisiológicas*. Sua vontade começa a se realizar. É verdade, em grande parte, para a história da alimentação graças ao impulso de revistas e de centros, como os *Anais, Economias, Sociedades, Civilizações* (Fernand Braudel, codiretor), a *Zeitschrift für Agrargeschichte und Agrarsoziologie* em torno de Wilhelm Abel em Göttingen, a *Afdeling Agrarische Geschiedenis*, animada por Slicher van Bath na Landbouwhogeschool de Wageningen.

A história biológica ganhou impulso. Um número especial dos *Anais ESC*, em 1970, indica perspectivas. O grande livro de um biólogo que se tornou historiador como *A lógica do vivo*, de François

Jacob, mostra que o encontro é possível, tanto de um lado quanto do outro.

Para regressarmos a um horizonte mais propriamente etnológico será preciso esperar que os historiadores se engajem em uma via traçada por Marcel Mauss em seu célebre artigo sobre *as técnicas do corpo* cujo conhecimento, numa perspectiva histórica, deveria ser decisivo para a caracterização das sociedades e das civilizações.

3) O habitat e a roupa deveriam fornecer ao historiador-etnólogo a ocasião de um belo diálogo entre a permanência e a mudança. Os problemas de gosto e da moda, essenciais nessas matérias, só podem ser tratados em colaboração interdisciplinar onde, de resto, o esteticista, o semiólogo, o historiador da arte deveriam se juntar ao historiador e ao etnólogo. Temos aqui também trabalhos como os de Françoise Piponnier e de Jacque Heers, que manifestam o desejo dos historiadores em aprofundar suas pesquisas no campo já comprovadamente fértil da história econômica e social.

4) Enfim, problema imenso, historiadores e sociólogos deveriam se encontrar para estudar o fenômeno, fundamental para ambos, da *tradição*. Entre os trabalhos recentes, os de um etnólogo especialista em dança popular, Jean-Michel Guilcher, são particularmente esclarecedores.

VI

Eu não insistirei no fato de que o olhar etnológico propõe ao historiador uma nova documentação, diferente daquela com a qual está habituado. A etnologia não desdenha o documento escrito, muito pelo contrário. Mas ela se depara com eles tão raramente que seus métodos são elaborados de modo a dispensá-los.

Nesse ponto, portanto, o historiador é chamado a se colocar ao lado do homem cotidiano, no universo sem texto e sem escrita, que não se preocupa – ou não se preocupava – com papéis.

Ele se depara primeiramente com a arqueologia, mas não a arqueologia tradicional, voltada para o monumento ou o objeto, intimamente ligado à história da arte, mas a arqueologia do cotidiano, da vida material. Essa que precisamente ilustrou as escavações inglesas de Maurice Beresford nos "*lost villages*", polonesas de Witold Hensel e de seus colaboradores nos "*grods*" da antiga área eslava, franco-polonesas da VI Sessão da Escola Prática dos Altos Estudos nas diversas aldeias da França medieval.

Está face a face, em seguida, com a iconografia. No entanto, ela, que não está mais tão vinculada à história da arte tradicional, ligada às ideias e às formas estéticas, mas aos gestos, às formas úteis, aos objetos perecíveis e indignos para a escrita. Se, por um lado, uma iconografia da cultura material começou a se constituir, por outro lado, uma iconografia das mentalidades, difícil, mas necessária, encontra-se nos limbos. No entanto, ela deve estar implícita nos arquivos do Departamento de Arte e de Arqueologia da Universidade de Princeton.

Finalmente, o historiador se depara com a tradição oral. Os problemas são aí temíveis. Como apreender a oralidade no passado? É possível identificar oral e popular? Quais foram, nas diversas sociedades históricas, as significações da expressão *cultura popular*? Quais são as relações entre cultura erudita e cultura popular?

VII

Eu serei ainda mais breve em relação a alguns aspectos, importantes, mas um tanto evidentes, da influência da etnologia sobre a história.

A etnologia acentua certas tendências atuais da história. Ela convida, por exemplo, a uma generalização do método comparatista e do método regressivo. Ela acelera o abandono do ponto de vista eurocêntrico.

VIII

Em compensação, terminarei insistindo sobre os limites da colaboração entre etnologia e história, evocando alguns problemas referentes a suas relações, algumas dificuldades e alguns perigos, o que levaria, no estudo das sociedades históricas, a uma substituição pura e simples do olhar etnográfico pelo olhar histórico.

Uma atenção especial deve ser dada às zonas e períodos em que entraram em contato sociedades, culturas tradicionalmente provenientes da história, por um lado, e da etnologia, por outro. Significa que o estudo das *aculturações* deve permitir situar melhor o etnológico em relação ao histórico. O que interessa sobretudo ao historiador é saber em que medida e em quais condições o vocabulário e a problemática da *aculturação* poderão ser estendidos ao estudo das *aculturações internas* de uma sociedade: por exemplo, entre cultura popular e cultura erudita, cultura regional e cultura nacional, Norte e Sul, etc. E como, nesse caso, se coloca o problema das "duas culturas", da hierarquização e da dominação entre essas culturas?

O vocabulário deve ser determinado com exatidão. Assim, falsas aproximações podem vir a ser dissipadas. Eu suspeito que a noção de *diacrônico*, que Lévi-Strauss tomou emprestada de Saussure e de Jakobson, para introduzi-la com felicidade na etnologia, é muito diferente da noção de *histórico*, com a qual temos a tendência de quase sempre confundi-la, querendo e acreditando ter encontrado, assim, um instrumento comum à linguística e ao conjunto das ciências humanas. Eu me pergunto se o diacrônico, forjado por Saussure para restituir a este objeto abstrato que ele havia criado, a língua, uma dimensão dinâmica, não funciona segundo sistemas abstratos de transformação, muito diferentes dos esquemas de evolução dos quais se serve o historiador para tentar apreender o devir das sociedades concretas que ele estuda. Não desejo com isso retomar a distinção, que me parece falsa, entre a etnologia, ciência de observação direta de fenômenos vivos e a história, ciência de reconstruções de fenômenos mortos. Só há ciência da abstração, e o etnólogo, assim como o historiador, encontra-se diante do *outro*. Ele também deve juntá-lo.

Em outra perspectiva, depois de ter privilegiado exageradamente o que se transforma, o que evolui depressa, o historiador-etnólogo não irá privilegiar, muito precocemente, aquilo que se passa lentamente, que se transforma pouco ou nada? Ele corre o risco de, para se aproximar do etnólogo, se situar na oposição estrutura-conjuntura, estrutura-acontecimento, para se colocar ao lado da estrutura, enquanto que as necessidades da problemática histórica hoje postulam a superação do falso dilema estrutura-conjuntura, e principalmente estrutura-acontecimento.

O historiador não deveria, ao invés disso, tomar consciência de uma crítica do imutável, que tem se expandido nas ciências humanas, incluindo na etnologia? No momento em que a etnologia retoma a historicidade, em que Georges Balandier mostra que não existem sociedades sem história e que a ideia de sociedade imutável é uma ilusão, não seria judicioso para o historiador abandonar-se a uma etnologia fora do tempo? Mais ainda, se em termos lévi-straussianos não existem sociedade quentes e sociedades frias, mas evidentemente sociedades mais ou menos quentes e mais ou menos frias, seria legítimo tratar as sociedades quentes enquanto sociedades frias? E o que dizer das sociedades "mornas"?

Se a etnologia ajuda o historiador a se desfazer das ilusões de um progresso linear, homogêneo e contínuo, os problemas do evolucionismo continuam expostos. Em relação a uma disciplina vizinha, a pré-história, ela também ligada a sociedades sem escrita, seria ela, em relação à história, verdadeiramente uma pré-história, ou uma outra história?

Se nos mantemos muito colados a uma visão etnológica, como explicar o *crescimento*, fenômeno essencial das sociedades estudadas pelo historiador, forma moderna, econômica, insidiosa, do progresso, que é preciso desmitificar (por exemplo, como o fez Pierre Vilar, ao desmascarar os pressupostos ideológicos do *take-off* de Rostow), mas que é também uma realidade a ser explicada?

Não haveria, de resto, diversas etnologias a distinguir, das quais a europeia seria um tipo diferente daquela dos domínios mais ou menos preservados, ameríndia, africana, oceânica?

Especialista da mudança (ao dizer *transformação*, o historiador se encontra em um campo eventualmente comum com o etnólogo, com a condição de não recorrer ao *diacrônico*), o historiador deve desconfiar de estar se tornando insensível à mudança. O problema para ele é menos de procurar uma passagem do primitivo ao histórico ou de reduzir o histórico ao primitivo, do que de explicar a coexistência e o jogo em uma mesma sociedade de fenômenos e de grupos que não se situam no mesmo tempo, na mesma evolução. É um problema de nível e de decalagem. Quanto à forma pela qual o historiador pode aprender com o etnólogo como *reconhecer* – e respeitar – *o outro*, é uma lição que não se deve, infelizmente, sobre-estimar já que, para além das polêmicas quase sempre lamentáveis, a etnologia hoje nos mostra que a negação ou a destruição do *outro* não é privilégio de uma ciência humana.

18

O ritual simbólico da vassalagem

Introdução: o simbolismo medieval

Sob o título muito geral de gestos simbólicos na vida social, eu gostaria de abordar o problema do simbolismo a respeito de uma instituição fundamental da sociedade medieval: a vassalagem.

Toda sociedade é simbólica na medida em que ela utiliza práticas simbólicas e na medida em que seu estudo pode provir de uma interpretação de tipo simbólica.

Mas isso se aplica ainda mais à sociedade medieval, já que esta reforçou a simbologia inerente a toda sociedade pela aplicação de um sistema ideológico de interpretação simbólica para a maioria de suas atividades.

Ora, até onde eu sei, os clérigos da Idade Média não deram, a não ser de forma muito parcial, explicação simbólica dos ritos que presidiam em uma de suas instituições sociais fundamentais, a da vassalagem. Este é o primeiro problema.

Um elemento de explicação que não deve ser rejeitado, embora não seja totalmente satisfatório, é o de que a significação dos ritos de vassalagem era tão imediatamente perceptível que não era necessário interpretá-los para aqueles que os praticavam ou testemunhavam.

Contudo, é necessário notar que ritos próximos foram objeto de interpretações simbólicas mais ou menos explícitas.

Os primeiros têm relação com a realeza. Insígnias do poder, cerimônias de coroamento, de funerais, de sucessão deram espaço a elucidações simbólicas. O grande sistema de referência simbólica do Ocidente medieval, o da Bíblia, e mais particularmente do Antigo Testamento e do simbolismo tipológico que estabelecia uma relação essencial entre o Antigo e o Novo Testamento, forneceu, em especial, imagens simbólicas do Rei Davi, mobilizado pela primeira vez, se não me engano, a favor de Carlos Magno[1], e depois, quando veio o tempo da cavalaria, Melquisedeque, o rei-padre, *rex sacerdos*. Não há nada semelhante para o senhor e o vassalo.

Mais, e melhor ainda, os ritos para se armar um cavaleiro foram descritos em termos simbólicos, religiosos, místicos, que apresentavam a instituição como uma iniciação, iniciação esta evidentemente marcada com um selo do cristianismo. Isso a tal ponto que o rito aparece como um quase sacramento, na linha definida por Santo Agostinho em seu *De Civitate Dei*, X, no qual apresenta o *sacramentum* como um *sacrum signum*, concepção que desenvolverá Hugo de Saint-Victor no *De sacramentis*, mais ou menos no momento em que esse rito começa a aparecer em plena luz religiosa. Nada parecido com a vassalagem.

Fracos e raros índices permitem, certamente, pensar que os homens da Idade Média, ou, em todo caso, os clérigos que eram os guias e intérpretes ideológicos, esboçaram uma leitura simbólica dos ritos de vassalagem.

Sabemos que a Idade Média ignorou os termos símbolo, simbolismo, simbólico no sentido que os empregamos atualmente e, essencialmente, desde o século XVI. *Symbolum* só era empregado na Idade Média pelos clérigos, com significado muito específico e restrito de artigo de fé – sendo o exemplo mais evidente, é claro, aquele do símbolo de Niceia. O campo semântico do símbolo era, essencialmente, ocupado pelos termos *signum*, o mais próximo de

---

1. ULLMANN, W. *The Carolingian Renaissance and the Idea of Kingship* – The Birkbeck Lectures 1968-1969. Londres: [s.e.], 1969.

nosso símbolo, definido por Santo Agostinho no segundo livro do *De doctrina christiana*, mas também *figura, imago, typus, allegoria, parabola, similitudo speculum* que definem, de resto, um sistema simbólico muito particular[2].

Ora, encontramos por vezes, a propósito dos objetos usados durante as investiduras do feudo, o termo de *signum*. Assim é que, numa carta de foral de 1123, conservada no cartulário de São Nicolau de Angers, podemos ler: "Quirmarhoc e seus dois filhos investiram com esse benefício [Dom] Gradelon, monge de São Nicolau com um livro na Igreja de São Pedro de Nantes e lhe deram um beijo para marcar essa doação pela fé; e o livro que deram ao monge, puseram-no simbolicamente sobre o altar de São Pedro"[3].

---

2. Agradeço a Gérard Génette por ter disponibilizado a tradução francesa do interessante artigo de Johan Chydenius: "La théorie du symbolisme médiéval" (publicado em inglês em *Societas Scientiarum Fenmica*, 1960) antes de sua aparição em *Poética*, n. 23, 1975, p. 322-341. Esse estudo poderia ser completado a partir de diversos índices e principalmente o da *Patrologie Latine*, de Migne, incompleto, a verificar, mas aqui, como quase sempre, fértil em pistas e indicações. Poderemos, particularmente, consultar as col. 123-274 do tomo II do índice as referências do artigo "De allegoriis" do título *De Scripturis* com, entre outras, as definições de *allegoria* (*eum aliud dicitur et aliud significatur*, de acordo com São Jerônimo), *figura seu typus* (*antiphrasis cum per contrarium verba dicuntur*, de acordo com Santo Agostinho, dando entre outros exemplos, *transgressio Adae typus justitiae Salvatoris et baptisma typus mortis Christi*, com indicações de um campo semântico comportando *praefigurare, praesignare, designare, interpretari, exprimere* etc.), *parabolae* (*similitudines rerum quae comparantur rebus de quibus agitur*, de acordo com Rufin) etc. (ibid., col. 919-928). A respeito de *symbolum*, Migne pode apenas refletir a pobreza do emprego da palavra no latim medieval. Ao lado de seu sentido grego (com o equivalente em latim clássico: *indicatio et collatio*), o único sentido indicado é *regula fidei*. Encontraríamos nessa ausência de *symbolum* no latim medieval, com seu sentido grego e moderno, exceções confirmando a regra: entre os raros teólogos latinos eivados da teologia grega, por exemplo, Jean Scot Erigène.

3. Apud DU CANGE. Art. "Investitura". *Glossarium ad scriptores mediae et infimae latinitas* (edição de 1733, t. III, col. 1.533). Destacamos que Du Cange toma *investidura* no sentido amplo, incluindo não apenas as "investiduras" eclesiásticas, mas diversas doações que dão lugar a um ritual simbólico.

Encontramos aqui também, mais raramente, conforme notou Émile Chénon, uma explicação do *osculum*, do beijo de fidelidade como símbolo de oblação. Em 1143, por exemplo, segundo um texto do cartulário do Mosteiro de Obazine em Limousin, lê-se: "Esse dom se deu na grande sala do Castelo de Turenne, na mão de Monsenhor Étienne, rezador de Obazine, tendo a viscondessa beijado a mão do rezador como signo verídico de oblação"[4].

Outra interpretação simbólica do *osculum* do ritual de entrada na vassalagem é dada, no final do século XIII, por um dos raros textos que oferece em certos pontos uma explicação simbólica dos rituais de vassalagem, o *Speculum juris*, de Guillaume Durand (271, modificado em 1287): "pois aquele que presta homenagem, de joelhos, tem suas mãos entre as do senhor e lhe presta homenagem; por promessa, ele promete sua fé, e o senhor, em sinal de fé recíproca, lhe dá um beijo", e ainda: "logo em seguida, em sinal de amor recíproco e perpétuo, intervém o beijo de paz"[5].

No entanto, o que me interessa aqui vai além da identificação de símbolos no sentido corrente do termo – isto é, de concretização de uma realidade abstrata, "próxima da analogia emblemática" – interessa-me pesquisar um ritual simbólico no conjunto dos atos pelos quais se constituía a vassalagem. Aqui, as traças de uma concepção consciente desse ritual na Idade Média são ainda mais tênues. Lambert d'Ardres, por exemplo, em sua *Historia Comituem Guinesium*, bem no final do século XII, escreve: "A homenagem dos flamengos foi prestada segundo o rito (rite)[6] ao Conde Thierry", mas será que o termo *ritual* pode ser entendido em seu senti-

---

4. CHÉNON, E. "Le rôle juridique de l'*osculum* dans l'Ancien Droit Français". *Mémoires de la Société des Antiquaires de France*, 8ᵉ série, 6, n. 2, 1919-1923, p. 133, citando o cartulário de Obazine, de acordo com FAGE, R. *La propriété rurale en Bas-Limousin pendant le Moyen Age*. Paris: [s.e.], 1917, p. 260.

5. DURAND, G. "Speculum juris". II parte, lib. IV, 3, § 2, n. 8. Apud CHENON, E. Op. cit., p. 139, n. 2.

6. D'ARDRES, L. "Historia comitum Ghisnensium". MGH. *Scriptores*, 16, 596.

do pleno, ser considerado como expressando a consciência de um verdadeiro *rito* de homenagem, ou não seria apenas um advérbio deformado, desvalorizado, privado de sua carga semântica inicial?

Deixando de lado provisoriamente o problema do silêncio dos documentos medievais sobre uma interpretação simbólica explícita dos ritos de vassalagem, eu gostaria agora de apresentar a hipótese de que esses ritos constituíam de fato um ritual simbólico, e que uma aproximação de tipo etnológico pode esclarecer aspectos essenciais da instituição de vassalagem.

Não que eu esteja dissimulando os riscos de aplicação de tal método ao estudo da vassalagem no Ocidente medieval. Uma sociedade tradicionalmente estudada pelos historiadores não se oferece sem dificuldade aos métodos pelos quais os etnólogos estudam outras sociedades. É guardando o sentido das diferenças, de uma determinada diferença, que eu buscarei essa aproximação.

I. Descrição

Antes de tudo, é surpreendente que os ritos de vassalagem estabeleçam três categorias de elementos simbólicos por excelência: a palavra, o gesto, os objetos.

O senhor e o vassalo pronunciam palavras, executam gestos, dão ou recebem objetos que, para retomar a definição augustiniana do *signum-símbolo*, "além da impressão que trazem aos sentidos, eles nos fazem conhecer algo mais".

Retomemos então, brevemente, as três etapas da entrada na vassalagem que os homens da Idade Média e, depois deles, os historiadores das instituições medievais, entre os quais se destaca nosso mestre e colega Ganshof, distinguiram: a homenagem, a fé, a investidura do feudo[7].

---

7. GANSHOF, F.L. *Qu'est-ce que la féodalité?* 3. ed. Bruxelas: [s.e.], 1957.

Duas observações iniciais ainda merecem ser feitas. Os documentos medievais, além de não nos oferecerem interpretação simbólica dos ritos de vassalagem, também nos proporcionam poucas descrições detalhadas desses ritos. Até mesmo um texto clássico, como aquele em que Galbert de Bruges narra as homenagens proporcionadas em 1127 ao novo conde de Flandres, Guilherme, é pobre em detalhes. Ora, como veremos, uma aproximação etnográfica desses fenômenos comporta precisamente questões sobre as quais os documentos medievais trazem raramente as respostas desejadas.

Segunda observação. Como já deve ter sido notado, eu recorro com frequência, neste capítulo, a documentos mais recentes do que o *Alto Medio Evo,* mesmo entendido *lato sensu,* como é de tradição nos *Settimane.* É que os textos antigos são, em geral, ainda mais lacônicos do que os dos séculos XI ao XIII, e eu acredito ter o direito de recorrer aos dessas épocas na medida em que eles expressam realidades que não evoluíram significativamente desde os séculos IX e X. Aliás, na ocasião da minha tentativa de interpretar o ritual simbólico de vassalagem, eu me esforçarei em restituir as perspectivas cronológicas e, para isso, eu utilizarei sobretudo documentos da "verdadeira Idade Média", entre os séculos VIII e X.

O texto de Galbert de Bruges distingue bem três fases de entrada na vassalagem.

> *"Em primeiro lugar, eles fizeram homenagem do seguinte modo...",* é a homenagem.
>
> *"Em segundo lugar, aquele que fizera homenagem comprometeu sua fé...",* é a fé.
>
> *"Em seguida, com o bastão que tinham em mãos, o conde deu-lhes as investiduras a todos eles...",* é a *investidura do feudo*[8].

---

8. BRUGES, G. *Histoire du meurtre de Charles le Bon.* Paris: H. Pirenne, 1891, p. 89. Encontraremos esse texto e a tradução de F.L. Ganshof em *Qu'est-ce que la féodalité?* (p. 97), na excelente coletânea de documentos reunidos em BOUTRUCHE, R. *Seigneurie et Féodalité.* T. I. Paris: [s.e.], 1968, p. 368-369.

Primeira fase: a *hominium*, a homenagem. Ela compreende normalmente dois atos. O primeiro é verbal. É geralmente a declaração, o compromisso do vassalo, expressando sua vontade de se tornar *homem* do senhor. No texto de Galbert de Bruges, o vassalo responde a uma pergunta do senhor, o conde. "O conde perguntou [ao futuro vassalo] se ele gostaria, sem reservas, de se tornar seu homem, e este respondeu: 'Eu desejo'". Apenas um estudo estatístico dos documentos que conservaram a descrição das homenagens prestadas nos permitiria responder com uma relativa precisão à pergunta fundamental, especialmente em uma perspectiva etnográfica: dos dois atuantes, quem fala e quem não fala? Precisão relativa, pois, seria preciso dizê-lo, essa estatística dependeria do acaso dos documentos escritos e conservados, de sua relativa exatidão e deveria eventualmente dar conta das diferenças regionais e da evolução cronológica.

Mas essa palavra é simbólica, pois ela já é o *signo* de uma relação entre senhor e vassalo, que ultrapassa as palavras trocadas.

Em um caso análogo – ainda que exponha o problema da vassalagem entre reis, ao qual retornaremos – Haroldo o Dinamarquês fora, segundo Ermold o Negro, mais explícito em 826, quando ele entrou na vassalagem de Luis o Piedoso.

> *Receba-me, César, ele disse, com meu reino que é submisso a ti. Livro-me a teu serviço, de pleno grado*[9].

Assim como no batismo, o novo cristão, de sua boca, ou daquela de seu padrinho, responde a Deus que o interrogou por intermédio do padre batista: "Você deseja se tornar cristão? – Eu desejo". A partir desta primeira fase, o vassalo faz um compromisso global, mas preciso, em relação a seu senhor.

---

9. ERMOLD O NEGRO. *In honorem Hludowicii.* Vol. 2.484-2.485. [s.l.] [s.e.], 1932 [Classiques de l'Histoire de France – Org. e trad. por E. Faral]. Cf. trad. em BOUTRUCHE, R. *Seigneurie et Féodalité.* Op. cit., p. 366.

Um segundo ato completa essa primeira fase de entrada na vassalagem: é o *immixtio manuum:* o vassalo coloca suas mãos juntas entre as de seu senhor, que as envolve em suas mãos. Galbert de Bruges é muito preciso: *"em seguida, suas mãos estando juntas entre as do conde, que as abraçou".*

Os documentos mais antigos sobre os ritos de vassalagem fazem referência a tal rito manual.

A fórmula 43 de Marculf, na primeira metade do século VII, a propósito do antrustião do rei, declara: "Nós o vimos jurar fidelidade em nossa mão [*in manu nostra trustem et fidelitatem*]"[10].

Em 757, de acordo com os *Annales regni Francorum,* Tassilon, duque de Baviera, vai a Compiègne dar-se em vassalagem pelas mãos ao Rei Pepino, "recomendando-se em vassalagem pelas mãos"[11].

No poema já citado de Ermold o Negro, Haroldo o Dinamarquês, em 826, cumpre o mesmo gesto para com Luis o Piedoso: "Prontamente, com as mãos juntas, ele se entregou ao rei".

Uma primeira observação. Aqui, a reciprocidade dos gestos é certa. O gesto do vassalo não basta, é necessário que o gesto do senhor responda ao dele[12].

---

10. "Formulae Marculfi". I, 18. In: MGH. *Formulae Merowingici et Karolini aevi.* Parte I. [s.l.]: Zeumer, 1882, p. 55. Cf. trad. em BOUTRUCHE, R. *Seigneurie et Féodalité.* Op. cit., p. 364-365.

11. "Annales Regni Francorum" [Org. por F. Kurze, 1895, p. 14]. In: MGH. *Scriptores Rerum germanicorum in usum scholarum.* T. VI. Cf. trad. em BOUTRUCHE, R. *Seigneurie et Féodalité.* Op. cit., p. 365.

12. Seria útil recensear as expressões empregadas de uma forma tão completa e exata quanto possível. Segundo os exemplos dados por F.L. Ganshof (Op. cit., p. 89-93), podemos, parece-me, na perspectiva que me interessa, que é a da reciprocidade do gesto, distinguir à primeira vista as expressões que insistem na iniciativa do vassalo (*"manus alicui dare"*, *"in manus alicuius venire"*, *"Regis manibus sese militeturum committit"*, a propósito de Guilherme Longa-Espada, segundo conde de Normandia, tornando-se vassalo de Carlos o Simples em 927), as que privilegiam a

Por outro lado, aborda-se aqui um dos grandes capítulos do simbolismo medieval e universal, o simbolismo da mão. Simbolismo polissêmico que expressa o ensino, a defesa, a condenação, mas principalmente, como se vê aqui, a proteção, ou melhor, o encontro da submissão e do poder. O gesto renova, restituindo-lhe todo seu alcance, uma imagem deformada da terminologia jurídica romana onde a *manus* é uma das expressões da *potestas*, em particular um dos atributos essenciais do *paterfamilias*[13]. Mas não antecipemos.

Aqui, é preciso ressaltar uma variável notável do ritual de entrada na vassalagem da primeira fase. É o caso espanhol.

Como bem o demonstraram Claudio Sanchez Albornoz, em suas *Origines del feudalismo*[14] e, mais tarde, sua aluna Hilda Grassotti, no primeiro tomo de suas *Instituciones feudo-vassallaticus en León y Castilla*, publicadas por esse centro[15], a homenagem em León de Castilla acontece, habitualmente, através de um rito particular: o beija-mão. Como descreve Hilda Grassotti: "O vassalo declarava ao senhor que ele desejava ser seu homem e lhe beijava a mão direita". Vale destacar que a declaração acompanhava, ou melhor, precedia

---

aceitação do senhor (*"aliquem per manus accipere"*) e as que expressam sobretudo a conjunção de dois gestos e compromissos recíprocos (*"omnes qui priori imperatori servierant [...] regi manus complicant [...]"*), de acordo com Thietmar de Mersebourg a respeito das homenagens prestadas a Henrique II sobre as fronteiras orientais da Alemanha em 1002, ou ainda a expressão "*alicuius manibus iunctis fore feodalem hominum*" de uma carta foral inglesa da época de Guilherme o Conquistador, estudada em DOUGLAS, D.C. "A charter of enfeoffment under William the Conqueror". *English Historical Review*, XLII, 1927, p. 427.

13. Além da obra de P. Ourliaca e J. de Malafosse, citada infra, eu me servi principalmente, para o Direito Romano antigo, da grande obra de Edoardo Volterra: *Instituzioni di Diritto Privato Romano*. Roma: [s.e.], 1961.

14. SANCHEZ ALBORNOZ, C. *En torno a los orígenes del feudalismo*. Mendoza: [s.e.], 1942.

15. GRASSOTTI, H. *Las Instituciones feudo-vassaláticas en Léon y Castilla*. 2 vols. Espoleto: [s.e.], 1969; principalmente t. I: *El vassalaje,* cap. II: "Besamanos", p. 141-162.

o gesto. Não me importa aqui pesquisar as origens do beija-mão da vassalagem espanhola – hispânica, como procurou demonstrá-lo Don Claudio Sanchez Albornoz – ou oriental e, mais precisamente, muçulmana, como Hilda Grassoti parece inclinada a pensar. Não acredito, em todo caso, que haja uma relação entre o beija-pé atestado a propósito da fundação do Mosteiro de Lucis no famoso documento de 775 e o beija-mão da homenagem de vassalagem na Espanha. Não me estenderei, tampouco, nas discussões que suscitaram a introdução, talvez por influência carolíngia, depois francesa, do *hominium manuale,* a *commendatio in manibus* em Catalunha, em Navarra e em Aragão. Contento-me em notar, por hora, que o *osculatio manuum* espanhol difere do *immixtio manuum,* ao menos pelo fato de que o senhor é, nesse rito, nitidamente superior ao vassalo, já que ele não faz nada além de não negar sua mão para beijar, e que o gesto de humildade do vassalo é muito mais pronunciado[16].

O texto de Galbert de Bruges, ao qual regresso como um fio condutor, parece-me oferecer uma anomalia no que ele coloca na primeira fase da entrada na vassalagem, o *hominium,* um rito que é geralmente apresentado como pertencendo à segunda fase, a *fé* ou *fidelidade,* a saber, o beijo, o *osculum,* que trocam senhor e vassalo: "em seguida, com suas mãos juntas entre as do conde, que as abraça, eles aliaram-se através de um beijo".

---

16. Depois dos exemplos dados por Hilda Grassotti, determinado modelo real – de proveniência sem dúvida oriental e reforçado por práticas muçulmanas – desempenhou um papel específico na Espanha. O que nos pareceria interessante nessa hipótese é, mais do que o problema das influências orientais e muçulmanas, o problema das relações entre ritos de vassalagem e ritos de realeza, que citaremos mais adiante. H. Grassotti lembra os numerosos exemplos de beija-mãos no *Poema del Cid,* recolhidos por Menendez Pidal, por exemplo: "*Por estos vos besa las manos, commo vassalo a señor*", mas também "*Besamos vos las manos commo a Rey y a señor*". Na Espanha muçulmana (reciprocidade ainda do gesto) insiste-se principalmente no insigne favor do califa quando dá sua mão a beijar "*quase numen quoddam nullis aut raris accessibile*". Da mesma forma, durante a recepção de Ordono IV por al-Hakam II em Medina-al-Zahra, recepção de que Claudio Sanchez Albornoz deu um vivo relato segundo al-Maqquari, utilizando muito provavelmente fontes medievais.

Mais geralmente, o *osculum*, o *osculatio* são relacionados com a *fides*. Por exemplo, como se vê na já citada carta de foral de 1123, de São Nicolau de Angers, que retomamos aqui: "e eles lhe deram um beijo para marcar essa doação pela fé"[17].

Textos, em geral tardios, na maioria das vezes do século XIII, como o *Livre de jostice et de plet*, sublinham que o beijo é dado *"em nome da fé"*[18].

Na perspectiva de nossa pesquisa, isto é, de um ponto de vista etnográfico, um detalhe que poderia parecer menor ganha bastante relevância. É a natureza do beijo, a forma pela qual ele é dado. De acordo com documentos reunidos por Chénon, parece não haver dúvida. O *osculum* de vassalagem é um beijo na boca, *ore ad os*, como comentou a respeito de um tipo de contrato análogo o cartulário de Montmorillon. Detalhe picante de acordo com nossos costumes, as mulheres parecem ter sido isentas do rito do *osculum* de vassalagem e uma interpretação tardia, do século XIV, explica tal fato invocando a decência, *propter honestatem*[19], interpretação que eu acredito que seja falsa como tentarei demonstrar mais adiante.

Os historiadores do direito medieval estabeleceram, a propósito do *osculum*, uma distinção que, se for confirmada por um estudo exaustivo dos textos, não é desprovida de interesse – mas que não parece ser, contudo, essencial. Segundo eles, seria preciso distinguir a prática dos países em que o costume era do senhor dar o *osculum*, daquela dos países de direito escrito onde é, ao contrário,

---

17. Cf. nota 3.

18. *Livre de jostice et de plet* XII, 22, sec. 1. Paris: [s.e.], 1850, p. 254. (org. por Rapetti], apud Chenon, p. 138.

19. Em uma carta de foral de 1322, Hugues, bispo eleito de Carpentras, recebe a homenagem de uma criança menor e da sua tutora. Ele agarra a mão da criança e da tutora, que presta a homenagem e a fé entre suas mãos, mas ele dá o *osculum* apenas à criança, "*remisso ejusdem dominae tutricis osculo propter honestatem*". Apud DU CANGE. Art. "Oscculum". *Glossarium*. • CHÉNON, E. Op. cit., p. 145-146 e p. 146, n. 1.

o vassalo que dá o beijo no senhor "que se restringe em devolvê-lo"[20]. No entanto, no meu entender, não é a iniciativa do gesto que importa, mas a reciprocidade que parece existir em toda parte. O *osculum* é, entre o senhor e seu vassalo, um beijo ritual mútuo. Um dá o beijo, o outro o retribui.

A segunda etapa do ritual de vassalagem, o da fidelidade, como se sabe, é completada por um sermão. Reencontramos aqui, portanto, o recurso à palavra, mas o alcance simbólico desta palavra é ainda mais forte do que para a homenagem, já que se trata de um sermão e que ele é geralmente jurado sobre a Bíblia ou sobre relíquias.

Apresenta-se quase sempre como um dos mais antigos documentos sobre o *osculum* de vassalagem, um texto dos *Casus S. Galli* relatando a forma pela qual Notker, eleito abade de Saint-Gall em 971, torna-se vassalo de Otton I. Ele relaciona bem esse rito com o do sermão, nesse caso sobre o Evangelho. "Enfim, você será meu, disse o imperador, e após tê-lo recebido pelas mãos, ele o abraça. E assim que chegou o Evangelho, o abade jurou fidelidade"[21].

Em Galbert de Bruges – texto certamente precioso por sua precisão e sua apresentação analítica, mas que não deve ser tomado como *o* modelo do ritual de entrada na vassalagem –, assim como o *osculum* está ligado à fase inicial da homenagem, a fase do ritual de fidelidade é decomposta em duas etapas: a primeira, uma promessa e, em seguida, o sermão, dessa vez sobre relíquias. "Em segundo lugar, aquele que fizera homenagem envolveu sua fé nesses termos: 'eu prometo, em minha fé, ser fiel, a partir desse momento, ao Conde Guilherme e protegê-lo contra todos e prestar inteiramente minha homenagem de boa-fé e sem engano'. Em terceiro, ele jurou isso sobre as relíquias dos santos."

---

20. CHENON, E. Op. cit., p. 149.
21. "Casus S. Galli", c. 16. *MGH* – SS, t. II. [Org. por Von Arx]. Cf. trad. em BOUTRUCHE, R. *Seigneurie et Féodalité*. Op. cit., p. 367.

Desde 757, segundo a célebre passagem dos *Annales regni Francorum*, já citado, Tassillon, duque de Baviera, fizera o mesmo com Pepino o Breve, depois da *commendatio per manus* "ele jurou múltiplos e inumeráveis sermões colocando as mãos sobre as relíquias dos santos. E ele prometeu fidelidade ao Rei Pepino e a seus filhos súditos, os senhores Carlos e Carloman, assim como um vassalo deve fazer por direito [...]"²².

Depois de alcançada essa etapa do ritual de vassalagem, o vassalo se tornou o "homem de boca e de mãos" do senhor. Em 1110, por exemplo, Bernardo Atton IV, visconde de Carcacassona, presta homenagem e fé a certo número de feudos de Léon, abade de Nossa Senhora da Grassa, nesses termos: "Em nome de todos e de cada um, eu faço homenagem e fé das mãos e da boca a ti, meu senhor e Abade Léon e a teus sucessores"²³.

De forma ainda mais precisa, na *carta donationis* de 1109 de Doña Urraca, Afonso o Batalhador, dirigindo-se a sua esposa, emprega a expressão frequentemente utilizada: homem de boca e de mãos. "E que todos os vassalos que hoje recebem esse feudo [honor] de ti e que talvez o guardem para o futuro, que todos te jurem fidelidade e se tornem teus vassalos [*hommes*] de boca e de mãos"²⁴.

Expressão importante em todos os aspectos, pois ela manifesta o lugar essencial do simbolismo corporal no sistema cultural e mental da Idade Média. O corpo não é só o revelador da alma, mas é também o lugar simbólico onde se cumpre – sob todas as formas – a condição humana. Até o além, é sob a forma corporal, ao menos até o Juízo Final, que a alma cumpre seu destino para o melhor ou para o pior, ou para a purgação.

---

22. Cf. nota 11.

23. TEULET. "Layettes du Trésor des chartes". T. I, n. 39. Apud CHENON, E. Op. cit., p. 141, n. 1.

24. RAMOS & LOSCERTALES. "La sucesion del Rey Alfonso VI". Anuario de Historia del Derecho español, XIII, p.67-69. Apud GRASSOTTI, H. Op. cit., p. 169.

Enfim, o ritual de entrada na vassalagem finda pela investidura do feudo que se opera por meio da entrega de um objeto simbólico pelo senhor a seu vassalo.

"Em seguida – disse Galbert de Bruges – com o bastão que tinha em mãos, o conde lhes deu as investiduras [...]."

Reencontramos aqui um aspecto que me parece relativamente menor na simbologia do ritual de vassalagem, a entrada em cena, não mais de palavras ou de gestos, mas de objetos simbólicos. Esse aspecto tem, contudo, seu interesse e podemos abordá-lo, já que ele foi tratado por Du Cange no admirável artigo Investitura, de seu glossário[25].

Artigo admirável, pelo menos por três razões. Primeiro, porque ele reúne um conjunto de textos que constitui um verdadeiro *corpus* dos objetos e dos gestos simbólicos utilizados ao longo da investidura: 99 variedades[26]!

---

25. DU CANGE. Art. "Investitura". *Glossarium*, t. III, col. 1.520-1530. Eu só tenho elogios a esse impressionante artigo incluído na erudição do tempo que o viu nascer. Bem-entendido, podemos ao mesmo tempo criticá-lo. Principalmente como destaquei acima, nota 3, *investitura* é tomado em sentido muito abrangente. Mas, mesmo quando se trata de objetos simbólicos utilizados em "investiduras" eclesiásticas ou mesmo de simples doações, utilizei as referências de Du Cange, pois, para essa parte do cerimonial feudo-vassálico, o ritual e seu simbolismo me parecem idênticos.

26. Encontraremos essa lista em apêndice, infra.
Bem-entendido, apesar da extensão da erudição de Du Cange, seria necessário complementar a lista que podemos elaborar pelos despojos tão numerosos quanto possível e fazer com eles uma estatística evidentemente sujeita a caução e muito aproximativa. Benjamin Guérard, p. ex., em sua introdução ao *Cartulaire d l'abbaye de Saint-Père de Chartres* (Vol. I. Paris: [s.e.], 1840), estudou rapidamente [CCXXIVCCXXVI] os "símbolos de investidura". Encontramos entre eles a faca, o bastão, a colher do turíbulo, a *virga* ou *vírgula* (ou o ramusculus). Precisa-se em geral a madeira da *virga* ou do *ramus-ramusculo* (p. ex., *virgula de husso*): raminho de azevinho; *savinae ramusculo,* raminho de Sabina). Von Amira, no artigo citado infra, dá grande importância, do ponto de vista etno-histórico, à madeira do bastão simbólico. Encontramos aí também o gesto do partir a que voltaremos na nota 28 (p. ex.: *quam virgam [...]*

Em seguida, porque ele começa por um verdadeiro ensaio sobre a simbologia da investidura medieval.

Finalmente, porque ele propõe uma tentativa de tipologia dos objetos simbólicos utilizados na investidura na Idade Média. Du Cange destaca que as investiduras não se faziam apenas oralmente ou com a ajuda de um simples documento ou de uma carta de foral *sed per symbola quaedam*. Esses objetos simbólicos deviam responder a duas intenções: marcar a passagem da posse de uma coisa (*dominium rei*) de uma pessoa a outra, obedecer a um uso dedicado de tal forma que pudesse ser percebido por todos como um ato de valor jurídico.

Du Cange ordena então os diversos objetos simbólicos que ele destacou dos documentos de investidura segundo duas tipologias sucessivas.

Na primeira, ele distingue os objetos que têm uma relação com a coisa transmitida, como por exemplo, o ramo, o punhado de terra ou de erva, que significam a investidura de uma terra. Em seguida, aqueles que manifestam a transmissão de um poder, *potestas*, essencialmente sob a forma de um bastão, *festuca*. Depois, os objetos que simbolizam, além da transmissão de um poder, o direito de uso violento (*ius evertendri, disjiciendi, succidendi metendi* (direito de arrancar, de rejeitar, de cortar, de compartilhar)): trata-se principalmente de facas ou de espadas. Restam duas categorias de objetos simbólicos, de investidura ligada aos costumes, às tradições, à história. Aqueles ligados a tradições antigas, como o anel, o estandarte. Aqueles que se tornaram simbólicos ao longo da Idade Média, fora de qualquer tradição antiga, a partir do armamento: elmo, arco, flecha ou objetos de uso corrente: couro, copa etc.

---

intestimonium fregit). Aos símbolos da investidura propriamente dita misturam-se símbolos de *dom* e de *testemunho*. Explicar-me-ei mais adiante sobre o interesse de uma lista, igualmente exposta no apêndice, de símbolos jurídicos das épocas merovíngias e carolíngias, colhidas por M. Thévenin em sua edição de textos, citada nas referências.

Em uma segunda tipologia, Du Cange privilegia, antes de citar todos os outros objetos simbólicos por ordem alfabética, três tipos de objetos que, segundo ele, aparecem com mais frequência nas investiduras: 1) O que diz respeito à terra e, mais particularmente, *cespes* ou *gazo* (torrão ou grama); 2) Os diversos bastões de comando, sobretudo *baculum, fustes* (bastão, ramo); 3) Os objetos relativos ao *ius evertendi* (direito de arrancar) e notadamente *cultellus* (faca).

Eu não tenho a intenção de me dedicar a um estudo aprofundado dos 98 objetos simbólicos elencados por Du Cange, nem de empreender uma crítica detalhada deste estudo que é, conforme já disse, notável.

Eu me contentarei em fazer três observações:

A primeira é que outra tipologia me parece preferível, que dê conta de:

a) As referências de natureza etno-histórica;

b) A frequência das ocorrências documentais.

Após uma primeira aproximação – mas esta classificação está sujeita a revisão – eu distinguiria:

1) Os símbolos socioeconômicos – onde aparece de fato a preeminência do que diz respeito à terra e, parece-me, de preferência à terra natural, inculta.

Por exemplo: *per herbam et terram, per festucam, per lignum, per ramum, per virgam vel virgulam etc.* (pela erva e pela terra, pela palhinha, pela madeira, pelo ramo, pela vara ou varinha), com raras referências à piscicultura (*per pisces* (pelos peixes)) ou à economia monetária (*par denarios* (pelo dinheiro)).

2) Os símbolos socioculturais (eu emprego aqui cultura no sentido antropológico, por oposição a natureza), com dois grandes subgrupos:

a) Os gestos corporais

per digitum, per dextrum pollicem, manu, per capillos, per floccilum capillorum (pelo dedo, pelo polegar direito, pela mão, pelos cabelos, pela madeixa dos cabelos).

b) Os vestidos

per capellum, per corrigiam, per gantum, per linteum, permanicam, per mappulam, per pannum sericum, per pileum, per zonam (pelo chapéu, pela cintura de couro, pela luva, pela camisa, pelo colete, pelo lenço, pelo tecido de seda, pelo boné frígio, pelo cinto) (com insistência, pois, no cinto e na luva).

3) Os símbolos socioprofissionais onde dominam os símbolos das categorias sociais das duas primeiras funções: clero (*per calicem, per claves ecclesiae, per clocas ecclesiae, per ferulam pastoralem etc.* (pelo cálice, pelas chaves da igreja, pelos sinos da igreja, pela férula pastoral)) e cavalaria (*per gladium, per hastam* (pela espada, pela lança)), mas onde se distinguem, no caso do clero, os objetos referentes ao livro e à escrita, muito frequentes (*per bibliothecam, per chartum, per librum, per notulus, cum penna et calamario, per pergamenum, per psalterium, per regulam, per textum evangelii* (pela biblioteca, pela carta, pelo livro, pelos diplomas, com pena e tinteiro, pelo pergaminho, pelo saltério, pela régua, pelo texto do evangelho)). Notemos ainda os objetos simbólicos do camponês – ferramenta e arma, muitas vezes, simultaneamente: (*per cultellum, per cultrum vel cultellum, per forfices, per furcam ligneam, cum veru* (pela faca, pelo machado ou a faca, pelas tesouras, pelo forcado de madeira com a ponta aguçada)).

A segunda é que as bases de classificação devem ser revisadas, pois elas não correspondem nem ao instrumental cultural e mental da Idade Média, nem às categorias científicas modernas. Elas repousam em noções de Direito Romano: *dominium, ius everdenti, potestas etc.*, que não nos parecem pertinentes aqui, ao menos para o essencial[27].

Enfim, o simbolismo dos objetos deve ser ele próprio revisto, antes de tudo, em sua explicação em um primeiro nível (simbolismo muito mais complexo da *festuca* ou do *cultellus*), e não se devem isolar esses objetos de suas significações do conjunto do ritual.

Para se compreender o conjunto é preciso acrescentar aos ritos de entrada em vassalagem que acabamos de descrever e de analisar, os ritos de *saída da vassalagem*.

Cabe aqui citar o único estudo que, do meu conhecimento, utilizando o artigo de Ernst von Moeller de 1900: *Die Rechtssitte des Stabsbrechens* e o "importante trabalho" de Karl von Amira de 1909: *Der Stab in der germanischen Rechtssymbolik*[28], buscou investi-

---

27. Bem-entendido, essa observação não retira valor algum ao problema da influência dos modelos jurídicos romanos sobre o direito medieval (falarei mais adiante sobre a *festuca*, utilizando principalmente o livro já citado de E. Volterra (cf. nota 13)). Além disso, ela não pode se aplicar de forma alguma à obra notável de P. Ourliac e J. de Malafosse (*Droit Romain et Ancien Droit* – T. I: Les obligations. Paris: [s.e.], 1957), um dos raros autores a se referir à origens alto-medievais da *festucatio* com sabedoria e inteligência.

28. Podemos, na muito sucinta bibliografia francesa sobre o tema, citar A. Laforet, "Le bâton [o bastão, signo de autoridade, a cruz episcopal e abacial. O bastão cantoral, o cetro e a mão de justiça]". In: *Mémoires de l'Académie des Sciences* – Belles-Lettres et Arts de Marseille, XXI (1872-1874), p. 193ss. Para Ernst von Moeller, o mais importante em uma série de cerimoniais que dizem mais respeito, de resto, a oficiais, juízes, fora da lei que a vassalos, era a *fratura* do bastão. Ele dá uma interpretação simplista a esse respeito: a fratura é o símbolo da ruptura de um vínculo. É, ao contrário, na linha da etimologia grega, a reunião dos dois pedaços que *foi preciso quebrar*, que cria o vínculo entre duas pessoas. Von Amira fez da interpretação de Von Moeller uma crítica pertinente retomada por Marc Bloch. Acontece que – repetiremos isso, já que é um ponto de método fundamental na perspectiva etno-histórica – é preciso estender o campo do comparatismo sem necessariamente ter que dilatá-lo a ponto de cair em confusão. Marc Bloch disse brilhantemente: "a ruptura do bastão [...] tem com a ruptura da *palinha*, considerada como rito de renúncia à homenagem, apenas uma semelhança exterior e fortuita" (Op. cit., p. 209).

gar o ritual da prestação de homenagem no sentido da simbólica comparada e, de certa forma, da etnografia jurídica. É o artigo notável da juventude de Marc Bloch, onde se anuncia o futuro autor dos *reis taumaturgos*: "*As formas da ruptura da homenagem no antigo Direito Feudal*", surgido em 1912[29].

O interesse desse estudo me parece triplo. Em primeiro lugar, ele lembra que é preciso estudar o ritual da vassalagem naquilo a que dei o nome de suas duas vertentes, a da entrada e a da saída: ruptura de homenagem, à qual se deve acrescentar renúncia. A simbólica de um ritual destinado a criar um vínculo social só pode ser completamente assimilada se a consideramos ao mesmo tempo na constituição e destruição do vínculo, mesmo que esta só intervenha raramente.

Ele indica, em seguida, que as formas cerimoniais das instituições de vassalagem só se esclarecem por comparação com ritos análogos ou próximos.

Finalmente, em um apêndice, Marc Bloch, comentando um texto da lei sálica citado por Ernst von Moeller, direciona o estudo dos ritos de vassalagem a uma hipótese sobre as "origens do feudalismo" – problemática que ele mesmo, mais tarde, rejeitou parcialmente (lembrem-se da crítica sobre a pesquisa das origens em sua *Apologia para a história*), mas que pode, talvez, servir-nos de guia hoje em uma interpretação do sistema simbólico da vassalagem – a ser pesquisada no simbolismo do parentesco.

Marc Bloch acumula exemplos de *exfestucatio* emprestados, em geral, de crônicas ou de canções de gesta dos séculos XII e XIII, inclusive casos onde outro objeto simbólico é jogado, e não uma *festuca*. Ele se debruça também sobre uma passagem da gesta de *Raoul de Cambrai*, do final do século XII, em que Bernier, escudeiro de

---

29. Cf. Referências sumárias, ao final. Lamento não poder ter consultado, na perspectiva comparatista, à qual irei me referir mais adiante, a obra GLUCKMAN, M. *Rituals of Rebellion in South East Africa*. Manchester: [s.e.], 1954.

Raoul, rompe sua homenagem em relação a este porque ele busca retirar a família de Bernier de sua legítima herança: Bernier "pega, entre as malhas da sua cota, três pelos de sua roupa de arminho, que ele arremessou e lançou em direção a Raoul; para quem ele diz, em seguida: "Homem! Eu lhe retiro minha fé. Não diga que eu lhe traí" (v. 2.314-2.318 [Org. por P. Meyer e A. Lonngnon]). Ele cita igualmente um texto particularmente interessante, um *exemplum* no qual o cisterciense Cesário de Heisterbach, em seu *Dialogus miraculorum* (em torno de 1220), conta como um jovem cavaleiro rompe sua homenagem a Deus e a presta ao diabo: *"Ele negou seu criador pela boca, rompeu sua homenagem lançando o tufo pela mão e fez homenagem ao diabo"*. Identificamos a ideia de homem de boca e de mãos e Marc Bloch ressalta, a propósito de *manu*, "que é em um gesto da mão que se deve buscar o ato essencial". Não seguirei, contudo, Marc Bloch, quando ele assimila o *exfestucatio* à renúncia. Creio antes que Chénon tem razão ao reservar esse termo a uma *desinvestidura* ou a uma *renúncia* por acordo entre as duas partes, o senhor e o vassalo, o acordo de divórcio, se ouso dizer, sendo selado por um *osculum*[30].

É ainda Galbert de Bruges que fornece preciosas indicações sobre o ritual do *exfestucatio*. Depois do assassinato do conde de Flandres, Carlos o Bom, levanta-se uma disputa entre o novo Conde Guilherme Cliton e alguns de seus sujeitos e vassalos. Esses, como já foi visto, prestaram a Guilherme a homenagem dos vassalos em Bruges. Mas alguns dentre eles, entre os quais se destaca Iwan de Alost, estimam que o novo conde não honrou os seus compromissos e os burgueses de Gand os apoiam contra o conde. Se o conde tivesse ousado afrontar a revolta dos burgueses, ele teria desejado romper a homenagem que Iwan lhe havia prestado (*igitur comes prosiliens exfestucasset Iwanum si ausus esset prae tumultu civium*

---

30. CHENON, E. Op. cit., p. 130-132. E. Chénon comenta também, o que talvez merecesse ser estudado mais detalhadamente, que o *osculum* pode substituir, no ritual, o objeto simbólico (p. 132-134).

illorum), mas ele se contenta com uma palavra simbólica e diz que deseja, ao rejeitar a homenagem que ele lhe fez, se rebaixar até se tornar igual ao seu vassalo para lhe fazer guerra (*volo ergo rejecto hominio quod michi fecisti, parem me tivi facere, et sine dilatione bello comprobare in te...*).

A essa vontade de ruptura do conde responde uma ruptura efetiva que, no ano anterior, em 1127, havia consumado vassalos do Castelo de Bruges, que haviam acolhido os assassinos de Carlos o Bom e, nesse caso, o *exfestucatio* não só foi declarado, como também foi concretamente executado por um gesto simbólico: "tendo tomado os tufos, eles os lançaram para romper a homenagem, a fé e a segurança dos sitiados".

A verdade é que não é apenas, como parecia crer Marc Bloch, por causa do silêncio dos textos, que possuímos ainda menos detalhes sobre a ruptura de homenagem do que sobre a entrada em vassalagem. Por razões em parte evidentes, os ritos de ruptura eram mais breves – o desacordo prestando-se menos que o acordo a uma cerimônia complexa. No entanto, parece-me que é preciso notar, principalmente, que as duas vertentes do cerimonial de vassalagem são assimétricas. A cada momento simbólico de um não corresponde um momento simbólico do outro. Seria talvez necessário estudar mais de perto essa assimetria.

Nós nos contentaremos, nesse esboço, em explicitar agora o sistema constituído pelas diferentes fases e os diferentes gestos que acabamos de descrever.

II. Sistema

É necessário insistir sobre o fato de que o conjunto dos ritos e dos gestos simbólicos da vassalagem constitui não somente um cerimonial, um ritual, mas um sistema, isto é, ele só funciona se não lhe falta nenhum elemento essencial e ele só ganha significado e eficácia graças a cada um dos seus elementos cujo sentido só pode ser esclarecido pela referência ao conjunto. Homenagem, fé e investidura articulam-se de forma necessária e constituem um ritual simbólico cuja intangibilidade é menos ligada à força e, nesse caso, ao caráter quase sagrado da tradição, do que à coerência interna do sistema. De resto, parece que os contemporâneos o compreenderam como tal.

A sucessão dos atos e dos gestos: homenagem, fé, investidura, não é apenas um desenrolar temporal, é um desenrolar lógico e necessário. Podemos até mesmo nos perguntar se uma das razões do caráter sumário das descrições dos ritos de vassalagem não vem do desejo mais ou menos consciente de indicar, sem digressão, que o essencial se desenrolou de fato em todas suas fases necessárias. Muito frequentemente, o conjunto das três ações rituais está expresso em uma só frase, no que diz respeito, em todo caso, à homenagem e à fé. Para retomar exemplos já citados:

a) Quando Gilherme Longa Espada se torna vassalo de Carlos o Simples em 927: "ele entrega-se nas mãos do rei para ser seu homem de guerra e compromete sua fé e confirma por juramento"[31].

b) Quando Henrique II, de acordo com Thietmar de Marseburg, chega aos confins orientais da Alemanha em 1002: "todos aqueles que haviam servido ao imperador anterior cruzam suas mãos com as do rei e confirmam por juramentos ajudá-lo fielmente"[32].

A forma pela qual os gestos simbólicos são ligados no tempo e na necessidade do sistema é quase sempre destacada por conjunções de coordenação (*et, ac, que*).

Quando a narrativa é decomposta em vários episódios e em várias fases, insiste-se quase sempre na brevidade do tempo que separa os episódios sucessivos.

---

31. Cf. nota 12.

32. Cf. nota 12.

a) Na narrativa de Ermold o Negro sobre a entrada do rei dinamarquês Haroldo na vassalagem de Luís o Piedoso, e sua investidura em 826:

> *Logo*, as mãos juntas, ele se entregou voluntariamente ao rei...
>
> *E* o próprio César acolheu suas mãos em suas honoráveis mãos...
>
> *Logo* César, seguindo o velho costume dos francos, dá-lhe um cavalo e armas...
>
> *No entanto*, César dá um presente a Haroldo, que se torna *desse ponto em diante*, seu fiel[33].

b) Na relação de entrada de Notker, o abade eleito de Saint-Gall, na vassalagem de Otton I em 971:

> Enfim, você será meu, diz o imperador, e depois de tê-lo recebido pelas mãos, ele o beija. E, logo, um Evangelho foi trazido e o abade jurou fidelidade[34].

No relato, sem dúvida, mais detalhado que temos desse sistema, o de Galbert de Bruges sobre as entradas em vassalagem e investiduras de diversos senhores flamengos durante a chegada do novo conde de Flandres, Guilherme, em 1127, o narrador sente a necessidade, tendo em vista a relativa extensão do relato, de ressaltar fortemente a sucessão das fases: "Em primeiro lugar, eles prestaram as homenagens da seguinte forma [...]. Em segundo lugar, aquele que havia prestado homenagem comprometeu a sua fé nesses termos [...]. Em terceiro lugar, jurou isso sobre as relíquias santas. Em seguida, com o bastão que tinha na mão, o conde deu a investidura a todos [...]". E, para completar a impressão de tudo

---

33. Cf. nota 9.

34. Cf. nota 21.

indissoluvelmente ligado e onde cada gesto sucessivo leva inelutavelmente ao gesto seguinte de forma que o sistema se fecha sobre ele mesmo, Galbert conclui, lembrando os episódios do início na frase de conclusão: "[...] a eles todos, que, por esse pacto, haviam-lhe prometido segurança, feito homenagem e, ao mesmo tempo, prestado juramento"[35].

Mas a existência desse sistema de gestos simbólicos só pode ser demonstrada, ou ao menos parecer verossímil, caso uma interpretação plausível seja proposta. Eu tentarei fazê-la em dois níveis.

O primeiro nível de interpretação se situa à altura de cada uma das fases do ritual simbólico e define uma relação entre os dois atuantes: o senhor e o vassalo.

Antecipando as comparações que eu apresentarei mais adiante entre a vassalagem medieval ocidental e outros sistemas sociais, eu esclarecerei essa interpretação recorrendo às análises de Jacques Maquet em seu estudo *Poder e sociedade na África* porque eles me parecem de natureza a valorizar a significação das relações sociais que eu estudo aqui[36]. Na primeira fase, a *homenagem*, sem recorrer sequer a traços significativos que a análise de tipo etnográfico irá detectar mais adiante, parece-me que o importante é a expressão da subordinação mais ou menos marcada do vassalo em relação a seu senhor. Certamente, como vimos, a iniciativa da ação pode vir do senhor e a *immixtio manuum* – sobre a qual voltarei a falar – é um gesto de encontro, de contrato mútuo. Eu afasto dessa demonstração o caso muito evidente da variedade espanhola do beija-mão, no qual a inferioridade do vassalo é ainda mais ressaltada. A desigualdade das condições e das atitudes aparece em todos os casos, tanto nos gestos quanto nas palavras. Na *immistio manuum*, fica claro que as mãos que envolvem pertencem a uma pessoa superior àquela que

---

35. Cf. nota 8.

36. MAQUET, J. *Pouvoir et société en Afrique*. Paris: [s.e.], 1970, cap. VIII: "Dépendre de son seigneur", p. 191-215.

tem suas mãos envolvidas. O vassalo do conde de Flandres, de acordo com Galbert de Bruges, quando juntou as mãos, declarou-se o objeto aceito, mas passivo (a forma verbal gramatical o indica) do abraço, do envolvimento pelas mãos do conde: "e, suas mãos juntas foram apertadas pelas mãos do conde". Certamente no gesto do senhor há promessa de ajuda, de proteção, mas há precisamente, através dessa promessa, ostentação de um poder – em todos os sentidos da palavra – superior. É uma relação de dependência. Sobre exemplos africanos Jacques Maquet a define da seguinte forma: "A dependência, esta exigência da ajuda de outro ser para existir plenamente, é dominante em certas relações, reconhecidas ou mesmo institucionalizadas, em várias sociedades. Por conta dessa preponderância, nós a nomeamos relações de dependência. Elas são assimétricas: um ajuda e apoia, o outro recebe esta ajuda, este apoio, mas presta diversos serviços a seu protetor. A relação não pode se inverter: proteção e serviços não são do mesmo gênero"[37]. E ainda: "Para preencher seu papel o protetor deve ter meios suficientes. Isto supõe que, antes mesmo que comece a relação, ele seja mais do que seu futuro dependente"[38].

Ao observar o vassalo é possível notar humilhação em seu gesto, ou pelo menos sinal de deferência e de inferioridade, pelo simples gesto *"manus alicui dare"*, *"in manus alicuius dare"* ou pela significação que lhe é dada: *"sese... committit"* (Gilherme Longa Espada diante de Carlos o Simples), *"se comendans"* (Tassilon em comparação com Pépin), *"se tradidit"* (Haroldo em relação a Louis o Piedoso). Ao observar o senhor, é a aceitação do superior *"aliquem per manus accipere"*. Quando a expressão insiste na junção das mãos, algo na frase expressa a superioridade do senhor. Os vassalos orientais de Henrique II *"regi manus complicant"*, já são vassalos, ou pelo menos subordinados militares do imperador anterior "que haviam servido ao imperador precedente".

---

37. Ibid., p. 192.

38. Ibid., p. 193.

A mesma desigualdade se manifesta nas palavras. Se for o senhor que instiga o vassalo, como no texto de Galbert de Bruges, ele assim o faz para provar sua posição de superioridade, é quase uma exigência: "*o conde perguntou* [requisivit] [ao futuro vassalo] *se ele gostaria de se tornar seu homem sem reservas* [integre]" e *integre* requer quase uma "rendição sem condição". Quando o vassalo responde "*eu desejo* [*volo*]", a palavra é a expressão do compromisso de um inferior, não da vontade de um igual[39].

Enfim, os termos usados para a prestação da *homenagem* não deixam dúvida sobre o fato de que se trata, nesse estado, do reconhecimento, pelo vassalo, da condição de subordinação que vem, ritualmente, confirmar sua posição inicial de inferior "*se ele quisesse tornar-se* [fieri] *homem seu*", diz Galbert e a carta de foral inglesa citada anteriormente, mais precisamente ainda "*tornar-se* [fore] *seu homem feudal*". Diante de um superior, a homenagem faz de um inferior, um subordinado. "Fieri", "fore" expressam bem a transformação, o nascimento de um vassalo. Quanto ao *homo*, não nos esqueçamos que, em uma sociedade onde o *homem* não é quase nada diante do *dominus*, o senhor terrestre sendo apenas a imagem e o representante do Senhor celeste, o termo marca a subordinação, tendo nos dois polos da escala social dos *homines*, os sentidos especializados de vassalo de um lado, e de servo do outro.

Assim, o primeiro ato do ritual, a primeira estrutura do sistema cria, entre o senhor e o vassalo, uma relação de desigualdade.

O segundo ato, a *fé*, modifica sensivelmente as coisas. Vale lembrar – pois o detalhe me parece fundamental – que o gesto simbólico que o marca, o *osculum*, é um beijo na boca. Eu confesso não estar persuadido da importância – quanto à significação essencial do gesto – da hipótese, supondo que esteja correta, de alguns historiadores do direito, para quem, em países de direito consuetudinário, era o senhor que dava o *osculum*, enquanto no país de direito

---

39. Cf. nota 8.

escrito, essa iniciativa pertencia ao vassalo[40]. Eu repito, o fato seria interessante para a história da cultura jurídica e mais largamente das tradições culturais. No entanto, conforme também já disse, o essencial é que os textos insistem, principalmente nesse ponto, na conjunção das atitudes e na igualdade do gesto físico. Galbert de Bruges, tão preciso, tão atento, como bom notário que era, quanto à exatidão do vocabulário, após haver insistido na assimetria do *entrecruzamento das mãos*, diz: "*eles se federaram por um beijo*". E se Guilherme Durand, no *Speculum juris*, ainda que escrevendo em um país de direito escrito, confere, por um lado, a iniciativa do beijo ao senhor, por outro, ele acentua que o sentido e o objetivo do gesto simbólico é a afirmação de uma fé mútua: "*E o senhor, em sinal de fidelidade mútua, o* [o vassalo] *beija*"[41].

Entretanto, não nos contentemos com o testemunho dos textos. Se a junção das mãos se situa em uma simbólica gestual muito rica, mas bem clara, o beijo – voltarei a ele – vem de uma simbólica não menos rica, mas muito menos clara – sendo a variedade das práticas e das significações, grande e complexa.

Começarei, portanto, a me dirigir aos etnólogos. Apesar da variedade das teorias etnológicas, o beijo *na boca* parece provir de crenças que recomendam a troca, seja dos *sopros*[42], seja da *saliva*[43]. Ele evoca a troca de sangue que encontramos em outros tipos de contratos ou de alianças muito solenes. Certamente, não creio que os senhores e os vassalos do Ocidente medieval tinham consciência de participar de uma troca dessa ordem e, apesar de tudo, o "paganismo" que o seu cristianismo carregava, não vejo como as crenças subjacentes a essas práticas poderiam ter sido conscientemente

---

40. CHENON, E. Op. cit., p. 149.

41. Cf. nota 5.

42. Cf. GAIGNEBET, C. *Le carnaval*. Paris: [s.e.], 1974, cap. VII: "La circulation des souffles", p. 117-130.

43. Informação retirada no seminário de R. Guideri e C. Karnoouh, a quem agradeço por ter se disponibilizado a discutir esta pesquisa.

manifestadas por eles. Mas eu acredito que os senhores e vassalos conservaram uma significação simbólica essencial do rito inicial. A troca de sopros ou da saliva, assim como do sangue – além de outras consequências que abordarei mais adiante – se realiza entre iguais, ou melhor, transforma em *iguais*. O *osculum*, assim como ele reúne, dessa vez em posição simétrica, as bocas do senhor e do vassalo, ele os situa também no mesmo plano, fazendo-os iguais[44].

Enfim, a investidura provém, com toda a evidência, da prática do dom/contradom. Depois da fase desigualdade/igualdade, o sistema se conclui por um vínculo propriamente mútuo, um contrato de reciprocidade. Basta retomar o fim do ritual, descrito por Galbert de Bruges em 1127: "Em seguida, com o bastão que tinha na mão, o conde concedeu as investiduras a todos aqueles que, por intermédio desse pacto, haviam-lhe prometido segurança, feito homenagem e, ao mesmo tempo, prestado juramento"[45]. Aqui está tudo: a definição da cerimônia, que é a conclusão de um *pacto*, de um contrato e o contradom da investidura que responde ao dom da homenagem e da fé (sermão).

No início cronológico do processo, Tassilon, em 787, recebera confirmação do ducado de Baviera em troca de seu juramento de fidelidade ("E Tassilon, tendo renovado seus sermões, permitiram-lhe conservar o ducado")[46] e – de uma forma ainda mais próxima da vassalagem – Haroldo, em 826, recebera vinhedos e regiões férteis de Luís o Piedoso em resposta à homenagem e ao juramento que fizeram dele um fiel imperador:

---

44. Infelizmente, há pouco a se aproveitar do livro de N.J. Perella (*The Kiss sacred and profane – An interpretative history of Kiss symbolism and Related religious erotic themes.* [s.l.]: University of California Press, 1969) que, apesar das boas intenções, não consegue aproveitar a literatura etnográfica e, definitivamente, é apenas um livro a mais sobre o amor cortês.

45. Cf. nota 8.

46. Cf. nota 11.

No entanto, César presenteia Haroldo, que é, de agora em diante, seu fiel... de vinhedos e regiões férteis[47].

Jacques Maquet reencontrou, em uma instituição africana, esse aspecto de vassalagem fundada no dom/contradom, o feudo do qual é investido o homem que prestou homenagem e prometeu serviços, sendo constituído pela pecuária, lembra as fontes prováveis do feudo medieval, de acordo com a etimologia. Trata-se do *ubuhake* em Ruanda. "Pelo *ubuhake* – nome originado de um verbo que significa "prestar uma visita de homenagem – um homem prometia a outro dar-lhe certas prestações em gênero e serviço e rogava-lhe que colocasse a sua disposição uma ou *várias* cabeças de gado." O *ubuhake* criava um vínculo recíproco entre um senhor (*shebuya*) e um vassalo (*garagu*)[48].

Dessa forma, o sistema está completo.

Sem dúvida, o aspecto de reciprocidade se afirmou pela homenagem e muito mais através do *osculum*, mas somente a investidura do feudo, fazendo com que o contradom material do senhor correspondesse ao dom das promessas do vassalo durante a homenagem e a fé, sela o caráter mútuo do contrato de vassalagem. Marc Bloch insistiu nessa reciprocidade que corrige – sem fazê-la desaparecer – a desigualdade entre o senhor e o vassalo. Comparando – para ressaltar as diferenças – os vínculos feudais e as formas de livre dependência próprias de outras civilizações, ele escreve: "Os próprios ritos expressam perfeitamente a antítese: da "saudação frontal" dos servidores russos, ao beija-mão dos guerreiros castelhanos, opõe-se nossa homenagem que, pelo gesto das mãos se fechando sobre as mãos e pelo beijo das duas bocas, fazia do senhor mais o participan-

---

47. Cf. nota 9.
48. MAQUET, J. Op. cit., p. 197. O autor assinala (p. 200-202) que encontramos na região dos Grandes Lagos africanos instituições similares ao *ubuhake* – p. ex., em Ankole – no Burundi e nas circunscrições do Buha.

te de um verdadeiro contrato do que um simples mestre chamado unicamente para receber"[49].

Enfim, é preciso observar que, se a homenagem, a fé e a investidura do feudo constituem um sistema único e completo, as significações dos ritos simbólicos sucessivos não se destroem, mas se complementam. O sistema de vassalagem é, sem contradição, um contrato entre duas pessoas em que uma, o vassalo, ainda que permanecendo inferior à outra (inferioridade "simbolizada" pela homenagem), torna-se, por efeito de um contrato mútuo (cujo "símbolo" é o feudo), seu igual em relação a todos aqueles que ficam fora desse sistema de contratos. Retomando os termos de Jacques Macquet, a vassalagem "é uma relação societária na origem de uma rede, identificada por um nome conhecido por todos os membros da sociedade global"[50].

O segundo nível de interpretação do sistema dos gestos simbólicos da vassalagem deve se situar não mais no nível de cada uma das fases, dos elementos do sistema, mas do sistema tomado globalmente.

Os ritos de vassalagem que observamos na sociedade medieval ocidental constituem, na verdade, um *sistema simbólico global* e esse sistema é *original*, o que buscarei demonstrar em seguida.

No entanto, o fato de constituir uma globalidade original não impede que o sistema tenha se constituído de acordo com um modelo geral de referência.

Parece-me que os sistemas sociais podem se expressar simbolicamente por referência, seja a modelos econômicos, seja a modelos políticos, seja a modelos familiares.

Podemos sonhar com um modelo de tipo econômico, na medida em que o complemento necessário da homenagem e da fé, que

---

49. BLOCH, B. *La société féodale*. Paris: [s.e.], 1968, p. 320.
50. MAQUET, J. Op. cit., p. 196.

constitui a investidura do feudo, representa um contradom cuja significação econômica – uma forma qualquer que possa assumir o feudo – é ao mesmo tempo fundamental e evidente. Entretanto, nenhum dos dois modelos econômicos principais de reciprocidade que oferecem as sociedades pré-industriais parece poder se aplicar ao sistema feudo-vassálico.

De um lado, o sistema do potlach não pode ser o referente do dom/contradom feudal, pois não se pode falar de potlach em uma sociedade quando essa prática não é economicamente generalizada. Não existe potlach limitado a um uso específico. Ora, seja qual for a importância do sistema feudo-vassálico nas estruturas e nas práticas econômicas da sociedade do Ocidente medieval, esse sistema não abrange todo o campo da economia medieval. Entre o que provém da propriedade alodial e o que resulta das trocas de tipo pré-capitalista, o modelo econômico propriamente feudal se aplica apenas a uma parte dos usos econômicos da sociedade medieval. Por outro lado, o dom/contradom feudal, se é certo que ele envolve o prestígio das mulheres no sistema de trocas, é certo também que ele se insere em estruturas econômicas e sociais diferentes daquelas em que funciona o potlach. De forma mais geral, até mesmo simplista, é possível dizer que esse modelo de referência não se aplica ao sistema feudo-vassálico porque a economia e a sociedade do Ocidente medieval, se, por um lado, lembram, em alguns aspectos, as sociedades ditas "primitivas", por outro, são muito diferentes.

Por outro lado, o sistema do contrato, tal qual o conheceu notadamente o mundo romano (e o direito que ele elaborou), também não pode ser o modelo do sistema feudo-vassálico, pois neste sistema há, como em um contrato de *emptio/venditio*, cessão de propriedade, enquanto que no contrato feudo-vassálico não há abandono do *dominium* pelo senhor em proveito do vassalo. Será necessário lembrar que, se a sociedade medieval não ignorou tanto a noção e a prática da propriedade, à qual já nos referimos, permanece o fato de que o contrato feudo-vassálico e, mais particularmente, a investidura, instauram uma hierarquia de direitos e de obrigações e não uma passagem de propriedade eminente do senhor ao vassalo?

Poderíamos então sonhar com um sistema de referência de tipo político. Assim como o aspecto dom/contradom, ou o contrato altamente afirmado na simbólica feudo-vassálica, pode sugerir uma referência econômica, uma parte dos gestos simbólicos da entrada em vassalagem, se não o conjunto, pode estar situada na esfera do *poder*. O *immixtio manuum* pode fazer sonhar com a *manus* do Direito Romano, encarnação e, definitivamente, sinônimo da *potestas*, mas no ritual simbólico da vassalagem a *manus* não é um conceito abstrato, o que importa, o que se considera, e até mesmo o que simboliza, é o que *faz* a mão, e não o que ela é. Da mesma forma, o *osculum* poderia fazer pensar em uma transmissão de força vital e, portanto, de potência, a uma concessão mágica de poder(es). No entanto, repito, mesmo que aí esteja o sentido original do beijo nas sociedades ou em certas sociedades, o sentido é estranho ao *osculum* de vassalagem, ou ao menos desapareceu na época em que a fé de vassalagem passou a fazer parte de um sistema constituído. Mesmo que ele tivesse uma significação próxima do *beijo de paz* da liturgia cristã – o que eu descartarei mais adiante –, ele estabeleceria entre senhor e vassalo uma reação diferente daquela de uma transmissão de poder. Mas esse boca a boca, assim como o *immixtio manuum*, parece-me, antes de tudo, ter que situar hierarquicamente os dois atuantes, um em relação ao outro, no primeiro caso em relação de desigualdade, e, no segundo caso, ao contrário, em relação de igualdade. Enfim, nos objetos simbólicos da investidura poderíamos – como o fizeram alguns – privilegiar as insígnias do poder que encontramos (anel, cruz, espada, cedro) e em particular o bastão, frequentemente encontrado, que identificamos com uma insígnia de comando. No entanto, a respeito das insígnias do poder, historiadores e juristas – voltarei a este assunto – confundiram erroneamente (assim como, por vezes, os homens da Idade Média – mas estes tinham suas razões para fazê-lo) as investiduras eclesiásticas ou reais com as investiduras de vassalagem, embora se trate, a meu ver, de sistemas nitidamente distintos. Quanto ao bastão, eu remeto à crítica da tese de Von Moeller por Von Amira e Marc Bloch[51]. Definitivamente, lembremos ainda questões bem conhecidas a esse respeito. O contrato de vassalagem cria um sistema de obrigações mútuas, não é a passagem da *potestas* sobre o feudo do senhor ao vassalo.

Enfim, afastemos a utilização, que talvez fôssemos tentados a fazer, da senhoria banal, para transmitirmos ao sistema feudo-vassálico as formas de poder que, justamente, aí se revelaram e cuja importância foi pertinentemente sublinhada. Antes de tudo, a senhoria banal representa uma evolução do sistema senhorial, que não representa a essência do sistema feudo-vassálico e, caso seja judicioso insistir sobre os vínculos que unem feudo e senhoria, as duas realidades devem ser mantidas cuidadosamente separadas.

Portanto, é necessário anunciar e tentar justificar a hipótese central deste trabalho. O sistema simbólico da vassalagem tem como referência essencial um modelo familiar, um sistema de parentesco.

O vocabulário já parece convidar a olhar nessa direção.

A definição essencial de um vassalo é "homem de boca e de mão".

Para a *mão*, como já se disse, o importante é o que ela *faz*. Ela intervém em cada fase do ritual. Na *homenagem* ela junta, em um encontro desigual, o senhor e o vassalo. Na *fé* ela confirma, acompanhando com um gesto sobre a Bíblia ou sobre relíquias, o beijo da igualdade. Na *investidura* ela dá de um lado e recebe do outro o objeto que sela o contrato. Eu afastei a referência à *manus* do Direito Romano porque a palavra se tornou, desde a época romana, um termo abstrato sinônimo de poder, mas não se pode esquecer que

---

51. Cf. nota 28.

ela designava, em particular, o poder do *paterfamilias*[52] e que no cristianismo medieval uma mão, ousaria dizer, impõe-se antes de qualquer outra: a de Deus Pai, onipresente, a começar pela iconografia.

Quanto à *boca*, isto é, o *beijo*, seu papel me parece diferente do antigo beijo litúrgico cristão que data provavelmente do tempo de São Paulo e do beijo da paz, ainda que, nesse último caso, uma contaminação tenha provavelmente acontecido nos séculos XII e XIII, em que, a propósito de diferentes tipos de contratos, se fale quase sempre nos forais do *osculum pacis* e *fidei*. Mas se o beijo de vassalagem me parece poder ser aproximado de um outro beijo ritual, seria o do noivado, ao qual E. Chénon também dedicou um excelente estudo[53]. Em geral, o beijo marca a entrada em uma comunidade familial não natural e, especialmente, no casamento. O costume é pré-cristão. Foi em vão que Tertuliano a condenou como pagã[54].

Mas essas aproximações, apesar de abrirem pistas, não abrem provas. Prefiro, em vez disso, conferir mais importância na investidura de um objeto simbólico específico, aquele em que Marc Bloch dá relevo no artigo citado anteriormente. Trata-se da *festuca*, que pode tanto ser raminho como pequeno bastão.

A palavra e o objeto têm uma longa história.

Nós já a encontramos (seria o início? Provavelmente não) no Direito Romano. Comentando o quarto livro das *Institutions*, de Gaius, Edoardo Volterra assim descreve o *sacramentum in rem*, o segundo dos atos, depois da afirmação dos direitos, que constituem o *legis actio*: "O atuante, tendo na mão um bastão (*festuca*), símbolo da lança militar, afirmava a coisa [ou parte da coisa] e pronunciava

---

52. Cf. a obra de E. Volterra citada na nota 13, principalmente p. 205-207.

53. CHENON, E. "Recherches historiques sur quelques rites nuptiaux". *Nouvelle Revue Historique de Droit Français et Etranger*. [s.l.]: [s.e.], 1912.

54. Cf. Art. "Baiser" em CABROL, D. *Dictionnaire d'Archéologie Chrétienne et de Liturgie*. T. II/1, 1910. O texto de Tertullien está em *De velamine virginium*, PL, I, col. 904-905.

as palavras solenes [...]. Contraditoriamente, o declarante pousava a *festuca* sobre a coisa reivindicada". E ele acrescenta: "Como explica Gaius, tendo em vista que a *festuca* simbolizava a lança militar, esse ato, representando a ocupação guerreira (*occupatio bellica*), significava a legítima propriedade sobre a coisa (*signo quodam iusti dominii*) [...]. Se, ao contrário, o próprio fazia igual declaração e também pousava contraditoriamente sua *festuca* sobre a mesma coisa, havia então duas declarações iguais de propriedade e duas *occupationes bellicae* simbólicas..."[55].

Não voltarei à minha convicção de que tal simbolismo é inadequado para esclarecer o ritual feudo-vassálico e que, aí onde senhor e vassalo se valem da *festuca*, não está em jogo nem a propriedade, nem o direito conquistado pela ocupação militar. Os símbolos permanecem, o simbolismo muda.

Ora, a *festuca* aparece nas instituições da Alta Idade Média sob uma nova luz.

O melhor, sem dúvida, é passar a palavra a Paul Ourliac e J. de Malafosse:

> Entre os francos há um ato estranho, a *affatomia* (Lei sálica, XLVI) ou *adoptio in herediatate*. Trata-se de uma transmissão do patrimônio que comporta formas muito complicadas:

---

[55]. VOLTERRA, E. Op. cit., p. 206. Notemos que a outra forma de juramento do direito privado romano, o *Sacramentum in personam* tinha por objetivo adquirir a *manus iniectio*. Mas não se deve, no meu ponto de vista, buscar paralelismo, continuidade de significação entre a *festuca* e a *manus* do Direito Romano e as do ritual de vassalagem. É normal que uma sociedade distinga direito das pessoas e direito das coisas. *Manus*, como diz E. Volterra, tem no Direito Romano imperial apenas um sentido abstrato, e, mais do que o símbolo, é o simbolismo que interessa. Apenas o estudo histórico concreto permite fazer – é verdade que dificilmente, na maioria das vezes – a parte das continuidades e a das transformações. O caso de *festuca* requer atenção, pois a palavra e o objeto não são "evidentes".

a) O disponente deve comparecer no tribunal do *mallus*, diante do *thunginus*, ao mesmo tempo em que um terceiro, estranho à família, chamado de *salmann*.

b) Aquele faz a este tradição simbólica dos bens através do arremesso da *festuca* simbólica (cf. t. II, p. 318), indicando o nome do verdadeiro donatário do qual deseja fazer seu herdeiro.

c) O intermediário vai então à casa do donatário, instala-se, acolhe ao menos três hóspedes, os alimenta e recebe seus agradecimentos: isso a fim de que haja, acrescenta o texto, ao menos três testemunhos dessa tomada de posse.

d) Finalmente, no intervalo de 12 meses, o intermediário deve voltar ao *mallus* para esvaziar as mãos: ele deve "arremessar a *festuca* sobre o peito dos verdadeiros herdeiros", fazendo, assim, tradição de tudo que ele recebeu: "nem mais, nem menos".

O Direito Lombardo conhece a instituição análoga do *thinx*: diante do povo em armas (o que nos lembra o testamento romano diante dos comícios), o *thingans* transmite ao donatário a lança, símbolo de potência, recebendo um contradom (*launegild, guiderdone*). Aqui a ideia de adoção é bem clara, já que o disponente não pode ter herdeiro masculino (Org. por Roth, 157, 158, 170. Org. por Liutprand, 65][56].

---

56. OURLIAC, P. & MALAFOSSE, J. *Droit Romain et Ancien Droit* – I: Les obligations. Paris: [s.e.], 1957, p. 372-373. Agradeço M. Alain Guerreau, que chamou minha atenção sobre esses textos e realizou a difícil tradução. Em seu notável estudo, P. Ourliac e J. de Malafosse fazem várias observações importantes que convergem com muitas das ideias colocadas neste estudo: *a) Sobre o simbolismo medieval* (p. 58-59): "O traço marcante da lei sálica era o simbolismo característico de todo direito primitivo. Faz-se tradição de um bem ao transmitir a *festuca* ou o *wadium* [penhor], que parece ser um objeto de pouco valor [cf. DU CANGE, verb. 'Wadia'];

Se o Direito Lombardo, ao utilizar a lança como símbolo se depara com a interpretação simbólica da *festuca* do Direito Romano, interpretada como símbolo da lança militar, fica claro que são os textos da lei ripuária e principalmente da lei sálica que nos parecem mais interessantes.

Tudo que separa o ritual franco do ritual feudo-vassálico é evidente: o papel do intermediário, a demora no cumprimento do ato, a ausência de reciprocidade – para nos atermos apenas ao ritual,

e tudo pode se tornar símbolo: um punhado de erva, uma cepa de vinha, um ramo, uma faca, laços de seda, caracóis de cabelo; juntam-se-lhes a mímica e palavras apropriadas; por vezes também o objeto está ligado à ata: uma ata de 777 [*Neues Archiv.*, XXXI, p. 169] conserva ainda fixado em pergaminho o pequeno ramo que serviu na transmissão. Os clérigos tenderão a substituir, aos objetos profanos, alguns acessórios do culto: um missal; mas também o anel ou o báculo". *b) Sobre a polissemia dos símbolos* (cf. infra). Não tomemos também a *festuca* como tendo saído de um contexto, mas em um conjunto institucional e simbólico que nos parece pertinente de aproximar do ritual feudo-vassálico (p. 59):
"Tais símbolos convinham bem aos contratos que continham a transferência do bem, da venda ou da partilha; mas a *festuca* foi empregada em muitos outros contratos: mandato de representação em justiça [*Marculf*, I, 21, p. 27-29]; promessa de comparecimento diante do tribunal, caução. Outros símbolos aparecerão: a junção das mãos, na homenagem, ou a entrega do anel, no casamento. A feitura [e a transmissão] de um foral não aparecerá logo como um destes símbolos. Pensa-se que, no Midi, o jogo dos símbolos germânicos tenha sido mais limitado; deve ter-se aí praticado a doação de arras [confirmatórias] que marcam a conclusão do acordo. A prática é corrente no contrato matrimonial. Esta proliferação de símbolos marca bem, em todo caso, a existência do direito e irá ritmar o seu progresso". *c) Sobre o conjunto simbólico: gestos, objetos, palavras* (p. 59): "O simbolismo alia-se ao formalismo: gestos e palavras são regulamentados pelo costume. As atas mencionam correntemente que as testemunhas 'veem e ouvem'; com frequência também, os contratos são concluídos diante do *mallus*, e na época carolíngia, na ocasião das assembleias dos *missi*". *d) Finalmente, a ideia de "contraprestação", de "contradom simbólico"*, que reencontramos a respeito do papel da *festuca* na *affatomia*, prática de reciprocidade (p. 69): "Uma prestação supõe sempre uma contraprestação; uma doação não pode ser válida sem um contradom simbólico, que lhe confere o aspecto de uma troca. Pode-se aproveitar, nesse caso, uma instituição lombarda, o *launegild*: o donatário entrega ao doador um objeto, um anel, por exemplo, cuja própria etimologia atesta o caráter remuneratório. O símbolo da *festuca* ou do *wadium* se explicaria pela mesma ideia: ele simbolizaria, em contrapartida, o que o credor forneceu".

sem levarmos em conta o contexto totalmente diferente: não há homenagem, nem juramento, apenas uma transferência de posse ao invés de uma transferência de direitos –, nada disso existe no cerimonial feudo-vassálico.

Mas ainda resta: a solenidade do ato, a presença de testemunhas, o papel de um superior, o mesmo objeto simbólico (*festuca*), a necessidade de um gesto (*jet*, é verdade, em vez da tradição manual e da renúncia).

Ora, se já encontramos a aliança característica de uma doação de coisa e do estabelecimento de uma relação pessoal, ainda que estejamos muito longe do ritual feudo-vassálico, temos sobretudo a impressão de que nos afastamos decisivamente do uso da *festuca* no *sacramentum in rem romain*. A ênfase essencial está na *adoção*, na transmissão de um *patrimônio*, na entrada em uma família. O editor da lei sálica nas *Monumenta Germaniae Historica*, K.A. Eckhardt, no índex do volume, não hesita em traduzir o termo que designa esse costume de *affatomia, acfatmire* por *ankinden*[57]. O termo alemão expressa muito bem a entrada em uma *familia*.

Se conferirmos um destino, entre os objetos simbólicos do ritual feudo-vassálico, à *festuca*, não é apenas porque o Direito Romano e o Direito Franco da Alta Idade Média nos permitem identificar uma pré-história deste objeto e que sua tradução frequente pelo *bastão* nos aproxima dos eruditos que, de Du Cange a Von Amira, interessaram-se particularmente por esses símbolos nas instituições do passado e, em particular, nas instituições medievais.

Que se saiba, a *festuca* apenas, com seus objetos simbólicos do ritual feudo-vassálico, originou uma família de palavras que nos parecem provar seu papel de indicador fundamental, tanto nas práticas quanto no simbolismo da vassalagem.

---

57. ECKHARDT, K.A. (org.). "Pactus Legis Salicae". In: *MGH* – Legum Sectio I, 4/1. Hanover: [s.e.], 1962.

Certamente, tudo indica que – na ausência de um estudo particular a esse respeito – os derivados da *festuca* tenham sido empregados principalmente para falar da *saída* da vassalagem, e da *renúncia*. Marc Bloch, no artigo pioneiro citado várias vezes, fornece numerosos exemplos do verbo *exfestucare* e do substantivo *exfestucatio*, ação de romper a homenagem pelo arremesso da *festuca*[58]. Mas Du Cange atesta a existência do verbo *festucare*, notadamente com esse exemplo tirado de um foral do Conde Filipe de Flandres, em 1159, proveniente do cartulário de Saint-Bertin *"triginta septem mensuras, quas a me tenebat, in manus meas reddidit et festucavit"* e cita também um *infestucare* com o sentido de *in possessionem mittere, adheritare*[59].

Indicamos anteriormente a *festuca* entre os objetos simbólicos entregues pelo senhor ao vassalo durante a investidura, e logo compreendemos por que *festucare* ou *infestucare* possa ter sido considerado sinônimo de *receber*, *exfestucare*, como sinônimo de *renunciar*. No entanto, contra a interpretação de J. Flach (e desde o século XVII, de Étienne Pasquier), fazendo do arremesso do bastão a "contrapartida da investidura", Marc Bloch fez essa importante observação: "Os textos são ao mesmo tempo unânimes e precisos: nenhum diz: *feodum exfestucare;* quase todos dizem: *hominium ou dominum exfestucare*. O que o vassalo renega é a homenagem, isto é, o vínculo pessoal que ligava o vassalo ao senhor, é a senhoria, quer dizer, o conjunto dos direitos que faziam do senhor o superior do vassalo"[60]. Parece-me que temos aqui, de um lado, o fato que desde a Alta Idade Média a *festuca* desempenhava um papel essencial em uma prática que, mais do que uma cessão de bens ou de direitos, era um procedimento de adoção – e que, por outro lado, o sistema simbólico feudo-vassálico constitui um conjunto em que todas as partes são fundamentais. Eu não estou efetivamente de acordo com Marc Bloch quando ele afirma que, longe de renunciar ao feudo, o vassalo que rompe a homenagem pela *exfestucatio* pensa assim estar

---

58. Cf. Referências sumárias, ao final.

59. DU CANGE. *Glossarium*. Op. cit. T. III, col. 412-413.

60. BLOCH, M. Op. cit., p. 197.

privando o senhor, renegado de seus direitos sobre o feudo, que passariam ao novo senhor a quem o vassalo prestaria homenagem. É muito provável que o vassalo tenha a intenção de preservar seu feudo, e é igualmente provável que ele dê como justificativa a seu gesto de *exfestucatio* a indignação do senhor e que, em virtude das omissões de seus deveres, o senhor deva ser, segundo ele, privado tanto do serviço do vassalo quanto dos direitos sobre o feudo. Mas eu duvido que a *exfestucatio* cumprida pelo vassalo lhe permita juridicamente preservar o feudo. Além do mais, no texto de Galbert de Bruges, comentado por Marc Bloch, é o senhor, o conde de Flandres, que sonha (ele não pode fazê-lo, por causa da relação das forças presentes) em *exfestucare* seu vassalo Iwan de Alost (*exfestucasset* Iwanum). Aqui, uma vez mais, como sublinhou Marc Bloch, a pessoa é rejeitada, o vínculo pessoal quebrado, mas o senhor, ao romper a homenagem de seu vassalo, sonha também, e talvez principalmente, com o feudo que ele deseja confiscar. A investidura forma, com a homenagem e a fé, um todo juridicamente (e, se ouso dizer, simbolicamente) indissolúvel. Se o vassalo "*effestue*" a homenagem prestada ao senhor, ele deve ao mesmo tempo restituir o feudo. Se ele não o faz, isso vem de uma situação de fato e, ao nível do direito, deve ser efetuado por outra prática, segundo outro sistema[61].

Para esclarecer a hipótese que acaba de ser feita – o sistema simbólico da vassalagem tem como modelo de referência um modelo de parentesco e convida a aprofundar a compreensão do sistema feudal em direção do estudo dos sistemas de parentesco[62] – eu terminaria essa parte de meu trabalho com algumas precisões.

---

61. M. Bloch incomoda-se, aliás, com um texto dos *Costumes de Beauvasis*, de Beaumanoir (do final do século XIII, é verdade, e de caráter seminormativo), cujo alcance ele se esforça em limitar (Ibid., p. 197, n. 4).

62. É a orientação de Georges Duby em seus cursos do Collège de France. O estudo das estruturas familiares e das relações de parentesco tem um lugar importante nas grandes teses mais recentes: TOURBET, P. *Les structures du Latium medieval* – Le Latium méridional et la Sabine du IXe siècle. 2 vols. Roma: [s.e.], 1973. • BONNASSIÉ, P. *La Catalogne du milieu du Xe à la fin du XIe siècle*. 2 vols. Toulouse: [s.e.], 1975-1976.

É evidente que o modelo de parentesco que, a nosso ver, é a referência do sistema simbólico feudo-vassálico, não é o do parentesco "natural". Podemos pensar – observando pelo viés do Direito Romano, mas também por outros horizontes – no modelo da clientela ou no da adoção. A clientela deve ser descartada. Entre as diferenças fundamentais dos dois sistemas, citaremos apenas uma, que nos parece essencial. Nesse tempo, alguém se tornava cliente através de um ato privado e vassalo através de uma cerimônia pública. O esquema de adoção deveria ser mais bem-estudado, nem que fosse apenas em função do papel eventual da *affatomia*. Mas o problema da adoção na Idade Média é, até onde sei, pouco conhecido. Por outro lado, se a *affatomia* oferece uma pista para a interpretação do simbolismo dos ritos de vassalagem, as diferenças entre os dois rituais – o que é fundamental no campo do simbolismo – são muito grandes.

Poderíamos sonhar com uma estrutura de amizade. Os homens da Idade Média não só conferiram muita importância a essa palavra (atestada pela literatura: o papel da amizade é forte nas canções de gesta, sendo o protótipo a que une Olivier e Roland), mas também um caráter quase jurídico, institucional (basta lembrar o papel dos "amigos carnais" no sistema de linhagem[63]). Aqui, uma vez mais, a pista deve ser explorada, sem, contudo, esperar-se muito disso.

O estudo das estruturas de parentesco, das relações familiares, dos vínculos interpessoais na sociedade medieval ainda deve progredir muito. Devemos esperar resultados expressivos. Mas, para nossa pesquisa e nossa demonstração, é provável que tal estudo acrescente pouco às duas observações, as mais importantes, a nosso ver, sobre as quais gostaríamos – provisoriamente – de concluir essa parte de nosso estudo dedicado ao *sistema* simbólico da vassalagem.

Antes de tudo, é importante compreender que eu não pretendo que esse sistema seja fundamentado em um sistema de parentesco,

---

63. BLOCH, M. *La société féodale*. Paris: [s.e.], 1968, p. 183-186.

que ele necessite encontrar, entre o senhor e o vassalo, vínculos de pai para filho adotivo, de amigo (no sentido medieval) para amigo. Devo dizer que o simbolismo desse sistema, tal qual ele aparece no ritual de entrada em vassalagem ou de saída da vassalagem, deveria ser (mais ou menos conscientemente – voltarei a esse ponto importante) percebida como relevante para a área do simbolismo familiar e estruturada como tal. Uma sociedade parece dispor apenas de alguns sistemas simbólicos de referência e os outros se remetem a esses. No caso dos gestos simbólicos da vassalagem, parece-me que têm como referente gestos da simbólica parental.

Enfim, esse sistema não engloba todos os membros da sociedade e a simbólica dos gestos que o constituem, assim como uma simbólica de tipo parental exclui (o que é deixado de fora do modelo familial), mais do que integra, não somente manifesta tal exclusão, mas tem também por função – entre outras – realizá-la.

A sociedade de aparentados que se cria, através do ritual simbólico da vassalagem, é uma sociedade masculina, senão viril e aristocrática. Significa que essa sociedade exclui as mulheres e os plebeus. Sociedade masculina: se retomado o caso citado por E. Chénon sobre a homenagem prestada por uma criança menor a seu senhor, o bispo eleito de Carpentras em 1322[64], nota-se que se a criança necessita da participação da sua tutora em sua homenagem (o senhor toma em suas próprias mãos as da criança e as da tutora), ele dá [ou recebe] sozinho o *osculum* do senhor. A tutora é então afastada (*"remisso ejusdem dominae tutricis osculo"*). Expressei acima meu ceticismo quanto à interpretação que o redator da carta de foral lhe dava, invocando a decência (*"propter honestatem"*). A verdadeira razão me parece estar na hierarquia social confrontada àquela do sistema simbólico de entrada em vassalagem. A homenagem é a fase de desigualdade. A mulher é admitida no rito. A fé – na sua componente do beijo – é a desigualdade dos parceiros.

---

64. Cf. nota 19.

A mulher, menor do ponto de vista social e religioso, não pode recebê-lo. Certamente, a realidade será às vezes mais tolerante, mas principalmente no âmbito das damas importantes e, mais ainda, no plano das detentoras de uma autoridade da realeza como, por exemplo, Doña Urraca, a respeito de quem Afonso o Batalhador, na famosa *carta donationis* de 1109, emprega a expressão "seus homens de boca e de mãos"[65].

Uma objeção aparentemente mais forte é o caso do ritual do amor cortês. Não discutirei o problema do caráter puramente literário ou não desse amor. É fato que no amor cortês o homem é o vassalo da mulher e que o beijo é um momento essencial do sistema simbólico cortês. Mas gostaria de lembrar que, ao menos no princípio, o amor cortês foi, no século XII, um fenômeno contestatório, escandaloso, uma manifestação de mundo ao avesso[66]. Acontece que o sistema do amor cortês conheceu sua expressão mais alta no culto marial pelo ritual e que aqui a contaminação do ritual marial pelo ritual de vassalagem é gritante. Parece-me significativo que, em sua tese clássica sobre a *Sociedade nos séculos* XI e XII *na região de Macon*, Georges Duby, na única vez em que se refere ao simbolismo nos gestos da vida social, o faça a propósito da Virgem. "O rito da doação de si mesmo, escreve ele, diferente, ao que parece, do rito da encomendação, não foi esquecido no século XI: o Abade Odilon de Cluny, querendo marcar sua submissão à Virgem, passa em torno de seu pescoço o vínculo simbólico e se torna seu *servus*"[67]. Ainda que não se trate aqui de vassalagem e que o gesto simbólico de inferioridade

---

65. Cf. nota 24. R. Boutruche, infelizmente, sem fornecer referências, nota que, quando uma mulher era a interessada, bastava "um beijo de boca no canto direito" (Op. cit. T. II, p. 154-158).

66. Cf. os trabalhos de Erich Köhler sobre o caráter contestatório do amor cortês e principalmente: "Os trovadores e o ciúme". *Mélanges Jean Frappier*. T. I. Genebra: [s.e.], 1970, p. 543-599.

67. DUBY, G. *La société aux XIe et XIIe siècles dans la region mâconnaise*. Paris: [s.e.], 1971, p. 116, n. 35.

não seja uma homenagem, encontra-se aqui um exemplo precoce de inversão das relações sociais normais, que o culto marial levará ao seu extremo. O cristianismo sacralizou sempre, sem dúvida, através das práticas de humildade e de ascetismo, esses escândalos de inversão social. Mas se o amor cortês e o culto marial testemunham, no início, certo compromisso da mulher na sociedade medieval o grande impulso dos séculos XI-XIII, parece-me que suas funções tenham sido muito mais de fixar, desviar e recuperar o movimento "feminista" da idade romana na idealização e alienação sentimental, estética e religiosa da idade gótica. Nesse caso, o beijo cortês não me parece, portanto, apesar das aparências, pertinente.

Outro a ser excluído dessa hierarquia de iguais – caso me permitam usar essa expressão paradoxal – é o plebeu, o vilão. Basta citar um texto que ilustra perfeitamente essa exclusão. É de Guilherme de Lorris, na primeira parte do *Romance da Rosa*:

> Para o seu bem, deste dia em diante,
> Da minha pessoa eu devo desviar
> Qualquer homem malnascido ou vilão
> Que queira me homenagear ou me beijar a boca
> Nenhum homem que seja vil
> Terá que tocar meu rosto,
> Nem vilão, nem guardador de porcos
> Vão ganhar minha presença amanhã.
> Deve ser cortês e livre
> Aquele de quem receberei homenagem[68].

É fato inegável que, ao menos em certas regiões, plebeus e até servos tenham conquistado feudos e prestado a homenagem

---

68. *Je vueil pour ton avantage / Qu'orendroit me fasses hommages / Et me baises emmi la bouche / A qui nus villains home ne touché / A moi touchier ne laisse mie / Nul homme où il ayt villenie / Je n'i laisse mie touchier / Chascun vilain, chascun porchier; / Mais estre doit courtois et frans / Celui duquel homage prens* (apud CHÉNON, E. Op. cit., p. 144, de acordo com a edição do *Roman de la Rose*, de Francisque Michel, p. 63). Cf. a excelente edição de Daniel Poirion (Paris: [s.e.], 1974) e a tradução de A. Lanly (Paris: [s.e.], 1972-1977).

servil, mesmo que esse fenômeno interessante exija estudos mais aprofundados. Mas o plebeu enfeudado nunca será um verdadeiro vassalo. Como para as mulheres, o beijo simbólico, o *osculum*, lhe é recusado.

É evidente que tal parte do sistema foi encontrada onde existiu a homenagem servil. Mas o plebeu, e com mais razão o servo, não entrou no sistema simbólico completo. Não se pode, portanto, tirar conclusão desse tema, tendo em vista a interessante observação de Charles-Edmond Perrin, apontando que no início do século XII, em Lorena, confiar a um rendeiro uma oferta camponesa se manifesta nos atos jurídicos por *investire*[69].

Assim, as exclusões parecem confirmar nossa interpretação do sistema de gestos simbólicos da vassalagem: o que, aparentemente, por um envolvimento recíproco sancionado pelo feudo, faz do senhor e do vassalo seres iguais pela fé e uma dupla hierarquizada pela homenagem.

III. Restituição das perspectivas espaçotemporais

Para que se compreenda melhor a função e o funcionamento desse sistema, convém examiná-lo em suas variantes geográficas e em sua evolução cronológica.

Serei breve em relação a esse assunto, por duas razões inversas.

Por um lado, uma geografia e uma cronologia minuciosas dos ritos de vassalagem ainda precisam ser estabelecidas, ainda que obras clássicas tenham se ocupado desses problemas e que numerosas monografias forneçam elementos preciosos. Mas a carta e a curva de evolução estão longe de serem levantadas e tal carência torna muito arriscado substituir detalhadamente nossa própria perspectiva de estudo nesse quadro incompleto e, muitas vezes, incerto.

---

69. PERRIN, C.-E. *Recherches sur la seigneurie rurale en Lorraine d'après les plus anciens censiers, IXe-XIIe siècles*. Paris: [s.e.], 1935, p. 437-438.

Por outro lado, certas originalidades regionais ou mesmo "nacionais" são objeto de um consenso sobre o qual é inútil se estender – na medida em que não pude proceder a nenhuma verificação séria dessas ideias recebidas e onde elas me parecem, no conjunto, fundadas e justas.

A) As perspectivas geográficas

De acordo com nossa abordagem particular, o único elemento original importante no ritual simbólico da vassalagem é, como vimos, o *beija-mão*, que parece geralmente substituir o *immixtio manuum* na homenagem espanhola. De um ponto de vista geral, esse hábito reforça o simbolismo de desigualdade que marca essa primeira fase do ritual. De um ponto de vista mais restrito, ela confirma alguns traços originais do feudalismo na Espanha medieval: as influências orientais [mas a influência árabe fez apenas reforçar, sem dúvida, influências anteriores: visigótica e bizantina], o papel eminente da realeza [o rito sendo, fundamentalmente, um rito de realeza].

O que foi dito mais acima, a partir de E. Chénon e dos historiadores tradicionais do direito medieval, a propósito das diferenças de gesto no *osculum* entre um país de direito consuetudinário e um de direito escrito[70], independente de minha convicção, sublinha a importância da fronteira cultural entre países setentrionais e países meridionais, a natureza distinta do direito e o impacto desigual das influências romanas nos dois casos me parecendo apenas um elemento suplementar – sem dúvida muito importante – de uma clivagem cultural mais longínqua e profunda. Aqui seria também desejável que houvesse uma pesquisa sistemática comparativa dedicada ao conjunto do ritual[71].

---

70. Cf. nota 20.

71. Robert Boutruche, que assinalou muito bem a significação do beijo: "Gesto significativo! Ele é sinal de paz, amizade, "fidelidade mútua". Ele aproxima do superior "o homem de boca e de mãos" (Op. cit. T. II, p. 154) e acrescenta: "Contudo, o beijo não é indispensável. Clássico na França e nos países de conquista normanda após

Seria igualmente útil estudar também nessa perspectiva do ritual simbólico o caso italiano, a supor que a Itália forma, nesta e em outras realidades, uma entidade uniforme.

Nesse universo simbólico de gestos, de palavras e de objetos, não teria a Itália introduzido precocemente uma tendência à rigidez do ritual – na medida em que ela acrescentou-lhe mais cedo o papel da escrita, mais difícil de ser modificada do que a não escrita. Uma observação sugestiva de Gina Fasoli poderia trazer uma reflexão a esse respeito: *"Outra tendência itálica foi a de fixar por escrito as normas consuetudinárias que regravam as relações feudais [...]"*. Em apoio a essa hipótese, vale trazer um texto carolíngio destinado ao reinado da Itália, onde se pergunta: *"Se o senhor pode tomar a defesa de seu vassalo depois que este seja recomendado, juntando suas mãos às do senhor e que este não as tenha segurado, é permitido ao vassalo retirar sua homenagem ao senhor"*[72]; o autor ainda sublinha: "É a primeira vez que, explicitamente, anunciou-se o caráter sinalagmático que a relação de vassalagem passou a assumir[73]. Observação que nos lembra, finalmente, que é artificial separar, como o fazemos aqui para a clareza da exposição, as considerações espaciais das considerações temporais.

---

o ano 1.000, depois dos estados latinos do Oriente, propagou-se muito pouco no reino de Itália. É raro na Alemanha antes do séc. XIII, sem dúvida porque a distância social entre o senhor e o vassalo era mais pronunciada do que em outros lados, e maior a preocupação da hierarquia". À rigidez e à abstração de certas teorias de eruditos, mais juristas que historiadores, não desejaria substituir um modelo etnográfico demasiado "sistemático". Robert Boutruche tem justamente razão ao insistir na diversidade que liga espécies históricas a tradições diferentes. Todavia, parece-me que, mais do que uma questão de influências, os progressos do *osculum* na Alemanha medieval exprimem a realização do sistema em um espaço em que as estruturas sociais e políticas (ligadas ao sistema imperial) haviam até então retardado o cumprimento.

72. *MGH* – Capitularia regum francorum I, 104, p. 21, C. 3.
73. FASOLI, G. *Introduzione all studio del feodalismo italiano*. Bolonha: [s.e.], 1959, p. 121.

A pesquisa deveria também ser conduzida em relação aos feudalismos ditos de "importação": da Espanha, em certa medida (e também da Itália, como bem lembra o texto citado por Gina Fasoli), mas sobretudo da Inglaterra normanda e dos Estados latinos do Oriente. Seria possível encontrar no ritual simbólico da vassalagem essa "pureza" do feudalismo que alguns se contentaram em descobrir? Isso poderia ser muito esclarecedor para a definição do "sistema" simbólico, ainda que eu seja um pouco cético sobre a realidade do conceito de "feudalismo de importação". Primeiro, porque é arbitrário dizer, a respeito de uma instituição histórica, que ela é "pura" aqui, não sendo também em outro lugar. Em seguida, porque não acredito no sucesso e mesmo na realidade histórica dos empréstimos institucionais ou culturais. Os modelos estrangeiros para se implantarem devem encontrar um terreno preparado e se adaptarem a condições originais. Aqui, como alhures, a noção de "pureza" – que caminha junto com a noção de importação – me parece anticientífica e, nesse sentido, anti-histórica.

Por outro lado, acredito no grande interesse, para a compreensão de um fenômeno histórico, do estudo das regiões onde houve aculturação (essas citadas logo acima) e dos estudos das regiões – muito frequentemente esquecidas pelos medievalistas – que foram zonas de fronteira, marginais, da cristandade medieval e do feudalismo e que, mais do que as zonas de contato com os grandes concorrentes e adversários exteriores (Bizâncio ou Islã), foram principalmente zonas de conflito e de recusa, fronteiras com o "paganismo": Irlanda, Escócia, Islândia, Escandinávia, países eslavos – a títulos diversos e segundo uma cronologia diferente.

B) *Perspectivas cronológicas*

Apesar das lacunas, o acaso dos relatos e de sua conservação, o interesse já notado dos clérigos da Idade Média para a relação do ritual feudo-vassálico, os documentos que chegaram até nós, permitem datar os relatos.

Um primeiro fato parece assegurado. O sistema encontra-se, no essencial, em seu lugar no final do século VIII, época possivelmente de sua constituição – o silêncio anterior dos textos concordando com o que se sabe da sociedade da Alta Idade Média, que ainda não é – no sentido estrito – feudal.

Entretanto, duas observações devem ser feitas.

A primeira é que a maioria dos relatos diz respeito a relações entre grandes personalidades – muitas vezes no âmbito da realeza.

Nas *Formulae Marculfi* (primeira metade do século VII), trata-se do antrustião do rei, o "primeiro exemplo conhecido dos juramentos de vassalagem" envolve o Rei Pepino e o Duque de Baviera Tassilon (757), o texto de 787, onde se vê o envolvimento do vassalo realizar-se por meio de um objeto simbólico, "um bastão que tinha a ponta esculpida com uma figura humana" (*cum baculo in cujus capite similitudo hominis erat scultum*), diz respeito a Tassilon III, duque de Baviera, e Carlos Magno, um dos primeiros textos onde se descreve o conjunto do ritual – homenagem, juramento, investidura, com os gestos, as palavras e os objetos simbólicos, o de Ermold o Negro (826) coloca em presença o rei dinamarquês Haroldo e o Imperador Luís o Piedoso[74].

Certamente os redatores de atos e de testemunhos retiveram e acharam digno de registro, principalmente, os envolvimentos que diziam respeito às "vedetas" e ao texto, por exemplo, dos *Annales Regni Francorum*, que mostra a submissão de Tassilon a Pepino [757], reforça que esse ato não é diferente daquele que os vassalos cumprem para seu senhor: "*Assim que, por direito, um vassalo deve fazer, com um espírito leal e uma dedicação, como um vassalo deve ser em relação a seus senhores*"[75] – o que confirma a difusão da vassalagem na aristocracia franca e a existência de um ritual de vassalagem.

---

74. Textos citados e traduzidos em BOUTRUCHE, R. *Seigneurie et Féodalité*. Op. cit., p. 364-366.

75. KURZE (org.). "Annales regni Francorum", p. 14. Apud BOUTRUCHE, R. *Seigneurie et Féodalité*. Op. cit., p. 365.

Mas a seletividade dos testemunhos acentua o fato de que, no ritual da vassalagem dessa época, o que mais importa é o primeiro elemento, a homenagem, sinal de reconhecimento da superioridade do senhor, e, no limite, de submissão. Nada de surpreendente nisso se pensarmos que o que garantiu o sucesso da instituição da vassalagem foi o uso que dela fez a dinastia carolíngia, com a intenção de se constituir uma rede de fiéis.

A segunda observação vai no mesmo sentido. Mesmo que o sistema já esteja completo desde o fim do século VIII, conforme já afirmei, fica claro que a investidura é o elemento mais fraco, o menos marcado do rito. Isso corresponde exatamente com o que se sabe a respeito do nascimento do feudo, que será a forma acabada do benefício, da honra que o vassalo recebe do senhor em troca de sua homenagem, de seu sermão de fidelidade e de serviço.

Tudo leva a crer que a junção ainda não tenha se realizado (supondo que as coisas tenham acontecido dessa maneira – mas essa leitura da gênese do sistema simbólico de entrada em vassalagem é permitida) entre um ritual que cria um vínculo pessoal e outro, o da *affatomia*, por exemplo, destinado principalmente, recorrendo à *festuca* como símbolo, a transmitir uma herança, um bem, por intermédio de uma ligação pessoal, de uma adoção, que aparece mais como o meio da cessão do bem, do que como o fim em si da instituição e do ritual.

No que diz respeito a um ponto – fundamental, a meu ver – o sistema só virá a se completar, provavelmente, no final do século X. Trata-se do *osculum*, do beijo que sela o juramento, a fé. O texto da coletânea de Saint-Gall – que relata como Notker, o abade eleito deste mosteiro, tornou-se vassalo de Otton I, em 971: *"Finalmente serás meu, disse o imperador, e, depois de tê-lo recebido pelas mãos, ele o beija. E assim que o Evangelho foi trazido, o abade jurou fidelidade"* –, é tido, por um dos melhores historiadores do feudalismo, como um dos "mais antigos exemplos" do beijo de vassalagem[76]. Além disso, observemos, aqui, que o beijo precedeu o juramento.

---

76. VON ARX (org.). "Casus S. Galli", c. 16. In: *MGH* – SS. T. II, p. 141. Cf. trad. e cit. em BOUTRUCHE, R. *Seigneurie et Féodalité*. Op. cit., p. 367.

Se é verdade – o que ainda tem que ser provado ou minimamente assegurado por um estudo mais completo dos textos anteriores ao século XI – que o *osculum* completará o sistema somente no final do século X, esse desenvolvimento concorda com o que se sabe a respeito da evolução histórica geral.

Se, de fato, o *osculum* simbólico é o elemento que cria certa igualdade entre o senhor e o vassalo e representa o ato mais confiante entre os dois contratantes, o que garante mais fidelidade e segurança, ele se posiciona então em uma dupla evolução.

A primeira é o surgimento do movimento de *paz*, que vai conhecer um sucesso irresistível em torno do ano 1000. Ainda que eu não acredite, como já foi dito, que o beijo de vassalagem seja a transferência, no sistema simbólico feudal, do beijo de paz cristão, ele traz em si, evidentemente, a marca de uma atmosfera religiosa que condiz perfeitamente com o contexto geral da época e com o movimento de paz, particularmente[77].

Sobretudo o segundo fenômeno, com o qual se harmonizaria a introdução do *osculum* no ritual de vassalagem, em torno do ano 1000, representa a tomada de consciência coletiva da classe militar, que é também – não me esqueço – a dos grandes proprietários, os patrões eclesiásticos encontrando-se assim incluídos na categoria pertencente à instituição feudo-vassálica. O fim do século X e o início do século XI é o período em que talvez tenha se constituído, ou que, em todo caso, se difundiu o esquema tripartido, trifuncional da sociedade que Adalberon de Laon, em 1027, irá expressar da forma mais marcante. Diante dos *oratores* e dos *laboratores*, os *bellatores* se afirmam, não apenas por seu papel militar, mas pelas instituições, os trunfos, os símbolos que o acompanham: o castelo-forte e o sistema feudo-vassálico. O *osculum* é um dos emblemas, um dos suportes dessa hierarquia de iguais que exclui as mulheres e os plebeus, e que desempenha um papel central no movimento de paz conduzido pela Igreja e, em certa medida, contra os *bellatores*, mas

---

77. Cf. princ. DUBY, G. *L'an mil*. Paris: [s.e.], 1967. • Há uma edição em português desse livro: *O ano mil*. Lisboa: Ed. 70, 1993 [N.T.].

também *com* eles, porque a Igreja deseja que sejam eles os garantes de uma sociedade policiada, na qual sua função militar deve principalmente – graças à força da rede feudo-vassálica – exercer-se em favor da proteção das outras categorias da sociedade[78].

Eu gostaria agora de insistir sobre uma característica essencial do sistema feudal do Ocidente medieval que o estudo de sua expressão simbólica e o recurso ao método etnográfico valorizam expressivamente: sua *originalidade*. Procurei mostrá-lo mais acima[79] ao recusar qualquer tipo de assimilação que se poderia fazer com instituições anteriores – particularmente romanas – ou as continuidades que se seria desejável estabelecer entre elas e o sistema feudal. Esforço-me em prová-lo mais adiante através de comparações com sistemas vizinhos de sociedades modernas e contemporâneas extraeuropeias. Se busquei um fio condutor na *affatomia* e na *festuca* das leis sálica e ripuária e dos éditos lombardos, ele me conduziu a apenas duas hipóteses: a referência do ritual simbólico feudo-vassálico deve ser buscado no parentesco, surge nas sociedades bárbaras da Alta Idade Média, das instituições e dos ritos que revelam uma sociedade cujas estruturas parecem estar preparadas para produzir o sistema simbólico do ritual feudo-vassálico. Nada além disso. Não vejo nelas *origens* do sistema de vassalagem, nem de seu ritual simbólico. Esse sistema tem, certamente, uma *gênese* e eu procurei, entre o final do século VIII e o final do século X, dele extrair alguns pontos centrais e alguns tempos marcantes. Entretanto, sem muitos jogos de palavras, acredito que, sendo *original, ele*

---

78. Abordei esse problema da sociedade tripartida na Idade Média inspirando-me nos trabalhos esclarecedores de G. Dumézil em "Note sur société tripartie, idéologie monarchique et renouveau économique dans la Chrétienté du IXe au XIIe siècle". *L'Europe aux IXe au XIIe siècle*. Varsóvia: [s.e.], 1968, p. 63-71 [Org. por A. Gieysztor e T. Vanteuffel, T. (org.). – Colóquio de Varsóvia, 1965]. G. Duby abordou esses problemas de forma aprofundada em um curso do Collège de France e está preparando uma obra sobre esse assunto. • Há uma edição em português dessa obra: DUBY, G. *As três ordens ou o imaginário do feudalismo*. Lisboa: Estampa, 1994 [N.T.].

79. Cf. p. 375ss.

não tem origens. Que ele tenha se servido de elementos de modelos anteriores, que ele tenha elaborado soluções parcialmente vizinhas das instituições de outras sociedades em outras épocas e em outros continentes, isso é certo. Sem tais escolhas, tais "empréstimos", tais parentescos, não existiriam a história, nem o comparatismo, ou eles seriam fúteis. Mas a procura das *origens* da vassalagem – como aquela de muitas outras – me parece bastante insignificante.

Sabe-se que, ao final de sua curtíssima vida, essa foi a posição de Marc Bloch. Não era realmente a do tempo de sua juventude, quando ele escrevia seu artigo sobre "As formas da ruptura da homenagem no antigo direito feudal". Que me permitam uma longa citação desse texto pioneiro, pois a passagem me parece de grande importância para nossa pesquisa.

"Mas, até aqui, eu deixei de lado um exemplo que M. von Moeller tomou do Direito Franco e que retomo agora. O título LX da lei sálica indica o procedimento pelo qual deve recorrer o homem que quiser abandonar sua família, sua 'parentela'; o traço essencial desse procedimento é o seguinte: o homem toma três ou quatro bastões – o número varia de acordo com os diferentes manuscritos da lei –, quebrando-os sobre a cabeça e joga os pedaços nos quatro cantos do *mallum*. Seria muito sedutor admitir uma filiação entre esse rito, pelo qual se marcava, no Direito Franco, o abandono da família e o rito, muito análogo, pelo qual [...] por vezes se marcava, no direito do século XII, o abandono do senhor. Para o esclarecimento do problema das 'origens do feudalismo', que interesse não teria estabelecer uma relação de filiação entre o ato solene – pelo qual se rompia esse vínculo familiar, que era sem dúvida o mais forte dos vínculos nas velhas sociedades germânicas – e o ato pelo qual, seis séculos mais tarde, rompia-se o vínculo de vassalagem, que constituía a peça mestra de uma sociedade nova! Contra tal teoria, não creio que seja possível fazer valer argumentos sérios. Mas eu também não creio que seja possível sustentá-lo sem prova sólida: talvez haja de um rito a outro, não filiação, mas simplesmente semelhança. Aceitaremos ou rejeitaremos a hipótese que acaba de ser indicada de acordo com a ideia geral que se faz das origens da vassalagem"[80].

Deixo de lado, portanto, o problema das "origens", que não me parece pertinente. Mas a grande perspicácia de Marc Bloch, nutrida de uma erudição considerável, levou-o a uma intuição fundamental. Para esclarecer, eu não falaria em origens, mas em estrutura e função do sistema de vassalagem – particularmente de seu aparelho simbólico –, importa olhar para as leis dos povos germânicos – e de modo específico dos francos – da Alta Idade Média. Além disso, seu instinto de historiador autêntico – em quem a prudência alia-se à audácia nas hipóteses, e o sentido das diferenças e das novidades ao interesse para as comparações e as continuidades – leva-o a se afastar da problemática utilizada da pesquisa das origens. Às velhas "sociedades germânicas" ele opõe uma "sociedade nova" – a feudal. E, comparando os "ritos", ele prefere, definitivamente, considerar a "similitude" ao invés da "filiação".

Essa é nossa posição. É de fato nas sociedades germânicas que se deve buscar, não a origem, mas o sistema de representações, de referências simbólicas sobre aquilo em que se constrói o sistema de gestos simbólicos da vassalagem.

Já que se trata de uma lição, que me permitam, ao final dessa parte do desenvolvimento de minha argumentação, fazer três breves observações de método sobre o estudo do simbolismo em história.

Entre as numerosas armadilhas da história dos símbolos, três são particularmente temíveis: as falsas continuidades (os símbolos mudam de sentido de forma desconcertante), as falsas semelhanças – o comparatismo, sempre delicado de se manejar, é aqui ainda mais arriscado, ainda que seja mais necessário. Finalmente, a polissemia dos símbolos torna sua interpretação quase sempre incerta: entre todos os possíveis sentidos (inclusive, com frequência, um

---

80. BLOCH, M. Op. cit. Cf. Referências sumárias. Apêndice.

sentido e seu contrário), qual é o correto? Isso reforça a necessidade de tomar um símbolo em seu contexto ou, melhor ainda, no sistema ao qual ele geralmente pertence.

Enfim, há outro grande problema que se coloca e, aqui, a ausência de textos complica as coisas: que consciência os atores e os espectadores de uma ação simbólica tinham a respeito de seu simbolismo? Entretanto, caso se aceite o método etnográfico, ele supõe que um sistema simbólico pode funcionar com toda sua eficácia sem tomada de consciência explícita[81].

IV. Problemas

A exposição precedente comporta certo número de hipóteses, de convites de pesquisa, ao lado de algumas proposições firmes e documentadas. Resta-me, contudo, formular alguns problemas importantes, ao mesmo tempo em que precisarei o método proposto e trarei alguns complementos.

A) *O domínio do ritual simbólico da vassalagem*

Alguns historiadores apresentaram, no mesmo plano do ritual da vassalagem, ou misturados com ele, outros rituais que me parecem ter um sentido e uma função nitidamente diversos.

Se evoquei um modelo de parentesco como referência desse ritual, isso não significa que eu assimilo os cerimoniais de família aos cerimoniais de vassalagem. Se não é sem interesse que se nota o papel do *osculum* nos noivados, não creio que se deva atribuir a

---

81. Bem-entendido – sem entrar na análise do problema – como eu estimo muito importante a consciência ou a não consciência que uma sociedade tem dela mesma, eu procurei cuidadosamente – e indiquei aqui – os testemunhos de percepção do sistema simbólico da vassalagem que os homens da Idade Média – em todo caso, os clérigos que o descreviam – poderiam ter.

um mesmo conjunto os gestos simbólicos da vassalagem e do noivado. E. Chénon teve o enorme mérito, ao estudar sucessivamente o *osculum* nas duas instituições e nos dois rituais, de fazer uma comparação útil e de valorizar um fenômeno muito significativo, o uso do *osculum* na renúncia[82]. Como para o recurso à *festuca*, a presença do *osculum* sobre os dois tempos do rito – na entrada e na saída, confirma nossa convicção de que se trata de um sistema. Mas o alargamento da significação do *osculum* a um conceito vago de garantia de observação de um contrato me parece diluir o simbolismo a um ponto em que ele já não significa quase nada. Uma das tentações – e um dos perigos – do estudo dos símbolos é de querer encontrar um denominador comum a práticas, funções, significações realmente diferentes[83].

Da mesma forma, o simbolismo que intervém em certo número de contratos na Idade Média me parece fundamentalmente diferente daquele que faz parte do sistema feudo-vassálico. Trata-se apenas, nos dois casos, do recurso aos mesmos objetos simbólicos. Esses detalhes – pois, no fundo, são apenas detalhes – não têm interesse. Uma sociedade dispõe apenas de um estoque limitado de símbolos e é importante para a definição de uma entidade social medieval que se comparem os conjuntos de objetos simbólicos utilizados em diferentes áreas e que neles se determine a presença dos mesmos objetos. Du Cange percebera esse conjunto do material

---

82. CHÉNON, E. Op. cit., p. 130ss. "Em segundo lugar, o *osculum* servia para operar uma renúncia a direitos litigiosos; ele era então um símbolo de renúncia [*guerpitio*]."

83. Creio que E. Chénon caiu no erro de buscar em um mesmo símbolo o mesmo sentido, ao invés de respeitar a polissemia dos símbolos quando ele escreve: "Fosse qual fosse a forma do rito e o sentido do símbolo: confirmação, renúncia, tradição, é possível trazê-lo de volta a uma mesma ideia, a ideia de que será respeitada a situação criada pelo contrato, a partir da qual o *osculum* intervém [...]. É a ideia que sai das palavras *osculum pacis et fidei*, que são encontradas com frequência nas cartas de foral" ("L'osculum en matière de fiançailles – Recherches historiques sur quelques rites nuptiaux". Trecho da *Nouvelle Revue Historique de Droit Français et Étranger*. Paris: [s.e.], 1912, p. 136).

simbólico medieval. Se no artigo *Investitura* de seu glossário ele foi levado, por uma falsa perspectiva de Direito Romano, a definir o termo por "*traditio, missio in possessionem*" (entregar, pôr na posse de), alcançou, entretanto, através dessa inexatidão, certa unidade dos símbolos que encontramos tanto no caso dos contratos quanto no das investiduras. Daí sua afirmação cheia de interesse quanto à função do simbolismo: "*Entregas e investiduras não se davam apenas pela palavra, ou por um simples documento, ou por um foral, mas por diversos símbolos*"[84]. Do mesmo modo, eu pensei que seria interessante dar a lista dos "símbolos jurídicos empregados na formação dos contratos, do processo etc." para as épocas merovíngias e carolíngias, estabelecida por M. Thévenin. Comparando-a à lista tirada de Du Cange para o período posterior, propriamente feudal, notar-se-á antes de tudo a presença majoritária dos mesmos termos, a conformidade geral das duas listas. A importância da *festuca* é gritante, e significativa. A frequência do símbolo monetário (*denarius*) é o sinal de uma época em que a moeda guarda seu valor, senão econômico, ao menos simbólico. A ocorrência única de *osculum* não significa muito, pois se trata muito precisamente do rito de casamento seguindo a lei romana, sempre em vigor[85]. Correndo o risco de ser repetitivo, caso tais semelhanças entre a lista de Thévenin e a de Du Cange sugiram que uma estrutura social e um conjunto simbólico se delineiam entre os séculos VII e IX – e que o sistema de vassalagem tomará delas as suas referências –, isso não prova que a ligação feudo-vassálica era da mesma natureza que aquelas determinadas por toda uma série de contratos, e ainda menos que esses contratos estão na origem do sistema de vassalagem.

Noivados e contratos excluídos, encontramos o grande problema dos ritos de realeza. Basta ler a bela lição do Professor Elze[86] para notar de imediato que se trata de dois rituais, de dois campos

---

84. DU CANGE. Art. "Investitura". *Glossarium*, col. 1.520.
85. THÉVENIN, M. *Textes relatifs...*, p. 263-264. Cf. Referências sumárias, infra.
86. *Simboli e simbologia...* Settimane... XXIII. Espoleto: [s.e.], 1976.

simbólicos absolutamente diferentes. Mesmo que durante a sagração ou a "investidura" divina se possa ter a impressão de que o rei é o beneficiário de um sistema simbólico que faz dele o vassalo de Deus, basta observar os cerimoniais e os objetos simbólicos para se apreender a irredutibilidade de um sistema a outro. De um lado, um ritual inteiramente sacralizado, que introduz o rei em um sistema religioso, de outro, um ritual profano [apesar do recurso aos prestígios cristãos], que introduz o vassalo em um sistema socioeconômico. Há dois sistemas: um sistema da realeza e um sistema da família aristocrática, dois simbolismos, um de transmissão de poder cósmico, sobrenatural, outro de integração da família.

A confusão que por vezes foi feita vem sem dúvida do uso que os carolíngios, os imperadores do Santo Império e os papas (ao menos alguns papas) fizeram do bem de vassalagem e do sistema feudal. Mas os dois campos simbólicos são fundamentalmente diferentes.

Um erro – ao qual voltarei – de certos etnólogos africanistas que buscaram, com mérito, introduzir o conceito de feudalismo no estudo das sociedades africanas foi, parece-me, o de buscar traços comuns nos cerimoniais de realeza e de querer fundar semelhanças em sistemas políticos, em análises das estruturas de poder. A referência política é ou totalmente estrangeira ao sistema feudo-vassálico do Ocidente medieval, ou absolutamente secundária.

Persiste um problema importante: o das investiduras eclesiásticas e do sistema simbólico ao qual elas se referem. Há, aqui, dois fatos inegáveis: pelo viés da teoria dos dois poderes, o espiritual e o temporal, a Igreja medieval confundiu, por muito tempo, o sistema da investidura temporal com o da ordenação eclesiástica em todos os níveis. A querela do sacerdócio com o império, a dita "querela das investiduras", manteve e reforçou a confusão e, a esse respeito, a concordata de Worms (1122), que acordava ao papa a investidura espiritual pela cruz e o anel e ao imperador a investidura temporal pelo cetro, não chegou a dissipar o equívoco. Mais ainda: o ritual de ordenação e – eventualmente – de redução ao estado laico [um e outro partes do sistema] – me parece ter agravado a confusão. No entanto, seria necessário estudar os rituais simbólicos de perto e a confusão, aqui, que não vem dos historiadores modernos, mas dos homens da Idade Média, recomenda que se tenha mais prudência na afirmação de que o domínio do ritual simbólico da vassalagem, se ele foi original, foi também autônomo. Entre a função eclesiástica e o feudo houve tantas contaminações que, conforme sucedeu com Du Cange, a confusão não é, aqui, sem fundamento. Pelo menos, no estado atual das pesquisas, é possível dizer que a "investidura" eclesiástica fundamentou-se na investidura de vassalagem, que os ritos da entrada em vassalagem serviram, sem dúvida, de modelo para os da entrada na religião.

B) *Uma tentativa de leitura de tipo etnográfico*

Não defini, até agora, o recurso ao método etnográfico que tenho preconizado e tentado praticar para esclarecer os gestos simbólicos da vassalagem. Certamente, eu indiquei que tal método sugeria, por colocar entre parênteses questões de lugar e de tempo, a comparação com outras sociedades habitualmente estudadas pelo etnólogo e não pelo historiador, e eu tomei emprestado de Jacques Maquet um exemplo em sociedades africanas. Também insisti sobre o fato de que esse método conduzia à definição e ao estudo de um *ritual* – sistema cerimonial cujo estudo vem, também, tradicionalmente, mais dos etnólogos do que dos historiadores. Enfim, eu ressaltei que o estudo de um ritual exigia não estudar isoladamente os elementos do ritual – fases e objetos simbólicos utilizados –, mas de se buscar o seu significado dentro do sistema global.

No entanto, eu analisei o ritual de entrada na vassalagem a partir dos testemunhos recolhidos por historiadores e segundo os elementos, as fases e o recorte dos textos que eles daí tiraram. Ora, essa análise deixa de lado elementos importantes do ritual que os historiadores costumaram negligenciar. Tais dados provêm, o mais das vezes, do contexto da descrição da cerimônia, do que da cerimônia propriamente dita, e eles são constituídos por informações, elementos que ultrapassam o sistema gestos-palavras-objetos, que se pode tirar da análise dos historiadores.

É essa leitura mais completa de tipo etnográfica do ritual da vassalagem que eu gostaria de efetuar agora. É apenas um esboço, pois seria necessário levar adiante o recolhimento de dados e sua interpretação muito além do que foi possível fazer.

Tal análise se refere ao lugar da cerimônia, aos assistentes, ao lugar recíproco dos contratantes e à memorização do ritual.

a) A entrada em vassalagem não se faz em qualquer lugar, mas em um espaço simbólico, um território ritual. Jean-François Lemarignier demonstrou bem, em um estudo clássico, o papel das fronteiras como espaço de realização do ritual de vassalagem: é a *homenagem em marcha*[87]. No texto de Thietmar de Marseburg, já utilizado, é na ocasião de uma viagem do Imperador Henrique II, sobre as fronteiras orientais da Alemanha, que as homenagens lhe são prestadas.

Mais frequentemente, indica-se por vezes que há deslocamento dos contratantes para se cumprir o ritual de vassalagem. Ora é o senhor que vem recolher a homenagem do vassalo, ora é o vassalo que se dirige ao senhor para executar os atos simbólicos. Por exemplo, no textos dos *Annales regni Francorum*, a propósito do acontecimento de 757, é dito que: "O Rei Pepino reuniu a sua assembleia em Compiègne com os francos. E Tassilon, duque de Baviera, foi até lá, e se recomendou em vassalagem pelas mãos". Também no texto de Galbert de Bruges, o novo conde de Flandres, Guilherme Cliton, duque de Normandia, vem a Flandres para aí receber a homenagem de seus novos vassalos, mas esses foram até junto dele, em Bruges, para lhe prestar suas homenagens. Parece-me sig-

---

87. LEMARIGNIER, J.-F. *Recherches sur l'hommage en marche et les frontiers féodales*. Lille: [s.e.], 1945.

nificativo que o historiador Robert Boutruche comece o trecho do texto que ele cita nos *Documentos* de sua obra, no momento em que começa a cerimônia de vassalagem, negligenciando a fase anterior dos deslocamentos que nos parecem, ao contrário, fazer parte do ritual completo[88].

Na verdade, se o senhor vai com frequência a um lugar apropriado, o deslocamento significativo, do ponto de vista simbólico, é aquele do vassalo, que se dirige sempre para perto dele. O deslocamento tem uma dupla função: situar o ritual em um lugar simbólico começa a definir o vínculo que vai se instituir entre o senhor e o vassalo, frisando que é este, o inferior, que começa a manifestar sua deferência ao senhor ao se encaminhar para perto dele[89].

O espaço simbólico onde se cumpre o ritual de vassalagem é, na grande maioria dos casos, constituído por um ou outro desses lugares: uma igreja ou a grande sala do castelo (ou de um castelo) senhorial.

Caso se trate de uma igreja, a função simbólica do lugar é a de ser em si um espaço sagrado, consagrado e, portanto, a de tornar

---

88. BOUTRUCHE, R. *Seigneurie et féodalité*. Op. cit., p. 368. Galbert escreve: "*Non. aprilis, feria tertia Aqua sapientiae, in crepusculo noctis, rex simul cum noviter electo consule Willelmo, Flandriarum marchione, Bruggas in subburbium nostrum venit [...]. Octavo idus aprilis, feria quarta, convenerunt rex et comes cum suis et nostris militibus, civibus et Flandrensibus multis in agrum consuetum in quo scrinia et reliquiae sanctorum collatae sunt [...]. Ac deinceps per totum reliquum dies tempus hominia fecerunt consuli illi qui feodati fuerant prius à Karolo comite piisimo [...]*" [Org. por Pirenne, p. 86-89]. A cerimônia acontece em *agro consueto* para, simultaneamente, respeitar o costume, acolher a multidão e, particularidade flamenga, associar os burgueses. As relíquias que são trazidas sacralizam o lugar.

89. Notemos que esse deslocamento do vassalo acontece também no caso da saída de vassalagem. Na narrativa de Galbert de Bruges sobre a *exfestucatio* de Iwan d'Alost, estudada por Marc Bloch, o notário burguês descreve: "Illi milites [...] *sese et plures alios transmiserunt* consuli Willelmo in Ipra, et exfestucaverunt fidem et hominia [...]".

mais solene o ritual que se cumpre e o contrato que é selado. De resto, determina-se quase sempre que os gestos, sempre que possível, executem-se na parte mais central e mais sagrada do edifício, o altar, "*super altare*". É sobre o altar que se presta juramento, é sobre o altar que se deposita o objeto simbólico da investidura[90].

Outro local é ainda mais significativo e uma pesquisa precisa talvez provasse que é o local por excelência do ritual feudo-vassálico. É a *aula* senhorial[91]. A cerimônia acontece no território do senhor, no coração desse território, no lugar onde se manifesta sua função e sua potência, onde ele recebe as audiências, oferece as festas que, pelo luxo – das vestimentas, dos alimentos, dos espetáculos –, expressam seu nível e sua função. Esse deslocamento em campo senhorial [pois mesmo na igreja o senhor tem – de direito – um lugar eminente] me parece trazer uma confirmação suplementar à inadequação de uma interpretação do ritual de vassalagem em termos de adoção. É o inverso que se produz, o vassalo que "escolhe" seu senhor.

b) O ritual simbólico da vassalagem não se dá privadamente. Ele requer a presença de uma assistência. Ela é obrigatória e, geralmente, numerosa e escolhida. Essa assistência não é somente

---

90. P. ex., a carta de foral de 1123 citada supra, nota 3, conservada no cartulário de Saint-Nicolas d'Angers. "*De hoc dono revistivit Quirmarhocus et duo filii ejus Gradelonem monachum S. Nicolai cum uno libro in* ecclesia S. Petri Nannetensis... *librum quoque quo revestierunt monachum posuerunt pro signo super alture S. Petri.*" Em carta de foral de Robert, duque de Bourgogne, de 1043: "*Hune oblationis chartam, quam ego ipse legali consessione per festucam, per cultellum, per wantonem, per watonem, per wasonem* super altare, *posui [...]* " (DU CANGE. Op. cit., col. 1.525).

91. P. ex.: "*Hanc concessionem fecit Dominus Bertrandus* in aula sua, *et pro intersigno confirmationis hujus eleemosynae, tradidit quendam baculum, quem manu tenebat, Armando priori Aureae Vallis*" (Carta de foral de Bertrand de Moncontour, citada em DU CANGE. Art. "Investitura", col. 1525). Em 1143, o dom de várias terras, feito pela viscondessa de Turenne ao Mosteiro de Obazine acontece na grande sala do Castelo de Turenne "*Hoc donum factus fuit in aula Turenensi...*" (CHÉNON, E. Op. cit.., p. 133, n. 2).

destinada a fornecer uma caução, testemunhas ao ato ritual. Ela faz parte do sistema simbólico. Ela cria, no espaço material simbólico, um espaço social simbólico.

Entre as expressões que sempre voltam para atestar essa assistência numerosa, eu destaco "*aos olhos de muitos*", "*com o conselho de todos os assistentes*", "*na presença de muitos*" etc.[92]

A assistência está no fundo do espaço simbólico, aos lados, em torno dos contratantes? O testemunho tardio da iconografia foi, a meu ver, pouco estudado. Gostaríamos de ver um estudo que traga ao conhecimento do sistema de vassalagem informações comparáveis àquelas recolhidas e elaboradas pelo Padre Walter em seu surpreendente estudo sobre a iconografia dos concílios ecumênicos[93].

Com frequência, sobretudo quando o documento que relata a cerimônia tem um caráter mais jurídico, notadamente se é estabelecido por um notário, como acontece em certas regiões, principalmente a partir do século XIII, os principais personagens presentes são nomeadamente citados[94].

Jacques Maquet, que observou em determinadas sociedades africanas que praticam ritos semelhantes aos da vassalagem, tal presença de uma assistência, de um público – o que torna a insti-

---

92. P. ex., em uma carta de foral de Marmoutier (DU CANGE. Op. cit, col. 1530): "*Quod donum [...] posuit super altare dominicum per octo denarios, in praesentia multorum*". Por vezes, a função de testemunho, garantia da memória coletiva, é expressamente reconhecida aos assistentes. P. ex., nessa carta do Mosteiro de Marmoutier, apud DU CANGE. Op. cit., col. 1.536: "*Testes habuimus legitimos, qui omni lege probare fuerunt parati, quod Hildegardis ad opus emerit, et per pisces ex ejus piscaria investituram de derit in vito sua monachis Majoris Monasterii*".

93. WALTER, C. *L'iconographie des conciles dans la tradition byzantine*. Paris: [s.e.], 1970.

94. Em uma carta de foral de Marmoutier é o abade do mosteiro que é citado como principal e suficiente testemunha: "*Quodam fuste, qui apud nos nomine ejus inscripturs servatur in testimonium, praesente Abbate Alberto, fecit guerpitionem*" (DU CANGE. Op. cit., col. 1.521).

tuição diferente de uma clientela – dá a seguinte explicação: "A cerimônia torna público o vínculo feudal. Sabemos que tal indivíduo se tornou o vassalo de tal senhor"[95].

Parece-me que os assistentes não desempenham apenas um papel de testemunhos – essencialmente passivo –, mas têm também uma função mais ativa. Eles acolhem com o senhor o vassalo nessa sociedade masculina e aristocrática, a sociedade "feudal" propriamente dita. Eles são, de resto, os testemunhos, os garantes do envolvimento recíproco do senhor e do vassalo. Parece-me que, se a função do lugar vem reforçar o elemento hierárquico, não igualitário no sistema de vassalagem, a da assistência consolida o elemento de reciprocidade.

c) Seria necessário também tomar conta do lugar recíproco dos contratantes ao longo da cerimônia. Infelizmente, os documentos são escassos de detalhes a esse respeito.

O senhor está sentado? Em que tipo de assento? Ele está em uma posição elevada?

O vassalo está de pé ou ajoelhado?

Há uma evolução na posição recíproca dos dois personagens ao longo da cerimônia?

É possível encontrar o conjunto de significações simbólicas que julgamos poder perceber no ritual de vassalagem: hierarquia, igualdade, reciprocidade?[96]

As posições dos dois contratantes fazem referência ao universo simbólico do parentesco? Os dois elementos estudados anterior-

---

95. MAQUET, J. Op. cit., p. 195.

96. Os atos não dão indicação alguma sobre a genuflexão do vassalo na fase de homenagem. P. ex., em um ato de Rabastens de 18 de janeiro de 1244, apud E. Chénon (Op. cit., p. 142, n. 3): "et inde vobis homagium facio, *flexis genius* [...]", é o único detalhe que dá Gilherme Durand na *Speculum Juris,* 21, parte IV, 3, 2 n. 8: "*Nam is qui facit homagium,* stans flexis genius [...]". *Stans* parece indicar que o senhor, como se poderia pensar, está sentado.

mente, o local e a assistência, se não trazem prova suplementar ao apoio de nossa hipótese, são pelo menos compatíveis com ela: a igreja e a *aula* são espaços do casamento, a assistência pode ser a dos testemunhos de um ato de família, mas esses dados são muito gerais, muito vagos para que se possa tirar argumentos em um sentido ou em outro.

d) Há, finalmente, os elementos destinados à sobrevida, à memorização do ritual.

As testemunhas são um elemento deste ritual – ao lado, bem-entendido, dos documentos escritos que são, por vezes, redigidos, mas que são apenas um caso particular do esforço de memorização que, durante muito tempo, não privilegiou a escrita.

Outro elemento é a conservação do objeto simbólico.

Notemos, antes de tudo, que o objeto não está sempre ao alcance da mão. E. Chénon notou que, nesse caso, de forma curiosa, o *osculum* pode substituir a entrega de um objeto[97]. Os textos que o testemunham deveriam ser pormenorizadamente estudados.

O objeto se conservou? Quem o conserva? Onde? No estado atual de minha pesquisa só posso avançar hipóteses: o objeto é geralmente conservado, se é um dos contratantes que o guarda, é em geral o senhor, mas o objeto é mais frequentemente guardado em terreno neutro e sagrado, em uma igreja, mesmo se o ritual não ocorreu nesse espaço[98]. Parece raro o caso de um fracionamento do

---

97. CHÉNON, E. Op. cit., p. 132-133. "Enfim, o que é mais curioso e também raro, o *osculum*, podia servir para marcar uma tradição; ele substituía então o objeto simbólico que poderíamos não ter em mãos." Tratar-se-á disso, na verdade?

98. Du Cange dá alguns exemplos de conservação de objetos simbólicos de investidura; p. ex., a respeito de uma doação *"Facto inde dono per zonam argenteam, ab altari in armario S. Petri repositam..."* (Op. cit., col. 1.521). Ele cita Wendelin em seu glossário: *"Hujusmodi cespites cum sua festuca multis in Eclesiis servantur hactemus, visunturque Nivellae et álibi [...]"*. Ele declara ter ele próprio visto nos arquivos de Saint-Denis, graças a Mabillon, várias cartas de foral munidas de objetos simbólicos (cf. infra, nota 123): *"complures chartas, in quarum imis (limbis intextae erant festucae, vel certe pusilla ligni fragmenta"* (Ibid., col. 1.522)).

objeto e da conservação de uma parte pelo senhor, de um lado, e pelo vassalo, do outro[99].

Retomando uma distinção tradicional dos feudalistas germânicos, F.L. Ganshof afirma que, no caso em que o símbolo é um símbolo de ação, ele pode ser conservado ou pelo senhor (cetro, bastão, anel, ouro, luva), ou quebrado se ele é de pouco valor (uma faca, p. ex.). No caso em que o símbolo é um objeto, é o vassalo que o conserva[100].

Mantenho um certo ceticismo quanto a essa distinção. Primeiro, não vejo muito bem a diferença entre *Handlungsymbol* e *Gegenstandsymbol*. Em seguida, figura nessa lista objetos que me parecem pertencer mais ao ritual monárquico (cetro, bastão, anel de ouro) do que ao ritual feudo-vassálico. Seria preciso, em todo caso, examinar os textos um por um. Enfim, não penso que as soluções devam ser tão distintas.

Mas não se deve esquecer que os instrumentos de perpetuação, de memorização da cerimônia simbólica fazem parte do ritual.

C) *As referências em outras sociedades*

Eu extrairei essas referências, fundamentalmente, das sociedades extraeuropeias e, sobretudo, africanas, pois me parece que elas oferecem as possibilidades de comparação mais propícias para se valorizar a originalidade do sistema medieval ocidental não apenas pela natureza das estruturas socioeconômicas e culturais, mas também pelo tipo de abordagem dos africanistas.

---

99. Du Cange, a respeito da *festuca* quebrada, lembra a *stipulatio* romana e cita Isidoro de Sevilha (*Origines,* liv.III): *Veteres enim quando sibi aliquid promittebant, stipulam tenentes frangebant, quam iterum jungentes sponsiones suas agnoscebant* (*Glossaire*, art. "Festuca", col. 411). Não estou muito seguro de que o rompimento da palhinha (ou da faca) seja, como uma carta-partida, destinado a fornecer dois pedaços em que cada contratante deve conservar um deles.

100. GANSHOF, F.L. Op. cit., p. 143-199.

Eu deixarei de lado um paralelo bem-conhecido dos medievalistas, o do sistema feudo-vassálico do Ocidente medieval com o das instituições japonesas antes do Meiji. Esse paralelo é útil e esclarecedor, mas os trabalhos preciosos e precisos de F. Joüon des Longrais, em particular, parecem-me principalmente levar a reconhecer diferenças essenciais. Nossa análise do sistema ocidental pelo estudo do ritual simbólico confirma e reforça a ideia de que a vassalagem e o feudo são indissociavelmente ligados. Que o feudo seja o coroamento ou o fundamento do sistema, apenas a investidura – o testemunho de gestos simbólicos que a constituem é claro – cumpre o elemento de reciprocidade essencial ao sistema. Ora, a indissolubilidade deste vínculo entre vassalagem e feudo parece estranha ao sistema japonês[101].

O tema mereceria um longo estudo. Eu me limitarei, aqui, a algumas referências[102] e ao enunciado de duas ou três ideias.

Muito se falou sobre o Japão no quadro do comparatismo, em parte porque o "feudalismo" japonês surgiu mais ou menos simultaneamente no Ocidente medieval, sendo corrente a opinião de que o Japão, que se manteve "feudal" até 1867, o período moderno mais rico em documentação, fornecia uma documentação mais rica sobre essa "sobrevivência". Sendo excluídas as questões de influência, no que diz respeito ao feudalismo, entre o Extremo-Oriente e o Ocidente europeu, as considerações cronológicas não têm grande valor.

---

101. JOÜON DES LONGRAIS, F. *L'Est et l'Ouest* – Institutions du Japon et de l'Occident compares. Tóquio: [s.e.], 1958 [seis estudos de sociologia jurídica]. Esses títulos encontram-se em outros trabalhos, em línguas ocidentais, dedicados ao "feudalismo" japonês. Cf. BOUTRUCHE, R. *Seigneurie et féodalité*. Op. cit. T. 1, p. 463-464. Parece-me que Marc Bloch e Robert Boutruche, principalmente, acordaram importância, ao mesmo tempo muito grande e exclusiva, ao caso japonês em suas perspectivas comparativas.

102. Agradeço a Marc Augé, que me forneceu referências úteis no campo africanista.

Por que não olhar para a China? As instituições que foram idealizadas como "feudais" são muito anteriores àquelas que se instalaram no Ocidente medieval já que os especialistas consideram que o período "clássico" do feudalismo chinês é o da dinastia Chou (em torno de 1122-256 a.C.).

Henri Maspéro afastara prudentemente dos testemunhos sobre o "feudalismo" chinês uma obra na qual haviam se apoiado diversos sinólogos: as *Memórias sobre os ritos*, de Li-Ki, coletânea de opúsculos ritualistas confucianos redigidos entre o fim do século IV e o início do século I antes da era cristã. Era difícil, segundo ele, decidir se se tratava de uma descrição da realidade ou de uma obra de imaginação[103]. Em contrapartida, ele demonstra, com justeza, muito interesse para uma inscrição do século VII antes da era cristã que descreve a "investidura" de um grande oficial da realeza: "De manhã, o rei se encaminhou ao Templo do Rei Mou, e tomou seu lugar [...] O oficial de boca K'o entrou pela porta e se instalou no meio do paço, direção norte. O rei exclamou: "K'o, antigamente, eu vos havia encarregado de ser intermediário de minhas ordens. Agora, eu aumento e exalto [?] sua responsabilidade [...] Eu vos concedo uma Terra em Ye [...]" K'o saudou prosternando-se"[104].

Deixarei de lado o problema da instituição de que se trata, já que, mais do que um problema de vassalagem e de inferioridade, parece tratar-se de algo mais próximo do feudo de função, talvez no estilo do *tchin* russo. Noto que os chineses, mais sensíveis que os ocidentais à significação simbólica do cerimonial, relataram cuidadosamente o momento de realização do ritual (*a manhã*), o local simbólico (*o Templo do Rei Mou*), a localização dos dois atores principais (*o rei... tomou seu lugar, o oficial de boca K'o... se instalou no meio do paço, direção norte*), o fato de que cada um dos atores se des-

---

103. MASPÉRO, H. "Le régime feudal dans la Chine Antique". *Recueils de la Société Jean Bodin* – I: Les liens de vassalité et le immunités. 2. ed. Bruxelas: [s.e.], 1958, p. 89-127. Trata-se da coletânea de Li-Ki, p. 91.

104. Ibid, p. 94-95.

locou, mas se o rei se encaminhou ao templo, insiste-se com precisão sobre o deslocamento do oficial e sua entrada no espaço sagrado e simbólico (*K'o entrou pela porta*). Há pelo menos um assistente que é também uma espécie de escriba ou notário, o chefe de família Yin, que escreve nas tábuas. A palavra intervém no cerimonial, mas apenas o rei parece autorizado a *falar* para pronunciar fórmulas rituais. Em contrapartida, o investido faz uma *saudação por prosternação* que representa evidentemente um ato de *respeito para seu superior*, mas através do qual não sei dizer se se refere ao rei ou ao "senhor" que lhe confiou a função e a terra e se ele expressa um simples agradecimento ou uma *homenagem* no sentido da "vassalagem".

No rico colóquio sobre o feudalismo comparado em história, editado por R. Coulbron, Derk Bodde fornece importantes precisões sobre as cerimônias de investidura durante o período Chou[105].

Eis a descrição: "Os nobres eram confirmados na posse de seu território por uma cerimônia que ocorria no templo ancestral dos Chou. Ali, o novo vassalo, após haver recebido do rei uma solene admoestação para que fosse conscencioso em seus deveres, prosternava-se diante dele e recebia um cetro de jade e uma tábua escrita com os termos de investidura de seu feudo. Esses dons eram acompanhados por outros presentes de valor, tais quais bronzes, louças, vestuário, armas, carro etc."[106] Reencontra-se, aqui, o local simbólico (*o templo ancestral dos Chou*), o discurso da realeza (uma exortação solene), o silêncio e a prosternação do vassalo, a tábua que testemunha o enfeudamento. A eles somam-se precisões sobre os objetos simbólicos dados ao longo da cerimônia. Ao lado das semelhanças, as diferenças com o ritual feudo-vassálico do Ocidente medieval saltam aos olhos. O conteúdo cultural é diferente: a escri-

---

105. BODDE, D. "Feudalism in China". COULRBORN, R. (org.). *Feudalism in History*. Princeton: [s.e.], 1956, p. 49-92. O autor cita um trabalho em chinês de Ch'l Ssu-ho: "Investiture ceremony of the Chou period" (*Yenching* – Journal of Chinese Studies, n. 32, jun./1947, p. 197-226) que, evidentemente, não pude consultar.

106. Ibid, p. 56.

ta, sob a forma das tábuas, desempenha um papel preponderante na China, o que não se verifica no Ocidente; os objetos simbólicos são mais ricos lá do que aqui, e a entrega simultânea da tábua e do *cetro* [de jade] parece expressar uma transmissão de poder muito apagada, a meu ver, no Ocidente medieval. O silêncio e a prosternação do vassalo acentuam mais sua subordinação ao senhor do que o contrato que liga os dois personagens. É verdade que, ainda aqui, o senhor é o rei, o que dificulta a comparação com a dupla ocidental normal, que se situa a um nível social e simbólico menos elevado.

Derk Bodde fornece, de resto, outras precisões: "Quando um novo feudo era criado, o nobre investido recebia do rei um punhado de terra recolhida do altar do senhor da terra nacional, que se tornava o núcleo do altar construído pelo nobre em seu próprio feudo"[107].

Se deixarmos de lado o fato de que o senhor é o rei, duas observações se impõem. O caráter religioso da instituição e do ritual é ainda mais acentuado do que nos textos precedentes. Pela primeira vez aparece na cerimônia não somente um símbolo "rural", mas, pela atuação do tempo do deus da terra, a característica central da referência agrícola é acentuada. Entretanto, podemos nos perguntar: referência terrena ou territorial?

Ora, qual é, segundo Derk Bodde, a etimologia do termo que designa a instituição que parece corresponder ao *feudo* ocidental? "A palavra *feng*, empregada para designar esse ritual, significa "um montículo", erguer um montículo, plantar (uma planta), um limite, traçar os limite de um feudo, dar como feudo etc."[108]

Parece que o significado, aqui, do rito é principalmente territorial – sem negar, certamente, o fato de que o feudo é um território, uma terra. A instituição chinesa chama, assim, nossa atenção sobre o simbolismo das fronteiras – e mais particularmente sobre

---

107. Ibid, p. 61.
108. Ibid, p. 51.

a realidade material e o simbolismo dos limites, do qual sabemos a função que desempenharam no mundo romano e que não foi ainda suficientemente estudado no campo do Ocidente medieval[109].

Se o caso chinês apresenta, portanto, um interesse certo e convida notadamente a se fazer uma análise aproximada do ritual levando-se em conta o sistema "lugar-posições e deslocamento dos contratantes – valor recíproco dos gestos, das palavras e dos objetos – função da assistência", acontece que, por razões já indicadas, é voltando-se para a África que se têm chances de recolher os melhores frutos do comparatismo.

Minha informação consiste em duas obras de conjunto, a de Jacques Maquet, já citada, *Poder e sociedade na África* (Paris, 1970) e a coletânea de artigos reunidos por M. Fortes e E.E. Evans-Pritchard: *African Political Systems* (Londres, 1940); tradução francesa *Systèmes politiques africains* (Paris, 1964), assim como uma série de outros artigos[110].

---

109. Cf. a interessante nota de T. Wasowicz apresentada no quadro dessa *Settimana*.

110. BEATTIE, J.H.M. "Rituals of Nyoro Kingship. *Africa* – Journal de l'Institut International Africain, vol. XXIX, n. 2 1959, p. 134-145. • CHILVER, E.M. "Feudalism in the Interlacustrine Kingdoms". In: RICHARDS, A. (org.). *East African Chiefs*. Londres: [s.e.], 1960. • FORTES, M. "Of Installation Ceremonies". *Proceedings of the Royal Anthropological Institute of Great Britain and Ireland for* 1967 [1968], p. 5-20. • LUKYN WILLIAMS, F. "The Inauguration of the Omugabe of Ankole to Office. *Uganda Journal*, 4, 1937, p. 300-312. • OBERG, K. "Le royaume des Ankole d'Ouganda. In: FORTES, M. & EVANS-PRITCHARD, E.E. *Systèmes politiques africain*. • RICHARDS, A.P. "Social Mechanisms for the Transfer of Political Rights in Some African Tribes". *Journal of the Royal Anthropological Institute...*, 1960, p. 175-190. • SNOXALL, R.A. "The Coronation Ritual and Customs of Buganda". *Uganda Journal*, vol. IV, 1937, p. 277-288. • TAWNEY, J.J. "Ugabire: A Feudal Custom amongst the Waha". *Tanganyika Notes and Records*, n. 17, 1944, p. 6-9. • K.W. "The Procedure in Accession to the Throne of a Nominated King in the Kingdom of Bynyoro-Kitara". *Uganda Journal*, vol. IV, 1937, p. 289-299. Não sendo o feudalismo o meu objeto, não utilizei o livro clássico de J.F. Nadel: *A Black Byzantium* (Londres: [s.e.], 1942 [Trad. francesa: *Byzance noire*. Paris: [s.e.], 1971]), nem os primeiros trabalhos de

Conforme muitos africanistas sublinharam, as instituições estudadas nesses trabalhos dizem respeito, em geral, à região dos Grandes Lagos e, mais largamente, à África negra central e oriental. Deixo de lado a questão de saber se tal fato está mais ligado à originalidade das sociedades (e ao parentesco de sua estrutura) ou a um foco, por razões específicas, de interesse dos africanistas por essa região.

À exceção dos trabalhos de Maquet, ou utilizados por ele, e do artigo de J.J. Tawney referente a um costume feudal entre os Waha, todos os outros estudos dizem respeito a um cerimonial de "realeza". Não se trata aqui de saber se o termo "realeza" convém aos personagens que são objeto desse estudo. Acontece que as diferenças entre os cerimoniais apresentados nesses trabalhos e o ritual

---

J. Maquet: *Systèmes des relations sociales dans le Ruanda Ancien* (Tervuren: [s.e.], 1954) e uma hipótese para o estudo dos feudalismos africanos em *Cahiers d'Études Africaines* (vol. II, 1961, p. 292-314) nem os trabalhos de J. Lombard sobre uma sociedade de "tipo feudal", os Banba no Daomé do Norte, nem a comunicação de I.I. Poteckhin, *On feudalism of the Ashanti*, no XV Congresso Internacional dos Orientalistas (Moscou, 1960). Estou de acordo com o belo artigo de J. Goody: "Feudalism in Africa?" (*Journal of African History*, 1963, p. 1-18), notadamente quando escreve: 1) "*I could see no great profit (and possibly some loss) in treating the presence of clientship or fiefs as constituting a feudality [...]. There seems even less to be gained from the view which sees African societies as feudalities on the basis of wides political or economic criteria [...]*". 2) "*To suggest that there appears little to be gained by thinking of African societies in terms of the concept of 'Feudalism' implies neither a rejection of comparative work that European medievalists can make to the shedy of African institutions [...]. While the reverse is perhaps even more true* [sou eu quem o sublinha], *Africanists certainly have something to learn from the studies of medieval historians*". Mas se estou de acordo com ele para falar em termos comparativos, não de "feudalismo", mas de análise na perspectiva comparatista das instituições particulares, creio que, no que me diz respeito, o ritual simbólico do sistema feudo-vassálico, os pontos de comparação no campo africanista são raros, sendo os rituais estudados, principalmente, rituais reais. Mas quero ainda sublinhar, de acordo com Jack Goody, que se pensar *a priori* que "*institutions defy comparison because of their uniqueness*" [ibid., p. 2] se empobrece singularmente a investigação em ciências do homem, incluindo a história.

feudo-vassálico são evidentes e profundos. Há apenas a transmissão de determinados objetos simbólicos que apresentam alguma semelhança nos dois casos. Mas nas cerimônias africanas os objetos em questão são *insígnias do poder* e as forças em jogo são evidentemente *políticas*, o que não é o caso da entrada na vassalagem. Há a multidão, representando o povo, alguns personagens tendo um papel particular: membros da família real, padres ou dignitários, mas há apenas um herói, o "rei". Os ritos têm por função assegurar uma *continuidade* e perpetuar ou fazer nascer a fecundidade e prosperidade. Em geral – e essa observação vale para os rituais de realeza do Ocidente medieval que afastamos de nosso campo de investigação –, como lembra Meyer Fortes, retomando uma expressão de Marcel Mauss em seu célebre *Ensaio sobre o dom* (1925), essas cerimônias dizem respeito a "instituições totais" que concentram em si ao mesmo tempo "política e direito, classe e parentesco, conceitos e valores religiosos e filosóficos, sistema de exclusão e de hospitalidade, estética e simbolismo da representação institucional, e, finalmente ou talvez principalmente, psicologia social e a participação popular"[111].

Seria o caso dizer que não há nada a ser aproveitado desses estudos para o nosso propósito?

Eu reteria duas ideias emitidas a respeito das cerimônias de "investidura" da realeza por esses eminentes africanistas.

A primeira se refere ao que Audrey I. Richards nomeia, a propósito dos Bemba do norte da Rodésia, "mnemônica social"[112]. É preciso, em todas as cerimônias, notar com cuidado o que se refere à memória social, tudo o que é destinado a assegurar a perpetuação do envolvimento simbólico. Mais ainda, eu acredito que a observação feita por A.I. Richards a respeito da investidura suprema dos Bemba, vale para o ritual de entrada em vassalagem no Ocidente medieval: *"more important as charters of political Office are the relics*

---

111. FORTES, M. "Of installation ceremonies". Op. cit., p. 7.

112. RICHARDS, A.I. Op. cit., p. 183.

themselves and the ceremonial by wich they are handled" ("mais importante do que as cartas de cargos políticos, são as relíquias propriamente ditas, e o cerimonial pelo qual são processadas") [113]. Certamente, as relíquias que intervêm no Ocidente da Idade Média são de outra natureza e têm outra função que as dos cerimoniais reais africanos. No Ocidente medieval elas só existem para garantir os compromissos dos sermões jurados, enquanto que na sociedade africana elas são de "validação do exercício de autoridade e um meio de acesso às forças sobrenaturais, das quais depende essa autoridade". Mas, nos dois casos, o testemunho dos assistentes e dos objetos simbólicos conservados tem mais peso do que um texto escrito. Sem dúvida, para a justificação de numerosos direitos, o estabelecimento e a posse de cartas de foral tiveram grande importância no Ocidente medieval [ainda que as coleções de cartas de foral reunidas por seus beneficiários na Idade Média não tenham sido tão sistemáticas nem tão numerosas quanto possam fazer crer os cartulários – extremamente úteis – criados pelos eruditos dos séculos XIX e XX], mas instituições tão fundamentais quanto o sistema feudo-vassálico por um lado, e a monarquia por outro, estão ligadas a seu esforço de perpetuação, mais da permanência dos ritos, da transmissão dos objetos simbólicos e da memória coletiva do que dos textos escritos de investiduras "*per chartam*" ou da redação de uma carta de foral de entrada em vassalagem, que desempenha um papel muito secundário.

Acredito, por outro lado, que ao menos uma parte do que Meyer Fortes escreveu a respeito das "cerimônias de instalação" é aplicável ao ritual de entrada de vassalagem e de investidura. Ele insiste no fato de que apenas a observação e a análise antropológicas permitem perceber "a reciprocidade no vínculo entre o ofício ocupado e a sociedade na qual ele está inserido"[114]. No esquema das cerimônias de instalação ele destaca que "a comunidade deve par-

---

113. Ibid.

114. FORTES, M. "Of installation ceremonies". Op. cit., p. 7.

ticipar diretamente, ao mesmo tempo, por intermédio de seus representantes e enquanto corpo"[115]. Sem dúvida, tal exigência deriva aqui do fato de que está em jogo uma "instituição total". Mas eu me pergunto se um exame minucioso da assistência ao ritual feudo-vassálico não revelaria que o papel dos assistentes ultrapassa o de um simples testemunho e que o simbolismo da cerimônia deve ser alargado para além de seus dois protagonistas, o senhor e o vassalo.

Acontece que, ao menos pela informação que tenho, os dados comparatistas recolhidos nas sociedades africanas são limitados e decepcionantes. Talvez a pista seja uma espécie de impasse. Mas eu creio que a confusão entre ritos reais e ritos de vassalagem bloqueou, até agora, a via comparatista. A falta vem, quase sempre, dos medievalistas que encaminharam os antropólogos para falsas perspectivas[116].

Mas eu receio que a tendência dos africanistas em se debruçarem sobre a antropologia política, se ela tem o mérito de reagir contra os excessos de uma antropologia intemporal e imóvel, os leva também a correr o risco de escorregar em falsas aparências de certas problemáticas recentes do poder e de negligenciar o estudo dos fenômenos econômicos e sociais fundamentais, das estruturas de parentesco aos quais eles remetem e dos sistemas simbólicos que lhe são ligados[117].

Acontece que, aí onde os africanistas estudaram instituições e ritos aparentados aos do feudalismo ocidental medieval, aparecem diferenças e semelhanças.

---

115. Ibid., p. 8.

116. M. Fortes, p. ex., comentando o coroamento da rainha da Inglaterra, Elizabeth II, aproxima a homenagem que se seguiu à cerimônia de "the homage of the 'magnates with the feudal kiss'", que "served to dramatise her sovereign supremacy", de acordo com a obra de P.E. Schramm – que abriu, de resto, muitas pistas fecundas aos medievalistas: *A history of the English coronation*. Oxford: [s.e.], 1937, p. 147.

117. O ensaio sugestivo de G. Balandier (*Anthropologie politique*. Paris: [s.e.], 1967), não dá a devida atenção a tal risco.

Jacques Maquet, para além das análises que já utilizei a respeito do *ubuhake* de Ruanda e de instituições similares, faz uma observação interessante: "um caráter essencial da relação de dependência, diz ele, é que protetor e dependente escolhem-se em razão de suas qualidades individuais [...] À exceção da aliança matrimonial, todas as outras redes impõem a cada ator todos os outros atores [...] Acontece também de uma relação de dependência se tornar hereditária [...] Mas mesmo então um vestígio de escolha permanece: os dois herdeiros devem confirmar (e podem não fazê-lo) a continuidade do vínculo que unia seus predecessores. Essa escolha inicial confere, à relação que se segue, uma qualidade individual que evoca a confiança, ou mesmo a amizade [...]"[118].

Não irei me estender nas referências à aliança matrimonial, ou à amizade, que, por mais interessantes que sejam, são muito mais de ordem metafórica do que científica. Eu ressaltarei o destaque conferido à vontade recíproca na vassalagem. Aqui também o ritual simbólico deveria ser examinado mais detidamente. Para além das palavras que expressam tal escolha, tal vontade (cf. em G. Bruges: "*o conde perguntou ao futuro vassalo se ele gostaria de se tornar seu homem sem reserva, e esse respondeu: 'eu desejo'*"), valeria pesquisar se o ritual expressa essa nuance voluntária da escolha pessoal recíproca.

Enfim, no que se refere ao *ugabire*, estudado por J.J. Tawney como um "costume feudal" dos Waha, parece-me que ele se aproxima muito mais da *precária*, na medida em que se trata, para um homem de poucos meios, de se colocar sob a proteção de alguém mais rico, perguntando-lhe se ele está preparado a lhe fornecer gado em troca de serviços. O gado, bem-entendido, substitui, aqui, a terra, a ternura que faz geralmente o objeto da precária[119].

Além disso, Tawney não diz se a conclusão de um contrato de *ugabire* dá lugar a uma cerimônia, e se comporta um ritual.

---

118. MAQUET, J. Op. cit., p. 194.
119. TAWNEY, J.J. Op. cit. Cf. nota 110.

Mas o autor fornece, a respeito das relações entre o *Mgabire* que obteve o *ugabire* e seu patrão, e as manifestações simbólicas que elas comportam, especificações interessantes:

> A relação entre o Mgabire e o patrão é sutil; o Mgabire é obrigado a cumprimentá-lo em certas ocasiões, em parte, ao que parece, porque há o sentimento de que o patrão é de uma linhagem mais elevada e, em parte, por estar certo de que o Mgabire manifesta a continuidade do vínculo diante de todos. O ligeiro sentimento de uma diferença de linhagem não existe ao ponto de poder fazer nascer ressentimento; ao contrário, ele parece ligado à afeição que se esconde atrás dessa relação, e um Mgabire adquire, assim, um reflexo do "heshima" de seu patrão; o Mgabire cumprimenta seu patrão com o título de "Databuja", que significa "Pai-mestre", mas ele é a única pessoa que pode se dirigir a ele dessa forma. Se outros desejam fazer referência ao patrão de um Mgabire, eles o chamam "Shebuja"[120].

Desigualdade corrigida por vínculos recíprocos e, em parte, afetivos, tomada com o testemunho do mundo exterior, recurso a um vocabulário de tipo "parental". Dessa vez, encontramo-nos em terreno conhecido, apesar das grandes diferenças, socialmente aquém do contrato feudo-vassálico[121].

---

120. Ibid., p. 7.

121. K. Oberg, em seu artigo "Le royaume des Ankole d'Ouganda", citado supra, nota 110, fornece indicações interessantes sobre a ruptura de uma relação à qual ele nomeia de *clientelista*, o *okoutoiz há*. "Um detentor de gado *mouhina* comparecia perante o *Mongabe*, ou rei, e jurava ir com ele à guerra. Para manter vivo este laço, ele comprometia-se a dar periodicamente ao *Mongabe* um determinado número de cabeças de gado. Por outro lado, a recusa do cliente em prestar homenagem, *omoutoizha*, podia quebrar a relação de *clientèle*. Este meio de pôr fim à relação era perfeitamente reconhecido. Só quando um grande número de *Bahima* agia em

Assim, o comparatismo, caso forneça pontos úteis de comparação, caso convide a elucidar melhor em quais condições uma sociedade se cria a partir das instituições e recorre a práticas simbólicas para fazê-las funcionar, parece-me que é, sobretudo, para valorizar a originalidade, a especificidade do sistema feudo-vassálico do Ocidente medieval.

D) O papel do cristianismo

Como é de se esperar, o cristianismo aparece em quase todas as fases do ritual feudo-vassálico. Primeiro a cerimônia: mesmo que nenhum dos dois contratantes, nem o senhor, nem o vassalo, sejam clérigos, é possível que ela ocorra em uma igreja, lugar privilegiado – com a *aula* senhorial – para a entrada em vassalagem. E é também muito frequentemente especificado que a cerimônia se realiza na parte mais sagrada da igreja, o *super altare*.

O *sermão*, que constitui um elemento essencial da fidelidade é, na maior parte das vezes, prestado sobre um objeto religioso, e até mesmo particularmente sagrado, a Bíblia ou relíquias.

O objeto simbólico da investidura é, por vezes, como se pode ver na lista tirada do artigo *Investitura* de Du Cange, um objeto eclesiástico ou religioso (*pela cruz e o anel, pelo cálice, pela cruz episcopal, pelo castiçal, pelas chaves da igreja, com a cruz abacial, pelo chapéu prioral, pela comunhão* (um ato substituindo o objeto, como o *osculum* pode fazê-lo), *pelos pães de incenso, pelo missal, pelo saltério* etc.). É verdade que Du Cange se baseou nas investiduras referentes aos clérigos, e também muitas vezes nas investiduras propriamente eclesiásticas, as quais eu disse me parecerem apresentar um proble-

---

conjunto da mesma forma para desafiar o rei mais eficazmente, é que esse ato era considerado um ato de rebeldia. Mesmo assim, se os rebeldes recomeçavam a prestar homenagem, eram perdoados" (p. 113). Infelizmente, o autor não descreve os ritos a que essas diversas práticas de uma mesma instituição deviam dar lugar.

ma em relação aos ritos das investiduras propriamente feudo-vassálicas. Mas, até mesmo nesse caso, o objeto simbólico é conservado em uma igreja, ainda que os contratantes sejam laicos.

Em contrapartida, mesmo que os clérigos façam parte do contrato e da cerimônia que o sanciona, o objeto simbólico pode muito bem ser profano. Eu citarei um caso que traz detalhes interessantes. Frédéric Joüon des Longrais dedicou um excelente estudo às cartas de foral do priorado de Hatfield Regis, no Essex, que dependia da célebre abadia beneditina bretã Saint-Mélaine de Rennes[122]. Em 1135, um Chamberlain da Inglaterra, Aubry de Vere, enfeudou a este priorado duas partes das dízimas provenientes do domínio de Reginald Fils Pierre, em Ugley. Ele o fez mediante o símbolo de uma faca partida, e esta, com cabo de corno preto, media 0,082 metros e a lâmina partida de 0,031 metros, amarrada por uma trança feita de cordas de harpa do lado esquerdo do relato da ata, aberta com um buraco, ainda conservada [ainda deve estar] no momento em que F. Joüon de Longrais escreveu seu estudo, na biblioteca de Trinity College de Cambridge. A ata é, de resto, tradicionalmente conhecida pelo nome de *"deed with the black hafted knife"* (ata com a faca de punho negro). Um detalhe precioso é mencionado nessa ata. A cessão em feudo desses dízimos por Aubry de Vere aos monges de Hatfield Regis é feita "para a alma de seus predecessores e de seus sucessores"[123]. Assim, o caráter religioso de um contrato feudo-vassálico pode também depender das intenções do senhor.

---

122. JOÜON DES LONGRAIS, F. "Les moines de l'abbaye Saint-Mélaine de Rennes en Angleterre – Les chartes du prieuré d'Hatfield Regis". *Mémoires et documents publiés par la société de l'École des Chartes* – Vol. XII: Coletânea dos trabalhos oferecidos a M. Clovis Brunel. Paris: [s.e.], 1955, p. 31-54.

123. Eis o curto texto dessa ata (ibid., p. 52): *"Per istum cultellum feoffavit Albericus de Veer primus ecclesiam de Hatfeld Regis monachorum de dua bus partibus decimarum de dominico Domini Reginaldi filii Petri in Uggeleya die Assumpcionis Beate Maris Virginis, pro animabus antecessorum et successorum suorum. Anno [...]"*. Agradeço a M. Berlioz por haver me fornecido algumas fotografias de certos objetos simbólicos (parecem raros), conservados até hoje.

Nada disso é surpreendente. A sociedade do Ocidente medieval, sendo uma sociedade cristã, o cristianismo medieval sendo rico de ritos e símbolos, é normal que a marca da ideologia dominante se encontre no ritual de uma de suas instituições fundamentais, dando lugar a uma cerimônia pública.

Encontramos aqui várias funções importantes da Igreja medieval: sua tendência ao monopólio dos espaços sagrados (igrejas), seus esforços para fornecer as únicas garantias absolutas para os juramentos prestados sobre a Bíblia e as relíquias [reforçando o papel das Escrituras e do culto aos santos], seu lugar eminente como intérprete e proprietária da memória coletiva, seu zelo em impor como justificativa das práticas sociais mais importantes – a começar por aquelas que têm um forte conteúdo econômico – a glória de Deus, o bem da Igreja, a salvação individual ou coletiva. No caso do ato de Hatfield Regis, encontramos o grande movimento, que carrega no século XII a aristocracia feudal, de se ancorar solidamente em uma longa duração familiar, onde as preces para os mortos (*pro animabus antecessorum et sucessorum*) vão resultar na invenção de um purgatório que facilita a criação de uma rede de vivos e de mortos.

Acontece que o ritual nem é cristão, nem é verdadeiramente cristianizado. Nada em comum com o cerimonial da entrega da armadura ao novo cavaleiro, que vemos surgir – ele sim, perfeitamente cristianizado – em meados do século XII. Nem preparação de tipo religioso, com o jejum e a vigília do futuro cavaleiro, nem celebração de ofício propriamente cristão, nem ritos com ressonâncias veterotestamentárias, fazendo funcionar o simbolismo tipológico tão disseminado no século XII. Mesmo que o mundo eclesiástico seja triplamente envolvido pela instituição feudo-vassálica: porque ele próprio entra temporalmente no sistema (há senhores e vassalos eclesiásticos), porque há contaminação entre as investiduras temporais e as "investiduras" eclesiásticas, porque o sistema existe em grande parte conforme sua ideologia (hierarquia, reciprocidade), se há no sistema uma confusão com a religião, ela não está em nível do *osculum*, mas da *fé* (*fides ou fidelitas?*), não foi bem-sucedida com o ritual de vassalagem, o que ele conseguiu relativamente com o cerimonial cavalheiresco e que um cristão de Troyes expressou – magnificamente – no plano artístico e ideológico: a união íntima de *cavalaria* e de *clero*.

Se, conforme creio, uma instituição se esclarece através do estudo etnográfico de seu ritual, não há nada de especificamente cristão no ritual feudo-vassálico. Já o disse e espero tê-lo mostrado para o *osculum*, o papel da mão, em particular no *immixtio manuum* da homenagem, também não deve iludir. A muito vasta polissemia da mão não deve conduzir nem à confusão das instituições, nem à dos simbolismos.

Vê-se como tais confusões podem se estabelecer através, por exemplo, do rico artigo *Unge*, que Dom H. Leclercq deu, em 1925, ao Dicionário de *Arqueologia Cristã e de Liturgia*, de Dom Cabrol. O autor nele compara os ritos de homenagem aos de entrada em religião. Ele cita, por exemplo, um ato do abade de Farfa de 801: "e novamente Perculf, ele mesmo, livrou-se às mãos juntas do senhor abade Mauroald para viver no mosteiro, mesmo sob a santa regra"[124], e lembrando que, de acordo com a Regra de São Bento, a criança oferecida por seus pais a um mosteiro é apresentada ao altar e sua mão envolvida na toalha, ele acrescenta que o gesto "equivale a uma homenagem entre as mãos de Deus". Fazer equivaler é bem perigoso! O rito de oblação da criança – bem anterior à instituição feudo-vassálica, não tem nada a ver com ele. No ato de Farfa é preciso ver um exemplo do velho hábito da *commendatio manibus* ou *in manus* que vinha, como diz o próprio Dom Leclercq, "a ser empregada em qualquer gênero de padroado, de relação de proteção".

Ao contrário, é preciso observar que, no texto mais antigo anunciando o *immixtio manuum*, a fórmula de Marculfe do século

---

124. GIORGI & BELTRANI. *Regesto di Farfa*. V. II, p. 37, n. 165.

VII[125], como o reconhece Dom Leclercq, quando o rei diz que o novo antrustião *"vindo aqui em nosso palácio, com sua arma, e tendo jurado, à vista de todos,* em nossa mão, *fidelidade"*, não é questão de *commendatio manibus*, mas de um sermão prestado "entre as mãos do rei".

No ritual feudo-vassálico o cristianismo, ao contrário do que acontece quando se entrega a armadura ao jovem cavaleiro, fornece apenas um quadro e acessórios – por mais importantes que sejam –, não dando a matéria, nem o simbolismo. O ritual feudo-vassálico é um ritual essencialmente profano, mais que pagão, pois o sistema tomou emprestado de certas práticas pré-cristãs alguns elementos, também aqui, e ainda mais, só há, a meus olhos, pormenores, objetos ou gestos isolados[126].

Duas questões para concluir o rápido exame desse último problema.

Vimos, pelos exemplos citados, que na África Negra e ainda mais na China, o caráter religioso, sagrado, é mais nitidamente marcado. Seria devido ao fato de se tratar, o mais das vezes, de ritos da realeza, ou nos quais o rei participa? O mesmo pode ser dito sobre o Ocidente medieval. Ou essas civilizações, essas sociedades, seriam mais sacralizadas que no Ocidente medieval?

Enfim, sabe-se que um dos elementos que marcam o caráter religioso da investidura do cavaleiro é o fato de que ele ocorria, na maioria das vezes, ao menos nos séculos XII e XIII, durante

---

125. Cf. nota 10.

126. Uma prova de que, p. ex., a investidura feita por meio de um objeto simbólico era um rito estranho ao cristianismo, parece-me fornecida por essa carta de foral de 993, referente à Bélgica e citada por Du Cange (Op. cit., col. 1.523): *"Mox post haec subsequenti die, ut firmus et stabilius esset, infra terminum praedicti comitatus, in villa quoque Thiele nuncupata, eisdem praenominatis testibus et aliis nonnullis astantibus, sine alicujus retractatione cum ramo et cespite jure rituque populari, idem sancitum est, rationaliterque sancitum".* Popular é, aqui, quase sinónimo de pagão.

uma grande festa cristã, o Pentecostes. A continuidade com o paganismo, no qual essa data era de grande importância nos rituais de entrada da estação quente, é aqui evidente e é preciso, sem dúvida, ver nela o cuidado que a Igreja cristã medieval punha em desviar dessa cerimônia da entrega da armadura ao jovem cavaleiro, toda a origem pagã. Não havia nenhuma necessidade desse tipo no ritual feudo-vassálico. Por outro lado, era praticamente impossível que as cerimônias de entrada em vassalagem e de investidura se dessem em data fixa, supondo que possa ter havido precedentes ou referências calendárias. Os deslocamentos dos senhores, a data da morte do senhor ou do vassalo para a renovação do contrato e dos ritos, os imprevistos da "política de vassalagem" da classe feudal, justificam que as datas de entrada em vassalagem e investidura, quando as possuímos, sejam muito variadas. Não haveria, entretanto, fora do contingente, algumas datas privilegiadas? Melhor seria se assegurar, para a interpretação do ritual simbólico da vassalagem, que não houvesse nenhuma referência de calendário.

Conclusão: fiéis, portanto vassalos

Ao termo desse primeiro esboço de uma tentativa que traz ainda muitas hipóteses, eu gostaria de apresentar duas observações, à guisa de conclusão.

A primeira é que essa interpretação do ritual feudal que traz para primeiro plano o vínculo pessoal não leva, de forma alguma, a fazer do feudalismo, um simples fenômeno de mentalidade[127].

A originalidade do feudalismo do Ocidente medieval é a de associar a investidura de um feudo a um envolvimento pessoal e nos é permitido, ao distinguir superestruturas e infraestruturas ainda

---

127. DUBY. G. "La féodalité? – Une mentalité médiévale". *Annales ESC,* 1958, p. 765-771, retomado em *Hommes et structures du Moyen Age*. Paris/Haia: [s.e.], 1973, p. 103-110. G. Duby, que a justo título reage contra as concepções demasiado jurídicas do feudalismo e convida à história pioneira das mentalidades, mostrou, no resto da sua obra, não reduzir o feudalismo a um fenômeno de mentalidade.

que as reflexões metodológicas e certos antropólogos de inspiração marxista[128] orientam para a ideia de que toda sociedade funciona por intermédio de estruturas em que uma parte das superestruturas também age como infraestrutura.

No caso da investidura feudal, não haveria vínculo de vassalagem se a investidura do feudo não fosse ancorada na homenagem e na fé. O sistema simbólico mostra que se trata de um conjunto. Não é "fiéis *ou* vassalos". É "fiéis *e* vassalos".

A segunda e última observação é que, mesmo se levamos em conta o fato de que os homens da Cristandade medieval tiveram um pensamento científico simbólico, que era a decifração de uma realidade profunda por trás das aparências, essa leitura simbólica não pode nos satisfazer.

Um sistema simbólico, para retomar a concepção recentemente adiantada por Dan Sperber, em seu ensaio *O simbolismo em geral* (1974), não significa nada. Não é um reflexo, uma tradução. É um conjunto de palavras, de gestos, de objetos que, estruturados de tal forma que possam durar, para o essencial, intangível, traga a esse conjunto algo a mais do que a simples adição ou combinação desses elementos, algo que faz o conjunto entrar na esfera do sagrado, de uma determinada sacralidade. A esse respeito, como em muitos outros casos (por exemplo, o "augustinismo político"), o pensamento medieval esquematizou e empobreceu a concepção agostiniana mais larga e profunda. No caso da investidura feudal, é, ao que me parece, na esfera do sagrado parental que se move o simbólico.

Vou empregar, para terminar, uma comparação em que me apresso em dizer que ela não expressa a essência da investidura feudal, mas que ela é um simples meio de expor claramente a hipótese que formo quanto à interpretação do simbolismo de investidura

---

128. Penso esp. em M. Augé e em M. Godelier, na França. Cf. p. ex., LÉVI-STRAUSS, C.; AUGÉ, M. & GODELIER, M. "Anthropologie, histoire, idéologie". *L'Homme*, XC, 3-4, jul.-dez./1975, p. 177-188.

feudal. Assim como os cristãos se tornaram membros da família cristã pelo batismo, assim como se tornaram fiéis – fiéis, portanto, cristãos –, também os vassalos que se tornaram membros da família senhorial pela investidura se tornaram fiéis – *fiéis, portanto, vassalos.*

APÊNDICE

I. Lista dos objetos simbólicos

A) Os objetos simbólicos do sistema vassálico segundo Du Cange (art. "Investidura")

1) *Per cespitem* (punhado de erva)

2) *Per herbarn et terram*

3) *Per rarnum et cespitem*

4) *Cum rano et guasone (vel wasone)*

5) *Per guazonem, andelaginem et ramos de arboribus*

6) *Per baculum*

7) *Per baculum et annulum*

8) *Per fustem*

9) *Cum ligno*

10) *Per cultellum*

11) *Per cultellum plicaturn (incurvatum)*

12) *Per amphoram* (recipiente de água de mar, foral de Otão III)

13) *Per annulum*

14) *Per beretam et beretum*

15) *Per berillum* (óculos, archote, textos dos séculos XIV e XV)

16) *Per bibliothecam* (Bíblia)

17) *Per calicem*

18) *Per cambutam* (báculo) *episcopi* (para a investidura de um abade)

19) *Per candelabrum*

20) *Canum venationum apprehensione*

21) *Per capillos capitis*

22) *Per chartam super altare*

23) *Per chirothecam* (luva)

24) *Per claves ecclesiae*

25) *Per clocas ecclesiae*

26) *Per coclear de turibulo* (colher de turíbulo)

27) *Per colonnam*

28) *Per coronam*

29) *Per cornu* (corno para beber)

30) *Per corrigiam* (cinto)

31) *Cum crocia abbatis*

32) *Per capellum prioris*

33) *Per cupam auream*

34) *Per cultrum, vel cultellum*

35) *Per communionem*

36) *Per denarios*

37) *Per digitum vel digito*

38) *Per dextrum pollicem*

39) *Per elemosynariam, hoc est marsupium*

40) *Per ferulam pastoralem*

41) *Per floccilum capillorum*

42) *Per folium*

43) *Per folium nucis*

44) *Per forfices* (tesoura)

45) *Per fossilem chartae inhaerentem* (fita)

46) *Per tunes seu chordas campanarum*

47) *Per fuream lignean*

48) *Per gantum*

49) *Per gladium*

50) *Per grana incensi*

51) *Per haspam* (dobradiça de porta?)

52) *Per hastam*

53) *Per herbam et terram*

54) *Per juncum*

55) *Per lapillum* (marco)

57) *Per librum*

58) *Per librum manualem*

59) *Per librum missalem*

60) *Per librum collectarium* (coletário)

61) *Per librum evangeliorum et calicem*

62) *Cum libro regulae et cum regula*

63) *Per lignum*

64) *Per linteum* (camisa)

65) *Per lini portiunculam*

66) *Per malleolum* (planta nova, vinha nova, botão)

67) *Per manicam* (luva)

68) *Per mappulam* (lenço)

69) *Cum marmore*

70) *Per particulam marmoris*

71) *Per marsupium de pallio* (bolsa de algodão ou de seda)

72) *Per martyrologium*

73) *Per unam mitram*

74) *Per nodum* (ornamento de uma ordem siciliana, 1352)

75) *Per notulas* (cartas de foral)

76) *Per osculum*

77) *Per ostium domus*

78) *Per palam* (toalha de altar?)

79) *Per pallium seu pallam*

80) *Per panem et librum*

81) *Per pannum sericum*

82) *Cum penna et calamario* (tinteiro)

83) *Per pergamenum*

84) *Cum duobus phylacteris*

85) *Per pileum* (boné frígio)

86) *Per pisces*

87) *Per pollicem*

88) *Per psalterium*

89) *Per ramum filgerii* (feto)

90) *Per regulam*

91) *Per sceptrum*

92) *Per scyphum* (taça)

93) *Per spatae capulum* (punho? da espada)

94) *Per tellurem*

95) *Per textum evangelii*

96) *Cum veru* (pau aguçado, ferro pontiagudo preso à ponta de um pau comprido)

97) *Per vexillum*

98) *Per virgam vel virgulam*

A isso devemos acrescentar *manus* e *per manum*, o que completa a centena.

N.B.: À crítica que direcionei à tipologia que subentende essa lista tão surpreendente e sugestiva, eu acrescentaria que, por razões que se relacionam tanto à natureza de suas fontes quanto à sua concepção da sociedade medieval, Du Cange trouxe muitos exemplos das investiduras eclesiásticas que é preciso, a nosso ver, apesar de evidentes e significativas contaminações, distinguir, assim como os ritos reais de coroações, dos ritos de vassalagem propriamente ditos. Parece-me também que ele se deixa hipnotizar demasiadamente pelo *baculus* e os símbolos de comando. Von Amira, sem também saber fazer muito bem essas distinções, em seu célebre artigo, evidencia que o simbolismo do bastão se encontra em sociedades e ritos muito diferentes. Aqui, a análise etno-histórica permite distinguir o que a história e o direito eruditos tradicionais têm demasiada tendência a confundir. A originalidade da vassalagem medieval ocidental – recolocado em um contexto comparatista amplo – só ganha com isso.

B) *Os objetos simbólicos nos contratos segundo M. Thévenin (p. 263-264)*

Símbolos jurídicos empregados na feitura de contratos, nos *processos*.

1) *Andelangum* (manopla) 42, 76, 117, 124

2) *Anaticula* 30 – *Axadoria*, 124

3) *Arbusta* 98

4) *Atramentarium* 50, 52, 136

5) *Baculum* 135

6) *Brachium in collum, et per comam Capitis* 38

7) *Claves* 37

8) *Cibum et potum* 84

9) *Cultellus* 50, 52, 105, 136, 143

10) *Corrigia ad collum* 110 – *Cordas ad collum* 155

11) Dinheiro, soldo e dinheiro 42 – *Quatuor denarii super caput* 151, 155, 157, 161, 162, 171

12) Dedo: *incurvatis digitis* 148, 159

13) *Ensis* 48, 124, 136, 143, 148

14) *Festuca* 16 (cf. p. 18, nota 2, 29, 42, 52, 73, 103, 105, 107, 108, 124, 136, 143) – *Jactare et calcare* (a palhinha) 137, 141

15) *Fuste buxea* 116

16) *Herba* 29, 30, 100 – ter (*et cespitem*), 124

17) *Relva* – cf. *Wasonem*

18) *Launegild* 48 – *Camisia* 6 – *Facetergis* (lenço) 61

19) *Ligamen serici* 170

20) *Medella* 70

21) *Osculum* 177

22) *Ostium* 30, 124

23) *Ramum arboris* 52, 136, 143

24) *Radicem* 121

25) *Secmento* 170

26) *Terra* 29, 30, 98, 124 – Terra trazida 79

27) *Vinea* 98 – *Vineas faciebat et ad radicem fodicabat et operas faciebat per potestatem* 121

28) *Virgula* 173

29) *Wantonem* 48, 52, 136, 143

30) *Wasonem terrae* 52, 105, 136, 143

31) *Wadium* (Constituição de caução). Cf. Contrato do ato de fiança.

C) *Esquema do sistema simbólico feudo-vassálico*

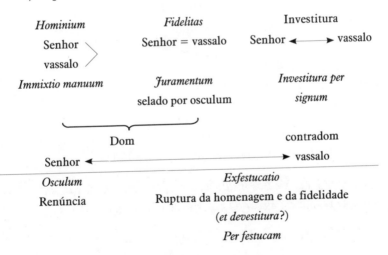

II. A propósito de *festuca*

Após minha lição de Espoleto e sua discussão, recebi do Sr. Alessandro Vitale-Brovarone do Instituto de Filosofia Moderna da Faculdade do Magistério da Universidade de Turim uma carta interessante que o leitor poderá procurar nas *Settimane*, XXIII, p. 775-777.

Referências sumárias

A) Documentos

DU CANGE. *Glossarium mediae et infimae latinitatis*, 1678, Artigos "Festuca" e "Investitura".

THEVENIN, M. *Textes relatifs aux institutions merovingiennes et carolingiennes*, 1887, notadamente lista de símbolos, p. 263-264: *Lex Salica*, XLVI; *Lex Ripuaria*, XLVIII; D. *Rotharii*, 157, 158, 170, 172; D. *Liutprandi*, 65.

B) Estudos gerais sobre a vassalagem

BOUTRUCHE, R. *Seigneurie et féodalite*. 2 vols. Paris: [s.e.], 1968, 1970.

FASOLI, G. *Introduzione allo studio del feudalesimo italiano in Storia medievale e moderna*. Bolonha: [s.e.], 1959.

GANSHOF, F.L. *Qu'est-ce que la féodalite?* 3. ed. Bruxelas: [s.e.], 1957.

GRASSOTTI, M. *Las instituciones feudo-vasallaticas en León y Castilla*. T. 1, cap. 2: "Entrada en Vasallaje", p. 107ss.

MITTEIS, H. *Lehnrecht und Staatsgewalt*. Weimar: [s.e.], 1933.

MOR, G. *L'età feudale*. T. II. Milão: [s.e.], 1952.

OURLIAC, P. & DE MALAFOSSE, J. *Droit Romain et Ancien Droit*. T. I: Les obligations. Paris: [s.e.], 1957.

C) Estudos especiais

AMIRA, K. "Der Stab in der germanischen Rechtsymbolik". *Abhandlungen der Kg. Bayerischen Akademie der Wissenschaften, Philologische und historische Klasse*, 35, 1909. Munique.

BLOCH, M. "Les formes de la rupture de l'hommage dans l'Ancien Droit féodal". *Nouvelle Revue Historique de Droit Français et Étranger*, 1912 [Reimpresso em *Mélanges Historiques*, I. Paris: [s.e.], 1963, p. 189-209].

CHENON, E. "Le rôle juridique de l'*Osculum* dans l'Ancien Droit Français". *Mémoires de la Société des Antiquaires de France*, 8ᵉ série, 6, 1919-1923.

_____. "Recherches historiques sur quelques rites nuptiaux". *Nouvelle Revue Historique de Droit Français et Étranger*, 1912.

MOELLER, E. "Die Rechtssitte des Stabsbrechens". *Zeitschrift der Savigny-Stiftung für Rechtsgeschichte*, G.A., XXI, 1900.

D) Comparatismos

1 Feudalismos históricos

COULBOM, R. (org.). *Feudalism in History*, Princeton, 1956 [notadamente Bodde, [D.], "Feudalism in China," p. 49-92].

2) Feudalismos africanos

FORTES, M. "Of installation ceremonies". *Proceedings of the Royal Anthropological Institute...*, 1967 (1968), p. 5-20.

FORTES, M. & EVANS-PRITCHARD, E.E. (orgs.). *Systèmes politiques africains*. Paris: [s.e.], 1964.

MAQUET, J. *Pouvoir et societé en Afrique*. Paris: [s.e.], 1970.

_____. "Une hypothèse pour l'étude des féodalités africaines". *Cahiers d'Études Africaines*, II, 1961, p. 292-314.

_____. *Systèmes des relations sociales dans le Ruanda ancien*. Tervuren: [s.e.], 1954.

Conecte-se conosco:

- **f** facebook.com/editoravozes
- **Instagram** @editoravozes
- **X** @editora_vozes
- **YouTube** youtube.com/editoravozes
- **WhatsApp** +55 24 2233-9033

www.vozes.com.br

Conheça nossas lojas:

www.livrariavozes.com.br

Belo Horizonte – Brasília – Campinas – Cuiabá – Curitiba
Fortaleza – Juiz de Fora – Petrópolis – Recife – São Paulo

  Vozes de Bolso

EDITORA VOZES LTDA.
Rua Frei Luís, 100 – Centro – Cep 25689-900 – Petrópolis, RJ
Tel.: (24) 2233-9000 – E-mail: vendas@vozes.com.br